BERGBAU UND BERGARBEIT

Herausgegeben
von Klaus Tenfelde

Franz-Josef Brüggemeier

Leben vor Ort

Ruhrbergleute und Ruhrbergbau
1889–1919

Verlag C.H. Beck München

Gedruckt mit Unterstützung der
IG Bergbau und Energie

Mit 20 Abbildungen im Text

CIP-Kurztitelaufnahme der Deutschen Bibliothek

Brüggemeier, Franz-Josef:
Leben vor Ort: Ruhrbergleute u. Ruhrbergbau
1889–1919 / Franz-Josef Brüggemeier. – 2., durchges. Aufl.
München: Beck, 1984.
  (Bergbau und Bergarbeit)
  ISBN 3 406 09742 1

ISBN 3 406 09742 1

2., durchgesehene Auflage. 1984
Umschlagentwurf: Bruno Schachtner, Dachau
Umschlagbild: Bergleute vor Ort. Foto von H. Ziem
(K. Wohlgemuth – Sozialgeschichtliche Sammlung Essen-Borbeck)
© C. H. Beck'sche Verlagsbuchhandlung (Oscar Beck), München 1983
Gesamtherstellung: C. H. Beck'sche Buchdruckerei, Nördlingen
Printed in Germany

Geleitwort

Die deutschen Bergleute zeichnen sich durch eine tiefe Bindung an ihre berufliche und gesellschaftliche Tradition aus. Dieses Traditionsbewußtsein unterscheidet sie von vielen Arbeitskollegen in anderen Berufen, aber auch von Berufskollegen in anderen Ländern. Mit Heinrich Imbusch, Otto Hue und anderen Arbeiterführern haben sie geschichtsbewußte Gewerkschafter in ihren Reihen gehabt, die historische Werke von hohem Rang hinterlassen und darin überhaupt die Historiographie zur modernen Gewerkschaftsbewegung in Deutschland mitbegründet haben.

Die Industriegewerkschaft Bergbau und Energie setzt diese Tradition fort. Sie nimmt das hundertjährige Jubiläum ihrer Gründung im Jahre 1889 zum Anlaß – nicht etwa nur, um sich in einer Festschrift einmal mehr des Erreichten zu vergewissern, sondern um die Geschichte des Bergbaus, des Lebens der im Bergbau Beschäftigten und selbstverständlich auch der Bergarbeiterorganisationen zu dokumentieren und um zu einer ernsthaften, langfristig wirksamen Beschäftigung mit der eigenen, aber auch mit der allgemeinen Gewerkschaftsgeschichte anzuregen. Deshalb wird die mit diesem Band eröffnete, in ihrem Umfang begrenzte Schriftenreihe ,,Bergbau und Bergarbeit`` Gesamtüberblicke und Dokumentationen, Bildbände, aber auch eine Reihe von Einzeluntersuchungen über das Bergarbeiterleben, die Unternehmerschaft im Bergbau, die Steiger, über einzelne Phasen der opfervollen Geschichte der Bergarbeiterbewegung und anderes enthalten, und die Besonderheit, aber auch Begrenztheit der eigenen historischen Erfahrungen wird dabei durch Vergleiche mit anderen Ländern sichtbar werden. Es geht uns um die Genauigkeit, Zuverlässigkeit und Wahrheit der Erinnerung, nicht um ein wie immer bestimmtes Bild von der Geschichte. Das Unternehmen steht unter wissenschaftlicher Verantwortung.

Die Industriegewerkschaft Bergbau und Energie geht mit dieser Schriftenreihe einen neuen, unter allen bisherigen Vorhaben zur Gewerkschaftsgeschichte einzigartigen Weg. Hierzu hat uns nicht nur das Bewußtsein von unserer Tradition, auch nicht allein die Erkenntnis veranlaßt, daß Kenntnis der Geschichte nottut, in diesen 1980er Jahren vielleicht mehr denn je. Anders vielmehr, denn die deutschen Gewerkschaften wissen, so selbstkritisch wie selbstbewußt, von ihrer Verantwortung als Mitgestalter der demokratischen Gesellschafts- und Verfassungsordnung in der Bundesrepublik Deutschland, und sie bleiben dem Streben nach Mitbestimmung und sozialer Sicherheit verbunden. Gerade die Industriegewerkschaft Bergbau und Energie hat, mit Hilfe der Montanmitbestimmung, ihre Verantwortung für das Ganze während des Wiederaufbaus nach 1945 und besonders in den Jahren und Jahrzehnten der Kohlenkrise bewiesen. So soll sich diese Mitverantwortung auch im Geschichtsbewußtsein der Gewerkschaften spiegeln. Nicht allein um die Geschichte der Arbeiter und ihrer Bewegung geht es. Es gilt vielmehr, auch im Detail das Ganze im Blick zu behalten, und das heißt unter anderem, Verständnis zu wecken etwa für die Bedeutung wirtschaftlicher und sozialer Entwicklungen, für die Probleme alltäglichen Arbeiterdaseins, für Konflikte in den und zwischen den Organisationen und auch für den schwierigen Weg, den die Unternehmerschaft im Bergbau bis heute zu gehen hatte.

Ich weiß, daß am Ende nicht das Bild einer „Erfolgsgeschichte" stehen wird. Auch die Gewerkschaften sind, von der Richtigkeit ihres Strebens im Kern überzeugt, gegen Fehler, manchmal schwere Fehler, nicht gefeit gewesen. Dies zeigt auch der vorliegende Band, mit dem diese Schriftenreihe eröffnet wird, am Beispiel der Probleme des Bergarbeiteralltags. Manche dieser Erfahrungen, so jene des Jahres 1933, sind ebenso bitter wie lehrreich. Sie zeigen uns die Möglichkeit des Undenkbaren. Sie vergegenwärtigen uns die richtigen und guten Grundsätze unseres Handelns. Sie helfen uns, unser heutiges politisches Handeln zu überprüfen.

Adolf Schmidt
Vorsitzender der Industriegewerkschaft Bergbau und Energie

Inhalt

Vorwort 11

I. Einleitung: Entdeckungsreise ins eigene Volk 13

II. Lebens- und Wohnbedingungen 25

   1. Ankunft 25
   2. Die Rolle der Kommunen 28
      a) Voraussetzungen 30
      b) Steuern 33
      c) Die reichen und die armen Schwestern 36
      d) Politik und Kommunalverfassung 38

   3. Die Wohnungsfrage 41
      a) Kommunale Wohnungspolitik 43
      b) Werkswohnungsbau 46
      c) Die Ausstattung der Zechenwohnungen 48

   4. Familienstruktur und Schlafgängerwesen 52
      a) Persönliche Eindrücke 58
      b) In Bewegung 60
      c) Halboffene Familienstruktur 62

   5. Proletarische Selbsthilfe und bürgerliche Abhilfe 68
   6. Überblick: Die weitere Entwicklung 72

III. Bergbau und Bergarbeit 75

   1. Lesarten der Geschichte des Ruhrbergbaus 75
   2. Die Entwicklung des Ruhrbergbaus 80
      a) Entwicklung der Technik und der Produktion 80
      b) Kontrolle des Marktes und Syndikatsvertrag 82
      c) Recht und Unternehmensform 87
      d) Ein unaufhaltsamer Aufstieg 90

   3. Arbeit 92
      a) Eine Geschichte 92
      b) Vorbereitung über Tage 94
        Der jugendliche Bergarbeiter 94
      c) Die Arbeit unter Tage 96
        Der Schlepper 96 – Die Ausbildung vom Schlepper zum Hauer 99 –
        Der Hauer und andere Berufsgruppen 102
      d) Betriebliche Organisation unter Tage 105
        Verfahren zum Abbau und zur Gewinnung der Kohle 105 – Kontrol-

le durch persönliche Überwachung: Steiger und andere Aufsichtspersonen 112 – Kontrolle durch Vorschriften: Das Beispiel des systematischen Streckenausbaus 116

e) Entlohnung und Kontrolle 122
Der Gedingelohn 122 – Aufgabenbereich und Zuständigkeit der Bergleute unter Tage 124 – Straf- und Disziplinarmaßnahmen 126 – Herrschaftsanspruch versus Selbständigkeit 128

f) Betriebsführung und Rechnungswesen 132
g) Eine andere Geschichte 136

IV. Reform als Mission. Die ‚Zivilisierung‘ der Bergleute 142

1. *Feste feiern, feste arbeiten* 142

   a) Schnapskasinos 143
   b) Kirmessen 147
   c) Vereine 150

2. *In betreff der moralischen Versorgung* 153

V. Lohn der Mühen 162

1. *Löhne und Arbeitszeit* 163
2. *Lebensunterhalt* 167
3. *Das Versicherungssystem* 169

   a) Krankenkasse 170
   b) Unfallversicherung 171
   c) Invaliden- und Altersversorgung 173

4. *Eine relative Sicherheit* 176

VI. Alltagserfahrung und Arbeitskämpfe 180

1. *Der Streik von 1889* 182
2. *1889–1905: Elementare Bewegung oder Rationalisierung des Arbeitskampfes?* 186

   a) Staat, Parlament und Polizei 186
   b) Unternehmer 190
   c) Bergarbeiter-Organisationen 195
   d) Herne 1899: Der Widerspenstigen Zähmung 202

3. *Der Streik von 1905* 211
4. *1905–1912: Enttäuschte Hoffnungen* 217

   a) Bergarbeiter-Organisationen 217
   b) Staat, Parlament und Polizei 222
   c) Unternehmer 226

5. *Der Streik von 1912* 227
6. *1889–1914: Bilanz der Anstrengungen* 233
7. *Der Erste Weltkrieg* 240
8. *Revolution und Sozialisierungsbewegung* 243

VII. Von der Fähigkeit, sich durchzusetzen 253

Anhang

Zur Historiographie des Ruhrbergbaus 259
Tabellen 271
Verzeichnis der Abkürzungen 287
Anmerkungen 289
Quellen- und Literaturverzeichnis 359
Bildnachweis 367
Namen- und Sachregister 369

Vorwort

Wenn jemand den Versuch unternimmt, eine Dissertation zu verfassen, dann wird dieses Unterfangen für ihn schon bald zur wichtigsten Sache der Welt und schließlich zum alleinigen Lebensinhalt. Diese Entwicklung setzt nur allzu schnell ein, und so ist der Betroffene denen zu Dank verpflichtet, die ihn hierbei teilnahmsvoll begleiten und vor allem dazu beitragen, eine extreme Zuspitzung dieser Entwicklung zu verhindern. In meinem Falle muß ich in erster Linie meiner Familie danken, meinen Eltern und Geschwistern; darüber hinaus meinen Freunden und Bekannten, die vermutlich nicht immer gemerkt haben, wie wichtig all unsere gemeinsamen Unternehmungen für mich waren.

Es ließen sich viele Personen und Faktoren nennen, die die Bearbeitung des Themas, die Fragestellungen und Vorgehensweisen sowie das hierbei gewonnene Ergebnis beeinflußt haben, besonders, da hier ein Bereich bearbeitet wurde, der in einer Bergarbeiterstadt wie Bottrop seit den ersten Lebensjahren einen wichtigen Einfluß auf mich hatte. Die Erinnerung an die Nachbarn, die Schulkameraden und deren Eltern, an zufällige Bekannte etc. ist jedoch weitgehend verblaßt. Gegenwärtig und greifbar ist in erster Linie der Einfluß der Personen, die in den letzten Jahren für mich wichtig waren: L. Niethammer, der die Arbeit betreut, kommentiert und mit Anregungen begleitet hat; D. Blasius, D. Peukert, die anderen Mitglieder der Essener Historikergruppe, A. Lüdtke, U. Borsdorf und H. Steffens; ganz besonders jedoch M. Grüttner, B. Parisius, C. Liesenfeld, C. Rettler-Mans und meine Schwester Maja aus Gründen, die sie selbst am besten kennen.

Wenn eine Arbeit fertiggestellt ist, muß sie schließlich noch gedruckt werden; das ist heutzutage sehr schwierig. Ohne die Unterstützung der IGBE und die gute Zusammenarbeit mit dem Beck Verlag wäre das in diesem Fall nicht möglich gewesen. Entscheidend allerdings war die Bereitschaft von K. Tenfelde, die Arbeit in seiner Reihe zu veröffentlichen.

Als sehr entgegenkommend erwiesen sich auch die Archive: die Mitarbeiter der Stadtarchive in Bottrop, Duisburg, Essen und Castrop-Rauxel, der Staatsarchive in Münster und Düsseldorf, des Westfälischen Wirtschaftsarchivs unter der Leitung von Prof. Dr. Dascher sowie des Bergbau-Archivs in Bochum unter Leitung von Dr. E. Kroker. Ganz besonders erwähnen möchte ich schließlich noch die Mitarbeiter der Bergbau-Bücherei in Essen, die über alles gewohnte Maß hinaus kooperativ waren.

Ein glücklicher Zufall wollte es, daß in den letzten Jahren vom WDR eine Serie mit dem Titel ,,Rote Erde" produziert wurde, die thematisch und zeitlich einen nahezu identischen Schwerpunkt hat; sie wird im Herbst 1983 ausgestrahlt werden. Für einen Historiker ist es natürlich interessant, die Arbeitsweise eines anderen Mediums kennenzulernen, zumal dann, wenn seine Gesprächspartner so viel Interesse zeigen wie W. D. Brücker und P. Stripp. Sollte die Glückssträhne anhalten, so wird das vorliegende Buch auch gekauft und gelesen werden. Das wäre dann beinahe zu schön.

I. Einleitung
Entdeckungsreise ins eigene Volk

„Wenn eine Revolution einträte, würde sie in Buer beginnen", erklärte ein Redner auf einer Bergarbeiterversammlung im Jahre 1912.[1] Diese Einschätzung war fraglos etwas überschwenglich. Sie ist aber auch verständlich, wenn die Geschichte der Ruhrbergleute in der zweiten Hälfte des 19. Jahrhunderts berücksichtigt wird, und sie dürfte ziemlich genau die Auffassung einer bürgerlichen Öffentlichkeit wiedergeben, die sich nicht nur politisch, sondern auch in ihrer ganzen Lebensweise von ebendiesen Bergleuten zutiefst bedroht sah.

Der Ruhrbergbau hatte sich in der zweiten Hälfte des 19. Jahrhunderts zu einem der wichtigsten und größten Wirtschaftszweige des Deutschen Reiches entwickelt. 1850 zählte er nicht ganz 13 000 Arbeiter, 1914 jedoch weit über 400 000, eine Entwicklung, die mit zahlreichen Arbeitskämpfen einherging. Der erste große Streik fand 1872 statt, doch er konnte niedergeschlagen werden, und die auf ihn folgenden, ruhigeren Jahre ermöglichten es, ihn zu verdrängen und zur Tagesordnung überzugehen. Die Situation änderte sich 1889 schlagartig, als es zu einem Streik kam, der in den Augen der Zeitgenossen wie aus heiterem Himmel ohne jeden Vorboten mit ursprünglicher Gewalt losbrach und sie einem Gewitter gleich heimsuchte. Die historische Forschung hat mittlerweile gezeigt, daß der Streik eine lange Vorgeschichte hatte und daß es für den, der sehen wollte, zahlreiche Vorzeichen, Hinweise und Gründe gab, die den Streik erklären können. Das allgemeine Interesse war jedoch voller Stolz über das Aufblühen der deutschen Industrie auf die steigende Kohleproduktion sowie die sich immer schneller drehenden Förderräder fixiert, und auch die Bergleute selbst vermochten es nicht, die Aufmerksamkeit von der glänzenden Fassade weg auf ihre eigene Situation zu ziehen.[2]

Es hatte eine Agitation für bessere Arbeitsbedingungen und höhere Löhne gegeben, doch es gab noch keine Gewerkschaft, die diese organisieren und ihr größeres Gewicht verleihen konnte. Die SPD sah sich in einer Diaspora, in der es erst vereinzelte hoffnungsvolle Ansätze gab; das Ruhrgebiet lag fernab von den Hochburgen der organisierten Arbeiterbewegung und geriet leicht aus deren Blickwinkel. Für das Bürgertum in den großen Städten, das kaum die Lebensbedingungen der in seiner unmittelbaren Nähe wohnenden Arbeiter kannte, war das rheinisch-westfälische Industriegebiet, abgesehen von Förderstatistiken und Dividendenzahlungen, ein weißer Fleck auf der Landkarte, nahezu so weit von ihnen entfernt und so exotisch wie Amerikas Wilder Westen. Es gab keine Fotos, die einen visuellen Eindruck vermitteln konnten, es gab nur vereinzelte Beschreibungen oder Berichte, die jedoch keine größere Beachtung fanden. Um so überraschender kam der Ausbruch des Streiks und die massenhafte Beteiligung daran, die ihn zum bis dahin größten Streik in der deutschen Industrialisierung machte. Innerhalb weniger Tage legten fast 90 000 Bergleute ihre Arbeit nieder, was zu einem völligen Stillstand des Ruhrbergbaus führte.[3] Sonderkorrespondenten wurden ausgeschickt, um dieses unvorhergesehene Ereignis zu erklären, und der Kaiser selbst bemühte sich höchstpersönlich um eine Beilegung des Konflikts. Die Bergleute fanden viel Sympathie für ihre Beschwerden und Wünsche, wenn es auch nicht an Berichten fehlte, die den Streik als Produkt sozialdemokratischer Agitation darstellten.

Schon Zeitgenossen wiesen solche Berichte als Aufforderungen zum Klassenhaß zurück und vermuteten, damit solle die Streikbewegung in den Augen der Staatsregierung diffamiert werden, ,,um dadurch die Waffenmacht mehr gegen die Bergarbeiter zu lenken".[4] Vor allem aber müsse man sich deshalb gegen solche Aussagen wenden, da hierdurch ,,in den Nachbarstaaten das Gerücht aufkommt, unser Vaterland, das Deutsche Reich, sei von gewaltigen Massen Reichsfeinden (Sozialdemokraten) untergraben. Auch sollte man voraussetzen, daß unser Nationalstolz, das patriotische Gefühl, es nicht überwinden würde, wenn auswärtige Sozialdemokraten sich damit brüsten, die Macht gehabt zu haben, in Rheinland und Westfalen eine solche Massenbewegung hervorzurufen, durch welche 110 000 Menschen mit einem Schlage die Arbeit niederlegten. Könnte zu einer eventuellen Annahme des Vorhergegangenen auch nur der geringste Zweifel obwalten, wie beschämt müßte jeder deutsche Patriot vor sich zur Erde blicken".[5]

Die Bergarbeiter, die noch während des Streiks eine Delegation zum Kaiser als dem obersten Bergherrn gesandt hatten, wurden vielmehr als ,,meist ruhige, königstreue und brave Arbeiter" beschrieben.[6] Diese Einschätzung erwies sich jedoch in den folgenden Jahren zunehmend als unzutreffend; die Bergleute begannen sich zu organisieren, und es kam zu weiteren Arbeitskämpfen. Unmittelbar im Anschluß an den Streik wurde eine Gewerkschaft, der sogenannte Alte Verband, gegründet, die anfänglich sehr schnell wuchs, dann jedoch wieder an Bedeutung verlor, was sich durch eine rückläufige Konjunktur, schlechtes Wirtschaften und den Vorwurf von katholischer Seite erklären läßt, sie sei sozialdemokratisch dominiert gewesen. Ende der 90er Jahre nahm ihre Mitgliederzahl wieder zu, und 1910 lag sie bei 123 000. Der 1895 gegründete Gewerkverein Christlicher Bergarbeiter zählte im selben Jahr 83 000 Mitglieder und der polnische Berufsverein (1904) 38 000.[7]

1891 und 1893 kam es wiederum zu Streikbewegungen, die allerdings begrenzt blieben. Die überwiegend schlechte Konjunktur der folgenden Jahre ließ eine oberflächliche Ruhe einkehren – bis zum Jahre 1905, als mehr als 220 000 Bergleute mehrere Wochen streikten und nur auf die Empfehlung der Gewerkschaften die Arbeit wieder aufnahmen. Die nächsten Jahre zeigten umfangreiche Agitation und den Versuch, ein gemeinsames Vorgehen der Arbeiterorganisationen zu erreichen, was jedoch nicht gelang. Als 1912 ein erneuter Streik ausgerufen wurde, beteiligte sich der Christliche Gewerkverein nicht daran, so daß er nach wenigen Tagen abgebrochen werden mußte.

Wenige Monate später fand die eingangs erwähnte Gewerkschaftsversammlung in Buer statt. Angesichts der erlittenen Niederlage könnte die Äußerung des Redners als bloßer Appell und Beschwörung einer demoralisierten Arbeiterschaft abgetan werden, doch das würde ein falsches Bild von der Stimmung und Militanz der Bergleute ergeben. Der Christliche Gewerkverein hatte zwar ein gemeinsames Vorgehen verhindert und die Unvereinbarkeit zwischen christlicher und sozialistischer Weltanschauung betont, da er befürchtete, vom sozialdemokratischen Verband aufgesogen zu werden, doch auch er mußte sich über solche Abgrenzungsbestrebungen hinaus als eine – wenn auch etwas weniger – kämpferische Gewerkschaft erweisen, um gegenüber den Bergleuten glaubhaft zu sein. Der Vorsitzende des Zechenverbandes, Kirdorf, glaubte gar, die christliche Gewerkschaft sei schlimmer als die sozialdemokratischen, da diese doch wenigstens offen kämpften.[8] Besonders groß war der Druck der Basis beim Alten Verband, der mit dem Streik von 1912 auch das Drängen zahlreicher Mitglieder auffangen wollte, die für eine kämpferische Gewerkschaftspolitik eintraten.

Die polnischen Bergleute schließlich bezogen gegenüber den Unternehmern und vor allem gegenüber dem preußischen Staat eine eher noch kompromißlosere Haltung, so daß die Ruhe nach dem Streik trügerisch war. Aus ihm resultierte weniger Entmutigung als Erbitterung, wie die folgenden Jahre und die Revolutionszeit 1918/19 zeigten. In der Revolution und der Sozialisierungsbewegung erwiesen sich die vor dem Kriege noch bestehenden Differenzen als überholt – zumindest soweit die Bergleute selbst betroffen waren: mehr als 400000 streikten dafür, den Besitz und die Verwaltung der Gruben in die eigenen Hände zu nehmen. Die 1912 in Buer beschworene Revolution war nicht länger bloß eine magische Formel: die Bergleute strebten eine revolutionäre Umgestaltung der Verhältnisse an, Hoffnungen wie Befürchtungen hatten sich gleichermaßen erfüllt.

Unterschiedliche, zum Teil diametral entgegengesetzte Hoffnungen und Befürchtungen hatten die Bergleute seit dem Streik von 1889 begleitet, der sie so nachdrücklich in den Blickpunkt öffentlichen Interesses gerückt hatte. Es gibt eine große Zahl von Aufsätzen und Büchern, mehrere Berichte staatlicher Untersuchungskommissionen und umfangreiche wissenschaftliche Abhandlungen, die sich mit den Streiks, den Bergleuten und dem Ruhrbergbau allgemein befaßten. Hierüber kam es zu heftigen Kontroversen im Reichstag und im preußischen Landtag, hierüber wurde in den Parteien und Gewerkschaften sowie der Presse ausführlich diskutiert, wobei die Sympathien zwangsläufig verteilt waren. Die schwierigen Arbeitsbedingungen und die harte Haltung der Unternehmer führten dazu, daß diese nur in Schriften angegriffen wurden, die der Arbeiterbewegung nahestanden. Die

Zechenbesitzer ihrerseits wurden nicht müde, die Berechtigung ihres kompromißlosen Standpunktes darzulegen sowie auf die politische Bedrohung zu verweisen, die von den Bergleuten ausgehe und die nur größer werde, wenn man ihnen auch nur die geringste Konzession mache. Sie konnten auf die zahlreichen Streiks verweisen, fanden aber noch aus einem anderen Grund ein aufnahmebereites Publikum für ihre Argumente. Neben der Angst vor der politischen Bedrohung durch die Bergleute gab es eine weitere, tiefersitzende Befürchtung, die wie ein roter Faden die zeitgenössische Überlieferung durchzieht: die Angst vor der gesamten Lebensweise der Bergleute (und anderer Arbeiter), ihrer Art zu arbeiten und zu wohnen, Feste zu feiern, miteinander umzugehen usw. Dies erinnerte – so in einer Untersuchung der Essener Wohnungsverhältnisse – an Zustände, die ,,vor aller Kultur und Zivilisation lagen".[9] Andere Autoren sahen sich mit einer derartigen ,,Fülle von Verwahrlosung, moralischer und sittlicher Versumpftheit (konfrontiert), daß sich jeder unbefangene Leser mit Schaudern fragen muß, wie es möglich ist, daß diese himmelschreienden Zustände in einem (der) kulturell fortgeschrittensten Gebiete herrschen können".[10]

Derartige Schreckensvisionen nährten sich aus mehreren Umständen, die die Entwicklung des Ruhrbergbaus und die Lebens- und Arbeitsbedingungen der Bergleute prägten. An erster Stelle ist die Zuwanderung anfänglich bodenständiger, dann jedoch immer fremdartiger erscheinender Arbeiter zu nennen. Der Aufschwung der Bergwerke war nur deshalb möglich gewesen, weil die benötigten Arbeitskräfte erst aus der näheren Umgebung, dann jedoch aus immer größeren Entfernungen zuwanderten. Die größte Gruppe kam aus den preußischen Ostprovinzen, unter ihnen zahlreiche Polen, die kaum oder gar nicht der deutschen Sprache mächtig waren. In den Jahren zwischen 1890 und 1910 zog allein der Bergbau jährlich mehr als 30000 Zuwanderer (einschließlich Familienangehöriger) ins rheinisch-westfälische Ruhrgebiet. 1910 lebten im Ruhrgebiet annähernd 250000 Einwohner, die als Muttersprache Polnisch angaben, sowie weitere 25000, die zusätzlich noch deutsch sprachen, und im Bergbau gab es 130000 Arbeiter (36,7% der Belegschaft), die aus den preußischen Ostprovinzen stammten. Auf einzelnen Zechen sprach die Mehrheit der Bergleute polnisch, und in Orten wie Bottrop gab es Straßenzüge und Stadtteile, in denen die deutsche Sprache kaum weiterhalf.[11]

Die Fremdartigkeit und Unruhe, die die Zuwanderer mit sich brachten, wurde als um so bedrohlicher empfunden, als diese auch nach ihrer Ankunft im Ruhrgebiet in einem kaum vorstellbaren Ausmaße mobil blieben. Addiert man beispielsweise die Zu- und Abwanderungen sowie die Umzüge innerhalb Essens für 1910, so ergibt sich, daß innerhalb dieses Jahres 82% der Essener Bevölkerung ihren Wohnsitz gewechselt haben. Bei einer Gesamtzahl von 350000 Bergleuten registrierten die Zechen in demselben Jahr 345000 Wechsel, davon 175000 Anmeldungen und 170000 Abmeldungen. Selbst wenn es sich hierbei zu einem Teil um dieselben Personen handelte, so ergibt sich dennoch eine Wechselhäufigkeit, die selbst heute noch fremdartig anmutet und schwer verständlich ist.[12] Gerade da jedoch, wo Arbeiter – wenn auch nur vorübergehend – ortsfest waren, nämlich in ihren Wohnungen, schienen die Zustände am schlimmsten zu sein. Eine Untersuchung der Verhältnisse in Essen gab an, ,,daß die schlechten Wohnungsverhältnisse die unteren Schichten des großstädtischen Fabrikproletariats zum Zurücksinken auf das Niveau der Barbarei und Bestialität, der Roheit und des Rowdytums genötigt haben".[13] Neben der hohen Mobilität, die großstädtische Nomaden ohne jegliche Bindung und Werte hervorzubringen schien, wurde besonders die sogenannte Schlafbzw. Kostgängerei beklagt, wie hier vom Bochumer Bürgermeister: Es seien ,,nicht bloß in der hiesigen Stadt, sondern auch in den benachbarten Industriebezirken von Westfalen und Rheinland dadurch sehr erhebliche Übelstände hervorgerufen worden, daß seit Jahren die Aufnahme von unverheirateten Fabrik- und Bergarbeitern in Familien erfolgt ist, von welchen dieselben Kost und Logis gegen ein mäßiges Entgelt erhalten. Es ist dadurch ein Zustand entstanden, der in sittlicher Hinsicht zu den allergrößten Bedenken Veranlassung gibt und der, soll nicht eine gänzliche Verrohung und Verwilderung eintreten, mit allen nur irgendwie zulässigen gesetzlichen Mitteln beseitigt werden muß". Es komme vor, daß der Schlafgänger ,,die Abwesenheit des Familienoberhauptes benutzt, das Weib seines Kost- und Logiswirtes sowie die unmündigen Töchter desselben verführt und damit namenloses Unglück über die Familie bringt. Abgesehen davon, daß dadurch eine vollständige Demoralisierung in einer solchen Familie eintreten muß, müssen oftmals Kinder des zartesten Alters Zeugen der Verworfenheit und Schande der eigenen Mutter sein; sie werden dadurch unwillkürlich zu geschlechtlichen Ausschweifungen sich verirren und in sittlicher Hinsicht verkommen oder früher oder später daran zugrundegehen". Das verführte und entehrte Weib werde oftmals zur Kupplerin an den eigenen Kindern, der betrogene Gatte suche Trost beim Branntwein, werde als Alkoholiker von Stufe zu Stufe sinken und schließlich mit seiner Familie der öffentlichen Fürsorge anheimfallen: ,,Durch dieses sogenannte Kostgängerwesen, welches, je mehr die Industrie zugenommen, desto weiter sich als eine wahre Seuche verbreitet hat, sind außer dem Ruin zahlreicher Familien Verbrechen der mannigfachsten Art, sogar Mord und Totschlag vorgekommen."[14]

Nicht alle Berichte waren ähnlich drastisch und detailliert; in ihrem Tenor jedoch gleichen sie sich weitgehend: die Arbeiter, und hier vor allem die Bergleute, wurden nicht nur als politische Bedrohung angesehen, sie schienen auch moralisch eine existentielle Gefährdung der bürgerlichen Welt zu bedeuten. Ihre hohe Mobilität, das Miteinander-Wohnen, das Teilen elementarer Lebensumstände kennzeichneten eine Art zu leben, die vom bürgerlichen Salon aus betrachtet unverständlich und fremdartig erschien und die die Existenz ebendieses Salons bedrohte.

Die Arbeiter, von denen in diesen wortgewaltigen, angstgeprägten, aber auch die Realität entstellenden Schilderungen die Rede ist, stammten zu einem kleineren Teil aus dem Ruhrgebiet selbst, in der Mehrheit waren sie hierhin zugewandert bzw. als Kinder von Zuwanderern geboren. Sie versuchten, hier eine Wohnung und Arbeit zu finden, einen ausreichenden Lohn zu verdienen, nicht zu erkranken oder zu verunglücken, sich selbst und ihre Familie zu ernähren und mit ein bißchen Glück ihre Existenz zu sichern. Als Bergleute hatten sie ziemlich gute Aussichten, diese gleichermaßen alltäglichen wie existentiellen Probleme zu bewältigen, doch selbst unter ihnen schafften es viele nicht, wie noch zu zeigen sein wird.

Zu ihnen zählten Personen wie H. Marchwitza. Es war in Oberschlesien geboren worden, wo sein Vater als Bergmann arbeitete. Mehrere seiner Geschwister waren wenige Monate bzw. Jahre nach der Geburt gestorben, und die Überlebenden konnten mehr schlecht als recht ernährt werden. Gleich nach der Schule arbeitete auch er unter Tage, was ihm sehr schwerfiel. Anfangs tröstete ihn die Gewißheit, jetzt zur Männerwelt zu gehören und etwas eigenes Geld zu verdienen. Er ließ sich die ,,helle Mähne lang wachsen und hielt darauf, daß sie unter dem schiefgeschobenen Hut hervorschaute. So stand ich mit anderen an den belebten Straßenecken und beobachtete, ob die Mädel, die vorübergingen, mich ansahen".[15] Wenn er und seine Kameraden jedoch wieder zur Arbeit mußten und den Schacht vor sich aufsteigen sahen, ließen sie ,,alle Flügel hängen". Einer von ihnen hoffte jedesmal, ,,der Schacht sei über Nacht eingestürzt und für immer in der Erde versunken".[16] Die Hoffnung, als Soldat oder als Matrose ihrer Situation zu entkommen, schlug fehl: er entschloß sich schließlich mit einigen seiner Kameraden dazu, ins Ruhrgebiet abzuwandern, da hier ihren Informationen zufolge die Löhne höher, die Arbeitszeit kürzer und die Chance, als Hauer zu arbeiten und der Schleppertätigkeit zu entkommen, bedeutend größer war.

Sie mußten jedoch feststellen, daß die Arbeit nicht einfacher war und daß der bessere Lohn aufgrund der höheren Preise auch nicht weit reichte. Ihre Sehnsucht nach Abwechslung und Freude ließ sich nicht erfüllen; Hosen und Anzüge waren sehr teuer, und an einem Abend im Wirtshaus war der Wochenlohn schnell ausgegeben. So wechselten sie mehrfach die Arbeitsstätte, verdingten sich bei Erdarbeiten (Kanal-, Eisenbahnbau), kehrten zwischendurch zum Bergbau zurück und fühlten sich um all ihre Hoffnungen betrogen: ,,Rauschende Musikklänge setzten plötzlich ein. Wir Jungen stürzten hinaus, einander fast überrennend. (...) Wir waren vors Tor gestürmt und starrten voller Aufregung die vorbeitrabenden Ulanenreihen an. Bäumende Pferde, klirrende Säbel, hochgerichtete Lanzen. Straffe, junge Gestalten. Pellmann war vergessen, vergessen der Jammer unten in dem schwarzen Kohlenpott. ,Herrgott, mitreiten! Das ist Leben!'".[17] Pellmann war ein älterer Bergmann, der versucht hatte, sie für die Gewerkschaft zu gewinnen, doch von dieser wußten sie nichts, die Diskussionen darüber machten sie unsicher; sie fühlten sich überfordert und schuldig zugleich. Für die alten Bergleute waren sie eine Hammelherde, die sich mit

1. Der Traum von einem neuen Anzug und Schuhen mit Lackkappen. Ewald Ziem, ein Essener Bergmann, 1920 im Alter von 17 Jahren; er verstarb 1965 an den Folgen einer Staublunge.

einer „Handvoll Heufutter" zufriedengab. Nach einer Zeit des Sich-Trei-
ben-Lassens stellten H. Marchwitza und einer seiner Kameraden die Träume
von schönen Anzügen und Schuhen mit Lackkappen, einem lieben Mädel
und dem Sprung ins Freie hintenan. Sie gingen zurück in den Bergbau, der
bei allen Anstrengungen eine feste Arbeit und einen Lohn bot, mit dem sie
ihr Auskommen hatten, und sie suchten sich eine Unterkunft als Kostgänger; H. Marchwitza bei einer jungen Witwe mit drei kleinen Kindern, mit
der er einige Zeit zusammenlebte, und sein Freund in einer Familie, deren
Tochter er schließlich heiratete. Beide hatten das Gefühl, zur Ruhe gekommen zu sein und als Schlafgänger ein Zuhause gefunden zu haben, was
zumindest H. Marchwitza jedoch mit gemischten Gefühlen betrachtete, da
er seine Träume von Freiheit und Abenteuern nicht aufgeben wollte.[18]

F. K. war ebenfalls aus den preußischen Ostprovinzen zugewandert. Eine
seiner Schwestern hatte sich im Ruhrgebiet als Dienstmädchen verdingt, so
daß er nicht ganz allein auf sich gestellt war. Da sie jedoch beide arbeiten
mußten, konnten sie einander nicht häufig sehen, und nach einiger Zeit zog
er nach Düsseldorf, da ihn diese Stadt reizte; wie schon zuvor, wohnte er
auch hier als Kostgänger. Angelockt durch die hohen Verdienstmöglichkeiten, wollte er mit einigen Arbeitskollegen nach Dortmund ziehen. Doch
diese überlegten es sich noch auf dem Bahnsteig anders, so daß er alleine
fuhr. Er landete in Hattingen, wo er als eine Art Faktotum in einem Ledigenheim arbeitete. Von dort zog er nach Gelsenkirchen, wo er wiederum in
einer Familie wohnte, und später nach Bottrop, wo er als Bergmann arbeitete, nach einigen Jahren heiratete und sich für den Rest seines Lebens nieder-
ließ.[19]

Einen etwas abenteuerlichen Lebenslauf hatte K. H. Er war in Furth im
Walde im Bayerischen Wald geboren. Mit etwa 13 Jahren lief er von zu
Hause weg, da er sich mit seiner Stiefmutter nicht vertrug. Anfänglich arbeitete er in einem Nachbarort als Fabrikarbeiter, fuhr dann jedoch aus Angst
vor seinem Vater zu einem Onkel nach Hamburg weiter, der als Seemann
arbeitete und ihm eine Stelle an Bord verschaffte; sie fuhren für eine franzö-
sische Bergwerksgesellschaft Kohle nach New York, eine sehr schmutzige
und offensichtlich gering geachtete Tätigkeit. Nach einiger Zeit heuerte er ab
und arbeitete in einem kleinen Ort in Frankreich auf einer der Zechen der
Gesellschaft. Auch er wohnte als Kostgänger und hat sich anscheinend sehr
wohlgefühlt. Nach Kriegsausbruch zog er es jedoch vor, nach Deutschland
zurückzukehren, obgleich ihm seine französischen Kollegen zuredeten, er
solle ruhig bleiben, ihm würde schon nichts passieren, sie seien zu weit weg
von allem; außerdem sei er zu jung und jeder würde ihn doch kennen. Die
allgemeine Begeisterung für Krieg und Militär teilte er nicht. Er hatte genug
über die Fremdenlegion gehört, und zudem – so sagte er – hätten die Fran-
zosen ihm nichts getan. Er fand Arbeit in Essen, wo er sich einer Truppe von
Gesteinshauern anschloß. Diese waren besonders qualifizierte Arbeiter,
nach denen eine große Nachfrage bestand und die bei Streitigkeiten über

Lohn oder Arbeitsbedingungen eher als andere die Arbeit niederlegten. In den letzten Kriegsjahren wurde er noch eingezogen; nach Kriegsende kam er nach Bottrop, da auch seine Kameraden hierhin gezogen waren und auf der Zeche Arenberg-Fortsetzung arbeiteten, wo auch er anfing. Er blieb auf der Zeche Fortsetzung und war dort lange Jahre Betriebsratsvorsitzender; als Vertreter der KPD gehörte er auch dem Bottroper Gemeinderat an. Die Zeche wurde 1930 stillgelegt, so daß er arbeitslos wurde. Anfang der dreißiger Jahre reiste er mit einer Betriebsrätedelegation nach Rußland, wo ihm vor allem die andere Arbeitsauffassung auffiel, die er mit seinem eigenen Berufsstolz nicht recht vereinbaren konnte: ,,Mit einem Land, das noch zum großen Teil Analphabeten hat, von Handwerk und Beruf keine Kenntnisse, mit so einem Land eine Industrie aufbauen, das erfordert Nerven bis dorthinaus." Er habe Russen gesehen, die eine ganze Schicht auf einer Schraube, deren Gewinde gerissen sei, herumgeschlagen hätten und dann nach Hause gegangen seien. ,,Wenn man mit solchen Leuten arbeiten muß, kriegt man junge Hunde."[20] Während des Faschismus war er in einem Arbeitslager interniert, aus dem er jedoch entlassen wurde; in den letzten Kriegsjahren wurde er erneut verhaftet und in ein Konzentrationslager gebracht. ,,Da hat mich nicht der Russe oder Franzose, der Amerikaner oder Engländer in den Arsch getreten, sondern der deutsche Bruder (...) Nicht der Gegner, sondern der Bruder."[21] Nach dem Krieg war er sofort wieder in der Gewerkschaft tätig, erst in Bottrop und dann bis zu seiner Pensionierung als Betriebsrätesekretär in Recklinghausen; die KPD hat er verlassen und trat der SPD bei, aus Gründen, die im einzelnen nicht zu erfahren waren. 1978 ist er gestorben, fast völlig in Vergessenheit geraten.

Nicht alle Bergleute hatten einen derart bewegten und ereignisreichen Lebenslauf. L. O. beispielsweise wurde in Bottrop-Batenbrock geboren; sein Vater hatte sich ein kleines Häuschen gebaut, zu dessen Finanzierung er jeweils ein bis zwei Kostgänger beherbergte. L. O. trat früh der christlichen Gewerkschaft bei, für die er sich auch aktiv einsetzte. Er blieb zu Hause wohnen und zog erst Ende der zwanziger Jahre nach Aachen, als er in Bottrop wegen der Zechenstillegung keine Arbeit mehr finden konnte. Der Aufenthalt war jedoch nur von kurzer Dauer; er kehrte zurück und blieb in Bottrop, wo er noch heute als Knappschaftsältester der IG Bergbau und als aktives Mitglied der Katholischen Arbeiterbewegung wohnt.[22]

Auch C. K. wurde in Bottrop geboren und hat zeit seines Lebens hier gewohnt. Er hatte sieben Geschwister, von denen zwei bald nach der Geburt starben; seine Mutter starb, als er 15 Jahre alt war und gerade angefangen hatte zu arbeiten. In der Schule war er einer der besten Schüler, doch seinen Traum, weiter zur Schule gehen zu können, konnten seine Eltern nicht finanzieren, zumal er auf der Zeche gleich Geld verdiente. An seinen ersten Lohntag kann er sich noch genau erinnern: ,,Das war im Sommer, meine Mutter guckte. Mensch, sagte sie, jetzt haben wir schon einen am Verdienen von 6 Kindern. Sie hat Spaß gehabt, daß ich ein paar Pfennige jetzt schon verdiente auf der Zeche.''[23] Im Betrieb war er mit vielen Leuten zusammen, die in der Gewerkschaftsbewegung waren: ,,Da hab' ich gedacht: Mensch, auf diesem Wege kannst du ja allerhand lernen. Das hab' ich auch getan. Dann hab' ich mich der Arbeiterbewegung angeschlossen.''[24] Das hatte allerdings zur Folge – so gibt er an –, daß ihm Fortbildungsschulen versperrt blieben, da bekannt war, daß er sich politisch betätigte. Er trat später der kommunistischen Gewerkschaftsorganisation und der KPD bei; noch heute ist er Vertreter der DKP im Rat und auf lokaler und regionaler Ebene ihr bekanntestes Mitglied.

Die hier skizzierten Biographien sind fraglos nicht repräsentativ, und sie sollen es auch nicht sein. Mit Bedacht wurden Lebensläufe von Bergleuten vorgestellt, deren Werdegang abenteuerlich erscheint und die wohl gemeint waren, wenn vom ,,Zurücksinken auf das Niveau der Barbarei'' die Rede ist. Sie waren mobil, wechselten häufig die Arbeitsstelle sowie ihren Wohnort und lebten lange Zeit als Schlafgänger. Bei näherem Hinsehen und genauem Zuhören ergibt sich jedoch, daß ihre Erlebnisse gar nicht so außergewöhnlich waren und zumindest ihnen nicht besonders dramatisch und spektakulär, sondern ganz normal erschienen. Die Art und Weise wie etwa über die Mobilität berichtet wird, ist ein erster Hinweis darauf. F. K. wollte mit einigen Arbeitskameraden von Düsseldorf nach Dortmund ziehen, doch diese überlegten es sich in letzter Minute anders, da sie auf dem Bahnhof Bekannte aus der Militärzeit trafen und erst einmal Erinnerungen austauschen wollten. Er selbst wollte ihren Erzählungen und Reden nicht zuhören, sondern zog es vor, alleine zu fahren, obwohl er in Dortmund weder Verwandte noch Bekannte hatte. Doch das schien ihn weniger zu belasten als die Vorstellung, den Erinnerungen von Reservisten zuhören zu müssen.[25] Vielleicht glaubte er, ähnliche Mechanismen vorzufinden wie diejenigen, die K. H. seine Rückkehr aus dem Krieg erleichterten. Seine ,,Kumpels'' hatten ihm geschrieben, daß sie nicht mehr in Essen, sondern in Bottrop auf der Zeche Arenberg-Fortsetzung arbeiteten: ,,Ich soll also gleich meine Papiere (...) mir schicken lassen und gleich in Bottrop landen. Alles andere besorgen wir. Da war meine Arbeit schon besorgt und alles (...). Einen Kostplatz hatten sie schon gesucht für mich (...), ja, das ging sehr schnell, am nächsten Tag ging ich schon zur Schicht.''[26] Der Kostplatz, in den zeitgenössischen offiziellen Berichten die Inkarnation allen Übels, wird hier und in anderen Erzählungen wie beiläufig erwähnt und unter die Sachen eingereiht, die besorgt werden mußten, um sich am neuen Wohnort zurechtfinden zu können. Er erscheint in den Erinnerungen als etwas ganz Normales und konnte sogar, wie bei H. Marchwitza, überhaupt erst Ruhe und eine gewisse Sicherheit in das Leben von Zuwanderern bringen.

Derartige unterschiedliche Darstellungen lassen sich nicht nur bei der Schlafgängerei und Mobilität feststellen, sie finden sich auch in anderen Bereichen. Es gibt offensichtlich zwei Überlieferungsstränge, die zu jeweils unterschiedlichen Betrachtungsweisen und Ergebnissen kommen. Auf der einen Seite wortgewaltige Klagen über den Verfall jeglicher Kultur und Zivilisation sowie Beschreibungen wurzelloser, moralisch verwahrloster Bergleute; auf der anderen Seite Äußerungen ebendieser Bergleute, die bar jeder Aufgeregtheit nüchtern und sachlich schildern, wie sie versuchten, ihre Probleme zu bewältigen.

Einen schriftlichen Niederschlag hat jedoch nur eine der beiden Betrachtungsweisen gefunden, und das war die Überlieferung derjenigen Institutionen und Personen, die auf der öffentlich-politischen Ebene agierten, während die Bergleute selbst, von wenigen Ausnahmen abgesehen, stumm geblieben sind und erst mühsam wieder zum Sprechen gebracht werden müssen. Der unterschiedliche Zugang zu schriftlichen Ausdrucksweisen und das unterschiedliche Interesse daran haben dazu geführt, daß die öffentliche Überlieferung dominierte, während die Überlieferung von unmittelbar Betroffenen in den Hintergrund gedrängt wurde.

Bei der schriftlichen Überlieferung muß zwischen Zeugnissen der Unternehmer und Gewerkschaften, des Staates, neutraler Beobachter etc. unterschieden werden, um Quellen auf ihren Entstehungszusammenhang, ihre Interessengebundenheit und ihre Aussagekraft hin befragen zu können, und es mag ungerechtfertigt erscheinen, angesichts der Spannweite der unterschiedlichen Standpunkte summarisch von einer öffentlichen Überlieferung zu sprechen. Der Ruhrbergbau war ein kapitalistischer Industriezweig, in dem die Klassengegensätze zwischen Arbeitern und Unternehmern besonders deutlich zutage traten; die Zeugnisse der Unternehmer und Gewerkschaften stehen einander diametral gegenüber, und sie führen zu vollständig konträren politischen Beurteilungen. Jenseits dieser politischen Gegensätze lassen sich jedoch bei der öffentlichen Überlieferung gemeinsame Stränge erkennen, die vor allem dann deutlich werden, wenn nicht die politischen, sondern die sozialgeschichtlichen Aspekte der Geschichte der Ruhrbergleute diskutiert werden.

Bei den Beschreibungen ihrer Lebensbedingungen werden nahezu einmütig Begriffe wie Vagabunden, Entwurzelung, Disziplinlosigkeit etc. verwandt, die die Bergleute als noch unreife Mitglieder der preußischen Gesellschaft charakterisieren. Übereinstimmend werden ihre Lebensverhältnisse als destabilisierend angesehen, die daraus entwickelten Verhaltensweisen als störend. Strittig hingegen war, ob sie zu disziplinieren seien – wie die Unternehmer meinten, oder ob man sie erziehen müsse – was die Gewerkschaften angaben, d. h. strittig waren und sind in erster Linie die Konsequenzen, die aus einer weitgehend gemeinsamen Beurteilung ihrer Verhaltensweisen und Lebensbedingungen gezogen wurden.

Letztere wurden bei dieser Kontroverse in ein um so dunkleres Licht getaucht, je entschiedener die politische Berechtigung des Bergarbeiterstandpunktes vertreten wurde. Das erklärt sich aus der Absicht, die Unternehmer moralisch zu disqualifizieren und in ihnen die wichtigste Ursache allen Übels zu sehen; diese Argumentation führt jedoch auch dazu, sie als besonders groß und mächtig darzustellen und sie – wenn auch negativ besetzt –

zum eigentlichen Hauptakteur werden zu lassen, dessen ausgebeutete, wehrlose Opfer die Arbeiter waren. Damit ließ und läßt sich die Existenz starker und mächtiger Gewerkschaften fordern und begründen; diese Argumentation hat jedoch auch die (ungewollte) Konsequenz, daß die Bergleute selbst Gefahr laufen, über den Kampf dieser beiden Titanen entmündigt zu werden, als selbständig handelnde Personen aus der Geschichte herauszufallen und zu einer Art sozialer Staffage zu werden. Wie wenig berechtigt eine derartige Auffassung ist, soll in der folgenden Darstellung gezeigt werden, die Schritt um Schritt die Bedingungen schildern wird, die die Bergleute vorfanden, und daran anschließend die Verhaltensweisen beschreibt, die sie entwickelten.

II. Lebens- und Wohnbedingungen

1. Ankunft

,,Masuren!

In rein ländlicher Gegend, umgeben von Feldern, Wiesen und Wäldern, den Vorbedingungen guter Luft, liegt, ganz wie ein masurisches Dorf, abseits vom großen Getriebe des westfälischen Industriegebietes, eine reizende, ganz neu erbaute Kolonie der Zeche Victor bei Rauxel. Diese Kolonie besteht vorläufig aus über 40 Häusern und soll später auf etwa 65 Häuser erweitert werden. In jedem Hause sind nur 4 Wohnungen, zwei oben, zwei unten. Zu jeder Wohnung gehören etwa 3 oder 4 Zimmer. Die Decken sind 3 Meter hoch, die Länge bzw. Breite des Fußbodens beträgt über 3 Meter. Jedes Zimmer, sowohl oben, als auch unten, ist also schön groß, hoch und luftig, wie man sie in Städten des Industriegebiets kaum findet.

2. Straßenzug einer Zechenkolonie der Prosper Zechen in Bottrop im Jahre 1926. Die Strommasten müssen erst kurz zuvor errichtet worden sein.

Zu jeder Wohnung gehört ein sehr guter, hoher und trockener Keller, sodaß sich die eingelagerten Früchte, Kartoffeln etc. dort sehr gut erhalten werden.

Ferner gehört dazu ein geräumiger Stall, wo sich jeder sein Schwein, seine Ziege oder seine Hühner halten kann. So braucht der Arbeiter nicht jedes Pfund Fleisch oder seinen Liter Milch zu kaufen.

Endlich gehört zu jeder Wohnung auch ein Garten von etwa 23 bis 24 Quadratruten. So kann sich jeder sein Gemüse, sein Kumpst und seine Kartoffeln, die er für den Sommer braucht, selbst ziehen. Wer noch mehr Land braucht, kann es in der Nähe von Bauern billig pachten. Außerdem liefert die Zeche für den Winter Kartoffeln zu billigen Preisen.

Dabei beträgt die Miete für ein Zimmer (mit Stall und Garten) nur 4 Mark monatlich, für die westfälischen Verhältnisse jedenfalls ein sehr niedriger Preis. Außerdem vergütet die Zeche für jeden Kostgänger monatlich 1 Mark. (...) Die ganze Kolonie ist von schönen breiten Straßen durchzogen, Wasserleitung und Kanalisation sind vorhanden. Abends werden die Straßen elektrisch erleuchtet. Vor jedem zweiten Hause liegt noch ein Vorgärtchen, in dem man Blumen oder noch Gemüse ziehen kann. Wer es am schönsten hält, bekommt eine Prämie.

In der Kolonie wird sich in nächster Zeit auch ein Konsum befinden, wo allerlei Kaufmannswaren, wie Salz, Kaffee, Häringe usw. zu einem sehr billigen Preise von der Zeche geliefert werden, auch wird dort ein Fleischkonsum eingerichtet werden. (...) Für die Kinder sind dort 2 Schulen erbaut worden, sodaß sie nicht zu weit zu laufen brauchen, auch die Arbeiter haben bis zur Arbeitsstelle höchstens 10 Minuten zu gehen. Bis zur nächsten Bahnstation braucht man etwa eine ½ Stunde.

Die Löhne stellen sich durchschnittlich im Juni 1908 so:

Tagesarbeiter, 8 Stunden Schicht	3,80 Mk. bis 4,— Mk.
Platzarbeiter, 12 Stunden Schicht	3,60 Mk. bis 4,50 Mk.
Kokslader	4,72 Mk.
Koksfüller	4,46 Mk.
Ziegeleiarbeiter	4,00 Mk. bis 4,50 Mk.
Schlepper bei Kokerei	3,80 Mk.
Schlepper in der Grube	3,00 Mk. bis 4,10 Mk.
Lehrhauer im 1. Jahr	5,50 Mk.
Hauer im Gedinge etwa	6,35 Mk.
Gesteinshauer etwa	6,40 Mk.
Zimmerhauer etwa	5,35 Mk.

Man sieht also, daß jeder Arbeiter gut auskommen kann. Wer sparsam ist, kann noch Geld auf die Sparkasse bringen. Es haben sich in Westfalen viele Ostpreußen mehrere Tausend Mark gespart. Das Geld ist dann wieder in die Heimat gekommen, und so hat die Heimat auch etwas davon gehabt. Überhaupt zahlt diese Zeche wohl die höchsten Löhne. [?] Feierschichten kommen dort nicht vor, vielmehr Überschichten, sodaß die Arbeiter immer Verdienst haben werden. [!!!] Entlassungen masurischer Arbeiter werden, außer dem Falle grober Selbstverschuldung nicht vorkommen. Masuren! Es kommt der Zeche hauptsächlich darauf an, brave, ordentliche Familien in diese ganz neue Kolonie hineinzubekommen. Ja, wenn es möglich ist, soll diese Kolonie nur mit masurischen Familien besetzt werden. So bleiben die Masuren ganz unter sich und haben mit Polen, Ostpreußen usw. nichts zu tun. Jeder kann denken, daß er in seiner masurischen Heimat wäre."[1]

Mit diesen und ähnlichen Versprechungen einer guten Wohnung, eines sicheren Arbeitsplatzes und hohen Lohnes versuchten die Zechen seit den 1870er Jahren, Bergleute für die in großer Zahl neu entstehenden Schachtanlagen zu gewinnen. Diese wurden vor allem in den nördlichen Zonen des Ruhrgebiets abgeteuft, die kaum besiedelt waren, so daß keine Arbeitskräfte zur Verfügung standen. Anfänglich konnte der Bedarf aus dem nahen Münsterland und Rheinland gedeckt werden, doch bald mußten die Bergwerke auf immer weiter entfernt gelegene Gebiete ausweichen, von denen die preußischen Ostprovinzen eine besondere Bedeutung erlangten. Die angeworbenen Arbeiter wurden häufig, wie z. B. der bereits zitierte H. Marchwitza, in Gruppen und kleineren Trupps zusammengefaßt und fuhren in Begleitung eines Werbers ins Ruhrgebiet, der darauf achtete, daß ihm keines seiner Schäfchen verlorenging.[2]

In dem oben teilweise wiedergegebenen Anschlag hieß es: „Wer sich die Angelegenheit reiflich überlegt hat, sage dies seinem Gastwirt, bei dem dieses Plakat aushängt. Dieser schreibt dann an Herrn Wilhelm Royek in Harpen bei Bochum. Es werden dann in kurzer Zeit 2 Herren erscheinen, die das Nähere bekannt geben werden. Jeder besorge sich gleich seine Papiere, Arbeitsbuch und Geburtsschein (Militärpaß genügt nicht). Diese Papiere werden von den beiden Herren gleich mitgenommen. Später kommt dann ein Beamter der Zeche, um die sich Meldenden abzuholen, da die Wohnungen erst Ende September bezogen werden können." Andere kamen auf Grund von Briefen, Erzählungen und Berichten von Familienangehörigen, Verwandten oder auch Bekannten. G. Werner, der spätere Begründer und Vorsitzende des Steigerverbandes, schrieb in seinen Erinnerungen: „Einer meiner Kameraden empfahl mich an seinen Bruder, der in Gelsenkirchen wohnte und auf der Zeche ‚Dahlbusch' arbeitete. Dieser schrieb mir, ich solle kommen, er würde mir gern behilflich sein."[3]

Möglichst bald nach der Ankunft mußten sie sich eine Unterkunft und einen Arbeitsplatz suchen; diese Aufgabe entfiel bei den angeworbenen Arbeitern, die in Zechenwohnungen oder Schlafhäusern untergebracht wurden und auf die ein Arbeitsplatz schon wartete. Ihr Problem bestand eher darin, den eingegangenen Verpflichtungen zu entkommen und wieder über sich selbst verfügen zu können. G. Werner wurde vom Bruder seines Kameraden am Bahnhof abgeholt, der bereits eine Kostselle für ihn besorgt hatte. Schon in den ersten 24 Stunden ging er auf Arbeitsuche. Auf der ersten Zeche wollte man ihn jedoch nur als Pferdejungen beschäftigen, obwohl ihn seine Arbeitspapiere als Hauer auswiesen. Auf der nächsten Zeche hatte er mehr Glück. Er wurde angenommen und verfuhr am Nachmittag des 10. Mai 1899 seine erste Schicht.[4]

Die Suche nach einer Unterkunft und einem Arbeitsplatz waren die beiden wichtigsten Probleme für Zuwanderer wie für die mobilen Arbeiter überhaupt. Hinzu kam die Verpflichtung, sich an dem neuen Wohnort anzumelden. Sie mußten bei der zuständigen Meldebehörde ihren Namen und Vornamen, Geburtstag und Geburtsort angeben, den Ort, aus dem sie kamen, ihren Beruf und ihre neue Adresse. Diese Daten wurden im Meldejournal registriert, und sie selbst wurden einer Steuerklasse zugeteilt. Mit der Registrierung der Daten und der Zuweisung zu einer Steuerklasse war das Interesse der Kommunen an den Zuwanderern weitgehend erschöpft; die büro-kratische Erfassung bildete die einzige ordnungspolitische Maßnahme, die für Arbeiter unmittelbare Bedeutung hatte. Mit darüber hinausgehenden Leistungen konnten sie kaum rechnen.[5]

Die Arbeitsämter, soweit es solche überhaupt schon gab, waren für die Vermittlung von Bergleuten nicht zuständig.[6] Es gab kein Wohnungsamt, das Wohnungen vermittelte, es gab keinen sozialen Wohnungsbau und auch keine Wohnungen im kommunalen oder staatlichen Besitz. Ebensowenig gab es ein Sozialamt, das Überbrückungsgelder bereitstellte oder Kleider verteilte; nur wer wirklich verarmt war, erhielt hin und wieder Unterstützung, die jedoch kaum mehr als ein Almosen war.[7] Diese Defizite an staatlicher und vor allem kommunaler Sozialpolitik waren nicht auf das Ruhrgebiet beschränkt. Hier jedoch waren sie besonders ausgeprägt, und darüber hinaus waren die Probleme, die die rasche Industrialisierung mit sich brachte, besonders groß. Hinzu kam, daß die Lösungsmöglichkeiten, die in traditionellen urbanen Zentren eine große Rolle spielten, im Ruhrgebiet auf Grund seiner spezifischen Entwicklung, seiner politischen Organisation und seiner Sozialstruktur fast gar nicht griffen.[8]

2. Die Rolle der Kommunen

Noch zur Mitte des letzten Jahrhunderts waren weite Teile des heutigen Ruhrgebiets Bauernland. Abgesehen von einigen Städten entlang des Hellwegs war die Landschaft geprägt von Dörfern und kleinen Bauernschaften, die sich um ihre Kirchen scharten und deren Einwohnerschaft selten mehrere Tausend umfaßte. Selbst Orte wie Bochum, Dortmund und Essen zählten 1849 zusammen nicht einmal 24000 Einwohner.[9] Das Bild begann sich jedoch zu ändern, erst langsam, dann immer schneller, in einem geradezu ,amerikanischen' Tempo, das Zeitgenossen vom ,,Wilden Westen" des Reiches sprechen ließ.[10] Von Süden kommend breitete sich die Industrie nach

Norden aus, vor allem Zechen, dann auch Hütten- und Stahlwerke sowie verarbeitende Industrien, die alle Arbeiter suchten. Der größte Arbeitermangel herrschte auf den Zechen, deren Belegschaft allein zwischen 1880 und 1913 von 80000 auf annähernd 400000 anwuchs. Hinzuzurechnen sind noch die Familienangehörigen: die Ehefrauen, Söhne und Töchter, aber auch die Eltern, Brüder und Schwestern, die häufig gleich mit in das Ruhrgebiet zogen oder aber später nachgeholt wurden.[11]

Der Zustrom ergoß sich vor allem in die nördlichen Zonen des Ruhrgebiets, wo die neuen Tiefbauzechen errichtet wurden, die eine Belegschaft von mehreren Tausend erreichen konnten. Die kleinen Dörfer und Bauernschaften wurden aus einem Dornröschenschlaf gerissen und mit einer Entwicklung konfrontiert, der sie sich kaum gewachsen zeigten. Ihre Bevölkerungszahl explodierte wie z. B. in Hamborn, das 1890 nur 4260 Einwohner zählte, 20 Jahre später jedoch (1910) mehr als 100000. In anderen Orten verlief die Entwicklung weniger dramatisch, doch auch hier vervielfachte sich im Zeitraum von 1890 bis 1910 die Bevölkerung.[12]

Seit den 1870er Jahren kam ein wachsender Anteil und schließlich die überwiegende Mehrheit der Zuwanderer aus den östlichen Provinzen Preußens. 1880 lebten in Rheinland-Westfalen 40000 Einwohner, die aus den Ostprovinzen stammten, 1910 annähernd 500000, die vor allem im Bergbau eine Beschäftigung gefunden hatten. 1913 stellten sie 140000 Bergleute, was einem Anteil von 36,8% der Belegschaft entsprach. In den Gemeinden des nördlichen Ruhrgebiets und den dort gelegenen Bergrevieren war ihr Anteil bedeutend größer. Schon 1901 betrug er im Bergrevier Recklinghausen-West 44,4% und in Gelsenkirchen 50,1% der Belegschaft. Ein großer Teil von ihnen waren Polen; ihr Anteil an der Gesamtbevölkerung betrug etwa 9%, erreichte jedoch in Orten wie Horst (40,2%) und Bottrop (35,1%) bedeutend höhere Werte.[13]

Der Anteil der Zuwanderer an der Gesamtbevölkerung des Ruhrgebiets stieg von etwa 45% im Jahre 1890 auf knapp 52% im Jahre 1910 an; hierbei handelt es sich um Durchschnittswerte, die den besonders hohen Zuwanderer-Anteil in nördlich gelegenen Gemeinden nicht erkennen lassen.[14] Zudem gehen sie nur vom Geburtsort der erfaßten Personen aus und berücksichtigen nicht den Herkunftsort der Eltern, wodurch die im Ruhrgebiet geborenen Kinder von Zuwanderern der einheimischen Bevölkerung zugeordnet werden. Das fällt besonders stark ins Gewicht, da die Zuwanderer überwiegend jung und im heiratsfähigen Alter waren. Unter ihnen überwog allerdings der Anteil der Männer so sehr, daß diese nur mit Schwierigkeiten eine Frau finden konnten und häufig auf Brautschau in die Heimat zurückkehrten, da dort die Erfolgsaussichten größer waren.[15] In den Ehen selbst war die Anzahl der Kinder größer als im preußischen Durchschnitt, so daß die aufgrund der Zuwanderung ohnehin junge Altersstruktur der Bevölkerung zusätzlich zu den jüngeren Altersklassen hin verschoben wurde. Diese hohe Geborenenziffer wurde nach der Jahrhundertwende für das Wachstum der

Bevölkerung zum ausschlaggebenden Faktor, während die Bedeutung der Zuwanderung relativ und auch absolut abnahm.[16] Unter den Bergleuten selbst lag der Anteil der Zuwanderer noch höher als in der Gesamtbevölkerung. Allein in den vier Ostprovinzen und im Ausland waren 1913 etwa 45% der Belegschaften geboren. Auch hier ergab sich nach der Jahrhundertwende eine gewisse Beruhigung: die Altersstruktur der Belegschaft verschob sich zu den über Dreißigjährigen, was darauf hinweist, daß viele von ihnen bereits eine längere Zeit als Bergleute arbeiteten; auch wuchs der Anteil derjenigen, die verheiratet waren und einen eigenen Haushalt hatten, wenngleich diese Veränderungen sich nur langsam durchsetzten.[17]

Die Angaben über die Zuwanderung allein spiegeln jedoch nicht den ganzen Umfang der Wanderungsbewegungen wider, die nur in seltenen Fällen mit der Ankunft im Ruhrgebiet beendet waren. Einige sahen sich in ihren Erwartungen getäuscht und kehrten heim oder zogen in ein anderes Gebiet. Die meisten jedoch blieben, ohne allerdings gleich seßhaft zu werden. Sie wechselten häufig ihren Wohn- oder Arbeitsplatz, verließen die Kommunen oder zogen innerhalb der Stadtgrenzen um. Tabelle 3 gibt die Zugänge, Abgänge und Umzüge innerhalb Essens für die Jahre 1890, 1900 und 1910 an sowie Vergleichszahlen für andere deutsche Städte. Wie irreführend es ist, zur Kennzeichnung der Mobilität allein die Zuwanderung zu berücksichtigen oder gar nur den Bevölkerungszuwachs, zeigen z. B. die Zahlen für 1910; dem Wanderungsgewinn zufolge war lediglich 1% der Stadtbevölkerung zugezogen, während eine Addition der verschiedenen Wanderungsbewegungen ergibt, daß – im statistischen Durchschnitt – 82,03% der Bevölkerung zu- bzw. weggezogen waren oder aber innerhalb der Stadtgrenzen ihren Wohnsitz geändert hatten.[18] Davon betroffen waren nicht nur ledige Arbeiter, sondern auch ihre verheirateten Kollegen und deren Familien, wenngleich diese etwas weniger häufig umzogen. Ihre Umzüge fanden vorwiegend innerhalb der Stadtgrenzen statt, während die hohe Mobilität zwischen den Gemeinden in erster Linie auf alleinstehende Personen zurückzuführen ist.[19] Hieraus ergaben sich zwangsläufig eine Vielzahl von Problemen für die Arbeiter wie für die Kommunen, auf die die Kommunen allerdings nur sehr schlecht vorbereitet waren.

a) Voraussetzungen

Ansätze einer städtischen Tradition gab es im Ruhrgebiet nur in Städten wie Dortmund, Bochum, Essen, Duisburg, Oberhausen oder Mülheim, die jedoch noch um die Mitte des Jahrhunderts verträumte Städtchen waren. Ihre Ausdehnung deckte sich in etwa mit den heutigen Stadtzentren; ihre Bedeutung war lokal und erstreckte sich kaum über das später eingemeindete Umland hinaus. Sie waren keine Verwaltungsstädte wie etwa Düsseldorf, Köln oder Münster, keine Garnisonsstandorte und noch keine bedeutenden

Industrie- und Handelszentren. Es gab in ihnen kaum Kristallisationspunkte, an denen eine städtische Tradition anknüpfen konnte, die andernorts einen Niederschlag fand in entwickelter Infrastruktur, Stadtplanung und städtischer Lebensweise. Entsprechend ihrer geringen Bedeutung hatten sich zentralisierende Aufgaben wie Markt, Verwaltung, Kultur und Verarbeitung kaum herausgebildet und damit auch kein städtisches Bürgertum, das in traditionellen Städten als spezifische Trägerschicht dieser Funktionen quantitativ und politisch große Bedeutung erlangt hatte. Anders als in zentralen Orten, wo das Wachstum der Bevölkerung sich in der von urbanen Mittelschichten gesteuerten Erweiterung städtischer Kerne ausdrückte, wurden im Ruhrgebiet zunächst nur Produktionsanlagen und Arbeitskräfte zusammengezogen, so daß sich erst sekundär, voraussetzungslos und verkümmert traditionelle urbane Formen und Strukturen herausbilden konnten.[20]

Mehr noch als für die Städte der Hellwegzone galt dies für die umliegenden Landgemeinden, worauf am Beispiel Altenessens ein Bericht des Regierungspräsidenten in Düsseldorf aus dem Jahre 1898 hinweist, der zu der Frage Stellung nehmen sollte, ob Altenessen eine Stadt bilde: ,,Zwar betrug die Einwohnerzahl nach der letzten Volkszählung 20984 und nach der letzten Personenstandsaufnahme im November vorigen Jahres 22384 Seelen, also weit mehr als viele Städte des Staatsgebiets zählten. Altenessen teilt aber das Schicksal vieler Industriegemeinden des Westens, nur ein Konglomerat von weit über das platte Land hin verstreuten Zechen, Arbeiterkolonien, einzelnen Häusern von Gruben- pp. Beamten, kleinen Gewerbetreibenden, von Kirchen, Schulhäusern pp. zu bilden, ohne über bloße Ansätze zur geschlossenen städtischen Bebauung bisher hinweggekommen zu sein. Von dem 1090 ha umfassenden Areal der Gemeinde Altenessen sind einschließlich der Hofräume und Gärten nur 218 ha bebaut, während 789 ha dazwischen liegenden Landes noch landwirtschaftlich genutzt wurden. Wirklich bebaut, aber nirgends geschlossen (...) sind dagegen nach Schätzung des Katasteramtes sogar nur $\frac{1}{7}$ oder $\frac{1}{8}$ jener 218 ha, also von den 1090 ha des Gemeindebezirks nur 27 bis 31 ha, die aber nicht zusammenliegen, sondern sich über das Gemeinde-Areal hin verstreuen. Charakteristisch ist ferner, daß nur eine einzige Straße in Altenessen überhaupt gepflastert ist (...), keine Straße, auch nicht einmal diese, aber ganz mit Bürgersteigen versehen ist.‘‘[21]

Es fehlte jedoch nicht nur an Bürgersteigen, es gab auch kaum ein Bürgertum. Entsprechend den Erfordernissen der aufblühenden Schwerindustrie waren fast ausschließlich Arbeiter zugewandert. 1907 hatte keine der damals fünf größten Ruhrgebietsstädte auch nur ein Viertel Selbständige und Angestellte, und in den umliegenden Industriegemeinden, in denen vor den Eingemeindungswellen noch zwei Drittel der Ruhrbevölkerung wohnten, dürfte der Anteil meist zwischen 10 und 15% gelegen haben.[22] Der bereits zitierte Bericht führt zu Altenessen aus: ,,Von den 22384 Einwohnern gehören 29 zu Gewerbetreibenden in Großbetrieben, 2101 zu Gewerbetreibenden in

Kleinbetrieben, 112 zum Stande der selbständigen Landwirte, 315 zu den landwirtschaftlichen Arbeitern und Dienstboten, 1670 zu den Staats-, Gemeinde- und Privatbeamten, aber 18157 zu den stark fluktuierenden Bergleuten und anderen gewerblichen Arbeitern, die also 81,1% der ganzen Bevölkerung ausmachen, während ein Hauptkriterium städtischen Lebens, der seßhafte Bürgerstand überhaupt fehlt."[23] Das habe, so fährt der Bericht fort, unmittelbare Auswirkungen auf die kommunalen Finanzen. 39% der Beschäftigten würden auf Grund ihres geringen Verdienstes gar nicht zur Steuer herangezogen, 85% verdienten weniger als 1200 Mark und nur 0,5% mehr als 6000 Mark im Jahr. Dadurch waren das Steueraufkommen und damit der finanzielle Spielraum für die Gemeinden sehr gering, während gleichzeitig ihre rasche Entwicklung viele Folgeprobleme mit sich brachte.[24]

Nicht nur ihre kurze Geschichte, auch der Bevölkerungsaufbau machte die Industrieorte des Ruhrgebiets zu jungen Gemeinden, in denen ein sehr großer Anteil der Bevölkerung nicht älter war als 15 Jahre. In Gelsenkirchen, das als Prototyp einer Industriegemeinde gelten kann, betrug ihr Anteil 43%, d. h. sie bildeten nahezu die Hälfte der Bevölkerung. Sie zahlten keine Steuern, verursachten aber hohe Kosten, da ein großer Teil von ihnen im schulpflichtigen Alter war, so daß z. B. in Gelsenkirchen um die Jahrhundertwende jedes Jahr für etwa 1200 zusätzliche Schüler Klassenzimmer bereitgestellt, Gebäude errichtet und Lehrer angestellt werden mußten.[25] Da die Finanzierung des Schulwesens zum Aufgabenbereich der Kommunen zählte, mußten die erforderlichen Geldmittel allein von diesen aufgebracht werden, und sie beanspruchte einen großen Teil des Gemeindeetats.[26]

Ein zweiter wichtiger Kostenfaktor war durch die Notwendigkeit gegeben, die rasch wuchernden, zerstreut besiedelten Industriegemeinden zu erschließen und Straßen zu bauen sowie zu unterhalten. Die vorhandenen Straßennetze erwiesen sich als völlig unzulänglich, und die Gemeinden, wie z. B. Bochum, sahen sich gezwungen, „sehr kostspielige Straßenverbreiterungen vorzunehmen".[27] Zudem machten sich mit der Erweiterung der Bebauung und dem Anwachsen des Straßenverkehrs die zahlreichen Gleise der Eisenbahn und der Anschlußbahnen der Zechen und industriellen Werke äußerst störend bemerkbar, die häufig ohne Planung und Koordination durch die Gemeinden von den einzelnen Werken entsprechend ihren jeweiligen Bedürfnissen errichtet worden waren. Die Stadt Bochum mußte deshalb „erhebliche Mittel zum Bau von Über- bzw. Unterführungen zur Verfügung stellen".[28] Als besonders kostspielig erwies sich zudem die häufig „notwendige Erneuerung der Straßendecken, die unter den vielen Lastfuhrwerken und besonders, seit Einbürgerung des Kraftwagens, der Lastautomobile in der Industriegegend besonders stark zu leiden haben".[29]

Volksschul- und Tiefbauausgaben verzehrten in den jungen Industriestädten Jahr für Jahr einen großen Teil des Gemeindeetats; in Herne z. B. entfielen auf diese beiden Faktoren 45,3%, also fast die Hälfte der zur Verfügung stehenden Mittel. Dieser hohe Prozentsatz erklärt sich jedoch nicht nur aus den hohen Folgekosten der raschen industriellen Entwicklung, er ist vielmehr auch auf die völlig unzureichende finanzielle Ausstattung der Industriegemeinden zurückzuführen.[30]

b) Steuern

Die steuerliche Grundlage für die Gemeindeetats war durch das Kommunalabgabengesetz gegeben, das 1893 unter der Federführung des damaligen Finanzministers Miquel reformiert worden war. Er hatte beabsichtigt, die Einkommensteuer zu schonen und die erforderlichen Mittel durch die Überweisung der Realsteuern an die Gemeinden, den Ausbau der Gebühren und durch indirekte Steuern aufzubringen.[31]

Wenngleich das Gesetz ausdrücklich auf die Bedeutung der indirekten Steuern hinwies, konnten sich viele Gemeinden anfänglich nicht zu deren Einführung entschließen. Im Landkreis Recklinghausen z. B. wurden sie erst auf wiederholtes Drängen des Regierungspräsidenten und des Landrates am 1. April 1895 in einer vorerst kleinen Zahl von Gemeinden eingeführt. Dazu zählten die Bier-, die Lustbarkeits- und die Hundesteuer sowie die Immobilienumsatzsteuer, die jedoch insgesamt auch 1907 erst 5,45 % aller Gemeindesteuern ausmachten, die im Landkreis Recklinghausen erhoben wurden. Den höchsten Ertrag erbrachte noch bis 1905 die Biersteuer, da die Gemeinderäte die Immobilienumsatzsteuer niedrig hielten und argumentierten, daß diese ,,vor allem den Bergmann treffe, der sich aus Ersparnissen ein Haus baue".[32]

Ihre eigenen Bauvorhaben dürften ihnen allerdings näher gestanden haben, denn in den Gemeinderäten dominierten neben der Industrie die Grundbesitzer, die es verstanden, ihre Interessen durchzusetzen. Das zeigte sich auch bei der sogenannten Steuer nach dem gemeinen Wert, die es ermöglichen sollte, den Wertzuwachs und damit die Spekulationsgewinne zu besteuern, die aus der raschen Zunahme der Bevölkerung und der daraus erwachsenden Nachfrage nach Boden resultierten. Während diese Steuer jedoch 1910 in den meisten Großstädten eingeführt war, hatte sie in vielen Industrie- und Bergbaugemeinden – so Borbeck, Bottrop, Buer, Herne, Wanne, Witten etc. – keine Gültigkeit.[33]

Der Ertrag aus der Grund- und Gebäudesteuer blieb begrenzt; ähnliches galt für die Gebühren. Damit waren neben unbedeutenden Stempelsteuern vor allem die Erträge gemeint, die von kommunalen Betrieben wie Wasser- und Elektrizitätswerken, Schlachthöfen etc. erwirtschaftet wurden, die die Städte des Deutschen Reiches in wachsender Zahl errichteten. In gewissem Umfange war das auch in den Städten der Hellwegzone der Fall, die jedoch in doppelter Weise in eine Konkurrenz zu den großen Industriebetrieben gerieten. Einerseits waren diese bestrebt, möglichst weitgehend Selbstversorger zu sein und vor allem die benötigte Energie selbst zu produzieren, so daß sie als die potentiell wichtigste Abnehmergruppe ausfielen. Übrig blie-

ben kleinere Betriebe und Privatabnehmer, für die auf Grund der zerstreuten
Besiedlung nur unter sehr hohen Kosten ein Versorgungsnetz errichtet werden konnte.[34] Hinzu kam, daß viele der großen Betriebe dazu übergingen,
über ihren eigenen Bedarf hinaus Gas und Elektrizität zu produzieren und
diese den Kommunen zum Kauf anzubieten. Da sie die erforderliche Kohle
zum Selbstkostenpreis erhielten und zudem durch die zusätzliche Produktion eine bessere Kapazitätsauslastung erreichten, konnten die Städte mit
ihnen kaum konkurrieren.[35] Das galt vor allem für die Landgemeinden, die
in der Regel nicht einmal die für die Errichtung der kommunalen Werke
erforderlichen Finanzmittel aufbringen konnten. Sie beschränkten sich, wie
z. B. Bottrop, darauf, ein Leitungsnetz zu installieren und zu unterhalten,
während die Energie selbst von einer Zeche geliefert wurde. Das konnte
kurzfristig sinnvoll und für die Kommunen obendrein auch noch profitabel
sein, doch brachte es sie in Abhängigkeit von den Industriebetrieben, die
zum Teil erst in der Weimarer Republik und unter großen Schwierigkeiten
beseitigt werden konnte.[36]

Da die bisher genannten Finanzquellen nur bescheidene Erträge brachten,
blieben als wichtige Steuern nur noch die Gewerbe- sowie die Einkommensteuer. Die Erhebung der Gewerbesteuer brachte vor allem in monoindustriellen Bergbaugemeinden zahlreiche Probleme mit sich. Ihre Höhe war
weitgehend von der schwankenden Ertragslage der Zechen abhängig, was
die Gemeinden etwa während der Depressionsphase der 1870er und 80er
Jahre erfahren mußten. Zusätzlich mußten sie in zum Teil langwierigen
Auseinandersetzungen durchsetzen, daß die einzelnen Betriebsstätten getrennt besteuert werden konnten. Lange Zeit hindurch waren nämlich die
gesamten Steuern nur am Verwaltungssitz der verschiedenen Firmen erhoben worden, so daß viele Gemeinden, die innerhalb ihrer Grenzen Filialbetriebe hatten, leerausgingen, obgleich sie die erforderlichen infrastrukturellen Investitionen erbringen mußten.[37]

Wichtiger jedoch als derartige Umverteilungsprobleme waren die Konsequenzen, die sich aus der besonderen Struktur des Bergbaus ergaben. Auf
den Zechen gab es nur eine kleine Gruppe gut verdienender technischer
bzw. kaufmännischer Angestellter, und der Betrieb der Gruben erforderte
nur sehr wenige mittelständische Zulieferungs- oder Weiterverarbeitungsbetriebe, so daß im Jahresbericht der Handelskammer von Bochum im Jahre
1910 geklagt wurde: ,,Unsere Städte und Gemeinden sind vorwiegend Arbeiterorte, die Schicht der wohlhabenden Bevölkerung ist dünn, die Besitzer
der großen, die Bewunderung der Welt erregenden Werke wohnen zum Teil
außerhalb des Bezirkes und tragen an den Lasten nicht mit.''[38] Gleichzeitig
waren die Gruben überaus personalintensive Betriebe mit einer großen Arbeiterschaft, so daß den Kommunen bei niedrigem Steueraufkommen überproportional hohe Folgekosten erwuchsen.[39]

Ein Ausweg bot sich mit der Einführung einer Kopfsteuer an, wonach die
Betriebe für jeden Beschäftigten eine fixe Summe zu zahlen hatten. Dieses

Verfahren ergab einerseits eine Unabhängigkeit von der Ertragslage und erlaubte zudem, die Bergwerke mit ihren zum Teil mehrere tausend Arbeiter zählenden Belegschaften besser zu erfassen. Die Einführung dieser Steuer war allerdings in den Industriegemeinden mit großen Schwierigkeiten verbunden, ,,da in ihren Stadtparlamenten die Industrie zumeist die Mehrheit hat(te)".[40] Nach und nach wurde sie jedoch in den verschiedenen Gemeinden eingeführt und trug dazu bei, zumindest in gewissem Umfange die Zechen zur Finanzierung der Folgekosten heranzuziehen, die ,,die durch sie hervorgerufene Arbeiterkonzentration den einzelnen Gemeinden (...) verursacht hat".[41]

Als wichtigste Steuer jedoch erwies sich in den Gemeinden des Ruhrgebiets auf Grund ihrer spezifischen strukturellen Probleme – entgegen der Absicht Miquels – die Einkommensteuer, die als Zuschlag zur staatlichen Einkommensteuer erhoben wurde. Die Höhe des Zuschlags wurde von den Mitgliedern des Gemeinderats festgelegt, die sich wiederum an den Bedürfnissen und Erfordernissen der Kommune wie auch am eigenen Geldbeutel orientierten. Sie waren als Steuerzahler bestrebt, die anfallenden Kosten und damit auch die zu erhebenden Steuern möglichst niedrig zu halten. Andererseits jedoch war der Zuständigkeitsbereich der Kommunen vom Staat festgesetzt worden, und sie waren verpflichtet, die Kosten, die etwa beim Tiefbau und im Schulbereich anfielen, zu tragen. Auf staatliche Zuschüsse hatten sie keinen Anspruch mehr, nachdem das Schulgesetz von 1897 den Grundsatz aufgestellt hatte, ,,daß Gemeinden mit mehr als 25 Lehrerstellen als wohlhabend zu betrachten seien und keiner Staatszuschüsse bedürften".[42]

Wie oben bereits erwähnt, waren die anfallenden Kosten in den Landgemeinden und Städten des Ruhrgebiets besonders hoch. Um diese überhaupt finanzieren zu können, wurden Zuschläge zur Einkommensteuer erhoben, die bedeutend höher lagen als in traditionellen städtischen Regionen. In Berlin und Frankfurt z. B. betrugen sie 1907 100%, während sie in Alstaden auf 275%, in Höntrop auf 360% und in Obersprockhövel auf 400% emporgeklettert waren.[43] Trotz dieser für den einzelnen Arbeiter drei- bzw. viermal höheren Steuerbelastung blieb das Aufkommen für die Kommunen gering. In Borbeck z. B. erbrachte die Einkommensteuer 1905 bei einem Zuschlag von 220% nur 630 Mark pro Einwohner, während die Stadtkasse in Frankfurt 2617 Mark pro Bewohner erhielt. Hier machte sich das Überwiegen schlecht verdienender Arbeiter, das Fehlen gutsituierter Mittelschichten und der hohe Anteil an Kindern und Jugendlichen in den jungen Industrieorten bemerkbar.[44]

Entsprechend den geringen Einkünften fielen auch die Ausgaben der Kommunen im Ruhrgebiet niedrig aus, was sich vor allem im Schulbereich bemerkbar machte. So wurden 1911 in Gelsenkirchen für jeden Volksschüler 67,31 Mark aufgewendet, während für den gleichen Zweck in Wiesbaden 114,02 Mark und in Wilmersdorf 138,13 Mark zur Verfügung standen. In den beiden letztgenannten Städten wurden die unteren Einkommensgruppen im Gegensatz zu Gelsenkirchen und Herne gar nicht besteuert. Zudem waren hier auch die Gemeindeschulden pro Einwohner doppelt bis dreimal so hoch – auch dieses entgegen der ersten Vermutung ein Zeichen größerer Prosperität. Die Aufnahme von Krediten diente dazu, Investitionen zu finanzieren und das kommunale Dienstleistungsangebot auszubauen. Während Städte wie Wiesbaden die erforderlichen Kredite ohne größere Schwierigkeiten erhielten, waren verarmte Orte wie Herne nicht kreditwürdig.[45] Ihr Gemeindeetat war allein auf Grund der gesetzlich vorgeschriebenen Ausgaben bereits so arg strapaziert, daß ihnen der Spielraum fehlte, aufgenommene Kredite zu tilgen. In einer fast schon systematischen Weise war es den Industriedörfern des Ruhrgebiets erschwert, bestehende Defizite zu beseitigen; diese blieben vielmehr bestehen und wurden sogar noch verstärkt.[46]

c) Die reichen und die armen Schwestern

Die Unterschiede, die im Vergleich zu traditionellen Städten bestanden, gab es auch innerhalb des Ruhrgebiets selbst, wo sie im Nord-Süd-Gefälle bis heute fortbestehen. Bredeney, im Süden Essens gelegen, zählte zu den reichsten deutschen Gemeinden; hier lag die Villa Hügel, der Sitz der Familie Krupp, deren Betriebe zwar in Altendorf lagen und dort Kosten verursachten, deren Einkommen aber zum großen Teil an ihrem Bredeneyer Wohnort versteuert wurde. Außerdem wohnte dort ein großer Teil der Essener Oberschicht, angelockt durch einen niedrigen Steuersatz von 110% und eine Landschaft, die von der Industrialisierung verschont geblieben war. Die Stadt Essen versuchte, Bredeney einzugemeinden, um großräumiger planen zu können und um die Steuerflucht unmöglich zu machen. Sie stieß jedoch immer wieder auf Widerstand und kam erst zum Ziel, nachdem sie durch eine Berliner Strohfirma soviel Boden in Bredeney erworben hatte, daß sie den dortigen Gemeinderat unter Druck setzen konnte.[47]

Etwa zur gleichen Zeit gab es Bestrebungen, die im Norden gelegenen Orte einzugemeinden, um das Stadtgebiet zu erweitern, Platz für Industrieanlagen und Zugang zum Rhein-Herne-Kanal zu bekommen. 1914 wurden mit Altenessen und mit Bredeney Eingemeindungsverträge abgeschlossen, deren Inhalt die unterschiedliche Struktur der beiden Orte recht genau widerspiegelt.[48] Im Falle Altenessens verpflichtete sich die Stadt Essen, die dringendsten infrastrukturellen Defizite zu beheben. Es wurde festgelegt, daß ,,für Chaussierung und Pflasterung, Bordstein- und Bürgersteiganlagen der in einem besonderen Verzeichnis aufgeführten Straßen im Altenessener Bezirk" jährlich 150000 Mark aufzubringen seien.[49] Es folgt die ziemlich unverbindlich gehaltene Zusage, eine Badeanstalt und eine Turnhalle mit Jugendheim neu zu bauen, öffentliche Plätze, Anlagen, Grünflächen und Spielplätze zu erhalten und zu erweitern, sowie die Verpflichtung, eine Mädchen-Mittelschule und eine Fortbildungs- und Industrieschule zu errichten. Schließlich noch die wiederum unverbindliche Zusage, die Entwicklung

Altenessens in jeder Beziehung „nach den heutigen Grundsätzen des Städtebaus und der Städteverwaltung zu fördern".[50] Die Bredeneyer Einwohner hingegen hatten eine bedeutend bessere Ausgangsposition und mehr Möglichkeiten, Forderungen zu stellen. Gleich zu Anfang des Vertrages erhielten sie die Garantie, daß der Zuschlag zur staatlichen Einkommensteuer bis 1934 auf 110% beschränkt bleiben sollte, während für Altenessen derselbe Satz von 200% galt wie in der Stadt Essen. Ferner war garantiert, daß ebenfalls bis 1934 die Grundwertsteuer nicht eingeführt werden durfte. Nachdem so die Kosten minimiert waren, wurden in einem zweiten Schritt weitreichende Vorteile und Leistungen durchgesetzt. Es wurden kurzfristige Termine vereinbart, innerhalb derer eine Reihe von Straßen auszubauen und zu befestigen waren; die Stadt Essen verpflichtete sich, für die Pendler eine Schnellbahn zu bauen sowie Omnibus- und Straßenbahnlinien einzurichten, wodurch der Charakter Bredeneys als bevorzugte Wohngegend festgeschrieben wurde. Es wurde ausdrücklich festgelegt, daß der Bredeneyer Bezirk „sich zu einem Wohnviertel mit vorwiegend offener Bebauung entwickeln" solle: „Die Stadt Essen muß daher bestrebt sein, die vorhandenen Wälder zu erhalten und unter Benutzung der vorhandenen Täler (...) zu zusammenhängenden Grünzügen auszubilden. Die Neuanlage gewerblicher Betriebe, die durch Rauch, Flugasche, Abwässer, Geruch oder Geräusche die Anwohner belästigen, soll möglichst verhindert werden."[51] Der entsprechende Abschnitt im Vertrag mit Altenessen lautete – man beachte die Reihenfolge: „außer der Erschließung von Industrie- und Handelsvierteln sind besondere Wohnviertel vorzusehen", und die versprochene Förderung der Entwicklung Altenessens wurde inhaltlich mit dem Ausbau der Industrie gleichgesetzt, „sei es durch Anlage neuer Straßen, durch Herstellung neuer Straßenbahnen, durch Förderung des Ausbaues der Staatseisenbahnen, durch Errichtung öffentlicher Schulen und Anstalten usw.".[52] Zur Absicherung ihres ohnehin privilegierten Status ließen die Einwohner Bredeneys sich schließlich noch garantieren, daß das Realgymnasium zu erhalten und als Vollanstalt auszubauen sei; ähnliches galt für das Lyzeum, für das ein Neubau und die Einrichtung der noch fehlenden Klassen zugesagt wurde.[53] Damit war juristisch fixiert, was sich auf Grund unterschiedlicher Voraussetzungen gewissermaßen naturwüchsig ergeben hatte. Bredeney war und blieb eine Oase der Zuflucht vor der Unbill der Industrie; die Marktgesetze stellten sicher, daß sich dort nur wohlhabende Bürger niederlassen konnten, und die Stadt Essen garantierte, daß es ihnen und ihren Kindern nicht an den erforderlichen kommunalen Einrichtungen fehlen werde. Die Entwicklung Altenessens hingegen hing auch weiterhin von den Interessen der Industrie ab. Der Stadt war freie Hand gegeben, die erforderlichen Verkehrswege wie Straßen und Eisenbahnen zu errichten, die die bereits bestehende Zersiedelung und Durchtrennung dieser Gemeinde fortschrieben. Nennenswerte

Ansätze zu einer kompensatorischen kommunalen oder auch staatlichen Politik, die für die wenig attraktiven Lebensbedingungen entschädigen sollte, hat es nicht gegeben. Das notorische Defizit an öffentlichen Einrichtungen blieb vielmehr bis in die 1960er Jahre und zum Teil bis auf den heutigen Tag bestehen. Das Gefälle zwischen dem wohlhabenden, landschaftlich sehr reizvollen Süden und dem ärmeren, weithin verrußten Norden kennzeichnet bis heute das Ruhrgebiet, und es hat den Anschein, als werde sich die Kluft noch vergrößern.[54]

d) Politik und Kommunalverfassung

Die geringe Bedeutung öffentlicher Leistungen für die Arbeiterbevölkerung des Ruhrgebiets erklärt sich nicht nur aus dem beschriebenen Mangel an finanziellen Ressourcen; ebenso wichtig war die politische Verfassung der Gemeinden, die sicherstellte, daß die ohnehin schon restriktive kommunale Ausgabenpolitik sich zudem an den Interessen der Industrie und des besitzenden Mittelstandes orientierte.

Die Gemeinderäte wurden nach dem sogenannten Dreiklassenwahlrecht gewählt. Entsprechend dem Steueraufkommen wurden drei Klassen gebildet, auf die jeweils die gleiche Steuersumme entfiel. Diese Klassen wurden nun mit Wahlberechtigten so aufgefüllt, daß deren Steuersumme sich zu der vorher berechneten addierte. Das führte dazu, daß die erste Klasse, in der die wichtigsten Steuerzahler zusammengefaßt waren, nur wenige Mitglieder hatte, denen in der dritten Klasse oftmals mehrere tausend Arbeiter gegenüberstanden. Da nun jede Klasse jeweils ein Drittel des Gemeinderates wählte, war zwangsläufig der Einfluß der wohlhabenden Einwohner unverhältnismäßig groß. Zusätzlich gab es im Rheinland und in Westfalen noch Besonderheiten, die zu einer weiteren Verzerrung beitrugen.[55]

In den rheinischen Gemeinden waren die größeren Grundbesitzer als sogenannte Meistbeerbte geborene Mitglieder des Gemeinderates und stellten z. B. in Borbeck fast durchweg mehr als zwei Fünftel der Mitglieder. Sie hatten von der Industrie durch den Verkauf ihrer Grundstücke profitiert und das Geld weitgehend zum Bau von Wohnungen, Wirtschaften oder ähnlichem benutzt, hatten aber kaum ein Eigeninteresse an öffentlichen Investitionen. So gut es eben ging, versuchten sie, jede Ausgabe zu verhindern, die ihnen keinen mittelbaren und unmittelbaren Vorteil brachte, denn sie hätten diese selbst über eine Erhöhung der Steuern mitfinanzieren müssen. So erschienen sie nur zu Sitzungen, auf denen Grundbesitzinteressen verhandelt wurden und machten durch ihr Nichterscheinen andere Sitzungen beschlußunfähig. Sie sahen es als Aufgabe der Industrie an, die notwendigen Ausgaben zu finanzieren, und weigerten sich beharrlich, Steuererhöhungen zuzustimmen, die der Gemeindeverwaltung einen Spielraum gegeben hätten.[56]

In Westfalen waren die Industriebetriebe selbst im Gemeinderat vertreten, da hier auch juristische Personen wahlberechtigt waren. In Bottrop z. B. hatte das zur Folge, daß es in der ersten Klasse nur einen Wähler gab: die Arenberg AG.[57] Das Wahlrecht der juristischen Personen führte dazu, daß auch in anderen Industriegemeinden und kleineren Industriestädten ,,die Berg- und Hüttenwerke die einzigen Wähler der ersten Abteilung waren und ein Drittel der Stadt- und Gemeindeverordneten ernennen konnten; in der zweiten Abteilung wählten ihre Direktoren und Angestellten sowie die vom Werke wirtschaftlich abhängigen Gewerbetreibenden und gewährleisteten ihnen somit eine sichere Mehrheit".[58] Es überrascht nicht, daß die Unternehmer diese nahezu paradiesischen Zustände auch auf die Rheinprovinz übertragen wollten und das dortige Wahlrecht ,,sehr reformbedürftig" fanden; doch ihren wiederholten Anträgen, ,,daß in Zukunft den juristischen Personen hinsichtlich der Gemeindevertretung dieselben Rechte zugestanden würden wie den persönlichen Gemeindevertretern", wurde nicht stattgegeben.[59]

Allein diese Konstellation erklärt schon das geringe Interesse, das Arbeiter der Kommunalpolitik entgegenbrachten. Hinzu kam, daß nur derjenige das Wahlrecht ausüben konnte, der bereits ein Jahr am Ort ansässig war, einen eigenen Haushalt bildete und zur kommunalen Einkommensteuer herangezogen wurde. Damit waren die mobilen Arbeiter, die jungen, ledigen Arbeiter, die überwiegend zur Untermiete wohnten, und teilweise auch die ärmeren Arbeiter vom Wahlrecht ausgeschlossen. Aber auch die anderen haben die Möglichkeiten der Einflußnahme sehr gering eingeschätzt, wie die äußerst niedrigen Wahlbeteiligungen zeigen.[60] Wo trotz aller Sicherungen dennoch die Gefahr drohte, daß die Arbeiter allein auf Grund ihrer schieren Zahl Einfluß gewinnen könnten, wurde – wie in Bottrop – versucht, durch geschickte Neueinteilung der Wahlkreise den Status quo festzuschreiben und Verfahrensvorschriften zu erlassen, die sicherstellen sollten, daß die Gewählten möglichst aus der altansässigen Einwohnerschaft stammten.[61]

Die Kommunalpolitik wurde so zu einem Bereich, der fast ausschließlich dem grundbesitzenden Mittelstand und der Industrie vorbehalten blieb, deren Interessen sich allerdings nicht unbedingt deckten. Die überkommene bäuerliche Schicht und die Vertreter der Industrie waren sich allerdings einig, daß kommunale Ausgaben und kommunale Eingriffe möglichst gering zu halten seien. Zusätzlich zu diesen beiden Gruppen bildete sich jedoch langsam ein gewerblicher und administrativer Mittelstand heraus, der den ländlichen Industriedörfern städtisches Gepräge verleihen wollte.

Um eine besser geordnete Planung und höhere Ausgaben durchsetzen zu können, bemühten sich zahlreiche Bürgermeister, ihre Gemeinde zur Stadt erheben zu lassen; dadurch wäre im wesentlichen das reine Dreiklassenwahlrecht eingeführt worden, was – heute kaum nachvollziehbar – für sie ,,ein fortschrittlicher Traum" war.[62] Die kommunalen Verwaltungen in Allianz mit den örtlichen Gewerbetreibenden und dem Kleinbürgertum hätten dadurch eine größere Unabhängigkeit von den Landräten, grundbesitzenden

Bauern und der Industrie erhalten, diese stärker besteuern, damit Planung und Infrastruktur finanzieren und so weiteres Bürgertum anziehen können. Dem Dilemma, manövrierunfähig zwischen den Zwängen unaufschiebbarer Ausgaben und dem Ausbleiben hinreichend großer Einnahmen gefangen zu bleiben, wollten sie durch eine politische Flucht nach vorn entgehen, um als selbständige politische Einheiten ihre kühnen Projektionen einer städtischen Zukunft verwirklichen zu können.[63]

In ihren Anträgen bemühten sie sich, Spuren bürgerlicher Wohlanständigkeit nachzuweisen, doch dies blieb meistens vergeblich, ihre Anträge wurden abgelehnt.[64] Über die Hintergründe, die den ablehnenden Bescheiden der übergeordneten staatlichen Stellen zugrunde lagen, gibt der bereits zitierte verwaltungsinterne Bericht anläßlich des Antrages von Altenessen Auskunft. Er führt an, Altenessen bilde lediglich ein Konglomerat weit über das Land verstreuter Zechen, Arbeiterkolonien, einzelner Häuser etc.; es gebe kein steuerkräftiges Bürgertum, und insgesamt glichen die „Arbeitergemeinden allem anderen eher als dem, was man mit dem Begriff einer Stadt gemeinhin verbindet". Vor allem aber sprächen „politische Gründe" gegen eine Stadterhebung: „Zu dem Nachteil ultramontaner pp. Stadtverordneter Mehrheiten und der durch sie beeinflußten Bürgermeisterwahlen (...) würden städtische, und zwar von der Aufsicht des Landrats ganz losgelöste Polizeiverwaltungen treten. Zu welchen Folgen dieser eine straffe Staatsaufsicht ausschließende Zustand in Zeiten wirtschaftlicher Krisen oder politischer Gährung in dem dichtbevölkertsten Industriegebiet des preußischen Staates führen könnte, liegt auf der Hand, so daß ich (...) abgesehen von den weiter oben hervorgehobenen meines Erachtens durchschlagenden Bedenken auch aus diesen politischen Gründen mich grundsätzlich gegen die Verleihung der Städte-Ordnung an die fraglichen Arbeitergemeinden, in diesem Falle Altenessen, ausspreche."[65] Mit einer ähnlichen Begründung wurde der Bottroper Antrag aus dem Jahre 1906 abgelehnt. Der zuständige Kreistag argumentierte, die erhofften finanziellen Vorteile würden sich nicht einstellen; die Kommune zeige weder in der Entwicklung noch in der Zusammensetzung der Bevölkerung städtisches Gepräge und außerdem sprächen „gewichtige politische Gründe, namentlich die zu einem Drittel polnische Bevölkerung, gegen die Verleihung der Städterechte".[66]

Gewiß, einigen dieser Riesendörfer ist in der Folge dennoch der Aufstieg zur Stadt geglückt – nachdem sie zum Teil über 100000 Einwohner hatten und der Skandal zu groß geworden und nachdem 1906 die Polizeigewalt in stadtübergreifenden staatlichen Polizeidirektionen zusammengezogen worden war. Der Schritt mochte dem Schulbau, einem Park sowie der Planung und Pflasterung von Straßen zugute kommen, aber im Grunde kam er zu spät: Das Entwicklungsmuster stand längst fest, die Betriebe, Verkehrsanlagen und Kolonien waren nicht mehr zu ändern, die ökologische Verwüstung bereits eingetreten. Auch der nach dem Ersten Weltkrieg eingesetzten Regionalplanung blieb vor allem Bestandswahrung und Rationalisierung. Die

Masse der Industriedörfer wucherte aber weiter, bis sie in einer der Eingemeindungswellen von einer der Städte, die Land für die Ansiedlung von Betrieben und Menschen suchten, als Vororte aufgesogen wurden. Für die arbeitende Bevölkerung machte dies wenig Unterschied, da die ohnehin bruchstückhafte Urbanisierung ihrer unmittelbaren Umwelt nun in der Stadtteillage bestehen blieb.[67]

3. Die Wohnungsfrage

Es ist sehr fraglich, ob die Verleihung der Stadtrechte der Arbeiterbevölkerung nennenswerte Vorteile gebracht hätte. Das Dreiklassenwahlrecht und damit die Dominanz der grundbesitzenden Mittelschichten sowie der Industrie wäre davon nicht berührt gewesen. Die Bürger von Bottrop hofften – so steht es in ihrem Antrag –, daß „durch die Verleihung der Städeordnung das Ansehen der Gemeinde und die Kreditfähigkeit der Geschäftsleute wesentlich gehoben wird".[68] Den dadurch gewonnenen Spielraum hätten sie schwerlich in kommunale sozialpolitische Initiativen umgesetzt. Sie wollten bessere Bedingungen für einen ungestörten Lauf der Geschäfte und der wirtschaftlichen Expansion, die sie trugen und von der sie profitierten. Ein Eingreifen kommunaler Verwaltungen hätte nur gestört und wurde immer wieder zurückgewiesen, wie vor allem die Entwicklung der Wohnungsfrage zeigt.

Die Wohnungsfrage war eines der wichtigsten und drängendsten Probleme, die sich mit dem enormen Bevölkerungswachstum stellten. In nahezu allen zeitgenössischen Berichten wird über den Mangel an Wohnungen und Unterkunftsmöglichkeiten geklagt. Der Minister für Handel und Gewerbe z. B. faßte 1891 die Berichte der Regierungspräsidenten von Münster und Arnsberg zu dem Ergebnis zusammen, daß die Wohnungsverhältnisse der bergarbeitenden Bevölkerung „in zahlreichen Kreisen während der letzten Jahre eine erhebliche Verschlechterung erfahren haben".[69] Dasselbe galt auch für die anderen Arbeitergruppen. Der zweite Bürgermeister von Dortmund war 1886 in einer Untersuchung zu dem Schluß gekommen, daß „tatsächlich eine Wohnungsnot vorhanden sei". So gebe es in der inneren Stadt „noch eine ziemliche Anzahl alter notdürftig erhaltener Häuser mit niedrigen Stockwerken, kleinen Zimmern, mangelhaften Aufgängen, kleinen winkeligen Höfen und zum Wohnen nicht besonders geeigneten Neben- und Hinterhäusern, welche den Arbeitern als Wohnstätte dienen".[70] Der Essener Stadtbaumeister berichtete ähnliches, erklärte jedoch zugleich, hier eine Abhilfe zu schaffen, sei nicht Aufgabe der Gemeinde; es sei vielmehr „in erster Linie Sache der Besitzer der sich so glücklich entwickelnden industriellen Werke, für ein gutes Unterkommen der für sie notwendigen Arbeitermassen Sorge zu tragen".[71] Er verwies auf Alfred Krupp, der „ganz Außerordentliches für die Schaffung gesunder, behaglicher Arbeiterwohnungen geleistet" habe.[72] In anderen Orten verfing eine derartige Entschuldigung nicht, da hier der Werkswohnungsbau noch in seinen Anfängen steckte. Es herrschte jedoch allgemein die Ansicht vor, daß die Wohnungsfrage keine Angelegenheit der Kommunen sei. So zumindest argumentierten die Gemeinderäte, die dafür ihre Gründe hatten.

Der große Bedarf an Wohnungen und Grundstücken hatte ein Spekulationsfieber ausgelöst. Die Grundstückspreise explodierten. So stieg in einem Dortmunder Außenbezirk der Preis pro Hektar von 4200 Mark im Jahre 1884 auf 35000 Mark im Jahre 1901, in Hamborn kostete der Hektar Bauland 1907 durchschnittlich ,,140000 Mark, während er vor 20 Jahren nicht den 100. Teil kostete".[73] Ein großer Teil des Bodens befand sich allerdings bereits im Besitz der Zechengesellschaften, die vielerorts umfangreichen Grundbesitz erworben hatten, um Schadensersatzansprüchen wegen eventuell auftretender Bergschäden vorzubeugen. So befanden sich nach einer Aufstellung aus dem Jahre 1909 in Essen 24,6% der gesamten Fläche, in Gelsenkirchen 36,8% und in Hamborn sogar 58,3% im Besitz der Industrie. Diese Grundstücke waren der Spekulation, aber auch der Nutzung, weitgehend entzogen, ein Problem, mit dem die Gemeinden heute noch zu kämpfen haben.[74]

Wer über Grund und Boden oder über etwas Kapital verfügte, suchte die sich bietenden Gewinnchancen wahrzunehmen und möglichst alle Eingriffe abzuwehren, die den Profit zu verringern drohten. Es bildeten sich Terraingesellschaften – in denen auch Stadträte vertreten waren –, die von der fieberhaften Entwicklung der Grundstücks- und Häuserpreise profitieren wollten. Der Herner Baumeister urteilte 1912, daß ,,das Aufkommen einer lediglich zu Spekulationszwecken mit minderwertigem Material und mangelhafter Ausführung arbeitenden Bautätigkeit (. . .) eine bekannte üble Folge der schnellen Entwicklung der Industriestädte und -gemeinden" gewesen sei.[75] Da konnte es schon einmal passieren, daß ein Haus einstürzte, weil ,,der Bau aus auffallend schlechtem Material ausgeführt war".[76] Dies war sicherlich nicht die Regel, und das Besondere an der Bauspekulation im Ruhrgebiet war auch nicht, daß die Häuser minderwertig und überfüllt waren. Das gab es auch in anderen städtischen Agglomerationen. Kennzeichnend für das Ruhrgebiet war vielmehr, daß das ortsansässige Bürgertum weder zahlreich noch kapitalkräftig genug war, um die Nachfrage nach Wohnungen auch nur annähernd zu befriedigen.

Das galt besonders in den Landgemeinden des nördlichen Ruhrgebiets, in deren Gebiet die Zechen vorgerückt waren.[77] Hier sahen sich die Bergwerke, wie z. B. die Arenberg AG, angesichts der ,,herrschenden Wohnungsnot (. . .) gezwungen, Arbeiterhäuser zu errichten, um überhaupt Arbeiter für unseren Grubenbetrieb zu gewinnen und sie geneigt zu machen, in die hiesige Gegend zu ziehen"; und sie versicherten, sie hätten ,,dieselben nicht errichten lassen, um hohen Mietzins daraus zu erzielen".[78] Das mag in diesem Falle gestimmt haben, wenn es auch nicht die ganze Wahrheit war, wie noch zu zeigen sein wird.

a) Kommunale Wohnungspolitik

Ungeachtet derartiger Beteuerungen hehrer Absichten war die Beteiligung am Grundstücks- und Wohnungsmarkt allemal profitabel. Das sahen auch einige Stadtverwaltungen und Bürgermeister, die durch ein Eingreifen der Kommunen die schlimmsten Auswüchse der Spekulation verhindern wollten; sie wiesen darauf hin, der Erwerb von Grundstücken werde den Steuerzahlern keine Kosten verursachen, sondern im Gegenteil noch Geld in den Gemeindesäckel bringen.

So argumentierte z. B. der Bürgermeister von Bochum und vor allem der Essener Oberbürgermeister Zweigert. Dieser bemühte sich immer wieder, Grund und Boden für die Stadt zu erwerben, um diesen unter Ausschaltung der Spekulationsgewinne für den Wohnungsbau zur Verfügung zu stellen. In den 6oer und 7oer Jahren hatte die Stadt ihren recht umfangreichen Besitz an Privatinteressenten verkauft und stand – in den Worten eines Zeitgenossen – da wie ,,Richard ohne Land".[79] Zweigerts Initiativen liefen jedoch immer wieder ins Leere oder wurden vom Stadtrat blockiert, der z. B. 1901 den Aufkauf mehrerer Bauernhöfe mit der Begründung verhinderte, ,,daß man solche Aktionen der Privatinitiative überlassen müsse".[80] Die Gemeinderäte waren sich der Profitmöglichkeiten auch ohne die Hinweise der Stadtverwaltungen nur allzu bewußt und wandten sich selbst gegen bescheidenere Ansätze wie etwa die Förderung von Wohnungsgenossenschaften, die als Lösungsmöglichkeit zur Behebung der Wohnungsnot propagiert wurden.

Durch die Einführung der Rentenversicherung hatten sich bei den Landesversicherungsanstalten erhebliche Kapitalbeträge angesammelt, die sie seit den 1890er Jahren zu Niedrigzinssätzen von 2,00 bis 4,75% für gemeinnützigen Wohnungsbau vor allem an Baugenossenschaften ausliehen. Bis dahin waren Versuche, der Wohnungsnot durch genossenschaftliche Selbsthilfe der Arbeiter beizukommen, an deren Unfähigkeit gescheitert, neben ihren Lebenshaltungskosten noch eine lange Ansparzeit für künftigen Wohnungs- oder Hausbesitz durchzuhalten, um die Aufnahme teurer Privatkredite am Hypothekenmarkt möglichst niedrig zu halten.[81] Die Gründungen von Genossenschaften waren im Urteil des Landrats von Recklinghausen daran gescheitert, daß keine Personen vorhanden seien, ,,welche kapitalkräftig genug sind".[82] Die Hoffnungen, die deshalb auf die Landesversicherungsanstalten gesetzt wurden, waren groß; sie galten als ,,frei von persönlichen Interessen und deshalb so recht geeignet, die Förderung des Arbeiterwohnungswesens zu übernehmen und zu leiten".[83]

Sie waren dazu bereit, wie z. B. die LVA Westfalen, die jedoch darauf hinwies, daß sie auf die Mithilfe der Gemeinden angewiesen sei: ,,Bei dem

Bestreben, durch Hergabe billiger Baudarlehen zu einer Besserung der Wohnverhältnisse der minderbemittelten Klassen beizutragen, sind wir stets davon ausgegangen, daß es in erster Linie die Gemeinden sind, die das größte Interesse an der Hebung der Wohnverhältnisse haben, und daß sie deshalb hervorragend berufen sind, daran mitzuwirken."[84] Dies könne vor allem durch die Übernahme einer Bürgschaft geschehen, wodurch der Zinssatz für die Genossenschaften von 3,5 auf 3% sinke. Trotz einiger hoffnungsvoller Ansätze mußten die Landesversicherungsanstalten jedoch „sehr oft die Erfahrung machen, daß Gemeindeverwaltungen dieser wichtigen Frage wenig oder gar kein Verständnis entgegenbrachten".[85] Bis 1907 hatten sämtliche deutschen Gemeinden für insgesamt nur 5,25 Millionen Mark gebürgt.[86] Auch in anderen Fragen zeigten sie sich kleinlich, so etwa, wenn es darum ging, Grundstücke in Erbpacht zu überlassen oder auch nur eine Gebührenermäßigung zu gewähren. In den Gemeinderäten überwog nun einmal das Hausbesitzerelement, und dies war „aus Furcht vor Konkurrenz nicht leicht geneigt, für den Bau kleiner Wohnungen Kapitalien mit billigem Zinsfuße zu vermitteln".[87]

In den Fällen, wo diese starre Haltung aufgegeben wurde, handelte es sich meist um Genossenschaften, deren Mitglieder höhere Angestellte oder Beamte waren, wie überhaupt die „unteren Schichten" zumeist nicht von den Baugenossenschaften erfaßt wurden.[88] Das galt vor allem im Ruhrgebiet, wo die Baugenossenschaften für die Arbeiter eines „besonders bedeutenden Industriezweiges, des Bergbaus, überhaupt nicht in Frage kamen".[89] Als Knappschaftsmitglieder konnten sie kein Geld von den Landesversicherungsanstalten bekommen; die Knappschaft wiederum zeigte sich nur selten bereit, an Arbeitergenossenschaften Geld zu verleihen, und schob versicherungstechnische Gründe vor.[90] Sie ging gewöhnlich, soweit sie überhaupt auf diesem Gebiet tätig war, „gemeinsam mit den Arbeitgebern vor" und trug zur Finanzierung des Wohnungsbaus der Unternehmer bei.[91] Diesen konnte es sogar passieren, daß ihnen höhere Kredite bewilligt wurden, als sie ausgeben konnten.[92]

Die hier skizzierte Konstellation änderte sich vor dem Ersten Weltkrieg nur allmählich. Die Landgemeinden hatten nicht die finanziellen Möglichkeiten, mit einer eigenen Bodenpolitik die spekulative Verwertung des Grundbesitzes zu verhindern, und sie hatten wohl auch kein Interesse daran. Hier bestand eher die Gefahr einer übergroßen Kumpanei zwischen Gemeinderäten und Zechen in der Verfolgung der jeweiligen Profitinteressen, wobei auf seiten der Gemeinderäte auch eine gehörige Portion Naivität und Unkenntnis der einschlägigen Gesetze eine große Rolle spielte. Bauernschläue alleine reichte im Umgang mit den Herren von der Industrie eben nicht. Vielfach war es nur der fortwährenden Kontrolle der Landräte zuzuschreiben, daß die gröbsten Auswüchse verhindert wurden.

Die Gemeinde Kirchhellen z.B. benötigte für den Bau einer Straße Land, das sich im Besitz einer Zeche befand, die zum Thyssenkonzern gehörte.

Der Zechendirektor erbot sich, das benötigte Grundstück unentgeltlich zu überlassen, sofern ihm gestattet werde, Arbeiter- und Beamtenwohnungen zu errichten, ohne deshalb zur Finanzierung der infrastrukturellen Folgekosten herangezogen zu werden, was durch das sogenannte Ansiedlungsgesetz vorgeschrieben war. Der Landrat fand dieses Ansinnen ,,empörend'' und betrachtete es als ,,reinen Bauernfang'', da hierdurch ,,einer Gemeinde wie Kirchhellen, die noch keine Industrie habe und das Ansiedelungsgesetz wahrscheinlich gar nicht kenne'', zugemutet werden sollte, die Erbauung einer Kolonie ,,ohne besondere Abgabe zu gestatten''.[93] Er war darüber so erbost, daß er den wenig später von derselben Zeche gestellten Antrag auf Erteilung einer Gaststättenkonzession ablehnte und ausführte, ,,er habe, offen gesagt, keine Lust, den reichen Thyssen durch Verleihung einer Wirtschaftskonzession noch reicher zu machen''.[94] Auf einer Sitzung des Gemeinderates von Kirchhellen war er in seinen Ausführungen offenbar derart deutlich geworden, daß er nach Meinung des Regierungspräsidenten auf Grund seiner Äußerungen hätte verurteilt werden können, wenn nicht Thyssen die mit einer Privatklage verbundene Öffentlichkeit gescheut hätte.[95]

Für eine aktive Wohnungspolitik der Gemeinden traten jedoch auch die Landräte nicht ein, und sie sprachen sich auch gegen Vorschläge aus, die Industrie in größerem Umfange zur Lösung des Problems heranzuziehen. Der Landrat von Lüdinghausen drückte fraglos auch die Ansicht seiner Kollegen aus, wenn er sich gegen gesetzliche Maßnahmen zur Förderung der Bautätigkeit durch die Unternehmer wandte, denn diese würden ,,die Konkurrenzfähigkeit der Industrie in Frage stellen''. Sein Vorschlag zielte in eine ganz andere Richtung: ,,Die Gesetzgebung würde dagegen heilsam wirken können auf sittlichem Gebiete, indem das Alter der Ehemündigkeit erhöht und Strafe auf Trunksucht, Verführung und Unzucht gesetzt würde.''[96] Er knüpfte damit an eine Argumentation an, die zwar wenig zur Lösung der Arbeiterwohnungsfrage beitrug, die jedoch sehr weit verbreitet war. Sie definierte das Wohnungsproblem zu einem moralischen Problem um: Das Versagen lag ihr zufolge nicht bei Unternehmern, Kommunen oder einem Wohnungsmarkt, dessen Strukturen auf private Profitmaximierung hin orientiert waren, es lag bei den Arbeitern selbst und gründete in deren unmoralischem sowie uneinsichtigem Verhalten.[97] Diese Argumentation stellte die Arbeiterwohnungsfrage als Erziehungsfrage dar und lenkte vom eigentlichen Problem ab: Dieses bestand darin, daß es auf der einen Seite eine ständig wachsende Zahl an Arbeitern gab, die eine Wohnung benötigten; es fehlte jedoch ein kapitalkräftiges Bürgertum, um ausreichend viele Wohnungen und Häuser zu errichten, und den Arbeitern fehlte es an Geld, die hohen Mieten zu bezahlen. Das galt um so mehr, als sich in der Industrie eine Vielzahl von Investitionsmöglichkeiten anbot, die profitabler waren. Zugelassen waren nur marktwirtschaftliche Lösungen, die sich allerdings für einen Großteil der Arbeiter als zu teuer erwiesen. Es gab einen Bedarf an Wohnungen, doch dieser war wegen der niedrigen Löhne nicht marktfähig. In städtischen Ballungsräumen, wo die Erschließungskosten niedriger lagen und die Nachfrage überhöht war, bestand noch die Möglichkeit, den erhofften Profit durch eine Überbelegung der Wohnungen zu erzielen.[98] Anders sah es dagegen in den eher ländlichen, zerstreut besiedelten nördlich gelegenen Gebieten aus, in die der größte Teil der Zuwanderer kam, weil dort die großen Tiefbauzechen abgeteuft und in Betrieb genommen wurden. Hier konnte der lokale Wohnungsmarkt die Frage der Unterbringung nicht lösen, so daß die Zechen sich auch ohne entsprechende Gesetze gezwungen sahen, selbst in großem Umfange Wohnungen zu bauen, um die schlimmsten Auswüchse der Wohnungsnot zu mildern.

Unterlagen für eine genauere Analyse des Wohnungsbestandes liegen nicht vor. Schon 1912 versuchte der Dortmunder Kreisarzt Wollenweber, statistische Unterlagen hierzu zusammenzustellen, und er wandte sich deshalb an sämtliche Ämter und Städte des Ruhrgebiets, doch die meisten Verwaltungen konnten nur die Zahl der Häuser und Einwohner angeben und erklärten, ,,daß weiteres Material nicht vorhanden sei".[99] Die aufgelockerte, ungeplante Bebauung, die hier eine Häuserreihe, dort einen Straßenzug, dazwischen vereinzelte Häuser oder auch Kolonien hatte entstehen lassen, konnte den Eindruck von Großzügigkeit aufkommen lassen sowie die Vermutung, es sei alles zum besten bestellt. Doch dieser Eindruck trog. Wollenweber kam auf Grund der spärlichen vorhandenen Statistiken und vor allem auf Grund eigener Beobachtungen zu dem Schluß, ,,daß die Wohnungsverhältnisse (...) für die Arbeiterschaft (...) schlecht sind".[100] Ähnlich urteilte der Bochumer Erbbauverein, der lakonisch feststellte: ,,Die Frage, ob eine Wohnungsnot vorliegt, kann nicht bestritten werden. Die Tatsache besteht, obgleich eine Wohnungsstatistik, die als Gradmesser dafür bezeichnet wird, nicht vorliegt."[101] Bestätigt wird diese Einschätzung durch einen Vergleich der Lage in dreißig Großstädten des Deutschen Reiches, der ergibt, daß in den Ruhrgebietsstädten die Belegungsdichte der einzelnen Wohnungen mit Abstand die höchste war, trotz aller Häuser und Wohnungen, die von den Zechen vor dem Ersten Weltkrieg errichtet worden waren.[102]

b) Werkswohnungsbau

,,Die Anlage guter Arbeiterwohnungen ist für den Ruhrkohlenbezirk das beste und einzige Mittel, den Arbeiter seßhaft zu machen." Zu diesem Ergebnis gelangte eine Studie über Bergarbeiterwohnungen, und sie forderte die Zechenbesitzer auf, künftig in noch stärkerem Umfang Wohnungen für die Bergleute zu errichten, um dadurch ,,den äußerst starken Belegschaftswechsel mit seinen wirtschaftlichen und sozialen Schäden einzuschränken". Die scheinbar niedrige Verzinsung des Anlagekapitals werde in Wirklichkeit durch die höhere Arbeitsleistung einer seßhaften, mit den Flözverhältnissen vertrauten Belegschaft bald mehr als aufgewogen. Der Bau von guten Arbeiterwohnungen werde daher „den Arbeitgebern nicht minder wie den Arbeitern zum wirtschaftlichen Vorteile gereichen".[103] Um die Jahrhundertwende, als diese Empfehlung formuliert wurde, besaßen die Zechen etwa 25 000 Wohnungen, in denen 48 000 Bergleute, d. h. 20% der Belegschaft wohnten. 1893 hatten sich nur 10 000 Wohnungen in ihrem Besitz befunden, ein Bestand, der sich seit 1873, als sie über 6700 Wohnungen verfügten, kaum verändert hatte. Bis zum Anfang der neunziger Jahre war der Wohnungsbau der Bergwerke auf ausgewählte, besonders wichtige Arbeitergruppen beschränkt geblieben sowie auf Gebiete, in denen Häuser errichtet werden mußten, um überhaupt Arbeiter für den Grubenbetrieb zu gewinnen. Die Zahl der Wohnungen blieb niedrig und wuchs nur allmählich, was sicherlich auch in der schwankenden Ertragslage der siebziger und achtziger Jahre begründet lag. Mit dem Mitte der achtziger Jahre einsetzenden Aufschwung und den fabelhaften Profitmöglichkeiten änderte sich die Situation. Die Dividenden, die bis dahin etwa 5 bis 8% betragen hatten – sofern solche überhaupt ausbezahlt wurden –, stiegen auf 20, 30, vereinzelt sogar auf mehr als 80%.[104]

Um die sich abzeichnenden Gewinnmöglichkeiten jedoch wahrnehmen zu können, mußten unbedingt Arbeitskräfte herangeführt und – gehalten werden. Der geringe Mechanisierungsgrad im Kohlebergbau, der die eigentlichen Gewinnungsarbeiten vor Ort noch kaum erfaßt hatte, ließ eine Steigerung der Produktion nur dann zu, wenn neue Arbeitskräfte gewonnen werden konnten, und zwar in Konkurrenz zu den ebenfalls expandierenden benachbarten Zechen. Anwerber wurden in die östlichen Provinzen geschickt, Kopfgelder ausgesetzt und Versprechungen gemacht, um neue Bergleute anzulocken. Dazu gehörte der Hinweis auf gute Verdienst- und gesicherte Beschäftigungsmöglichkeiten, vor allem aber auf zecheneigene Häuser, auf geräumige Wohnungen mit eigenem Garten und Stall. Die Zahl der zecheneigenen Wohnungen wuchs in der folgenden Zeit nicht nur absolut, sondern auch im Verhältnis zur Belegschaft, obwohl diese sprunghaft anstieg: im Durchschnitt zwischen 1890 und 1913 jährlich um 12 000 Mann, in Spitzenjahren sogar um 20 000 bis 30 000. Addiert man die Zahl der Angehörigen, so ergibt sich, daß allein im Bergbau Jahr für Jahr die Bevölkerungszahl einer mittleren Stadt untergebracht werden mußte.[105]

In dieser Situation machte es sich bezahlt, daß die Zechen über brachliegenden, bis dahin nicht weiter zu nutzenden Grundbesitz verfügten, auf dem Kolonien errichtet werden konnten; sie hatten ihn erworben, um eventuellen Schadensersatzansprüchen wegen Bergschäden zuvorzukommen. Eine zusätzliche Erleichterung ergab sich aus der Möglichkeit, bei den Landesversicherungsanstalten und vor allem bei der Knappschaft Geld auszuleihen. Vor dem Hintergrund reichlichen Landbesitzes, günstiger Finanzierungsmöglichkeiten und enormer Gewinnspannen fiel auch nicht mehr so sehr ins Gewicht, daß die Erbauer von Werkssiedlungen in Westfalen auf Grund des Ansiedlungsgesetzes von 1876 zur Finanzierung der Folgekosten wie Schulen und Straßen herangezogen wurden, um die gröbsten Mißstände zu beheben. [106] In der Regel bedeutete das eine einmalige Zahlung von etwa 300 Mark pro Wohnung bei Baukosten, die zwischen 2500 und 4500 Mark lagen, sowie die Bereitstellung von Räumlichkeiten, in denen die Polizei untergebracht wurde. [107] Letzteres zumindest war den Zechen eine angenehme Last, hatten sie doch, wie es in einer zeitgenössischen Studie hieß, ,,ein hervorragendes Interesse an der Aufrechterhaltung der guten Ordnung". [108]

Gegen das Ansiedlungsgesetz selbst und die damit verbundenen Kosten führten sie immer wieder Beschwerde. Die Zeche Hansa z. B. schrieb 1883 an den Innenminister: ,,Die gegenwärtigen Zustände bei den Arbeiterwohnungen im hiesigen Bezirk können als nahezu unerträglich bezeichnet werden. Alle nur irgendwie bewohnbaren Räume sind überfüllt und müssen von den Arbeitern zu hohen Mietpreisen bezahlt werden." Sie sei deshalb bereit, Siedlungen zu errichten, doch das Ansiedlungsgesetz, auf dessen Einhaltung der Gemeinderat bestehe, brächte zu hohe Belastungen mit sich. Sie glaubte, ,,nicht zu weit zu gehen, wenn wir den dahinterliegenden Bestrebungen den Charakter einer vollständigen Agitation beilegen", deren Hauptgrund im Egoismus der Haus- und Grundbesitzer vermutet wurde, die befürchteten, ,,ihre schlechten und ungesunden Wohnungen, ihr Acker- und Gartenland nicht mehr so gut vermarkten zu können". [109]

Diese Beobachtung mag zutreffend gewesen sein; doch unabhängig von derartigen Motiven bedeutete das Ansiedlungsgesetz eine spürbare Entlastung der Gemeindeetats, und es wurde trotz mehrfachen hartnäckigen Drängens der Industrie nicht abgeschafft. Ob die vielbeklagte Folge zutrifft, die Werke seien in Westfalen viel zurückhaltender mit dem Bau von Werkswohnungen geworden, sei dahingestellt; statistisch ist dafür kaum ein Beleg zu finden. Eine Erklärung könnte in der starken Stellung der Unternehmer in den Gemeinderäten liegen, die in Westfalen als juristische Personen das Wahlrecht hatten, was nicht ohne Einfluß auf die Verhandlungen zwischen Zechen und Gemeinden gewesen sein dürfte. [110]

Tabelle 4 zeigt die Entwicklung des Wohnungsbaus durch die Zechen zwischen 1893 und 1914. Auffällig ist der große Unterschied zwischen den neu erschlossenen nördlichen und den südlichen Revieren, der noch einmal auf die primäre Motivation der Zechen hinweist: durch das Lockmittel geräumiger und billiger Wohnungen ,,auf die Heranziehung eines tüchtigen und festen Arbeiterstammes ein(zu)wirken". [111]

c) Die Ausstattung der Zechenwohnungen

Anfangs hatten die Zechen ,,unter dem Zwange der Verhältnisse und nicht gerade sinnvoll gebaut (...), da es vor allem darauf ankam, den dringendsten Bedarf zu decken". Sie errichteten ,,vorwiegend Mietskasernen und Hinterhäuser; die Bauweise war oft gedrängt, auf hygienische Einrichtungen wie Kanalisation, Trinkwasserversorgung und Straßenpflaster wurde wenig ge-

3. Bergarbeiterehepaar (W. und A. Reinken) vor einem der Ställe, die sich hinter den Zechenhäusern befanden (vgl. Abb. 6).

achtet".[112] Daneben wurden jedoch auch kleinere ein-, anderthalb- oder zweistöckige Häuser für zwei bis vier Familien errichtet, die sich bald allgemein durchsetzten und bis heute das Bild der Zechensiedlungen prägen. Die Ziegel wurden häufig auf den Zechen hergestellt, die dazu Materialien verwendeten, die bei dem Vortrieb der Strecken sowie der Förderung anfielen und die den Ziegeln ihre charakteristische rotbraune Farbe gaben. Hieraus resultiert die optische Einheitlichkeit der Zechenhäuser, die jedoch immer wieder durch die Verwendung verschiedener Stilelemente aufgelockert wird. Sowohl hierbei, aber mehr noch im Grundriß der Wohnungen und Häuser sowie in der Konzeption der Siedlungen wurde versucht, an bäuerliche Elemente anzuknüpfen.[113]

Nach einer Bestandsaufnahme aus dem Jahre 1900 verfügten 86% der Wohnungen über einen Garten und 96% über einen Stall.[114] Hier spielen mehrere Faktoren zusammen: der Einfluß der Gartenstadtbewegung und englischer Vorbilder; die Absicht, an die ländliche Herkunft der Arbeiter anzuknüpfen; der ungeheure Landbesitz der Zechen, der ansonsten kaum zu nutzen war, und auch die Überlegung, daß die Bestellung eines Gartens das Budget der Familien aufbessern und dadurch die Lohnkosten senken könne. Das ergab gerade im Bergbau Sinn, da dessen Produktion trotz der zunehmenden Nachfrage der Industrie und der Eisenbahn saisonabhängig blieb und im Sommer, wenn die Gärten bestellt werden konnten, weniger Arbeit bot als im Winter.[115] Soweit möglich, wurden bei Rückgang der Förderung keine Arbeiter entlassen, sondern Feierschichten verfahren, denn der Untertagebetrieb erforderte, daß an allen Stellen kontinuierlich gearbeitet wurde; der Gebirgsdruck, einströmendes Wasser, nachgebende Stempel etc. ließen es nicht zu, ganze Bereiche zu schließen und die Arbeiter zu entlassen.[116]

Koloniewohnungen waren sehr begehrt. Sie waren größer und billiger als diejenigen auf dem freien Wohnungsmarkt; im Jahre 1900 hatten 37,2% der Zechenwohnungen drei Zimmer und 46,6% vier Zimmer. Glaubt man den Angaben der Zechen, so lagen die Mieten hier in der Regel um 50% niedri-

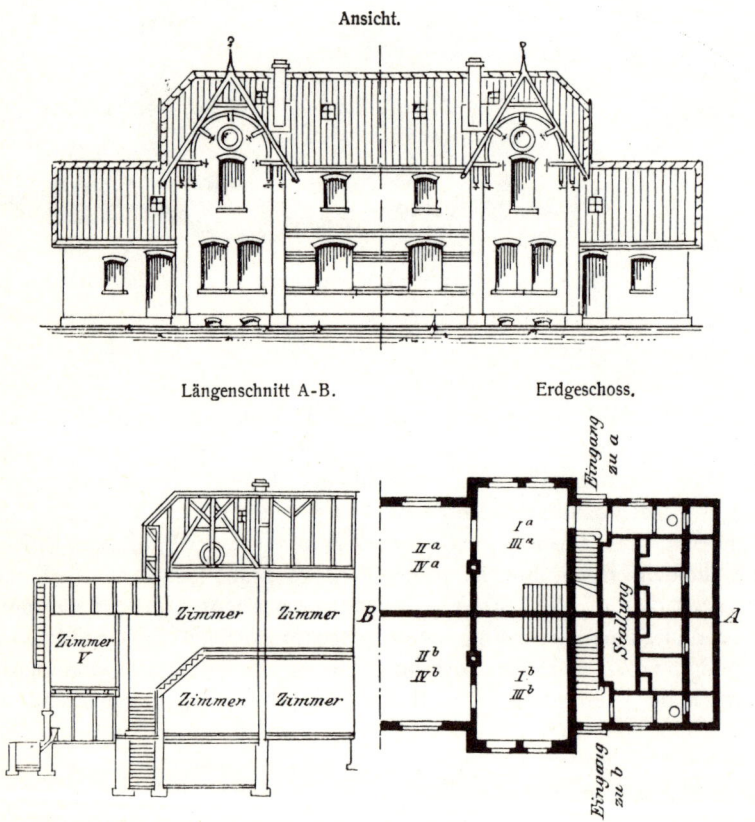

4. Arbeiterwohnhaus für vier Familien der Zeche Ewald bei Herten, erbaut 1899. Jede Wohnung hat fünf Räume: Küche und Wohnzimmer im Erdgeschoß, zwei Schlafzimmer im Obergeschoß und ein Schlaf- bzw. Einliegerzimmer im Obergeschoß des Stallgebäudes.

Die Größe der Zimmer beträgt: Küche: 3,90 × 5,03 = 19,61 qm; Wohnzimmer: 3,80 × 4,25 = 16,15 qm; Schlafzimmer: 3,80 × 3,90 = 14,82 qm und 3,30 × 4,25 = 14,02 qm; Einliegerzimmer: 4,33 × 3,00 = 12,99 qm.

ger als in vergleichbaren „freien" Wohnungen.[117] So wird es verständlich, daß ein zunehmend größerer Teil der Belegschaften in Zechenwohnungen untergebracht war; von etwa 12% im Jahre 1893 stieg ihr Anteil auf 35% im Jahre 1914, d. h. sie beherbergten mehr als ein Drittel der Bergleute (vgl. Tab. 4).

Die große Anzahl der Zimmer in den Koloniewohnungen täuscht eine Geräumigkeit jedoch nur vor. Die Zimmer waren klein, zwischen 12 und 19 Quadratmeter; eine Vierzimmerwohnung bot nur wenig mehr als 50 Quadratmeter Grundfläche. Das wichtigste und häufig auch größte Zimmer war die Wohnküche, meist der einzige beheizte Raum in der Wohnung.[118] Hier wurde gekocht und gegessen, hier hielten sich die Familienmitglieder, Untermieter und Besucher tagsüber auf. Die Schlafzimmer befanden sich im ersten Stock, so daß Schichtarbeiter tagsüber vor dem Lärm der Kinder besser geschützt waren. Zum Mobiliar gehörten in der Regel ein

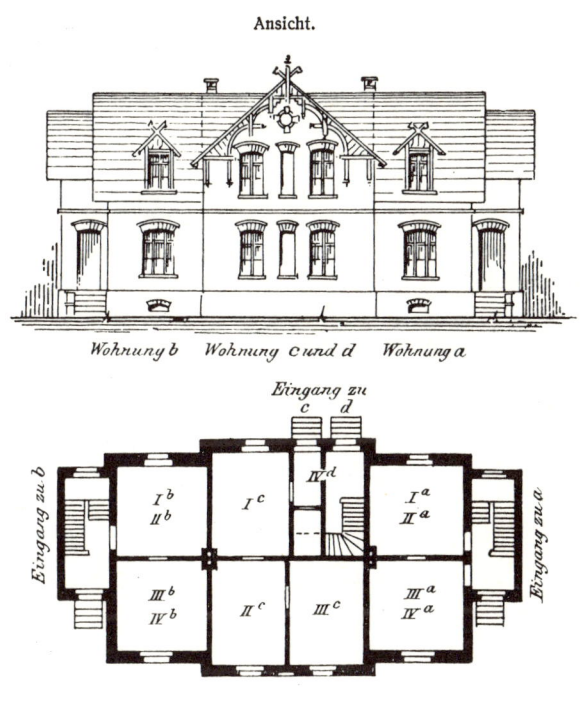

5. Arbeiterwohnhaus für vier Familien der Zeche Prosper bei Bottrop, erbaut in den 1890er Jahren. Das Haus enthält drei Wohnungen mit je vier und eine Wohnung mit drei Zimmern. Zu den beiden Außenwohnungen gehören je zwei Zimmer im Erdgeschoß und je zwei Zimmer im Obergeschoß, deren Grundfläche jeweils 14,95 qm beträgt. Die Mittelwohnung im Erdgeschoß hat drei Zimmer mit insgesamt 42,38 qm Fläche; die Mittelwohnung im Obergeschoß vier Zimmer mit 51,3 qm Fläche.

Herd, ein großer Tisch mit einigen Stühlen, eine Kommode, ein Schrank sowie zwei oder drei Betten. Die Kinder mußten sich zu zweit oder dritt eines teilen, das jüngste war vielfach bei den Eltern untergebracht. Häufig bildete Stroh die Unterlage zum Schlafen, das zum Frühjahr und Herbst erneuert wurde.[119] Nur in wenigen Kolonien waren Wasserleitungen in die Wohnungen gelegt. Die Bewohner mußten Wasser vielmehr aus Zapfstellen entnehmen, die in größeren Abständen auf der Straße installiert waren und die sich zu wichtigen Treffpunkten und Kommunikationsstellen entwickelten. Bei Schichtwechsel und zur Essenszeit, wenn Wasser in größeren Mengen zum Waschen und Kochen gebraucht wurde, bildeten sich längere Schlangen; hier schälten Frauen die Kartoffeln und wuschen die Wäsche.[120] Auch eine Kanalisation fehlte. Abwässer leitete oder schüttete man in die Straßengräben, aus denen sie wegen der zahlreichen Bodensenkungen nicht immer sofort abflossen. Die Bodensenkungen führten auch dazu, daß Bäche, kleinere Kanäle und Flüsse häufig ihren Lauf änderten, Felder und Wiesen überschwemmten, Tümpel und andere stehende Gewässer bildeten, in denen sich der Schmutz und Unrat ansammelte, so daß in der Nähe von Zechen quadratkilometergroße, stinkende Sümpfe zu sehen und zu riechen waren.[121] Über die Siedlungen hinaus war die Abwässerbeseitigung ,,durchweg in den Landgemeinden, aber auch in manchen Städten schlecht. Im offenen Rinnsal fließen die Abwässer am Hause vorbei zum Straßengraben und in ihm weiter. Oft kann man sehen, wie Kinder in ihnen spielen und Teiche bauen".[122] Vor allem im Flußgebiet der Emscher kam es wegen der unzureichenden Hygiene immer wieder zu Ausbrüchen von Typhus und anderen Krankheiten, sogar Fälle von Malaria kamen hier noch vor. Erst die große Typhusepidemie von 1901 im Schalker Gebiet mit 3000 Erkrankten und 300 Toten führte schließlich zur Regulierung der Emscher.[123] Damit aber waren nur die gröbsten Mißstände behoben. Die Frage der Abwässerbeseitigung wurde erst in den 20er Jahren durch den Bau der erforderlichen Kanalisation gelöst.[124]

4. Familienstruktur und Schlafgängerwesen

Wenn 1914 mehr als ein Drittel der Bergleute in Zechenwohnungen untergekommen war, so kann darin nicht nur ein Verdienst der Zechen gesehen werden; 1900 entfielen auf die dort wohnenden 25 396 Familienvorstände 13 649 Untermieter, anders ausgedrückt: im statistischen Durchschnitt hatten 54% der Familien einen Untermieter.[125] Ohne diese weite Verbreitung des Schlaf- bzw. Kostgängerwesens gerade in Zechensiedlungen hätten nur etwa 20% der Bergleute dort wohnen können; für die anderen stand nur deshalb Raum zur Verfügung, weil die Familien zusammenrückten. Berücksichtigt man noch die große Zahl der Schlafgänger, die nicht in Zechensiedlungen wohnten, so läßt sich schätzen, daß 1914 für etwa 80 000 Bergleute Wohnraum weder durch kommunalen oder genossenschaftlichen Wohnungsbau noch durch den freien Markt oder durch die Zechen bereitgestellt wurde; ihre Unterkunft ergab sich durch eine Öffnung der Familien ihrer Arbeitskollegen.

Für diese Öffnung gab es mehrere Gründe, die darauf hinweisen, daß die Wohnungsfrage für die Bergleute mehr beinhaltete als das Problem, ein Dach über den Kopf zu bekommen. Das Vorhandensein einer steinernen Hülle war eine elementare Voraussetzung; sie bildete den materiellen Rahmen, in dem Wohnen stattfand, ein Rahmen, der im Ruhrgebiet sehr eng bemessen und wenig komfortabel war. Zum Wohnen gehörte aber auch die Art, wie die Räume genutzt wurden, wie und wie lange man sich in ihnen einrichtete, wie man miteinander umging; dazu gehörte die Art und Weise, wie man lebte und arbeitete. Nun ist es nahezu unmöglich, einen derart allgemein und weit formulierten Zusammenhang ausführlich zu bearbeiten. Es lassen sich jedoch viele der Bedingungen konkreter fassen, die das Wohnen unmittelbar beeinflußten, und es ist auch an einzelnen Stellen möglich, in die Wohnungen selbst und in die Familien hineinzuschauen.

In der Phase rapider Expansion hinkte auch der Werkswohnungsbau hinter dem Zuwachs an Arbeitskräften hinterher, so daß die Zechen an einer möglichst großen Nutzung der vorhandenen Wohnfläche interessiert waren. Ein großer Teil der zuwandernden Arbeiter war jung und ledig; eine eigene Wohnung konnten sie sich wegen der hohen Kosten und vor allem wegen des bestehenden Wohnungsmangels nicht leisten. Sie hatten aber die Möglichkeit, in einem der von den Zechen erbauten Schlafhäuser (Menagen) zu wohnen. Hier teilten sie sich mit anderen ein Zimmer, wurden zum Teil auch beköstigt. Besonders in den siebziger und auch noch in den achtziger Jahren wohnten hier viele der Pendler, die zum Wochenende heimfuhren oder mangels anderweitiger Arbeitsmöglichkeiten nur während des Winters im Bergbau arbeiteten.[126] Sobald wie möglich versuchten sie jedoch, als Schlafgänger unterzukommen und bei einer Familie zu wohnen. Vor allem die unverheirateten Bergleute deutscher Nationalität zogen einer Studie von 1900 zufolge ,,eine Unterkunft in Familien der Unterbringung in Schlafhäusern vor. Der Regel nach sind sie nur dort zum Bezug von Schlafhäusern oder Menagen zu bewegen, wo geeignete Unterkunft in Familien nicht zu erhalten ist".[127]

Aber auch ausländische Arbeiter scheinen die Schlafhäuser nicht besonders geschätzt zu haben, so daß ihre Bedeutung bald abnahm. Wohnten dort 1873 noch 7% der ledigen Bergleute, so betrug der Anteil 1893 nur noch 1,5%. 1900 gab es nur noch 14 Schlafhäuser mit insgesamt 500 Betten, von denen eines unbewohnt war. Zusätzlich gab es 20 Menagen, die 1820 Arbeiter beherbergen und beköstigen konnten, doch diese standen zum Teil schon jahrelang leer wie die Menagen der Zechen Prosper und Hansa, die zur Aufnahme von 250 Arbeitern eingerichtet waren; die Menage der Zeche

Hibernia war zur Zeit der Erhebung mit einem Mann, diejenige der Zeche Victor mit 20 Mann besetzt, während die Einrichtungen für 96 bzw. 120 Mann ausreichten. [128] Die Unterkunft in Schlafhäusern hatte sich allgemein als unbeliebt erwiesen, wenngleich deren Errichtung als Beitrag zur Lösung der Arbeiterwohnungsfrage weithin propagiert wurde. Obwohl die Unterkunft dort recht billig war, schreckten die Arbeiter – so der Essener Wohnungsinspektor Michaelis – ,,vor dem Logierhaus ebenso zurück wie der deutsche Arme vor dem Armenhause. In der übertriebenen Furcht vor dem Verluste der Freiheit und vor der Beaufsichtigung mag bei beiden der Grund zu finden sein". [129] Ganz so übertrieben war die Furcht allerdings nicht, wie allein schon der Blick auf die Hausordnung des Ledigenheimes der Zeche Prosper I zeigt: Verboten war das Heraushängen von Kleidern aus dem Fenster (§ 15), Rauchen im Bett, Glücksspiel, Einführen von Fremden und von Branntwein (§ 22); kein Bewohner durfte sich an anderen als an den dazu bestimmten Plätzen waschen (§ 16); er mußte jederzeit der Aufforderung des Verwalters, seinen Schrank zur Revision zu öffnen, ohne Widerspruch Folge leisten (§ 20), sich diesem gegenüber anständig benehmen und dessen Anordnungen sofort nachkommen (§ 21). Ein Bergmann mußte wahrlich kein Rebell sein oder übertriebene Ängste hegen, wenn er es vorzog, eine Familie zu suchen und wenig Neigung verspürte, sich – wie in § 3 gefordert – ohne weiteres den Bestimmungen dieser Hausordnung zu unterwerfen. [130]

Die deutliche Ablehnung der Schlafhäuser und das eindeutige Votum für das Wohnen als Schlafgänger beunruhigte bürgerliche Reformer und kommunale Behörden gleichermaßen. [131] Einer Untersuchung über das Arbeiterwohnungselend im rheinisch-westfälischen Industriebezirk zufolge gab es ,,eine derartige Fülle von Verwahrlosung, moralischer und sittlicher Versumpftheit, daß sich jeder unbefangene Leser mit Schaudern fragen muß, wie es möglich ist, daß diese himmelschreienden Zustände in einem (der) kulturell fortgeschrittensten Gebiete herrschen können". [132] Der Leser konnte das mit Zuständen erklären, ,,die vor aller Seßhaftigkeit und Kultur lagen", wie es der Essener Stadtstatistiker tat. [133] Er konnte sich aber auch bemühen, die Frage der Schlafgängerei ähnlich pragmatisch zu sehen wie die Zechen, die Schlafgänger selbst und die Familien, bei denen diese wohnten. Das jedoch hat – dem überlieferten Material zufolge – von punktuellen Ausnahmen abgesehen kaum jemand versucht. [134]

Auch von seiten der Unternehmer wurden immer wieder die schädlichen Folgen der Schlafgängerei beklagt, doch diese Klagen waren vielfach nicht mehr als Lippenbekenntnisse. Bereits in ihren Werbeaktionen – so in dem oben zitierten Anschlag in Masuren – wiesen sie darauf hin, welch vorzügliche Einnahmequelle den Mietern sich hier erschlösse: in den Wohnungen der Zeche betrage ,,die Miete für ein Zimmer (mit Stall und Garten) nur 4 Mark monatlich, für die westfälischen Verhältnisse jedenfalls ein sehr niedriger Preis. Außerdem vergütet die Zeche für jeden Kostgänger monatlich

1 Mark. Da in einem Zimmer 1 Kostgänger gehalten werden kann, wird die Miete also in jedem Monat um 4 Mark geringer; ganz abgesehen davon, was die Familie an den Kostgängern selbst verdient. Wenn also eine Familie 4 Zimmer hat, würde sie monatlich 4 mal 4 gleich 16 Mark zu bezahlen haben. Hält sie nun 4 Kostgänger, so würde die Miete nur 12 Mark betragen".[135]

Der Vorschlag, gleich vier Kostgänger zu beherbergen, dürfte sich bei näherem Hinsehen als nicht recht praktikabel erwiesen haben, und er hat wohl mehr der Profitmentalität der Zechen als den Vorstellungen und Verhaltensweisen der Bergleute entsprochen. Die Annahme jedoch, daß in die Zechenwohnungen Kostgänger aufgenommen würden, wurde zu einem festen Bestandteil in den Überlegungen des Bergbaus.[136] Schlafhäuser und Menagen hatten sich als unbeliebt erwiesen, sie verursachten Verwaltungskosten und riefen zahlreiche Schwierigkeiten hervor. Dies alles ließ sich vermeiden, wenn Familien bereit waren, Kostgänger aufzunehmen.[137] So stellte etwa die Verwaltung der Zechen Hannover und Hannibal in Bochum die Kostgängerwirtschaft als notwendiges Übel hin, gab jedoch an, daß Ausschreitungen „erfreulicherweise sehr seltene Erscheinungen waren". Darum – und mit Hinblick auf die zahlreichen Vorteile – meinte sie denn auch, „diese Art der Unterbringung zuziehender Arbeitskräfte fördern zu sollen, indem sie Vierzimmerwohnungen für die Zukunft plante".[138] So war der Bau von Vierzimmerwohnungen, die zunehmend die kleineren, drei Räume umfassenden Wohnungen ablösten, eine elegante Lösung anstehender Probleme. Den Bergarbeiterfamilien konnte ein zusätzliches Einkommen in Aussicht gestellt werden, und um die Unterbringung der unverheirateten Arbeiter mußten die Bergwerke sich keine Sorgen mehr machen. Sie konnten ihnen versprechen, sie würden leicht ein Kosthaus finden, oder aber ihnen zusagen, für Kost und Logis bei den Bewohnern ihrer Kolonien zu sorgen.[139]

Ähnlich praktisch wie die Zechenverwaltungen wogen auch die Schlafgänger und ihre Quartiergeber die Vor- und Nachteile der Weitervermietung ab. Die Quartiergeber sahen hierin eine zusätzliche Einnahmequelle, die sie oft überhaupt erst in die Lage versetzte, eine Wohnung zu mieten. Da die Mieten hoch waren und fortgesetzt stiegen, mieteten die Arbeiter, wie der Landrat von Recklinghausen berichtete, „nur die allernotwendigsten Räume, häufig genug bei zahlreicher Familie nur zwei Zimmer. Haben sie mehr Räume, dann werden Kost- oder Quartiergänger gehalten, um auf diese Weise einen Teil der Miete wieder herauszuschlagen".[140]

Wirtschaftliche Krisensituationen konnten Bergarbeiterfamilien mit Kostgängern besser überstehen. Das galt für Zeiten, in denen die Verdienstmöglichkeiten auf Grund des Konjunkturverlaufs gering waren; vor allem aber traf das auf finanziell belastende Phasen im Lebenszyklus einer Familie zu, unter denen die Zeit der Sorge für die Kinder eine besondere Rolle spielte. Mit der Geburt von Kindern entstanden zusätzliche Ausgaben, denen keine höheren Einnahmen, sei es durch Kindergeld oder andere Zuwendungen, gegenüberstanden. Im Gegenteil, fortan entfiel der Verdienst der Ehefrauen, die im schwerindustriell geprägten Ruhrgebiet ohnehin nur wenige und überdies schlecht bezahlte Beschäftigungsmöglichkeiten finden konnten. Auch Gelegenheiten, durch Putzen und Waschen oder als Haushaltshilfe den Familienetat aufzubessern, bestanden in den nur von Arbeitern bewohnten Siedlungen nicht, und beim ortsansässigen Bürgertum gab es nur wenige, zumeist äußerst kärglich entlohnte Stellungen.[141]

Es fiel schwer, die zusätzlichen Ausgaben für die Kinder zu bezahlen. Nahrung und Kleidung waren bisher schon nicht üppig ausgefallen, und Einschränkungen waren nur im geringen Umfang möglich. Als größerer Faktor blieben die Wohnungsausgaben, so daß eine kleinere Wohnung bezogen werden mußte, wenn Kinder kamen – und eine noch kleinere, wenn die Zahl der Kinder anwuchs. Die Wohnungen waren, wie ein Arbeiter in seinen Erinnerungen schreibt, „nicht zu groß zum Wohnen, wohl aber zum Bezahlen".[142] Der Ausweg, die Ausgaben durch den Umzug in kleinere und billigere Wohnungen zu senken, war allerdings angesichts der beengten Wohnverhältnisse nicht besonders erfolgversprechend. Es war sinnvoller, einen Untermieter aufzunehmen und einen Teil der Mietkosten auf diesen abzuwälzen. Tabelle 7 zeigt, wie häufig man sich für diese Lösungsmöglichkeit entschied: mehr als 70% der Haushalte mit Schlafgängern hatten zusätzlich noch eigene Kinder. Durch diese entstand zwar ein Bedarf an größeren Räumlichkeiten, vor allem jedoch der Zwang, sich zusätzliche Einnahmequellen zu erschließen.

Die Zahlen in dieser Tabelle wie auch die anderen Statistiken und Unterlagen, die zur Schlafgängerei vorhanden sind, sind nicht schichtspezifisch oder gar unter besonderer Heraushebung der Ruhrbergleute aufgeschlüsselt. Sie wurden vielmehr für einzelne Städte bzw. Stadtteile erhoben und geben deshalb nur Durchschnittswerte wieder. So lassen sich keine Statistiken erstellen, die es erlauben, die Ruhrbergleute gesondert zu erfassen. Es muß vielmehr versucht werden, von dem allgemeinen Befund auszugehen und die spezifische Situation der Bergleute jeweils gesondert zu berücksichtigen.[143] Dieses Verfahren ist mit Ungenauigkeiten behaftet, die allerdings die Argumentation in erster Linie dadurch beeinträchtigen, daß die Durchschnittszahlen der vorhandenen Statistiken zu niedrige Werte ergeben. Bei Arbeitern insgesamt, wie auch bei den Bergarbeitern des Ruhrgebiets, war die Schlafgängerei in besonderem Maße verbreitet, und die zugrundeliegenden Faktoren sowie die sich daraus ergebenden Konsequenzen waren stärker ausgeprägt, als die allgemein gehaltenen Unterlagen erkennen lassen.[144] Falls also von einem systematischen Fehler der Überlieferung gesprochen werden kann, so besteht dieser in erster Linie darin, daß die angeführten Belege die Bedeutung der im folgenden beschriebenen Faktoren nicht genügend deutlich machen, daß also die Argumentation der nächsten Seiten die Verbreitung und den Stellenwert der Schlafgängerei zu niedrig ansetzt.

Begannen die älteren Kinder zu verdienen, konnte deren Einkommen dazu beitragen, die jüngeren Geschwister zu unterhalten und die Beherbergung von Schlafgängern überflüssig zu machen. [145] Die dann erreichte Phase relativer Prosperität konnte jedoch trügerisch sein. Heirateten die Kinder oder verließen sie aus einem anderen Grunde den Haushalt ihrer Eltern, so waren diese wieder auf sich gestellt. Zwar mußten sie dann auch nur noch für sich sorgen, doch der Ehemann konnte bereits zu alt sein, um noch eine Arbeit zu finden, wie zahlreiche Untersuchungen für das Kaiserreich feststellten: ,,Eine Abnahme der Verdienstmöglichkeiten mit zunehmendem Alter steht fest. Die Höhe des Alters und die des Verdienstes stehen im umgekehrten Verhältnis. Die höchste Leistungsfähigkeit ist mit etwa 35 Jahren erreicht. Bereits vom 45. Jahre an findet der Arbeiter nicht mehr leicht Beschäftigung.'' [146] Diese Feststellung galt auch für den Ruhrbergbau mit seiner kräftezehrenden Arbeit unter Tage. Hinzu kam die hohe Unglücksrate, die zu längerer Arbeitsunfähigkeit, vorzeitiger Invalidisierung oder einem frühen Tod führen konnte. Das ausbezahlte Krankengeld sowie die Pension waren gering, und so gab es (nicht nur) ,,in Essen Haushaltungen, welche nur durch Aftervermieten die Selbständigkeit ihrer Wirtschaft aufrechterhalten können und sonst der Armenpflege anheim fallen würden, für welche also das Aftervermieten unumgänglich ist''. [147] Die Verwaltung der Zeche Dorstfeld wies darauf hin, es ,,sei den in unseren Häusern wohnenden Witwen anheimgegeben, bei uns arbeitende Leute als Kostgänger aufzunehmen, um auch hierdurch ihre wirtschaftliche Lage zu verbessern''. [148]

Die Zeit der Aufbringung von Kindern, Arbeitslosigkeit, Krankheit etc., diese Abschnitte konnten Phasen im Lebenszyklus einer Familie bilden, die zu einer Öffnung für Schlafgänger führten. Diese wurden meist vorübergehend aufgenommen, so daß der Anteil der Familien, die überhaupt jemals während ihres Bestehens Schlafgänger beherbergten, höher gewesen sein muß als die in Tabelle 7 angegebenen Prozentzahlen. [149] Diese sind zudem nicht schichtspezifisch aufgeschlüsselt und verschleiern dadurch, daß – wie bereits erwähnt – unter Arbeiterfamilien der Anteil besonders hoch lag. Als Indiz dafür mag die große Zahl von Schlafgängern in Zechensiedlungen gelten, wo im statistischen Durchschnitt jeder zweite Haushalt einen Untermieter beherbergte und das, obwohl Bergleute zu den am besten verdienenden Arbeitern zählten.

Auch den Schlafgängern boten sich vielerlei Vorteile; das Wohnen als Schlafgänger war billiger als eine eigene Wohnung zu mieten, die überdies schwer zu bekommen war. Überhaupt war es während des Kaiserreichs für Alleinstehende sehr ungewöhnlich, einen eigenen Haushalt zu bilden. Die Statistiken zur Wohnsituation in deutschen Städten zeigen, daß allenfalls wohlhabende Personen sich diesen Luxus leisten konnten; alleinstehende Arbeiter zählten nicht dazu, sie konnten sich nur eine Bettstelle oder evtl. ein Zimmer erlauben. [150] Von vereinzelten Ausnahmen abgesehen dürfte jeder ledige Arbeiter, der nicht im Haushalt seiner Eltern bleiben konnte oder wollte, als Schlafgänger bzw. in einer Menage gewohnt haben. Vor allem die alleinstehenden Zuwanderer ins Ruhrgebiet waren somit – zumindest vorübergehend – auf diese Art des Wohnens angewiesen, die einen festen Bestandteil ihres Lebenslaufes bildete.

Bis zu 25% aller Haushalte beherbergten Schlafgänger oder Zimmermieter, wobei die Unterschiede zwischen diesen beiden Gruppen nicht immer festzumachen sind, wie es überhaupt schwerfällt, zuverlässige Angaben und Zahlen zu finden. Zwar richteten die Polizei und die Wohnungsinspektoren ihr besonderes Augenmerk auf diese Einrichtung, doch deren erhöhte Aufmerksamkeit hatte zur Folge, daß viele Schlafgänger nicht angemeldet oder aber als Zimmermieter ausgegeben wurden, um den Argwohn der Behörden gar nicht erst zu erregen.[151]

Definitionsgemäß hatten Schlafgänger nur Anspruch auf ein Bett bzw. den Teil eines Bettes. Ein Zimmermieter dagegen verfügte normalerweise über einen eigenen Raum, den er aber häufig mit anderen teilte. Es konnte jedoch vorkommen, daß das Zimmer tagsüber von der Familie mitbenutzt und erst spät abends geräumt wurde; auch konnte damit die zu einer Wohnung gehörende Bodenkammer gemeint sein, die separat lag und als Zimmer vermietet wurde. In der Regel werden sowohl die Mieter als auch die Vermieter von Zimmern besser gestellt gewesen sein; darüber hinausgehende Aussagen lassen sich jedoch kaum machen. Vor allem im Ruhrgebiet, in dem es die andernorts ,typischen' Zimmermieter wie Studenten, Offiziere und Beamte kaum gab, empfiehlt es sich deshalb, die Gruppe der Schlafgänger und die der Zimmermieter zusammenzufassen und sie als Einheit zu betrachten.[152]

Die Zahl der beherbergten Schlafgänger schwankte erheblich; in einzelnen Fällen wurden mehrere Etagen oder ganze Häuser von ,,unternehmenden Personen gemietet und als möblierte Zimmer oder Schlafstellen ausgeschlachtet", in denen zehn oder mehr Schlafgänger untergebracht wurden.[153] Auch gab es Familien, die hierin ihre wichtigste Einnahmequelle hatten und eine größere Zahl fremder Einlogierer beherbergten; doch dies waren Ausnahmen. In Essen z. B. zählten 1900 nur etwa 11% der Haushalte sechs oder mehr Schlafgänger, während 72% drei oder weniger hatten: 31% hatten einen, 26% zwei und 15% drei aufgenommen.[154] Vergleichbare Zahlen liegen für andere Orte im Ruhrgebiet vor. Eine Erhebung aus dem Jahre 1905 erlaubt es, die Dreizimmerwohnungen genauer zu erfassen, die Wohnungen also, die Arbeiter in der Regel mieteten: in diesen hatten durchschnittlich etwa 90% einen bis höchstens drei Schlafgänger.[155]

a) Persönliche Eindrücke

Die Unbeliebtheit der Menagen deutet darauf hin, daß es neben finanziellen Erwägungen noch andere Gründe gab, die dazu führten, daß ,,die Bedürfnisse der Einmieter und die Absichten der Vermieter (...) wie zwei aufeinander berechnete Räder einer Maschine" ineinandergriffen.[156] In besonderem Maße trifft dies auf die Zuwanderer zu, die auf Grund von Erzählungen, Berichten oder Briefen ins Ruhrgebiet kamen und bei Verwandten, Bekannten, früheren Dorfgenossen, bei Landsleuten oder auch bei Fremden eine Schlafstelle zu mieten suchten. G. Werner, der spätere Begründer und Vorsitzende des Steigerverbandes, schrieb in seinen Erinnerungen: ,,Einer meiner Kameraden empfahl mich an seinen Bruder, der in Gelsenkirchen wohnte und auf der Zeche ,Dahlbusch' arbeitete. Dieser schrieb mir, ich solle kommen, er würde mir gern behilflich sein. Mit dem Sohn der Leute, bei denen ich in Kost gehen sollte, holte er mich vom Bahnhof ab." Sein Quartier gefiel ihm recht gut. Es bestand aus einer Küche, einer Stube und einer großen Kammer. ,,Mein Schlafraum war die große Kammer. Hier schliefen wir drei Kostgänger und der lange Franz in zwei Betten. Diese zweischläfrigen Betten sind beinahe 2 Meter breit, so daß das Schlafen von zwei Personen in einem Bett etwas Selbstverständliches ist."[157] Werner selbst behagte dies allerdings wenig; er mietete eine kleine Kammer, die in demselben Haus frei geworden war, blieb jedoch bei der Familie in Kost. Am meisten gefiel ihm ,,die Herzlichkeit, mit der mir alle diese doch so ganz anderen Menschen entgegenkamen. Der lange Franz stand dabei an erster Stelle. (...) Er hat mir mit Rat und Tat bei all den vielen Anliegen, die ich hatte, geholfen, um auch hier schnell heimisch zu werden."[158]

Andere trafen es nicht so gut an. H. Marchwitza, der einem Werber ins Ruhrgebiet gefolgt war, hatte sich mit seinen Kameraden von diesem abgesetzt. Einer von ihnen hatte Verwandte in Bottrop, von denen sie sich Hilfe erhofften. Diese jedoch zeigten sich gar nicht erbaut über den unverhofften Besuch und versuchten, ihn abzuwimmeln: ,,Ach Verwandte, Verwandte, die bringen dir auch nichts herein. Den Rest wegfressen kommen sie höchstens noch."[159] In der Unterkunft, die sie dann fanden, wurde ihre anfängliche Unerfahrenheit und ihre Gutmütigkeit ausgenutzt; sie zogen weiter, ließen sich einige Zeit herumtreiben und nahmen verschiedene Tätigkeiten an, bis sie sich vornahmen, seßhaft zu werden und ein geordneteres Leben zu führen. Das hieß für sie zweierlei: sie begannen im Bergbau zu arbeiten und wohnten – als Kostengänger; ein Kollege in einer Familie, deren Tochter er später heiratete, er selbst lebte mit einer jungen Witwe zusammen.[160]

Bei dem Werber wäre es H. Marchwitza kaum besser ergangen. Die Zechen behielten einen Teil des Lohnes als Erstattung der vorgestreckten Fahrtkosten ein; das war verständlich, rief aber Unwillen hervor. Dies galt auch für die mancherorts geübte, gesetzlich nicht zulässige Praxis, Lohnabzüge für Herde, Öfen und Möbel einzubehalten, die auf Vermittlung der Zeche hin geliefert worden waren, sowie für Lebensmittel, Kleidung und andere Gebrauchsgegenstände, die der zecheneigene Konsumverein anbot. So kam es vor, daß manche ,,Zuwanderer 15mal hintereinander am Lohntag keinen Lohn ausbezahlt bekamen".[161] Sie hatten im hier geschilderten Fall diesen Praktiken in Unkenntnis der Rechtslage unter dem Druck der Zechenverwaltung zugestimmt. Gut die Hälfte der angeworbenen Arbeiter hatte sich allerdings gleich nach der Ankunft aus dem Staube gemacht und das Problem auf diese Weise zu lösen versucht, vermutlich aus Enttäuschung über die vorgefundenen Verhältnisse: ,,die primitiven Bauten waren noch nicht fertig, als die Leute kamen, um sie zu beziehen", sie waren feucht, und 80 Bergleute mit ihren Familien mußten sich 40 Wohnungen teilen.[162]

Es war für die zugezogenen Koloniebewohner, die in den Augen vieler ,,hauptsächlich willige Ausbeutungsobjekte für die Zeche" waren, nicht einfach, sich der vielfachen Bevormundung und Kontrolle zu entziehen.[163] Nicht einmal die Flucht zu einem anderen Grubenbetrieb war ein sicherer Weg, größere Unabhängigkeit zu erreichen. Es konnte vorkommen, daß Zechenverwaltungen, wie z. B. die der Zeche Ewald bei Herten, die Namen der neu angelegten Bergleute gleich nach deren Ankunft in einem Rundschreiben den benachbarten Zechen mitteilten, gewissermaßen, um ihren Besitzanspruch anzumelden, denn es sei die unangenehme Erfahrung gemacht worden, ,,daß mehrere Oberschlesier sich der Rückerstattung der Reisegelder entzogen haben, indem sie, einmal in Westfalen, auf anderen Gruben Beschäftigung suchten und fanden". Franz Bonczrek aus Poppelau, der sich wenig später trotzdem absetzte, war auf der Zeche Prosper untergekommen. Deren Verwaltung erhielt eine Aufforderung, ihn zu entlassen, denn er schulde noch 22 Mark Reisekosten, 0,50 Mark für die ärztliche Untersuchung sowie weitere 7,50 Mark der Konsumanstalt.[164]

Wer ganz allein auf sich gestellt ankam, der mußte sich auf die Suche machen: ,,Straßenweise, ohne einen sonstigen Anhalt klopften wir die Häuser ab. Unsere immer wiederkehrende Frage lautete: ,Wissen Sie vielleicht zufällig, ob hier im Hause jemand vermietet?' ", erinnert sich ein aus Norddeutschland Zugewanderter.[165] Die Unterkunftssuche konnte einige Zeit beanspruchen, doch eine Bleibe fand sich schließlich doch, da die Schlafgängerei – wie der Landrat von Recklinghausen feststellte – so verbreitet war, daß ,,wohl nur wenige solcher Häuser vorhanden sind, in denen nicht Kost- und Quartiergänger gehalten werden".[166]

b) In Bewegung

Ein Unterkommen zu finden, war nicht nur für Zuwanderer wichtig. Darauf waren auch all diejenigen angewiesen, die ihre Arbeitsstelle wechselten, was nicht gerade selten vorkam, wie Tabelle 5 zeigt. Der hohe Arbeitskräftewechsel war nicht auf die Montanindustrie des Ruhrgebietes beschränkt, war vielmehr eine allgemeine Erscheinung des Kaiserreiches, die allerdings im Ruhrbergbau besonders ausgeprägt war. 1909 und 1910 ging er dort etwas zurück, stieg dann jedoch wieder an und erreichte mit 78 Zu- und 69 Abgängen bzw. einem Gesamtwechsel von 147 Bergleuten auf 100 Mann Belegschaft 1913 einen neuen Höhepunkt.[167] Sehr häufig handelte es sich hierbei um junge, ledige Arbeiter, die oft mehrmals innerhalb eines Jahres den Arbeitsplatz und damit auch ihre Wohnung wechselten. Die hohe Mobilität blieb jedoch nicht auf diese Gruppe beschränkt, sondern galt auch für Familien.[168] Tabelle 8 zeigt, daß etwa die Hälfte aller Essener Haushalte innerhalb der letzten beiden Jahre vor der Bestandsaufnahme vom 1. Dezember 1900 umgezogen war, zwischen 21% und 45% innerhalb des letzten Jahres, und ein erheblicher Anteil (bis zu 19%) sogar erst innerhalb der letzten beiden Monate. Anders ausgedrückt: ein Drittel der Familien wechselte jährlich, mehr als die Hälfte alle zwei Jahre ihre Wohnung.[169]

Der wichtigste Grund für diese hohe Umzugshäufigkeit lag in den sehr häufigen Wechseln des Arbeitsplatzes. Das zog in vielen Fällen eine Aufgabe der alten Wohnung nach sich, sofern diese nicht in unmittelbarer Nähe des neuen Arbeitsplatzes lag, denn vor dem Ersten Weltkrieg gab es entweder gar keine Nahverkehrsmittel, oder aber ihre Benutzung war für Arbeiter unerschwinglich teuer. Wie in Essen erschlossen sie zunächst die bürgerlichen Vororte, deren Bürger das nötige politische Gewicht wie auch das erforderliche Einkommen hatten, um ihre Errichtung durchsetzen und sie nachher auch benutzen zu können.[170]

Die Bedeutung der hohen Fluktuation zwischen den Betrieben wurde allgemein gesehen, über deren Ursache jedoch gingen die Meinungen auseinander. Ein Beteiligter an der Diskussion glaubte das damit erklären zu können, daß Bergleute daran gewöhnt seien, über und unter Tage weite Wege zurückzulegen und gut zu Fuß, wie sie deshalb nun einmal seien, komme es ihnen auf einen Wechsel mehr oder weniger auch nicht mehr an.[171] Das war recht phantasievoll, erklärte jedoch wenig. Entscheidend für die hohe Mobilität waren vielmehr die Arbeits- und Lohnbedingungen. Die unterschiedlichen Gebirgsverhältnisse und vor allem die unterschiedliche Behandlung durch die Vorgesetzten führten schon zwischen benachbarten Gruben des gleichen Bezirks zu starken Lohnunterschieden.[172] Ein Wechsel konnte in dieser Situation als die beste Möglichkeit gesehen werden, seine Lage zu verbessern, und er fiel nicht schwer, da es in erreichbarer Nähe zahlreiche Zechen gab, die einen Bedarf an Arbeitskräften hatten. Familien mußten sich dann zwar häufig eine neue Wohnung suchen, was angesichts des bestehenden Wohnungsmangels sicher keine einfache Aufgabe war. Andererseits wurde jedoch die Wohnungssuche durch die allgemein hohe Mobilität erleichtert, da immer wieder Wohnungen frei wurden. Die Schlafgänger hatten es in dieser Hinsicht in vielem bedeutend einfacher. Sie brauchten sich nicht um Familienangehörige oder um Haushaltsgegenstände zu kümmern, sondern mußten nur eine neue Familie finden, die ihnen Unterkunft gewährte.[173]

Die hohe Fluktuation war neben der Notwendigkeit, Arbeiter erst einmal gewinnen zu müssen, der wichtigste Grund für die Errichtung von Kolonien. Sie sollten dazu dienen, ,,den äußerst starken Belegschaftswechsel mit seinen wirtschaftlichen und sozialen Schäden einzuschränken" und eine

Stammbelegschaft heranzubilden.[174] Nach einer Aufstellung aus dem Jahre 1900 scheinen die Bergbau-Unternehmen dieses Ziel erreicht zu haben. Ihr zufolge lag der Stellenwechsel bei Koloniebewohnern meist unter 5% und erreichte nur vereinzelt 12%.[175] Für spätere Jahre liegen keine Zahlen vor, doch es spricht vieles dafür, daß auch in den Kolonien die Fluktuation zunahm. Da 1913 sowohl der Anteil der Bewohner von Zechenwohnungen mit etwa 35% und die Wechselhäufigkeit mit 147 pro 100 Mann Belegschaft einen neuen Höhepunkt erreichten, fällt es schwer anzunehmen, daß diese Zahl sich nur auf diejenigen Bergleute bezieht, die nicht in Zechensiedlungen wohnten, denn das ergäbe eine Wechselhäufigkeit von weit über 200 pro Jahr. Wahrscheinlicher ist, daß auch in den Kolonien die Fluktuation zugenommen hat. Vorsichtige Schätzungen setzen sie für die unmittelbare Vorkriegszeit bei 25 bis 30% an,[176] und 1915 wurde festgestellt: ,,Der Wechsel der Belegschaft, mit dem gleichzeitig ein häufiges Ein- und Ausziehen verbunden ist, welche letzteres gerade nicht vorteilhaft für die Instandhaltung der Wohnung ist, ist in den letzten Jahren bedeutend gestiegen."[177] Trotz aller Wohnungsfürsorge der Zechen könne – so eine andere Untersuchung – für diese Periode von einer Seßhaftigkeit der Arbeiter vor allem in den nördlichen Gebieten des Reviers nicht mehr die Rede sein.[178] In gewisser Weise dürfte die zur Aufnahme von Schlafgängern ermunternde Wohnungspolitik der Zechen die hohe Mobilität erst ermöglicht haben, gab es doch genügend Zechenwohnungen, in denen Bergleute ohne größere Probleme eine Unterkunft finden konnten.

c) Halboffene Familienstruktur

Auf Grund der hohen Mobilität und der Aufnahme von Schlaf- und Kostgängern hatte sich, wie bereits Zeitgenossen feststellten, ,,eine Struktur des Haushalts des verheirateten Arbeiters herausgebildet, die von der Familienorganisation der übrigen Klassen und der ländlichen Bevölkerung erheblich" abwich.[179] Das Anmieten einer Wohnung hatte vielfach nur einen temporären Charakter, und diese Kurzfristigkeit wiederum beeinflußte in hohem Maße die Art zu wohnen. Wer immer wieder umzog, sich in einer immer wieder neuen Umgebung befand, stets neue Kontakte und Beziehungen herstellen mußte, mit anderen seine Wohnung und Räume teilte, der wohnte notgedrungen offener; die Form der Familie, die sich dabei herausbildete, läßt sich am besten als ,halboffene Familie' bezeichnen. Die Bedingungen, unter denen sie entstand, waren das eigentliche Ärgernis der Arbeiter- und Wohnungsfrage, und die halboffene Familie war zu einem großen Teil eine Reaktion darauf, eine Reaktion auf eine unzureichende bzw. völlig fehlende kommunale und staatliche Sozialpolitik, auf einen versagenden Wohnungsmarkt und ein im Falle der Bergleute beschränktes Eingreifen der Zechen. Sie war aber auch mehr als eine bloße Reaktion; sie war auch der Versuch der Bergleute und ihrer Familien, unter äußerst schwierigen Bedingungen

6. Bergarbeiterfamilie (W. und A. Reinken) mit ihren Kindern im Jahre 1912 oder 1913. Die drei Männer in der Mitte sind Kostgänger, hier wie auch in zahlreichen anderen Fällen wie selbstverständlich als Teil der Familie mit abgebildet.

mit den ihnen zur Verfügung stehenden unzureichenden Mitteln bestehen und handeln zu können: ein Versuch, den Alltag zu organisieren und physisch wie psychisch zu überleben. Das vollzog sich unter enormen Schwierigkeiten, wie etwa einem geringen Lohn, beengten Räumlichkeiten usw., die berücksichtigt werden müssen, wenn die Bedeutung der halboffenen Familie bzw. familialer Strukturen diskutiert wird.

Allein schon die hohe Mobilität schränkte die Möglichkeit, vertraut miteinander umgehen zu können, vielfach ein. Schlafgänger wohnten oft nur wenige Wochen oder Monate bei einer Familie, um dann wieder ihre Arbeitsstelle zu wechseln, in der meist vergeblichen Hoffnung, es beim nächsten Mal besser anzutreffen.[180] Auch war es nur zu offensichtlich, daß die Untermieter bei all dem Geld, das sie einbrachten, ja auch einen Teil der ohnehin zu engen Wohnungen für sich beanspruchten, so daß es nicht überrascht, wenn in vielen Fällen die Kontakte kurz oder oberflächlich blieben. Der Aufstellung über das Schlafstellenwesen in Essen zufolge nahmen nur ein Achtel aller Schlafgänger die Mahlzeiten bei ihren Familien ein, ein Befund, der jedoch nur mit Schwierigkeiten zu interpretieren ist. Zum einen ist zu vermuten, daß die Zahlen von den Vermietern zu niedrig angegeben wurden, um vor den städtischen Behörden zusätzliche Einnahmen verborgen zu halten. Wichtiger jedoch war, daß die Arbeiter der Stahl- und Eisenindustrie in Essen bei zehnstündiger oder längerer Arbeitszeit ohnehin den ganzen Tag außer Haus waren und auch während der Mittagspause nicht heimkehren konnten; schließlich mögen sie es vorgezogen haben, mit ihren Arbeitskollegen zusammen in einer Wirtschaft zu essen.[181] Sie wünschten und schätzten jedoch – so wiederum die Essener Studie – die Möglichkeit, bei den jeweiligen Familien „eine Aufenthaltsstätte für ihre freien Stunden zu haben",[182] und sie schätzten die vielfältigen Vorteile und Annehmlichkeiten, „welche das Schlafstellenwesen den Einlogierern bietet. Die Wirtin flickt die zerrissenen Kleider ihres Schlafburschen, sie besorgt seine Wäsche, hält sie im Stand, näht ihm abgerissene Knöpfe an, stopft seine Strümpfe, sorgt dafür, daß er am Sonntag ein reines Vorhemdchen hat, besorgt für ihn Wege, und was dergleichen Kleinigkeiten des täglichen Lebens mehr sind. Gerade darin liegt eine große Anziehungskraft für die Schlafleute, daß ihnen hier die in tausenderlei Nöten schwer entbehrliche weibliche Hand zur Verfügung steht, ohne daß sie erst Wege zu machen oder jeden Nadelstich besonders mit Geld zu entlohnen haben".[183]

Über die Frauen, deren Bedeutung hier herausgehoben wird, lassen sich nur in beschränktem Umfange Aussagen machen. Es ist offensichtlich, daß sie erst die Aufnahme von Schlafgängern möglich machten; sie waren es, denen zusätzliche Aufgaben aufgebürdet wurden, die für die Schlafgänger sorgten und dadurch die Haushaltskasse aufbesserten, aber auch – ohne es zu wissen – die Zechen mancher Sorge enthoben. Deren Überlegung, die Bergleute würden als Schlafgänger ohne größere Probleme eine Unterkunft finden, kalkulierte stillschweigend die für sie kostenlose Arbeit der Frauen mit ein. Die Schlafgänger entrichteten zwar ein Entgelt, doch der größte Teil der Frauenarbeit im Hause blieb unbezahlt und – unbeachtet.[184] Schon für die Schlafgänger und den Arbeitsbereich war es äußerst schwierig, Quellen zu finden, die es erlauben, sich den Erfahrungen der Bergleute, der Männer also, zu nähern; in noch größerem Maße gilt dies für deren Frauen. Die schriftliche Überlieferung ist überaus spärlich und der Versuch, über Befragungen weiterzukommen, zeitigte ebenfalls wenig Erfolge. Dafür gibt es mehrere Gründe: die ausgeprägte Festlegung der Frauen auf Haushalt und Kinder, die sie bei Befragungen verstummen ließ, wenn ihre Männer etwas sagten; die Schwierigkeit, als Mann zu ihnen Zugang zu bekommen, und die eigene Unerfahrenheit im Umgang mit der Methode der ‚oral history', die sich gerade bei der Befragung von Frauen bemerkbar machte; schließlich auch der Schwerpunkt dieser Arbeit, die Lebens- und Arbeitsverhältnisse von Bergleuten zu untersuchen, deren Tätigkeit wie kaum eine zweite in eine Männerwelt eingebettet war, eine Männerwelt allerdings, deren Geschlossenheit nicht zuletzt darauf beruhte, daß weite Teile des Alltags in die Zuständigkeit der Frauen gestellt waren.[185]

Die Besorgung des Haushaltes, die Erziehung der Kinder, der Umgang mit Schlafgängern, die Kontakte zu Nachbarn, diese und andere Bestandteile des alltäglichen Lebens wurden in erster Linie über die Frauen vermittelt, und sie haben deren Stellung innerhalb der Familie bzw. nach außen bestimmt. Der Essener Statistiker Wiedfeldt, dessen Untersuchung über Schlafgänger bereits mehrfach zitiert wurde, urteilte; ,,Im Aftermietwesen findet die Arbeitskraft der Frau vielfach eine angemessene und einträgliche Beschäftigung, wodurch ihre ganze Stellung im Haushalt gehoben wird.''[186] Inwieweit diese Aussage zutrifft, muß dahingestellt bleiben. Der hier angesprochene Zusammenhang sowie die Bedeutung informeller Strukturen, die weitgehend von Frauen getragen wurden, ergab sich erst im Verlaufe dieser Arbeit, und es war nicht mehr möglich, diesen Bereich systematischer zu bearbeiten.

Die große Bedeutung, die die Schlafgängerei für die Zuwanderung und damit für die Entwicklung des Ruhrgebiets im hier untersuchten Zeitraum hatte, wird auch durch die vorhandenen Zahlen belegt. Tabelle 14 zeigt, daß in masurischen und vor allem in polnischen Haushalten die Aufnahme von Schlafgängern besonders weit verbreitet war; hier beherbergten im Durchschnitt mehr als 50% der Familien einen Schlaf- bzw. Kostgänger. Diese hohe Zahl erklärt sich zu einem großen Teil durch Nachhol-Mechanismen sowie durch Hinweise von Freunden, Bekannten oder Familienangehörigen, die u. a. in den Erinnerungen eines nach Bottrop zugewanderten Bergmannes deutlich werden: ,,Im Jahre 1911 kam ich aus Markersdorf, Kreis Ratibor, nach Bottrop. Mein Bruder arbeitete hier bereits seit 1905. Durch ihn kannte ich die hiesigen Verhältnisse. Mich, den 20jährigen, lockte der höhere Lohn. In Bottrop wohnte ich als Kostgänger bei einem Dorfbekannten. Die Menschen aus der Nachbarschaft waren auch aus unserem Ort oder wenigstens aus derselben Gegend. Ich fühlte mich hier gleich wie zu Hause, zumal ich bei meinen Wirtsleuten auf die heimatliche Kost nicht zu verzichten brauchte. Unter Tage traf ich auch einige Bekannte.''[187] Neben derartigen Faktoren haben andere Gründe wie vor allem unzureichende finanzielle Mittel bei der Entscheidung für diese Art des Wohnens eine Rolle gespielt; dennoch wird aus dieser und anderen Äußerungen deutlich, daß jenseits aller materiellen Überlegungen die Schlafgängerei mehr bot als nur ein Dach über dem Kopf. Sie bot Kontakte, Schutz, Vertrautheit und auch Geborgenheit in einer fremden, wenig gastfreundlichen Umgebung. In den Haushalten wurde der größte Teil der alltäglichen Probleme aufgefangen und gelöst, und familiale Strukturen erhielten dadurch eine Bedeutung, die in den statistischen Unterlagen über die Verbreitung der Schlafgängerei nur andeutungsweise deutlich wird.

Ob Schlafgänger auf Hilfen rechnen konnten und inwieweit sie am alltäglichen Leben der Familien teilnahmen, hing sicherlich von persönlichen Vorlieben und Abneigungen ab. Es gab darüber hinaus jedoch strukturelle Faktoren, die das Zusammenleben erleichterten und die bei Bergleuten ausgeprägter waren als in anderen Berufsgruppen. Eine große Bedeutung hatte die weite Verbreitung dieser Einrichtung, die es erlaubte, aufkommenden Schwierigkeiten durch einen Wechsel der Schlafstelle aus dem Wege zu gehen. Häufig bewegten sich Schlafgänger dabei innerhalb landsmannschaftlicher Gruppierungen, was zwangsläufig von Anfang an eine größere Vertrautheit bedingte.[188] Die Zechen warben Arbeitskräfte zum Teil mit dem ausdrücklichen Hinweis, sie würden gar nicht bemerken, daß sie ihre Heimat verließen; so hieß es im bereits zitierten Anschlag in Masuren: ,,Masuren! Es kommt der Zeche hauptsächlich darauf an, brave, ordentliche Familien in diese Kolonie hineinzubekommen. Ja, wenn es möglich ist, soll diese Kolonie nur mit masurischen Familien besetzt werden. So bleiben die Masuren ganz unter sich und haben mit Polen, Ostpreußen usw. nichts zu tun. Jeder kann denken, daß er in seiner masurischen Heimat wäre.''[189] So fanden sich Osteroder in Bochum, Allensteiner in Gelsenkirchen, Polen in Recklinghausen, Bottrop, Wanne und Herne, Jugoslawen in Hamborn, Oberhausen und Castrop zusammen. Fast die Hälfte der Bergleute auf den Prosperzechen bei Bottrop kam aus nur zwei schlesischen Kreisen: Rybnik und Ratibor. Aus dieser Aufteilung nach Landsmannschaften resultierte jedoch nicht nur größere Vertrautheit. Sie führte auch zu Abgrenzung voneinander, verstärkte bestehende Differenzen oder ließ neue aufkommen, eine Entwicklung, die von den Zechen teilweise gefördert wurde.[190]

Wenn auch nicht unbedingt unter Landsleuten, so wohnten Bergleute doch mit ziemlicher Sicherheit mit anderen Bergleuten zusammen. Das galt selbstverständlich für die Zechensiedlungen, traf weitgehend auf die monoindustriellen Gebiete des nördlichen Ruhrgebiets zu, wurde aber auch für eine Stadt wie Bochum nachgewiesen.[191] Vor dem Hintergrund gemeinsamer beruflicher Interessen, Schwierigkeiten und Erfahrungen fiel es nicht schwer, einander mit Rat und Tat bei den unterschiedlichsten Problemen zu helfen. Ganz besonders eng war das Ineinandergreifen des Produktions- und Reproduktionsbereichs in den Fällen, wo Kostgänger als Schlepper in der Kameradschaft des vermietenden Hauers arbeiteten.[192] Das war sicherlich nicht die Regel, deutet aber darauf hin, wie eng der Zusammenhang von Arbeit und Wohnen gerade bei Bergleuten sein konnte.

Der Tagesablauf in einem bergmännischen Haushalt wirkte vielfach so, als sei er nach einem von der Zeche vorgegebenen Zeitplan organisiert worden. Frühzeitig vor Schichtbeginn ertönte die Zechensirene, gleichsam als überdimensionaler Wecker, der zum rechtzeitigen Aufstehen und zum gemeinsamen Weg zur Arbeit rief. Die Türen der einzelnen Häuser öffneten sich nahezu gleichzeitig, und die Bergleute machten sich im Takt ihrer klappernden Holzschuhe, wie sich ein ehemaliger Bergmann erinnert, auf den Weg zur Arbeit.[193] Sie zogen sich gemeinsam in der Waschkaue um, arbeiteten acht Stunden unter Tage, überwiegend in Gruppen, wuschen sich, wechselten wieder gemeinsam ihre Kleidung und begaben sich auf den Heimweg, in der festen Erwartung, zu Hause das fertige Essen vorzufinden. Auch die

verbliebene freie Zeit wurde häufig gemeinsam verbracht, wie aus folgendem
Bericht des Landrats von Recklinghausen trotz aller zum Vorschein kommenden Vorurteile und nationaler Ressentiments hervorgeht: ,,Wo mehrere
Kostgänger in einer Familie oder in einem Hause zusammenwohnen, werden in der Regel an den Sonn- und Feiertagen in der Wohnung des Kostge-
bers Saufgelage veranstaltet. Die Kostgänger lassen Bier und Schnaps heranholen; die Familie des Kostwirts trinkt natürlich mit. Fast jeder Bergmann
hat eine Ziehharmonika; nun wird getrunken, gespielt und getanzt. Am
tollsten gehts meistens bei den Polen her. Die polnischen Frauen und Mädchen tanzen mit den Kostgängern, häufig barfuß und nur noch notdürftig
bekleidet."[194]

7. Zuwanderer aus Rybnik in den Räumen eines Zechenhauses der Arenberg AG in
Bottrop-Ebel um 1907; an der Wand zahlreiche religiöse Motive.

Derartige Beschreibungen scheinen ihre Quelle und Inspiration vor allem
in Projektionen der Beobachter gehabt zu haben, die diese zu mit Details
ausgeschmückten Schilderungen und einer für Bürokraten nachgerade poeti-
schen Wortwahl greifen ließen, der alles Alltägliche fremd schien. Wie sehr
jedoch die Schlafgängerei etwas Alltägliches und Normales für die Bergleute
war, zeigt sich schon an der nüchternen Sprache, die diese selbst benutzten.

Sie unterschieden drei Kostformen: „halbe Kost", „volle Kost" und „volle Kost voll". Bei „halber Kost" waren im Logierpreis außer der Schlafstelle noch Mittagessen und Morgenkaffee eingeschlossen, „volle Kost" umfaßte alle Mahlzeiten, und bei „voller Kost voll" war die Kostmutter inbegriffen.[195] Die weite Verbreitung der letztgenannten Kostform gehört jedoch in den Bereich des Mythos. Eine Aufnahme in den Schoß der Familie schloß nur selten eine intime Beziehung mit ein, sicher zum Leidwesen manches Schlafgängers, der sich bei dem Frauenmangel im Ruhrgebiet auf Bordellbesuche angewiesen sah. Manche Witwe lebte allerdings mit einem Schlafgänger zusammen, und nicht wenige Schlafgänger heirateten die Töchter der Vermieter.[196] Dafür gab es zahlreiche und gute – nicht zuletzt materielle – Gründe, die bereits mehrfach betont wurden. Um diese zu verstehen, bedurfte es jedoch eines näheren Hinsehens, und dazu schienen die zeitgenössischen bürgerlichen Beobachter nicht bereit oder fähig gewesen zu sein.

5. Proletarische Selbsthilfe und bürgerliche Abhilfe

In den schriftlichen Quellen wird die Gefahr sexueller Ausschweifung und Untreue als notwendige Folge des Zusammenlebens von Leuten ausgegeben, „die weder durch die Bande des Blutes noch durch das Abhängigkeitsverhältnis des Dienstes verbunden werden können".[197] Es schien unausweichlich – so der Bericht des Bochumer Bürgermeisters Lange –, daß die Frau mit dem Schlafgänger ins Bett ging, die Töchter ihr folgten und schließlich verkuppelt wurden, so daß der Vater vor Scham zum Trinker wurde. Schlimmer noch, es stand zu befürchten, er werde „mit seiner Familie, die sich durch das ehebrecherische Leben seiner Frau möglicherweise noch vermehrt hat, der öffentlichen Fürsorge anheimfallen".[198] Solche Schreckensvisionen und die Ausgaben, die er für die Kommune befürchtete, ließen den Bürgermeister nicht ruhen. Er schritt zur Tat und – ließ einen Stadtpark errichten, damit sich „die arbeitende Klasse zu jeder Tageszeit nach des Tages Last und Mühe erholen kann". Dadurch, daß die verschiedenartigsten Stände sich in diesem öffentlichen Stadtparke aufhielten, werde „der Verrohung und Verwilderung moralisch verkommener Personen ein entsprechender Damm und eine Schranke gesetzt, die in Betreff der moralischen Versorgung nur wohltätig wirken kann."[199] Wenn schon das Konzept des sozial gemischten Wohnens im Ruhrgebiet mangels Bürgertum nicht zu verwirklichen war, so sollten die verschiedenen Stände doch wenigstens gemeinsam spazierengehen. Zumindest hatte man die Arbeiter dann im Blick, während über das, was in den Wohnungen wirklich geschah, trotz aller Gerüchte große Unsicherheit bestand.

Die Errichtung des Stadtparks hatte die Stadt 230000 Mark gekostet, und seine Unterhaltung erforderte jährlich noch einmal 14000 Mark. Das war ein

Vielfaches der Summe, die unmittelbar zur Verbesserung der Wohnverhältnisse ausgegeben worden war; hier hatte sich die Stadt darauf beschränkt, zwei Baracken für obdachlos gewordene Familien zu bauen, für die etwa 15 000 Mark ausgegeben worden waren.[200] Zur Ehrenrettung des Bürgermeisters muß gesagt werden, daß er sich für ein weiterreichendes Eingreifen der Kommune ausgesprochen hatte und sogar Häuser bauen lassen wollte, doch er konnte sich nicht durchsetzen, und so blieb nur noch die Möglichkeit, die Schlafgängerei, ,,soll nicht eine gänzliche Verrohung und Verwilderung eintreten, mit allen nur irgendwie zulässigen gesetzlichen Mitteln" zu beseitigen.[201] Hierbei waren er, seine Kollegen in den anderen Kommunen, die Polizeiverwaltungen sowie eine große Zahl anderer staatlicher Stellen sehr erfinderisch. Sie erließen eine Vielzahl von Vorschriften und Polizeiverordnungen, wobei sie auf die Unterstützung und den Beifall der bürgerlichen Reformer rechnen konnten. Die Arbeiter selbst jedoch wußten diese Art von Hilfe nicht recht zu schätzen und sogar die Gerichte befanden – zum Entsetzen der Reformer –, daß sie sich nicht immer im Rahmen der gesetzlich zulässigen Mittel bewegten.

Zu Beginn der 1880er Jahre wurden auf Initiative der Königlichen Regierung in Münster in den westfälischen Gemeinden Verordnungen erlassen, die die Aufnahme von Schlafgängern regeln sollten. Sie waren recht weit gefaßt und schrieben u. a. vor, daß nur noch zwei Kostgänger in einem Bett schlafen dürften und daß für jeden von ihnen zehn Kubikmeter Luftraum vorhanden sein müsse.[202] Trotz dieser Verordnungen kam das Kostgängerwesen jedoch ,,immer mehr in Aufnahme", und obwohl sie ,,strenge gehandhabt" wurden, erwiesen sie sich als nicht sehr wirkungsvoll.[203] Eine Abhilfe schien die Einführung der Meldepflicht bei Aufnahme eines Kostgängers zu bieten, die ab 1884 in den Verordnungen verankert wurde. Doch auch diese Maßnahme änderte wenig an den bestehenden Verhältnissen, so daß auf eine weitere Verschärfung gedrungen wurde. Der Minister für Handel und Gewerbe schaltete sich persönlich ein und verwies auf Richtlinien, die in der Rheinprovinz erlassen worden waren.[204]

Der Regierungspräsident von Düsseldorf, der spätere preußische Handelsminister Freiherr von Berlepsch, hatte 1887 eine Konferenz einberufen, um die Frage zu untersuchen, ob ,,die Wohnungsverhältnisse der arbeitenden Bevölkerung des Bezirks zu Bedenken Veranlassung" gäben. In Kenntnis der politischen Realität und um die starke Position der Haus- und Grundbesitzer in den Gemeinderäten wissend, stand auch hier die Möglichkeit weitreichender Eingriffe von Anfang an nicht zur Debatte; statt dessen sollte überlegt werden, was mit polizeilichen Vorschriften und Maßnahmen dagegen zu tun sei.[205]

In ganz besonderem Maße sorgten sich die versammelten Landräte, Bürgermeister und Unternehmer um das moralische Wohlergehen der arbeitenden Bevölkerung. Sich der hohen Bedeutung der Aufgabe, der Berechtigung ihres Standpunktes und ihrer Besorgnisse bewußt, gewannen sie dem Woh-

nungsproblem überraschende Perspektiven ab. So wurde etwa auf das Beispiel der Ziegelarbeiter aus Lippe-Detmold verwiesen, die den Sommer über
im Düsseldorfer Bezirk arbeiteten. Ihnen stand als Schlafstelle oft nur ein
Bündel Stroh zur Verfügung; die Hütten, in denen sie untergebracht waren,
waren häufig nur notdürftig gegen Wind und Wetter abgesichert und bestanden oft nur aus einem Raum, in dem die ganze Familie schlafen mußte. Doch
dies, so befand der versammelte Sachverstand, sei nicht weiter besorgniserregend, da ,,die Ziegelarbeiter nur die kurzen Sommernächte in den Ziegelhüt-
ten zubringen, den Tag aber im Freien arbeiten und gegen Wind und Wetter
abgehärtet sind; so haben sich aus der mangelhaften Beschaffenheit der Zie-
gelhütten bisher keine erheblichen Gesundheitsschädigungen ergeben. Bedenklicher sind diese Wohnungsverhältnisse vom Sittlichkeitsstandpunkt, da
keine genügende Trennung der Schlafräume nach Geschlechtern statt-
findet".[206]

Die Konferenz sprach sich für den Erlaß von Polizeiverordnungen aus, die
u. a. den Ortspolizeibehörden die Befugnis geben sollten, ,,solchen Personen
das Halten von Kost- und Quartiergängern ganz zu untersagen, gegen welche Tatsachen vorliegen, die deren sittliche Unzuverlässigkeit dartun".[207]
Dieser Absatz rief das Wohlgefallen des Handelsministers hervor, der den
westfälischen Gemeinden empfahl, ihn zu übernehmen, was diese auch taten.[208] Die erlassenen Vorschriften zielten eigentlich nur auf Arbeiterhaushalte ab, doch Polizeivorschriften kennzeichnete nun einmal ihr allgemein-
gültiger Charakter. Deshalb mußte sich die Stadt Münster ausdrücklich vom
Regierungs-Präsidenten bescheinigen lassen, daß diese Verordnung sich nur
auf den ,,Arbeiter- und Gesellenstand" beziehe, nicht aber bei denjenigen
Anwendung finden solle, die vorübergehend in ,,bescheidenen Verhältnissen" lebten, wie ,,Avancierte hiesiger Truppen, Schüler, angehende Beamte"
usw.[209] Das Bürgertum sorgte für seine Kinder; schon vorher hatte es sicher-
gestellt, daß diese – im Gegensatz zu den Schlafgängern – das kommunale
Wahlrecht ausüben konnten, obwohl auch sie keinen eigenen Haushalt bildeten, sondern bei einer anderen Familie zur Untermiete wohnten.

Die Bemühungen der Behörden, mit Hilfe von Polizeiverordnungen Zustände zu ändern, ,,wie man sie schlimmer sich kaum vorstellen kann",[210]
erlitten jedoch bald einen empfindlichen Rückschlag. Die Auslegung des
Begriffs der ,sittlichen Unzuverlässigkeit' war den unteren Polizeibehörden
überlassen, für die in der Regel Verdachtsmomente reichten, um einzuschreiten
zu können. Das führte immer wieder zu Auseinandersetzungen, bis 1899
durch eine Entscheidung des Oberverwaltungsgerichts die ganze Vorschrift,
,,weil gegen den Grundsatz der Gewerbefreiheit verstoßend, für rechtsun-
gültig erklärt" wurde. Das Gewerbe des Kost- und Quartiergebers sei nach
der Reichsgewerbeordnung nicht konzessionspflichtig; deshalb dürften
zwar Polizeiverordnungen erlassen werden, die die Ausübung des Gewerbes
regelten, es sei jedoch nicht zulässig, dessen Ausübung von persönlichen
Eigenschaften des Kost- und Quartiergebers abhängig zu machen. Vor allem

dürfe den Betroffenen dieser Gewerbebetrieb nicht mehr an sich, sondern nur noch in begründeten Einzelfällen verwehrt werden.[211] Dieses Urteil legte die Beweislast gänzlich auf die Seite der Polizei, die darauf zu achten hatte – worauf der Regierungspräsident von Münster mit Nachdruck hinwies –, daß die erlassenen Verfügungen keinen allgemeinen Charakter haben dürften, ,,der auf Untersagung des Kost- und Quartiergebens überhaupt gedeutet werden könnte". Bis auf weiteres seien deshalb alle Verfügungen den Landräten vorzulegen, ,,damit die Ortspolizeibehörden hierin nicht fehlgreifen".[212]

Dies alles sei, so fügte er mit Bedauern hinzu, nur ein ,Notbehelf', und in der Tat häuften sich bald die Beschwerden, ,,daß das Verfahren etwas umständlich ist und sich lange hinzieht". Vor allem aber leide es ,,an dem großen Nachteil, daß erst Tatsachen vorliegen müssen, ehe es zur Anwendung gebracht werden kann." Es sei deshalb dringend notwendig, ,,daß Bestimmungen getroffen werden, welche auch vorbeugend wirken".[213] Es gab verschiedene Versuche, diese wieder einzuführen, doch sie mußten meist auf Grund richterlicher Entscheidung zurückgenommen werden. Der Regierungspräsident von Münster stellte etwas resigniert fest, daß durch den Erlaß von Polizeiverordnungen Abhilfe nicht zu erreichen sei, ,,da der gegenwärtige Stand der Rechtssprechung wirklich eingreifende Maßnahmen, wie sie erforderlich wären, nicht zuläßt". Er plädierte deshalb für eine ,,gesetzliche Regelung der Angelegenheit", die jedoch in Berlin auf wenig Gegenliebe stieß, da sie eine Änderung der Reichsgewerbeordnung verlangt hätte.[214]

Der Erlaß rigiderer Vorschriften hätte jedoch allenfalls die moralischen Befürchtungen staatlicher Behörden gemildert, zur Lösung der Arbeiterwohnungsfrage hingegen wenig beigetragen. So konstatierte der Landrat von Recklinghausen: Die polizeilichen Vorschriften zur ,,Vorbeugung einer hochgradigen Überbevölkerung und der damit verbundenen sozialen Schäden erwiesen sich praktisch als undurchführbar, da andere Unterkünfte zu erschwinglichen Preisen überhaupt nicht zu erhalten waren".[215] Weil die Schlafleute irgendwo unterkommen mußten, wurde allenfalls, wie in Essen beobachtet wurde, erreicht, daß diese ,,aus einer Wohnung heraus- und in eine andere hineingetrieben werden. An einzelnen Stellen werden so besonders arge Mißstände beseitigt. Dafür aber wird das Schlafstellenwesen weiter verbreitet und mit seinen unerwünschten Folgen in neue Familien getragen".[216]

Vielerorts wurden deshalb die Vorschriften sehr weit ausgelegt, wie in Bocholt, dessen Bürgermeister schrieb: ,,Würde ich der Verordnung entsprechend plötzlich vorgehen, so würden viele Arbeiter ohne Quartier sein und bin ich deshalb genötigt gewesen, vorläufig das Notwendigste durchzuführen."[217] Die Behörden des Landkreises Essen wiesen darauf hin, daß ohne größere Bautätigkeit ,,eine polizeiliche Bekämpfung der Mißstände nicht möglich" sei.[218] In Essen selbst ging man erst 1903 so weit zu verlan-

gen, daß jeder Kostgänger ein Bett haben müsse, und noch 1911 wurde im
umliegenden Landkreis ,,die Wohnungsrevision, der Anweisung des Regierungspräsidenten zuwider, nur in geringem Maße vorgenommen".[219] Dieses
Vorgehen kam auch den Interessen der Hausbesitzer entgegen, die zum Teil
ihre Vermietungsgeschäfte durch die geplanten Wohnungsinspektionen gefährdet sahen. Um diese Gefahr erst gar nicht aufkommen zu lassen, konstatierte z. B. die Bottroper Gesundheitskommission ,,bezüglich der Wohnungsverhältnisse in hiesiger Gemeinde" einstimmig, ,,daß diese gut seien
und zu besonderen Maßnahmen keine Veranlassung geben. Aus diesem
Grunde wurde von einer allgemeinen Revision derselben Abstand genommen".[220]

6. Überblick: Die weitere Entwicklung

Die hier beschriebene Konstellation hat sich vor dem Ersten Weltkrieg allmählich verändert. Die Bedeutung der Zuwanderung ging absolut und relativ zur stark angewachsenen Bevölkerungszahl zurück, und die Bevölke-
rungszunahme nach der Jahrhundertwende war in erster Linie auf den hohen Geburtenüberschuß zurückzuführen; die große Bedeutung der Zuwanderer als Gruppe blieb jedoch bestehen. Ihr Anteil an der Bevölkerung des
Ruhrgebiets stieg kontinuierlich; 1910 betrug er 50% und lag im nördlichen
Ruhrgebiet noch darüber.[221] Der Geburtenüberschuß selbst erklärt sich
größtenteils aus der großen Kinderzahl der Zuwanderer, die statistisch der
Kategorie ,im Ruhrgebiet geboren' zugeordnet wurden und damit als Ein-
heimische erscheinen. Wie wenig diese statistische Zuordnung jedoch über
eine faktische Gleichberechtigung mit den Kindern der langansässigen Einwohner aussagt, zeigt u. a. ein Ehrenpreis, den die Gemeinde Hamborn für
den 100000. Einwohner gestiftet hatte. Die Gemeinde hatte ihr Wachstum
nahezu ausschließlich Zuwanderern zu verdanken, war jedoch nicht bereit,
diese über die statistische Erfassung hinaus als Mitbürger zu akzeptieren:
Der Ehrenpreis war ,,für das am fraglichen Tag geborene Kind (gestiftet),
dessen deutsche Eltern am längsten in Hamborn ansässig sind".[222]

Im Bergbau setzten die Veränderungen erst verspätet ein. Vor dem Ersten
Weltkrieg nahm die Zahl der Zuwanderer sowohl absolut als auch relativ zu;
1912 waren 45% der Gesamtbelegschaft in den östlichen Provinzen bzw. im
Ausland geboren – gegenüber 29% im Jahre 1893 und 39% im Jahre 1904.[223]
Viele von ihnen befanden sich bereits seit längerer Zeit im Ruhrgebiet und
hatten sich dort eingerichtet; sie hatten in wachsender Zahl geheiratet und
eine Familie gegründet, blieben jedoch weiterhin sehr mobil.

Die Fluktuation zwischen den Zechen blieb hoch und stieg noch an; auch
die Umzugshäufigkeit ging den Essener Zahlen zufolge kaum zurück. Die
wachsende Bedeutung der Kolonien, die zunehmende Erschließung durch

den Nahverkehr und die große Zahl der Zechen, die es erlaubte, in geringer Entfernung einen neuen Arbeitsplatz zu finden, dürften schließlich zu einer Stabilisierung der Lebensverhältnisse beigetragen haben. Das betraf vor allem die Familien, in denen heranwachsende Kinder zum Haushaltsbudget beitrugen; die Söhne mußten nicht länger das Elternhaus verlassen, um einen Arbeitsplatz zu finden, wenn auch im monoindustriellen Norden häufig nur der Bergbau eine Beschäftigungsmöglichkeit bot. Mädchen hingegen hatten vielfach keine andere Alternative, als im nahen Münsterland bzw. Rheinland in der Landwirtschaft zu arbeiten oder sich als sogenannte Hollandgänger zu verdingen, d. h. viele mußten wie ihre Eltern vor ihnen den Heimatort verlassen.[224]

Das niedrige Heiratsalter konnte dazu führen, daß die Kinder frühzeitig den Haushalt der Eltern wieder verließen, so daß ihre Unterstützung entfiel. Die vorübergehende Besserung des Lebensstandards geriet dadurch in Gefahr, zumal der Verdienst im Bergbau mit zunehmendem Alter abnahm; außerdem drohte jederzeit die Gefahr eines Unglücks oder einer frühzeitigen Invalidisierung, die zusätzliche Einkünfte wie etwa durch die Aufnahme von Schlafgängern unentbehrlich werden ließen. Weiterhin konnte es zu krisenhaften Zuspitzungen im Lebenszyklus kommen und weiterhin waren hierbei wie auch bei vielen alltäglichen Problemen informelle Solidarstrukturen unentbehrlich, während der Umfang der Leistungen, die über den Markt, den Staat oder die Unternehmer vermittelt wurden, gering blieb. Das Netz bezahlter und unbezahlter gegenseitiger Inanspruchnahme, Verweisungen und Hilfeleistungen blieb bestehen, und es behielt seine Bedeutung. Es bot kein Refugium sozialer Harmonie, worauf schon mehrfach hingewiesen wurde. Die sozialen Subsysteme, auf denen es basierte, waren vielmehr wesentlich durch landsmannschaftliche, religiöse und politische Unterschiede geprägt; hierauf aufbauende Abgrenzungen nach außen waren für den Zusammenhalt nach innen wichtig, und auch die Binnenstruktur selbst beinhaltete Hierarchien und Abhängigkeiten, Rivalitäten und Konflikte wie etwa im Verhältnis der Männer und Frauen zueinander. Die informellen Solidarstrukturen waren keine Vorwegnahme einer heilen Welt und keine Inseln einer sozialistischen Zukunft in einem Meer kapitalistischer Mühsal und Widersprüche. Sie spiegelten vielmehr diese Widersprüche, versuchten jedoch gleichzeitig, damit umzugehen und sich den alltäglichen Problemen und Belastungen zu stellen. Vielfach war nur über sie eine Hilfe zu erlangen, und die Bergleute hielten im hier untersuchten Zeitraum daran fest. Das zeigte sich an der Ablehnung der Schlafhäuser, wurde in den Erinnerungen und Befragungen deutlich sowie den überlieferten Fotografien, auf denen Familien mit ihren Schlafgängern häufig gemeinsam abgebildet sind, und das mußten schließlich auch die Beamte immer wieder erfahren, die sich bemühten, die Schlafgängerei, den offenkundigsten Ausdruck dieser Strukturen, über Reglementierungen einzuschränken. Die Bevölkerung jedoch schien ihre Bemühungen nicht recht zu würdigen. Es kam vor, ,,daß dem revidierenden Beamten die Besichtigung unmöglich gemacht wird unter der Angabe, der Kostgänger habe den Schlüssel mit". Schlimmer noch, ,,selbst da, wo die sittliche Minderwertigkeit einzelner bestimmter Quartiergeber bekannt ist (...), mag ihnen oft dieser Nachweis nicht geführt werden", denn der Bevölkerung mangelte es, einem Bericht des Regierungspräsidenten von Münster zufolge, ,,gänzlich an der Erkenntnis der Notwendigkeit des Selbstschutzes, so daß aus diesen Kreisen – etwa durch Nachrichten von Nachbarn, Mitbewohnern etc. – auf irgendeine Unterstützung nicht zu rechnen ist".[225]

Allein, die Behörden wollten sich nicht geschlagen geben und gelobten, auch weiterhin ,,besonders mit den üblen Schlafstellenverhältnissen hartnäckig zu kämpfen".[226] Sie hielten den Blick auf vermeintlich üble Verhältnisse fixiert, während der informelle Bereich kaum bzw. unter einer verzerrenden Perspektive wahrgenommen wurde.[227] Er erschien als störendes, bedrohliches Element, dem mit Polizeimaßnahmen beigekommen werden sollte, deren Umfang in einem auffällig großen Kontrast zur ansonsten passiven Haltung der Kommunen und Verwaltungen steht. Ihr Kampf war jedoch recht mühsam; die Bevölkerung blieb uneinsichtig, und der informelle Bereich erwies sich als unentbehrlich und als widerstandsfähig, mag er in der Folgezeit auch noch so sehr in Vergessenheit geraten sein.

III. Bergbau und Bergarbeit

1. Lesarten der Geschichte des Ruhrbergbaus

Die Entwicklung des Steinkohlebergbaus im Ruhrgebiet von der Mitte des 19. Jahrhunderts bis zum Ersten Weltkrieg liest sich wie eine Erfolgsgeschichte: die Belegschaft wuchs von etwa 13 000 im Jahre 1850 auf fast 430 000 im Dezember 1913 an; im gleichen Zeitraum nahm die Produktion von 1,7 Millionen Tonnen auf 110 Millionen zu. Allein die größte Gesellschaft, die Harpener Bergbau AG in Dortmund, zählte 1907 26 000 Beschäftigte und die Zeche Rheinpreußen förderte mehr als die Hälfte der Kohlegewinnung des gesamten Ruhrbergbaus im Jahre 1858. Die neuen Schächte nach der Jahrhundertwende reichten nahe an die 1000-Meter-Marke heran, die Zahl der Dampfmaschinen war von knapp 140 auf mehr als 6200 angestiegen; in der Fördertechnik, der Bewetterung und Weiterverarbeitung hatte es enorme Fortschritte gegeben. Unter den 100 größten deutschen Industrieunternehmen befanden sich 1907 15 Zechengesellschaften aus dem Ruhrgebiet, 1909/10 entfielen auf die 10 größten von ihnen 59% der Gesamtförderung. Sie hatten durch Expansion, Konzentration und Diversifikation Betriebsgrößen erreicht, die die ihrer englischen und französischen Konkurrenten weit übertrafen.[1]

Diese rapide produktionstechnische, betriebsorganisatorische und ökonomische Entwicklung zeichnet das Bild einer hochentwickelten Industrie, und doch ist es ebenso berechtigt, den Ruhrbergbau als einen kaum industrialisierten Wirtschaftszweig zu bezeichnen: die unmittelbaren Arbeitsvorrichtungen vor Ort, das Hereingewinnen und Abbauen von Kohle, d. h. die eigentliche Bergarbeit, hatte sich kaum verändert, sie blieb handwerklich geprägt. Die wichtigsten Arbeitsmittel hierbei waren neben Sprengstoff immer noch Hacke, Schrämeisen und Schaufel zum Lösen und Verladen der Kohle sowie Hammer, Säge und Axt zum Ausbau und zur Sicherung der Orte und Strecken.

Der Grund für die technische Stagnation bei der Kohlegewinnung wird in den eigentümlichen Produktionsbedingungen des Bergbaus gesehen, die eine umfassende Verwendung von Maschinen und Rationalisierungen unter Tage nicht erlaubt hätten.[2] In dieser Charakterisierung bergmännischer Arbeit unter Tage herrscht nahezu einmütige Übereinstimmung, ohne daß allerdings die auffällige Diskrepanz zwischen hochentwickelter Organisation sowie Konzentration auf der einen und handwerklicher Arbeit auf der anderen Seite näher thematisiert wird. Ein Spannungsverhältnis zwischen großkapitalistischer Betriebsorganisation und handwerklicher Arbeitsverrichtung scheint es deshalb nicht gegeben zu haben, weil die Kontrolle des organisierten Kapitals über die Arbeiter offensichtlich übermächtig war. Der Ruhrbergbau war nach übereinstimmender Auffassung durch ein überaus hierarchisches und autoritäres Betriebssystem gekennzeichnet, dessen hierarchischer Aufbau „vom Generaldirektor über Bergwerksdirektoren, Obersteiger und Steiger bis zum Hauer und Bergarbeiter führte", so daß den letzteren kaum Spielraum für eigenständiges Handeln blieb.[3]

Damit sind, wie in jeder Erfolgsgeschichte, auch die Rollen verteilt: auf der einen Seite die Bergleute, die angeworben wurden, die außer ihrer körperlichen Kraft nichts einbrachten, die ungelernt waren und die es anzulernen galt; auf der anderen Seite die Unternehmer, die Betriebe gründeten, die technische Entwicklung vorantrieben, ökonomisch erfolgreich waren und sich zudem vor das Problem gestellt sahen, mit dem „Masseneinsatz von ungelernten Arbeitskräften überhaupt fertig zu werden".[4] Sie waren diejenigen, die etwas unternahmen und die handelten, während die Bergleute passiv blieben, allenfalls reagierten und erst durch unternehmerische Politik sinnvoll eingesetzt wurden.

Diese Auffassung von einer Rollenverteilung findet sich in fast allen vorliegenden Arbeiten wieder, die sich durchgängig auf die überaus plausible These von den hierarchischen Betriebsverhältnissen stützen; sie argumentieren, daß die „Gefährlichkeit des Kohlenbaus, Unübersichtlichkeit des Arbeitsplatzes und zunehmend fehlende Ausbildung der Beschäftigten straffes Auftreten und intensiven Gebrauch der Anordnungsbefugnisse seitens der Vorgesetzten erforderlich erscheinen" ließen.[5] Eine weitere Thematisierung des Arbeitsbereiches ist damit kaum sinnvoll, denn zum handlungsfähigen Objekt historischen Interesses wurden die Bergleute offensichtlich erst und nahezu ausschließlich dann, wenn sie die Zechentore hinter sich gelassen hatten und sich politisch, gewerkschaftlich oder aber in ihren Vereinen betätigten. Auf diesen Betätigungen lag und liegt der Schwerpunkt historischer Arbeiten, der um so verständlicher wird, wenn man die Parameter der Entwicklung seit den 1880er Jahren bedenkt: Zuwanderung mehrerer hunderttausend Bergleute, heterogene Zusammensetzung der Belegschaften, extrem hohe Mobilität und Fluktuation, Weiterbestehen religiöser und landsmannschaftlicher Unterschiede und Abhängigkeiten, Herausbilden neuer politischer sowie gewerkschaftlicher Organisationsformen und schließlich die großen Streiks.[6]

Gleichwohl hat der Bergbau selbst und die geheimnisumwitterte Welt unter Tage immer wieder das öffentliche Interesse herausgefordert und eine umfangreiche Literatur produziert. Für den hier untersuchten Zeitraum ist sie derart umfassend, daß es kaum möglich erscheint, sie zu erfassen und auszuwerten – zu groß ist die Zahl der Artikel, Monographien und Zeitschriften.[7] Leider sind diese jedoch fast ausschließlich auf technische Probleme und Entwicklungen fixiert, während Fragen des Arbeitsablaufes, der Betriebsorganisation, der Kalkulation und vor allem die Bergarbeiter selbst

eher kursorisch oder gar nicht behandelt werden.[8] Doch selbst die Angaben
zur technischen Entwicklung sind wenig hilfreich und irreführend, da in
erster Linie punktuelle Erfindungen, Techniken oder Verfahren vorgestellt
werden, wobei nur selten ersichtlich wird, wie praktikabel und wie weit
verbreitet diese waren oder welches Verfahren vorherrschte. Zwar enthalten
zahlreiche Artikel Angaben über Erfahrungen im Einsatz der vorgestellten
Neuerungen sowie Zahlen zur Kostenrechnung und zur betriebswirtschaftlichen Kalkulation; doch diese Zahlen sind oft im Überschwange des Erfin-
derstolzes gefärbt worden, sie hielten einer Überprüfung auf anderen Zechen nicht immer stand und sie bieten keine hinreichende Grundlage für eine
vergleichende Analyse.

Ein gutes Beispiel für die fehlende Repräsentativität und die verzerrende
Schwerpunktsetzung der technischen Literatur bietet die Entwicklung der
Fördertechnik unter Tage: es gibt zahlreiche Berichte über Kettenförderung,
über die Einführung von Diesel- und Elektroloks, Wirtschaftsberechnungen
zu einzelnen Maschinen und Verfahren etc. Doch die Bedeutung dieser
Neuerungen blieb gering. 1910 gab es erst 650 Lokomotiven, die zudem nur
in den gut ausgebauten Hauptstrecken eingesetzt wurden. Zur gleichen Zeit
gab es andererseits noch 8000 Pferde und etwa 40000 Schlepper, deren
Hauptproblem darin bestand, daß die Wagen schlecht geschmiert waren,
wodurch sie sich nur mit großer Mühe fortbewegen ließen. Zu diesen Problemen der Arbeiter finden sich jedoch in der technischen Literatur keine
Angaben.[9] Ähnlich dürftig sind die Ausführungen zum gesamten Arbeitsbereich. Die Informationen hierzu liegen sehr verstreut vor und müssen aus
einer Vielzahl unterschiedlicher Quellen herausfiltriert werden, wobei vor
allem die Artikel und Berichte aufschlußreich sind, die sich mit Komplika-
tionen und Schwierigkeiten befassen: Beschwerden über unzureichende
Aufsicht, mangelnde Sicherheit, Unfälle etc. Hier finden sich zahlreiche
Angaben zum tatsächlichen Arbeitsablauf unter Tage – im Gegensatz zum
technikfixierten Bild der Literatur.[10]

Der verengte Blickwinkel der zeitgenössischen Überlieferung überrascht,
da die Heranziehung, Kontrolle und Ausbildung mehrerer hunderttausend
Arbeiter zweifellos eine Vielzahl von Problemen aufgeworfen hat, für die
eine Lösung gefunden werden mußte, und man könnte geneigt sein, dieses
eigentümliche Defizit auf nicht näher erklärbare Zufälligkeiten zurückzuführen. Wie sich jedoch in den folgenden Ausführungen zeigen wird, war
dieses Defizit weder überraschend noch zufällig; es weist vielmehr darauf
hin, daß die Vertreter des Ruhrbergbaus diese Probleme nur sehr widerwillig
als die ihren anerkannten und es weitgehend den Arbeitern überließen, dafür
Lösungen zu finden: das Defizit in der Überlieferung entspricht sehr genau
einem Defizit unternehmerischer Politik.

In den letzten Jahren sind mehrere Veröffentlichungen erschienen, die
dazu beitragen, die bestehenden Lücken aufzuarbeiten; ein Schwerpunkt
liegt dabei auf Untersuchungen zur ökonomischen Entwicklung des Ruhr-

gebiets, die vor allem von der Schwerindustrie und vom Bergbau getragen wurde.

Neben den Arbeiten von P. Wiel, G. Gebhardt und W. Fischer[11] ist die kürzlich veröffentlichte Studie T. Pierenkempers über die westfälischen Schwerindustriellen zu nennen, der den Zusammenhang zwischen deren sozialer Herkunft sowie Ausbildung und unternehmerischem Erfolg untersucht und einen wichtigen Beitrag zur Industrialisierungsgeschichte des Ruhrgebiets leistet.[12] Unternehmerischen Erfolg definiert er als die Fähigkeit, betriebliches Wachstum zu erzielen und sich am Markt zu behaupten. Ob dies jedoch auf das Ausnutzen einer Monopolstellung zurückzuführen ist, was schon Zeitgenossen behaupteten, oder auf den rationellen Einsatz vorhandener und neuer Techniken, auf effektive Betriebsplanung sowie Arbeitsorganisationen etc., wird bei ihm nicht näher thematisiert. Er konzentriert sich auf die Außenwirkung der untersuchten Betriebe und behandelt deren Binnenstruktur eher beiläufig.

C. L. Holtfrerich untersucht mit Hilfe wirtschaftstheoretischer Konzepte die Frage, inwieweit die Ruhrkohleindustrie ein Führungssektor im deutschen Industrialisierungsprozeß gewesen ist.[13] Sein Ansatz erlaubt es ihm, die Rolle der Bergwerksunternehmen für das ökonomische System Preußens zu thematisieren, doch er trägt ebenso wie T. Pierenkemper mit seiner Arbeit wenig zur Analyse von deren Binnenstruktur bei: Fragen der Produktionstechnik, Arbeitsverrichtungen, Betriebsentwicklungen, Hierarchie, Ausbildung etc. werden nicht eigens untersucht. Für diesen Zusammenhang, der es erst erlauben würde, die oben skizzierte Rollenverteilung zu hinterfragen, bietet immer noch die Arbeit von G. Adelmann den besten Überblick. Exemplarische Fallstudien einzelner Betriebe liegen nicht vor, und es erscheint fraglich, ob es hierfür angesichts einer Betriebsführung, die wenig systematisch war und sich ,,mehr nach Faustregeln" richtete, eine hinreichende Überlieferung gibt.[14]

Einen weiteren Schwerpunkt bilden die Arbeiten zur Sozialpolitik im Ruhrbergbau; in ihnen werden die Einflußnahme des Staates, das Knappschaftswesen, betriebliche Einrichtungen sowie Formen der Interessenvertretung wie z. B. die Arbeiterausschüsse thematisiert. Letztere werden zusammen mit der Einrichtung der Sicherheitsmänner als Vorstufe industrieller Mitbestimmung angesehen, wie überhaupt die Sozialpolitik des Ruhrbergbaus als aufgeklärte Variante einer patriarchalischen Betriebsführung erscheint, der eine Vorreiterfunktion und Modellcharakter zugeschrieben wird.[15]

Die Untersuchung des Arbeitsplatzes selbst hat erst in jüngster Zeit wieder größeres Interesse gefunden, was einem Trend in der neueren Sozialgeschichte und einer gewissen Zwangsläufigkeit in der Argumentation entspricht; ein Beispiel dafür ist die Arbeit von D. Crew über Bochum.[16] Mit dem Instrumentarium amerikanischer Mobilitäts- und Urbanisierungsforschung untersucht er die Sozialstruktur, Wanderungsbewegungen sowie berufliche und soziale Mobilität Bochumer Bergleute und Metallarbeiter, und er fragt nach den Ursachen für deren unterschiedliches Streikverhalten. Er weist den beschränkten Erklärungswert der Entwurzelungstheorie nach, arbeitet die Bedeutung eines sozial homogenen Wohnumfeldes für das Verhalten der Bergleute heraus und kommt schließlich zu dem Ergebnis, die entscheidende Variable sei in den unterschiedlichen Arbeitserfahrungen dieser beiden Berufsgruppen zu suchen, die er abschließend beschreibt, ohne sie jedoch ähnlich detailliert und überzeugend zu analysieren wie die Aspekte der Urbanisierung und Mobilität.[17]

Eine ausführliche Untersuchung des Arbeitsplatzes hat vor kurzem K. Tenfelde vorgelegt, der die zeitgenössische gedruckte Überlieferung überaus gründlich ausgewertet hat.[18] Er argumentiert, es habe schon vor dem Ersten Weltkrieg weitreichende Veränderungen in den Arbeitsverrichtungen der Bergleute gegeben, die zu einer Auflösung alter Bezugssysteme, einer allmählichen Dequalifizierung der Hauer und einem zunehmenden Verlust an Autonomie und Solidarität geführt hätten. Er führt diese Entwicklung auf Versuche der Unternehmer zurück, Fortschritte in der Bergtechnik zur Selbstkostensenkung einzusetzen, wobei ihnen die rationelle Betriebsorganisation des Untertagebetriebes entgegengekommen sei, denn – so führt er aus – einen Taylorismus habe es im Bergbau schon seit langem gegeben, eine These, die der oben skizzierten Charakterisierung des Untertagebetriebes widerspricht.[19] Im Rahmen seiner Argumentation hingegen hat sie eine gewisse Zwangsläufigkeit und sie bildet gewissermaßen das fehlende Glied in seiner Argumentationskette: Den Bergleuten, die ihre politischen und sozialen Rechte und Privilegien aus ständischer Zeit bereits verloren hatten, wurden Tenfelde zufolge seit den neunziger Jahren auch jene Reste an Selbständigkeit, Berufsstolz und Autonomie streitig gemacht, die sich in Arbeitserfahrungen erhalten hatten; der Prozeß der sozialen, ökonomischen und rechtlichen Dequalifizierung fand seine Entsprechung im Arbeitsbereich.

Diese These steht jedoch nicht nur im Gegensatz zum bisherigen Konsens der Historiker, sie läßt sich auch mit den Äußerungen ehemaliger Bergleute über ihre Arbeitserfahrungen nur schlecht vereinbaren. Der Berufsstolz, der aus ihren Erzählungen sprach, die Berichte über Auseinandersetzungen mit Vorgesetzten und die detaillierten Beschreibungen ihrer Tätigkeit zeichneten ein Bild von Bergleuten, die eigenständig handelten und die stolz waren auf ihre Selbständigkeit und Unabhängigkeit.[20] Diese Sichtweise konnte Romantik von Rentnern sein, die sich vom aktiven Leben ausgeschlossen fühlten, sie konnte ein Trugschluß entfremdeter Arbeiter sein, die so sehr dem Schein kapitalistischer Warenproduktion erlegen waren, daß sie selbst ihre Unterdrückung noch glorifizierten. Ihre Äußerungen konnten jedoch auch als ein Hinweis darauf angesehen werden, daß Bergleute nun einmal einen großen Teil ihres Lebens körperlich harte Arbeit unter schwierigen Bedingungen verrichten mußten, und sie legten es nahe, diese Erfahrungen genauso ernst zu nehmen, wie sie selbst es taten, und zu fragen, welche materielle Basis ihre Erzählungen hatten.

Dieses Vorgehen erforderte, sich nicht auf mündliche Überlieferung zu beschränken und nicht bei den unmittelbaren Arbeitserfahrungen stehenzubleiben, sondern vielmehr auch Faktoren wie Entwicklung der Zechengesellschaften, der Unternehmerverbände, von Syndikaten und Kartellen etc. zu berücksichtigen, die den Arbeitsbereich unter Tage mittelbar oder unmittelbar entscheidend prägten. Dies soll im folgenden geschehen.

In einem ersten Schritt werden die produktionstechnischen, markt- und finanzpolitischen sowie rechtlichen Entwicklungen und Rahmenbedingungen dargestellt und ihre Bedeutung für die Entwicklung des Ruhrbergbaus beschrieben, wobei sich ein Erklärungsmuster herausschälen wird, das fast vollständig ohne eine Berücksichtigung der Bergleute selbst auskommt. Anschließend soll die Perspektive gewechselt und deren Arbeitsbedingungen und Erfahrungen gewissermaßen von unten her beleuchtet werden. Dabei wird sich zeigen, daß das anfängliche Erklärungsmuster eine trügerische Geschlossenheit und Plausibilität vermittelt; wichtige Merkmale der Geschichte der Ruhrbergleute, aber auch Entwicklungen der Technik, der Betriebsführung und selbst der betrieblichen Kostenrechnung lassen sich erst durch diesen Perspektivwechsel erklären.

2. Die Entwicklung des Ruhrbergbaus

a) Entwicklung der Technik und der Produktion

Die technische Voraussetzung für die rapide Expansion des Ruhrbergbaus in der zweiten Hälfte des 19. Jahrhunderts war mit der Durchdringung der Mergeldecke in den 1840er Jahren gelegt worden; bereits um die Mitte des Jahrhunderts wurden Tiefen von 300 Meter erreicht. Weitere Entwicklungen wie etwa der wasserdichte Schachtausbau mittels gußeiserner Ringe (Tübbings) und das Verfahren nach Kind-Chaudron, das erlaubte, auch sehr wasserreiche Schichten zu durchstoßen, ermöglichten den Übergang zu Tiefbauzechen, die zum Teil mehrere tausend Mann Belegschaft umfaßten.[21] Auch das Senkschachtverfahren und die Gefriertechnik, bei der ein Schacht durch evtl. vorhandenen Schwimmsand dadurch niedergebracht wurde, daß das lockere Gestein absatzweise gefroren wurde, förderten den Übergang zum Großbetrieb. 1901 reichte der tiefste Schacht auf 841 Meter hinab und 1911 bereits auf mehr als 1000 Meter.[22]

Ermöglicht wurde diese Entwicklung vor allen Dingen durch die Verwendung leistungsfähiger Dampfmaschinen zum Abteufen, zur Wasserhaltung und zur Förderung. 1851 gab es 142 Dampfmaschinen mit einer Leistung von 9845 PS, 1892 hingegen bereits 3597 Maschinen, die jedoch leistungsfähiger waren und zusammen etwa 270000 PS leisteten. Anfänglich dienten sie

vor allem dazu, den Wasserfluß abzupumpen, bald wurden sie jedoch auch
zur vertikalen Produkte- und Personenförderung eingesetzt. Die horizontale Förderung auf den Strecken unter Tage war seit den 50er Jahren in stei-
gendem Maße nicht mehr durch menschliche Arbeit, sondern durch den
Einsatz maschineller und vor allem tierischer Kraft vorgenommen worden.
Die ersten Pferde wurden etwa 1857 eingesetzt, 1882 waren es bereits 2200
und 1913 8042.[23] Daneben gewannen mechanische Fördereinrichtungen zunehmend an Bedeutung, wenngleich sich die maschinelle Streckenförderung
mit Hilfe von Seilen und Ketten weitgehend als unökonomisch und zu
störanfällig erwies. Ökonomisch verwertbare Lösungen brachte erst die Einführung der Benzin- bzw. Benzollokomotive (1905) und der Gleichstrom-
loks, die sich trotz hoher Investitionskosten durchsetzen konnten.[24]
    Der Einsatz leistungsfähiger Förderungsmittel war notwendig geworden,
um den Transport der sehr schnell anwachsenden Förderung in den immer
weiter auswuchernden Untertagebetrieben bewältigen zu können, die von
4,4 Millionen Tonnen im Jahre 1860 auf mehr als 110 Millionen Tonnen am
Vorabend des Ersten Weltkrieges angestiegen war. Die Zahl der Betriebe
war auf Grund umfassender Fusionen und Konzentrationsprozesse nicht
entfernt so schnell angestiegen; hatte es 1860 282 Zechengesellschaften gegeben, so waren es 1909 nicht ganz 370, die allerdings eine bedeutend größere
durchschnittliche Belegschaftsgröße hatten, wie folgende Zahlen zeigen:[25]

1860	104	1900	1359 (1598)
1870	234	1910	2087
1880	397	1913	2287
1890	722		

Die Entwicklung der Technik und die zunehmenden Betriebsgrößen brachten einen hohen Kapitalbedarf für entsprechende Investitionen mit sich.
Bereits in den fünfziger Jahren erforderten die neu abgeteuften Zechen ein
durchschnittliches Anfangskapital von 500000 bis eine Million Taler; um
1900 konnten allein die Schachtbaukosten in wasserreichen Schwimmsand-
schichten 20000 Mark pro Meter erreichen. Die Anlagekosten für Oberlei-
tungslokomotiven betrugen 1910 225000 Mark, eine Akkumulatorlok
schlug mit 60000 Mark zu Buche, und die Kosten für eine moderne Doppel-
schachtanlage wurden 1905 auf acht Millionen Mark geschätzt.[26]
    Die Investitionskosten waren vor allem deshalb angestiegen, weil die Be-
triebe nicht nur in immer größere Tiefen vorstießen, sondern sich auch
flächenmäßig sehr weit ausbreiteten. Die technische Entwicklung hatte – wie
bereits erwähnt – vor der eigentlichen Gewinnungsarbeit Halt gemacht;
diese beruhte noch bis Anfang der 1920er Jahre weitgehend auf Handarbeit,
so daß die Förderung vor allem von der Leistung der einzelnen Arbeitsgruppen abhing; diese wiederum ließ sich nur in sehr begrenztem Umfange
steigern, so daß nur die Möglichkeit blieb, die Zahl der Abbaupunkte beträchtlich zu erhöhen und den Untertagebetrieb in Tiefe und Fläche auszu-

dehnen, was wiederum die Kosten für Ventilation, Wasserhaltung, Streckenförderung etc. in die Höhe schnellen ließ. Diese Entwicklung hatte – wie
noch gezeigt werden soll – Konsequenzen für die unternehmensrechtliche
Form der Bergwerke, und sie erhöhte den Bedarf an fixem Kapital in absolu-
ten und auch relativen Zahlen.

b) Kontrolle des Marktes und Syndikatsvertrag

Der große Kapitalbedarf in Verbindung mit einem Interesse an kontinuierlicher Förderung, die elementare Voraussetzung einer profitablen Förderung
war, ließ schon früh Versuche aufkommen, durch Zusammenschlüsse Ab-
satzmenge sowie Preise zu kontrollieren und sie auf einem kontinuierlich
hohen Niveau zu halten. Im Jahre 1858 wurde der ,,Verein für die Bergbaulichen Interessen im Oberbergamtsbezirk Dortmund" (Bergbau-Verein) gegründet, in erster Linie, um – so die offizielle Festschrift zum 75. Grün-
dungstag – die verkehrswirtschaftlichen Probleme zu lösen, war doch ,,das
Publikum der Gnade und Ungnade der Eisenbahnen preisgegeben".[27]

Bereits in den 1850er Jahren gab es Pläne, eine Verbindung vom Rhein zur
Weser und weiter zur Elbe zu schaffen, jedoch erst 1899 wurde der entsprechende Kanal, der Dortmund-Ems-Kanal fertiggestellt, der eine Verbindung
nach Emden schuf. Auf die Verbesserung der Verkehrswege wurde besonderer Wert gelegt, um durch bessere Transportmöglichkeiten die drohende
Überförderung abwenden zu können, denn die Zahl der Bergwerke war in
den Jahren 1850–57 von 198 auf 299 angestiegen, die Förderung von 1,7 auf
3,7 Millionen Tonnen.[28]

Die im Bergbau-Verein zusammengeschlossenen Unternehmer waren jedoch viel zu gute Kapitalisten, als daß sie nicht neben einer Verbesserung der
Transportmöglichkeiten sogleich auch eine andere Möglichkeit ins Auge
gefaßt hätten, die den befürchteten Preisverfall aufhalten sollte, ohne selbst
Kosten zu verursachen: die Festsetzung der Kohlepreise und der Fördermenge. Die hierdurch angestrebte ,,Abwehr des schrankenlosen Wettbe-
werbs"[29] stieß jedoch in den eigenen Reihen auf Widerstand. Sie war in
erster Linie ein Anliegen der alten, kleinen Zechen, während die neuen,
modernen Tiefbauzechen einen Verdrängungswettbewerb nicht zu fürchten
hatten und deshalb nicht an einem Kartell interessiert waren, das ihre Fördermenge reduziert hätte. Zudem bewahrheiteten sich zunächst die düsteren
Prophezeihungen nicht: die sechziger Jahre erwiesen sich als eine Periode
kontinuierlicher Expansion.

Erst die Krise der siebziger Jahre ließ den Bergbau-Verein wieder aktiv
werden, für lange Zeit jedoch nur in einem beschränkten Rahmen. 1876
wurde ein Kohleausfuhr-Ausschuß eingesetzt, der allerdings nur im Hinblick auf seine geographische Reichweite bedeutend war: die Kaiserliche
Admiralität entschloß sich zur versuchsweisen Verfeuerung ,patriotischer
Kohle' und gab eine Bestellung für ein Panzergeschwader im Ägäischen

Meer auf. Von diesem Erfolg beeindruckt, gründeten 23 Zechen 1877 den Westfälischen Kohlenausfuhr-Verein, der den Absatz von Steinkohle und Koks aus Westfalen in deutschen und außerdeutschen Seeplätzen fördern sollte. Die Hansestädte Bremen und Hamburg zeigten sich weniger nationalbewußt, sie bezogen ihre Kohle weiterhin aus England.[30] Diese und andere Zusammenschlüsse erwiesen sich trotz ihrer bescheidenen Zielsetzungen als wenig lebensfähig.[31] Vor allem die Krise der achtziger Jahre ließ die Interessenkonflikte zwischen den Betreibern alter und neuer Bergwerke offen zu Tage treten, so daß die verschiedenen Kartellierungsversuche im Sande verliefen. Erst der Aufschwung, der Ende der achtziger Jahre einsetzte, schuf bessere Voraussetzungen. Auf Grund der günstigeren Absatzlage ging es nicht länger, wie in den siebziger und achtziger Jahren, darum, einen Status quo festzuschreiben, der den neuen leistungsfähigen Zechen keinen Platz für Expansion gelassen und keine Neugründung erlaubt hätte. Auch ließen sich die Interessengegensätze nicht länger mit ,alt' versus ,neu' beschreiben: Die Zahl der modernen Tiefbauzechen war so groß geworden, daß sie sich untereinander Konkurrenz machten; die Konkurrenz jedoch wurde nicht nur über den Markt ausgetragen, sondern hatte in den 1880er Jahren bereits zu einer ersten Fusionswelle geführt, deren Ziel darin bestand, ,,die Produktion besser der Nachfrage anzupassen und damit zur Preisstabilisierung beizutragen".[32]

Der Appell an das gemeinsame Interesse verhallte nicht länger ungehört: Im Februar 1893 wurde das Kohlensyndikat gegründet, das fortan den Absatz für alle in ihm zusammengeschlossenen Zechen regeln sollte. Jede Zeche erhielt eine Beteiligungsziffer zugewiesen, deren Grundlage die Förderung des Jahres 1891 bzw. 1892 war. Das Syndikat repräsentierte bei seiner Gründung 97% der in Betracht kommenden Förderung, und nach Anlaufschwierigkeiten wurden bereits 1897/98 95% der von den Vertragszechen verkauften Kohle hierüber abgesetzt.[33]

Da der festgesetzte Preis auch den weniger produktiven Werken eine Rendite sichern sollte, fiel den produktiveren unter ihnen – in der Regel handelte es sich dabei um die nördlich gelegenen Großzechen – eine Differentialrente zu, die ihnen neue Investitionen ermöglichte und dadurch den Abstand zu den weniger profitablen größer werden ließ. Gleichzeitig bot sich ihnen die Möglichkeit, den Interessenkonflikt auf eine andere Weise auszutragen, nachdem durch den Syndikatsvertrag der Wettbewerb über den Preis hinfällig geworden war: In zunehmendem Maße kauften die kapitalkräftigen Gesellschaften ihre minder erfolgreichen Konkurrenten auf. Das erforderliche Kapital brachten sie zum Teil aus ihrem Gewinn auf; außerdem fiel es ihnen nicht schwer, mit dem Hinweis auf ihre gute Ertragslage die eventuell nötigen Kredite zu erhalten. Ein besonders elegantes Verfahren bestand darin, die eigenen, eine hohe Dividende erbringenden und darum hoch im Kurs stehenden Aktien zum Tausch gegen die bedeutend niedriger gehandelten der weniger rentablen Betriebe anzubieten. Der Syndikatsvertrag begünstigte somit einen Konzentrationsprozeß, der in kurzer Zeit die Zahl der Betriebe zurückgehen ließ; 1898 gehörten dem Syndikat 98 Zechen mit einer durchschnittlichen Quote von je 343 000 Tonnen an, 1915 nur noch 57 Mitglieder mit einer Durchschnittsquote von 1,6 Millionen Tonnen; 1909/10 beherrschten neun Konzerne 67% der Kohleproduktion.[34]

Die Realisierung einer Differentialrente als Ziel unternehmerischer Strategie zeigte sich besonders deutlich bei der Auseinandersetzung um die Hüttenzechen; hierbei handelte es sich um Bergwerke, die sich im Besitz eines Unternehmens befanden, dem gleichzeitig auch Betriebe der Eisen- und Stahlindustrie gehörten. Bei der Syndikatsgründung 1893 gab es zwölf solcher Zechen mit einer Förderung von 3,7 Millionen Tonnen bzw. 10% der Gesamtförderung, die den Vertrag nicht unterzeichneten; sie waren damit hinsichtlich der Fördermenge und der Preisfestsetzung ungebunden. Schon 1894 gab es erste Verhandlungen mit ihnen, bei denen sie sich verpflichteten, ihre Kohle zum gleichen Preis zu verkaufen wie das Syndikat: 1898 kam es zu einem Vertrag, demzufolge der Verkauf ihrer überschüssigen, nicht zum Eigenverbrauch bestimmten Produktion durch das Syndikat erfolgen sollte, doch diesem Vertrag schlossen sich nicht alle Hüttenzechen an.[35]

Wichtiger noch als die Frage der Preisfestsetzung war, daß die ungebundenen Zechen die Möglichkeit hatten, ihre Förderung unbehelligt von Förderquoten zu erhöhen. Trotz der nahezu kontinuierlichen Expansion des Ruhrbergbaus wurde nämlich vom Syndikat die den einzelnen Mitgliedszechen zugeteilte Quote immer wieder, wenn auch nur vorübergehend, um bis zu 15% gekürzt. Das erklärt sich aus jahreszeitlichen Schwankungen und der Inbetriebnahme neuer Anlagen, die auch ein Stück vom Kuchen haben wollten. Die Produktion der Hüttenzechen hingegen wuchs kontinuierlich an. 1903 betrug sie 7,74 Millionen Tonnen und hatte sich damit seit 1893 mehr als verdoppelt, während die anderen Zechen ihre Förderung nur um etwa 66% hatten steigern können. Diese Situation führte zu großen Spannungen, und die Hüttenzechen erklärten sich 1903 schließlich bereit, die über den Eigenverbrauch hinausgehende Produktion entsprechend den Mengenzuteilungen des Syndikats zu begrenzen; der Eigenverbrauch hingegen blieb auch weiterhin unkontrolliert.[36]

Damit waren Symptome, nicht jedoch das Problem beseitigt, denn diese Regelung begünstigte geradezu eine Entwicklung, bei der die Betriebe der Eisen- und Stahlindustrie zu Selbstversorgern wurden, wodurch die wichtigste Abnehmergruppe zunehmend dem Markte entzogen wurde. Als Selbstversorger erhielten sie die Kohle zu den Entstehungskosten und konnten bei guter Konjunkturlage die Produktion ihren Bedürfnissen entsprechend steigern. Da zudem ihre Beteiligungsziffern recht hoch festgesetzt waren, um sie überhaupt zum Beitritt zu bewegen, stieg ihre Förderung beispielsweise in den ersten neun Monaten des Jahres 1904 um 13% an, die der reinen Kohlenbergwerke hingegen nur um 2,5%. Auf Grund des gestiegenen Eigenverbrauches lieferten sie zudem an das Syndikat nur 50 bis 60% der festgesetten Menge. Bei einem Absatzrückgang waren sie ebenfalls bessergestellt; in diesem Fall wurde die Kohle vom Syndikat mit Preisnachlässen verkauft, wobei die Mindererlöse im Umlageverfahren von den einzelnen Zechen finanziert wurden. Die Hüttenzechen mußten sich nur entsprechend ihrer Syndikats-Quote beteiligen und nicht, wie die reinen Kohlenbergwerke, entsprechend ihrer Gesamtförderung. Bis in den Weltkrieg hinein wurde keine Regelung gefunden, die beide Seiten zufriedenstellen konnte, und das Syndikat wäre vermutlich auseinandergebrochen, wenn nicht der Staat nach Kriegsausbruch „seine Erneuerung immer wieder erzwungen hätte".[37]

Die Gegensätze hatten sich in erster Linie wegen der steigenden Zahl von Fusionen verschärft, bei denen Bergwerke sich in die Stahl- und Eisenindustrie einkauften bzw. selbst aufgekauft wurden. So entstanden Unternehmen wie die Gelsenkirchener Bergwerks AG, die 1907 30000 Arbeiter zählte, oder die Gewerkschaft Deutscher Kaiser mit etwa 19000 Beschäftigten. Die rasanteste Entwicklung nahm die Deutsch-Luxemburgische Bergwerks- und Hütten AG, die erst 1901 mit einem Kapital von 24 Millionen Mark gegründet worden war und 1907 bereits über 10000 Beschäftigte zählte.[38]

Neben der Problematik der Hüttenzechen gab es noch andere Beweggründe für Fusionen, die ebenfalls weitgehend auf die Konstruktion des Syndikats zurückzuführen sind. Seine Preisfestsetzung richtete sich nach den Produktionsbedingungen der unrentableren, meist alten und kleineren Betriebe, was den größeren und leistungsfähigeren eine beachtliche Differentialrente einräumte. Schätzungen zufolge betrug der Rohüberschuß in den nördlichen Revieren 2,60 bis 2,90 Mark pro geförderter Tonne, während er auf den südlichen Zechen mit nur 0,50 bis 1,00 Mark angesetzt wurde. Ein Teil der südlichen Zechen wurde deshalb mit dem alleinigen Ziel aufgekauft, sie stillzulegen, weil dann deren Förderquote auf die profitableren Zechen übertragen werden konnten.[39]

Die Stillegungswelle begann im Spätsommer 1903; zum 1. Januar 1903 war ein neuer Syndikatsvertrag in Kraft getreten, der eine Gesamtbeteiligungsziffer von 73 Millionen Tonnen vorsah, von der jede Zeche eine feste Quote zugeteilt erhielt. Vorher hatten die Syndikatszechen für jeden neu abgeteuften Schacht eine zusätzliche Förderquote in Höhe von 100000 Tonnen erhalten, was sie zur Errichtung zahlreicher neuer Schächte veranlaßt hatte. Mit dem neuen Vertrag jedoch war diese Möglichkeit nicht mehr gegeben, und so „begann die Jagd nach der größten Beteiligungsziffer".[40] Es erfolgten Werkszusammenlegungen, aber auch Ankäufe von Zechen seitens der Großbetriebe. Bis 1904 wurden zwölf Bergwerke aufgekauft, davon elf im südlichen Ruhrgebiet und eines bei Oberhausen, die zusammen mehr als 10000 Arbeiter beschäftigten.[41]

Diese Entwicklung führte zu heftigen Diskussionen und Protesten; die betroffenen Gemeinden sahen ihre Existenzgrundlage gefährdet, wie z.B. die Gemeindevertreter von Weitmar bei Bochum ausführten: „Der durch die Stillegung der Bergwerke bedingte Wegzug der Bergarbeiter, Beamten und der sonstigen nicht angesessenen Bevölkerung aus hiesiger Gegend aber führt den Ruin nicht allein der Gemeinden, welche mit dem Verschwinden des Bergwerks ihre besten Steuerzahler verlieren, sondern auch den Ruin der seßhaften Bevölkerung mit sich, denn es ist fast kein Stand, der nicht auf das Schwerste betroffen würde. (...) Umsoweniger aber sind die ortsangesessenen Bürger in der Lage, den Steuerausfall der Zechen und sonstigen wegziehenden Bevölkerung auch noch zu tragen, da sie sowieso schon so gut wie ruiniert sind, denn durch das Leerstehen der Wohnungen erhalten sie keine Mieten mehr, während sie die Hypothekenzinsen prompt bezahlen müssen, und durch den Wegzug der kaufkräftigen Bevölkerung verlieren sie ihren sonstigen Verdienst. Unter diesen Leuten, welche ihr ganzes Hab und Gut verlieren würden, befinden sich Tausende von sparsamen Grubenarbeitern, die sich in jahrzehntelanger gefahrvoller und harter Arbeit ein Eigentum erworben haben; dieselben würden zweifellos sämtlich eine Beute der Sozialdemokratie werden."[42] „Im Einverständnis und im Auftrage" der gesamten Bevölkerung richteten sie deshalb an das Abgeordnetenhaus die Bitte, „die Stillegung betriebsfähiger Steinkohlenbergwerke in hiesiger Gegend zu verhindern, (um) den Staat, die Gemeinden, die Bürger und die seßhaften Arbeiterstände des Ruhrgebiets vor unnötigen schweren Schädigungen zu bewahren".[43]

Zur Begründung ihres Antrages verwiesen sie noch darauf, daß die Stilllegung „weniger im Interesse des Kohlensyndikats als vielmehr demjenigen des internationalen Großkapitals" liege, das auf Kosten des Nationalvermögens seine Dividende erhöhen wolle. Ähnlich argumentierte der Christliche Gewerkverein; er führte an, die großen kapitalkräftigen Gesellschaften hätten die Möglichkeit, „beliebig viele Zechen anzukaufen, auch abbauwürdige und rentable Gruben außer Betrieb zu setzen und dadurch Arbeiter, Handwerker, Kaufleute, Private und ganze Gemeinden auf das Empfindlichste zu schädigen". Er erwartete umfassenden Schutz vor dieser gemeinschädlichen Politik des Kohlensyndikats und forderte den Erlaß eines Gesetzes, um „das Gebaren der Syndikate und Kartelle" zu regeln.[44]

Derartige Forderungen wurden – über die Auseinandersetzungen um die Stillegungen hinaus – immer wieder erhoben; dem Syndikat wurde vorgeworfen, es verhindere den Wettbewerb, halte die Preise hoch und verzögere die Einführung rationeller Techniken und Betriebsorganisationen. Es wies diese Vorwürfe stets als unberechtigt zurück und führte an, erst eine kontinuierliche Entwicklung des Ruhrbergbaus ermöglicht zu haben – eine Argumentation, die auch von C. Imbusch, einem führenden Vertreter des Christlichen Gewerkvereins, vertreten wurde. Zwar räumte er ein, das Syndikat habe „auch seine ungünstigen Seiten besonders für die deutsche kohlenverbrauchende Industrie" gehabt, die wegen der in Krisenzeiten hoch gehaltenen Preise gegenüber ihren ausländischen Konkurrenten im Nachteil gewesen sei. Es ließe sich aber nicht leugnen, daß die „meisten Gegner des Syndikats sich über dessen Wirkung gar nicht klar" seien. Unleugbar habe es

geradezu Großes geleistet. ,,Ohne sein Bestehen wäre die erfolgte Zurück-
drängung der ausländischen Konkurrenz, die Erwerbung vieler neuer Ab-
satzgebiete und die Erzielung fortdauernder guter Preise nicht möglich gewesen."[45]
Die Erzielung fortdauernd guter Preise war allerdings nicht nur dem Syndikat zu verdanken. Zu einem guten Teil erklärt sie sich auch aus dem
preußischen Bergrecht, das mit dem Übergang zu den großen Kapitalgesell-
schaften wichtige Veränderungen erfuhr.

c) Recht und Unternehmensform

Eine entscheidende Grundlage für die Expansion des Ruhrbergbaus in der
zweiten Hälfte des 19. Jahrhunderts war – wie bereits erwähnt – die Bergrechtsreform in den Jahren 1850/65, durch die das Direktionsprinzip
abgeschafft und der Bergbau aus der staatlichen Verwaltung entlassen wurde. Diese hatte zuvor einen weitreichenden Einfluß auf die Festsetzung der
Förderung, Preise und Löhne gehabt, und sie war für Arbeiter wie für
Unternehmer die entscheidende Instanz gewesen. Die Entwicklung neuer
Abteufverfahren, der Übergang zu Tiefbauzechen und der dazu erforderliche enorme Kapitalbedarf hatte die Unternehmer auf eine ,,Lockerung und
schließliche Beseitigung des Direktionsprinzipes" drängen lassen, durch das
sie sich bei ihren Investitionen und ihrer Unternehmensführung gegängelt
und bevormundet sahen.[46] Mit dem Abschluß der Bergrechtsreform im Jahre 1865 waren die Voraussetzungen für eine kapitalistische Entwicklung des
Kohlenbergbaus im Ruhrgebiet gegeben; die staatliche Aufsicht beschränkte
sich fortan auf bergpolizeiliche Maßnahmen.
Die Investitionen waren jedoch nicht nur profitversprechend, sondern
auch risikoreich; der Absatz konnte schwanken, und die neuen Techniken
waren vielfach noch nicht ausreichend erprobt. Unverhofft hartes Gestein
oder unvermutet viel Grubenwasser konnten Probleme aufwerfen, die einen
zusätzlichen Kapitalbedarf bedeuteten. Die neuen Tiefbauzechen wurden
überwiegend von Aktiengesellschaften errichtet, deren Finanzierung in der
Regel durch Konsortien unter Führung von Banken erfolgte, über die in
starkem Maße ausländisches Kapital in den Ruhrbergbau floß. Bei unerwartet einsetzenden Schwierigkeiten erwies sich die Kapitaldecke jedoch häufig
als zu kurz, Abteufarbeiten verzögerten sich, Aktiengesellschaften lösten
sich auf oder meldeten Konkurs an.[47]
Als Reaktion auf diese Entwicklung eröffnete das Berggesetz von 1865 die
Möglichkeit, auf eine alternative Form der Kapitalbeschaffung, die Gewerkschaften, zurückzugreifen. Im Unterschied zu den Aktiengesellschaften si-
cherten sie nicht nur einen Anspruch auf den zu verteilenden Gewinn, sondern verpflichteten die Kapitalgeber auch zur sogenannten Zubuße, falls
Verluste oder unerwartete Kapitalbedürfnisse auftraten. Sie gaben sogenannte Kuxen aus, deren Zahl auf 100 bzw. 1000 begrenzt war. Zur Gründung

einer Gewerkschaft war nicht die Zahlung eines einmaligen Kapitalbetrages erforderlich; dieser konnte vielmehr den Erfordernissen entsprechend aufgebracht und bei etwaig auftretenden Schwierigkeiten erhöht werden. Da der öffentliche Kapitalmarkt erst mit Beginn der Förderung zugänglich wurde – zu dem Zeitpunkt also, an dem die Zeche begann, Gewinn abzuwerfen und Sicherheiten zu bieten –, hing die Finanzierung der Investitionen von der Kapitalkraft der einzelnen Kuxeninhaber ab. Hieraus konnten sich Probleme ergeben, denn die Zahl der Kuxen war auf maximal 1000 festgesetzt, und diese konnten auch nicht gestückelt werden, so daß die Möglichkeiten zur Streuung des Risikos begrenzt blieben. Trotz dieser Einschränkung blieben die variabler operierenden Gewerkschaften lange Zeit die dominierende Unternehmensform; 1876 vereinten sie 56,5% der Kohleförderung auf sich, während nur 41,3% durch Aktiengesellschaften gefördert wurden.[48]

Die Aktiengesellschaften ihrerseits hatten durch die Aktienrechtsnovelle von 1870, die die Kapitalbeschaffung auf breiter Basis ermöglichte und die Abhängigkeit von wenigen kapitalkräftigen Geldgebern beseitigte, eine neue Bedeutung erlangt. Neue Kapitalmittel konnten erschlossen werden, so daß in zunehmendem Maße Gewerkschaften übernommen wurden bzw. in Aktiengesellschaften übergingen. Die Gründerkrise zeigte jedoch noch einmal die Schwierigkeiten der Aktiengesellschaften, die in Zeiten einer Depression, wenn überhaupt, nur mit sehr viel Mühe zusätzliche Geldmittel erschließen konnten, so daß einige Gesellschaften wieder den Status von Gewerkschaften annahmen, um über das Verfahren der Zubuße die erforderlichen Gelder zu beschaffen.[49]

Die Konjunktur der achtziger Jahre und die damit einhergehenden Konzentrationsprozesse änderten jedoch die Situation. Die Aktiengesellschaften konnten bedeutend leichter durch Ausgabe neuer Aktien zusätzliches Kapital beschaffen als die Gewerkschaften, deren Kuxenzahl auf 100 bzw. 1000 begrenzt blieb. Zubußen waren kaum noch erforderlich, da der Kapitalmarkt leistungsfähiger geworden war; vor allem aber waren in den Jahren guter Konjunktur durch Beschränkung der Dividendenzahlung sowie ganz besonders durch hohe Abschreibungen ausreichende Reserven gebildet worden.[50]

Der bessere Zugang zum Kapitalmarkt ermöglichte es den Aktiengesellschaften, in den Fusionswellen der achtziger Jahre und nach der Jahrhundertwende Gewerkschaften aufzukaufen, und er führte auch zur bereits beschriebenen Bildung der Hüttenzechen. 1903 entfielen nur noch 36,5% der Förderung auf Gewerkschaften und 62% auf Aktiengesellschaften, deren Anteil in den folgenden Jahren noch anstieg.[51] So waren etwa die stillgelegten Zechen, deren Beteiligungsziffer auf andere Betriebe übertragen wurden, zum großen Teil Gewerkschaften, was noch einmal unterstreicht, daß Zugang zum Kapitalmarkt und unterschiedliche Finanzierungsmöglichkeiten ein entscheidender Faktor für unternehmerischen Erfolg bzw. Durchsetzungsvermögen gegenüber den Konkurrenten waren. Das war nun nicht spezifisch für den Ruhrbergbau, wie die umfangreiche Diskussion zur Rolle des Finanzkapitals in dieser Phase des deutschen Kapitalismus zeigt. Kennzeichnend ist vielmehr, daß es hier weitgehend gelungen war, die Rolle des Marktes auszuschalten und einen Gewinn zu sichern, der so groß war, daß selbst der Einfluß der Banken auf Grund der hohen Selbstfinanzierungsrate und der guten Möglichkeit, Anteile oder Aktien zu placieren, zurückgedrängt werden konnte.[52]

Neben diesen finanzpolitischen und unternehmensrechtlichen Faktoren begünstigte das preußische Bergrecht die Prosperität des Bergbaus und die Konzentrationsbewegung noch in einem weiteren Punkt. In Preußen herrschte eine fast absolute Schürffreiheit; die alleinige Voraussetzung zur Verleihung eines Kohlenfeldes (Mutung) war der Nachweis, auf Kohle gestoßen zu sein, und die Bereitschaft, die erforderliche Stempelgebühr zu zahlen, die für ein Normalfeld 1,50 Mark betrug. War das Bergrecht verliehen, bestand weder die Notwendigkeit, die Kohle auch tatsächlich abzubauen, noch mußten zusätzliche Steuern oder Abgaben bezahlt werden, bevor die Ausbeutung des Kohlenfeldes einsetzte. Da zudem eine verliehene Nutzung andere Bohrungen im Umkreis von vier Kilometern ausschloß, ließ sich leicht ein großer Bezirk abrunden.[53]

Zum Niederbringen der Bohrungen hatten sich eigene Gesellschaften gebildet, von denen die Internationale Bohrgesellschaft zu Erkelenz das größte und bedeutendste Bohrunternehmen Europas war. Spezielle Bohrverfahren gaben ihr einen derartigen Vorsprung, daß sie z. B. neben bereits arbeitenden Bohrschächten der Konkurrenten eigene Anlagen errichtete und nahezu jeden Wettlauf um die Verleihung der sogenannten Berechtsame gewann.[54] Binnen weniger Jahre erhielt sie 480 Grubenfelder zugeteilt, die eine Fläche von 1008 Quadratkilometern abdeckten. Diese Felder verkaufte sie für Beträge in Höhe von 150000 bis 170000 Mark an das Syndikat oder an die Bergwerke selbst, die hierdurch sowie durch eigene Bohrungen in den Besitz riesiger Grubenfelder kamen. So hatte die Gelsenkirchener Bergwerks AG Felder von 254 Quadratkilometern, die Gewerkschaft Deutscher Kaiser solche von 267 Quadratkilometern und die Rheinisch-Westfälische Bergwerksgesellschaft Felder von 602 Quadratkilometern Fläche erworben.[55]

Diese Konzentration des Besitzes von Grubenfeldern ließ schließlich nicht nur den Alten Verband befürchten, hier werde ,,der Einfluß einzelner Personen auf die Versorgung des Marktes mit wichtigen und unentbehrlichen Gegenständen des allgemeinen Bedarfs und Verbrauchs (...) in bedenklichem Maße verstärkt, unter Umständen sogar die Gefahr einer nicht ausreichenden Versorgung des Marktes mit den Erzeugnissen des Bergbaus und einer rücksichtslosen Preistreiberei nahelegt".[56] Durch Gesetz vom 8. Juli 1907 wurde ein ,,vollständiges Verbot des Schürfens und Mutens auf Steinkohle und Steinsalz" geschaffen, um ,,dem Staate möglichst viele Steinkohlen- und Steinsalzfelder vorzubehalten".[57] Der Zweck des Gesetzes jedoch wurde nicht erreicht, vielmehr das gerade Gegenteil traf ein.

Die schwerfällige, durch Intervention der betroffenen Interessengruppen zusätzlich aufgehaltene Gesetzesmaschinerie mahlte viel zu langsam. Um die geplante Verabschiedung des Gesetzes wissend, hatten die Unternehmen in einer Art Schlußverkauf ihre ohnehin beträchtlichen Bezirke noch einmal enorm vergrößert. Da im Gesetz keine Vorschrift enthalten war, wonach verliehene Felder entweder abgebaut oder aber zurückgegeben werden mußten, und da zudem fortan keine weiteren Felder an private Unternehmer verliehen wurden, wodurch die lästige Konkurrenz entfiel, konnten sich die Zechengesellschaften auf ihrem Besitz bequem ausruhen: das Gesetz hatte ihre faktische Monopolstellung zu einer rechtlichen gemacht und sie nahezu unangreifbar abgesichert und verankert.[58]

d) Ein unaufhaltsamer Aufstieg

Es läßt sich „ohne Bedenken aussprechen, daß die wirtschaftliche Lage unserer Gesellschaften während der Syndikatszeit erfreulich gewesen ist";[59] zu diesem Urteil kam eine Untersuchung über die Bedeutung der Aktiengesellschaften im Ruhrbergbau. Ein Blick auf die Bilanzen macht die Freude sehr verständlich.

In den Jahren von 1893 (Gründung des Syndikats) bis 1911 verdoppelte sich die Förderung der Aktiengesellschaft von 18 Millionen Tonnen auf nicht ganz 36 Millionen Tonnen; der Bruttogewinn hingegen stieg fast auf das Fünffache, von 28 Millionen auf 126 Millionen Mark, an, ebenso wie die ausbezahlten Dividenden, die von 10 Millionen auf 47 Millionen Mark emporkletterten; auf die Förderung umgerechnet betrugen sie 1893 0,59 Mark pro Tonne, 1911 hingegen 1,34 Mark.[60] Für die Besitzer der Bergwerke war die Erfolgsgeschichte nicht nur in wissenschaftlichen Untersuchungen nachzulesen, sie war für sie bei jeder Dividendenzahlung greifbar, die auf einigen Zechen bis zu 80% betragen konnten, durchschnittlich jedoch bei etwa 12% lagen; diese Zahl ist allerdings zu niedrig angesetzt, da hierbei zahlreiche Kapitalerhöhungen nicht berücksichtigt sind, deren hauptsächlicher Zweck darin bestand, die ausbezahlten Dividendensätze nicht in allzu schwindelnde Höhe klettern zu lassen.[61]

Die profitable Entwicklung der Bergwerke spielten ihre Besitzer jedoch herunter.[62] Sie verwiesen lieber auf die technischen Fortschritte, die zunehmende Größe und Leistungsfähigkeit der Betriebe, die Rekordtiefen, in die sie vorgedrungen waren, und die zusätzlichen Produkte (Diversifikation), die von den Zechen hergestellt und verkauft wurden: die Herstellung von Koks und Briketts sowie Ringofensteinen (die aus den geförderten Bergen gebrannt wurden), von Teer, Teerpech, Naphta, Benzol und Ammoniak, die Lieferung von Gas und elektrischer Energie etc.[63] Sowohl in bezug auf Diversifikation als auch auf Konzentration und Integration – Prozesse, die gemeinhin als Indikator für den Entwicklungsstand eines Industriezweiges angesehen werden – waren die Zechengesellschaften im Ruhrgebiet ihren englischen und französischen Konkurrenten überlegen; die Erfolgsgeschichte hat sich bisher glänzend bestätigt.[64]

Ein Teil der Zeitgenossen blieb jedoch recht skeptisch; sie warfen dem Syndikat Mißbrauch seiner Machtstellung vor und argumentierten, dessen privatwirtschaftlicher Erfolg dürfe die Diskussion um die volkswirtschaftlichen Kosten nicht verdrängen. Zudem glaubten sie, der Kampf um mehr Marktanteile, der Versuch, Schwachstellen des Syndikatsvertrages auszunutzen, der Erwerb von Hüttenzechen, die Ausschaltung der Konkurrenz auf dem Markte etc. habe das Interesse der Unternehmer in einem solchen Umfange kanalisiert und monopolisiert, daß sie „gegen die Einführung technischer Neuerungen und rationeller Produktionsmethoden gleichgültig" geworden seien.[65]

Dieser Einwand macht noch einmal deutlich, daß in der bisherigen Argumentation, wie auch in der Literatur zu diesem Bereich, der Erfolg des Ruhrbergbaus an dessen Fähigkeit gemessen wurde, sich auf einem (weitgehend ausgeschalteten) Markt durchzusetzen. Die Binnenstruktur der Unternehmen hingegen wurde, abgesehen von der Auflistung technischer Neuerungen, kaum berücksichtigt. Das gilt für Fragen der Betriebsorganisation und Kostenrechnung, das gilt vor allem aber für die Bergleute selbst. Die Fusionen, der Syndikatsvertrag, die Herausbildung von Hüttenzechen, Fragen der Kapitalmobilisierung sowie des Bergrechts etc. – all diese Faktoren können offensichtlich die Entwicklung des Ruhrbergbaus erklären, ohne daß es nötig wäre, die Bergleute näher zu berücksichtigen.[66]

Sie waren allenfalls als Arbeitskräfte wichtig, die es anzuwerben, einzusetzen, zu verwalten und durch sozialpolitische Maßnahmen friedfertig zu halten galt; sie bildeten einen Kostenfaktor, der in die unternehmerische Kalkulation einging, doch darüber hinaus hat man ihnen in den bisher referierten Ausführungen kaum Beachtung geschenkt und ihnen lediglich eine äußerst geringe Rolle zugewiesen.

Wie unangemessen diese Rollenzuteilung allerdings war, zeigte sich spätestens in den zahlreichen Arbeitskämpfen, die nicht von außen in eine heile Welt hineingetragen wurden, wie die Unternehmer behaupteten, und die auch nicht bloß aus dem abstrakten Gegensatz von Kapital und Arbeit zu erklären sind, sondern die sich vielmehr aus der inneren Struktur der Bergwerke selbst ergaben. Im Untertagebetrieb war – wie im folgenden Kapitel gezeigt werden soll – den Bergleuten eine umfassende Selbständigkeit und Unabhängigkeit eingeräumt worden, die eine weitgehende Korrektur der bisher entwickelten Argumentation erfordern wird. Hier waren Erfahrungen angelegt, die zu den großen Streiks und schließlich zur Sozialisierungsbewegung führten, eine Entwicklung, die die Erfolgsgeschichte in ein Fiasko zu verkehren drohte und die ein völliges Scheitern unternehmerischer Politik heraufbeschwor: sie zielte darauf ab, die Unternehmer gänzlich abzuschaffen.

3. Arbeit

a) Eine Geschichte

Um 5.30 Uhr morgens begann die Anfahrt, zu der die Bergleute sich am Förderschacht versammelt hatten. Vorher waren sie, soweit ihre Wohnung in der Nähe der Zeche lag, vom lauten Ton der Sirene geweckt worden und hatten sich, noch etwas schläfrig und fröstelnd, versehen mit Dubbeln (Butterbroten) und viel Tee oder Kaffee als Ausgleich für den Flüssigkeitsverlust durch das starke Schwitzen unter Tage auf den Weg zur Arbeit gemacht. Bei Betreten der Zeche erhielten sie ihre Marke und eine Grubenlampe ausgehändigt, um ihre Anwesenheit kontrollieren, aber auch um im Falle eines Unglücks nachprüfen zu können, wer noch unter Tage war. Anschließend kleideten sie sich in der großen, einer Fabrikhalle gleichenden und leicht zu beaufsichtigenden Kaue um, von wo sie sich zum Schacht begaben, um einzufahren. Unter Tage gingen oder fuhren sie zu ihrer Arbeitsstelle, wo sie ihre Kameraden trafen, sofern sie nicht schon gemeinsam eingefahren waren oder sich vorher getroffen hatten.

Der Steiger ordnete an, was zu tun war, und kontrollierte sie im Verlaufe der Schicht, wobei er darauf achtete, daß seinen Anweisungen zufolge ge-

8. Lampenkaue um die Jahrhundertwende. Hier wurden die Lampen gepflegt und gereinigt, eine der wenigen Tätigkeiten im Bergbau, zu der auch Frauen herangezogen wurden.

handelt wurde. Er sorgte vor allem dafür, daß die Vorschriften des Oberbergamtes eingehalten wurden, wonach u. a. Bergleute erst dann selbständig
arbeiten durften, wenn sie zuvor zwei Jahre unter Aufsicht eines Hauers
gearbeitet hatten und darüber hinaus der deutschen Sprache mächtig waren.
Die Ausbildung der Bergneulinge behielt er im Auge und ließ sie erst als
Hauer arbeiten, wenn er sich von ihren erlernten Fähigkeiten überzeugt
hatte. Ferner sah er darauf, daß die Sicherheit durch einen soliden Ausbau
gewährleistet war, daß die Strecken instand gesetzt wurden, daß die erforderlichen Materialien (Holz und Sprengstoff) vorhanden waren und daß
schließlich die Kohle sauber hereingewonnen und verladen wurde. Wurde
gegen seine Vorschriften verstoßen, was bei der heterogenen Zusammensetzung der Bergleute, dem hohen Anteil an Ausländern und Unerfahrenen,
häufig vorkam, verhängte er Strafen, um dadurch die Disziplin zu sichern,
die wegen der Gefahr der Arbeit im Interesse aller lag.

Der Inhalt der Wagen wurde über Tage kontrolliert, wobei eine Minder-
füllung oder ein zu großer Anteil an Steinen einen Lohnabzug (Wagennullen) oder mitunter zusätzlich eine Strafe nach sich zogen. Der ausbezahlte
Lohn richtete sich nach der Anzahl der geförderten Wagen; der Betrag, der
pro Wagen bezahlt wurde, war zuvor in einem freien Vertrag zwischen dem
Sprecher der Arbeiter (Ortsältester) und dem Steiger vereinbart worden.
Andere Arbeiter, vor allem die jüngeren, die in der Strecken-Förderung
eingesetzt waren, und die älteren, vornehmlich mit Reparaturarbeiten beschäftigten Zimmer- bzw. Reparaturhauer erhielten einen festen Lohn ausbezahlt. Nach Ende der Schicht sammelten sich die Arbeiter wieder am
Schacht, fuhren über Tage, wuschen sich in der Kaue, kleideten sich um,
gaben ihre Marke zurück, und ein weiterer, in seinem Ablauf wohl geordne-
ter und jederzeit von der Zeche bzw. ihren Beamten kontrollierter Arbeitstag war beendet.

So hätte um die Jahrhundertwende die Beschreibung eines Arbeitstages
durch eine Werksleitung oder in bergbaukundlichen Untersuchungen bzw.
Zeitschriften aussehen können, eventuell ergänzt um Angaben zur fort-
schreitenden technischen Entwicklung bei der Gewinnung, der Förderung
und Weiterverarbeitung sowie beim Betrieb der Bergwerke generell. Diese
Beschreibung wäre zweifellos auf vielfachen Protest gestoßen. Immer wieder
wurden die Straf- und Disziplinarmaßnahmen, darunter vor allem das Wagennullen, angeprangert, ferner willkürliche Festsetzungen bzw. Kürzungen
der Gedinge, das Erzwingen von Überschichten etc. Beklagt wurde, daß die
Wirklichkeit dem obigen Bild nicht entspräche, wobei jedoch mehr oder
minder davon ausgegangen wurde, daß dieses – wenn auch mit einigen Korrekturen – einen erstrebenswerten Zustand beschreibe, eine Einschätzung,
die sich bis in die neueste Literatur hinein gehalten hat. Es läßt sich jedoch
im Widerspruch zu dieser beeindruckenden Koalition von Historikern und
Zeitgenossen ein anderes Bild zeichnen, das in wichtigen Punkten nicht nur
Farbnuancierungen, sondern eine andere Darstellung ergibt.

Die Periode von 1890 bis 1914 war für den Ruhrbergbau eine Expansions-
phase mit zum Teil „überaus glänzender Konjunktur", in der die Produktion um mehr als 300% anstieg.[67] Die technischen Voraussetzungen für diese
Entwicklung sind bereits beschrieben worden; doch trotz aller Neuerungen,
trotz der Einführung neuer Maschinen und Energiequellen änderte sich die
Arbeit vor Ort in diesem Zeitabschnitt kaum, eine Produktivitätszunahme
war bei der eigentlichen Bergarbeit nicht zu verzeichnen.
Die Förderleistung eines Hauers betrug in den Jahren 1891 bis 1895
1,7 Tonnen pro Schicht, 1907 1,74 und im Jahr 1913 1,73 Tonnen. Um angesichts der gleichbleibenden Leistung des einzelnen Arbeiters die Förderung
zu erhöhen, mußte die Zahl der Hauer vermehrt werden, und zwar von
117000 im Jahre 1902 auf etwa 200000 im Jahre 1913. Ihr Anteil an der
Untertagebelegschaft ging allerdings von 1892 (69,4%) bis 1913 (63,9%)
leicht zurück, da die zunehmende Weitläufigkeit des Grubenbetriebes trotz
der Fortschritte in der Fördertechnik weiterhin eine große Zahl von Schleppern erforderte und darüber hinaus zahlreiche Zimmer- und Reparaturhauer
für Ausbau- und Instandsetzungsarbeiten. Die unverändert große Bedeutung menschlicher Arbeitskraft im Bergbau erklärt, weshalb die Gesamtzahl
der Untertagearbeiter von 1890 bis 1913 von ungefähr 78000 auf etwas mehr
als 310000 anwuchs.[68]
Im Durchschnitt mußten somit jedes Jahr weit mehr als 10000 Arbeiter
für den Bergbau gewonnen werden, wobei diese Zahl zu niedrig angesetzt
ist, da sie diejenigen nicht berücksichtigt, die unfreiwillig – durch Invalidität,
Erreichen der Altersgrenze oder Tod – oder freiwillig – durch Berufswechsel
– den Bergbau verlassen hatten. Berücksichtigt man auch diese beiden Gruppen, so wird die Zahl der Bergneulinge auf über 15000 pro Jahr geschätzt
werden müssen, die den unterschiedlichsten Altersgruppen und Nationalitä-
ten angehörten. Die Vertreter der Zechengesellschaften hielten sich stets viel
darauf zugute, diese – so eine Formulierung – „zahlreichen, an Kultur nied-
rigstehenden volksfremden Elemente"[69] angelernt, eingearbeitet und einge-
gliedert zu haben, ein Anspruch, der im folgenden anhand der konkreten
Arbeitsbedingungen näher untersucht werden soll.

b) Vorbereitung über Tage

Der jugendliche Bergarbeiter
Erst nach Vollendung des 16. Lebensjahres konnten Jugendliche im Ruhrbergbau unter Tage beschäftigt werden. Diese seit langem bestehende Vorschrift war von der Bergrechtsreform unberührt geblieben und wurde 1854
durch einen Ministererlaß ausdrücklich erneuert. Seine Bestimmungen wurden anscheinend „im Großen und Ganzen"[70] eingehalten, wenngleich es
immer wieder zu Verstößen kam, die sich in den 1870er Jahren häuften, als
nach dem Kriege eine „geradezu glänzende Geschäftslage"[71] und in deren
Gefolge Arbeitermangel herrschte. Auch in der darauffolgenden Depression

waren die Unternehmer daran interessiert, vermehrt Jugendliche als billige Arbeitskräfte einsetzen zu können und plädierten dafür, bereits Vierzehnjährige zur Grubenarbeit zuzulassen; der Bergbau sei zwar, so räumten sie ein, „seiner ganzen Natur nach ein gefährliches Gewerbe, nicht aber ein solches, das in hervorragendem Maße die Gesundheit der bei ihm Beschäftigten gefährdete".[72] Das Oberbergamt vermochte solcher Argumentation nicht beizupflichten; es erließ vielmehr am 23. August 1879 eine Bergpolizeiverordnung, die bis 1914 maßgebend blieb. Sie schrieb vor, daß Jugendliche unter Tage auch nicht als Bremser, Wagenstößer oder Pferdetreiber eingesetzt werden durften.[73]

Über Tage bestand ihre Beschäftigung hauptsächlich darin, Steine aus der geförderten Kohle herauszusortieren, und sie wurden bei der Gezähe- und Materialausgabe, der Wagenreinigung, dem Heranholen leerer Wagen auf die Hängebank usw. beschäftigt. Ihre Arbeitszeit durfte acht Stunden nicht überschreiten; an Sonn- und Feiertagen sowie nachts durften sie gar nicht arbeiten, und darüber hinaus hatten sie Anrecht auf eine Stunde Pause, deren Anfang und Ende genau festgelegt werden mußte.[74] Die Zechenbesitzer bemühten sich immer wieder, diese Bestimmungen extensiv auszulegen bzw. Ausnahmen davon zu erhalten. Sie argumentierten, teilweise in Übereinstimmung mit königlichen Revierbeamten, daß bei einer vermehrten Heranziehung Jugendlicher eine Gefahr für die „körperliche und sittliche Erziehung" nicht vorliege; vielmehr sei die Arbeit auf den Bergwerken für diese von „bester erzieherischer Wirkung", die jedoch wegen des restriktiven Charakters der Vorschriften nicht zum Tragen käme.[75] Zahlreiche Revierbeamte teilten die Ansicht von „der Wichtigkeit, welche die Beschäftigung jugendlicher Arbeiter für die Schaffung eines tüchtigen Arbeiterstammes hat", und sie beklagten sich „über die erschwerende Wirkung der vorgeschriebenen Pausen",[76] so daß sich die Zechen ohne Schwierigkeiten von der vorgeschriebenen Pausenregelung mit dem Argument entbinden lassen konnten, diese sei überflüssig, da es während der Arbeit immer wieder zu Unterbrechungen und damit zu Pausen käme. Die Zeit, in der Jugendliche beschäftigt werden konnten, begann um fünf Uhr morgens und endete um 22 Uhr abends, seit 1895 erst um 23 Uhr, und konnte vor Sonn- und Feiertagen bis ein Uhr nachts verlängert werden. Der Anteil an Jugendlichen blieb mit etwa 4% der Gesamtbelegschaft nahezu konstant, wobei ihre Zahl von 5000 auf 15000 anstieg, was auf die großzügigen Vorschriften, den Mangel an Arbeitskräften sowie eine Bezahlung zurückzuführen ist, die 30% des Lohnes eines erwachsenen Arbeiters betrug.[77]

Bei verschiedenen Novellierungen der Reichsgewerbeordnung, die nach der Jahrhundertwende einige sozialpolitische Verbesserungen mit sich brachten, wurden dem Steinkohlenbergbau im allgemeinen Ausnahmeregelungen zugestanden, die von den Revierbeamten u. a. mit dem Argument begründet wurden, die Jugendlichen arbeiteten anderenfalls auf dem Bau, wo sie Überstunden machen könnten, und gingen dadurch dem Bergbau verloren. Diese den Unternehmern überaus entgegenkommende Position konnte dazu führen, daß einzelne Bergwerke, wie z. B. die Zeche Unser Fritz, sich kaum noch an die Vorschriften hielten. Dort mußten jugendliche Arbeiter zum Teil länger als 10 Stunden sowie auch an Sonn- und Feiertagen arbeiten und Überschichten verfahren, die bis zu 18 Stunden dauerten.[78] Derartige Mißbräuche dürften die Ausnahme gewesen sein, doch bestand bei den Zechen allgemein in erster Linie ein Interesse an billigen Arbeitskräften. Ihr Interesse an der Schaffung eines tüchtigen Arbeiterstammes war nicht mehr als eine schlecht kaschierte Schutzbehauptung, und es lassen sich keine nennenswerten Bestrebungen feststellen, den jugendlichen Arbeitern eine Ausbildung zukommen zu lassen, so daß diese unvorbereitet und ohne Schulung nach Erreichen der bei 16 Jahre liegenden Altersgrenze die Arbeit unter Tage begannen.

c) Die Arbeit unter Tage

Der Schlepper

Mit dem 16. Geburtstag – einem Tag, dem viele entgegenfieberten, so auch der hier zitierte Bergmann – war es möglich, unter Tage einzufahren: ,,Ich wollte sofort nach unten, ich wollte nicht mehr oben bleiben (...); die meisten Jungen gingen ja auch in die Grube, da wollte man auch in die Grube.“[79] Viele Jugendliche drängten, sie wollten gleichgestellt sein und zur Welt der Erwachsenen gehören, die beim näheren Kennenlernen jedoch viel von ihrer magischen Anziehungskraft verlor. Vor allem die ersten Tage waren sehr schwer und ungewohnt, wenn sie etwa mit ihren Lampen unter einer schwarzen Staubwolke verschwanden oder bei jedem Geräusch in Angst und Schrecken versetzt wurden; die Arbeit war anstrengend und viele haben es unter Tage nur für eine kurze Zeit ausgehalten.[80]

Das gilt vor allem für die teilweise schon bedeutend älteren Zuwanderer, die sich an die fremdartige Situation häufig nicht gewöhnen konnten und nach wenigen Wochen oder auch nur Tagen dem Bergbau den Rücken zukehrten. Viele jedoch blieben, vor allem auf Grund des guten Verdienstes, wie H. Marchwitza: ,,Ich hatte schon mehrere Male meinen Lohn ausbezahlt bekommen; es war nicht viel (...). Doch der Stolz darüber, daß ich Geld nach Hause brachte, ließ mich mein Elend schon leichter zwingen.“ Die Aussicht, vom selbstverdienten Geld einen neuen Anzug kaufen zu dürfen und ,,einmal aus den zusammengekrampften, schlecht sitzenden Sachen herauszukommen“, bewog ihn, ,,mit aller Welt wieder Frieden zu schließen“.[81] Andere hatten zusätzlich noch elementarere, überaus pragmatische Gründe: ,,Im Winter, wenn das kalt war, dann liefen die schon schnell, die haben gesagt: ,Mensch, bin ich froh, wenn ich unten bin, da ist es nicht mehr so kalt.‘“[82] Sie arbeiteten unter Tage als Schlepper; in den kleineren Strecken mußten sie die Kohlenwagen selbst ziehen bzw. schieben, während sie in den größeren als Pferdejungen darauf zu achten hatten, daß die

Wagen zusammengestellt wurden und auf dem Weg zum Schacht nicht entgleisten – was leicht passierte, weil die Schienen sich durch Senkungen, Aufwölbungen, Druckänderungen oder Verschiebungen des Gebirges verbiegen konnten.

Andere waren auf den sogenannten Bremsbergen eingesetzt; diese bildeten eine schiefe Ebene zwischen zwei Sohlen oder Teilsohlen, auf der gefüllte Wagen herabgelassen wurden, wobei das Gewicht der beladenen Wagen ausgenutzt wurde, um gleichzeitig leere heraufzuziehen. Üblicherweise hatten mehrere Orte einen gemeinsamen Bremsberg (vgl. Abb. 9 u. 10), zu dem die Kohlenwagen geschoben oder gezogen werden mußten, um dann, an einem Seil befestigt, heruntergelassen zu werden. Aufgabe der Schlepper war es, sie abzubremsen und – daher der Name – zum nächsten Bremsberg, Hauptstrecke etc. weiter zu befördern.[83] Nach einer Aufstellung der Zeche Prosper I von 1898 mußten einzelne Arbeiter pro Schicht bis zu 120 Wagen abbremsen, d. h. alle drei bis vier Minuten einen, und anschließend über eine Strecke von 35 Meter schleppen.[84]

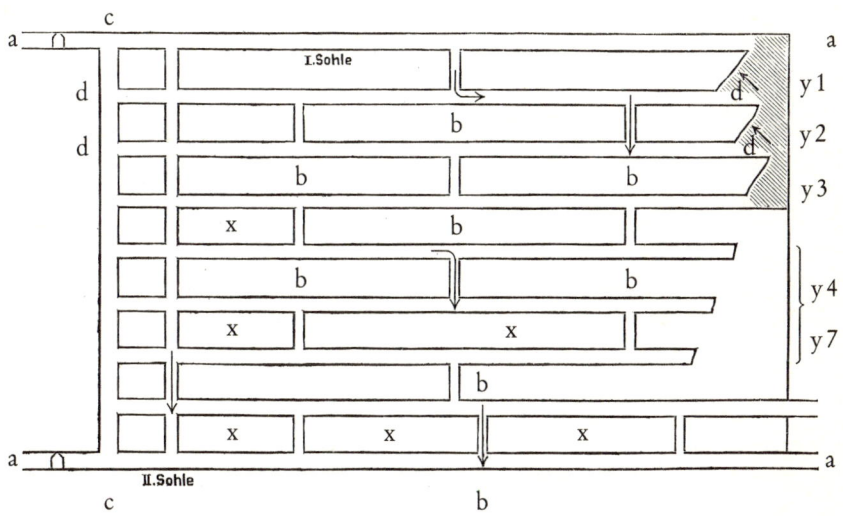

9. Streichender Pfeilerbau mit Wetterdurchhieben.
aa: Sohle bzw. obere und untere Grundstrecke.
bb: Wetterdurchhiebe.
cc: Bremsberg.
dd: Verbindungsstrecke Arbeitsort – Bremsberg.
 x: Pfeiler.
 y: Die schraffierte Fläche markiert den bereits abgebauten Teil des Feldes. Der Abbau geschieht von rechts nach links, d. h. zum Bremsberg hin. In diesem Fall sind drei Arbeitsstellen bzw. Orte in Betrieb: y1–y3; es könnten noch vier weitere in Betrieb genommen werden: y4–y7.
Die Pfeile geben die Strömungsrichtung der zugeführten Luft an.

Auf größeren Bremsbergen mußten sogenannte Abnehmer oder Bremser angestellt werden, die während der gesamten Schicht ununterbrochen anwesend sein sollten, da es an den Bremsbergen zu zahlreichen Unfällen kam. Diese waren durchweg nicht beleuchtet und lagen völlig im Dunkeln; eine

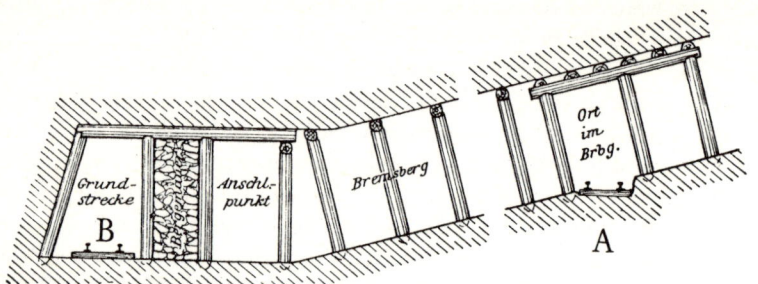

10. Bremsberg. Hier ist die Strecke cc von Abb. 9 im Längsschnitt bzw. frontal dargestellt.
A: Ort im Bremsberg bzw. Stelle, an der die Strecke dd von Abb. 9 auf den Bremsberg stößt.
B: Grundstrecke mit Gleis für die Kohlewagen.

Verständigung war nur über akustische Signale möglich, die jedoch nicht überall gut zu hören waren, vor allem dann nicht, wenn die Wagen noch über größere Strecken zu schleppen waren. 1896 wurde angeordnet, daß oben und unten am Bremsberg die Möglichkeit gegeben sein mußte, Signale zu geben; von dem Plan, die ununterbrochene Anwesenheit der Bremser und Abnehmer ebenfalls vorzuschreiben, sie also von Transportarbeiten freizustellen, nahm das Oberbergamt jedoch Abstand, nachdem die Zechenbesitzer dagegen protestiert und auf die damit verbundene „enorme Personalvermehrung" hingewiesen hatten.[85] Wieder andere Schlepper wurden einem Gedinge zugeteilt; sie mußten die hereingewonnene Kohle in die Wagen schaufeln, sie bis zum Bremsberg schleppen, und sie wurden teilweise auch zu anderen Arbeiten wie etwa zum Bergeversatz, d.h. dem Ausfüllen der Hohlräume mit Gestein, herangezogen. Sie erhielten zum Teil weiterhin einen Schichtlohn ausbezahlt, konnten aber auch schon im Gedingelohn stehen und waren damit dem wichtigsten Ziel eines jeden Schleppers, der Beschäftigung als Lehrhauer in einer Kameradschaft, ein gutes Stück näher gekommen.[86]

Die Fortschritte in der Fördertechnik unter Tage waren teilweise recht spektakulär, doch die Arbeit der Schlepper erfuhr keine einschneidende Veränderung. Versuche mit unterirdischer Seilführung und andere mechanische Verfahren erwiesen sich als unbefriedigend. Die Zahlen, die die ökonomische Profitabilität dieser Verfahren beweisen sollten, beruhten oft auf wirklichkeitsfremden Annahmen, und die Verwendung der verhältnismäßig komplizierten Apparaturen zur maschinellen Streckenförderung wurde vielfach als Sport einzelner Werksdirektoren eingeschätzt.[87] Die Einsatzmöglichkeiten der wenigen Lokomotiven (1910 etwa 650) blieben auf die Hauptstrecken begrenzt, wo sie allenfalls in Konkurrenz zur weiterhin großen Zahl der Grubenpferde traten. Die Bedeutung und die Zahl der Schlepper erfuhr hierdurch, ebensowenig wie durch die Einführung der Schüttelrutsche (vgl. dazu S. 110f.), keine größeren Veränderungen. Ihr Anteil an der Untertagebelegschaft ging zwar leicht von 17,2% im Jahre 1902 auf 15,1% im Jahr 1913 zurück, ihre absolute Zahl stieg jedoch von 32700 auf 46900.[88] Für sie blieb ungeachtet aller technischen Novitäten von entscheidender Bedeutung, ob die Wagen gut geschmiert waren. Die Arbeiterausschüsse der Zechen Prosper I und II z. B. beklagten sich nahezu in jeder Sitzung darüber, daß dies nicht der Fall sei, so noch am 20. Juni 1911, als sie die Werksleitung nach jahrelangen Beschwerden aufforderten, doch endlich für eine bessere Schmierung zu sorgen.[89]

Die Ausbildung vom Schlepper zum Hauer

Sowohl die jüngeren Arbeiter wie auch die älteren Zuwanderer begannen ihre Arbeit unter Tage als Schlepper, hofften jedoch, möglichst bald „vor Kohle" zu kommen, d. h. einem Gedinge zugeteilt zu werden und als Lehrhauer zu arbeiten. Diese verdienten bereits etwa 90% des Hauerlohnes und konnten nach einiger Zeit selbst Hauer werden, während ein Schlepper etwa 60% und ein Pferdetreiber etwa 50% des Hauerlohnes erzielten.[90] Die Dauer ihrer Wartezeit jedoch war starken Schwankungen unterworfen und hing in erster Linie vom Verlauf der Konjunktur ab. Eine gesetzliche oder eine schriftlich fixierte betriebliche Regelung gab es nicht, genauer gesagt, es existierte überhaupt kein irgendwie festgelegter Ausbildungsweg im Bergbau. Die hier maßgebliche Bergpolizeiverordnung vom 1. Oktober 1894 schrieb lediglich vor, daß keiner, der unter 16 oder über 60 Jahre alt war und noch nicht unter Tage gearbeitet hatte, zur Arbeit in der Grube zugelassen werden durfte. Ferner setzte sie fest, daß selbständige Hauerarbeiten erst nach Erreichen des 21. Lebensjahres durchgeführt werden durften, und zwar unter der Voraussetzung, daß der Betreffende zuvor drei Jahre unter Tage gearbeitet hatte, davon ein Jahr als Lehrhauer unter Anleitung eines selbständigen Hauers.[91]

In den Phasen des stürmischen Aufschwungs waren jedoch selbst diese minimalen Vorschriften kaum das Papier wert, auf dem sie standen. 1889, zu Beginn der Expansionsperiode, berichtete das Oberbergamt: „Schuster, Schneider und landwirtschaftliche Arbeiter wurden sogenannte Bergleute und wurden bald mit Arbeiten betraut, die weder ihren individuellen Fähigkeiten noch ihrer Erfahrung und Ausbildung entsprachen. Die unter der alten Gesetzgebung regelrecht ausgebildeten Bergleute gerieten bald in die Minderheit gegenüber dem sich regellos zusammensetzenden modernen Bergarbeiterstand."[92] Das 1904 vom Bergbauverein herausgegebene Sammelwerk zur Entwicklung des Ruhrbergbaus stellte fest, daß „schon junge

Leute frühzeitig bzw. Leute ohne genügende Vorbildung an die selbständige Ausführung von Hauerarbeiten gelangten".[93] Fälle, in denen Arbeiter bereits nach anderthalb Jahren zum Hauer aufrückten und mit der Ausführung gefährlicher Arbeiten betraut wurden, waren sicherlich keine Seltenheit.[94]

Selbst Unternehmer aus anderen preußischen Steinkohlerevieren beklagten die unzureichende Ausbildung in den rheinisch-westfälischen Gruben und verwiesen auf die Regelungen, die bei ihnen galten. So wurden etwa in Niederschlesien die angehenden Bergleute „bis zur Dauer von 7 bis 8 Jahren nach und nach mit allen beim Steinkohlebergbau vorkommenden Arbeiten beschäftigt und auch dann erst zu Lehrhauern befördert, wenn sie sich nach dem Zeugnis ihres vorgesetzten Steigers anstellig gezeigt und zur Ausführung von Hauerarbeiten als geeignet" erwiesen hatten.[95] Im Saarland war eine sechsjährige Schlepper- und eine zweijährige Lehrhauerzeit vorgeschrieben, an deren Ende eine zweimonatige Probezeit unter Anleitung eines erfahrenen Hauers stand; ein ähnliches Verfahren galt für Oberschlesien.[96]

Die „höchst minderwertige Heranbildung der Bergarbeiter" im Ruhrgebiet wurde der überstürzten Entwicklung des Bergbaus zugeschrieben; es sei „bei der stattgehabten außerordentlichen Steigerung der Förderung in Westfalen unmöglich gewesen", die Arbeiter so systematisch auszubilden wie in anderen Gebieten. Die Unternehmer waren sich keiner Schuld bewußt. Sie gaben sich als Leidtragende einer Entwicklung aus, die die Gruben nötigte, „ihre Arbeitskräfte zu nehmen, wo sie sich ihnen anboten". Die Verantwortung lag – folgt man diesen Äußerungen – allein bei den Arbeitern, die ihren angeblichen Handlungsspielraum dazu nutzten, die Vorschriften des Oberbergamtes zu umgehen, so daß sie, „mit den Gefahren des Bergbaus in keiner Weise vertraut, die gewöhnlichsten Vorsichtsmaßregeln verabsäumten und dadurch häufig ihr eigenes Leben, sowie das ihrer Mitarbeiter auf das schwerste gefährdeten".[97]

Mit dieser Argumentation hatte man zwar einen Schuldigen gefunden, doch wenig über die tatsächlichen Ursachen gesagt. Es machte für die Unternehmer ökonomischen Sinn, „alles, was sich meldete und Arme hatte",[98] als Arbeitskraft anzunehmen und auf eine ordnungsgemäße Ausbildung zu verzichten, denn angesichts einer stagnierenden technischen Entwicklung konnte die Förderung nur durch eine Vermehrung der beschäftigten Hauer gesteigert werden. Die Arbeiter wurden „mit dem einzigen Zweck und Ziel angelegt, produktiv tätig zu sein, die Frage der Ausbildung blieb (...) völlig unberücksichtigt". Die Arbeitsplätze, an die sie gestellt wurden, und die Tätigkeiten, die sie verrichteten, wurden unter dem „Gesichtspunkt der möglichst produktiven Verwertung ausgewählt, d. h. die kräftigen Jungen wurden mit leichten Reparaturarbeiten, Umsetzen von Wagen an Bremsbergen und Stapelschächten, Bedienung von Häspeln usw. beschäftigt, während die Tätigkeiten, die weniger Kraftaufwand erforderten, wie Pferdeführen bzw. später Zugbegleiten, An- und Abkoppeln der Wagen den weniger kräftigen überwiesen wurden".[99]

Die Zechenbesitzer waren jedoch keine ohnmächtigen Opfer einer Entwicklung, die sie nicht aufhalten, geschweige denn nicht steuern konnten. Es liegen keine Anzeichen dafür vor, daß sie sich bemüht haben, eine planmäßige Ausbildung einzuführen. Sie widersetzten sich vielmehr immer wieder dem Oberbergamt, wenn dieses versuchte, durch die Festlegung eines Mindestalters oder die Sicherstellung elementarer Sprachkenntnisse für bestimmte Tätigkeiten erste Ansätze in dieser Richtung zu schaffen, und akzeptierten derartige Vorschriften schließlich nur widerwillig.[100]

Ein großes Interesse an einer systematischen Ausbildung bekundete hingegen der Christliche Gewerkverein; so beschloß 1898 eine Versammlung in Osterfeld: ,,Die Ausbildung der Lehrhauer muß sorgfältiger sein als bisher. Jeder Lehrhauer muß mindestens 2 Jahre unter Aufsicht eines Hauers arbeiten. Er darf in der Ausbildungszeit nicht als Schlepper verwandt werden, sondern er muß wirklich vor der Kohle beschäftigt werden''.[101] Der Bergknappe, eine vom Gewerkverein christlicher Bergarbeiter herausgegebene Zeitschrift, veröffentlichte im selben Jahr eine Artikelserie, aus der neben verständlicher Besorgnis allerdings auch eine Beschwörung ständischer Privilegien sprach. Der Lehrhauer müsse angehalten werden, ,,seine Arbeiten mit Geschick und gut zu verrichten und auch die Hauerarbeiten nach und nach zu erlernen''; er dürfe nicht ausschließlich zu Schlepperarbeiten herangezogen, sondern müsse vielmehr vom Hauer gründlich ausgebildet werden. Als Entschädigung für den Zeitaufwand und für seine Mühen müsse der Hauer, der einem Meister gleiche, einen höheren Lohn erhalten als sein Lehrling, der Lehrhauer. ,,Der Hauer muß darüber hinaus bestimmen können, wieviel und wie lange der junge Lehrhauer weniger Lohn erhalten soll als er'', dann verfüge er auch wieder über ein Zucht- und Erziehungsmittel, das geeignet sei, die Achtung und den Gehorsam der Lehrhauer gegen ihre Hauer zu fördern.[102]

Diese Argumentation dürfte die Schlepper und Lehrhauer kaum überzeugt haben, da sie das Kind mit dem Bade ausschüttete und die für sie wichtigen Vorteile des bestehenden Systems beseitigen wollte: die frühe Gleichstellung im Lohn und den schnellen Aufstieg zum Hauer. Die Möglichkeit, in ähnlich kurzer Zeit an die Spitze der Berufsskala vorzurücken, gab es in den anderen deutschen Bergbaugebieten nicht und auch nicht in anderen Industriezweigen, wo ungelernte Arbeiter nur mit großer Mühe und nach langwierigen Unterwerfungsritualen ihrem Paria-Status entrinnen konnten.[103] Im Ruhrbergbau hingegen beschwerten sich Arbeiter darüber, daß sie schon mehr als drei Jahre Schlepper seien, ,,trotzdem es doch Sitte ist, nach bewerkstelligter 2jähriger Grubenarbeit vor Kohle zu kommen''.[104] Andere fragten beim Bergamt an, ob die Zechen nicht verpflichtet seien, sie nach zweieinhalbjähriger Schlepperzeit als Hauer einzustellen. Sie drängten so sehr zur Hauertätigkeit, daß es einen beständigen Mangel an Schleppern gab, über den die Zechen ihrerseits vielfach Klage führten.[105] Solange es eben möglich war, versuchten diese, ihre Arbeiter als Schlepper zu beschäftigen, doch es fiel schwer, deren Forderungen entgegenzutreten, wenn andere Zechen sie „unter Angebot besserer Löhne verleiteten, die zeitherige Arbeitsstelle zu wechseln und bei ihnen Kohle zu hauen". [106]

In Ermangelung genauer Unterlagen läßt sich die Dauer der Schleppertätigkeit nur schätzen; sie dürfte in der Regel zwei bis vier Jahre betragen haben, wobei sich entsprechend der konjunkturellen Entwicklung Abweichungen nach oben und unten ergaben; nach der Jahrhundertwende scheint sich die Situation vom Standpunkt der Schlepper her gesehen verschlechtert zu haben. [107] Es bleibt jedoch festzuhalten, daß sie sich selbst bei einer vier- bis fünfjährigen Wartezeit besser standen als ihre Kollegen in den anderen Steinkohlerevieren und bedeutend besser als ungelernte Arbeiter in anderen Industrien des Ruhrgebiets.

Der Hauer und andere Berufsgruppen

Mit dem Versuch, die Tätigkeit der neu eingestellten Arbeiter unter dem Gesichtspunkt einer möglichst produktiven Verwertung festzulegen, war das Interesse der Bergbauunternehmen an deren Ausbildung bereits weitgehend erschöpft. Was die Bergleute lernten und wie sie es lernten, wurde „mehr oder weniger zu einer Sache des Zufalls", [108] und es hing von ihren jeweiligen Kameraden und Arbeitsstellen ab. In mächtigen Flözen mit festem Gebirge beispielsweise fielen kaum Nebenarbeiten wie Zimmerung und Sicherung der Strecke an; die Hauer gewannen so viel Kohle herein, daß die Lehrhauer damit ausgelastet waren, sie in Wagen zu schaufeln und zum Bremsberg zu schleppen. Hier hatten sie wenig Möglichkeiten, die verschiedenen Arbeiten zu erlernen, sie den Hauern abzuschauen oder von ihnen erklärt zu bekommen: Gleise für die Wagen zu legen; richtig mit Sprengstoff umzugehen, d. h. Löcher zu bohren, sie zu füllen und dann so zu zünden, daß die Kohle gelockert wurde, das Gebirge jedoch möglichst fest und ihre eigene Sicherheit ungefährdet blieb; Stempel zurechtzuschneiden, Holzkonstruktionen zum Ausbau der Strecken zu zimmern und diese ordnungsgemäß zu verbauen; die Kohle hereinzugewinnen, wobei die Fertigkeit darin bestand, den Gebirgsdruck zum eigenen Vorteil auszunutzen etc. [109] Die Bergarbeit war, wie G. Werner, der spätere Vorsitzende des Steigerverbandes, geschrieben hat, keine Schablonenarbeit; sie erfordere körperliche Kraft, doch auch die Intelligenz fände bei jedem Handgriff Gelegenheit, in Anwendung zu treten. Es kämen fortwährend Fälle vor, beim Bohren, Holzsetzen, Brüche aufräumen etc., „wo ein guter Gedanke viele Stunden Arbeit sparen kann". [110]

Die Zechenbesitzer gingen davon aus, daß ein Hauer all diese Arbeiten beherrschen, überall einsetzbar sein und in jedem Fall wissen müsse, was er zu tun habe. Seine wichtigsten Hilfsmittel blieben Hacke, Triebfäustel, Handbohrmaschine, Säge und das Schrämeisen, vor allem jedoch Geschicklichkeit und seine eigene Körperkraft. Elektrische Energie oder dampfgetriebene Maschinen standen den Kohlenhauern nicht zur Verfügung. Nur bei den Gesteins- und Vortriebsarbeiten in den großen Strecken wurden bereits vor dem Ersten Weltkrieg Bohrmaschinen und Abbauhämmer eingesetzt.[111] Teilweise wurden diese Arbeiten im Subkontrakt an sogenannte Unternehmer vergeben, die auf Grund ihrer Spezialisierung besondere Kenntnisse beim Schachtabteufen sowie bei Gesteinsarbeiten besaßen wie auch die erforderlichen Maschinen, deren Anschaffung für einzelne Betriebe teilweise zu teuer war. 1895 gab es 12 Unternehmer mit insgesamt 895 Arbeitern und 1908 waren es 19, die zusammen 4206 Arbeiter beschäftigten.[112]

11. Belegschaft des Reviers VIII der Zeche Hannover 1/2 in (Bochum-)Hordel, 1899. Gut zu erkennen sind die Benzinsicherheitslampen, das Geleucht, sowie das typische Gezähe: Keilhauen, Schlägel, Schlangenbohrer zum Setzen der Bohrlöcher sowie Sägen für die Ausbauarbeiten. Im Vordergrund sitzt ein Junge mit einem Luttenventilator. Das Gerät diente dazu, Frischluft an die nicht in den allgemeinen Wetterstrom einbezogenen Örter zu bringen.

Als weitere Berufsgruppen sind noch die Zimmer- bzw. Reparaturhauer zu nennen, deren Anteil an der Grubenbelegschaft etwa 13% betrug; ihre Aufgabe bestand darin, die zahlreichen Förderstrecken, Wetterhiebe, Bremsberge etc. instand zu halten, aufgetretene Schäden zu beseitigen und die provisorischen Zimmerungen der Kohlen- und Gesteinshauer durch eine dauerhafte zu ersetzen. Unter ihnen befanden sich viele ältere Bergleute, die der kräftezehrenden Arbeit vor dem Kohlestoß nicht länger gewachsen waren, aber auf Grund ihrer Erfahrungen und Fertigkeiten hier eine Beschäftigung finden konnten. Sie verdienten zwar nur noch 70 bis 80% des Hauerlohnes, dürften sich aber in einer besseren Position befunden haben als ihre Kollegen in anderen Industrien, wo Arbeiter jenseits des 40. Lebensjahres nur schwer eine neue Arbeitsstelle fanden.[113]

Zur Aufrechterhaltung des Grubenbetriebes waren noch zahlreiche andere Berufsgruppen erforderlich wie Maurer, Schlosser, Elektriker, Maschinenwärter, Berieselungsmeister, Wetterleute, Anschläger etc., deren Lohn in etwa dem der Zimmerhauer entsprach; auch unter ihnen gab es zahlreiche ältere Bergleute, da diese Arbeiten körperlich nicht so anstrengend waren wie die eines Kohlenhauers, gleichzeitig jedoch Berufserfahrung voraussetzten. Der Anteil dieser Gruppen an der Untertagebelegschaft betrug etwa 8% und war keinen größeren Schwankungen unterworfen.[114]

Die zunehmende Größe des Untertagebetriebes und die technische Weiterentwicklung führten im hier untersuchten Zeitraum zweifellos zu Veränderungen im Tätigkeitsbereich der Bergleute; neue Berufsgruppen entstanden, und die Binnendifferenzierung innerhalb der Untertagebelegschaft dürfte zugenommen haben, wenngleich keine Zahlen vorliegen, die eine detaillierte Aufschlüsselung zuließen. Trotz dieser Veränderungen herrschte jedoch vor dem Ersten Weltkrieg ,,eine erstaunliche Gleichförmigkeit im zahlenmäßigen Verhältnis der Arbeitergruppen untereinander".[115] Noch im Jahre 1913 stellten allein die Hauer 63,9% der unter Tage beschäftigten Bergleute, die Zimmerhauer 13,4% und die Schlepper 15,1%, d. h. diese drei Gruppen umfaßten 92,4% der eigentlichen Bergleute.[116]

Der Eindruck einer für einen hochindustrialisierten Wirtschaftszweig frappierend hohen Homogenität wird noch verstärkt, wenn die unterschiedlichen Gruppen auf den Lebenszyklus eines Bergmannes bezogen werden: die Schlepper lassen sich als Lehrlinge, besser als Hauer im Wartestand, ansehen, und die Zimmerhauer waren in der Regel ehemalige Hauer, so daß die Binnendifferenzierung in erster Linie altersbedingt war bzw. von Faktoren wie Gesundheit, körperlicher Leistungsfähigkeit etc. abhing. Unterschiedliche Ausbildungs- und Qualifikationsniveaus, die z. B. in der Eisen- und Stahlindustrie zu einer in sich fragmentierten, überaus hierarchisch gegliederten Arbeiterschaft führten, haben demgegenüber nur eine geringe Rolle gespielt.[117] Die Möglichkeit, über die Position des Hauers hinaus aufzusteigen und Steiger zu werden, hat zwar bestanden, doch solche Fälle sind quantitativ zu vernachlässigen. Mehr als in anderen Industrien bestand hier eine feste Grenze, die Steiger als Vertreter der Unternehmer von den Arbeitern bzw. den Hauern trennte.[118] Es gab im Untertagebetrieb keine Berufspyramide mit einem breiten Unterbau ungelernter und einer dünnen Spitze qualifizierter Arbeiter; hier stellten vielmehr die qualifizierten Hauer mit einem Anteil von nahezu zwei Dritteln aller Arbeiter die bei weitem größte Gruppe der Bergleute, und sie hatten über die quantitative Bedeutung hinaus eine Schlüsselposition im Untertagebetrieb inne, die sich aus dessen eigentümlicher Betriebsorganisation ergab.

d) Betriebliche Organisation unter Tage

Verfahren zum Abbau und zur Gewinnung der Kohle

Bei der Wahl des Abbauverfahrens war auf mehrere Faktoren zugleich zu achten. Es mußte eine Verbindungsstrecke zwischen Arbeitsort und Bremsberg geben, um die Kohle abtransportieren zu können; es mußte Frischluft an die Arbeitsstelle geführt werden, und es sollte möglich sein, die Kohle abzubauen, ohne die Arbeiter vor Ort oder ihre in der Nähe befindlichen Kameraden zu gefährden und ohne die Strecken in Einsturzgefahr zu bringen; gleichzeitig sollte jedoch möglichst viel Kohle gewonnen werden, d. h. es galt, die als Stützpfeiler belassene Kohlenmenge möglichst klein zu halten. Dies alles sollte zudem ohne allzu großen Aufwand an Menschen und Material (z. B. Stempel zur Sicherung der Strecken) geschehen und darüber hinaus mit einer hohen Förderung verbunden sein, es sollten also nicht zuviel Ressourcen und nicht zuviel Zeit für Nebenarbeiten aufgewandt werden. Schwierigkeiten jedoch, die auf Kosten der Förderung gingen, galt es gleichwohl zu verhindern bzw. auf ein Minimum zu beschränken, so daß diese möglichst auf die Entstehungsstelle begrenzt blieben und den Arbeitsablauf der benachbarten Kameradschaften nicht störten. Dies ist ein umfangreicher Katalog, der allerdings nur die wichtigsten Anforderungen nennt, und es ist offensichtlich, daß die benutzten Methoden jeweils nur einen Kompromiß darstellen konnten.

Bis zur Jahrhundertwende herrschte im Ruhrgebiet der sogenannte Pfeilerbau ohne Bergeversatz vor; noch im Jahre 1901 wurden 45,15% der Gesamtförderung mit diesem Verfahren hereingewonnen.[119] Hierbei teilte man ein Flöz durch ein System zueinander parallel liegender Strecken (Vorrichtungs- oder Abbaustrecken aa auf Abb. 9) auf, die zum Bremsberg führten. Zwischen diesen wurden Wetterstrecken (bb auf Abb. 9) angelegt, so daß das Flöz in mehrere Rechtecke bzw. Pfeiler aufgeteilt war und einem Schachbrett ähnelte. Von der Baugrenze aus wurden die Kohlepfeiler zum Bremsberg hin abgebaut, über den die Kohle zu der unteren oder zur oberen Sohle befördert wurde. Das abgebaute Feld ließ man zu Bruch gehen, was einerseits mit einem hohen Kohleverlust verbunden war, da diese nicht sauber herausgewonnen werden konnte, und andererseits zum Auftreten von Bergschäden führte.

Die (streichende) Länge der Vorrichtungsstrecken schwankte je nach Gebirgsverhältnissen zwischen 50 und 200 Metern; etwa dieselben Zahlen gelten für den Bremsberg und damit für die Breite des Kohlenfeldes; Wetterdurchhiebe befanden sich meistens in einem Abstand von 20 Metern. Die Breite der Pfeiler wurde durch die Druckhaftigkeit, den auflastenden Druck

12. Gesteins- und Kohlenhauer im Streckenbau, Zeche Blankenburg im Hammertal, um 1894.

des Gebirges sowie die Gefahr des Kohlenfalls bestimmt und betrug zwischen 8 und 20 Metern. Um die Jahrhundertwende standen in der Regel etwa acht Pfeiler gleichzeitig im Betrieb, an denen jeweils zwei bis drei Hauer und ein Lehrhauer arbeiteten. Waren die Strecken aufgefahren bzw. das Flöz wie oben beschrieben aufgeteilt, mußten diese die Kohle hereingewinnen und zum Bremsberg befördern, die Vorrichtungsstrecke in Stand halten und ihren jeweiligen Arbeitsplatz sichern.

Die Zerlegung des abzubauenden Flözstücks mittels Strecken und Durchhieben hatte zur Folge, daß der Gebirgsdruck sich auf die Strecken und Kohlenstöße legte und in den Pfeilern sogenannte Drucklöcher bildete, so daß die Kohle plötzlich hereinbrechen konnte. Zudem waren beim Pfeilerbau die Wetterverhältnisse trotz bzw. wegen der vielen Durchhiebe unbefriedigend; die Zufuhr frischer Luft an den Kohlenstoß war häufig unzureichend, so daß die Temperaturen auf 30 Grad Celsius oder mehr ansteigen konnten.[120]

Der Pfeilerbau ohne Bergeversatz war eine relativ unkomplizierte Abbaumethode; er erforderte keinen umfassenden Ausbau, da die einzelnen Pfeiler eine Stütze bildeten. Diese wurden zwar nach und nach abgebaut, jedoch in Richtung auf den Bremsberg, so daß es möglich war, die entstehenden Hohlräume einstürzen zu lassen; jede Kameradschaft hatte eine eigene Strecke

zum Abtransport der Kohle, war also unabhängig von den anderen, und
darüber hinaus trugen die mächtigen Pfeiler dazu bei, eventuell auftretende
Störungen zu lokalisieren, so daß die Förderung an den anderen Orten
unbeeinträchtigt blieb. Auf der anderen Seite gab es jedoch gewichtige
Nachteile. Da die entstehenden Hohlräume nicht abgestützt wurden, son-

13. Hauer mit Hacke beim Schrämen, um 1890. Die Schrämarbeit stellte besonders
harte Anforderungen an die Hauer; oftmals in liegender Stellung mußten sie einen
parallel zum Boden verlaufenden Spalt herstellen, der ein leichteres Hereingewinnen
der Kohle ermöglichen sollte, d. h. die Kohle sollte durch ihr Eigengewicht herunter-
brechen.

dern zu Bruch gingen, bestand die Gefahr von Bergschäden, und es ließ sich jeweils nur ein Teil des Pfeilers bzw. der Kohle abbauen; außerdem waren die einzelnen Arbeitsorte beengt, so daß die Kameradschaften jeweils nur wenige Bergleute (3–5) umfaßten. Das wiederum hatte zur Folge, daß die Zahl der Betriebspunkte sehr groß sein mußte, um die gewünschte hohe Förderung zu erzielen.[121]

Durch die große Zahl der Betriebspunkte, die auf neueren Anlagen mehrere hundert betragen konnte, waren die Gewinnungs- und Förderungsverhältnisse sehr zersplittert; die einzelnen Kameradschaften förderten täglich kaum mehr als 15 bis 20 Tonnen Kohle, die meist durch Schießen hereingewonnen wurde.[122] Eine andere Methode der Hereingewinnung bestand im Schlitzen bzw. Schrämen der Kohle mit der Keilhaue, wobei unten am Kohlenstoß eine Art Spalt geschaffen wurde, über den die Kohle auf Grund ihres Eigengewichtes und unter Ausnutzung der Risse im Flöz hereinbrechen sollte; in dieser Ausnutzung der natürlichen Gebirgs- und Lagerverhältnisse lag eine wichtige Fertigkeit der Hauer, die jedoch angesichts der weiten Verwendung von Sprengstoff immer mehr an Bedeutung verlor. 1902 verbrauchte allein der Schacht Prosper II pro Monat 3045 Kilogramm und 1908 bereits 7200 Kilogramm Sicherheitssprengstoff.[123]

Lange Zeit war die Erlaubnis zum Sprengen recht großzügig gegeben worden, so etwa 1888 pauschal an „den verantwortlichen Betriebsführer der Zeche Prosper II (...) sowie dessen Gehilfen und Arbeiter".[124] Die Streiks von 1889 und Anfang der neunziger Jahre ließen manche Befürchtung ob dieser großzügigen Genehmigungsverfahren sowie zahlreiche Gerüchte über Dynamitanschläge aufkommen. Der Landrat von Recklinghausen z. B. setzte sich 1893 für eine Verschärfung der Vorschriften ein, „da bei dem jetzigen (...) Verfahren es jedem Bergmann, welcher mit Sprengstoffen arbeiten müsse, möglich sei, solche mit nach Hause zu nehmen".[125] Ab 1894 mußten die meisten Zechen Beamte und Aufseher zur Ausgabe des Sprengstoffs bestimmen sowie besondere Schießmeister bzw. -hauer einstellen. Die Kameradschaften mußten fortan zwar noch alles zur Sprengung vorbereiten, durften jedoch nicht mehr selbst zünden.[126] Am zunehmenden Verbrauch des Sprengstoffes hat diese Verordnung wenig geändert; die Kohlegewinnung geschah weiterhin zu einem großen Teil durch Schießarbeit, wenngleich diese das Gebirge sowie den Ausbau erschütterte und die Arbeit gefährlicher machte, wobei die Gefahr noch durch schlecht angesetzte und überladene Schüsse in hohem Maße vermehrt wurde.[127] In vielen Fällen hätte man auf den Gebrauch von Sprengstoffen verzichten und sich statt dessen mehr auf Kerb- und Schrämarbeit stützen können, doch dazu hätte es einer sorgfältigen Ausbildung bedurft, wohingegen auch Neulinge recht bald mit dem Sprengstoff zwar nicht richtig umgehen, so aber doch wenigstens Kohle hereingewinnen konnten.[128]

Die Hereingewinnung von Kohle durch Schrämen bzw. Schlitzen sowie Sprengen war auch für die neuen Abbauverfahren charakteristisch, die seit den neunziger Jahren zunehmende Verbreitung fanden und mit dem Übergang zum Bergeversatz einhergingen. Der Versatzbau, bei dem die ausgekohlten Räume durch Gestein wieder aufgefüllt wurden, fand sich bis in die achtziger Jahre hinein nur auf den Zechen, bei denen bei der Kohlegewinnung das erforderliche Versatzmaterial gleich mitanfiel und nicht erst mit hohem Kostenaufwand unter Tage an die jeweiligen Orte befördert werden mußte.[129] Durch die zunehmende Zahl entschädigungspflichtiger Bergschäden, die aus dem versatzlosen Abbau resultierte, bei dem die Strecken zu Bruch gingen, wie auch auf Drängen der Bergbehörden änderten sich jedoch die Kalkulationsgrundlagen. 1901 entfiel bereits 54,85% der Förderung auf Abbau mit Bergversatz und 1910 nahezu 100%.[130]

Über Tage gab es genügend Waschberge und Abraumhalden, deren Material sich gut dazu eignete, die entstandenen Hohlräume wieder aufzufüllen; hinzu kamen die Bergemengen, die unter Tage beim Streckenvortrieb oder bei der Streckenunterhaltung anfielen. Der größte Kostenfaktor war der Transport des Versatzmaterials vor Ort; einen preiswerten Ausweg glaubte man 1902 im Spülversatzverfahren gefunden zu haben, ,,bei dem Sand oder feinkörnige Berge als Versatzgut unter Tage in einem Rohrleitungssystem durch Wasser'' in die entstandenen Hohlräume gespült wurden.[131] Bis 1908 stieg die Zahl der Zechen, die dieses Verfahren anwandten, auf 35, um dann bald wieder infolge des Mangels an geeignetem Versatzgut, auf Grund der hohen Anschaffungs- und Beförderungskosten sowie des großen Rohrverschleißes auf einige wenige zurückzugehen. Durchgesetzt hat sich der Bergeversatz per Hand, der in der Regel von den Kameradschaften mitübernommen wurde; für die Schlepper und die Lehrhauer bedeutete dies eine zusätzliche Belastung, da sie vom Bremsberg nicht mehr leere, sondern mit Bergeversatz angefüllte Wagen zurückbringen, diese entleeren und beim Versetzen helfen mußten.[132]

Zu den Abbauverfahren mit vollständigem Bergeversatz zählte der Strebbau. Hierbei wurde von einem Bremsberg oder einer Kohlenstrecke aus das Flöz ohne weitere Vorrichtung unmittelbar in aneinander gereihte und gleichzeitig betriebene Stöße bzw. Arbeitsorte eingeteilt und abgebaut. Die abgebauten Räume wurden sofort mit Bergen versetzt, jedoch unter Aussparung eines Systems von Förder- und Fahrwegen (vgl. Abb. 14). Der Abbau selbst erfolgte mit abgesetzten Stößen oder mit ,,breitem Blick'', bei dem die einzelnen Stöße auf gleicher Höhe waren. Ihre Anzahl war wechselnd und dürfte in der Regel etwa sechs betragen haben. Die Wetterführung gestaltete sich bei diesem Verfahren einfacher als beim Pfeilerbau mit seinen zahlreichen Wetterhauen. Die einziehende Frischluft strich – von der oberen oder unteren Sohlenstrecke kommend – direkt an den in etwa auf einer Linie liegenden Orten vorbei. Der Strebbau mit seinen auf einer Höhe arbeitenden Kameradschaften erleichterte die Betriebszusammenfassung, vor allem seit Einführung der Schüttelrutsche in den Jahren nach 1906, die weiter unten noch ausführlicher behandelt wird.[133]

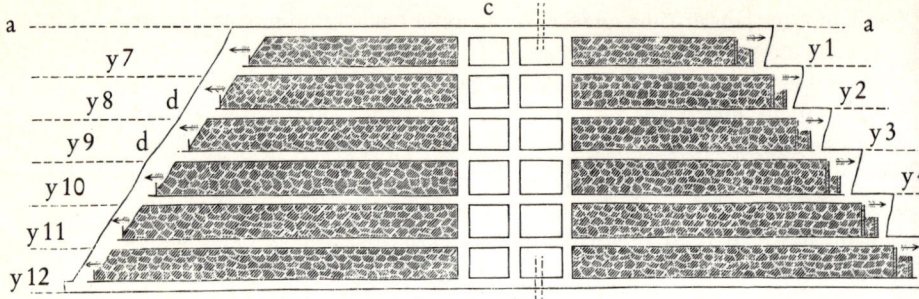

14. Strebbau (Legende vgl. Abb. 9). Die dunkle Fläche markiert den bereits abgebauten Teil des Feldes, der in diesem Fall durch Stempel oder Bergeversatz gesichert sein muß. y1–y12: Arbeitsstellen bzw. Orte. Pfeile: Abbaurichtung

Das zweite wichtige Abbauverfahren mit Bergeversatz war der Stoßbau. Der Vorteil dieses Verfahrens bestand darin, daß sämtliche Hohlräume versetzt wurden, so daß es keine durch eine Zimmerung zu sichernde Strecken mehr gab wie beim Pfeiler- und Strebbau. Damit fehlten jedoch auch die Strecken zum Abtransport der Kohle, zur Einförderung von Bergen und zur Fahrung; hierzu stand an den Abbaugrenzen nur je eine zu- bzw. wegführende Strecke zur Verfügung, deren Aufnahmevermögen jedoch begrenzt war, so daß die Zahl der Angriffspunkte gering und eine große Zersplitterung der Betriebe die Folge war (vgl. Abb. 15).[134]

Ein Ausweg zeichnete sich mit der Einführung der Schüttelrutsche ab, die ab 1906 Verwendung fand. Hierbei wurden entlang des Kohleflözes eiserne Rutschen aufgestellt, die durch Motoren hin- und her bewegt (geschüttelt) wurden, so daß die darauf befindliche Kohle auch bei flacher Lagerung des Flözes nach unten rutschte. Gleichzeitig konnte von oben über dieselbe –

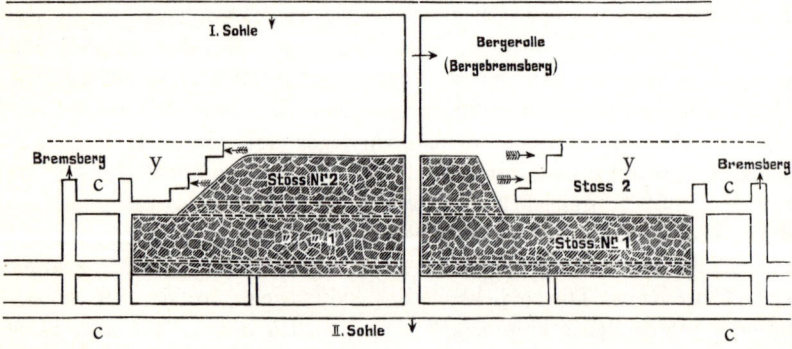

15. Stoßbau (Legende vgl. Abb. 9). Gearbeitet wird nur an den mit y bezeichneten Stellen. Die beiden äußeren Bremsberge dienen zum Abtransport der Kohle; der mittlere ist ein sog. Bergebremsberg, über den das zum Verbauen benötigte Material (= Berge) herantransportiert wird. Pfeile: Abbaurichtung

oder eine eigens aufgestellte – Rutsche das erforderliche Versatzmaterial vor Ort transportiert werden. Die Arbeitsbedingungen im Schüttelrutschenbetrieb wiesen wesentliche Veränderungen auf. Die Schlepperarbeiten reduzierten sich, da sowohl die hereingewonnene Kohle wie auch die zu versetzenden Berge über die Rutschen befördert wurden. Da diese sehr störanfällig waren, mußten sie sorgfältig überwacht werden, zum Teil durch eigens angestellte Aufseher, die für eine oder zwei Rutschen zuständig waren. Die Möglichkeit zur Arbeitsteilung war größer, die Zahl der Betriebspunkte geringer und die Konzentration der Arbeit auf wenige Orte ausgeprägter.[135] Die Einführung der Schüttelrutschen bot die Möglichkeit zu tiefgreifenden betriebsorganisatorischen Veränderungen, doch dazu ist es vor dem Ersten Weltkrieg nur in sehr begrenztem Umfange gekommen.[136]

Noch um die Jahrhundertwende war der Pfeilerbau ohne Bergeversatz mit einem Anteil von 45% der Gesamtförderung das mit Abstand wichtigste Abbauverfahren, das zudem in der Folgezeit nicht ersatzlos gestrichen, sondern mit Versatzverfahren kombiniert wurde und so weiterhin eine große Rolle spielte.[137] Abgelöst wurde es vom Stoßbau, der die Zersplitterung des Untertagebetriebes eher noch verstärkte, während der Strebbau lange Zeit über einen „geachteten Platz" nicht hinauskam und anfangs keine größeren Veränderungen zur Folge hatte.[138] Diese ergaben sich erst, als er nach 1906 mit der Schüttelrutsche kombiniert wurde, die jedoch nach großen Anlaufschwierigkeiten erst in den unmittelbaren Vorkriegsjahren größere Bedeutung erlangte.[139] 1910 war dieses Verfahren mit einer Gesamtrutschenlänge von 22 Kilometern auf 53 Anlagen eingeführt; bis 1913 war zwar eine Gesamtlänge von 104 Kilometern erreicht, doch der mit ihrer Hilfe hereingewonnene Förderanteil betrug nicht mehr als 15,6% der Gesamtförderung.[140] Auch die betriebsorganisatorischen Veränderungen in der Vorkriegszeit sollten nicht überschätzt werden. Von den 605 Schüttelrutschenbetrieben, die 1912 untersucht wurden, hatten 215 weniger als 15 Mann Belegschaft und weitere 147 nicht mehr als 20;[141] da auf den meisten Gruben „bereits ein ausgedehntes Sohlen- und Streckennetz mit zahlreichen Abbaupunkten in Betrieb" war,[142] ließ sich eine vermehrte Konzentration nur in Ansätzen erreichen. Dabei bestand jedoch die Gefahr darin, „daß durch das Zubruchgehen auch nur eines kleinen Stoßteils der gesamte Betrieb des Stoßes lahmgelegt" wurde,[143] woraus ein Förderausfall resultierte, der bedeutend größer war als etwa beim zersplitterten Pfeiler- bzw. Stoßbau, wo die einzelnen Orte weitgehend unabhängig voneinander betrieben wurden. Der Bergeversatz, der Abbau der Kohlen und die unmittelbar anfallenden Nebenarbeiten wurden weiterhin von den einzelnen Kameradschaften vorgenommen, denen die erbrachten Leistungen im Gedingelohn vergütet wurden. Der Übergang zu einer Ausdifferenzierung und Spezialisierung der Belegschaft und damit der Übergang zum Einzelgedinge, das schließlich zur Auflösung der Ortskameradschaften führte, datiert erst aus den 1920er Jahren.[144] Bis in die Weimarer Republik hinein herrschten somit Abbauverfahren vor, die zu einer großen, oftmals beklagten Zersplitterung des Untertagebetriebes führten. Ein Bergwerk war und blieb ein Massenbetrieb mit einer gewaltigen Anhäufung von Arbeitskräften, die sich bei der Ausgabe der Betriebsmittel, vor der Beförderung am Schacht, beim Umkleiden in der Waschkaue oder bei der Entlohnung auf der Werkanlage über Tage drängten. Unter Tage dagegen zerschlug sich – wie ein Zeitgenosse beobachtete – diese „Masse sofort in ganz kleine Gruppen, die nur ideell durch den einheitlichen Unternehmerwillen und lokal durch einen Schacht zusammengehalten werden".[145] Nur ideell und durch den Unternehmerwillen allein ließen sich die Arbeiter jedoch nicht zusammenhalten. Dazu bedurfte es vielmehr eines Aufsichtssystems, dessen Bedeutung und Aufbau als geradezu modellhaft für die deutsche Industrie angesehen wird.

Kontrolle durch persönliche Überwachung: Steiger und andere Aufsichtspersonen

Es ist verständlich, „daß der damalige Steinkohlenbergbau sich traditioneller Disziplinar- und Ordnungsprinzipien bediente, um mit diesem Masseneinsatz von ungelernten Arbeitskräften überhaupt fertig zu werden. In ihrer hierarchischen Linie, die vom Generaldirektor über Bergwerksdirektoren, Betriebsführer, Obersteiger und Steiger bis zum Hauer und Bergarbeiter führte, haben die damaligen Unternehmen ein weitgehend autoritäres System geschaffen (...), das für die gesamte deutsche Industrie zu einer Art Modell wurde. Das betrifft nicht nur den vertikalen Aufbau, sondern auch die horizontale Arbeitsteilung und die formale Arbeitsorganisation", so die allgemein akzeptierte Beurteilung eines Historikers.[146]

Der Jahresbericht der Handelskammer Essen aus dem Jahre 1911 liest sich hingegen wie das Hohelied auf die Selbstverantwortlichkeit der Bergleute: „Man darf doch nicht vergessen, meine Herren, daß es sich beim Bergbau um einen Betrieb handelt, bei dem es auf die individuelle Sorgfalt und Anstrengung des Arbeiters sowohl als auch den mittleren und höheren Beamten ankommt. (...) Der Arbeiter wie der Beamte ist mehr auf sich gestellt und muß in jedem Augenblick darauf gefaßt und in der Lage sein, selbständig und nach bestem eigenen Ermessen zu disponieren, wenn das Ganze gedeihen soll."[147]

In der Zeitschrift Glückauf, dem Organ des Unternehmerverbandes, findet sich folgende Zuschrift aus „Bergbaukreisen" abgedruckt: „Das Bewußtsein der vollen Verantwortlichkeit des Betriebsleiters sowohl wie jedes einzelnen Mannes in der Grube ist nirgends weniger als im Bergbau zu entbehren. Zunächst vollzieht sich der Betrieb einer Grube, im Gegensatz zu dem gedrängten Betriebe einer Fabrik, auf räumlich kilometerweit entfernten Punkten, so daß eine ständige Aufsicht jedes einzelnen Punktes zu den Unmöglichkeiten gehört."[148] Für das Bergamt in Recklinghausen schließlich unterlag es „gar keinem Zweifel, daß das Aufsichtspersonal auf der überwiegenden Mehrzahl der Schachtanlagen unzureichend ist".[149]

Der Unterschied zwischen diesen Aussagen könnte kaum größer sein. Auf der einen Seite ist die Rede von einem weitgehend autoritären Betriebssystem, bei dem straffe Zucht ,,zum unentbehrlichen Erziehungsmittel"[150] wurde. Die Bergleute selbst beklagten sich immer wieder über die zahlreichen Disziplinierungsmaßnahmen und forderten – so im Streik von 1905 – die ,,Beseitigung der zu vielen und zu harten Strafen, (...) eine humane Behandlung, Bestrafung und evtl. Entlassung aller die Arbeiter mißhandelnden und beschimpfenden Beamten".[151] Andererseits jedoch wird festgestellt, die Aufsicht sei unzureichend und eine ständige Aufsicht sogar gänzlich unmöglich gewesen, so daß die Selbständigkeit der Arbeiter eine entscheidende Bedeutung gehabt habe. Dieser Widerspruch wurde in der historischen Forschung nicht näher thematisiert; verfestigt hat sich das Bild einer autoritären Betriebsorganisation, wozu die zahlreichen Beschwerden der Bergleute in großem Maße beitrugen.

In den 1860er Jahren schwankte die Anzahl der Arbeiter je Aufsichtführendem zwischen 18 und 66; die Zahlen stiegen in den folgenden Jahren zum Teil erheblich an und erreichten beispielsweise auf den Gruben Shamrock und Hibernia 101 bzw. 130. Vor allem die Krise der 1870er Jahre hat Einsparungen auch beim Aufsichtspersonal in den Abbaubetrieben gefördert, so daß die Reviergrößen der Steiger auf 80 bis 90 Arbeiter geschätzt wurden, während das numerische Verhältnis sämtlicher Untertagebeamten zur Arbeiterschaft etwa 1:60 betrug.[152] Hierbei handelt es sich jedoch um Durchschnittszahlen, die die Entwicklung auf den großen Tiefbauzechen nur unzureichend widerspiegeln. Auf der Zeche Prosper I z. B. war das Verhältnis 1873 noch 1:53; 1891 jedoch kamen auf die 535 Bergleute der Morgenschicht nur vier Steiger, auf die 445 der Mittagsschicht nur zwei und auf die 123 Bergleute der Nachtschicht nur einer. Die Zahlen für den Schacht Prosper II lagen noch höher; für die 686 Mann der Nachmittagsschicht z. B. gab es nur zwei Steiger, denen zwei Hilfssteiger und zwei Fahrhauer zur Seite standen.[153]

Die Relation veränderte sich in den folgenden Jahren kaum und dürfte auf den anderen Großanlagen ähnlich gewesen sein; darauf deuten zumindest die Zahlenübersichten der Bergämter hin. So beklagte der bereits zitierte Revierbeamte des Bergamtes Recklinghausen einen ,,notorischen Mangel an Aufsichtspersonal".[154] Sein Amtskollege beim Bergamt Essen-West schrieb wenig später an die Direktion der Prosperzechen, daß die Beaufsichtigung ungenügend sei und schlug eine Verkleinerung der Steigerreviere vor, wozu die Direktion jedoch nicht bereit war; dies sei nicht erforderlich und außerdem sei ein ,,zu wirklich tüchtigen Reviersteigern geeignetes Personal in der verlangten Anzahl so leicht doch nicht zu beschaffen".[155]

Diese oder ähnliche Argumente wurden immer wieder vorgebracht, und der Mangel an hinreichend ausgebildetem Personal blieb ein fortwährendes Problem. Im Bereich des Bergamtes Herne gab es 1905 Reviere mit mehr als 150 Bergleuten;[156] auch auf den Prosper-Zechen änderten sich die Relatio-

16. Grubenbeamte der Prosperzechen, um 1900. Auf und vor dem Tisch ihr Arbeitszeug: Lineal, Zirkel, Meßinstrumente.

nen kaum. Die Reviergrößen auf der Zeche Prosper II betrugen 1908 während der Morgenschicht im Durchschnitt zwar nur noch knapp 100 Mann, während der Mittagschicht jedoch waren überhaupt keine Steiger unter Tage, sondern nur sogenannte Hilfssteiger, von denen jeder etwa 150 Bergleute zu beaufsichtigen hatte, während für die 267 Arbeiter zählende Nachtschicht nur fünf Fahrhauer zuständig waren.[157] Hinzuzuzählen sind noch die sogenannten Förderaufseher zur Beaufsichtigung der Schlepper und der Förderung. Die Fahrhauer und Förderaufseher hatten den Hauern gegenüber keine Weisungsbefugnis und ihr Ausbildungsstand, den hier der Revierbeamte von Recklinghausen beschreibt, war nicht immer geeignet, ihnen Autorität zu verschaffen: „Das Personal der Fahrhauer und Förderaufseher rekrutiert sich fast ausschließlich aus dem Arbeiterstande und der Bildungsgrad derselben und ihre Kenntnisse in den bergpolizeilichen Vorschriften lassen viel zu wünschen übrig. Es ist eben nur ein Notbehelf für das fehlende, mit ausreichender Schulbildung ausgestattete Steigerpersonal.“[158]

Eine ausreichend große Zahl an Steigern wäre jedoch wichtig gewesen, denn diese hatten einen umfassenden Aufgabenbereich; dazu gehörte u. a., das Abbauverfahren zu kontrollieren, für eine ausreichende Wetterführung zu sorgen, die Instandhaltung der Strecken zu überwachen, den Ausbau sowie die Zimmerung vorzuschreiben und zu überprüfen und das Gedinge

mit den Kameradschaften auszuhandeln. So umfassend zumindest war ihre
Zuständigkeit gegenüber der Zechenleitung sowie vor allem gegenüber der
Bergbehörde definiert – in diesem Umfange jedoch konnten sie den gestell-
ten Ansprüchen nicht gerecht werden.[159]

Da die einzelnen Arbeitsstellen durchschnittlich mit zwei bis vier Bergleuten belegt waren, konnte ein Revier bis zu 60 (oder auch mehr) Betriebspunkte umfassen. Einer Schätzung von G. Werner zufolge konnten bei
sorgfältiger Kontrolle pro Schicht nur 15 Betriebspunkte befahren werden,
eine Zahl, die zu niedrig angesetzt sein mag, wenn etwa die Betriebspunkte
eng beieinander lagen, wie z. B. in mächtigen Flözen; sie weist jedoch darauf
hin, wie kurz die Anwesenheit und wie beschränkt die Kontrollmöglichkeiten der Steiger waren.[160] Das Oberbergamt verlangte lediglich, die Steigerreviere sollten „bezüglich ihrer räumlichen Ausdehnung und der Zahl der
Betriebspunkte so bemessen sein, daß die Reviersteiger allein sämtliche Betriebspunkte ihres Reviers in der Schicht befahren"[161] konnten. Bei einmali-
ger Befahrung jedoch war es kaum möglich, die Durchführung von Anordnungen zu kontrollieren, so daß z. B. in den Verhandlungen der Stein- und
Kohlenfallkommission auf eine zweimalige Befahrung gedrängt wurde; allein, die Vertreter des Ruhrbergbaus widersetzten sich und verhinderten den
Erlaß einer entsprechenden Verordnung.

Doch selbst die einmalige Befahrung war – wie etwa im hier zitierten Fall
der Prosper-Zechen – „bei einer Anzahl Reviere (...) absolut nicht möglich".[162] Angesichts derart begrenzter Kontrollmöglichkeiten mußte der Appell an die Selbständigkeit und Eigeninitiative der Bergleute weiterhelfen,
und ungeachtet aller autoritären Herrschaftsansprüche waren die Unternehmer auf die „individuelle Sorgfalt und Anstrengung des Arbeiters"[163] angewiesen. Die Steiger hielten sich nur kurze Zeit bei den einzelnen Kameradschaften auf, so daß sie sich zum Teil darauf beschränken mußten, mit
allgemeinen Worten „Vorsicht und gutes Verbauen"[164] zu empfehlen. Gaben sie jedoch konkrete Anweisungen, so wurde – wie eine zeitgenössische
Studie feststellte – deren Ausführung „nicht kontrolliert, wie dies bekanntlich bei derartigen Anordnungen bis jetzt im allgemeinen nicht üblich ist".[165]
Eine Kontrolle war sicherlich schwierig, wenn es, wie in dem oben erwähnten Fall in der Mittagsschicht keinen zuständigen Steiger gab, so daß allenfalls am folgenden Morgen festgestellt werden konnte, ob die Anordnung
befolgt worden war. Hinzu kam, daß der Steiger bei der kurzen Dauer der
Befahrung oft gar nicht beurteilen konnte, ob und wo die konkreten Umstände ein weiteres Verbauen unbedingt nötig machten und – so wiederum
die Studie – seine Befehle hatten daher „den Charakter guter Ratschläge, die
– ganz begreiflicherweise – zum Teil deshalb erteilt werden, um die Verantwortlichkeit den Arbeitern zuzuweisen, falls bei Nichtbefolgung der ‚Anweisung' ein Unfall passiert. Die Arbeiter sagen die Befolgung zu, der Steiger fährt weiter und alles bleibt wie vorher".[166] Die oben skizzierte Rollen-
zuschreibung und die These von der Notwendigkeit eines autoritären Be-

triebssystems gerät ins Wanken und sie wird nicht gerade unterstützt, wenn
darüber hinaus festgestellt wird, daß es oft sehr fraglich sei, ,,ob die sofortige
Ausführung der aus dem Ärmel geschüttelten ,Anweisung' überhaupt praktisch tunlich ist".[167]
Der Glaube an die große Bedeutung der Aufsichtsbeamten will sich auch
nicht so recht einstellen, wenn diesen empfohlen wird, bei jeder Aufsichts-
führung, die Regelmäßigkeit zu vermeiden, denn die Untergebenen ließen
,,leicht in der Aufmerksamkeit nach, wenn sie wissen, wann und wie oft die
Vorgesetzten erscheinen".[168] Der Verfasser der hier zitierten Bergbaukunde
mag diese Methode mit Erfolg bei der Ausbildung von Bergreferendaren
angewendet haben, schwerlich jedoch im Untertagebetrieb. Da bis zum Ersten Weltkrieg nur die größeren Strecken erleuchtet waren, arbeiteten ,,viele
Arbeiter allein nur mit einigen Kameraden in einem gewissen Dunkel",[169] so
daß ein herannahender Steiger leicht zu erkennen war, wie es Stenbock-
Fermor noch für die unmittelbare Nachkriegszeit beschreibt: ,,Es mochte
gegen ½ 1 sein, als unten in der Strecke ein Lichtpunkt aufblitzte. ,Der
Steiger!' brummte mein Arbeitsgenosse (...). Die Wanderung durch unseren
Überbau mußte sehr mühselig sein, da die Strecke fast vollständig verschüt-
tet war und man durch lauter Trümmerhaufen kriechen mußte. Das Licht
wuchs zusehends und bald stand der Steiger Balthmann vor uns. (...) ,Glück
auf!' Einige kurze Worte – er fragte nach dem Fortschreiten der Arbeit und
sagte mir, daß er hoffe, daß ich mich bald einarbeiten würde –, dann kletterte
der Steiger weiter. Kurze Zeit später blitzte noch seine Grubenlampe, doch
bald verschwand sie im Dämmerlicht."[170] Vorher hatte sich Stenbock-Fermor – dies war sein erster Arbeitstag in einer Grube – nach seiner Arbeitsgruppe unter Tage förmlich durchgefragt, war von dieser zu einem Reparaturhauer geschickt worden, der ihm erklärte, was zu tun sei, wie sie vorzugehen hätten und der ihm das Verbauen erklärte. Nicht immer wird der Ablauf
so gewesen sein wie in diesem Fall, doch die Dauer der Anwesenheit des
Steigers, das mühselige Befahren der zum Teil engen und verschütteten
Strecken, seine allgemein gehaltenen Empfehlungen zur Organisation der
Arbeit, das sind Merkmale, die die beschränkte Funktion des Steigers generell kennzeichneten.

Kontrolle durch Vorschriften: Das Beispiel des systematischen Streckenausbaus

Dieser Sachverhalt läßt sich auch anhand der beim Streckenausbau verwandten Methoden aufzeigen. Die hierbei geltenden Vorschriften, Regeln und
Verfahren waren für den Arbeitsablauf vor Ort und die Sicherheit der Bergleute entscheidend. Davon ging auch die preußische Regierung aus, die auf
Grund der hohen Unfallzahlen im deutschen Steinkohlebergbau eine Kommission einsetzte, um diesen Bereich zu untersuchen. Schon der erste Eindruck, den ein schlesischer Bergwerksdirektor und Mitglied der Stein- und

17. Kohlenhauer und Steiger vor Ort, aufgenommen in der Zeche Blankenburg im Hammertal um 1894. Das Bild zeigt auch, wie kompliziert der Ausbau sein konnte und wie dunkel die Arbeitsorte waren, die lediglich durch die Lampen der Bergleute erhellt wurden.

Kohlenfallkommission von den Betriebsverhältnissen im Ruhrgebiet erhielt, erstaunte ihn sehr, und er gab zu Protokoll: ,,Wenn der Ausbau in Westfalen oft oder wesentlich der Willkür der Arbeiter überlassen bleibe, so müsse er doch fragen, was denn dort die Beamten machten?"[171]

Nun, sie legten fest, wo die einzelnen Kameradschaften arbeiteten und wer zu ihnen gehörte, sie bestimmten, wie das Flöz aufzuhauen war, und sie überwachten den allgemeinen Fortgang der Arbeiten; deren konkrete Durchführung jedoch überließen sie weitgehend den Arbeitern. Zur Begründung dieser etwas ungewöhnlichen und sehr ausgeprägten Arbeitsteilung verwiesen die Unternehmer auf die eigenartigen Verhältnisse, unter denen sich die Bergarbeit vollzog: ,,Die gleichzeitige Beschäftigung vieler Hundert von Bergleuten unter der Erdoberfläche, die Zerstreuung und Vereinzelung dieser Menschenmenge in zahlreichen unübersichtlichen Räumen aller Art"[172] und auch die Gefahr der Arbeit wurden angeführt. Nur, der naheliegende Schluß wäre gewesen – so zumindest für die hier zitierte staatliche Untersuchungskommission wie auch für die Unternehmer in den anderen preußischen Steinkohlerevieren –, daß diese Verhältnisse die ,,strengste Ordnung" erforderten und eine ,,Zusammenstellung derjenigen Bestimmungen, nach welchen sich der Arbeiter bei der ihm übertragenen Arbeit zu richten hat".[173]

Nicht so im Ruhrgebiet, wo sich die Zechendirektionen lange Zeit erfolgreich dagegen wehrten, detaillierte und damit überprüfbare Vorschriften zu erlassen. Die Normalarbeitsordnung, die seit 1892 auf den Bergwerken des Oberbergamtsbezirks Dortmund gültig war, enthielt in dieser Hinsicht nur den recht vagen Paragraphen, daß ,,alle bergpolizeilichen Vorschriften und Anordnungen der Zechenverwaltung und deren Beamten genau zu befolgen" seien,[174] und regelte darüber hinaus Selbstverständliches: die Arbeiter sollten nicht zu spät kommen oder zu früh gehen, ihre Arbeit sorgfältig ausführen, nicht betrunken sein, während der Schicht nicht schlafen, ihre Mitarbeiter wie auch die Grubenpferde nicht necken und mißhandeln, Kohlewagen anderer Kameradschaften nicht mit ihrer Nummer versehen, die Vorgesetzten nicht beleidigen etc.[175] Konkrete Vorschriften existierten nicht, und die Anordnungen der Steiger waren häufig nicht mehr als gute Ratschläge.

Auf diese etwas großzügige Handhabung der Aufsichtsfunktion wurde ein großer Teil der Unfälle im Untertagebetrieb zurückgeführt. Zur näheren Untersuchung dieses Zusammenhanges hatte der Minister für Handel und Gewerbe im Herbst 1897 die bereits erwähnte Kommission eingesetzt, die vor allem die häufigste Unfallursache, den Einsturz loser Gesteins- und Kohlemassen, untersuchen sollte, auf den etwa 40% der tödlichen Unfälle zurückzuführen war. In der Begründung des Untersuchungsvorhabens hieß es, diese Unfälle seien bisher allein oder fast ausschließlich auf die Beschaffenheit des Gebirges und die Unaufmerksamkeit der Arbeiter zurückgeführt worden. Doch die Erfahrung lehre, daß auch andere Umstände einen erheblichen Einfluß hätten, ,,wie besonders die Art des Abbaues, der Hereingewinnung, der Beleuchtung und der Aufsicht".[176] Diese Faktoren untersuchte die Kommission besonders intensiv; sie bildete Abteilungen für die verschiedenen preußischen Steinkohlegebiete, entsandte Beauftragte ins Ausland, und sie stellte fest, daß die Zustände nirgends so ungeregelt waren und so viel zu wünschen übrig ließen wie im Ruhrgebiet, das auch die höchsten Unfallzahlen aufwies.

Eine große Gefahr lag, wie wiederholt von der Kommission betont wurde, in der großen Unregelmäßigkeit bei der Behandlung des Nachfalles, hervorgerufen durch die „unregelmäßige Beschaffenheit des Nachfalles selbst.

Denn gerade dieser Beschaffenheit wegen wurde die Sicherung gegen das unvermutete Hereinbrechen des Nachfalles fast überall dem Gutdünken der Arbeiter überlassen, was zur Folge hatte, daß eine Sicherung häufig nur mangelhaft ausgeführt wurde oder ganz unterblieb".[177] Sehr häufig wurde gerügt, „daß bei dem provisorischen Ausbau der Arbeitsstelle ohne jede Regel vorgegangen wurde, und die Arbeiter nur da, wo es ihnen gerade erforderlich erschien, Holz setzten. Der Raum zwischen der definitiven Zimmerung und dem Arbeitsstoß war wegen unregelmäßiger Stellung des Arbeitsstoßes oder Lässigkeit der Arbeiter beim Nachführen der definitiven Zimmerung manchmal recht groß und trotzdem nur sehr mangelhaft durch provisorische Zimmerung gesichert".[179] Um hier Abhilfe zu schaffen, hielt es die Kommission für erforderlich, „daß der Ausbau nach einer bestimmten Regel vorgenommen werde. Die Art des Ausbaus sowohl bei Vorrichtungs- wie bei Abbaubetrieben (...) sollte nicht der Willkür des einzelnen Arbeiters überlassen, sondern von der Betriebsverwaltung festgesetzt" werden.[179]

Die Kommission propagierte damit den sogenannten systematischen Ausbau, d. h. die verbindliche Festlegung von Mindestabständen zwischen den Stempeln untereinander und zum Arbeitsstoß, das Vorschreiben der Zimmerung etc. Dieses Verfahren war in anderen preußischen Steinkohlerevieren wie auch im Ausland bereits mit gutem Erfolg erprobt worden, im Ruhrgebiet hingegen gänzlich unüblich, wenngleich angesichts der mangelhaften Aufsicht und der unzureichenden Ausbildung gerade hier ein derartiges System sinnvoll gewesen wäre. Statt dessen wurde – unter souveräner Mißachtung der tatsächlichen Ursachen – den Arbeitern der Hauptteil der Schuld zugeschoben, und es wurde behauptet, daß diese „mit den Gefahren des Bergbaues in keiner Weise vertraut, die gewöhnlichsten Vorsichtsmaßregeln versäumten und dadurch häufig ihr eigenes Leben sowie das ihrer Mitarbeiter aufs schwerste gefährdeten".[180]

Ganz so einfach wollten es sich jedoch nicht alle Mitglieder der Kommission machen; vor allem die Vertreter der staatlichen Bergaufsicht drängten auf die Einführung rigiderer Vorschriften und deren Umsetzung in verbindliche bergpolizeiliche Regelungen.[181] Gerade dagegen aber wandten sich die Vertreter des Ruhrbergbaus derart hartnäckig, daß sie sogar den Unwillen einzelner Kommissionsmitglieder erregten. Sie setzten sich jedoch durch. Die Kommission sprach sich zwar für die Einführung des systematischen Ausbaus aus, „um die regellose Willkür beim Ausbau der Arbeitsstelle durch die Vorschrift reihenförmiger, in bestimmten Abständen aufzustellender Stempel" zu beseitigen.[182] Sie beschränkte sich jedoch darauf, die von ihr festgelegten Grundsätze lediglich empfehlend an die Oberbergämter weiterzuleiten mit der Aufforderung, feststellen zu lassen, „inwieweit diese Grundsätze nach Lage der Verhältnisse der einzelnen Bezirke zur Änderung und Ausgestaltung der bergpolizeilichen Vorschriften Anlaß geben".[183] Die größte Gefahr, die Einführung verbindlicher Regelungen, war damit erst einmal abgewendet.

Seit der zweiten Hälfte des Jahres 1903 führte das Oberbergamt in Dortmund einen regen Schriftverkehr mit den einzelnen Zechen, um sie zur Einführung des systematischen Ausbaus zu bewegen. Die meisten sträubten sich gegen diese „neuzeitlichen Bestrebungen zur Herabsetzung der Steinfallgefahr",[184] andere erklärten sich allenfalls zur versuchsweisen Einführung bereit.[185] Auch jetzt stützten sie sich auf ein Argument, das sie immer wieder anführten, wenn neue Regelungen und Vorschriften eingeführt werden sollten: die Unregelmäßigkeit der Verhältnisse unter Tage lasse keine Normierungen zu, oder, in den Worten des Direktors einer Zeche bei Herne: „Bei dem wechselnden Charakter des Hangenden der Flöze auf den mir unterstellten Gruben lassen sich auch für einzelne Flöze nur schwer bestimmte Vorschriften über den Ausbau geben." Er plädierte für die Beibehaltung des alten Systems, bei dem die Hauer „nach eigener Überlegung überall dort Holz setzen, wo es zur Sicherung notwendig erscheint".[186]

Vor allem das Ministerium für Handel und Gewerbe drängte auf die Einführung des systematischen Ausbaus, „eines der wesentlichsten, vielleicht sogar das wesentlichste Mittel zur Verhütung der Unfälle durch Steinfall".[187] Es wies die Bergämter an, dementsprechend Druck auf die Zechen auszuüben, da es hierin eine bessere und direkter wirksame Möglichkeit der Einflußnahme sah als über den Weg der Gesetzgebung. Aber selbst nach der Verabschiedung der Grundsätze durch die Kommission im Jahre 1905 brachte dieser Appell an die Einsicht der Unternehmer nur wenig Erfolg.

Ein Jahr später mußte das Oberbergamt Dortmund feststellen, „daß immer noch eine große Anzahl von Bergwerksbesitzern in unserem Verwaltungsbezirke vorhanden (ist), welche sich zur freiwilligen Einführung des planmäßigen Ausbaus auf ihren Schachtanlagen nicht bereit finden lassen. Es ist deshalb der Zeitpunkt als gekommen zu bezeichnen, wo im Zwangswege unter Zugrundelegung der gesetzlichen Bestimmungen gegen dieselbe vorgegangen werden muß".[188] Doch zu einer gesetzlichen Regelung kam es nicht, und so blieb der Erfolg der Bemühungen beschränkt. 1909 stellte der Minister fest, daß „die Zahl der tödlichen Verunglückungen in den Jahren 1904–1908 gegenüber den Jahren 1897–1903 im Dortmunder Bezirk nur gering gefallen ist, während sie in den anderen (...) Bezirken erheblich abgenommen hat", obwohl diese Zahl im Ruhrgebiet ohnehin erheblich höher lag. Dieses Ergebnis führte er in erster Linie darauf zurück, „daß mit der Einführung des planmäßigen Ausbaus in Niederschlesien, Saarbrücken und Aachen-Düren auf fast allen Gruben die Verdrängung des Ausbaus mit Einzelstempeln Hand in Hand gegangen ist (...), während dies im Bezirk des königlichen Oberbergamtes nur teilweise erfolgt zu sein scheint".[189] Die

Vorschriften waren zudem, wie aus dem Bergrevier Herne berichtet wird, „möglichst allgemein gefaßt, so daß sie auf alle Flöze der genannten Zechen Anwendung finden können"[190] – ein Verfahren, das zwar dem Buchstaben, wohl aber kaum dem Sinn des Gesetzes entsprach. In den folgenden Jahren wurde der systematische Ausbau allmählich auch auf den Zechen des Ruhrgebietes eingeführt, doch die Grundsätze der Kommission sind erst mit Wirkung vom 1. Januar 1912 verordnet worden und wurden „vorher wohl nicht beachtet".[191]

Seit Verabschiedung der Grundsätze waren damit sieben Jahre vergangen, seit Einsetzung der Komission sogar 15; fürwahr, der Widerstand der Grubenbesitzer war zäh und erfolgreich. Dahinter standen jedoch nicht, wie ein hoher Staatsbeamter, der Verzweiflung nahe, vermutete, „Schmerzen, die die Herren in Westfalen über die Bergpolizei haben".[192] Einer der Gründe war, wie die Zechen und auch die staatlichen Beamten selbst immer wieder betonten, „daß durch die Einführung des systematischen Ausbaus die Holzkosten erhöht" würden und daß zusätzliches Aufsichtspersonal erforderlich sei.[193]

Doch der Hinweis auf die Kostenfaktoren allein dürfte als Erklärung zu kurz greifen. Es wurde bereits darauf hingewiesen, daß es im Ruhrbergbau keine durch die Zechen organisierte Ausbildung gab, daß die Aufsicht ungenügend war und daß die Anordnungen der Steiger häufig nur eine Alibifunktion hatten – Merkmale, die im auffälligen Kontrast zur Unternehmenspolitik in anderen Steinkohlerevieren standen, wo die ohnehin schon intensivere Überwachung noch durch schriftlich fixierte Vorschriften verstärkt wurde. Der Hinweis, dies „liege doch oft auch im eigenen Interesse der Grube, damit sie ihren eigenen Leuten gegenüber eine geeignete Handhabe hat",[194] verfing bei den Vertretern des Ruhrbergbaus nicht. Es entsteht der Eindruck, diese hätten den Bergleuten – mehr oder weniger bewußt – in den Fragen der Ausbildung, der Aufsicht und des Ausbaus einen großen Freiraum und weitgehende Selbständigkeit eingeräumt, ein vorläufiges Ergebnis, dem ein gewisser Widerspruch zu den eingangs referierten Beurteilungen nicht abzusprechen ist. Dieses Vorgehen war jedoch nur möglich, weil den Unternehmern in der Form der Entlohnung – dem Gedingelohn – ein Instrumentarium zur Verfügung stand, das eine besondere Kontrollmöglichkeit bedeutete, das Funktionieren des Untertagebetriebes sicherte und das es gleichzeitig erlaubte, auf systematische Ausbildung, konsequente Aufsicht, detaillierte Vorschriften etc. zu verzichten. Gleichzeitig hat dieses Entlohnungssystem jedoch die Selbständigkeit der Kameradschaften institutionalisiert und dadurch Konsequenzen hervorgerufen, die die an Kostenminimierung interessierten Unternehmer schwerlich bedacht haben.

e) Entlohnung und Kontrolle

Der Gedingelohn

Die Kameradschaft Nr. 302 mit ihrem Ortsältesten F. Bronowsky arbeitete im April 1906 auf der Zeche Prosper II im Revier des Steigers Nieswand; sie hatte im genannten Monat den Betrag von 937,80 Mark verdient, der unter ihre sieben Mitglieder (6 Hauer, 1 Lehrhauer) aufgeteilt wurde. Dafür hatten diese 956 Wagen Kohle (à 0,70 M) hereingewonnen, 31 Meter (à 2,00 M) aufgefahren, 32 Türstöcke (à 1,00 M) gewechselt, 95 Stempel (à 0,10 M) und 28 Schalhölzer (à 0,20 M) wiedergewonnen und 638 Wagen Berge (à 0,25 M) versetzt – d. h. sie hatten alle an ihrer Arbeitsstelle anfallenden Arbeiten erledigt und waren dafür als Gruppe entlohnt worden; die Hauer erhielten 5,93 Mark und der Lehrhauer 5,43 Mark pro Schicht.

Ausmaß und Umfang der erforderlichen Arbeiten unterschieden sich von Ort zu Ort sowie von Zeche zu Zeche, und sie hingen sehr stark von den jeweiligen Gebirgsverhältnissen ab. An anderen Orten mußten unter Umständen mehr Stempel gesetzt werden, konnte weniger gefördert oder aufgefahren werden, so daß Umfang und Stellenwert der einzelnen Arbeiten und damit ihre Bezahlung großen Schwankungen unterworfen waren. Die Kameradschaft Nr. 319 im gleichen Revier erhielt beispielsweise pro Wagen 0,95 Mark und für jeden aufgefahrenen Meter 6 Mark, obwohl ihre Arbeitsstelle nur wenige Meter von der der Kameradschaft Nr. 302 entfernt lag.[195]

Die Bezahlung, der sogenannte Gedingelohn, mußte den Arbeitsordnungen zufolge bis zur Mitte eines laufenden Monats vereinbart werden. Ausgehend von den vorliegenden Erfahrungen und ihren beruflichen Kenntnissen mußten die Kameradschaften und der Steiger sich darüber einigen, wie fest die Kohle und das Gestein wohl sein werde, wieviele Wagen sie fördern konnten, welche Nebenarbeiten anfielen, wo und wie viele Stempel zu setzen seien etc., und sie mußten den dafür zu zahlenden Betrag festsetzen. Einer exakten Gedingefestsetzung standen jedoch so viele Schwierigkeiten im Wege, daß man – so eine vielfach geäußerte Meinung – ,,überhaupt nicht von einer objektiven, im voraus bestimmbaren Leistung des Arbeiters sprechen kann. Die Gedingefestsetzung beruht daher meist auf einer gefühlsmäßigen Schätzung".[196] An anderer Stelle heißt es, zweifellos sei das ,,undurchsichtigste Akkordwesen das des unterirdischen Bergbaues" gewesen; die schlechten Kontrollmöglichkeiten würden es einem Bergmann ermöglichen, ,,eine verbesserte Leistungsfähigkeit vor dem Beamten geheimzuhalten und durch verringerten Leistungsaufwand soweit auszugleichen, daß weder eine Lohnerhöhung, als deren Folge er Akkordherabsetzung fürchtet, noch eine Steigerung des Leistungsertrages eintritt".[197] Die Bergleute versuchten verständlicherweise eine günstige Gedingefestsetzung dadurch zu erreichen, daß sie auftretende Schwierigkeiten heraushoben, die Unregelmäßigkeiten des Gebirges betonten und mit kalkuliertem Kraftaufwand arbeiteten, um

sich nicht – so der bis heute gebräuchliche Ausdruck – das Gedinge ‚kaputt
zu machen'.

Die Steiger führten ebenso selbstverständlich entgegengesetzte Argumente
an und versuchten, die vereinbarten Sätze niedrigzuhalten, um die Kameradschaften zu veranlassen, durch vermehrte Anstrengung eine höhere Förderung und damit einen höheren Lohn zu erzielen.

Dazu wurden sie von den
Unternehmern angehalten, die an geringen Lohnzahlungen überaus interessiert waren, bildeten diese doch den mit Abstand wichtigsten Kostenfaktor;[198] die Steiger hatten aber auch ein persönliches Interesse daran. Ihr
Gehalt bestand nämlich aus einer festen Summe sowie einer Prämie, die von
der erbrachten Förderleistung der Kameradschaften abhing und die einen
erheblichen Zuschlag auf den Festlohn bedeuten konnte.[199] Angesichts dieser Konstellation überrascht es nicht, daß vielfältige Spannungen bestanden
und daß es nahezu täglich zu Konflikten und Auseinandersetzungen kam,
die sich nicht immer beheben ließen.

Die Gedinge sollten spätestens etwa zum 10. eines Monats vereinbart
werden, damit die Bergleute bei der festgesetzten vierzehntägigen Kündigungsfrist die Möglichkeit hatten, zum Monatsende die Arbeitsstelle zu
wechseln, falls keine Einigung erzielt werden konnte.[200] Sie hatten auch die
Möglichkeit, sich bei der Betriebsleitung zu beschweren, doch dies dürfte
ein wenig erfolgversprechender Weg gewesen sein, so daß als Ausweg nur
ein Wechsel der Zeche offenstand, um einen besseren Lohn zu erzielen.[201]
Tabelle 5 zeigt das große Ausmaß der Fluktuation auf den Bergwerken, die
trotz aller Versuche der Unternehmer, sie einzuschränken, unverändert groß
geblieben und sogar noch angewachsen ist. Immer wieder wurde berichtet,
es sei ,,eine zunehmende Unzufriedenheit mit den Löhnen und das Bestreben wahrzunehmen, durch starken Wechsel, geringe Leistung und auf mancherlei Art und Weise eine Erhöhung der bestehenden Gedinge wahrzunehmen''.[202] Selbst zwischen benachbarten Zechen konnten die Lohndifferenzen beachtlich sein, wobei neben der Lohnpolitik der Betriebe andere Faktoren nicht minder wichtig waren: Härte des Gesteins, Mächtigkeit der Flöze,
Luftzufuhr, Feuchtigkeit etc.; diese prägten über den Lohn hinaus die unmittelbaren Arbeitsbedingungen und waren ein wichtiger Grund für die
Mobilität.[203]

Mit Ausnahme des Jahres 1903 verließen jedes Jahr mehr als 40% der
Belegschaften ihre Arbeitsstätte, und der Anteil der Zugänge lag noch höher.
Eine genauere Interpretation dieses Befundes ist indes recht schwierig.[204]
Die jährlichen Schwankungen entsprachen in etwa dem konjunkturellen
Verlauf bei insgesamt ansteigender Tendenz der Mobilitätsziffer; es ist also
in der Vorkriegszeit keine Beruhigung eingetreten. Ein signifikanter Unter-
schied zwischen alten, südlich gelegenen Revieren und den neueren im Nor-
den des Ruhrgebiets läßt sich nicht feststellen; vermutlich hatten sich die
Arbeitsbedingungen und die Betriebsgrößen zu sehr angeglichen.[205] Auch
die Frage, ob die Wechsel zwischen einzelnen Zechen stattgefunden haben

oder ob sich hinter den Zahlen Abgänge in andere Berufe verbergen, läßt
sich nicht detailliert beantworten. Für die Jahre von 1910 bis 1913 liegen
Angaben vor, die darauf hinweisen, daß ein großer Prozentsatz der Bergleute, die ihre Arbeitsstelle verließen, zumindest vorübergehend außerhalb des
Bergbaus arbeitete.[206] Der Anteil derjenigen jedoch, die dem Bergbau ganz
den Rücken kehrten, war niedrig. In den Jahren von 1893 bis 1903 betrug er
zwischen 2,5% und 4%[207] der Gesamtbelegschaft; für die darauffolgende
Zeit liegen keine vergleichbaren Zahlen vor. Auf Grund der Gesamtzugänge
bzw. -abgänge von 1901 bis 1911 läßt sich jedoch die Zahl auf knapp 9000
pro Jahr kalkulieren, d. h. sie betrug im Durchschnitt weniger als 3% der
Gesamtbelegschaft.[208]

Für diesen niedrigen Prozentsatz gibt es mehrere Gründe: es war nicht
leicht, eine andere, ähnlich gut bezahlte Beschäftigung zu finden; die Arbeit
in der Eisen- und Stahlindustrie, die am ehesten eine Alternative geboten
hätte, war kaum weniger anstrengend als die Tätigkeit eines Bergmannes,
und schließlich gingen die Vorteile der Knappschaftsversicherung verloren,
wenn man längere Zeit dem Bergbau fernblieb, ohne daß es möglich gewesen
wäre, sich bereits bestehende Ansprüche ausbezahlen zu lassen.[209] Festzustellen bleibt, daß es eine sehr hohe Mobilität gegeben hat, die zum überwiegenden Teil innerhalb des Bergbaus stattgefunden hat, wobei allerdings Zwi-
schenstationen in anderen Berufen nicht selten waren.

Aufgabenbereich und Zuständigkeit der Bergleute unter Tage

Nicht immer besaßen Steiger eine größere Fachkenntnis als ältere, erfahrene
Hauer. Das galt vor allem für diejenigen, die gerade ihre Ausbildung beendet
hatten und daher über großes theoretisches Wissen verfügten, aber nur begrenzte praktische Erfahrungen aufweisen konnten. Die Berufspraxis älterer
Bergleute hatte ein großes Gewicht, und selbst G. Werner, dem es wahrlich
nicht an Selbstbewußtsein fehlte, vertrat Arbeitern gegenüber den Standpunkt, daß er „als junger Steiger von ihnen noch vieles lernen müsse. Sie
mußten mir daher sagen, wie eine Arbeit auszuführen sei".[210] Er wollte nicht
nur von ihrer Erfahrung profitieren, er wollte ihnen auch Verantwortung
übertragen, indem er sie möglichst selbständig arbeiten ließ – eine Einstellung, die nur in sehr begrenztem Maße ein Produkt seiner individuellen
Ansichten über Betriebsführung und Arbeitsorganisation war. Es handelte
sich dabei vielmehr um Prinzipien, die sich fast zwangsläufig aus dem Charakter der Arbeit unter Tage ergaben.

Der Zuständigkeitsbereich der Kameradschaften war – wie gezeigt – sehr
umfassend, weil eine kontinuierliche Überwachung der Arbeiter wegen der
Zersplitterung der Betriebe auf große Schwierigkeiten gestoßen wäre. Eine
konsequente Überwachung und eine detaillierte Organisierung der Arbeitsabläufe hätte ein umfassendes Aufsichtssystem erforderlich gemacht, das
seinerseits hohe Kosten verursacht hätte. Zugleich war es äußerst fraglich,
ob sich ein derartiger Aufwand auszahlen würde. Allgemein herrschte die

Ansicht vor, daß eine „Steigerung der Arbeitsleistung durch verschärfte Überwachung (...) in keinem Verhältnis zur Höhe des Aufwandes"[211] stünde. Es schien sinnvoller zu sein, die Bergleute zu Kameradschaften zusammenzulegen und im Gedinge zu entlohnen. Auf diese Weise ließ sich „eine Selbstkontrolle der Arbeiter unter Tage"[212] erreichen, die die Zechen von der Notwendigkeit befreite, ein kostspieliges Aufsichtssystem zu unterhalten, und die gleichzeitig einen rationalen Arbeitsablauf versprach: „Die zweckmäßige Organisation der Arbeit im Kleinen, das Hand-in-Hand-Arbeiten, läßt sich" – so eine zeitgenössische Untersuchung – „durch keine Aufsicht so gut erzielen wie durch das gemeinsame Interesse am Leistungsertrag. Man denke nur an die Verteilung der Arbeit vor einem Kohlenstoß, an das Einspringen des Einen für den Anderen, an die kleinen Handreichungen und nicht zuletzt an das Interesse, das jedes Mitglied einer Kameradschaft auch an der Leistung des anderen hat."[213] Die beste Möglichkeit, die Arbeiter zu größtmöglicher Leistung anzuhalten, wurde darin gesehen, „durch weitgehendes Entgegenkommen bei ihnen den Willen zur Pflichterfüllung zu wecken".[214]

Zu den Aufgaben der Kameradschaften gehörte mehr als nur die Erledigung der umfangreichen bei der Kohlegewinnung anfallenden Arbeiten; sie mußte darüber hinaus eine Vielzahl weiterer Funktionen wahrnehmen.[215] Da die Zechen kein Ausbildungssystem hatten, mußten sie den Neulingen die erforderlichen Fähigkeiten zeigen und vermitteln, sie mußten sie zur Arbeit einteilen, ihnen bestimmte Tätigkeiten übertragen und sie in die Gruppen integrieren, was um so wichtiger war, als Bergleute überaus mobil waren.

Allein schon die hohe Fluktuation hätte eine detaillierte Betriebsplanung der Steiger nahezu täglich vor kaum überwindbare Probleme gestellt, Probleme, die im Rahmen des Gedingelohnes von den Kameradschaften gelöst werden mußten. Nun war nicht jede Zeche und jede Kameradschaft von der Mobilität in der gleichen Weise betroffen. Es gab auch Reviere, deren Belegschaften relativ stabil waren, und Arbeitsgruppen, die lange zusammenblieben; doch auch hier gab es immer wieder neue Arbeitskollegen, auf die man sich einstellen mußte. Gerade gegenüber den unerfahrenen Zuwanderern fiel das nicht immer leicht und im Umgang mit ihnen gab es zahlreiche Probleme und Reibereien. Man warf ihnen vor allem vor, den Lohn herunterzudrücken, wie etwa H. Marchwitza: „,,Was hat denn der Laufhund' – er meint den Steiger – ,für einen Lohn hier versprochen?' fragte mich Hein, als ich mich in einer knappen Pause zum Brotessen hinsetzte. ,Drei Mark zwanzig' sagte ich. ,Ich wußte es ja!' schrie er wieder in Wut. ,Ihr Hammelherde von drüben seit hier doch mit einer Handvoll zufrieden. Wahrhaftig, ich könnt Dir mit dem Knüppel über deinen Ochsenkopf hauen! Du verlangst, wenn der Laufhund kommt, auf der Stelle vierzwanzig! Für diese Arbeit muß er dir vierzwanzig zahlen! Aber ihr Hornochsen schleppt um den halben Lohn."[216]

Allenfalls am Anfang ließen sich Neulinge derart leicht übertölpeln, dann jedoch waren sie vorsichtiger, klug geworden durch eigene Erfahrungen und informiert durch ihre Arbeitskollegen, die allein schon aus Angst um ihren eigenen Lohn auf die Bezahlung ihrer Kollegen achteten und sie auch – wie im hier zitierten Fall – dazu anhielten, mehr Geld zu verlangen. Andere Probleme bereiteten mehr Schwierigkeiten. Vor allem die Notwendigkeit, Anfänger einarbeiten zu müssen, konnte den Verdienst drücken, weshalb der Christliche Gewerkverein dafür eintrat, daß die Lehrhauer den Hauern eine Art Lehrgeld zahlen sollten,[217] wie überhaupt der große Zuständigkeitsbereich der Gedinge diese vielfach überforderte. So wurden sie z. B. für die Reparatur- und Ausbauarbeiten zwar bezahlt, doch die hierauf verwendete Zeit ging zu Kosten der Förderung, deren Umfang für den erzielten Lohn entscheidend war. Vor allem in den Fällen, wo ein Gesamtgedinge vereinbart wurde, das die einzelnen Tätigkeiten nicht getrennt entlohnte, wurde der Ausbau deshalb zugunsten der Förderung vernachlässigt, worauf die hohe Unglücksziffer im Ruhrbergbau zu einem großen Teil zurückzuführen ist.[218] Schwierigkeiten konnten auch auftreten, wenn die einzelnen Mitglieder der Kameradschaften sich in ihrer Leistungsfähigkeit unterschieden; Bergleute, die von ihren Kollegen als schwächlich oder faul eingestuft wurden, hatten es sicherlich nicht leicht. Wer sich jedoch als ‚echter Kumpel‘ erwiesen hatte, konnte jenseits aller landsmannschaftlichen, religiösen und politischen Unterschiede von seinen Kollegen akzeptiert werden, so daß die Bedeutung dieser Differenzen im Untertagebetrieb eingeschliffen wurde.[219] Nicht zuletzt wurde mit jeder Gedingefestsetzung nachdrücklich vor Augen geführt, daß die eigentlichen Probleme nicht unter den Arbeitern bestanden, sondern sich vielmehr aus dem Gegensatz zum Steiger und zu der von diesem repräsentierten Betriebsführung ergaben.[220]

Straf- und Disziplinarmaßnahmen

Wenn auch der Zuständigkeitsbereich der Kameradschaften sehr groß war, so waren diese doch nicht sich selbst überlassen. Die Steiger konnten sie zwar kaum beaufsichtigen, versuchten jedoch immer wieder, von ihnen mehr Leistung bei möglichst geringem Lohn zu erhalten. Der wichtigste Ansatzpunkt hierzu war in der Gedingefestsetzung gegeben, die immer auch ein Machtkampf zwischen Arbeitern und Steigern war, bei dem die letzteren über zahlreiche Mittel verfügten, um sich durchsetzen zu können.

Sie konnten Kameradschaften entgegen den Wünschen der Arbeiter zusammenstellen, sie an Arbeitsstellen verlegen, die besonders naß oder schlecht belüftet waren, so daß die Förderung und der Verdienst gering ausfielen, oder Überschichten anordnen. Diese und andere Möglichkeiten, Vergünstigungen zu entziehen bzw. zu gewähren, gaben den Steigern eine starke Position und ließen zugleich Rivalitäten zwischen den Arbeitern aufkommen, wenn diese versuchten, um deren Gunst zu buhlen und für sich selbst möglichst günstige Arbeits- und Entlohnungsbedingungen zu erlangen. In seinen wesentlichen Grundzügen jedoch basierte – analog zur Organisation des Untertagebetriebes – auch das Straf- und Disziplinarsystem auf den Kamaradschaften; angesprochen von den Vorschriften bzw. betroffen von den Strafen war jeweils die gesamte Gruppe, nur selten der einzelne Bergmann.[221]

Den wichtigsten Konfliktpunkt bildete das sogenannte ‚Wagennullen‘.[222] Über Tage wurden die gefüllten Kohlewagen von den Beamten der Zeche daraufhin untersucht, ob sie ausreichend beladen waren. War das ihrer Meinung nach nicht der Fall oder schien ihnen der Anteil des Gesteins zu hoch zu sein, so wurde der ganze Wagen gestrichen bzw. ‚genullt‘ und der Kameradschaft nicht vergütet, nicht einmal der darin enthaltene Kohleanteil. Dieser wurde „im alleinigen Vorteil des Bergwerksbesitzers“[223] verwendet oder aber, wie seit 1892 vorgeschrieben, einer auf der Zeche bestehenden Unterstützungskasse vergütet, über die jedoch bis nach dem Streik von 1905 „die Bergarbeiter selbst nicht einmal durch einen einzigen Vertreter mitbestimmen konnten“.[224] Zusätzlich konnten noch Geldstrafen verhängt werden, und auf einzelnen Gruben wurden für einen unreinen Wagen vier, fünf oder gar sechs vorschriftsmäßig gefüllte zur Strafe gestrichen, was selbst die staatliche Kommission zur Untersuchung der Ursachen des Streiks von 1889 als „nicht zweckdienlich“[225] erachtete.

Ein weiterer Abzug wurde bis in die neunziger Jahre hinein auf verschiedenen Zechen für die sogenannten Füllkohlen erhoben; hierbei wurden den Arbeitern Verluste, die die Zechen vor allem beim Verladen oder Aufbereiten der Kohle erlitten, vom Lohn abgezogen, wobei der Prozentsatz auf einigen Gruben bis zu 13% betrug.[226] Hinzu kamen Strafen für Verstöße gegen die Ordnung des Betriebes oder Ungehorsam gegen Vorgesetzte, über die die Bergleute während der Streiks wie auch sonst in Briefen an ihre Zeitungen immer wieder Klage führten. In jeder Nummer der Bergarbeiterzeitungen finden sich Angaben über schlechte Bezahlung, schroffes Auftreten der Steiger, verhängte Strafen, genullte Wagen etc. Erst nach dem Streik von 1905 wurde das Nullen abgeschafft, das Verhängen von Strafen hingegen blieb bestehen.[227]

Das Ausmaß der Disziplinarmaßnahmen schwankte mit der Konjunktur und unterschied sich von Zeche zu Zeche; 1889 wurden zwischen 1 und 2% aller Wagen genullt, auf einzelnen Zechen bis zu 2,5%, ein Prozentsatz, der der Untersuchungskommission auffallend hoch erschien.[228] Auf den Prosper-Zechen wurde im Verlaufe des Jahres 1897 pro Kopf der Belegschaft für das Nullen sowie die Strafen insgesamt 4,50 Mark vom Lohn abgezogen, ein Betrag, der etwa einem Schichtlohn entsprach. 1912 betrug die Summe der gesamten Strafgelder im Ruhrbergbau eine Million Mark, was auf einen Arbeiter umgerechnet wiederum einem Schichtlohn entsprach bzw. weniger als 0,3% seines Jahresverdienstes, eine Summe also, die als nicht besonders hoch erscheint.[229]

Nun haben statistische Durchschnittswerte den Effekt, Kameradschaften, denen in vereinzelten Fällen bis zu 15% ihres Monatsverdienstes gestrichen wurde, mit all denen in einen Topf zu werfen, die ihren vollen Lohn ausbezahlt erhielten. Andererseits erleichtern sie es aber, die Proportionen eines Problems zu erkennen, die im Falle des Strafwesens auch bei Berücksichtigung einer im Einzelfall höheren Belastung als gering bezeichnet werden müssen wie etwa im Jahre 1912. Es fragt sich also, wie angesichts dieser Zahlen die Erbitterung und die zahlreichen Beschwerden der Bergleute zu erklären sind.

Herrschaftsanspruch versus Selbständigkeit

Genullt wurden die Wagen über Tage, und die Bergleute erfuhren erst nach Schichtende, ob und wie viele Wagen als ‚unrein‘ angesehen wurden; dann war es häufig zu spät, sich zu beschweren und die Wagen selbst zu kontrollieren. Hinzu kam, daß es in Flözen mit unreiner Kohle oder leicht ablösbarem Nebengestein sehr schwierig und zeitaufwendig war, die gewonnene Kohle reinzuhalten, so daß hier auch ,,mit dem besten Willen keine reine Kohle zu liefern'' war.[230] Auch konnten die Wagen bei der Förderung auf den Strecken und im Schacht einen Teil ihrer Ladung verlieren, was dann den Kameradschaften in Abzug gebracht wurde, obgleich diese keinerlei Einfluß darauf hatten. Schon diese beim Wagen-Nullen kaum vermeidbaren Probleme mußten das ganze Verfahren häufig als willkürlich erscheinen lassen.[231] Der eigentliche Grund für die zahlreichen Beschwerden war jedoch tiefgreifender und ging über derartige technische Schwierigkeiten hinaus: die Bergleute arbeiteten die ganze Schicht über fast ohne jede Aufsicht, mußten sich ihre Arbeit selbst einteilen, ihr Vorgehen selbst organisieren. Hierbei griffen gerade im Ruhrbergbau die Zechenleitungen kaum ein. War jedoch die Schicht beendet, dann konnte es passieren, daß das Produkt ihrer Arbeit nicht akzeptiert wurde. Die Zechen pochten auf die Erfüllung eines Vertrages, wobei es ihnen offenbar ziemlich gleichgültig war, wie die vereinbarte Leistung erbracht wurde. Damit war es jedoch kaum möglich, das Nullen oder die Geldstrafen aus den Notwendigkeiten des Arbeitsablaufs oder der Betriebsorganisation heraus abzuleiten, sie waren vielmehr das juristisch abgesicherte Machtmittel eines Stärkeren, dessen eigentliche Rechtfertigung sich aus politischer sowie wirtschaftlicher Überlegenheit ergab und nicht – wie stets behauptet wurde – aus der Notwendigkeit, angesichts der eigenartigen Verhältnisse die ,,strengste Ordnung''[232] zu wahren.

Ähnlich verhielt es sich bei den anderen Strafen, die sicherlich – wie auch das Wagennullen – nicht in jedem Einzelfall willkürlich oder nicht zu rechtfertigen waren. Fraglos gab es Arbeiter, die Sicherheitsbestimmungen grob mißachteten, Wagen bewußt zu gering beluden oder sich nicht an Anweisungen hielten. Doch der Bereich der Selbständigkeit, der den Bergleuten eingeräumt war, war so umfassend und die Aufsicht so unregelmäßig und unsystematisch, daß es immer wieder zu Konflikten kommen mußte. Da es bei dem Verhängen von Strafen äußerst schwierig war, den wirklich Schuldi-

gen zu treffen, herrschten Kollektivstrafen vor, deren Verbreitung mit dem
Hinweis auf die Eigenverantwortlichkeit der Kameradschaften begründet
wurde: ,,Nur die ganze Kameradschaft kann dafür verantwortlich gemacht
werden, daß der Gedingevertrag auch seitens der Arbeiter erfüllt wird; der
Kameradschaft steht auch die Einwirkung auf ihre einzelnen Mitglieder zu,
daß dies geschieht. Es erscheint deshalb nur gerecht, daß für die Nichterfüllung des Gedingevertrages nicht das einzelne schuldige Mitglied der Kameradschaft, welches in den meisten Fällen nicht ermittelt werden kann, sondern die ganze Kameradschaft bestraft wird.‘‘[233] Diese Regelung konnte das
Verhältnis der Arbeiter untereinander belasten, sie verschärfte aber auch die
Frontstellung gegenüber dem Steiger und stärkte dadurch gleichzeitig den
Zusammenhalt der Bergleute untereinander.

Die bisherigen Ausführungen zum Gedingesystem wie auch zum Ausbau
und zur Aufsicht bezogen sich vor allem auf die Arbeiter, die einen Akkordlohn erhielten. Damit sind in erster Linie die Kohlenhauer gemeint, die
allesamt nach diesem System bezahlt wurden und ca. 65% der Untertagebelegschaft stellten. Dazu zählte aber auch ein (kleinerer) Teil der Schlepper
und der (größere) Teil der Reparatur- bzw. Zimmerhauer.

Die letzteren waren damit beauftragt, die Strecken zu unterhalten; sie
ersetzten den provisorischen Ausbau der Kameradschaften durch eine dauerhafte Zimmerung, richteten Bremsberge und die Strecken wieder her,
wechselten Stempel oder komplette Zimmerungen aus. Diese Arbeiten ge-
schahen weitgehend in den Schichten, in denen keine Kohle abgebaut und
befördert wurde, d. h. während der Nachtschicht, in der sie selbst nicht
gestört wurden und auch ihrerseits den normalen Förderbetrieb nicht beein-
trächtigten.

Während dieser Schichten nun war die Aufsicht besonders schlecht. Im
Schacht Prosper II z. B. war im November 1891 für die 123 Bergleute der
Nachtschicht nur ein Hilfssteiger zuständig; 1908 waren es gar nur fünf
Fahrhauer für die 267 Bergleute, die im gesamten Grubenbetrieb verteilt
arbeiteten und deshalb kaum zu kontrollieren waren.[234] Auch während der
anderen Schichten dürfte die Kontrolle nicht strenger gewesen sein, denn das
Hauptinteresse der Steiger galt der Kohlegewinnung und der Förderung.

Auch für die Zimmerhauer gab es – soweit sich feststellen läßt – beim
Ausbau keine detaillierten Vorschriften, so daß die Ausführungen zum systematischen Ausbau auch auf sie zutreffen. Bezahlt wurden sie überwiegend nach dem Gedingesystem, wobei die Zahl der gesetzten Stempel, der
ausgewechselten Türstöcke etc. die Bemessungsgrundlage bildeten; das bereits erwähnte Revier des Steigers Nieswand z. B. zählte 12 Zimmerhauer,
die allesamt einen Gedingelohn erhielten.[235]

Die Schlepper hingegen dürften überwiegend einen Schichtlohn erhalten
haben, wenngleich es durchaus auch üblich war, sie nach der Anzahl der
geschleppten Wagen zu entlohnen. Sie unterstanden älteren Bergleuten, den
sogenannten Förderaufsehern, deren Lohn etwa 10 bis 20% über dem der

Schlepper lag; sie sollten die Förderung beaufsichtigen, deren reibungslosen Ablauf sicherstellen und die meist jugendlichen Schlepper überwachen. Doch auch hier wird die Weitläufigkeit des Untertagebetriebes nur ein grobmaschiges Kontrollnetz erlaubt haben.

Die anderen Arbeiter, die als Anschläger am Schacht arbeiteten und für die Förderung zwischen den einzelnen Sohlen bzw. über Tage zuständig waren, die Maschinenwärter, Bremser oder Abnehmer in den Bremsbergen erhielten einen Schichtlohn ausbezahlt. Sie konnten leichter beobachtet werden als die Kameradschaften vor Ort, doch auf sie konzentrierte sich das Interesse des Steigers nur in beschränktem Maße, da diese während einer Schicht das gesamte Revier befahren und darüber hinaus im Steigerbüro über Tage die Löhne berechnen, Karten zeichnen und Material bestellen mußten, sich also nur wenige Stunden unter Tage aufhalten konnten, wo sie sich vorrangig um die Kohlegewinnung kümmerten.[237] Schließlich ist auch zu berücksichtigen, daß diese Arbeitergruppen nur etwa 8% der Untertagebelegschaft stellten.

Die übergroße Mehrheit der Bergleute unter Tage arbeitete unter Bedingungen, die bereits ausführlich beschrieben worden sind (vgl. S. 96ff.). Diese fanden sich in besonders ausgeprägter Weise bei der größten und wichtigsten Gruppe, den Hauern, doch auch für die nächstgrößte Gruppe, die Zimmer- und Reparaturhauer, galten weitgehend identische Verhältnisse, während sich die jugendlichen Schlepper in einem Übergangsstadium befanden, so daß die hier vorgestellte Charakterisierung ohne größere Einschränkungen verallgemeinert werden kann.[238] Die Unterschiede, die in Fragen wie Ausbildung, Aufsicht, Anweisungen etc. bestanden, waren graduell, bezogen auf individuelle Biographien waren sie temporär und bei Auseinandersetzungen mit den Steigern geringfügig.

Der Charakter der Auseinandersetzungen wurde auch durch die weitverbreitete Mobilität beeinflußt. Diese konnte nicht nur zu einer angestrebten Verbesserung der materiellen Situation beitragen, sondern auch die Spannungen zwischen Steigern und Bergleuten mildern, die insgesamt vor dem Ersten Weltkrieg abgenommen haben.[239] Die Möglichkeit der Bergleute, auf anderen Zechen eine Arbeit zu bekommen, dürfte manchen Steiger zum Einlenken bewogen haben. Zudem waren sie angesichts der beschränkten Kontrollmöglichkeiten in hohem Grade von den Kameradschaften abhängig, und viele Steiger hielten es für sinnvoller, sich zu arrangieren, als durch rigiden Führungsstil und durch schroffes Auftreten ihre Stellung zu behaupten. Schließlich änderte sich auch ihre Position innerhalb der Zechenhierarchie; die Abhängigkeit von den Werkdirektoren und einer wachsenden Zahl über ihnen stehender Kontrollinstanzen nahm zu, und einige von ihnen sahen sich zusehends den Arbeitern gleichgestellt, was sich vor allem an der Gründung des Steigerverbandes zeigte, der gegenüber früheren Zusammenschlüssen eine gewerkschaftliche Linie vertrat und in Ansätzen auch zu einer Zusammenarbeit mit den Gewerkschaften der Bergleute fand.[240]

Gleichwohl standen die Steiger als die unmittelbaren Vertreter der Unternehmer auch weiterhin im Mittelpunkt der tagtäglichen Konflikte. Diese mögen als Folge der Fluktuation an Heftigkeit und Schärfe verloren haben, doch das änderte nichts an den ihnen zugrundeliegenden Ursachen und an ihrer Häufigkeit – die Auseinandersetzungen wurden vielmehr auf eine neue Basis gestellt. Die Möglichkeit, sich durch einen Wechsel den Repressionen bzw. dem Zugriff der Zechenbeamten entziehen zu können, dürfte es den Bergleuten erlaubt haben, risikobereiter und auch selbstbewußter zu handeln, so daß die Kräfteverhältnisse nicht eindeutig zu bestimmen sind.[241]

Nach Meinung der Handelskammer in Dortmund hatten die Steiger nicht immer einen leichten Stand; man könne „sich darüber streiten, ob im Falle eines gespannten Verhältnisses zwischen dem Steiger und der Belegschaft die Lage des Steigers oder die der Belegschaft übler ist; aber das dürfte außer Zweifel stehen, daß die eines verhaßten Steigers eine unheimliche sein kann".[242] Die hier beschworene Umkehrung der Machtverhältnisse wird sich jedoch nur in Ausnahmefällen eingestellt haben, und die Charakterisierung durch die Handelskammer vermittelt einen falschen Eindruck von den Konsequenzen, die die eigentümlichen Strukturen des Untertagebetriebes für das Verhalten der Bergleute hatten. Sie hoben die Abhängigkeit der Bergleute nicht auf; sie reduzierten sie vielmehr und konnten diesen größere Handlungsfähigkeit sowie ein ausgeprägteres Selbstbewußtsein vermitteln, wie etwa aus der folgenden Einschätzung eines ehemaligen Gesteinshauers deutlich wird:

„Gesteinsbetriebe, die sind nur am Stein, die machen nur Schächte, Aufbrüche, Querschläge oder größere Sachen; das sind sogenannte Spezialarbeiten. Dafür kannst du nicht jeden gebrauchen; die halten zusammen, da geht nichts."

Seiner Meinung nach sei der Zusammenhalt vor allem bei den Verhandlungen über die Gedingefestsetzung deutlich geworden, die hier auszugsweise wiedergegeben werden; allein durch das Miterleben dieser Verhandlungen sei auch das Interesse an den Gewerkschaften geweckt worden:

„Und der Steiger (sagt): ‚Na, ihr kriegt soviel für einen Meter.‘ Der Ortsälteste: ‚Nein, wir sind mit soundsoviel Mann, wir müssen soundsoviel Schichten haben, um einen Meter fertig zu kriegen, wir müssen soundsoviel (Geld) haben.‘

Dann geht das hin und her und dann wird gehandelt. Und wenn der (eine) nicht mehr nachgibt, gibt der (andere) auch nicht mehr nach; da kommt dann der Betriebsführer, der sagt: ‚Ja oder nein?‘, und dann kommt es oft vor, daß der Drittelführer oder der Gesteinshauer sagt: ‚Schluß, Feierabend, packt die Brocken ein (...) Feierabend.‘ Dann gehen die raus. Fertig. Raus, Papiere her und dann gehen die auf den nächsten Schacht, wo Gesteinshauer gesucht werden, die wurden ja immer gesucht."

Dort wird dann erneut verhandelt:

„„Nun, wo kommt ihr denn her?‘ – ‚Von da und da.‘ – ‚Und was habt ihr gehabt?‘ – ‚Streit übers Gedinge, konnten uns nicht klarwerden.‘ – ‚Na, wir wollen hoffen, daß wir uns aber klarwerden; wir sind noch immer klar geworden', sagt er. ‚Wieviel Mann seid ihr?' – ‚15, 16.' – ‚Wer hat das Wort geführt?' – ‚Wir alle.'"

Auf die Frage, wie jemand Ortsältester bzw. Drittelführer wurde:

,,Die Kameradschaft wählt den aus, das ist dann der Ortsälteste, der braucht nicht immer der Älteste zu sein, aber der heißt dann der Ortsälteste. Der bestimmt."

,,Der ist von der Mannschaft; die kommen zusammen: ‚Seid ihr einverstanden? Der Sepp oder der oder der, der hat das gut gemacht; wir sind zufrieden. Der hat sich noch immer durchgesetzt für uns.' – ‚Ja selbstverständlich, er soll es weiterbleiben.' Und der hat dann gesagt: ‚Gut, dann nehm ich das an.' Dann hat er das gemacht."

Auf die Frage, was passierte, wenn die Kameradschaft mit dem Ortsältesten unzufrieden war:

,,Dann muß man das offen sagen; dann muß er sich verteidigen: entweder – oder. Es wurde ein anderer gewählt, wenn festgestellt wurde, daß er zu weich war. Ja, da gab's nichts."

Der Gewerkschaft war er beigetreten, als er die Arbeit als Gesteinshauer begann:

,,Das war Voraussetzung (...); einen anderen, der nicht Gewerkschafter ist, den wollen sie gar nicht haben; dann sagen sie: ‚Bleib da, geh hin, wo die Unorganisierten sind.'"[243]

Das Selbstbewußtsein wird nicht immer so ausgeprägt gewesen sein, wie es hier für die Gesteinshauer deutlich wird, die eine Elite unter den Bergleuten bildeten. Die besonderen Bedingungen im Untertagebetrieb trugen jedoch auch bei den anderen Bergarbeitern zur Herausbildung vergleichbarer Verhaltensweisen bei. Wie verbreitet diese Bedingungen waren, wurde bei der Untersuchung des Arbeitsablaufs deutlich, und es läßt sich darüber hinaus zeigen, daß die hierbei festgestellten Strukturen nicht nur für die Arbeit vor Ort Geltung hatten, sondern von grundsätzlicher Bedeutung waren und selbst das innerbetriebliche Rechnungswesen, die Betriebsführung und schließlich auch die unternehmerische Politik prägten.

f) Betriebsführung und Rechnungswesen

Es hatte vieles dafür gesprochen, kein eigenes Ausbildungssystem einzurichten und zu finanzieren; Arbeiter waren knapp, und sie sollten möglichst bald Kohle fördern. Ein geregelter Ausbildungsgang hätte Zeit gekostet, und sie hätten nach dessen Ende möglicherweise die Zeche gewechselt. Der hohe Anteil der Ausländer hätte mehrsprachige Vorschriften sowie sprachkundige Steiger erfordert, deren Zahl beträchtlich hätte vermehrt werden müssen. Die Entwicklung relativ ungefährlicher Sprengstoffe ließ dagegen eine sorgfältige Erlernung bergmännischer Fertigkeiten überflüssig erscheinen, zumal bis Ende der neunziger Jahre jeder Bergmann nahezu nach Belieben sprengen durfte. Der Einsatz von Sprengmeistern, eine Neuerung, änderte wenig am einmal eingeschlagenen Weg; die Kohlegewinnung durch Sprengstoff blieb dominierend. Die Menge des verbrauchten Sprengstoffs wurde den einzelnen Kameradschaften in der Erwartung in Rechnung gesetzt, sie würden damit schon sparsam umgehen.²⁴⁴

Wichtiger als Sparsamkeit im Umgang mit Sprengstoff war jedoch, daß Kohle gewonnen wurde, und zwar möglichst viel und möglichst billig. Dies wurde mit einem betrieblichen Rechnungswesen kontrolliert, das in wichtigen Punkten ein Ergebnis der spezifischen Entwicklung des Ruhrbergbaus war, sie gleichzeitig aber auch festschrieb und es schwer machte, den einmal eingeschlagenen Weg zugunsten einer rationaleren, systematischeren Betriebsführung zu verlassen.

Der größte einzelne und – was noch wichtiger war – der wichtigste variable Kostenfaktor waren die Lohnkosten; entscheidend hierbei waren die Zahlungen an die Hauer, die die numerisch größte Gruppe und zugleich die eigentlich produktiven Bergarbeiter waren. Ihre Produktivität wurde als Hauereffekt gemessen, d. h. als Förderung pro Hauer; analog wurde von einem Grubeneffekt als Förderung pro Kopf der Gesamtbelegschaft gesprochen. Das Verhältnis dieser beiden Leistungen zueinander stellte ,,wirtschaftlich sehr wertvolle Kennziffern eines Betriebes dar‘‘.²⁴⁵

Die Bedeutung, die diesen Faktoren zugemessen wurde, ist verständlich, da die Förderung, die entstehenden Unkosten und damit der Gewinn in erster Linie von der Produktivität der Hauer bzw. von der für diese aufzuwendenden Lohnsumme abhing. Betriebswirtschaftlich und betriebsorganisatorisch gesehen war es jedoch irreführend, diesen Faktoren einen zentralen Stellenwert zuzusprechen, denn ihre Aussagekraft war auf Grund der Betriebsorganisation unter Tage begrenzt.

Im Hauerlohn bzw. im vereinbarten Gedinge spiegelte sich nämlich neben den unmittelbaren Personalkosten auch ein Großteil der anderen Unkosten wieder, die beim Ausbau, bei der Förderung, bei der Errichtung und Instandhaltung des Bremsberges oder dem Unterhalt der Strecken anfielen. Das Verfahren, die Regelung dieser Arbeitsabläufe den Kameradschaften zu überlassen und sie dafür mehr oder minder pauschal zu entlohnen, hatte allerdings den Nachteil, daß über die Einzelheiten der anfallenden Kosten keine detaillierten Unterlagen existierten und daß an einer systematischen Aufstellung und Erfassung dieser Kosten nur ein geringes Interesse bestand, solange die Kameradschaften die ihnen übertragenen Aufgaben zufriedenstellend erledigten, was im hier untersuchten Zeitraum überwiegend der Fall war.

Die zögerliche Einführung der Schüttelrutsche weist auf die Bedeutung dieses Zusammenhanges hin. Die Schüttelrutsche erforderte eine gründliche Schulung und Beaufsichtigung der Arbeiter, zwei Faktoren, die im Ruhrbergbau keine Tradition hatten, so daß diese beiden Voraussetzungen nur mit Schwierigkeiten erfüllt werden konnten. Sie hing von einem besonders sorgfältigen systematischen Ausbau ab, gegen dessen Einführung es lange Widerstand gegeben hatte. Eine sinnvolle Verwendung erforderte darüber hinaus umfassende betriebsorganisatorische Veränderungen, für die keine detaillierten Informationen vorlagen. Es reichte nicht, wie es anfangs geschah, sie ohne größere Vorbereitungen und ohne sorgfältige Koordination auf verschiedenen Arbeitsstellen einzuführen, wenn nicht gleichzeitig die Förderung, der Bergeversatz, die Größe der Kameradschaften etc. verändert und aufeinander abgestimmt wurden. Das wiederum erforderte systematische und komplexe Berechnungen, gegen die, abgesehen von der unzureichenden Materialbasis, eine gewisse Abneigung stellenweise unverkennbar war.[246]

Die punktuelle, wenig systematische Betrachtung technischer und betriebsorganisatorischer Fragen wird auch an anderen Zusammenhängen deutlich. Die jährlichen Berichte über technische Fortschritte und Entwicklungen im preußischen Grubenbetrieb waren kaum mehr als eine Aneinanderreihung von Einzelfällen, die zu einem großen Teil immer neue Varianten bereits bekannter Verfahren vorstellten und diese nur selten systematisch miteinander verglichen. Der Erfindungseifer der technischen Beamten auf den Zechen war bekannt, doch deren Ergebnisse hielten einer näheren Überprüfung nicht immer stand, weshalb der Wunsch ausgesprochen wurde, daß ,,entscheidende Versuche stets planmäßig und unparteiisch"[247] durchgeführt werden sollten. Gegenüber Patenten, die sich nur im Bergwerk des Erfinders bewährten, sei ,,ein gewisses Mißtrauen wohl nicht ganz unberechtigt", und manche Neuerung wurde als Sport einzelner Werksdirektoren angesehen.[248] Auch der Bergbau-Verein befaßte sich kaum mit technischen Problemen, so sehr war er mit Fragen des Absatzes, der Syndikatspolitik etc. beschäftigt. Erst nach 1925 gründete er Ausschüsse, die sich systematisch mit betriebswirtschaftlichen und technischen Problemen befaßten, wie etwa den Mechanisierungsausschuß (1925) oder den Schachtbau-Ausschuß (1932).[249]

Angesichts dieser Konstellation überrascht die Feststellung nicht, daß bis in die 1920er Jahre hinein ,,der ganze Betrieb unter Tage (...) mehr nach Faustregeln"[250] geführt wurde. Eine systematische Betriebs- und Buchführung fehlte weitgehend. Es gab vielmehr ,,eine Fülle verschiedener, aber ausnahmslos unklarer und systemloser Buchungsgliederungen", deren Sinn häufig allein darin zu bestehen schien, ,,nur irgendeine Ordnung in das ungeheure Zahlenmaterial hineinzubringen".[251] Der tiefere Zweck einer Buchführung, eine überprüf- und berechenbare Grundlage zur Kontrolle der einzelnen Kostenfaktoren zu erstellen, um auf deren Grundlage zu einer systematischen Betriebsplanung zu kommen, ließ sich unter dem vorherrschenden System für den Untertagebetrieb nicht verwirklichen. Es bestanden vielmehr – so das Resümee einer Untersuchung – eine Vielzahl von Mängeln, ,,welche die Erfüllung des mit der Selbstkostenberechnung verfolgten Zwecks in mehr oder weniger hohem Maße beeinträchtigen, wenn nicht sogar häufig illusorisch machen".[252]

Eine systematische, detailliert geplante Betriebsführung war im Bergbau zweifellos überaus schwierig zu bewerkstelligen: ungünstige Flözverhältnisse, Besonderheiten der Lagerung, häufig wechselnde geologische Gegebenheiten, Zersplitterung des Betriebes, Schwierigkeiten bei der Wetterführung, Störanfälligkeiten der vorhandenen Maschinen und Techniken etc. erschwerten derartige Vorhaben. Die Bedeutung dieser Faktoren soll nicht bestritten werden, wenngleich die bestehenden Schwierigkeiten von den Zechengesellschaften häufig zu hoch veranschlagt wurden; darauf weist wiederum das Beispiel der Schüttelrutsche hin, die vor dem Ersten Weltkrieg nur zögernd eingeführt wurde, obwohl die ökonomischen Vorteile bei systematischer Anwendung außer Zweifel standen: ihre rapide Ausbreitung nach dem Ersten Weltkrieg kann sicherlich nicht mit veränderten geologischen Verhältnissen erklärt werden. Wichtiger waren die verminderten Absatzbedingungen und Profitmöglichkeiten der Nachkriegsjahre, die betriebsorganisatorischen Fragen bzw. Rationalisierungmöglichkeiten, wie sie durch die Schüttelrutsche gegeben waren, einen größeren Stellenwert zukommen ließen.[253]

Die Entwicklung, die hier nur kurz skizziert werden konnte, war nicht bewußt geplant, was noch einmal ausdrücklich betont werden soll. Sie hatte sich ergeben, weil viele Probleme des Untertagebetriebes von den Zechen entweder nur mit sehr viel höheren Kosten für Ausbildung und Aufsicht oder so gut wie gar nicht gelöst werden konnten. In jedem einzelnen Falle dürfte ein Nichteingreifen sinnvoll gewesen sein, erst die Summierung ergab eine Entwicklung, deren Folgen nicht vorhergesehen und wohl auch nicht beabsichtigt waren.

Es ist müßig, im einzelnen entscheiden zu wollen, welche Faktoren für die Herausbildung der spezifischen Betriebsorganisation unter Tage ausschlaggebend und welche weniger wichtig waren; es geht vielmehr an dieser Stelle darum festzuhalten, daß angesichts lagerungsbedingter, technischer und sozialpolitischer Schwierigkeiten ein Weg eingeschlagen wurde, der wichtige Bereiche des Untertagebetriebes aus der Zuständigkeit der Unternehmensleitung zumindest teilweise ausklammerte, damit einer systematischen Betriebsführung die Grundlage entzog, ihre Herausbildung erschwerte sowie verzögerte und letztlich auch die oben angeführte Lücke in der Überlieferung erklärt. Die Methode, die verschiedenen Arbeitsprozesse und die damit verbundenen Unkosten an ihrem Entstehungsort, dem einzelnen Arbeitspunkt bzw. Revier, gesammelt zu erfassen, verhinderte eine systematische Analyse und reproduzierte die Zersplitterung des Untertagebetriebes und die mangelnde funktionale Kontrolle der Unternehmer selbst in der Buchführung, die damit weit von einem tayloristischen System entfernt war, wenngleich dessen große Bedeutung für die Zeit vor dem Ersten Weltkrieg vor kurzem behauptet wurde.[254]

g) Eine andere Geschichte

Der Ablauf eines Arbeitstages ließe sich, um das bisher Gesagte zusammenzufassen, im Unterschied zur anfänglichen Charakterisierung (vgl. S. 92)
folgendermaßen beschreiben:

Nach der Markenausgabe zogen sich die Bergleute in der Kaue um; vor
allem morgens dürften sie zu müde und mürrisch gewesen sein, um längere
Gespräche zu führen. Andererseits waren sie jedoch hier, wie schon zuvor
bei der Markenausgabe und später beim Ein- und Ausfahren, in großer Zahl
auf engem Raum zusammengedrängt, und es kam immer wieder zu Warte-
zeiten, so daß zahlreiche Möglichkeiten bestanden, sich zu unterhalten. Die
Gespräche dürften sich auf Wochenenderlebnisse, Sport, Brieftauben, Strei-
tereien, Klatsch, Austausch von Neuigkeiten sowie Erkundigungen über
Verwandte und Bekannte erstreckt, aber auch Gedingefragen, Veränderungen in den Gebirgsverhältnissen, Strafen, Knappschaftsfragen, Gewerkschaften sowie Politik im allgemeinen beinhaltet haben. Hier konnten die
Bergleute in kleineren oder größeren Gruppen miteinander diskutieren, und
hier konnten Arbeitsniederlegungen ihren Anfang nehmen wie etwa im Januar 1893 auf den Prosper-Zechen. Die Zechenleitung hatte Zeichen der
Unruhe unter den Bergleuten bemerkt und konnte sie anfangs noch überreden einzufahren. Kurze Zeit später hatten sie jedoch ihre Meinung geändert.
Sie begaben sich zwar zur Kaue, zeigten aber keine besondere Eile, sich
umzuziehen und einzufahren. Als dann Rufe: ,,Heraus! heraus!" ertönten,
legten sie ihre Sachen zurück und drängten zum Ausgang, trotz aller Appelle
und Beschwörungen der Grubenbeamten. Sie sammelten sich auf dem Ze-
chenplatz, um zu beraten, was zu tun sei, mußten jedoch den ,Gewaltmaßre-
geln' der hinzugerufenen Polizei weichen. Ähnliche Abläufe sind von anderen Zechen bekannt, wobei die Belegschaften häufig zur nächsten Zeche
zogen, um die dort ein- bzw. ausfahrenden Bergleute zu agitieren.[255]

Auch unter Tage gab es zahlreiche Möglichkeiten und Pausen, um sich zu
unterhalten. Maschinen wie z. B. Schüttelrutschen und Bohrer, deren ohren-
betäubender Lärm jede Unterhaltung unmöglich machte, gab es (noch)
kaum, und auch die Pausenregelung war noch nicht von deren Takt abhängig. Vor Arbeitsbeginn wurde zum Teil das sogenannte Bergamt abgehalten,
bei dem die Mitglieder einer Arbeitsgruppe zusammensaßen und sich unter-
hielten; hinzu kamen die regelmäßigen Pausen für das Frühstück oder andere Mahlzeiten sowie die zahllosen Gelegenheiten, wo sie etwa auf Wagen
oder den Schießmeister warten mußten.

Gerade die Versorgung mit Grubenmaterialien war häufig unzureichend
organisiert, worüber die Bergleute vielfach Klage führten. Es ist zur Genüge
betont worden, daß sie nicht nur hier, sondern auch in vielen anderen Punkten nicht zu sehr auf das Eingreifen und die Hilfe des Steigers bauen konnten. Dieser kam unter Umständen erst gegen Schichtende, um nach dem
Fortschreiten der Arbeit zu sehen, gab häufig keine oder nur allgemein

gehaltene Anweisungen und wußte möglicherweise am darauffolgenden Tag nicht mehr, was er angeordnet hatte. In vielen Fällen war es also wichtiger, daß die Kameradschaften sich untereinander berieten und sich auf ein gemeinsames Vorgehen einigten.

18. Bergmann beim „Buttern" in einer Arbeitspause.

Sie mußten sich über den Ablauf der Arbeiten verständigen und die Aufgaben verteilen; es galt, einen Kompromiß zu finden zwischen hoher Förderung und ausreichender Sicherheit, ohne sich dabei jedoch körperlich zu sehr zu verausgaben. Wieviel Kohle abgebaut werden konnte, ohne die Gefahr eines Zusammenbrechens des Gebirges heraufzubeschwören, wo Stempel zu setzen waren, wie die Zimmerung erfolgen sollte – über diese und andere Fragen mußte Einigkeit bestehen. Neue Mitarbeiter, die es einzugliedern oder gar anzulernen galt, konnten Verzögerungen und zusätzliche Reibereien bedeuten. Andererseits erforderte das gemeinsame Interesse an einem ausreichenden Lohn und die Sorge um Sicherheit einen engen Zusammenhalt, der durch die Frontstellung gegenüber dem Steiger und das System kollektiver Strafen zusätzlich gestärkt wurde.

An den Arbeitsstellen war es dunkel, staubig, warm und schmutzig. Die Luft war nicht besonders gut und die Arbeit anstrengend, so daß die Bergleute schnell ins Schwitzen gerieten; häufig arbeiteten sie mit entblößtem Oberkörper auf engstem Raum nebeneinander. Sie rieben aneinander, schwitzten und strengten sich gemeinsam an; sie setzten ihre Geschicklichkeit und Erfahrung ein, aber auch ihre körperlichen Kräfte, und sie verausgabten sich. Dabei dürften sie Erfahrungen gemacht haben, über die es keine Überlieferung gibt und die zu beschreiben äußerst schwerfällt.

Die zur Verfügung stehenden Worte: Körperlichkeit, Körperkontakt, Berührung etc. vermitteln einen merkwürdig oberflächlichen Eindruck; sie erlauben es nicht, die Erfahrungen zu erfassen, die mit dieser Art zu arbeiten verbunden waren. Es handelt sich um technische, nahezu klinische Begriffe, die es nicht ermöglichen, Gefühle zu erfassen. Ebendiese jedoch waren bei der körperlichen Arbeit unter Tage sehr wichtig: die Bergleute arbeiteten (und lebten) in einer Männerwelt, die geprägt war von Stolz auf körperliche Kraft, von gemeinsamer Anstrengung, gemeinsamer Verausgabung und gemeinsam überstandener Gefahr; sie waren entblößt und bis zur Unkenntlichkeit mit Kohlenstaub bedeckt. Hier und beim gemeinsamen Duschen in den Waschkauen scheinen viele der unsichtbaren Schranken aufgehoben gewesen zu sein, die sonst unmittelbare Berührungen und Kontakte erschwerten. Zu den Waschkauen, die im Gegensatz zur Arbeit unter Tage nicht vollständig den Blicken der Öffentlichkeit entzogen waren, gibt es vereinzelte Äußerungen. Hier ging es – wie ein zeitgenössischer Beobachter berichtete – „munter zu; es ist das ein Leben wie im Ameisenhaufen; es wird gelacht, auch gezotet, auch andere Unanständigkeiten kommen vor – aber Unsittlichkeiten passieren nicht", wenngleich die Bergleute „in ihren Reden, Bemerkungen und auch im Benehmen während des Brausebades nicht zartfühlend" gewesen seien.[256]

Die Sorge vor einem Verfall der Sitten war aufgekommen, als Ende der 1880er Jahre die Einführung von Brausen zur Debatte stand, die die bis dahin bestehenden Bäder ablösen sollten. Bei diesen erhielten nur „die mit den ersten Körben ausfahrenden Bergleute (...) reines Wasser; die später kommenden müssen in das Schmutzwasser hinein".[257] Dennoch gab es Widerstand gegen die Installation von Brausen, da argumentiert wurde, diese müßten in Zweierzellen eingebaut werden, wohl um zu verhindern, daß sämtliche Bergleute sich völlig unbekleidet nebeneinander duschten: „Stellt man sich vor, wie sich in solchen Zellen übermütige jugendliche Arbeiter

gegenseitig waschen und betasten, so wird man sich in der Tat kaum noch
der Befürchtung erwehren können, daß solche Winkel die Ausbrutstätten
der abscheulichsten Unsittlichkeiten zu werden geeignet sind.ʺ²⁵⁸

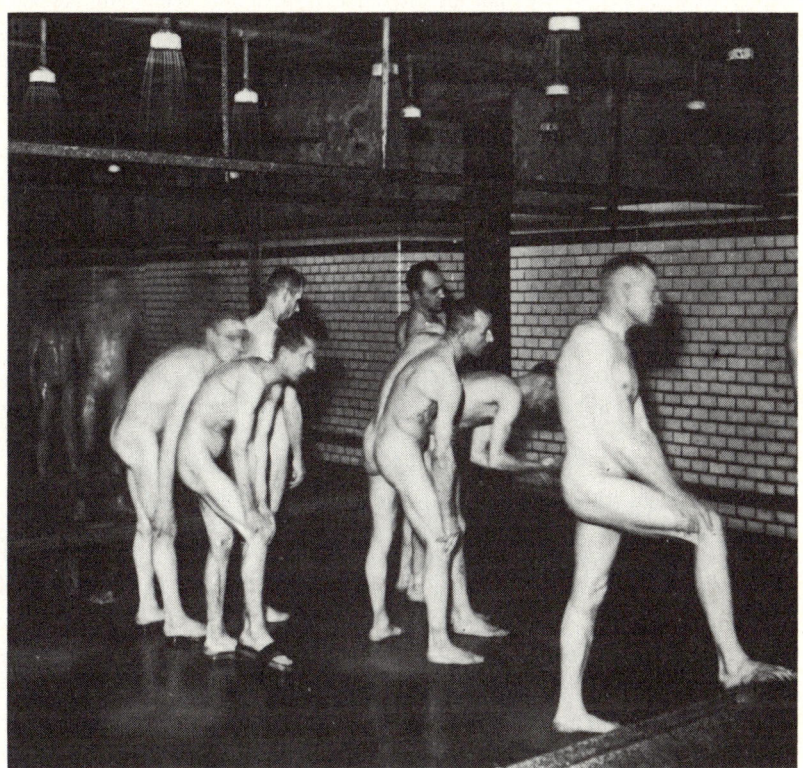

19. Arbeiterwaschkaue der Zeche Prosper I. Derartige Kauen wurden seit den 1890er
Jahren allgemein eingeführt.

Allein, die hygienischen Vorteile der Brausen waren zu offenkundig, so
daß sie bald auf allen Zechen installiert waren, allerdings – soweit sich feststellen läßt – unter Verzicht auf die Kabinen; die Säuberung nach der Schicht
fand in großen Räumen statt, und sie geschah, wie schon die Arbeit vorher,
gemeinsam: Acht Stunden hatte sich ,,der Kumpel im Kohlendreck förmlich
gesuhlt; aus Arbeitsschweiß und Pulverkohle hat sich eine Schmutzhaut
über seine Poren gelegt; in der Waschkaue wird diese Schmutzkruste unter
wohlig warmen Wasserströmen mit Seife aufgelöst. Überall tönt aus seifen-
blinden Gesichern der Ruf: ,Buckel! Buckel!ʻ Wer dir deinen Rücken
abseift, dem mußt du seinen Rücken abseifen; das ist ungeschriebenes, aber
unverletzliches Recht in der Waschkaue. Nur tüchtig schruppen! Nicht etwa
nach dem Prinzip: wasch mir den Pelz und mach mich nicht naß! Der

schwarze Grint setzt sich fest auf die Haut und da die meisten Kumpel mit nacktem Oberkörper arbeiten, so hat es der Rücken besonders nötig. Bald leuchten die rotgeriebenen Körper in Sauberkeit. Nur die bläulichen Mäler der Kohlennarben, von denen die älteren Bergleute eine reichliche Anzahl tragen, lassen sich nicht wegwaschen."[259]
Soweit die Beschreibungen. Sie deuten an, was bei gemeinsamer Arbeit und gemeinsamem Duschen geschehen sein mag; doch welche Gefühle bestanden, welche Erfahrungen gemacht wurden, was es hieß, sich körperlich derart zu verausgaben und so eng miteinander zu tun zu haben, das bleibt undeutlich. Es liegt auf der Hand, daß die körperliche Verausgabung und die unmittelbaren körperlichen Kontakte wesentliche Erfahrungen der Bergleute bildeten, die ihr Selbstverständnis und den Umgang miteinander entscheidend prägten. Unter diesen Bedingungen dürfte es kaum Berührungsängste gegeben haben, die Mauern gleich zwischen ihnen standen und gemeinsame Aktionen erschwerten, und es mag mehr als nur ein Zufall gewesen sein, daß Arbeitsniederlegungen häufig von den Waschkauen ausgingen – den Orten, wo unmittelbare körperliche Gemeinsamkeit am deutlichsten greifbar und erfahrbar wurde.[260]
Nach der Reinigung in der Waschkaue kehrten die Bergleute heim, müde und ausgelaugt von der anstrengenden Arbeit. Sie aßen, legten sich zum Schlafen, arbeiteten noch etwas im Garten oder versuchten auf andere Art, sich für den nächsten Tag zu erholen.
Ein Arbeitstag ging zu Ende, der sich in dieser Beschreibung von der anfänglich vorgestellten Geschichte wie auch von den referierten Charakterisierungen des Untertagebetriebes unterscheidet. Er war gekennzeichnet durch eine eigentümliche Mischung aus Kontrolle, Disziplinierung und Autonomie, Ordnung und Willkür, Planung und Zufall, Solidarität und Rivalität; wesentlich waren die Kooperation der Bergleute und ihre körperliche Verausgabung, Gefahren bei ihrer gemeinsamen Arbeit, aber auch Auseinandersetzungen untereinander. Diese Faktoren bildeten eine Welt, die sich deutlich von der der Syndikate und Aktionärsversammlungen unterschied, die jedoch nicht weniger wirklich war als diese. Es gab offensichtlich zwei Bereiche, zwei Welten: den Bereich der Kartelle und Förderquoten sowie den Bereich der Arbeiter unter Tage; diese Bereiche existierten nicht unabhängig voneinander, sie waren vielmehr eng miteinander verzahnt und zwischen ihnen bestanden zahlreiche Konflikte, die sie in einer Art spannungsgeladener Koexistenz nebeneinander verharren ließen.
Wie wenig sich die Welt unter Tage mit den vertrauten Herrschaftsvorstellungen fassen läßt, wie wichtig diese Welt für die Bergleute war und wie groß die dort bestehenden Freiräume sein konnten, soll abschließend anhand eines Berichtes des Landrates von Recklinghausen noch einmal deutlich gemacht werden, den dieser im Anschluß an den Streik von 1893 verfaßt hat; dort heißt es: ,,Versammlungen, in welchen der Ausstand beschlossen worden wäre, haben im Kreis Recklinghausen in letzter Zeit nicht stattgefun-

(...). Hingegen ist beobachtet worden, daß in den letzten Tagen über, namentlich aber unter Tage für den Ausstand lebhaft agitiert worden ist.«[261]

Anders ausgedrückt: Die Bergleute haben Öffentlichkeit nicht in einer Wirtschaft oder auf einem Versammlungsplatz hergestellt; diese hat vielmehr unter Tage selbst bestanden – an dem Ort also, der juristisch, ökonomisch und politisch vermeintlich ausschließlich der Verfügungsgewalt der Unternehmer unterstand, den die Bergleute jedoch gleichwohl, wenn auch nur punktuell und vorübergehend, für ihre Interessen in Besitz nehmen konnten. Die Welt unter Tage war nicht nur eine andere Welt, sie war auch – in des Wortes enger Bedeutung – ihre Welt.

IV. Reform als Mission.
Die ‚Zivilisierung‘ der Bergleute

1. Feste feiern, feste arbeiten

Die Ausführungen über Infrastrukturen, Kommunalpolitik und Arbeitsbedingungen haben gezeigt, daß die Bergleute vielfach auf sich selbst gestellt waren und eigene Lebensformen sowie spezifische Verhaltensweisen entwickeln mußten, um ihren Alltag zu organisieren. Diese waren zum Teil ein bloßer Reflex auf Defizite und Mangelsituationen; sie konnten aber auch darüber hinausgehen, eine eigene Qualität gewinnen und sich zu elementaren Solidarstrukturen verdichten, die allerdings von den zeitgenössischen Beobachtern nicht wahrgenommen worden sind. Diese bemerkten zwar, daß sich bei den Bergleuten (und anderen Arbeitern) Einstellungen und Verhaltensweisen herausgebildet hatten, die sich von ihren eigenen unterschieden, sie vermochten es jedoch nicht, diese näher zu analysieren und zu verstehen; sie sahen sich vielmehr mit einer fremden, ihnen unheimlichen Welt konfrontiert, die sie nur schemenhaft, in groben Umrissen oder auch verfälscht wahrnahmen.

Es hat nicht an Versuchen gefehlt, die Lebens- und Arbeitsbedingungen von Arbeitern zu beschreiben; dabei entstanden Berichte, die sich wie Entdeckungsreisen in unerschlossene Gebiete lesen. Sie erregten Aufsehen und wurden in hoher Auflage gedruckt, wie das Buch von P. Göhre, der drei Monate als Fabrikarbeiter und Handwerksbursche gelebt und gearbeitet hatte.[1] Die Berliner Kreuzzeitung, ein Blatt der extremen Rechten, bemerkte dazu: „Dieser Umstand, daß ein solches Buch unbefangen geschrieben werden konnte, ist uns bedenklicher als Alles, was es enthält. Man denke sich: Im Deutschen Reiche gibt es eine Bevölkerungsklasse, die in ihrem ganzen Leben und Treiben, in ihrem Denken und Fühlen, so von ihren Volksgenossen abgesondert ist, daß es einer abenteuerlichen Expedition, wie in das Innere Afrikas, und eines großen ‚Reisewerkes‘ bedarf, um etwas Authentisches über sie zu erfahren.“[2]

Ähnlich wie die Reise- und Entdeckungsberichte des 19. Jahrhunderts waren allerdings auch diese ‚Entdeckungsreisen ins eigene Volk‘ sehr stark von Voreingenommenheit und Überlegenheitsgefühl der durchreisenden Forscher geprägt; nur vereinzelt finden sich zuverlässige, realitätsnahe Angaben und Schilderungen. Es überwog die Faszination des Fremden, die neugierig machte und zugleich Angst einflößte. So entstand ein Bild, das nur selten authentisch war, sondern weitgehend den Köpfen der Beobachter entsprang, sich zu einem großen Teil aus deren Vorstellungen, Projektionen und Befürchtungen speiste und über vereinzelte Beobachtungen hinaus die Welt der Arbeiter nur selten unvoreingenommen wiedergab.[3] Parallel zu den wortgewaltigen Schilderungen und als Reaktion auf derartige Entdeckungsreisen kam es zu Versuchen, die neu entdeckten Bevölkerungsgruppen zu ‚zivilisieren‘ und zu ‚erziehen‘. Der hierbei entwickelte Eifer war allerdings weitgehend auf ein Artefakt gerichtet, denn die wohlmeinenden Reformer kämpften gegen etwas an, das sie selbst erst geschaffen hatten. Dennoch handelte es sich bei ihren Bemühungen nicht um einen Kampf, der lediglich einem imaginären Gegner galt, der nur sie selbst ermüdete und darüber hinaus keine Auswirkungen hatte. Sie bekämpften vielmehr in ihrem zivilisatorischen Eifer auch die Ansätze eigenständigen Handelns der Arbeiter. Die Reaktionen von Bürgertum, Verwaltungen und Polizei lassen vielfach den Eindruck aufkommen, die bestehenden Defizite, versagenden Marktmechanismen und die unzureichende Sozialpolitik seien zwar beklagenswert, aber nicht unbedingt besorgniserregend gewesen; bedenklicher schienen vielmehr die Verhaltensweisen und Lösungsansätze zu sein, die sich – in unserem Falle – bei den Bergleuten herausgebildet hatten: Die Bergleute waren zwar auf sich allein gestellt, sie wurden jedoch nicht in Ruhe gelassen.

Der Zusammenhang von einseitiger Wahrnehmung, proletarischer Selbsthilfe und bürgerlicher Abhilfe durchzieht wie ein roter Faden den Alltag der Bergleute; besonders deutlich wird dies an der Wohnungsfrage, die weiter unten dargestellt werden soll, und am Beispiel der Vergnügungen, Feiern und Verausgabungen von Bergleuten in Wirtschaften, Schnapskasinos und auf Kirmessen.[4]

a) Schnapskasinos

Unter den Konsumvereinen gab es im Ruhrgebiet eine Sonderform genossenschaftlicher Selbstorganisation, die Schnapskasinos, die ein besonderes Defizit beheben sollten: den Mangel an Wirtschaften.[5] Das Ruhrgebiet und vor allem die Industriegemeinden zählten zu den Gebieten des Kaiserreichs mit der geringsten Kneipendichte. Das am schlechtesten versorgte Viertel der deutschen Gemeinden lag zu zwei Dritteln in den industriellen Provinzen Westfalen, Rheinland und Schlesien; von allen erfaßten Orten an der Ruhr gehörten 18 (78%) dieser Kategorie an.[6] Die Versorgung mit Wirtschaften verschlechterte sich noch, da der Zuzug von Arbeitskräften und das Wachstum der Gemeinden anhielt, die Zahl der Wirtschaften jedoch nur geringfügig zunahm oder sogar zurückging; so kamen im Jahre 1900 in Hamborn auf eine Kneipe 546 Einwohner und 1910 sogar 764.[7] Die Wirtschaften befanden sich zudem überwiegend in der Nähe der Ortszentren, so daß für die Arbeiter der Industriegemeinden, die sich über eine große Fläche ausdehnten, der Weg zur nächsten Wirtschaft weiter war als in den dicht besiedelten städtischen Zentren (vgl. Tab. 10).

Der Zugang zu Kneipen war jedoch sehr wichtig: Diese boten die Möglichkeit, sich nach der Arbeit zu treffen, Informationen auszutauschen, sich zu besprechen sowie der Enge der Wohnungen und den Problemen des Alltags zu entkommen – eine Möglichkeit, die allerdings nur den Männern zur Verfügung stand und von der die Frauen weitgehend ausgeschlossen waren.[8] Doch auch die Männer stießen auf Schwierigkeiten, die allerdings nicht nur auf die geringe Kneipendichte, sondern auch auf die im Bergbau weitverbreitete Schichtarbeit zurückzuführen waren. Die großen Zechen verfuhren zwei und zum Teil sogar drei Schichten; Bergleute, die in der Mittagsschicht arbeiteten, kamen erst gegen 23 Uhr von der Arbeit zurück – zu einer Zeit also, zu der die Wirtshäuser bereits geschlossen hatten; ebenso blieben die Arbeiter der Nachtschicht von dieser und anderen Formen des Gemeinschaftslebens ausgeschlossen, woraus sich ganz unmittelbare, praktische Probleme ergaben. Darauf wiesen 1891 Bergleute aus Castrop in einer Eingabe hin:[9]

,,In der Grube der Zeche Graf Schwerin ist es bekanntlich (...) sehr heiß, so daß die in derselben arbeitenden Bergleute zu jeder Jahreszeit im Schweiße gebadet werden. Die Mittagsschicht beginnt nachmittags 2 Uhr und endet mit Ein- und Ausfahrt zirka 11 Uhr nachts. Viele Bergleute wohnen ziemlich weit von der Zeche entfernt, und zwar bis zu 1 Stunde Entfernung. Wenn dieselben in sehr erhitztem Zustande, besonders bei nassem und kaltem Wetter, zumal zur Winterszeit bei Frost und Schnee aus der Grube kommen und in solchem Zustande den Weg in ihre Wohnungen zurücklegen müssen, so ist ihre Gesundheit selbstverständlich im höchsten Grade gefährdet, wenn sie nicht zuvor irgendeine passende Erfrischung erhalten und ihre Kleider trocknen können." Das erweise sich jedoch, so führten die Bergleute aus, als äußerst schwierig, denn die Wirtschaften seien zur genannten Zeit geschlossen, so daß sie sich dort nicht wärmen könnten. Außerdem sähen es die Wirte nicht gerne, wenn Leute, welche so durchnäßt seien, ihre Einrichtung verschmutzten. Deshalb hatten sich die Bergleute im Hause der Witwe Senft, das in fast unmittelbarer Nähe der Zeche lag und ,,mithin das entsprechendste Lokal dieses Bezirkes" war, Räume angemietet und die geschlossene Gesellschaft Zur guten Hoffnung gegründet, die dort ihr Gesellschaftslokal hatte. Dieses sollte ,,bei Tag und Nacht zur Winterzeit warm gehalten werden und den Mitgliedern der Zutritt gestattet sein, trotzdem sie sich in nassen oder schwarzen, schmutzigen Kleidern befinden, um ihre Erfrischungen gemeinschaftlich zu verzehren und ihre Kleider trocknen zu können. Dieser Zweck der Gesellschaft ist in keiner Weise darauf gerichtet, den menschlichen Leidenschaften irgendwie zu frönen, sondern die Gesundheit ihrer Mitglieder möglichst vor Nachteilen zu schützen". So oder ähnlich haben offensichtlich zahlreiche Bergleute gedacht, wie die große Verbreitung derartiger Gesellschaften zeigt, die ,Schnapskasinos' genannt wurden.

Vorläufer hatte es bereits in den 1880er Jahren gegeben, doch ihre eigentliche Verbreitung setzte erst nach dem Streik von 1889 ein, als sie förmlich aus dem Boden schossen. In Castrop z. B. wurden innerhalb von zwei Jahren (1890–92) fünf derartige Einrichtungen gegründet, die insgesamt 550 Mitglieder zählten.[10] Einer Denkschrift des Oberbergamtes zufolge gab es 1894 im Ruhrgebiet 110 Schnapskasinos mit 16 640 Mitgliedern – darunter 13 500 Bergleute – mit Schwerpunkt im nördlichen Ruhrgebiet um Dortmund, Recklinghausen und Oberhausen. Diese Zahlen geben jedoch kein exaktes Bild, da einerseits Bergleute mehreren Kasinos gleichzeitig angehörten, andererseits aber sehr viele Kasinos zum Zeitpunkt dieser Zusammenstellung bereits verboten waren, so daß die tatsächliche Verbreitung eher höher einzuschätzen ist.[11]

Verfolgt wurden die Schnapskasinos von Anfang an, und die Polizei fand bei ihrem Vorgehen breite Unterstützung: die Wirte wollten eine lästige Konkurrenz ausgeschaltet sehen; die Unternehmer fürchteten um den Arbeitseifer der Arbeiter, und die lokalen Verwaltungen im Verein mit dem Bürgertum beschworen Schreckensbilder völliger Zerrüttung und Verwahrlosung. Die Schnapskasinos waren nach den Mitteilungen der Bürgermeister „die eigentlichen Brutstätten der Trinksucht, der Arbeitsscheu, der Verrohung, der häuslichen Zerrüttung und des Familienelendes und schädigen in höchstem Grade das öffentliche Wohl".[12] Das Gemeinwohl schien in jeder Hinsicht gefährdet durch derartige Stätten, „wo der Trinksucht und Völlerei gefrönt, der Haß gegen die Besitzenden geschürt und das Familienleben untergraben wird".[13]

Die Polizei hatte es nicht einfach, das vermeintlich vom Verfall bedrohte Familienleben zu schützen und die Interessen der Besitzenden zu verteidigen, denn die Schnapskasinos waren keine Vereine, denen die Anerkennung versagt und die jederzeit kontrolliert werden konnten. Es handelte sich vielmehr um Genossenschaften, die ihren häufig wortgleich formulierten Statuten gemäß drei Ziele verfolgten: 1. billige Getränke an die Mitglieder zu liefern, 2. die Geselligkeit zu fördern und 3. den Arbeitern Erholung zu verschaffen. Als Genossenschaften bildeten sie geschlossene Gesellschaften, die keine Polizeistunde beachten mußten, keine Konzessionen zum Ausschank der Getränke benötigten und zu deren Räumen die Polizei nicht jederzeit Zutritt hatte. Als solche mieteten sie Räume wie im Hause der Witwe Senft und stellten zur Führung der Geschäfte sogenannte Kastellane ein, unter denen sich verhinderte Wirte befanden, denen die Konzession verweigert worden war, aber auch ehemalige Bergleute, die wegen ihrer Beteiligung am Streik keine Anstellung mehr erhalten hatten und hier einen Unterschlupf fanden.[14]

Die Polizeibehörden versuchten auf vielfältigen Wegen gegen die Kasinos vorzugehen. Meist wurde argumentiert, diese bildeten keine geschlossenen Gesellschaften, sondern stünden jedem offen, was jedoch nicht leicht zu beweisen war, worauf u. a. die große Verbreitung im Jahre 1894 hinweist. Ein Vorgehen gegen sie fiel vor allem deshalb schwer, weil der Nachweis der Mitgliedschaft von den Kasinos recht großzügig gehandhabt wurde, wie in der Denkschrift des Oberbergamtes vermerkt ist: „Die Nachtragungen geschehen aber fast ausnahmslos sehr nachlässig, da es den Vereinsvorständen völlig gleichgültig ist, ob die Arbeiter als Gäste oder als Mitglieder verkehren, wenn nur die Formalität der Vereinsbildung durch einen gewissen Stamm an Mitgliedern gewährleistet ist.“[15] Drohe eine Kontrolle durch die Polizei, würden Anwesende gegen die Zahlung einer geringen Gebühr schnell als Mitglieder eingetragen, so daß der Nachweis einer allgemeinen Zugänglichkeit nicht leicht zu führen sei.[16] Der Landrat von Hörde schlug einen anderen Weg ein; er erließ eine Polizeiverordnung, derzufolge pro Mitglied ein halber Quadratmeter Fläche zur Verfügung stehen mußte – eine Vorschrift, die die exklusiven bürgerlichen Kasinos unberührt ließ, die jedoch die mitgliederstarken Arbeitergenossenschaften mit zum Teil 400 bis 500 Mitgliedern nicht erfüllen konnten. Einige, die gegen diese Vorschrift klagten, erhielten vor Gericht Recht zugesprochen, sehr zum Leidwesen der Behörden.[17]

Wie die Regierung in Arnsberg feststellte, reichte das Material in den weitaus meisten Fällen zwar aus, um mit „polizeilichen Zwangsmaßnahmen“ einzuschreiten, doch vor Gericht konnte man sich damit oft nicht durchsetzen; in manchen Fällen wurde die Berechtigung der Polizeiverordnungen gar grundsätzlich in Frage gestellt, so daß die Regierung empfahl, sich nicht auf derartige Verordnungen zu stützen und Gerichtsverfahren zu vermeiden, da bei einer Niederlage vor Gericht polizeiliche Maßnahmen bzw. Vorschriften rückgängig gemacht werden müßten.[18] In einem Fall wurde zur Verwunderung des Bergamtes Dortmund-Ost sogar gerichtlich entschieden, daß die Schnapskasinos „ebensogut als eine geschlossene Gesellschaft anzusehen sind, wie die Dortmunder Kasino-Gesellschaft“, in der sich die lokale Prominenz zusammengefunden hatte.[19]

Das massive Eingreifen der Behörden im Falle der Gesellschaften und deren hartnäckige Verteidigung durch die Arbeiter erklärten sich jedoch nicht nur aus dem Wunsch der Arbeiter, ungestört ihr Bier trinken zu können bzw. aus den sich darumrankenden Schreckensgeschichten; die Kasinos hatten auch eine große politische Bedeutung. Ihre rasche Verbreitung nach dem Streik von 1889 war kein Zufall. In seinem Gefolge kam es zur Gründung des Alten Verbandes und zu einer regen Agitations- und Versammlungstätigkeit, die polizeilich überwacht und kontrolliert wurde. Immer wieder beklagten sich der sozialdemokratische Alte Verband wie auch die SPD über die Schwierigkeit, geeignete Räume zu erhalten – eine Klage, die bis in den Ersten Weltkrieg hinein nicht abriß.[20] Die Kasinos boten hier einen Ausweg, da sie keiner Konzessionspflicht unterlagen, kaum kontrolliert werden konnten, und da hier stattfindende Versammlungen nicht angemeldet werden mußten, so daß zum Schrecken der Behörden „die Mitglieder, hauptsächlich Sozialdemokraten“, in diesen Lokalen „ungestört bis tief in die Nacht hinein“ sitzen und „nach Belieben“ Politik treiben konnten.[21] Vor allem im Dortmunder Raum rekrutierten sich die Kastellane aus ehemaligen Bergleuten, die wegen ihrer Beteiligung am Streik gemaßregelt worden waren.

Für das Bergamt Dortmund-Ost stand ,,unzweifelhaft fest, daß diese Stätten, weil sie von sozialdemokratischer Seite für durch ihre agitatorische Tätigkeit in Not geratene Personen geschaffen sind, in ausgedehnter Weise die sozialdemokratischen Interessen fördern".[22] In dem großen Lokale eines Kasinos in Berghofen hatten einem Bericht vom April 1894 zufolge ,,seit Anfang des laufenden Jahres 20 sozialdemokratische Veranstaltungen stattgefunden".[23] Die Denkschrift des Oberbergamtes gab an, die Kastellane trieben ,,schon aus Furcht, ihre Kundschaft zu verlieren, sozialdemokratische Propaganda".[24] Kurzum, die Kasinos seien nicht ,,als Ersatz eines fehlenden Wirtschaftsbetriebes" aufzufassen, bei ihnen handele es sich vielmehr um ,,die Brutstätten der sozialdemokratischen und aufständischen Bewegungen".[25]

Trotz all dieser Argumente blieb es schwierig, die Kasinos zu verbieten, und die Unterdrückungsmaßnahmen führten zu einem höchst unerwünschten Resultat: die anfänglich nur sehr lockere Organisation der Kasinos hatte – wie das Oberbergamt feststellte – ,,erst im Kampfe mit den Landespolizeibehörden eine festere, auf dem Boden der Gesetze stehende Form angenommen", und sie wußten sich zu wehren.[26] Doch der Traum von einem Stückchen mehr Freiheit und etwas weniger Kontrolle währte nicht lange. Der Reichstag verabschiedete 1896 eine Änderung der Gewerbeordnung, derzufolge fortan auch Genossenschaften eine Konzession benötigten, wenn sie Alkohol ausschenken wollten. Damit war der entscheidende Ansatzpunkt gefunden; die Konzessionen wurden nicht erteilt, so daß die Kasinos innerhalb kurzer Zeit geschlossen werden mußten.[27]

b) Kirmessen

Mit der Abschaffung der Schnapskasinos hatten die Behörden aus ihrer Sicht eine große Gefahr beseitigt; doch die Versuche, die Arbeiter während ihrer freien Zeit zu kontrollieren und diese zu disziplinieren, waren damit nicht beendet. Als besonderer Dorn im Auge der Verwaltungen und vor allem der Unternehmer erwiesen sich die jährlichen Frühjahrs- und Herbstkirmessen, die bäuerlichen Ursprung hatten und die wichtigsten Feste im Verlauf des Jahres bildeten. Ihr ursprünglicher Charakter, der sich in den ländlichen Industriegemeinden lange erhalten hatte, wird sehr gut in einem Artikel der Crefelder Zeitung von 1897 charakterisiert: ,,Freunde und Verwandte aus anderen Gemeinden sind eingeladen auf den Tag zum Besuche, sie kommen meist am späten Vormittage, stärken sich zunächst durch einen ,Willkommen-Kaffee', machen dann einen Rundgang durch Garten und Feld, besehen den Viehstand und unterhalten sich, mit einem Wort ausgedrückt, über ,Gewerbe'; dann wird zu Mittag gegessen und nach dem eingenommenen folgenden Kaffee entschließt man sich zu einem Gang ins Dorf und besucht auch wohl das Festzelt oder den Tanzsaal, wo das junge Volk dem Tanzvergnügen obliegt; abends, nach eingenommenem Mahle, wird der Heimweg oder die Heimfahrt angetreten. Summa: die Kirmes ist die einzige Gelegenheit im Jahr, wo man sich gegenseitig besucht, alte Erinnerungen auffrischt und neue Beziehungen anknüpft."[28]

Mit gewissen Einschränkungen gilt diese Charakterisierung auch für die Bergleute und andere Arbeiter. Auch sie werden sich über ihr ,Gewerbe' unterhalten haben, und auch sie waren auf derartige Gelegenheiten angewiesen, um Familienangehörige, Verwandte oder Bekannte besuchen zu können, von denen sie durch die Zuwanderung und die hohe Mobilität leicht getrennt werden konnten.[29] Häufig fanden die Kirmessen an Montagen und Dienstagen statt, schufen also eine Art ,verlängertes Wochenende' und damit genügend Zeit, um bei dem noch schlecht entwickelten Nahverkehrssystem größere Strecken zurücklegen zu können. In gewisser Weise können sie sogar als Äquivalent zum heutigen Urlaub angesehen werden, den es vor dem Ersten Weltkrieg noch nicht gab, so daß die Kirmessen mit ihren ein oder zwei freien Tagen für die Arbeiter eine besondere Bedeutung hatten. Genau dies jedoch rief die Unternehmer auf den Plan.[30]

Sie beklagten sich über das Fernbleiben der Arbeiter, verwiesen auf den Produktions- und Lohnausfall und forderten eine Abschaffung oder doch zumindest eine Reduzierung der Kirmessen. Vergleichbare Vorstöße hatte es schon vorher gegeben; so in den 1870er Jahren den Vorschlag, die Zahl der kirchlichen Feiertage zu reduzieren, und Beschwerden über Schützenfeste und Kirmessen in den 1880er Jahren.[31] Konzentrierte Anstrengungen wurden jedoch erst in den 1890er Jahren unternommen, und sie blieben nicht auf das Ruhrgebiet beschränkt.

Unter Federführung des Vereins der Industriellen des Regierungsbezirks Köln forderten die Handelskammern des rheinisch-westfälischen Industriegebietes ,,eine Einschränkung dieser öffentlichen Festlichkeiten", vor allem durch ,,Nichtgestattung mehrtägiger Festlichkeiten", um den ,,Industriebetrieb vor empfindlichen Störungen, die arbeitswilligen Arbeiter vor unfreiwilligen Feiern zu schützen und den vergnügungssüchtigen Arbeitern die allzu häufige Gelegenheit zur Vergeudung ihres Verdienstes und ihrer Kräfte angemessen zu beschränken".[32] Sie konnten auf die Unterstützung der Regierung, der Landräte und meist auch der Bürgermeister rechnen, doch selbst diese eindrucksvolle Koalition konnte sich nur mit Schwierigkeiten durchsetzen, da die Vertreter der Bauernschaften und des lokalen Mittelstandes in den Gemeinderäten ihre Interessen gefährdet sahen und für die Beibehaltung der Kirmessen eintraten.

So wurde 1886 aus Essen berichtet, es könne zwar nicht verkannt werden, daß die Kirmessen mancherlei Unzuträglichkeiten herbeiführten, doch es sei ,,eine große Zahl von Geschäftsleuten an den Kirmessen interessiert", und dieselben würden glauben, ,,durch Aufhebung derselben eine pekuniäre Schädigung zu erleiden".[33] Im Jahr 1900 stellte der Landrat von Essen fest,

es dürfe schwierig sein, Feste zusammenzulegen und öffentliche Tanzlustbarkeiten bei Schützenfesten nur in Ausnahmefällen zu gestatten, da die
ortsansässigen Gewerbetreibenden die Feste am Ort halten wollten.[34] Noch
im Jahre 1911 setzte sich der Vorsitzende der Bürgermeisterkonferenz des
Landkreises Essen für eine Abschaffung der Kirmessen ein. Doch seine
Kollegen waren allenfalls bereit, die Kirmesdienstage abzuschaffen, allerdings nur unter der Bedingung, daß dies in den Nachbargemeinden auch
geschehe.[35]

Andernorts waren die Bestrebungen erfolgreicher, sie gestalteten sich aber
auch sehr langwierig. In Bottrop z. B. führte der Bürgermeister immer wieder „die Nachteile an, die die Kirmessen in der Industriegegend mit sich
bringen",[36] gab die Lohnausfälle bekannt, verwies auf die sittlichen Gefahren und ließ nahezu jährlich über die Abschaffung der Kirmessen abstim-
men. Der Gemeinderat erklärte sich nicht dazu bereit und ließ sich von den
vielfachen Aktivitäten des Bürgermeisters nicht beeindrucken. Dieser
forderte regelmäßig Unterlagen von der Zeche Prosper über die Zahl der
Feiernden an und wies die Polizei an zu beobachten, welche Kinder mehr als
50 Pfennig ausgaben; er argumentierte, die Kinder würden, um sich in den
Besitz von Kirmesgeld zu bringen, Diebstähle ausüben, und als Beleg verwies er auf die Beobachtung, ein Junge namens Karl Gellisch habe einem
anderen Knaben den Ball weggenommen.[37] Außerdem mobilisierte er die
Kirchengemeinden. Der Pastor der evangelischen Gemeinde beschwerte sich
über den störenden Lärm und führte aus: „Es wurde mir gesagt, daß vor
einer Bude geschrieben gestanden hätte ‚Nur für Erwachsene'. Was mag da
zu sehen gewesen sein?" – eine Frage, auf die die Gemeinderäte möglicherweise eine Antwort wußten.[38] Erst eine Schlägerei auf der Kirmes von 1908,
die zu einem Totschlag geführt hatte, ergab schließlich eine Mehrheit von
zehn gegen neun Stimmen für eine Aufhebung der Kirmessen.[39]

Doch damit war allenfalls eine Schlacht gewonnen, die Auseinandersetzung um die Kontrolle der Freizeit ging verstärkt auf einem Gebiet weiter,
das schon seit längerem den Argwohn der Behörden erregte. Dazu äußerte
sich z. B. der Landrat von Essen 1892 anläßlich einer Umfrage: Er wolle
„nicht unerwähnt lassen, daß sich im hiesigen Kreise in den letzten Jahren
die Zahl der Vereine und geschlossenen Gesellschaften erheblich vermehrt
hat; dieselben bilden sich unter allen möglichen Devisen namentlich bei
solchen Wirten, welche Inhaber von größeren (Tanz)lokalen sind und halten
in beliebiger Zahl sogenannte geschlossene Festlichkeiten bei ihrem Vereins-
wirt ab, bei denen bis in die frühen Morgenstunden hinein getanzt wird. Ich
gehe nicht zu weit, wenn ich behaupte, daß die weitaus größte Mehrzahl der
Einwohner einem Verein angehört. Aber auch diejenigen, welche sich bis
jetzt noch von einem solchen fernzuhalten gewußt haben, nehmen häufig als
Eingeladene an den betreffenden Festlichkeiten teil".[40]

c) Vereine

Bei den Vereinen handelte es sich zum Teil um Krieger- und Schützenverei-
ne, doch eine wachsende Zahl von Vereinen wurde nur zum Zwecke des
Festefeierns gegründet. Von ihnen wurden ,,unter allerlei Vorwänden Vergnügungen aller Art" veranstaltet, und von dem Vorwurf, hierbei das erlaubte Maß zu überschreiten, wurden auch die Kriegervereine nicht freigesprochen, die ,,neben der berechtigten Feier an patriotischen Fest- und Ge-
denktagen allerlei andere Feste" veranstalteten.[41] Ähnlich wie im Falle der
Schnapskasinos fiel es den Behörden auch hier schwer, den Vereinen beizukommen, denn diese bildeten geschlossene Gesellschaften, so daß ihre Feiern nicht so leicht zu verbieten waren wie öffentliche Veranstaltungen. Auch
in diesem Fall wurden Polizeiverordnungen erlassen, durch die u. a. Vor-
und Nachfeiern verboten, der Schluß der Feiern auf eine frühe Stunde gelegt
und generell erreicht werden sollte, ,,daß verwandte Vereine am selben Ort
das Jahresfest möglichst gemeinsam feiern".[42] Doch diese Vorschriften
konnten nicht überall mit Erfolg durchgesetzt werden.

So trat z. B. das Oberpräsidium der Rheinprovinz für ein maßvolles Vorgehen ein, da vermieden werden müsse, ,,durch ein rücksichtsloses Eingreifen in althergebrachte und im Volke eingewurzelte Gewohnheiten Unzufriedenheit und Mißstimmung hervorzurufen und der sozialdemokratischen
Agitation weitere Waffen in die Hand zu geben".[43] Zudem handelte es sich
bei den Polizeiverordnungen lediglich um Verwaltungsvorschriften, wohingegen – wie es in einem Bericht aus Duisburg hieß – in den meisten Fällen
eine gesetzliche Handhabe fehlte, um ,,einem Wirte das Abhalten von Vereinslustbarkeiten zu verbieten", so daß die Erfolge der Behörden örtlich und
zeitlich höchst unterschiedlich waren.[44] Vereinsfeiern, die öffentlichen Charakter hatten, ließen sich zwar einschränken, doch dies konnte, wie der
Regierungspräsident von Arnsberg angab, ,,leicht zu einer Vermehrung der
Vereine und der tatsächlichen Vereinslustbarkeiten führen (. . .), denen die
Polizei machtlos gegenübersteht" und die, ,,weil sie an irgendwelche Schranken nicht gebunden sind, ganz besonders Vergnügungs- und Genußsucht zu
steigern geeignet sind. Hier helfen keine Verwaltungsmaßnahmen, hier hilft
keine Beobachtung der bestehenden gesetzlichen Bestimmungen und der
ergangenen gerichtlichen Entscheidungen – soll Wandel geschaffen werden,
so muß die Gesetzgebung in Anspruch genommen werden".[45]

Der Landrat von Recklinghausen hingegen scheint in seinen Bemühungen
erfolgreicher gewesen zu sein, während sein Kollege aus Hamborn ein Über-
handnehmen der Feste beklagte. Aus Essen wiederum wurde gemeldet, Vereinslustbarkeiten seien nur noch vereinzelt zu beobachten; doch dies war
keine Erfolgsmeldung, dahinter verbarg sich vielmehr eine faktische Kapitu-
lation der Behörden. Die Bürgermeisterkonferenz der Gemeinden des Landkreises Essen hatte es für sinnvoller befunden, öffentliche Feiern zu genehmigen, um nicht durch Verbote eine Zunahme des Vereinswesens zu för-

dern: ,,Die Genehmigung von Tanzlustbarkeiten erscheint für einzelne Aus-
flugsorte unbedenklich und mit Rücksicht auf die leichte Möglichkeit, das
Tanzverbot durch Veranstaltung von angeblichen Vereinsfesten zu umgehen, sogar wünschenswert."[46]

Die vielfachen Möglichkeiten, nur zum Zwecke des Festefeierns Vereine
gründen zu können, und deren weite Verbreitung weisen auf die Bedeutung
von Zusammenschlüssen hin, die unterhalb einer festgefügten organisatorischen Ebene lagen wie die Schnapskasinos und die große Zahl der ad hoc
gegründeten, meist nur kurzlebigen Vereine. Ihre lockere Organisations-
struktur, die einfachen Beitrittsmöglichkeiten und ihr geringer Verpflich-
tungsgrad entsprachen in besonderer Weise den Bedürfnissen einer mobilen
Arbeiterschaft, die Gelegenheiten suchte, sich zu treffen und relativ ungestört unter ihresgleichen zu sein.[47] Über diese Vereine gibt es nur eine spärli-
che Überlieferung, die nur da umfangreicher ist, wo sie kontrolliert, unter-
drückt und verfolgt wurden.

So ist es sehr schwierig, etwas über die zahlreichen Kegel- und Lotterie-,
die Ziegenzucht- und Schweineversicherungsvereine zu erfahren, und selbst
über die besser organisierten Gesangs-, Turn- und Sportvereine läßt sich nur
wenig sagen,[48] es sei denn, sie hatten eine Auseinandersetzung mit den Behörden, wie z. B. der Rauchclub Blaue Wolke in Herne. Dieser hatte 1900
einen sogenannten Rauchwettbewerb veranstaltet, der selbst das Innenministerium in Berlin beschäftigte, das entscheiden mußte, ob derartige Wettbe-
werbe gesundheitsschädlich seien.[49]

Noch weniger ist über die privaten Feiern und Feste und über das Zusam-
mensitzen im Kreise der Verwandten und Nachbarn bekannt. Der Landrat
von Recklinghausen z. B. berichtete 1899, die Arbeiter seien angesichts der
geringen Zahl an Wirtschaften dazu übergegangen, in größerer Menge selbst
Alkohol zu kaufen, wodurch vor allem der Flaschenbierhandel angestiegen
sei. Sobald einige Häuser gebaut seien, gebe es ,,namentlich in Zechenkolonien" eine Flaschenbierhandlung, gegen die polizeiliches Einschreiten meist
nicht möglich sei: ,,Die Wagen mit Flaschenbier überschwemmen förmlich
die ganze Industriegegend (...), den Leuten wird das Bier geradezu aufge-
drängt (...). Ich habe häufig Gelegenheit gehabt zu beobachten, wie ganze
Familien mit Weib und Kindern und den Kostgängern in den Chausseegrä-
ben liegen und unter Begleitung einer Ziehharmonikamusik die Bier- und
Schnapsflasche herumkreisen lassen." Derartige Feiern fänden ,,auch in den
Häusern statt, wozu dann noch getanzt wird".[50]

Einmal im Jahr, an Kaisers Geburtstag, zeigte sich der preußische Staat
großzügig: Feierlichkeiten anläßlich dieses Ereignisses fanden leicht eine
Genehmigung, und da für diese keine Vergnügungssteuer bezahlt werden
mußte, fand eine große Zahl von Festen statt. Am 21. Januar 1906 hielt auch
der polnische Gesangsverein Halka zu Castrop eine Kaisergeburtstagsfeier
ab, war aber offensichtlich nicht mit ganzem Herzen bei der Sache, was
angesichts des äußerst gespannten Verhältnisses der polnischen Bevölkerung

gegenüber dem preußischen Staat nicht verwundern kann. Der zur Kontrolle des Festes abkommandierte Polizist berichtete, die Anwesenden hätten zu Beginn der Veranstaltung ,,ein dreifaches Hoch auf Seine Heiligkeit den Papst" ausgebracht, das Hoch auf den Kaiser sei hingegen erst angestimmt worden, als der Vorsitzende die Anwesenheit des Polizisten bemerkt habe. Zudem habe ein Mitglied ein Couplet vorgetragen, in welchem derselbe seine Abneigung gegen das Deutschtum aussprach und zudem noch betonte, ,,daß er als Pole manch deutsches Mädchen ausgenutzt, aber niemals daran gedacht hätte, ein deutsches Mädchen zu heiraten, sondern nur eine Polin".[51] Aus diesen Gründen hatte das Fest in den Augen des Polizisten nicht den Charakter einer Kaisergeburtstagsfeier gehabt – eine Ansicht, der sich das Bürgermeisteramt anschloß, welches nachträglich eine Vergnügungssteuer von 30 Mark erhob.[52]

Dieses Beispiel weist noch einmal darauf hin, daß Vereine und Vereinsfeiern mehr als ein Vorwand waren, Vergnügungen zu organisieren; sie hatten auch eine politische Bedeutung wie z. B. die Schnapskasinos, die eine Möglichkeit boten, nicht nur auf sich allein gestellt, sondern auch ungestört zu sein. Die Repressionsmaßnahmen richteten sich jedoch nicht nur gegen diese politischen Implikationen; allein schon die Tatsache, daß eine Möglichkeit zum Feiern bestand, wurde vor allem von den Unternehmern als anstößig empfunden, die ohnehin über mangelnden Arbeitswillen klagten.

Ein Handbuch der Bergbaukunde führte aus, ,,daß die Arbeiter, indem sie höhere Löhne verdienen und die Unternehmer von sich gewissermaßen abhängig sehen, nicht mehr so regelmäßig und fleißig arbeiten. Sie finden, daß sie auch ohne besondere Anstrengung zu leben haben, sie feiern, so oft es ihnen gefällt, sie werden schwierig zu behandeln und sie tun nur diejenige Arbeit, die ihnen behagt, jeden Augenblick sind sie bereit, die Arbeit niederzulegen".[53] Doch diese fast schon idyllisch anmutende Schilderung proletarischer Verweigerungsstrategien traf nicht zu. Eine kapitalistische Arbeitsdisziplin mit ihrem festen Beschäftigungsrhythmus hatte sich bereits durchgesetzt, wie allein schon die große Zahl der von den Bergleuten verfahrenen Schichten zeigt, die sich durchschnittlich auf mehr als 300 pro Jahr summierten.[54] Auch die Zahl der an Kirmestagen fehlenden Arbeiter läßt die Klagen als übertrieben erscheinen.

Anläßlich der Herbstkirmes des Jahres 1898 z. B. fehlten auf den Zechen des Handelskammerbezirkes Essen von insgesamt 36 423 Bergleuten nur 4915, d. h. weniger als 15%.[55] Während der Frühjahrskirmes 1901 blieben in Bottrop 1254 Bergleute der Prosper-Zeche der Arbeit fern, immerhin fast 25% der Belegschaft; im Herbst jedoch feierten nur 391, d. h. weniger als 8%.[56] Im Verlauf des gesamten Jahres 1904 kamen auf einen Bergmann der Zeche Prosper I 6 willkürliche Feierschichten und 9 unbezahlte Feierschichten, denen andererseits jedoch 11 Überschichten gegenüberstanden. An fünf weiteren Tagen wurde ebenfalls nicht gearbeitet: hier allerdings ruhte der Betrieb wegen Absatzmangels auf Geheiß der Zeche.[57] Im Jahre 1911 schließlich entfielen im gesamten Ruhrbergbau auf 100 verfahrene Schichten etwa 5,8 Feierschichten; darunter befanden sich jedoch nur 1,5, die auf ‚willkürliches‘ Fehlen der Bergleute zurückgingen, während 1,8 Feierschichten von den Zechen wegen Absatzmangels verfügt worden waren.[58]

Nun mögen selbst diese Zahlen für die Profitkalkulation der Zechenbesitzer zu hoch gewesen sein, doch sie können nicht den Eifer, die Anstrengungen und die vielfältigen Maßnahmen der Behörden erklären und auch nicht die Unterstützung, die sie und die Unternehmer offensichtlich in weiten Teilen der bürgerlichen Öffentlichkeit bei ihren Versuchen fanden, die Feiern, Vereine und Kirmessen zu verbieten. Die Geschlossenheit dieser repressiven Allianz fällt um so mehr auf, als sowohl die Behörden wie auch das lokale Bürgertum den Unternehmern vielfach ablehnend gegenüberstanden, diesen mißtrauten und den Bergleuten viel Sympathie entgegenbrachten. In der Frage der Kirmessen und Schnapskasinos scheint jedoch ein Punkt angesprochen gewesen zu sein, der Bürgertum, Verwaltungen und Unternehmer fest zusammenschloß. Wichtige Motive für diesen gemeinsamen Kampf ergaben sich aus ökonomischem Kalkül sowie aus der tatsächlichen bzw. vermeintlichen politischen Bedrohung; nicht weniger wichtig jedoch waren Vermutungen und Befürchtungen, die Zweifel „in betreff der moralischen Versorgung" der Bergleute aufkommen ließen.[59]

2. In betreff der moralischen Versorgung

Die Schnapskasinos galten – wie bereits zitiert – als „die eigentlichen Brutstätten der Trinksucht, der Arbeitsscheu, der Verrohung, der häuslichen Zerrüttung und des Familienelendes und schädigten im höchsten Grade das öffentliche Wohl".[60] Die widerlichsten Szenen spielten sich ab; Mann und Frau und Kinder prügelten sich, und die Polizei mußte einschreiten. „Junge Burschen, an sich schon streit- und skandalsüchtig, haben sich in den Schnapskasinos noch erst einen gewissen Mut angetrunken und verübten dann auf der Straße oder in ihrem Logis allmöglichen Unfug, auch nicht selten führten sie größere Exzesse herbei, (. . .) wobei das Messer nicht selten eine Rolle spielt".[61] Die Wirte verleiteten die „Arbeiter durch billige Preise und ein weitergehendes Borgsystem zur Völlerei und Trunksucht und leisten schließlich auch der Prostitution (. . .) Vorschub".[62] Die Kirmessen wiederum führten den Berichten zufolge zu Mißständen, „die unser mit öffentlichen Vergnügungen förmlich durchtränktes Volksleben geradezu zu vergiften drohen, indem sie die Arbeitslust und den Trieb zum Fortkommen vernichten, die Sittlichkeit und das Familienleben untergraben, und die Unzufriedenheit der Arbeiter nähren".[63] Sie hätten ihren volkstümlichen Charakter eingebüßt und führten zur Zerrüttung der Familien, deren Schutz „für einen Berg- und Hüttenarbeiter zur Fernhaltung von den sozialdemokratischen Bestrebungen die erste und notdürftigste Grundlage ist".[64]

Derartige Schreckensschilderungen waren nicht auf Aussagen zu Kirmessen und zu Festen der Arbeiter beschränkt. Noch zahlreicher und ausgeprägter fanden sie sich in Berichten über ihre Wohnverhältnisse. Das Schlafgängerwesen wurde als eine ,,Schande für unsere fortgeschrittene Kultur und eine Gefahr für die Sittlichkeit"[65] angesehen, sowie als eine ,,Giftbeule", durch die ,,infolge der günstigen Gelegenheiten wilde Ehen, Ehebruch, Verführung der Töchter (und) Zunahme der unehelichen Geburten unverfroren um sich greifen".[66] Darüber hinaus schienen die Wohnungszustände der Arbeiterbevölkerung insgesamt ,,in gesundheitlicher, sozialer und sittlicher Beziehung die größten Gefahren für das Volk"[67] in sich zu bergen, und um die Jahrhundertwende kam eine Untersuchung der Wohnverhältnisse in Essen zu dem Schluß, ,,daß die schlechten Wohnungsverhältnisse die unteren Schichten des großstädtischen Fabrikproletariats zum Zurücksinken auf das Niveau der Barbarei und Bestialität, der Rohheit und des Rowdytums genötigt haben".[68]

Weitere Zitate dieser Art ließen sich in großer Zahl anführen; sie waren nicht auf Berichte zur Situation im Ruhrgebiet beschränkt und sie lassen sich nur begrenzt als Reaktion auf die Zuwanderung schlesischer, polnischer und ausländischer Arbeiter verstehen. Sie kennzeichneten vielmehr die bürgerliche Diskussion zur Arbeiterwohnungsfrage generell, die jedoch nicht nur die Wohnungsverhältnisse im engeren Sinne thematisierte, sondern sich zu einer Diskussion um die Lebensbedingungen und -gewohnheiten der Arbeiter insgesamt ausweitete, die als fremdartig und bedrohlich, als eine andere Welt aufgefaßt wurden.[69] Da war ein ,,flüchtiges Nomadenleben (...) an die Stelle einer ruhigen, angemessenen Existenz" getreten;[70] es wurden Zustände beschworen, ,,die vor aller Seßhaftigkeit und Kultur lagen",[71] Familienformen, die sich von der ,,Familienorganisation der übrigen Klassen und der ländlichen Bevölkerung erheblich" unterschieden[72] und Verhältnisse, die den bürgerlichen Beobachtern allem Anschein nach Angst einflößten, wie schon die Wahl der verwendeten Worte zeigt: es ist die Rede von ,,moralischer Brutalität" und ,,sittlicher Rohheit",[73] von einer ,,unheilverkündenden Masse",[74] und schließlich von einer Bedrohung für die ,,fortgeschrittene Kultur".[75]

Ein immer wiederkehrendes Argument war die These von der sexuellen Ausschweifung, durch die Mädchen ,,den letzten Rest von schamhafter Zurückhaltung" verlören und Mütter ,,zu Kupplerinnen ihrer Töchter" geworden seien.[76] Doch diese Beschwörung einer sittlichen Verwilderung war nur das spektakulärste Glied einer Argumentation, die grundsätzlicher angelegt war: befürchtet wurde nicht nur eine Atmosphäre des ,,Zusammenschlafens", sondern darüber hinaus auch des ,,Zusammenlebens" und schließlich des ,,gemeinsamen Teilens aller Lebensäußerungen".[77] Beklagt wurde eine Gemeinsamkeit im alltäglichen Leben, die die festgefügten Unterschiede zwischen öffentlich und privat, zwischen Familien und Fremden sowie die Trennung von familiärer Abgeschiedenheit und öffentlicher Anteilnahme aufzulösen drohte, noch bevor sie als allgemeine Norm durchgesetzt werden konnten.

In Berichten wurde hervorgehoben, daß „ganze Familien mit Weib und Kindern und den Kostgängern"[78] sich nach der Arbeit zusammensetzten. P. Göhre, ein evangelischer Pfarrer, der – wie bereits zu Beginn dieses Kapitels erwähnt – drei Monate als Fabrikarbeiter gelebt hatte, gab an, daß die Schlafgänger „zugleich mit dem eigenen Manne und den eigenen erwachsenen Kindern das Haus verlassen, daß sie zu derselben Zeit wie diese zurückkehren und meist bis zum Schlafengehen am gleichen Tisch wie diese miteinander sitzen, lesen, rauchen, sich unterhalten und Karten spielen".[79] Er beklagte diese Verhältnisse, da sie den Eltern und Kindern keine Gelegenheit zu ungestörtem Beisammensein ließen, aber auch deshalb, weil dies „zu einer Gemeinsamkeit des täglichen Verkehrs und zu einer Öffentlichkeit des Familienlebens" führte, die „jungen Burschen und Mädchen dieser Familien in intimste Berührung, die Männer in nahen Gedankenaustausch" brachte und weil dies zur Folge hatte, daß die benachbarten Familien einander aufs genaueste kannten, sich dadurch kontrollierten, sich aber auch gegenseitig halfen, so etwa durch die gemeinsame Benutzung von Küchengeräten, was einen „sehr kommunistischen Zug" in die Hauswirtschaft solcher Familien gebracht habe.[80]

Stellte sich diese Gemeinsamkeit erst einmal her, wer konnte sie dann – so wurde gefragt – noch kontrollieren? Wie konnte verhindert werden, daß sich der nahe Gedankenaustausch und der „kommunistische Zug", der im Alltagsleben der Arbeiter festgestellt wurde, in politische Vorstellungen und Aktionen umsetzten? Im Handwerk hatte es vergleichbare Formen des Zusammenwohnens im Haushalte des Meisters gegeben, wobei – wie eingeräumt wurde – die hygienischen Verhältnisse nicht unbedingt besser gewesen seien als in Arbeiterhaushalten. Doch das war nicht das eigentliche Problem der Wohnungsfrage; wichtiger war, daß es zuvor ein „gesetzlich geregeltes Abhängigkeitsverhältnis" gegeben habe, „eine Art Übertragung der väterlichen Gewalt auf den Meister", während jetzt ein „reines Vertragsverhältnis" vorherrsche.[81]

Einem anderen Autor zufolge drangen „Elemente in den Haushalt ein, die ihm weder durch die Bande des Bluts noch durch das Abhängigkeitsverhältnis des Dienstes verbunden" waren; der „geschäftlich scheinbar so glatte Vertrag" zwischen Schlafgänger und Vermieter bedinge eine enge Lebensgemeinschaft, die eines „sittlichen Bandes" bedürfe, „wenn sie beiden Teilen zum Segen gereichen soll. Ein solches war früher bei der Einfügung des Gesellen in den Haushalt des Meisters gegeben in der Autorität, die der letztere über den ersteren ausübte. Wo aber", so wurde gefragt, „ist eine ähnliche Macht in den Beziehungen des verheirateten Arbeiters zu seinem Schlafgänger"?[82] Diese fehle, und statt dessen sei ein ganz neuer Familientypus entstanden, worin die „tiefernste sittliche Bedeutung" der städtischen Wohnungsfrage liege.[83]

Die Reformer hatten sich auf eine Entdeckungsreise begeben und sie kehrten mit Schreckensmeldungen zurück. Sie berichteten von einer ,,Bevölkerungsklasse, die in ihrem ganzen Leben und Treiben, in ihrem Denken und Fühlen (...) von ihren Volksgenossen abgesondert"[84] war. Sie entdeckten in dem ,,Schlafgängerhaushalt des Arbeiters einen ganz neuen Familientypus".[85] Der gesunde Sinn für Ruhe und Ordnung stand auf dem Spiel, und sie fühlten sich berufen, hier Abhilfe zu schaffen.

Als ein Versuch, die beklagten Übelstände zu überwinden und die Arbeiter zu ‚zivilisieren', wurde das Konzept des sozial gemischten Wohnens propagiert, bei dem der Hausbesitzer und die bessergestellten Mieter vorne zur Straße heraus wohnten, während die Gesellen und Arbeiter im Hinterhof eine Bleibe finden sollten, so daß sowohl eine Kontrolle bestand, vor allem aber das Vorbild gebende Beispiel einer ehrbaren bürgerlichen Existenz den unteren Schichten täglich vor Augen geführt wurde.[86] Nun dürfte der Erfolg dieses Konzeptes schon in Städten wie Berlin, Frankfurt usw. mit ihrer schicht- und klassenspezifischen Segregation, ihren Arbeitervierteln und den bürgerlichen Vororten, fraglich gewesen sein; ganz besonders gilt dies jedoch für das Ruhrgebiet, da hier die wesentliche Voraussetzung dieses Konzeptes, das ‚Beispiel gebende' Bürgertum, weitgehend fehlte. Hier waren bis zu 90% der Bevölkerung Arbeiter bzw. deren Angehörige, die – zumal in den Kolonien – weitgehend unter ihresgleichen wohnten, und die allein schon auf Grund ihrer großen Zahl über Einflußmöglichkeiten verfügten, die bisweilen den Eindruck aufkommen ließen, daß sie diejenigen waren, die soziale Kontrolle ausübten. Bei den Streiks z. B. wurde von den Bergleuten bei ihren Mitbürgern Geld gesammelt, teilweise mit einer derartigen Hartnäckigkeit, daß die Einwohnerschaft ,,durch die verschiedenen Verbände, Streikkomitees und dergleichen dermaßen abgesammelt (wurde), daß alle Welt sich darüber beklagt(e) und des Gebens müde" war.[87]

Anfang der 1890er Jahre wurde diskutiert, ob nicht zum Schutze der Bergwerke von den Bürgern Zechenwehren gebildet werden sollten. Wie der Landrat von Recklinghausen berichtete, sprachen sich die Gemeinden seines Kreises gegen diesen Plan aus. Der Bürgerstand (Handwerker, Kaufleute, Kleingewerbetreibende usw.) sei nämlich ,,vom Arbeiterstand so abhängig, daß er jede Kollision mit demselben ängstlich meidet. Die Bürger würden daher in dem Augenblick, wo es darauf ankommt, mit Energie gegen Ausschreitungen der Arbeiter vorzugehen, versagen und die Polizeibehörde stände dann machtlos da". Diejenigen Arbeiter, die zu Ausschreitungen neigten, seien zudem ,,sämtlich mit Revolvern, Dolchen" usw. bewaffnet, einige besäßen sogar Mauser-Gewehre und sie würden ,,von ihren Waffen auch im gegebenen Falle Gebrauch machen", so daß die Mitglieder der Wehren ihr Leben aufs Spiel setzen müßten, ,,was man einem ordentlichen Bürger auch kaum zumuten kann".[88]

Diese Befürchtungen waren ohne Zweifel maßlos übertrieben, und sie sollten auch nicht als Angaben über eine tatsächlich bestehende Gefährdung gesehen werden, sondern vielmehr als Indiz für eine weit verbreitete Unsicherheit und das Gefühl, gegenüber den Arbeitern in der Minderheit und von diesen bedroht zu sein. Bei den Streiks selbst stellte sich das Gefühl der Bedrohung offensichtlich nur begrenzt ein; die massenhafte Beteiligung daran beeindruckte, doch sie erregte keine Furcht.[89] Die Bergleute erwiesen sich als solidarisch, besonnen und diszipliniert und zeigten damit Verhaltensweisen, die akzeptabel waren. Anders verhielt es sich hingegen im Falle der zahlreichen Kirmessen und Feste, der Tanzlustbarkeiten, Wirtshausbesuche und Schnapskasinos. Hier zeigten Arbeiter Verhaltensweisen, die die schlimmsten Befürchtungen des Bürgertums und der Verwaltungen bestätigten und die – wie die Reaktionen zeigten – als eine grundsätzliche Bedrohung bürgerlicher Lebensweise erschienen: die Arbeiter waren laut, sie tranken, sie sangen, einige prügelten sich, sie verübten „Exzesse". Dieser Begriff bedeutet „überschreiten", „aus etwas herausgehen" oder „aus sich herausgehen", und all dies passierte auch. Bei den Feiern gingen zahlreiche Arbeiter aus sich heraus, sie überschritten die engen Grenzen, die um sie gezogen waren, sie verausgabten sich. Das machten sie auch während der Arbeit, wenn sie unter Tage ihre anstrengende Tätigkeit verrichteten, mit nacktem Oberkörper oder auch nur mit einer Art Lendenschurz versehen, wenn sie mit ihren Kameraden ihre ganzen Kräfte und ihren ganzen Körper einsetzen mußten, auch dabei aus sich herausgingen und sich verausgabten. Die Kirmessen und die Tanzlustbarkeiten waren Fortsetzungen dieser Art zu arbeiten, sie bedeuteten Kontinuität körperlicher Anstrengung, Gemeinsamkeit und auch Gewalt; sie waren jedoch im Gegensatz zur Arbeit nicht den Blikken des Bürgertums entzogen, sondern fanden öffentlich statt und erregten deshalb Argwohn.

Das spricht etwa aus einem Rundschreiben des Berliner Innenministeriums, das vor Veranstaltungen in sogenannten Tingel-Tangel-Wirtschaften warnte, da diese durch den frivolen oder zweideutigen Inhalt des Vorgetragenen dazu führten, „die Sinnlichkeit der Zuhörer zu reizen und dadurch den Sinn für Recht und Ordnung nur untergraben".[90] Dieser direkte Zusammenhang zwischen Sinnlichkeit, die es zu unterdrücken galt, und Ordnung, die zu verteidigen war, findet sich auch im Bericht eines Arztes, der zum gemeinsamen Baden der Bergleute nach Ende der Schicht Stellung nimmt. Hierbei waren diese bekanntlich unbekleidet zusammen in der Waschkaue und wuschen sich gegenseitig den Rücken, da anders der Schmutz nicht zu entfernen war. In seinen Augen müsse es als eine Folge davon angesehen werden, daß bei den im Alter von 17 bis 20 Jahren stehenden halbwüchsigen Jungen das Schamgefühl geschwunden sei, bei ebenden Jungen also, die – wie er anmerkte – „die Helden des Streiks" von 1889 gewesen seien.[91]

Der Zusammenhang zwischen Schamgefühl und Streikverhalten wird sicher nicht so eng und linear gewesen sein, wie dieses Zitat es nahelegt. Die Erfahrung gemeinsamer Körperlichkeit, auf die bereits im Abschnitt über die Arbeitsbedingungen hingewiesen wurde, dürfte gleichwohl eine große

Bedeutung gehabt haben, wenngleich sie sich noch nicht näher fassen läßt. In dem Kontinuum gemeinsamer Anstrengungen und Erfahrungen sowie gemeinsamer Körperlichkeit und – im wörtlichen Sinne – hautnaher Kontakte, die die Arbeits- und Lebensbedingungen der Bergleute prägten, sowie in den informellen Strukturen und Sozialbeziehungen lassen sich jedoch Elemente einer Arbeiterkultur erkennen, die kaum schriftliche oder sichtbare Verfestigungen hinterlassen hat; gerade im Ruhrgebiet war sie nicht weniger wichtig als die Lesezirkel, Bibliotheken, Zeitungen etc., die gemeinhin diesen Begriff füllen. Diese Arbeiterkultur bildete den Hintergrund von Befürchtungen, die immer wieder vom Bürgertum und den Verwaltungen geäußert wurden und die sich auf drei Motive zurückführen lassen: die Angst vor Sinnlichkeit und einer auch körperlich erfahrenen Gemeinsamkeit; die Angst vor einem Zusammenleben und einem Teilen von elementaren Lebensäußerungen, wodurch die Unterschiede zwischen privat und öffentlich zu verwischen drohten; und die Angst vor einem Verlust informeller Mechanismen sozialer Kontrolle.

Es hat nicht an Versuchen von Zeitgenossen gefehlt, diese Kontrolle auf anderen Wegen zu etablieren und eine bessere ‚moralische Versorgung‘ der arbeitenden Bevölkerung zu erreichen. Der Bürgermeister von Bochum ließ – wie erwähnt – einen öffentlichen Stadtpark errichten, der nicht nur von den besser situierten Ständen, sondern auch durch die oft zahlreichen Glieder der Arbeiterfamilien benutzt werden sollte; er hoffte, durch diesen direkten Kontakt der verschiedenartigsten Stände könne der Verrohung und Verwilderung moralisch verkommener Personen ein Damm und eine Schranke gesetzt werden, die ,,in Betreff der moralischen Versorgung‘‘ nur wohltätig wirken könnten.[92] Als Ersatz für die verbotene Kirmes veranstaltete der Gemeinderat von Hamborn 1910 ein Volksfest, durch das den einzelnen Vereinen und insbesondere der Jugend die Gelegenheit geboten werden sollte, ,,ihr Können auf den verschiedensten Gebieten wie Gesang, Spiel und Sport sowie in einer prächtigen Parade öffentlich zu zeigen‘‘ und auch ein Hoch auf den Kaiser auszubringen.[93]

Auch andernorts hat es an der ,,Förderung gesunder Volksunterhaltungen‘‘ nicht gefehlt; es wurden Unterhaltungsabende sowie Jugend- und Volksspiele durchgeführt, Bibliotheken eingerichtet usw., doch diese Versuche waren ,,nicht überall von dem wünschenswerten Erfolg begleitet gewesen‘‘.[94] Das hat jedoch die Bestrebungen, auch den Arbeitern die Errungenschaften der ,,fortgeschrittenen Kultur‘‘ beizubringen, nicht aufhalten können, und es hat auch die Annahme nicht erschüttert, durch geeignete ‚Erziehungsmaßnahmen‘ ließen sich die beklagten Zustände und schließlich die Arbeiterfrage selbst lösen.

Im Mittelpunkt aller Anstrengungen stand dabei die Wohnungsfrage. Hier blieben die Aktivitäten allerdings nicht auf sozialfürsorgerische und erzieherische Maßnahmen beschränkt; der Versuch, die Lebensverhältnisse der Arbeiter nach eigenen Vorstellungen umzuformen, stützte sich vielmehr in erster Linie auf Polizeiverordnungen, gesetzliche Vorschriften und staatliche Zwangsmaßnahmen. Auf der bereits erwähnten Konferenz, die 1887 in Düsseldorf zur Untersuchung der Wohnungsverhältnisse stattgefunden hatte, war u. a. argumentiert worden: ,,Das Wohnungsbedürfnis ist an sich biegsamer und elastischer wie das Nahrungsbedürfnis. In schlechten Zeiten schränkt sich der Arbeiter zuerst und zumeist in der Wohnung ein. Er wohnt lieber schlecht und ungesund, als daß er sich am Essen oder gar am Trinken etwas abzieht.''[95] Die Art zu wohnen war dieser Argumentation zufolge nur bedingt eine Folge materieller Not, sie wurde vielmehr als Ergebnis der freien, allerdings unvernünftigen Entscheidung der Arbeiter dargestellt, und so erschien es aus dieser Sicht nur folgerichtig, Polizeiverordnungen zu erlassen, um die Arbeiter zu besserer Einsicht zu erziehen und zu ihrem Glück zu zwingen.

In einer anderen Untersuchung ging die Argumentation einen Schritt weiter; es wurde festgestellt, daß die ,,himmelschreienden Zustände'' nicht auf verarmte Familien beschränkt seien, sondern sich auch bei Arbeiterfamilien fänden, ,,deren Vermögensverhältnisse, soweit dies im Rahmen der bestehenden Verhältnisse möglich ist, fast durchweg ein geordnetes Familienleben gestatten würden''. Doch dazu fehle ihnen die erforderliche sittliche Reife sowie die Selbstachtung, und selbst das Menschheitsbewußtsein wurde ihnen abgesprochen, was insgesamt die ,,Folge verkehrter Erziehung'' sei. Trete hier eine Änderung ein, dann würden sie ,,begreifen lernen, daß der Daseinszweck, auch eines Arbeiters, viel edlere Ziele hat, als den der Befriedigung sinnlicher Begierden, tierischer Instinkte''.[96]

Die Wortwahl erinnert an die weiter oben wiedergegebenen Zitate, doch die Stoßrichtung derartiger Urteile war eine andere: hier wurden nicht nur als bedrohlich empfundene Zustände beschworen, sondern es wurde zugleich ein Ausweg aufgezeigt, der es ermöglichte, die Arbeiterfrage zu einer Erziehungsfrage umzudefinieren. Dadurch wurde ihr das politische Gewicht abgesprochen und gleichzeitig dem Bürgertum eine zivilisatorische Aufgabe übertragen, die die politische Auseinandersetzung auf eine andere Ebene hob. Wichtig für den Erfolg war nicht numerische Stärke, die bei den Arbeitern lag, wichtig war vielmehr die moralische Überlegenheit, die das Bürgertum sich selbst zuschrieb. Erforderlich war nicht eine Reform oder gar eine revolutionäre Umgestaltung der kapitalistischen Verhältnisse, erforderlich waren aus dieser Sicht vielmehr Anstrengungen mit dem Ziel, die Arbeiter zu erziehen und zu zivilisieren.

Die Erziehungsversuche nahmen mannigfache Formen an; im Mittelpunkt standen die zahlreichen Polizeiverordnungen, die bereits ausführlich besprochen wurden. Diese stießen jedoch immer wieder auf Grenzen: die materielle Unterversorgung ließ sich nicht auf dem Verordnungswege beheben; der örtliche Mittelstand befürchtete einen Eingriff in den Gang seiner Geschäfte, und die Arbeiter schließlich wußten den ihnen entgegengebrachten zivilisatorischen Eifer nicht recht zu würdigen, zumal die durchgeführten pädagogischen Maßnahmen nicht immer überzeugend waren.[97] So berichtete der Bottroper Amtmann im Jahre 1900 von polizeilichen Bemühungen „bezüglich des Lüftens der Wohnungen", die nur wenig Erfolg gehabt hätten, denn die Leute wollten „den gesundheitlichen Nutzen nicht anerkennen und schlagen deshalb die polizeilichen Maßnahmen in den Wind".[98]

Die Stadt Essen, die als der „klassische Ort der preußischen Wohnungsinspektion" bezeichnet wurde, ging systematischer vor.[99] Sie hatte als erste preußische Stadt 1899 eine Wohnungsinspektion eingeführt, die anfänglich von einem, dann (ab 1906) von drei Inspektoren durchgeführt wurde. Für jedes neu untersuchte Haus wurde seit 1905 ein Hausbogen aus Millimeterpapier angelegt, auf den von den Inspektoren der Grundriß des untersuchten Hauses skizziert wurde. Zusätzlich wurde für jede Wohnung je eine Karte angelegt, auf der die unveränderlichen Bestandteile der untersuchten Wohnung (mit Tinte) und die veränderlichen (mit Bleistift) eingetragen wurden.[100] Mit Hilfe dieser Unterlagen ließ sich die Tätigkeit der Wohnungsinspektoren, die „geradezu als Mission" aufgefaßt wurde,[101] überaus effektiv durchführen. Der „unveränderte Rahmen der Haus- und Zimmermaße" lag fest,[102] es galt nur noch, die jeweilige Bewohnerzahl nachzutragen, die Nutzung der Zimmer zu kontrollieren, darauf zu achten, ob Eltern und Kinder nach Geschlecht getrennt schliefen, oder auch die Sittenpolizei zu benachrichtigen, wenn es festzustellen galt, ob eine Frau bereits geschieden oder ob ein Zuwanderer in Rußland noch verheiratet war.[103]

Mit diesem System ließ sich „tief in die Familiengewohnheiten eingreifen", was die Erziehungsaufgabe erleichterte, aber auch den Widerwillen der Kontrollierten hervorrief.[104] Zudem verursachte es, sehr zum Ärger der Hausbesitzer, Kosten, so daß in den ersten drei Jahren über die Hälfte aller Beanstandungen der Polizei übergeben werden mußten, da sich die Betroffenen hartnäckig weigerten, den Anordnungen des Wohnungsinspektors freiwillig nachzukommen. Dieser Prozentsatz ging zurück, ohne daß sich allerdings feststellen läßt, ob die Anordnungen akzeptiert oder ob die angelegten Maßstäbe, die ohnehin als „sehr gering" bezeichnet wurden, weniger streng gehandhabt wurden.[105]

Das Essener System erwies sich als eine Ausnahme; in anderen Städten blieben diese und andere Versuche einer Kombination von Wohnungsreform und Erziehungsaufgabe weitgehend wirkungslos, und „infolge der starken Widerstände seitens der an einer Entwicklung des Bauwesens in der bisherigen Form interessierten Kreise" konnten nur „schwache Anfänge einer Besserung der vorhandenen Mängel" erreicht werden.[106] Die zivilisatorische Mission der Reformer scheiterte vor allem an Profitüberlegungen. Die Durchsetzung ihrer Vorstellungen hätte nicht nur weitreichende Eingriffe in den Alltag der Arbeiter mit sich gebracht, sondern auch den Gang der Geschäfte gestört, und diese sollten möglichst unbeeinträchtigt bleiben.[107]

Die Missionsbestrebungen scheiterten aber auch an der ablehnenden Haltung der Arbeiter. Diese konnten – eine leidvolle Erfahrung manch missio-

narischer Tätigkeit – nicht das rechte Verständnis für die Aufklärungsbemü-
hungen entwickeln, die man ihnen angedeihen lassen wollte. Sie waren und
blieben auf informelle Beziehungen und familiale Strukturen angewiesen,
und sie hielten daran fest.

Den Bemühungen der Reformer war so nicht der gewünschte Erfolg beschieden; ihre Pläne waren vielfach in bester Absicht formuliert worden,
und sie waren zweifellos in vielen Fällen ein Ausdruck ehrlich gemeinter
Bemühungen, die soziale Lage der Arbeiter zu verbessern. Die karitativen
und sozialpolitischen Zielsetzungen waren jedoch verknüpft mit einem zivilisatorischen Sendungsbewußtsein, das den Blick für eine genauere Analyse
der Lebensbedingungen der Arbeiter verstellte. Die Beschreibungen blieben
plakativ, und an die Stelle der Analyse traten Überwachung und Reglemen-
tierung. Wenn auch die gesetzten Ziele nicht erreicht wurden und die materiellen Verbesserungen äußerst begrenzt blieben, so waren die Bemühungen
der Reformer auf eine andere Weise jedoch überaus erfolgreich: sie trugen
dazu bei, bestimmte Vorstellungen über die Arbeiter und deren Lebensverhältnisse zu schaffen bzw. zu verfestigen – Vorstellungen, die diese in einer
anderen, in einer minderwertigen Welt ansiedelten.

Es gab keine nennenswerten Versuche, eine andere Sichtweise zu entwik-
keln, und folglich auch keine Konzepte, die versucht hätten, an die informellen Strukturen anzuknüpfen und die im Alltag bewiesene Handlungsfähigkeit der Arbeiter nutzbar zu machen. Es herrschte vielmehr Konsens darüber, daß versucht werden müsse, die Arbeiter durch zivilisatorische Maßnahmen aus ihrer Welt herauszuführen und sie zu vollwertigen Mitgliedern
der bürgerlichen Gesellschaft zu machen. Ihre Welt mußte überwunden und
möglichst vollständig beseitigt werden – was ja auch in vielfacher Hinsicht
gelungen ist.

V. Lohn der Mühen

Die Diskussion um die materiellen Lebensbedingungen der Arbeiter nimmt in historischen Untersuchungen einen breiten Raum ein. Das ist verständlich, denn die Höhe des Lohnes, die Kosten der Lebenshaltung, die Absicherung gegen die Folgen von Krankheit oder Unfällen und die Altersvorsorge prägten ganz entscheidend ihre Lebensbedingungen und Handlungsmöglichkeiten. Die so einfach klingende Frage jedoch, was ein Arbeiter eigentlich verdient hat, ist trotz ihrer Bedeutung und trotz des großen Interesses, das sie bei Historikern gefunden hat, kaum oder allenfalls mit großen Schwierigkeiten zu beantworten. Für diese Schwierigkeit gibt es methodologische Gründe; darüber hinaus ist gerade zu diesem Bereich die Überlieferung unzureichend und nur mit vielfachen Einschränkungen zu interpretieren. [1]

Vor allem in England ist die Frage des ‚standard of living‘ und im Zusammenhang damit das Problem der Arbeiteraristokratie ausführlich untersucht und diskutiert worden. [2] Die ‚Optimisten‘ suchten eine Verbesserung der materiellen Verhältnisse nachzuweisen, während die ‚Pessimisten‘ die gegenteilige These vertraten. Als entscheidender Indikator galt lange Zeit die Lohnentwicklung, doch in zunehmendem Maße wurde die Bedeutung anderer Faktoren wie Wohnungssituation, Ausbildungsmöglichkeiten, soziale Stellung etc. hervorgehoben, die allerdings einer quantitativen Analyse kaum noch zugänglich sind. Die Verlagerung des Schwerpunktes wird vor allem bei der Diskussion um die ‚labour aristocracy‘ deutlich, die zunehmend von Begriffen bestimmt wird, die für eine im engeren Sinne ökonomische Analyse sekundär waren: Freizeitverhalten, Kleidung, Wohnungseinrichtung, Vereinszugehörigkeit etc. [3]

Die einzelnen Entwicklungen und Positionen der ‚standard of living‘-Debatte lassen sich kaum noch nachvollziehen, und es ist auch nicht möglich, ein allgemein akzeptiertes Ergebnis zu nennen. In den letzten Jahren wurden nun zahlreiche Versuche unternommen, exakt quantifizierte statistische Unterlagen zu Fragen des Lohnes und der Lebenshaltungskosten zu erstellen, um die Debatte jenseits aller politischen Auseinandersetzungen auf eine objektivere Grundlage zu stellen, so daß etwa Vergleiche zwischen verschiedenen Arbeitergruppen mit einer größeren Genauigkeit möglich sein sollen. Eine große Rolle spielen dabei Reallohnkurven, die auf nachträglich ermittelten Warenkörben aufbauen, sowie vor allem Haushaltsrechnungen, die Ausgaben und Einnahmen von Familien detailliert aufschlüsseln. In vielen Fällen jedoch täuschen sie eine Exaktheit vor, die einer genaueren Überprüfung nicht standhält. [4]

Sie beziehen sich nur selten auf ungelernte Arbeiter und deren Familien; sie berücksichtigen die Phasen von Krankheit und Arbeitslosigkeit nur unzureichend, und es fällt überaus schwer, den Lebenszyklus eines Arbeiters bzw. seiner Familie zu erfassen. Bekannt ist, daß nur wenige Arbeiter im Kaiserreich eine kontinuierliche, das ganze Jahr währende Beschäftigung hatten, selbst Facharbeiter waren häufig arbeitslos. Jenseits des 40. Lebensjahres waren die Kräfte von Arbeitern weitgehend aufgebraucht, und sie fanden nur mit Mühe eine Anstellung, ohne jedoch bereits Anspruch auf eine Rente zu haben.[5]

Selbst wenn diese Probleme einer quantitativen Erfassung der materiellen Gegebenheiten gelöst werden könnten – was kaum möglich scheint –, bleibt weiterhin die Frage offen, nach welchen Parametern der Lebensstandard oder – wie es nicht zufällig seit einiger Zeit heißt – die Lebensqualität beurteilt werden soll. In Anbetracht dieser technischen und methodologischen Probleme sollen im folgenden nur zwei begrenzte Ziele verfolgt werden. Zum einen sollen vorhandene Daten zusammengetragen werden, um zu einer Charakterisierung der materiellen Lebensbedingungen der Ruhrbergleute zu kommen. Darüber hinaus sollen die Zahlen ansatzweise mit entsprechenden Angaben über Arbeiter der Metall- und Eisenindustrie des Ruhrgebiets verglichen werden, um dann erörtern zu können, ob sich hieraus wesentliche Erklärungen für das unterschiedliche Verhalten der Arbeiter in diesen beiden Industriezweigen ergeben.[6]

1. Löhne und Arbeitszeit

Die Entwicklung der Löhne geht aus Tabelle 2 und Tabelle 6 hervor.[7] Der durchschnittliche Jahreslohn war von 1886 bis 1913 von 772 Mark auf 1775 Mark angestiegen. Die mit Abstand am besten bezahlten Bergleute waren die Gesteins- und Kohlenhauer, deren Lohn von 848 Mark auf 2088 Mark angestiegen war. Es folgten die sonstigen unterirdisch beschäftigten Arbeiter und dann erst die Tagesarbeiter, deren relativ hoher Jahresverdienst sich allerdings in erster Linie aus ihrer hohen Schichtzahl erklärt, worauf Tabelle 6 hinweist, die zugleich die durchschnittlichen Schichtlöhne der einzelnen Gruppen angibt. Die Schichtlöhne spiegeln auch in etwa die konjunkturelle Entwicklung wieder: die Depression der 1880er Jahre, die gegen Ende des Jahrzehnts von einem Aufschwung abgelöst wurde, der allerdings Anfang der 1890er Jahre wieder nachließ. Eine Verbesserung setzte 1896/97 wieder ein, doch sie brach kurz nach der Jahrhundertwende erneut ab, um 1905 und dann noch einmal nach 1910 einzusetzen.[8]

Die Anzahl der verfahrenen Schichten, die einen großen Einfluß auf den Verdienst hatte, ist nur mit Schwierigkeiten zu interpretieren; sie schwankte z. B. bei den Hauern, der wichtigsten Berufsgruppe im Bergbau, zwischen 288 (1902) und 323 im Jahre 1913, wohinter sich unterschiedliche Entwick-

lungen und Faktoren verbergen.[9] Zum einen sind darin Überschichten ent-
halten. Diese dauerten nur selten so lange wie eine volle achtstündige
Schicht, sondern zwei, vier oder auch sechs Stunden. In den vorliegenden
Unterlagen sind diese viertel oder halben Schichten jedoch auf ganze Schichten umgerechnet, was zwar glatte Zahlen, aber auch ein falsches, geglättetes
Bild ergibt.[10] Hinzu kommt, daß Feierschichten in Zeiten schlechten Absatzes, die vor allem in den Sommermonaten häufiger vorkamen, gegen
Überschichten in anderen Monaten aufgerechnet wurden, so daß statistisch
gesehen ein Bergmann keine Sonderschicht verfuhr, wenn z. B. die 20 vier-
stündigen Sonderschichten der Wintermonate gegen die zehn Feierschichten
aufgerechnet wurden, die er im Sommer auf Geheiß der Zeche einlegen
mußte. Eine noch größere Verzerrung ergab sich allerdings dadurch, daß in
der globalen Statistik erkrankte Bergleute nicht berücksichtigt sind und daß
Feierschichten und Überschichten gegeneinander aufgerechnet wurden. So
gab z. B. die Zeche Prosper I im Jahre 1896 an, es seien nur 9 468 ,,wirkliche''
Überschichten verfahren worden – sie hatte von den tatsächlich verfahrenen
26 071 die 16 603 Feierschichten abgezogen, die vielfach von Junggesellen
verfahren wurden, die nicht für eine Familie zu sorgen hatten und deshalb
mit einem geringeren Verdienst auskommen konnten.[11]

Die Haltung der Bergleute in der Frage der Überschichten war zwiespäl-
tig. Auf der einen Seite lehnten sie diese ab, da ihre Arbeit ohnehin anstrengend genug war; andererseits jedoch konnten sie den zusätzlichen Verdienst
gut gebrauchen, vor allem dann, wenn eine Familie zu ernähren war. In den
Jahren guter Konjunktur und hoher Löhne jedoch waren sie auf diese überaus kräftezehrende Möglichkeit, ihren Lohn zu erhöhen, kaum angewiesen,
und es kam häufiger vor, daß sie sich weigerten, Überschichten zu verfahren.[12] In einem Bericht an das Oberbergamt vom Oktober 1889 wurde
festgestellt, ,,daß mit Ausnahme der Reparaturhauer, die Belegschaften im
allgemeinen nicht geneigt sind, Überschichten zu verfahren und daß sie (. . .)
einer dahinzielenden Aufforderung voraussichtlich nicht Folge geben würden'' – eine Weigerung, die überaus verständlich ist, wurden doch für Überstunden keinerlei Zuschläge gezahlt.[13]

Die Zechen ihrerseits waren gerade in diesen Jahren an zahlreichen Überschichten interessiert, um dadurch eine höhere Förderung zu erzielen, die
bei der gestiegenen Nachfrage mit gutem Gewinn abgesetzt werden konnte.
So häuften sich gerade in den Phasen guter Konjunktur die Beschwerden,
daß Bergleute zum Verfahren von Überschichten gezwungen würden.[14]
Streng juristisch gesehen war dies zwar nicht möglich, faktisch allerdings
konnte es auf vielfache Art und Weise durchgesetzt werden. Ein verbreitetes
Verfahren bestand darin, Bergleuten, die sich weigerten, länger zu arbeiten,
die Ausfahrt zu verwehren. Sie mußten dann unten bleiben, bis ihre Kameraden die Arbeit beendet hatten, wenn sie nicht versuchten, auf meist mühsamen Wegen doch noch nach oben zu gelangen. Auf der Zeche Kaiser bei
Barop z. B. ging man bis 1900 folgendermaßen vor: Bergleute, die sich gegen

eine Überschicht ausgesprochen hatten, konnten nur von einer Stelle am Schacht I ausfahren, die in 196 Meter Tiefe lag. Arbeiteten sie an anderen, zum Teil erheblich tiefer und weit entfernt liegenden Stellen, so mußten sie unter Tage zu Fuß zum Schacht I gehen und nach oben klettern, was sehr anstrengend und gefährlich war. Von anderen Zechen liegen vergleichbare Berichte vor, und dieses Verfahren war so verbreitet, daß der Handelsminister das Oberbergamt aufforderte, derartige Praxen strafrechtlich zu verfolgen.[15] Es konnte vorkommen, daß Bergleute, die sich weigerten, eine Überschicht zu verfahren, vom Betriebsdirektor einzeln ,vorgenommen' wurden; andere mußten mit Benachteiligungen wie etwa der Verlegung an einen schlechteren Arbeitsplatz rechnen. Die Klagen über erzwungene zusätzliche Arbeitszeit rissen jedenfalls nicht ab, und sie spielten auch in den großen Streiks der Bergleute eine wichtige Rolle, wie überhaupt die Frage der Arbeitszeit ein zentraler Punkt in den Auseinandersetzungen mit den Zechenbesitzern war.[16]

Neben der Forderung nach höherem Lohn, die an erster Stelle stand, forderten die Bergleute im Streik von 1889 die ,,Abschaffung der Überproduktion durch über acht Stunden dauernde Arbeitszeit", die Abschaffung ,,der Überarbeit von ¼ bis ½ oder ganzer Schichten", und sie verlangten statt dessen die Wiedereinführung der ,,üblich gewesenen achtstündigen Schicht einschließlich Ein- und Ausfahrt".[17] Beim Streik von 1905 war die Lohnfrage auf die fünfte Position gefallen; an erster Stelle wurde nun eine ,,achtstündige Schichtzeit einschließlich Ein- und Ausfahrt" gefordert. Sonntags- und Überschichten sollten ,,nur zur Rettung von Menschenleben, bei außerordentlichen Betriebsstörungen und bei Schachtreparaturen" zulässig sein – Forderungen, die auch 1912 wieder erhoben wurden.[18]

Die große Bedeutung dieser Forderungen erklärt sich zum einen aus dem Interesse der Zechenbesitzer, durch zusätzliche Schichten die Produktion zu erhöhen, was angesichts des nahezu durchgängigen Mangels an qualifizierten Bergleuten zu Lasten der einzelnen Arbeiter ging. Vor allem aber erklärt sie sich aus Veränderungen im Untertagebetrieb, die sich mit der Inbetriebnahme der neuen, größeren Schachtanlagen ergeben hatten.[19]

Die neuen Zechen waren bedeutend weiträumiger angelegt, und ihre Belegschaften zählten bedeutend mehr Arbeiter als die älteren Bergwerke. Hier dauerte es länger, bei der Ein- und Ausfahrt die Bergleute unter Tage bzw. wieder aus der Grube herauszubringen, und diese benötigten mehr Zeit, um vom Schacht zu ihrer Arbeitsstelle zu gelangen. Im Streik von 1889 forderten sie deshalb, ,,was wir von unseren Vätern ererbt haben, nämlich die achtstündige Schicht".[20] In Verhandlungen mit dem Vertreter des Bergbau-Vereins Hammacher wurde vereinbart, daß die Verwaltung der Steinkohlengruben im Oberbergamtsbezirk Dortmund ,,ihre Bergleute künftighin über die normale achtstündige Schicht hinaus nicht arbeiten" lassen dürften.[21] In die achtstündige Normalschicht sollte zwar der Weg vom Schacht zur Arbeitsstelle und zurück, nicht jedoch die Einfahrt wie die Ausfahrt miteingerechnet werden, die in der Regel nicht länger als eine halbe Stunde dauern sollten. Der Vereinbarung zufolge waren ,,Einfahrt und Ausfahrt so zu ordnen, daß der Bergmann nicht länger als acht Stunden unter Tage bleibt".[22] In den folgenden Jahren wurde diese Übereinkunft jedoch zusehends ausgehöhlt, und die einzelnen Zechenverwaltungen versuchten, ,,die Seilfahrtszeit und damit die Schichtzeit – nicht selten in fast unmerklicher Weise und ganz allmählich – zu verlängern".[23]

Der unmittelbare Anlaß für den Streik von 1905, der von der Zeche Bruchstraße seinen Ausgang nahm, war der Versuch der dortigen Direktion, durch eine Neuregelung der Seilfahrtszeiten die Arbeitszeit zu verlängern. Sie gab in einem Anschlag bekannt: ,,Die Zeit der Seilfahrt wird dahin geändert, daß in der Regel die Anfahrt eine Stunde vor Beginn der Schicht, die Abfahrt nach Ende der Schicht erfolgt."[24] Die heftige Reaktion der Bergleute auf diese Ankündigung schien ihr unverständlich, war doch – wie von Unternehmerseite festgestellt wurde – die Verlängerung der Ein- und Ausfahrtszeit ,,in dem dort zur Einführung bestimmten Umfange von einer Stunde auf fast allen größeren Anlagen"[25] bereits eingeführt. Gegen diese schleichende, zum Teil unmerkliche Einführung einer längeren Arbeitszeit kämpften die Bergleute im Streik von 1905, und sie hatten Erfolg. Die Berggesetznovelle vom 14. Juli 1905 begrenzte die Gesamtschichtdauer einschließlich Ein- und Ausfahrt auf achteinhalb Stunden. Die übliche ,,regelmäßige Arbeitszeit" von acht Stunden Dauer durfte durch die Ein- und Ausfahrt um nicht mehr als eine halbe Stunde verlängert werden. Eine etwaige längere Dauer der Ein- und Ausfahrt war auf die Arbeitszeit anzurechnen.[26]

Zusätzlich zu dem Problem, die tatsächliche Arbeitszeit festzustellen, Über- und Nebenschichten aus den Statistiken herauszufiltrieren und den Umfang von freiwilligen oder erzwungenen Feierschichten zu bestimmen, um effektive Lohnsteigerungen von Lohnsteigerungen durch Mehrarbeit trennen zu können, bestand im Bergbau eine weitere Schwierigkeit, die sich aus den starken Lohnschwankungen ergab. Die Kohlen- und Gesteinshauer sowie der überwiegende Teil der anderen Untertagearbeiter wurden im Akkord bezahlt, der jeweils zu Monatsbeginn in Verhandlungen mit dem Steiger festgesetzt wurde. Dabei waren beide Seiten bestrebt, eventuell anfallende Probleme und Schwierigkeiten in ihre Kalkulation einzubeziehen, doch das war nur in Grenzen möglich. Der wechselnde Gebirgsdruck, die unterschiedliche Beschaffenheit des Gesteins, Änderungen in der Wetterführung und andere Faktoren konnten unerwartet die Arbeit erschweren und dadurch den Verdienst senken, sie konnten sie aber auch erleichtern und zu einem höheren Schichtlohn führen.[27]

Wichtig war auch das gegenseitige Verständnis innerhalb der Kameradschaften sowie das Wohlwollen des Steigers, der bei der Festsetzung des Gedingelohnes sowie durch die Verteilung der Arbeitsplätze großen Einfluß auf die Verdienstmöglichkeiten hatte. So schwankte z. B. im Revier des Stei-

gers Nieswand auf der Zeche Prosper II im April 1906 der Schichtlohn der
Kohlenhauer zwischen 5,05 Mark und 6,20 Mark, so daß z. B. F. Schwetz,
dessen Kameradschaften im Ort 4 des Flözes Prosper 6 arbeitete, nach 26
Schichten 131,36 Mark ausbezahlt erhielt, während der Verdienst von
W. Wawczetny im Ort 3 desselben Flözes nach 27,5 Schichten 170,54 Mark
und der von C. Lanczek nach allerdings 31 Schichten 192,25 Mark betrug.
Auf das Jahr umberechnet hätte F. Schwetz damit 1576 Mark verdient und
W. Wawczetny 2046,48 Mark, während sich der Verdienst von C. Lanczek
nicht hochrechnen läßt, da er kaum in der Lage gewesen sein dürfte, über
eine längere Zeit derart viele Schichten zu verfahren. Zum Vergleich: in
demselben Jahr lag der durchschnittliche Schichtlohn eines Hauers bei 5,28
Mark und der durchschnittliche Jahresverdienst bei 1664 Mark.[28]

Nun hat es zahlreiche Faktoren gegeben, die zu einer Angleichung der
Löhne führten, doch diese Zahlen zeigen, wie hoch die Unterschiede selbst
innerhalb eines Reviers sein konnten. In dem hier genannten Fall spielten
vermutlich unterschiedliche Gebirgsverhältnisse eine große Rolle, wie sich
an der Gedingeregelung erkennen läßt: im Ort 3 wurden pro geförderten
Wagen 0,80 Mark und pro Meter aufgefahrener Strecke 1,00 Mark bezahlt,
während die Kameradschaften im nur wenige Meter entfernt gelegenen
Ort 4 dafür 0,95 Mark bzw. 6,00 Mark erhielten. Wichtig war aber auch der
unterschiedliche Arbeitseifer; die Bergleute vor Ort 3 schienen – aus welchen Gründen auch immer – mehr Geld zu benötigen, denn sie verfuhren
zwischen 27,5 und 31 Schichten, während vor Ort 4 ‚nur‘ zwischen 24 und
26 Schichten gearbeitet wurden.[29]

2. Lebensunterhalt

Die angeführten Schwierigkeiten zeigen, mit wieviel Vorsicht die vorliegenden Lohnreihen zu interpretieren sind, deren Durchschnittszahlen all die
genannten Unterschiede nivellieren. Zudem nennen sie nur absolute Zahlen,
die in einem zweiten Schritt mit der Entwicklung der Lebenshaltungskosten
verglichen werden müssen, um interpretiert werden zu können. Dazu liegen
leider nur sehr begrenzte Unterlagen vor. Tabelle 12 gibt die Entwicklung
von Lebensmittelkosten, der durchschnittlichen Jahreslöhne der erwachsenen Bergarbeiter und der Reallöhne für die Jahre von 1886 bis 1912 an. Ihr
zufolge ist das Einkommen stärker angestiegen als die Lebensmittelpreise,
wobei es allerdings zwischenzeitlich zu erheblichen Schwankungen und teilweise auch zu Verschlechterungen im Lebensstandard kam. Das gilt vor
allem für die Jahre 1900 bis 1905, worin eine Ursache für den großen Streik
lag, und es trifft auch für die Jahre vor 1912 zu, die ebenfalls einem Streik
vorangingen.[30]

Haushaltsrechnungen, die es erlauben würden, die Preise zu gewichten,
sind nicht vorhanden. Einen gewissen Ersatz bieten die Berechnungen von

E. Jüngst und G. Steiner (vgl. Tab. 12) sowie von B. Heymann und K. Freudenberg in deren Untersuchung über ,,Morbidität und Mortalität der Bergleute im Ruhrgebiet". E. Jüngst und G. Steiner haben in Anlehnung an Berliner Haushaltsrechnungen den relativen Anteil der Ausgaben für Lebensmittel errechnet, die Entwicklung der Preise im Ruhrgebiet ermittelt und das Ergebnis mit dem durchschnittlichen Jahreslohn verglichen. Von 1886 bis 1919 stieg ihren Berechnungen zufolge die Aufwandziffer für Lebensmittel von 100 auf 128, während der Durchschnittslohn von 100 auf 205 stieg, d. h. es gab einen Anstieg des Reallohns; leider konnten sie jedoch Ausgaben für Mieten und andere Posten nicht ermitteln.[31] Dieses Problem scheint die Aufstellung von B. Heymann und K. Freudenberg zu lösen, die für die Jahre 1909 bis 1922 das Verhältnis von Jahresverdienst und Existenzminimum ermittelt haben und zu dem Ergebnis kommen, daß der Verdienst der Ruhrbergleute durchweg, zum Teil sogar erheblich (1913), über dem Existenzminimum gelegen habe. Doch ihre Angaben sind weniger gesichert als es auf den ersten Blick erscheint, da sie ihre Zahlen in einer Art Mischkalkulation so lange geschüttelt haben, bis ein Durchschnittsbergmann herauskam, der eine pure Fiktion darstellt (Tab. 13).[32]

Sie gehen davon aus, daß auf jeden Bergmann im Durchschnitt 1,5 Kinder entfallen seien, eine Zahl, die nur deshalb so niedrig ist, weil die Bezugsgröße die Gesamtheit aller, d. h. auch der unverheirateten Bergleute ist. Berücksichtigt man nur die verheirateten Bergleute, so erhöht sich die durchschnittliche Kinderzahl auf 2,5. Ebenso haben die Autoren bei der Berechnung des Existenzminimums Junggesellen und Familien miteinander vermischt, so daß dieses z. B. für 1913 23,60 Mark pro Woche bzw. 1230 Mark für das Jahr beträgt. Geht man allerdings von einer Familie mit 2,5 Kindern aus, so resultieren daraus nicht unerhebliche Abweichungen. Zwar liegt auch dann noch der durchschnittliche Jahreslohn auf bzw. über dem Existenzminimum von 1590 Mark, doch das gilt nicht mehr, wenn die einzelnen Arbeitergruppen getrennt betrachtet werden. Mit Ausnahme der Kohlenhauer verdienten verheiratete Bergleute mit Kindern in der Regel weniger als das Existenzminimum; 1909 und 1910 z. B. lag ihr Verdienst etwa 300 Mark bzw. mehr als 20% darunter.[33]

In diesen Zahlen sind die Verdienste der Kinder und der Ehefrauen nicht mitberücksichtigt, die vor allem dann ins Gewicht fielen, wenn ältere Söhne vorhanden waren, die im Bergbau oder in Betrieben der Stahl- und Eisenindustrie arbeiten konnten. Frauenarbeitsplätze hingegen gab es im schwerindustriell geprägten Ruhrgebiet kaum. Die wenigen Stellen als Verkäuferin oder Dienstmädchen waren schnell besetzt und sehr schlecht bezahlt, so daß die Töchter sehr häufig im nahen Münsterland bei Bauern arbeiteten oder sich ihr Geld als ,,Hollandgänger" verdienten und deshalb schon früh das Elternhaus verlassen mußten. Eine nennenswerte Einnahmequelle war allerdings noch die Aufnahme von Schlafgängern, deren weite Verbreitung angesichts dieser Konstellation nur zu verständlich wird.[34]

Diese Feststellung gilt um so mehr, wenn bei der Untersuchung der Reallohn-Entwicklung vom Lebenszyklus der einzelnen Arbeiter ausgegangen wird, denn der Arbeiter, dessen Einkommen von 772 Mark im Jahre 1886 auf 1755 Mark im Jahre 1913 angestiegen war, dürfte kaum mehr sein als ein statistisches Konstrukt. War er z. B. 1886 25 Jahre alt und arbeitete er als Hauer, so lag sein Lohn mit 848 Mark über dem durchschnittlichen Jahreslohn, doch 1913, 27 Jahre später, waren seine Kräfte weitgehend aufgebraucht. Er mag noch als Reparaturhauer oder Förderaufseher unter Tage gearbeitet haben oder aber über Tage, wo er trotz 347 (!) im Durchschnitt verfahrener Schichten mit einem Jahresverdienst von 1510 Mark noch unter dem Existenzminimum lag – sofern er noch Kinder zu versorgen hatte.[35] Viele hatten in diesem Alter jedoch bereits zu arbeiten aufgehört: das durchschnittliche Lebensalter bei Eintritt der Vollinvalidität betrug 1909 im Oberbergamtsbezirk Dortmund 43,1 Jahre. Diese Bergleute waren auf eine Rente angewiesen, die für einen Unfallinvaliden 875,36 Mark betrug. Doch die volle Rente erhielten nur wenige ausbezahlt; der durchschnittliche Betrag lag bei 251,96 Mark bzw. 28,78% der Vollrente.[36] Hinzukommen konnte allerdings noch ein Betrag aus der knappschaftlichen Pensionskasse, der die meisten Bergleute zusätzlich zur gesetzlich vorgeschriebenen Invaliden- und Altersversicherung angehörten. Bis 1900 wurden die unterschiedlichen Renten jedoch voll und danach noch teilweise gegeneinander aufgerechnet, wobei das jeweilige Verfahren angesichts des komplizierten Versicherungssystems allerdings im Einzelfall kaum zu rekonstruieren ist.

3. Das Versicherungssystem

Die Einrichtungen zur Fürsorge für die Bergleute im Falle einer Erkrankung oder eines Unglücks reichten bis weit ins Mittelalter zurück, und sie hatten sich auch innerhalb des Ruhrgebiets zu regional voneinander abweichenden Systemen entwickelt. Eine Vereinheitlichung erfuhren die unterschiedlichen Institutionen und Regelungen durch das Gesetz vom 10. April 1854, betreffend die Vereinigung der Berg-, Hütten- und Salinenarbeiter in Knappschaften. Es schrieb die Einrichtung von Knappschaftsvereinen vor, welche den Zweck hatten, ,,ihren Teilnehmern und deren Angehörigen, nach näherer Bestimmung des Gesetzes, Unterstützungen zu gewähren";[37] zu besonders einschneidenden Veränderungen kam es drei Jahrzehnte später durch die reichsgesetzliche Versicherungsgesetzgebung der 1880er Jahre. Sie führte zur Bildung von vier Institutionen, denen gegenüber Bergleute Ansprüche hatten: Krankenkasse, Pensionskasse, Invalidenversicherungskasse und berufsgenossenschaftliche Unfallversicherung.[38]

a) Krankenkasse

In der Krankenkasse – wie auch in der Pensionskasse – waren die Bergleute
bis nach der Jahrhundertwende in die Klasse der ‚unständigen‘ und die der
‚ständigen‘ Mitglieder aufgeteilt. Zur Klasse der unständigen Mitglieder
zählten mit Ausnahme der Frauen und der Jugendlichen alle Arbeiter, die
gerade mit der Bergarbeit angefangen hatten oder nicht in die höheren (ständigen) Klassen aufrücken konnten. Nach einem Jahr ununterbrochener Beschäftigung, einem Mindestalter von 18 Jahren und einem Höchstalter von
36 Jahren sowie unter der Voraussetzung voller Gesundheit war es möglich,
in die 2. (ständige) Klasse aufzurücken, und nach weiteren zwei Jahren
konnte ein Bergmann, wenn er immer noch „von körperlichen Gebrechen,
die seiner Arbeitsfähigkeit verderblich sein konnten“, frei war, in die
1. Klasse vorrücken.[39] Das Aufrücken in die jeweils höhere Klasse „veranlaßte der Vorstand auf Vorschlag der Werksbesitzer“.[40]

Diese zahlten zwar nur 75% des Betrages, den die Bergleute entrichten
mußten (ab 1908 den gleichen Betrag), stellten jedoch die Hälfte der Vorstandsmitglieder und hatten dadurch einen bestimmenden Einfluß, zumal
noch ein Teil der als Vertreter der Arbeiter gewählten Knappschaftsältesten
von ihnen abhängig war. Das Krankenversicherungsgesetz hatte zwar den
Arbeitern eine ihrer höheren Beitragsleistung entsprechende stärkere Vertretung in den Kassenvorständen eingeräumt, doch das Allgemeine Berggesetz
ermöglichte – wie so oft – auch in diesem Falle eine Ausnahmeregelung, die
den Wünschen der Unternehmer entsprach und ihnen gleiches Stimmrecht
einräumte – konnten doch, wie es in einer zeitgenössischen Untersuchung
hieß, „einem Verbande, der mit Millionen wirtschaftet, nicht überwiegend
Leute vorstehen (...), welche in kleinen Verhältnissen leben und gewohnt
sind, nur mit geringem Geldbetrag zu rechnen“.[41] Ausgestattet mit einer
Stimmenzahl, die es erlaubte, ihnen nicht genehme Vorschläge und Ausgaben zu blockieren, sorgten die Zechenrepräsentanten denn auch dafür, daß
Bergleute, die erkrankten, in den kleinen Verhältnissen verblieben, was vor
allem die unständigen Mitglieder erfahren mußten.

Nach den Vorschriften des Krankenversicherungsgesetzes mußten den
unständigen Mitgliedern 13 Wochen lang Unterstützungsgeld für Arznei-
mittel und Kuren sowie ein Krankengeld bezahlt werden. Das bedeutete
gegenüber der vorherigen Regelung, unter der sie geringere Leistungen über
einen kürzeren Zeitraum erhalten hatten, eine Verbesserung, doch sie standen sich immer noch schlechter als die ständigen Mitglieder, die 24 Wochen
lang unterstützt wurden. Erst eine kaiserliche Verordnung vom November
1904 veranlaßte den widerwilligen Vorstand des Allgemeinen Knappschaftsvereins in Bochum, beiden Arbeitergruppen vom 1. Januar 1905 an für 26
Wochen Unterstützung zu zahlen.[42]

Auch die Berechnung und Höhe des Krankengeldes wurde durch die
Reichsgesetzgebung erheblich beeinflußt. Durch sie wurden die Arbeiter in

Lohnklassen (seit 1890: 13) eingeteilt, die für die Höhe des ausbezahlten Betrages maßgebend waren, während vorher andere Faktoren wie Alter, Dauer der Bergarbeit etc. entscheidend gewesen waren. Im Falle der Erwerbsunfähigkeit wurde vom dritten Tage an ein Krankengeld gezahlt, das die Hälfte des durchschnittlichen Lohnes der jeweiligen Klasse betrug; so erhielt beispielsweise ein Arbeiter der neunten Klasse, mit einem Schichtlohn von 4,20 bis 4,60 Mark, in der Woche 13,20 Mark Krankengeld.[43] Die Forderung der Gewerkschaften, die dreitägige Karenzzeit abzuschaffen und darüber hinaus 75% des Lohnes zu erstatten, blieb ohne Erfolg, trotz aller Unterstützung durch die Bergleute, die auf Grund der hohen Krankenziffern ein elementares Interesse an einer derartigen Verbesserung hatten: im Verlaufe des Jahres 1911 z.B. waren fast 75% aller Untertagearbeiter erkrankt, und die durchschnittliche Krankheitsdauer betrug 24 Tage, wobei allerdings diese Zahlen die Erkrankungen, Verletzungen und Unfälle, die vor Ablauf von drei Tagen abgeheilt waren, nicht berücksichtigen und dadurch zu niedrig liegen.[44]

Im Durchschnitt dürfte diesen Zahlen zufolge ein Bergmann jedes Jahr einen Monat lang auf das Krankengeld angewiesen gewesen sein. Er mußte dann mit der Hälfte des vorher erzielten Verdienstes auskommen – ein Betrag, der sich zusätzlich verringerte, wenn er zur Behandlung in ein Krankenhaus mußte, da in diesem Falle das Krankengeld und die Pflegekosten gegeneinander aufgerechnet wurden. Waren Angehörige zu versorgen, so erhielten diese nur noch ein Viertel des vorherigen Verdienstes, während ledige Bergleute, die gezwungen waren, ein Krankenhaus aufzusuchen, kein Einkommen mehr hatten; Krankengeld erhielten sie nur, wenn sie als Kostgänger in einer Familie wohnten und von dieser gepflegt wurden. Den Bewohnern von Ledigenheimen hingegen war vorgeschrieben, ein Krankenhaus aufzusuchen.[45]

Durch das niedrige Krankengeld wurde jede Erkrankung zu einem doppelten Unglücksfall. Zusätzlich zum körperlichen Schaden mußte noch eine materielle Verschlechterung in Kauf genommen werden, die unabhängig von gesundheitlichen Überlegungen eine möglichst baldige Wiederaufnahme der Arbeit nahelegte. Wenn dieser Zwangs- und Strafcharakter des Krankengeldes der Knappschaft nicht einschneidend genug zu sein schien, wurde die Überweisung in ein Krankenhaus als ,,ein geeignetes und oft angewandtes Mittel" eingesetzt, um vermeintliche Simulanten durch Wegfall des Einkommens zu disziplinieren.[46] Zusätzlich waren seit 1893 noch besondere Krankenkontrolleure angestellt, die allerdings unter Vertuschung des eigentlichen Sachverhaltes – worin das Amtsdeutsch ja eine gewisse Tradition hat – die Bezeichnung ,,Vertrauensleute" erhielten.

b) Unfallversicherung

Am 1. Oktober 1885 trat das Unfallversicherungsgesetz in Kraft. Dieses gewährleistete, daß die Zechenbesitzer im Falle eines Arbeitsunfalles die

Kosten für die Behandlung übernehmen und für die Dauer der Arbeitsunfähigkeit ein Invalidengeld bzw. eine Rente bezahlen mußten. Im Rahmen der
vorher geltenden Regelung war keine Unterstützung gezahlt worden, wenn
der Unfall auf grobes Verschulden des Verunglückten selbst zurückgeführt
wurde. Da diese selbst den Nachweis ihrer Unschuld antreten mußten, der
häufig nur schwer zu erbringen war, mußten die Ansprüche „in sehr vielen
Fällen in langen und erbitterten Prozessen durch alle Instanzen des ordentlichen Rechtsweges hindurch" verfochten werden – zum Nachteil der Bergleute, die dadurch lange Zeit ohne Unterstützung blieben.[47]

Wurde ihnen vor Gericht eine Rente zugesprochen, so konnte das einen
Pyrrhus-Sieg bedeuten, wenn sie zur Zeit des Unfalls noch jung waren oder
nur wenige Berufsjahre hatten, da deren Anzahl die Höhe der Rente bestimmte. Beide Vorschriften wurden durch das neue Gesetz beseitigt. Fortan
waren nur die Unfälle, die vom Beschädigten vorsätzlich herbeigeführt wurden, nicht entschädigungspflichtig, und die Höhe der Invalidenrente richtete
sich ausschließlich nach dem letzten Jahresverdienst: eine Vollrente betrug
zwei Drittel des letzten Jahresverdienstes, wobei allerdings der 1200 Mark
(seit 1900: 1500 Mark) überschreitende Betrag nur zu einem Drittel angerechnet wurde. Gegen diese, in seinen Augen zu weite Fassung des Gesetzes
hatte der von den Unternehmern dominierte Allgemeine Knappschaftsverband protestiert, denn die Zechenbesitzer wollten die Kosten niedrig halten.[48] Vor allem im Ruhrgebiet befürchteten sie wachsende Ausgaben, da es
hier, wie sie nur zu genau wußten, überaus gefährlich war, auf ihren Zechen
zu arbeiten.

Auf den Zechen des Ruhrgebiets ereigneten sich mehr Unfälle als in anderen deutschen Bergbaurevieren – mit Ausnahme Oberschlesiens – und bedeutend mehr als im Ausland, und im Ruhrbergbau gingen im Gegensatz zu
nahezu allen anderen Revieren die Zahlen bis zum Ersten Weltkrieg kaum
zurück (vgl. Tab. 14). Die Schuld an der hohen Unfallziffer wurde den
Zuwanderern angelastet sowie dem wachsenden Anteil ungelernter Bergleute – Begründungen, die allenfalls auf den ersten Blick verfangen, denn die
Unternehmer lehnten die Einführung jeglicher planmäßiger Ausbildung ab,
und sie widersetzten sich Versuchen, durch genauere Vorschriften und bessere Kontrolle die Unfallziffern zu senken, wozu andere deutsche Reviere
mit großem Erfolg übergegangen waren. Die hohe Arbeitsintensität, ein
vermehrter Einsatz von Maschinen sowie die wachsende Unübersichtlichkeit der Großzechen schrieben die Unfallziffer auf ihrem hohen Stand fest.
Es gab Fortschritte bei der Unfallverhütung durch eine verbesserte Wetterführung oder die Anstellung von Wettersteigern – Verbesserungen, die von
den staatlichen Behörden sowie unter dem Druck der öffentlichen Meinung
durchgesetzt wurden, doch sie änderten wenig daran, daß die Unglücksziffer
im Ruhrbergbau erschreckend hoch blieb.[49]

War ein Bergmann verunglückt, so erhielt er bis zum Ablauf der 13. Woche die bereits genannten Leistungen der Krankenkasse. Mit Beginn der

fünften Woche nach Eintritt des Unfalls mußte jedoch das Krankengeld auf zwei Drittel des Lohnes der betreffenden Lohnklasse erhöht werden, wobei die Differenz von der Berufsgenossenschaft zu erbringen war – eine Regelung, die implizierte, daß das normale Krankengeld zu niedrig festgesetzt war.

Bei dessen Festsetzung war offensichtlich die Absicht maßgebend gewesen, erkrankte Bergleute durch Zahlung geringer Beträge möglichst bald zur Wiederaufnahme der Arbeit zu veranlassen, in der Annahme, daß die Dauer der Erkrankung von diesen abhinge und sich reduziere, wenn die Unterstützung nur möglichst knapp ausfalle. Den Unfallverletzten hingegen wurde ein Krankengeld gewährt, das dem Existenzminimum zumindest nahekam.[50]

Nach Ablauf der 13. Woche hatte der Verletzte Anspruch auf eine Rente, die von der Berufsgenossenschaft bezahlt werden mußte. Deren Höhe richtete sich nach dem Grad der Erwerbsunfähigkeit; bei einem durchschnittlichen Jahresverdienst von 1629 Mark betrug z. B. im Jahre 1912 die Vollrente 903,55 Mark. Diesen Betrag erhielten von den ungefähr 22 000 Verletzten jedoch nur etwas mehr als 600 Bergleute; etwa 7000, d. h. knapp ein Drittel, erhielten 15% oder weniger, und die durchschnittliche Rente betrug mit 275,72 Mark 30,52% der Vollrente.[51] Witwen erhielten ebenso wie die durch einen tödlichen Unfall des Vaters verwaisten Kinder je 20% des vorherigen Verdienstes ihres Ehemannes bzw. ihres Vaters, doch einer Familie wurde nur bis zu 60% des Jahresverdienstes des Verstorbenen ausbezahlt. Die Jahresrente einer Witwe betrug 1912 durchschnittlich 255,85 Mark, die der Kinder 239,87 Mark. Eine Familie konnte insgesamt etwa 900 Mark erhalten – zu wenig zum Leben und (vielleicht) zu viel zum Sterben.[52] Zum Vergleich: allein die Miete einer Dreizimmerwohnung betrug auf dem ‚freien' Wohnungsmarkt um die Jahrhundertwende 200 bis 250 Mark.[53] Vor allem Witwen mußten deshalb durch die Aufnahme von Schlafgängern ihr Einkommen aufbessern und darüber hinaus bestrebt sein, möglichst bald wieder zu heiraten.[54]

c) Invaliden- und Altersversorgung

Zur Sicherung des Lebensunterhaltes bei Invalidität oder bei Arbeitsunfähigkeit infolge hohen Alters gab es zwei Institutionen: die seit 1889 reichsgesetzlich vorgeschriebene Invalidenversicherung und die Pensionskasse der Knappschaft, die schon eine längere Tradition hatte. Letztere unterschied bis 1889 analog zur Krankenkasse nach ständigen (I. und II. Klasse) und unständigen (III. Klasse) Mitgliedern, die unterschiedliche Leistungen erhielten. Ständige Mitglieder konnten nach fünfjähriger Zugehörigkeit zur II. Klasse ein Invalidengeld erhalten, während Mitglieder der III. Klasse darauf nur einen Anspruch hatten, wenn sie bereits 15 Jahre in der III. Klasse gestanden hatten. Zusätzlich mußte der Knappschaftsverband anerkennen, daß sie infolge einer während der Arbeitszeit entstandenen Krankheit arbeitsunfähig geworden waren und daß die Invalidität ohne eigenes grobes Verschulden zustande gekommen war. Ohne vollwertige Mitglieder der Pensionskasse zu sein, mußten sie jedoch fast ebenso hohe Beiträge bezahlen wie die ständigen Mitglieder und waren dadurch zweifach benachteiligt: sie zahlten hohe Beiträge und erhielten geringe oder gar keine Leistungen.[55]

Diese Vorschriften machten auch die Pensionskassen zu einem Disziplinierungsmittel, das dazu beschaffen war, Arbeiter an den Bergbau zu binden. Zuwanderer und Anfänger, die zwar Beiträge zahlten, aber kaum Leistungen erhielten, wurden zur Finanzierung einer Stammbelegschaft herangezogen, mit der vagen Aussicht, eventuell selbst einmal von dieser Regelung profitieren zu können, was allerdings voraussetzte, daß sie im Bergbau blieben. Wurden sie jedoch keine ständigen Mitglieder oder hatten sie weniger als 15 Jahre als Bergleute gearbeitet, so mußten sie damit rechnen, kein Invalidengeld zu erhalten. Eine Verbesserung ihrer Situation wurde durch das Invalidenversicherungsgesetz von 1889 erreicht, das u. a. auch zum Zusammenschluß der drei bis dahin im Ruhrgebiet bestehenden Knappschaftsvereine zum Allgemeinen Knappschaftsverein mit Sitz in Bochum im Jahre 1890 führte.[56]

Das Gesetz sah eine Zwangsmitgliedschaft für alle über 16 Jahre alten Personen vor, die als Arbeiter, Betriebsbeamte oder Handlungsgehilfen im Bergbau beschäftigt waren; die Unterscheidung zwischen verschiedenen Klassen wurde aufgehoben und die Beiträge entfielen auf die Unternehmen und die Versicherten zu gleichen Teilen. Der Bezug einer Rente war an drei Bedingungen geknüpft: 1. an die dauernde Erwerbsunfähigkeit oder ein Alter von 70 Jahren; 2. an die Erfüllung einer Wartezeit, die bei der Invalidenrente 235 Beitragswochen (5 Jahre) und bei der Altersrente 1410 Beitragswochen (30 Jahre) betrug; 3. an eine bestimmte Beitragsleistung, die sich an einer Einteilung in vier Lohnklassen orientierte.[57]

Die Altersrente spielte im Bergbau faktisch keine Rolle, da nahezu alle Bergleute weit vor Erreichen des 70. Lebensjahres invalidisiert wurden; das durchschnittliche Lebensalter bei Bewilligung der Renten betrug etwa 52 Jahre, ohne daß sich die Zahlen für die Untertagearbeiter nennen ließen, die aller Wahrscheinlichkeit nach unter diesem Mittelwert lagen. Das Gesetz hieß denn auch seit seiner Novellierung 1899 ,,mit gutem Grunde" – wie eine zeitgenössische Untersuchung schrieb – nicht mehr ‚Invaliditäts- und Altersversicherungsgesetz‘, sondern kurz ‚Invalidenversicherungsgesetz‘.[58] Das niedrige Invalidisierungsalter wurde u. a. mit den günstigeren Bedingungen erklärt, die Bergleute im Verhältnis zu anderen Berufsgruppen genossen. Sie konnten bereits bei einer Einbuße von einem Drittel ihrer Arbeitskraft eine Teilrente erhalten, und als arbeitsunfähig bzw. ‚bergfertig‘ wurden sie angesehen, wenn die Arbeitsfähigkeit um die Hälfte vermindert war, während ansonsten eine Reduzierung um zwei Drittel erforderlich war. Bergleute würden deshalb, so wurde argumentiert, eine frühzeitige Invalidisierung anstreben, um durch Zusatzverdienste in anderen, weniger anstrengenden

Berufen ihr Einkommen aufzubessern.[59] Gegen diese Argumentation sprechen allerdings mehrere Gründe.

Die durchschnittliche Invalidenrente betrug im Jahre 1911 z. B. nur knapp 220 Mark, so daß ein eventueller Zusatzverdienst schon erheblich sein mußte, sollte das durchschnittliche Jahreseinkommen eines Bergmannes erreicht werden, das 1911 bei 1446 Mark lag. Entsprechende Arbeitsplätze waren im schwerindustriell geprägten Ruhrgebiet jedoch knapp. Die Arbeit in der Eisen- und Stahlindustrie war kaum weniger anstrengend als die im Bergbau. Der Bergbau selbst bot zwar Beschäftigungsmöglichkeiten über Tage – z. B. als Aufseher, Kauen- oder Lampenwärter –, doch die Anzahl solcher Arbeitsplätze war begrenzt. Hinzu kam, daß bis 1889 unter Umständen die Invalidenrenten auf die Hälfte gekürzt werden konnten, wenn der Zusatzverdienst mehr als das Doppelte des Invalidengeldes betrug, was bei dessen geringer Höhe schnell eintreten konnte.[60] Schließlich hing der zugebilligte Invaliditätsgrad ja nicht von den Antragstellern, sondern von den begutachtenden Ärzten ab. Deren Beurteilungsmaßstäbe lassen sich nicht mehr ermitteln, doch daß diese nicht allzu großzügig waren, läßt sich an der Dauer des Rentenbezuges erkennen: 1911 lebten Invalidenrentner nach Bewilligung ihrer Rente, die sie mit etwa 52 Jahren zuerkannt bekommen hatten, im Durchschnitt nur noch weniger als 6 Jahre.[61]

Finanziell etwas besser standen sich die Bergleute, die zusätzlich eine Rente aus der Pensionskasse erhielten. Diese bestand auch nach der Einführung der reichsgesetzlichen Invalidenversicherung fort, und sie behielt ihre alte Klasseneinteilung bei, faßte allerdings die ständigen Mitglieder zunehmend zusammen und unterschied in erster Linie zwischen vollberechtigten (1907: 177000) und unständigen Mitgliedern (1907: 53000).[62] Finanziert wurde sie zu etwa gleichen Teilen von den Arbeitern und den Werksbesitzern. Der Aufstieg in die Klasse der vollberechtigten Mitglieder war erleichtert worden, doch demjenigen, der über 36 Jahre war und der als nicht gesund genug eingestuft wurde, blieb der Zugang verwehrt; er wurde allerdings auch nicht länger zur Beitragszahlung herangezogen. Berufsanfänger mußten jedoch weiterhin eine Wartezeit als unständige Mitglieder in Kauf nehmen, während derer sie trotz ihres hohen Beitrages nur geringe Leistungen zugebilligt erhielten. Diese Regelung wurde erst 1907 aufgegeben, und die Pensionskasse faßte fortan alle Arbeiter in einer Klasse zusammen.[63]

Die Gewährung der Pension war an ähnliche Bedingungen geknüpft wie das Invalidengeld, und bis zu einer Beitragszeit von 15 Jahren war die Höhe der beiden Renten in etwa gleich; danach jedoch waren die Leistungen der Pensionskasse beträchtlich höher. Insgesamt konnte ein Bergmann also drei voneinander unabhängige Renten erhalten: 1. eine Unfallrente von der Berufsgenossenschaft; 2. eine Invalidenrente von der Knappschaft; 3. eine Pension, ebenfalls von der Knappschaft. Ausbezahlt jedoch wurden diese Renten nicht unabhängig voneinander, sie wurden vielmehr mit unterschiedlichen Verfahren gegeneinander aufgerechnet.[64]

Die Unfallrente wurde von den Knappschaftskassen voll gegen die Knappschaftspension aufgerechnet, obwohl, wie die Bergleute argumentierten, die Beiträge zu beiden Einrichtungen unabhängig voneinander entrichtet wurden. Die Knappschaftskassen weigerten sich auch, im Gegensatz zu den Landesversicherungsanstalten, den Unfallrentnern, denen sie keine Pension zu zahlen brauchten, zumindest einen Teil der Beiträge zurückzuerstatten. Der Versuch, auf dem Rechtswege eine Änderung der Vorschriften herbeizuführen, scheiterte. Abhilfe schuf erst ein Gesetz im Jahre 1900, wonach nur noch die Hälfte der Unfallrente angerechnet werden durfte.[65] Auch die Invalidenrente und die Pension wurden anfangs voll gegeneinander aufgerechnet, obwohl die Arbeiter zu beiden Kassen eigene Beiträge geleistet hatten. In diesem Fall brachte der Rechtsweg den Bergleuten Erfolg: 1899 trat ein neues Statut in Kraft, demzufolge zusätzlich zur Invalidenrente zwar nicht die volle Pension, aber doch zumindest eine Zusatzrente aus Mitteln der Pensionskasse ausbezahlt wurde.[66]

Die Unfall- und die Invalidenrente wurden ebenfalls gegeneinander aufgerechnet: erreichten beide zusammen bei einem Arbeiter der Lohnklasse V, zu der die meisten Bergleute zählten, 750 Mark, so ruhte die Invalidenrente.[67] Angesichts dieser verwirrenden Rechenmethoden ließen sich endlose Kombinationsmöglichkeiten ausdenken. Hier soll nur ein Fall erwähnt werden. Ein Zuwanderer, der mit 20 Jahren im Bergbau zu arbeiten begonnen hatte und 32 Jahre später im Alter von 52 Jahren Vollinvalide wurde, konnte im Jahre 1900 eine Reichsinvalidenrente von knapp 350 Mark und eine Zusatzrente aus der Pensionskasse von 216 Mark erhalten. Möglicherweise konnte dieser Betrag durch eine Unfallrente bis auf 750 Mark aufgestockt werden, doch insgesamt blieb sein Einkommen niedrig.[68] Es reduzierte sich zusätzlich, wenn er keine Vollrente erhielt, die nur sehr wenigen zugesprochen wurde, und wenn er nicht Mitglied der Pensionskasse hatte werden können.

4. Eine relative Sicherheit

Trotz der Vielzahl der Unterstützungsmöglichkeiten war die Summe der Leistungen nicht groß genug, um arbeitsunfähigen älteren Bergleuten einen ausreichenden Lebensunterhalt zu sichern, wenngleich diese vermutlich bessergestellt waren als Arbeiter anderer Berufsgruppen. Deren Invalidisierung erforderte eine Minderung der Erwerbstätigkeit um 66% (gegenüber 50% im Bergbau), und sie hatten keine Zusatzversicherung, die mit der Pensionskasse vergleichbar gewesen wäre.[69] Andererseits mag ihre Arbeit jedoch weniger kräftezehrend und gefährlich gewesen sein, wobei es nicht möglich ist, einen exakten Vergleich zu erstellen. Für einen jungen Zuwanderer jedoch, der gesund und kräftig war, dürfte es offensichtlich gewesen sein, daß er sich als Bergmann zumindest kurz- und mittelfristig materiell in einer besseren Position befand als z. B. die Arbeiter in der Stahl- und Eisenindustrie des Ruhrgebiets.

Die Übersichten zeigen, daß hochqualifizierte Arbeiter wie Schmiede deutlich an der Spitze der Lohnskala lagen; mit einigem Abstand folgten die Hauer, die jedoch wiederum mehr verdienten als zahlreiche qualifizierte Arbeiter in anderen Berufen.[70] Ein Vergleich mit diesen ist jedoch nur bedingt möglich, da die übergroße Mehrheit der Zuwanderer keinerlei handwerkliche Ausbildung erhalten hatte und deshalb von vornherein kaum eine Chance besaß, eine qualifizierte Tätigkeit auszuüben. Sie konnten allenfalls hoffen, angelernt zu werden und allmählich eine besser bezahlte Position zu erlangen. Im Bergbau hingegen konnten sie innerhalb kurzer Zeit Hauer werden und damit zur höchstbezahlten Arbeitergruppe zählen, die vor dem Ersten Weltkrieg etwa 63% der Untertagearbeiter stellte.[71] Konnte sich ein Arbeiter auf die schweren Arbeitsbedingungen unter Tage einstellen, was nicht jedem gelang, so konnte er schon sehr früh in seinem Lebenszyklus einen hohen Lohn erreichen, während er in anderen Industriezweigen mit einiger Wahrscheinlichkeit ein ungelernter, schlecht bezahlter Arbeiter mit einem unsicheren Arbeitsplatz geblieben wäre.

Noch größer waren die Unterschiede bei einem Vergleich mit den Verhältnissen, die Zuwanderer in ihrer Heimat hatten kennenlernen müssen. In seiner Autobiographie schildert einer von ihnen, wie sehr ihm vor der Vorstellung graute, Landarbeiter werden und bei den ,,Herren Bauern" um Arbeit förmlich betteln zu müssen. Immer wieder kreisten seine Gedanken um die ,,Erzählungen eines Bekannten, der nach Westfalen gefahren war: Dort war Arbeitermangel und große Verdienstmöglichkeiten für jeden gegeben". Als ihm die Gesindevorsteherin eines Tages – er hatte versehentlich beim Essen den Löffel fallen lassen – zurief: ,,Kind und Kalb einer Lohnarbeiterfrau laufen den gleichen Weg", war sein Entschluß, nach Westfalen zu wandern, gefaßt.[72]

Auch auf Bergleute, die ,,in Schlesien oder auch in anderen Bergbaugebieten gelernt hatten, was Arbeit in der Grube bedeutet", übte – so die Jubiläumsschrift einer polnischen ,Kolonie in der Fremde' – das Ruhrgebiet eine große Anziehungskraft aus. Sie wollten ,,in Westfalen, so hieß es in Schlesien in der Regel, schneller und günstiger zu dem kommen", was ihnen in der alten Heimat nicht gelang. Sie hatten eine ,,Sehnsucht nach Westfalen, die sie Tag und Nacht in Bann hielt. Und wonach das Herz sich sehnt, das setzt sich in ihm fest".[73]

Nicht alle Hoffnungen erfüllten sich, doch fraglos waren die Arbeitsbedingungen im Ruhrgebiet besser, die Löhne waren höher und die Arbeitszeit war kürzer als in anderen Bereichen.[74] Zu dem guten Verdienst konnten im Ruhrbergbau weitere Vergünstigungen kommen. Die Zechenwohnungen wurden bereits erwähnt, die größer und billiger waren als vergleichbare Wohnungen auf dem freien Markt. Da die Ausgaben für die Miete gerade bei Familien mit niedrigem Einkommen einen überproportional großen Teil ihres Budgets aufzehrten, bedeutete dies eine große Entlastung.[75] Zu erwähnen sind noch die zecheneigenen Konsumvereine, die allerdings nicht immer billiger waren und eine erhöhte Abhängigkeit mit sich bringen konnten. Auch gab es Unterstützungsvereine, in die Strafgelder flossen sowie nicht ausbezahlte Pfennigbeträge und die zum Teil auch mit Zuwendungen der Zechen rechnen konnten.[76]

Es fällt schwer, zu einem eindeutigen Urteil über die materielle Situation der Ruhrbergleute zu kommen. Die Ausführungen zum Lohn, zur Schichtdauer, zur Knappschaft usw. haben gezeigt, wie schwankend die Materialbasis ist. Zudem sind die Faktoren, die berücksichtigt werden müssen, äußerst vielfältig, ohne daß bisher Fragen wie der Zugang zu Schul- und Bildungseinrichtungen, die medizinische Versorgung oder die Umweltbelastung, die bis heute die Lebensbedingungen im Ruhrgebiet entscheidend prägen, auch nur andeutungsweise erfaßt sind. Auch ein Vergleich mit anderen Arbeitergruppen, über deren Situation noch weniger bekannt ist, konnte nur in Ansätzen versucht werden. Gleichwohl lassen sich zusammenfassend einige Merkmale nennen, die für die Ruhrbergleute charakteristisch waren.

Als Hauer konnten sie schon in jungen Jahren einen Lohn verdienen, der über dem Existenzminimum lag, und die Möglichkeit, diese Position zu erreichen, stand nahezu allen Bergleuten nach zwei bis vier Jahren offen. Blieben sie von Unfällen oder ernsthaften Erkrankungen verschont, so konnten sie den erreichten Lebensstandard etwa bis zum 45. Lebensjahr halten, wobei ihnen zugute kam, daß Phasen regelmäßiger Arbeitslosigkeit im Ruhrbergbau nicht vorkamen. Sowohl die Höhe des Verdienstes wie auch die Qualifizierungsmöglichkeiten und die Sicherheit des Arbeitsplatzes stellten sie besser als Arbeiter in anderen Industriezweigen des Ruhrgebietes, und sie waren auch gegen die Folgen von Krankheiten und Unfällen besser abgesichert. Die Unterschiede waren jedoch nicht so gravierend, als daß sich hieraus eine Erklärung für die unterschiedliche Häufigkeit von Arbeitskämpfen und den unterschiedlichen Organisationsgrad der einzelnen Arbeitergruppen ableiten ließe. Auf keinen Fall trifft die These zu, die Bergleute seien besonders depraviert und deshalb besonders streikbereit gewesen.

Eine große Kinderzahl und vor allen Dingen langwierige Erkrankungen sowie schwere Unfälle konnten die Situation schlagartig verändern. Die ausbezahlten Leistungen waren dürftig, so daß die Bergleute bzw. ihre Familien auf Nebeneinnahmen angewiesen waren. Frauenarbeitsplätze waren im schwerindustriellen Ruhrgebiet rar und überaus schlecht entlohnt, so daß Nebeneinnahmen und der zusätzliche Verdienst heranwachsender Kinder eine besondere Bedeutung erlangten. Sofern diese zum Haushaltsbudget beisteuerten, wurde eine Phase der Prosperität erreicht, die jedoch überaus krisenanfällig war und vor allem dann ein Ende finden konnte, wenn die Kinder ihr Elternhaus verließen, sei es um zu heiraten, oder aber um ihrerseits bei einer Familie zur Untermiete zu wohnen.

Der Lohn der Mühen war somit für die Bergleute gering. Im Gegensatz zu den Unternehmern konnten sie ihr Kapital, ihre Arbeitskraft, nicht akkumulieren. Dieses erschöpfte sich vielmehr mit zunehmendem Alter, und trotz aller Anstrengungen und Bemühungen gelang es ihnen nicht, mehr als eine relative Sicherheit zu erreichen.

VI. Alltagserfahrung und Arbeitskämpfe

Die vielfachen Versuche, Mechanismen und Institutionen sozialer Kontrolle durchzusetzen, weisen darauf hin, daß bereits Zeitgenossen einen Zusammenhang zwischen den informellen Strukturen und den öffentlichen Verhaltensweisen der Bergleute vermuteten, wenngleich die Vorstellungen verschwommen blieben. Die Kontrolle des Wohnungswesens, die Einschränkung der Kirmessen, das Verbot der Schnapskasinos, diese und andere Eingriffe machen jedoch deutlich, wie sehr ein Verlust sozialer Kontrollmechanismen befürchtet wurde. Die Bergleute waren zwar weitgehend auf sich gestellt, sie lebten aber nicht in einer abgetrennten Welt, die fernab vom öffentlichen Bereich lag, mag dessen Bedeutung für die Bewältigung ihres Alltags auch nur gering gewesen sein.

Die Versuche der Einflußnahme konnten sich direkt äußern, wie bei den Bemühungen, die Schlafgängerei zu reglementieren; sie konnten aber auch vermittelt wirksam werden, wie etwa bei den Arbeitsbedingungen unter Tage, die von Konzentrationsprozessen, Kartellierungsversuchen, Veränderungen des Marktes, staatlichen Eingriffen, unternehmerischer Machtbehauptung und anderen Faktoren kapitalistischer Entwicklung beeinflußt wurden. Gerade im Arbeitsbereich zeigt sich aber auch, daß nicht nur die Einflußfaktoren von Staat und Kapital betrachtet werden dürfen, weil man dann übersieht, wie sehr die Bergleute – auch über die Streiks und Arbeitskämpfe hinaus – selber agierten und reagierten. Die relative Autonomie bei der Arbeit unter Tage führte immer wieder zu Auseinandersetzungen und Konflikten, die darauf hinweisen, daß die beiden Bereiche ihre je eigene Dynamik entwickelten und in den großen Streiks lediglich in besonders deutlicher Form aufeinanderprallten, deren Differenzen darüber hinaus aber auch alltäglich erfahrbar waren. Das wirft die Frage auf, wie sich diese Zusammenhänge genauer fassen lassen und wie sie allgemeiner formuliert werden können; anders gesagt, es stellt sich die Frage nach dem Zusammenhang von Alltagserfahrung und Arbeitskämpfen.

Damit ist ein Problem angesprochen, das seit mehreren Jahren in der sozialgeschichtlichen Diskussion sehr heftig und kontrovers erörtert wird.[1] Bei aller Fülle der publizierten Beiträge liegen jedoch bisher erst vereinzelt historisch-empirische Studien vor, während die Überlegungen, welche Faktoren zu berücksichtigen wären, wie sie miteinander in Verbindung gebracht werden sollten, welche Zusammenhänge zu beachten sind etc. immer weiter vorangetrieben wurden.[2] Diese Entwicklung ist hilfreich und einschüchternd zugleich, da gemessen an den formulierten Ansprüchen jeder empirische Befund zu kurz zu greifen scheint und enttäuschen muß. Doch vielleicht wäre es sinnvoll, sich dennoch auf einen Versuch einzulassen, anstatt fortwährend gebannt auf des Kaisers neue Kleider zu warten.

Gerade im Falle der Ruhrbergleute können die Ergebnisse eines derartigen Versuches nur vorläufig sein; zu groß ist die Zahl der Faktoren, die eine historische Analyse erschweren und die es bereits den Bergleuten nahezu unmöglich machten, sich über ihre Situation Klarheit zu verschaffen: massenhafte Zuwanderung, hohe Mobilität, zahlreiche nationale und landsmannschaftliche Gruppierungen, Einflußnahme des Staates, Rolle der Unternehmer, Bedeutung der Gewerkschaften, der Religion etc.

Die folgenden Ausführungen werden deshalb in erster Linie Arbeitskämpfe und gewerkschaftliche Organisationsversuche thematisieren; die Entwicklung der Parteien bleibt demgegenüber weitgehend ausgeklammert und wird nur da berücksichtigt, wo dies zum Verständnis der Argumentation erforderlich ist. Die Geschichte der politischen Parteien ist für das Ruhrgebiet noch nicht erforscht. Zwar liegt die Arbeit von C. Kleßmann über polnische Zuwanderer und ihre Organisationen vor und die Lokalstudie von R. Lützenkirchen über den sozialdemokratischen Verein für den Reichstagswahlkreis Dortmund-Hörde,[3] doch ist darüber hinaus weder die Geschichte des Zentrums noch die der SPD oder gar der bürgerlichen Parteien wissenschaftlich untersucht.[4] Der Einfluß der SPD blieb vor dem Ersten Weltkrieg sehr begrenzt; erst nach der Jahrhundertwende konnte sie größere Erfolge bei den Reichstagswahlen erringen, sie blieb jedoch gerade in Bergarbeitergemeinden auch in dieser Zeit im Schatten des Zentrums.

Zwischen den beiden genannten Parteien bestand eine große Rivalität, die auch die gewerkschaftlichen Organisationsbestrebungen stark beeinflußte, wie noch zu zeigen sein wird. Diese Rivalität läßt sich nur bedingt durch die regionalen Bedingungen erklären, sie ist vielmehr auch vor dem Hintergrund der nationalen politischen Entwicklung zu sehen, deren Analyse allerdings den Rahmen dieser Arbeit weit überschreiten würde.[5]

Auch eine Untersuchung der Lokalpolitik würde nicht weiterhelfen. Das Dreiklassenwahlrecht sowie die Vorschriften, die mobile Arbeiter und Schlafgänger vom Wahlrecht ausschlossen, trugen dazu bei, daß weder die Arbeiter noch ihre Parteien der Kommunalpolitik großes Gewicht einräumten, zumal die Landgemeinden den Landräten unterstanden und ohnehin keine eigenständige Politik verfolgen konnten. Schließlich würde es auch schwer fallen, die Rolle der Bergleute innerhalb der Parteien festzustellen und z. B. zu ermitteln, welchen Prozentsatz der Mitglieder sie stellten.[6]

Angesichts des Zeitaufwandes, der sich bei dem Versuch ergeben würde, diese und weitere Fragen zu beantworten, dürfte die Beschränkung auf Arbeitskämpfe und gewerkschaftliche Organisationsversuche verständlich sein; es erscheint erfolgversprechender, sich auf einen überschaubaren Bereich zu beschränken.

Die Argumentation lehnt sich an die Struktur der vorhergehenden Kapitel an. Wiederum wird gefragt, welche Möglichkeiten der Einflußnahme und des gemeinsamen Handelns im politisch-öffentlichen Bereich gegeben waren, d. h. welche Rolle Staat, Unternehmer und Gewerkschaften spielten. Wie zuvor wird sich zeigen, daß die Möglichkeiten in diesem Bereich begrenzt waren und daß den Bergleuten auch andere Einflußmöglichkeiten zur Verfügung standen. Diese wurden jedoch nicht bewußt wahrgenommen, sondern blieben hinter oberflächlichen Beschreibungen und Vorurteilen verborgen, und es wird deutlich werden, daß die Niederlagen der Bergarbeiter auch auf diese Vorurteile zurückzuführen sind bzw. auf das Unvermögen, die Grundlagen und Beweggründe ihres Handelns sowie ihrer Forderungen unvoreingenommen wahrzunehmen.

Die Darstellung folgt der Chronologie der Ereignisse und beginnt mit einem Rückblick auf den Streik von 1889.

1. Der Streik von 1889

Der Streik begann mit spontanen Arbeitseinstellungen jüngerer Bergleute auf einem Schacht der Zeche Präsident bei Bochum am 25. April 1889. Ihrem Beispiel folgten einige Tage später Arbeiter im Essener Raum, dann in Gelsenkirchen und Herne; von dort aus verbreitete sich die Nachricht von den Arbeitsniederlegungen wie ein Lauffeuer: am 10. Mai streikten 70000 und am 14. Mai etwa 90000 von insgesamt 104000 Bergleuten im Ruhrgebiet. Als Gründe für diesen massiven Arbeitskampf werden übereinstimmend mehrere Faktoren genannt.

Ende der 1880er Jahre hatte sich nach langer Depression die Konjunktur für den Bergbau gebessert; die Produktion sowie der Absatz stiegen, mit ihnen auch die Preise und damit die Profite, während eine Erhöhung der Löhne ausblieb. Gleichzeitig hatte der Leistungsdruck zugenommen und der Zwang, Überschichten zu verfahren, um eine höhere Förderung zu erreichen; auch die Beschwerden über eine schlechte Behandlung häuften sich. Auf Grund der materiellen und ökonomischen Verschlechterung seit der Bergrechtsreform waren – so eine weit verbreitete Auffassung – die ehemals standesstolzen Knappen durch Proletarier abgelöst worden, die zum Streik als dem adäquaten Mittel der Interessenvertretung griffen.[7]

Ihre Beschwerden hatten anfangs nicht so sehr die Lohnverhältnisse und die allgemeinen Arbeitsbedingungen zum Thema gehabt, sondern galten vielmehr den Knappschaftsverhältnissen. Erst im Januar und dann vor allem im März 1889 wurde auch die Lohnfrage aufgegriffen, allerdings begleitet von Ermahnungen aus den eigenen Reihen, es nicht zum Streik kommen zu lassen. Die Knappschaftsagitation war anfänglich vom Rechtsschutzverein und von Dortmunder Bergleuten um den Knappenverein Glückauf getragen worden, und sie verfolgte das Ziel, über die Forderungen nach einer materiellen Besserstellung hinaus eine möglichst große Zahl von Knappenvereinen zu vereinigen und dadurch die Grundlage eines zu gründenden Bergarbeiterverbandes zu schaffen. Um dieses Ziel nicht zu gefährden, sprachen sich die Führer der Bergleute gegen einen Streik aus, da eine wesentliche Voraussetzung, eine schlagkräftige und mitgliederstarke Organisation, nicht gewährleistet sei – eine Argumentation, die auch in den folgenden Jahren immer wieder vertreten wurde.[8]

Der unerwartete Ausbruch des Streiks und seine schnelle Verbreitung ließen diese Mahnungen und die zugrunde liegende Taktik jedoch gegenstandslos werden; die Träger der Knappschaftsagitation bemühten sich vielmehr, diesen ersten Massenstreik zu organisieren und ihm eine Richtung zu geben. Dabei hatten sie mit einer konkurrierenden Institution zu rechnen, die im Bergbau eine weit zurückreichende Tradition hatte und die auch in den folgenden Jahren bis in die Zeit der Weimarer Republik hinein bestehen blieb: die Belegschaftsversammlungen, auf denen die Wünsche und Erfahrungen der Bergleute einen unmittelbaren, basisdemokratischen Niederschlag finden konnten. Auf diesen Versammlungen wurden Delegierte (meist drei) gewählt, die als Sprecher und Vertreter der Bergleute handelten, aber bei wichtigen Entscheidungen jeweils deren Zustimmung einholen mußten. Die Delegierten wiederum trafen sich zu Konferenzen, um das weitere Vorgehen zu beraten.[9]

Eine entscheidende Wendung erfuhr der Streikverlauf durch den Vorschlag, eine Delegation zum Kaiser zu senden, um so gegenüber den Unternehmern die Forderungen nach höherem Lohn und Wiedereinführung der früher üblichen achtstündigen Schicht durchzusetzen.[10] Diese hatten sich bis dahin geweigert, auf die Forderungen der Bergleute einzugehen und waren dabei von einem Teil der Behörden unterstützt worden, die im Streik ein Machwerk der Sozialdemokratie sahen und schon in den ersten Tagen Militär einsetzten, das durch gewohnt schneidiges Auftreten für eine Zuspitzung der Situation sorgte;[11] bei mehreren Schießereien wurden zahlreiche Bergleute, aber auch unbeteiligte Passanten schwer verletzt oder getötet. Im Gegensatz zu den Regierungspräsidenten von Münster und Arnsberg, die wegen ihres Vorgehens während des Streiks später abgelöst wurden, bewiesen die Behörden des Rheinlands jedoch Verständnis für die Situation sowie für die Haltung der Bergleute und vermieden eine Dramatisierung und weitere Zuspitzung.[12]

Verständnis und sogar Sympathie wurde den Bergleuten vor allem vom regionalen Bürgertum und auch in weiten Teilen der nationalen Presse entgegengebracht, die ihre Forderungen weitgehend als berechtigt anerkannten und von den Unternehmern ein Nachgeben erwarteten. Der Kaiser selbst enthielt sich einer konkreten Einflußnahme; allerdings hatte allein die Tatsache, daß er drei Bergleute in Berlin empfing, ihrem Anliegen eine offizielle Rechtfertigung gegeben und auch dazu beigetragen, daß sich der Vorsitzende des Bergbaulichen Vereins Hammacher verhandlungsbereit erwies und Zugeständnisse machte. Er fand damit allerdings nicht die Zustimmung der Zechenunternehmer an der Ruhr, die seine Vereinbarung mit den Bergleuten nicht anerkannten und ihn wenige Zeit später als Vorsitzenden abwählten.[13]

Einzelne Betriebe zeigten sich allerdings kompromißbereit, so daß die Streikfront langsam abbröckelte, zumal die Audienz beim Kaiser die Hoffnung genährt hatte, die Regierung werde zu Gunsten der Bergleute eingreifen, sobald die Arbeit wieder aufgenommen sei; eine Konferenz vom 24. Mai beschloß zwar noch mit 69 gegen 48 Stimmen, den Streik fortzusetzen, doch dessen Zusammenbruch war nicht mehr aufzuhalten. Die Bewegung war in sich uneinig, und es gab keine allgemein anerkannte Leitung, die genug Ansehen gehabt hätte, um die Führung zu übernehmen. Zudem erklärten die Unternehmer ultimativ, wer bis zu einem (meist auf den 31. 5.) festgesetzten Termin die Arbeit nicht wiederaufnehme, werde entlassen; unterstützt wurden sie von den Behörden, die das Zentral-Komitee der Zechen-Delegierten sowie zahlreiche Bergleute verhaftet hatten.[14]

So brach der Streik in sich zusammen, was eine sofortige Gegenoffensive der Unternehmer nach sich zog, die zahlreiche Bergleute maßregelten und darüber hinaus beabsichtigten, die Möglichkeit eines Arbeitsplatzwechsels zu beschränken bzw. ihn ganz zu verbieten, wovon sie allerdings auf Druck der Behörden Abstand nahmen.[15]

Nach dem Streik befaßten sich „zahlreiche Bergarbeiterversammlungen mit Plänen, einen Bergarbeiterverband zu gründen".[16] Der Ablauf des Streiks hatte gezeigt, daß eine Organisation und eine Führung nötig waren, um ein geschlossenes Vorgehen zu erreichen; das Verhalten der Unternehmer und die weitgehend nicht erfüllten Forderungen der Bergleute ließen zudem einen erneuten Streik wahrscheinlich werden, für den sie besser gerüstet sein wollten; und schließlich knüpften sie an die Agitation vor Ausbruch des Streiks sowie an weiter zurückliegende Versuche an, eine einheitliche Gewerkschaft der Bergleute zu schaffen. Im Juli wurde ein Delegiertentag angekündigt, auf dem die Gründung eines Bergarbeiterverbandes beraten werden sollte, und es wurde ausdrücklich darauf hingewiesen, „daß damit der wegen des Streiks ausgefallene Delegiertentag, der für den 2. 6. 1889 vorgesehen war, nachgeholt werde".[17] Die Zusammenkunft fand am 18. August 1889 in Dorstfeld statt. An ihr nahmen 200 Delegierte von 66 Zechen und von 44 Knappenvereinen teil, die den Verband zur Wahrung und Förderung der bergmännischen Interessen im Rheinland und Westfalen, später Alter Verband genannt, gründeten.[18]

Der hier beschriebene Streik beeindruckt durch seine Spontaneität, die massenhafte Beteiligung und große Solidarität; er war aber auch gekennzeichnet durch mangelnde Koordination, uneinheitliches Vorgehen und eine Ratlosigkeit in taktischen Fragen. Auf Grund seiner Stärken und Schwächen wird er als Höhepunkt und gleichzeitig als Niederlage der elementaren Bergarbeiterbewegung beschrieben. Er wird als letzter Schritt in einem Lernprozeß charakterisiert, der nach der Bergrechtsform einsetzte und im Streik eine exemplarische Verdichtung erfuhr: In diesem Lernprozeß hätten die Bergleute ihre ständische Orientierung, deren letzter Ausdruck die Delegation zum Kaiser gewesen sei, ihre individualistische Vorgehensweise und spontane Formen der Auseinandersetzung weitgehend überwunden und zu einer zunehmend erfolgskalkulierenden Orientierung gewerkschaftlicher Streikkämpfe, zu einer ,,Rationalisierung des Arbeitskampfes" gefunden.[19]

Die hier erreichte Rationalität wird vor dem Hintergrund eines umfassenden Modernisierungsprozesses gesehen, der allerdings in den folgenden Jahren durch den Einfluß verschiedener Faktoren ins Stocken geraten oder zum Stillstand gekommen und zum Teil sogar hinter den Stand von 1889 zurückgefallen sei. Die störenden Faktoren werden überwiegend im Alltagsbereich verortet, der durch vermehrte Zuwanderung und Mobilität, erhöhten Ausländeranteil und andere Merkmale gekennzeichnet war, die sowohl für die Argumentation der Historiker wie auch für die postulierte historische Entwicklung einen sperrigen Block bilden.[20]

Die neu gewonnene Rationalität hingegen wird im öffentlichen Bereich angesiedelt, wenngleich es auch hier Schwierigkeiten gegeben habe. Verwiesen wird vor allem auf die unnachgiebige Haltung der Unternehmer, die sich einer Weiterentwicklung und Etablierung rationaler Formen der Konfliktaustragung entgegengestellt hätten. Hinderlich seien auch die religiösen, politischen und landsmannschaftlichen Differenzen unter den Bergleuten und deren Organisationen gewesen. Andererseits hätten jedoch gerade im Ruhrgebiet staatliche Sozialpolitik und das Verhalten der Behörden eine wichtige vermittelnde Funktion gehabt und gegen den Willen der Unternehmer Ansätze organisierter Mitbestimmung ermöglicht. Die Gewerkschaften hätten versucht, diese Möglichkeiten wahrzunehmen und den Rückfall in vorindustrielle, nicht adäquate Formen der Auseinandersetzung zu verhindern, die sich auf Grund der unstabilen Lebensverhältnisse der Bergleute immer wieder manifestierten. Es sei sehr schwierig, wenn nicht unmöglich gewesen, diese zu kontrollieren und ihre mangelnde Reife durch gewerkschaftliche Schulung zu kompensieren: Alltag erscheint als die Negierung rationaler Politik.

Diese Argumentation klingt plausibel und erscheint in sich schlüssig; doch auch in diesem Fall läßt sich zeigen, daß sie auf zentralen Annahmen beruht, die ihrerseits auf äußerst schwankendem Boden stehen: die Einschätzung des Alltags der Bergleute bedarf – wie mehrfach deutlich wurde – weitgehender Korrekturen; darüber hinaus ist es sehr fraglich, ob die vorwärtsweisende Rationalität des öffentlichen Bereiches bzw. der dort agierenden Gruppierungen tatsächlich so ausgeprägt war, wie hier nahegelegt wird.

2. 1889–1905: Elementare Bewegung oder Rationalisierung des Arbeitskampfes?

a) Staat, Parlament und Polizei

Die Delegation der Bergleute zum Kaiser als dem obersten Bergherrn schien darauf hinzudeuten, daß dieser in Anknüpfung an ständische Formen der Konfliktregelung im Streik eine vermittelnde, vielleicht sogar entscheidende Rolle spielen konnte. Doch dafür fehlten nach mehr als drei Jahrzehnten kapitalistisch betriebenen Bergbaus die Voraussetzungen, da vor allem die Unternehmer sich gegen staatliche Eingriffe aussprachen – mochten sie auch vom Kaiser kommen. So brachte der Empfang am Hofe keine faßbaren Ergebnisse, und selbst die Vereinbarung, die unter dessen Eindruck in Berlin von Hammacher mit den Bergleuten getroffen wurde, erwies sich als wertlos, da die Zechendirektoren an der Ruhr sie nicht anerkannten.

Die staatlichen Behörden im Ruhrgebiet hatten schon vorher gezeigt, daß viele von ihnen den Unternehmer-Standpunkt teilten. Vor allem die örtlichen Polizeikräfte und kommunalen Ordnungsorgane fanden bald zu den „gewohnten repressiven Maßnahmen und Denkweisen" zurück.[21] An einzelnen Orten war Militär eingesetzt worden, durch dessen Eingreifen es zahlreiche Tote und Verletzte gegeben hatte. Die rheinischen Behörden unter dem Regierungspräsidenten von Berlepsch waren zu einem besonnenen Vorgehen fähig. Sie enthielten sich derartiger Manifestation staatlicher Macht, und von Berlepsch selbst wurde aufgrund dieses Verhaltens später befördert, während seine Kollegen in Münster und Arnsberg den Dienst quittieren mußten.

Das deutet auf ein Umdenken bei den höheren Staatsorganen hin, das allerdings im Streik selbst und auch anschließend nur sehr begrenzt wirksam wurde. Während des Streiks wurden zahlreiche Bergleute, darunter das Streik-Komitee, verhaftet; andererseits war es jedoch weitgehend auf den Druck staatlicher Behörden zurückzuführen, daß die Unternehmer von ihrem Plan abließen, die Möglichkeiten zum Arbeitsplatzwechsel einzuschränken.[22] Doch dies sollte für lange Zeit die letzte vermittelnde Tätigkeit sein, die zu greifbaren Resultaten führte. Dafür gab es vor allem zwei Gründe: Die Unternehmer versuchten, über das Parlament, durch Organisierung ihrer Interessen und durch umfassende Einflußnahme staatliche Eingriffe zu verhindern, wobei sie recht erfolgreich waren. Zudem waren die Beamten der zuständigen Bergämter in vielfacher Weise – über Ausbildung, Verwandtschaft, Wechsel in die Industrie, Heirat etc. – mit dem leitenden Personal des Ruhrbergbaus verbunden, so daß Interessen und Ansichten der Unternehmer und der sie kontrollierenden Behörden häufig parallel liefen.[23]

Das zeigt sich vor allem bei der Untersuchungskommission, die von der Regierung eingesetzt worden war, um unter Federführung des Oberbergamtes die Arbeiter- und Betriebsverhältnisse in den Steinkohlenbergwerken zu untersuchen. Die Kommission beklagte zwar einige Mängel auf verschiedenen Zechen, gab aber an, keine größeren Mißstände festgestellt zu haben. Wurden in den folgenden Jahren Mängel festgestellt, was sehr selten vorkam, und führte deren Aufdeckung zu Initiativen der Bergämter, so stießen diese auf den Widerstand der Unternehmer, die eingeleitete oder auch nur vorgeschlagene Maßnahmen verwässerten und deren Anwendung hinauszögerten.[24] Das wurde bereits am Beispiel des systematischen Ausbaus gezeigt (vgl. S. 116ff.); hierbei war es um Probleme der Sicherheit gegangen, deren Überwachung zur zentralen Aufgabe der Bergämter zählte. Sicherheitsfragen hingen jedoch eng mit der Kostenkalkulation und der Betriebsführung zusammen, was den langanhaltenden Widerstand der Unternehmer erklärt, die im genannten Fall den Erlaß von entsprechenden Verordnungen hinauszögerten, deren Wirksamkeit einschränkten, ihre Anwendung unterliefen und schließlich erreichten, daß sich fast 20 Jahre lang nichts bewegte, obgleich es ohne Zweifel feststand, daß sie mit ihrem Verhalten und den von ihnen erlassenen unzulänglichen Vorschriften für zahllose Unfälle mit einer großen Zahl Verletzter und Toter verantwortlich waren, worauf selbst die preußische Regierung hingewiesen hatte.[25]

Diese Formen des Agierens hinter den Kulissen dürften den Bergleuten verborgen geblieben sein, und auch die Frage des systematischen Ausbaus hat, soweit festgestellt werden kann, in der Agitation und ihren Überlegungen keine nennenswerte Rolle gespielt. Es gab jedoch andere Probleme, bei denen die schwache Stellung des Staates gegenüber den Unternehmern sowie seine nur wenig ausgeprägte vermittelnde Funktion offener zutage traten. Das zeigte sich besonders deutlich bei den Novellierungen der Reichsgewerbeordnung und des preußischen Allgemeinen Berggesetzes, die im Anschluß an den Streik erfolgten.

Eine der Forderungen der Arbeiter hatte die Einführung von Arbeiterausschüssen auf den Zechen angestrebt. Dies war ihnen im später von den Zechen widerrufenen Abkommen mit Hammacher zugestanden worden. Auch ein Teil der Behörden befürwortete deren Einrichtung, da sie sich davon eine größere Einflußnahme auf die Arbeiter und eine Abwehr sozialdemokratischer Bestrebungen versprachen, wie u. a. von Berlepsch in einer Denkschrift argumentierte. Er wies darauf hin, daß diese Ausschüsse einen Ersatz für gewerkschaftliche Organisationen bilden könnten und im Gegensatz zu den Gewerkschaften die Möglichkeiten eröffneten, die Wahl der Arbeitervertreter auf gesetzlichem Wege durch den Staat zu regeln.[26] Als Handelsminister verfolgte er diesen Plan weiter, stieß jedoch auf den Widerstand der Unternehmer, so daß sich schließlich ein Kompromiß ergab, der zwar die Möglichkeit von Arbeiterausschüssen vorsah, es den Unternehmern aber erlaubte, ihre Einführung zu verhindern, was denn auch geschah: bis zum Streik von 1905 gab es keine Arbeiterausschüsse auf den Zechen des Ruhrgebiets.[27]

Auch in anderen Fällen blieben die Novellierungen ohne greifbare Ergebnisse: die Möglichkeit, Wagen zu nullen und Strafen zu verhängen, blieb bestehen; eine Mitsprache der Belegschaften bei der Ansetzung von Überschichten, die die Unternehmer selbst in einer Erklärung vom 18. Mai 1889 zugestanden hatten, wurde nicht eingeführt. Statt dessen wurde ihnen das Recht eingeräumt, vor Erlaß einer Arbeitsordnung und vor deren Änderung gehört zu werden; doch da die Unternehmer sich weigerten, mit den Arbeitern zu verhandeln, blieb auch diese Vorschrift folgenlos. Auch die Einführung von Berggewerbegerichten, die Konflikte zwischen Arbeitern und Unternehmern regeln sollten, brachte den Bergleuten wenig Vorteile, obschon sie die Möglichkeit hatten, aus ihren Reihen Vertreter zu wählen. Im Durchschnitt riefen jährlich weniger als vier von 1000 Bergleuten das Gericht an, und sie bekamen nur selten Recht zugesprochen. Im Jahre 1908 z. B. kam es zu 1424 Klagen, von denen 44 anerkannt wurden; hinzu kamen 247 Vergleiche und 177 Fälle, in denen die Kläger verzichteten – möglicherweise deshalb, weil ihre Ansprüche vorher erfüllt worden waren.[28] Indem es nur einzelnen Bergleuten die Möglichkeit zur Beschwerde einräumte, war im Berggewerbegericht zudem die Auffassung der Unternehmer institutionalisiert, die Ansätze organisierter Interessenvertretung ablehnten und nur individualisierte Formen anerkannten. Darüber hinaus war das Gericht nur zuständig, wenn bereits getroffene Vereinbarungen wie z. B. Gedingefestsetzungen strittig waren. Beschwerden über schlechte Behandlung und Auseinandersetzungen um die Lohnfestsetzung selbst lagen hingegen jenseits seines Kompetenzbereichs.[29]

Um ein Gegengewicht zum privaten Bergbau zu schaffen, gab es im Anschluß an den Streik Pläne, im Ruhrgebiet „bereits entwickelte Betriebe sowie Grubenfelder" für den Staat aufzukaufen.[30] Sie scheiterten jedoch am Veto des Finanzministers. Die zunehmend erfolgreiche Politik des Syndikats, verbunden mit der Kohleknappheit unmittelbar nach der Jahrhundertwende, ließ erneut Befürchtungen um eine zu große Abhängigkeit von den Unternehmern aufkommen. Geld zum Erwerb unerschlossener Kohlefelder wurde bereitgestellt, und es wurde versucht, die Bergwerksgesellschaft Hibernia, eines der größten privaten Bergbauunternehmen, zu erwerben, um dem preußischen Staat kurzfristig Einflußmöglichkeiten zu erschließen. Doch dieses Vorhaben stieß auf den heftigsten Widerstand der betroffenen Aktionäre sowie der gesamten Unternehmerschaft, so daß der Plan aufgegeben werden mußte.[31]

In den folgenden Jahren verkehrte sich die ursprüngliche Absicht gar in ihr Gegenteil: den Unternehmern gelang es, staatliche Zechen zunehmend in den privatkapitalistischen Markt einzubeziehen und die Übernahme von Strukturen und Politik privatgeführter Zechenunternehmen auch bei Staatsbetrieben durchzusetzen. Die Absicht, „durch einen ausreichend großen staatlichen Grubenbesitz im dortigen Bezirk gegenüber den Privatgrubenbesitzern einen bestimmenden Einfluß auf die Arbeiterverhältnisse sowie auf die Preisgestaltung der Kohle" zu gewinnen, hatte sich nicht verwirklichen lassen.[32]

Insgesamt war somit die Wirksamkeit staatlicher Eingriffe und Vermittlungen gering.[33] Damit soll nicht die Bedeutung der Bergämter generell bestritten werden; sie kontrollierten die technischen Anlagen und Maschinen, ihnen mußten die – allerdings sehr allgemein gehaltenen – Betriebspläne vorgelegt werden, und sie achteten auf die Anwendung der erlassenen Bergpolizei-Verordnungen. Doch auch hier blieb die Wirksamkeit ihrer Tätigkeit beschränkt, wie u. a. die im Vergleich zu anderen Bergbaugebieten hohen Unfallzahlen zeigen. Die Sicherheit im Untertagebetrieb hing in hohem Maße von der Betriebsführung, der Arbeitsorganisation, der Aufsicht etc. ab, und in diesen Fragen sperrten sich die Unternehmer gegen die Einflußnahme von außen. An diesem Widerstand war auch der kurz vor der Jahrhundertwende diskutierte Plan gescheitert, Arbeiter zur Grubenkontrolle heranzuziehen, was die Gewerkschaften seit längerem gefordert hatten. Die Unternehmer gaben an, durch Arbeiterkontrolleure, die von den Bergleuten gewählt werden sollten, werde die Einflußnahme der Gewerkschaften institutionalisiert – eine Auffassung, der sich die Behörden anschlossen.[34]

Vor allem ein Aspekt ließ Unternehmer und staatliche Behörden eng zusammenarbeiten: beide befürchteten, die Bergarbeiter würden unter sozialdemokratischen Einfluß geraten, und beide befürworteten Maßnahmen, die geeignet schienen, diese Entwicklung zu verhindern. Zahlreiche Amtsstellen, darunter vor allem die Bergämter, hatten erklärt, für den Streik habe es keinen berechtigten Anlaß gegeben, und sie glaubten an eine planvolle Vorbereitung und eine systematisch betriebene Verhetzung seitens einer ultramontan-demokratisch-sozialistischen Verschwörung.[35] Diese Auffassung vertraten auch die Unternehmer, die argumentierten, es habe keinerlei Mißstände gegeben, und zur Rechtfertigung auf die Ergebnisse der Untersuchungskommission verwiesen. Es gab jedoch auch Behörden, die derartige Verschwörungstheorien nicht teilten, aber befürchteten, diese „an sich vielleicht nicht ganz unberechtigte Bewegung" werde von den Sozialdemokraten ausgenutzt, die dadurch versuchten, die ruhigen und besonnenen Bergleute als Anhänger zu gewinnen.[36] Beim Empfang der Delegierten hatte der Kaiser betont, daß für ihn „jeder Sozialdemokrat gleichbedeutend mit Reichs- und Vaterlandsfeind" sei, und er hatte ausdrücklich gewarnt: „Merke ich daher, daß sich sozialdemokratische Tendenzen in die Bewegung mischen und zu ungesetzlichem Widerstand anreizen, so würde ich mit unnachsichtiger Strenge einschreiten und die volle Gewalt, die mir zusteht – und dieselbe ist eine große – zur Anwendung bringen."[37]

In den folgenden Jahren wurde zwar nicht die angedrohte volle Gewalt angewandt, doch die Klagen der Arbeiter über Ein- und Übergriffe der Polizei rissen nicht ab. Diese betrafen vor allem die Organisationsbestrebungen der Bergleute; der Alte Verband hatte immer wieder Schwierigkeiten, Versammlungen abzuhalten; Wirte wurden unter Druck gesetzt, ihre Säle nicht zur Verfügung zu stellen, und im Essener Meineidsprozeß von 1895, einem eklatanten Beispiel offenkundiger Klassenjustiz, wurden die führenden Vertreter dieser Gewerkschaft zu langjährigen Haftstrafen verurteilt. Eine Gefährdung war auch in den Schnapskasinos (vgl. S. 143 ff.) gesehen worden, deren Verfolgung deutlich macht, daß nicht nur die organisatorischen Bemühungen der Bergleute, sondern auch ein großer Teil ihrer sonstigen Verhaltensweisen als Gefahr empfunden wurde und polizeilich kontrolliert sowie reguliert werden sollte.[38]

Der vergebliche Versuch, die Gemeinden zur Aufstellung von Zechenwehren zu bewegen, wurde bereits erwähnt.[39] Parallel dazu wurden andere Maßnahmen vorangetrieben, um für kommende Arbeitskämpfe polizeilich besser gerüstet zu sein. Unmittelbar nach dem Streik wies das Oberpräsidium in Münster darauf hin, daß sich angesichts der Gefahr erneuter Streiks und angesichts des mangelnden Entgegenkommens der Unternehmer ,,als wesentliche Aufgabe der Behörden (...) die Anwendung polizeilicher Maßregeln zur Überwachung des sozialdemokratischen Treibens" ergäbe.[40] Es plädierte deshalb für eine Vermehrung der Polizeistellen, die nach und nach in den einzelnen Städten und Landgemeinden auch eingerichtet wurden. Zusätzlich wurden Listen erstellt, die angaben, aus welchen Orten Preußens die Dienststellen im Ruhrgebiet im Falle eines Streiks Polizisten zur Verstärkung anfordern konnten. Der sofortige Einsatz von Militärs hatte sich als zu grobes Mittel erwiesen, das die Situation verschärfte, anstatt zur Entspannung beizutragen. Auch hatte sich gezeigt, daß den Angaben der Unternehmer über Unruhen und Gefährdungen nicht zu trauen war; diese hatten vielmehr falsche Nachrichten verbreitet, um die Heranziehung des Militärs zu erreichen. Auf Grund dieser Erfahrungen erschien es sinnvoller, mittels der erstellten Listen, die regelmäßig überprüft wurden, den Landräten, die die jeweilige Situation besser überblicken konnten, bei Bedarf zusätzliche Polizisten zur Verfügung zu stellen.[41] Darüber hinaus hatten diese die Möglichkeit, Gendarmerie-Detachements anzufordern, die in mehreren Städten des Ruhrgebiets stationiert waren – sie wurden allerdings 1899 aufgelöst, da sie sich ebenfalls als zu schwerfällig erwiesen hatten –, und schließlich konnten sie noch zusätzlich Militär anfordern, falls sie dies für erforderlich hielten.[42]

b) Unternehmer

Einige Unternehmer des Ruhrbergbaus hatten während des Streiks eine unerwartete Kompromißbereitschaft gezeigt, die allerdings nur von kurzer Dauer war. Über die Zusagen Hammachers hinaus, dessen Position sich bald als isoliert erwies, waren mehrere Zechen bereit, den streikenden Bergleuten Lohnerhöhungen und andere Verbesserungen zu gewähren. Sie befanden sich jedoch in einer Minderheit, und schon während des Streiks wurden Vereinbarungen getroffen, die sicherstellen sollten, daß sich eine derartige

Kompromißbereitschaft, die als „Einzelabschlachtung" gebrandmarkt wurde, in Zukunft nicht wiederholt.[43]

Die gespaltene Reaktion auf den Streik läßt innerhalb der Unternehmerschaft zwei Lager erkennen, die – grob formuliert – auf der einen Seite von Bergwerksbesitzern und auf der anderen von aktiven Managern gebildet wurden. Zur ersten Gruppe zählten vor allem die Unternehmer, deren Familien zum Teil schon über Jahre hinweg eine führende Rolle im Ruhrbergbau spielten und die die traditionelle Führungsschicht bildeten. Sie zeigten sich kompromißbereit und wurden in dieser Haltung von hohen Regierungsbeamten wie auch von Bankenvertretern unterstützt.[44] Ihnen gegenüber standen die Direktoren bzw. Manager, deren Bedeutung mit der zunehmenden Betriebsgröße und den Konzentrationsprozessen außerordentlich gewachsen war; bereits während des Streiks trafen sich die Direktoren mehrerer Bergwerke und verständigten sich auf eine harte Linie: sie waren zu keinerlei Verhandlungen mit den Bergleuten bereit und wollten darüber hinaus den Streik zum Anlaß nehmen, ihrerseits eigene Vorstellungen durchzusetzen. Sie beantragten, die Seilfahrt von 3 bis 10 km/Std. auf 13 km/Std. beschleunigen zu können, plädierten für eine Senkung der Bergwerkssteuer und vereinbarten eine Sperre gegen Bergleute, die ihren Arbeitsplatz wechselten. Den letztgenannten Plan mußten sie, wie bereits erwähnt, vor allem auf Grund staatlicher Einflußnahme aufgeben, doch dieses Einlenken war für lange Zeit ihr letztes Zugeständnis, und es beeinträchtigte nicht ihre Entschlossenheit, weiterhin für eine harte Linie einzutreten und diese zu organisieren.

Im Februar 1890 wurde Hammacher als Vorsitzender des Vereins für die bergbaulichen Interessen (VbI) abgelöst; an seine Stelle trat Jencke, unter dessen Leitung ein „grundsätzlicher Wandel in der sozialpolitischen Einstellung des Vereins"[45] eintrat. Er koordinierte eine „aggressive Politik gegen Streiks, Arbeiter und Gewerkschaften, die viel weiter ging als die Sperre, und viel wirksamer war".[46] Der offenkundigste Ausdruck der neuen Politik war der sogenannte Ausstandsversicherungs-Verband, mit dem eine einheitliche Haltung der Zechen bei Arbeitsniederlegungen gesichert werden sollte. Er gewährte einzelnen vom Streik betroffenen Zechen eine Entschädigung, „wenn der Verband den Widerstand der Zeche gegen die Streikforderungen als berechtigt anerkannt hatte, wenn die Zahl der ausständigen Arbeiter ein Drittel der Belegschaft überstieg und wenn der Umfang des Streiks auf weniger als dreißig Prozent der Verbandszechen beschränkt blieb".[47]

Diese Regelung machte es nahezu unmöglich, gegen einzelne Zechen oder Unternehmen zu streiken, da diese bei begrenzten Ausständen von den anderen Betrieben unterstützt wurden – und zwar nur unter der Bedingung, daß sie nicht nachgaben. Um eine kompromißlose Haltung auch wirklich sicherzustellen, wurde zusätzlich noch die Vorschrift aufgenommen, daß nur dann ein Anspruch auf Schadensersatz bestand, wenn die betroffene Zeche auch nachträglich die Forderungen der Streikenden nicht bewilligte.[48]

Für von Berlepsch, der mittlerweile als Handelsminister amtierte, schien
es offensichtlich zu sein, daß dieses Abkommen nicht die Beendigung, sondern vielmehr die Fortdauer eines Streiks förderte; er sah hierin eine erhebliche Gefahr für den sozialen Frieden und wollte daher die Unternehmer dazu
bewegen, sich bei Ausbruch von Streitigkeiten einem Einigungsverfahren zu
unterwerfen. Dazu waren diese allerdings nicht bereit; der Versuch, die
bereits erwähnten Berggewerbegerichte als Einigungsstelle zu nutzen, schlug
ebenfalls fehl, und auch spätere Vorstöße in dieser Richtung blieben ohne
Erfolg. Dem Ausstandsversicherungs-Verband blieb zwar die staatliche Anerkennung versagt, doch er setzte seine Tätigkeit ungestört fort; allein im
Jahre 1891 zahlte er 230000 Mark an Streikentschädigungen.[49]

War dieser Verband die juristische Fixierung eines Standpunktes, der demonstrierte, wer der ‚Herr im Haus‘ war, so war das 1893 gegründete Syndikat seine materielle Absicherung. Es begründete eine Periode hoher Profite,
die mit geringen Schwankungen bis nach Kriegsende anhielten und es den
Unternehmern erlaubten, von einer Position der Stärke aus zu agieren und
sich kompromißlos zu zeigen. Es garantierte eine ungestörte Entwicklung,
von der auch die Bergleute durch gesicherte Arbeitsplätze und höhere Löhne
profitiert haben dürften, es sicherte aber auch die Macht der Unternehmer,
gegen die die Bergarbeiter lange Zeit vergeblich ankämpften.[50]

Damit waren die Grundlagen unternehmerischer Politik gegenüber den
Arbeitern und Gewerkschaften bis zum Ende des Ersten Weltkrieges festgelegt; bestimmend blieb die kompromißlose Durchsetzung eines paternalistisch verbrämten ‚Herr-im-Hause‘-Standpunktes, wie er in der Schwerindustrie vielfach, so auch von der Firma Krupp, vertreten wurde. Zwischen
deren Vorgehen und dem des Ruhrbergbaus gab es weitgehende Parallelen,
die in der Person von Jencke personifiziert waren; er war Generaldirektor
bei Krupp, und gleichzeitig war er der Nachfolger Hammachers als Präsident des VbI und der führende Vertreter und Organisator einer harten Linie.[51] Doch hinter den Parallelen verbargen sich tiefgreifende Unterschiede.
Die spezifischen Merkmale des Bergbaus, die im Kap. III beschrieben wurden, erlaubten zwar ein besonders rigides Festhalten an hierarchischen Konzepten, doch diese erwiesen sich immer wieder als brüchig, und es war nicht
möglich, sie ähnlich fest zu verankern und sie in ein vergleichbar umfassendes System betrieblicher Sozialpolitik einzubetten wie z.B. bei der Firma
Krupp.

Die Sozialpolitik der Firma Krupp war sehr umfassend; sie begleitete die
Stammbelegschaft von der Wiege bis zum Grab und stellte ein umfangreiches System zur Verfügung, um Wohlverhalten seitens der Arbeiter zu belohnen. Diese waren zwar nicht unbedingt bessergestellt als die Bergleute,
denen das Knappschaftssystem bezüglich der Renten- und Krankenversicherung vergleichbare Leistungen bot, doch die knappschaftliche Versicherung
war gesetzlich verankert und konnte somit nicht als Bestandteil selektiver
Sozialpolitik eingesetzt werden; zudem müssen als Vergleichsgruppe die

Arbeiter anderer Betriebe der Stahl- und Eisenindustrie herangezogen werden, denen gegenüber die Arbeiter bei Krupp eindeutige Vorteile genossen.[52]
Der wichtigste Faktor betrieblicher Sozialpolitik im Ruhrbergbau war das Wohnungswesen, dessen Bedeutung bereits ausführlich besprochen wurde. Hinzu kamen weitere Einrichtungen wie etwa die Unterstützungsvereine bzw. -kassen, deren Gelder sich neben Zuschüssen der Unternehmer zu einem großen Teil aus Strafen bzw. anderen Beiträgen der Bergleute speisten.[53] Außerdem entstanden Einrichtungen wie Kindergärten und Haushaltungsschulen, doch eine systematische Sozialpolitik hat es lediglich in Ansätzen gegeben, und die unverändert hohe Personalfluktuation zwischen den Zechen zeigt die begrenzte Wirksamkeit der einzelnen Versuche.[54] Der Grund hierfür ist jedoch nicht nur in deren unzureichender materieller Ausstattung zu suchen, wichtiger war, daß die Ansätze Stückwerk blieben und nicht tief genug griffen.

Die zentralen Elemente der Kruppschen Sozialpolitik hingegen waren in den Arbeitsbedingungen selbst verankert. Es gehörte zu den Grundsätzen der Firma, Leute einzustellen, die ,,meist nur ihre Arbeitskraft und ihre Arbeitswilligkeit mitbrachten, dagegen keine besonderen, also auch keine besonders zu entlohnenden Fähigkeiten, die sie erst bei Krupp erlernten".[55] Das bedeutete für sie Chance und Knebel zugleich. Chance, weil sie hoffen konnten, allmählich innerhalb des Betriebes aufzusteigen, einen sicheren Arbeitsplatz zu haben und auch im Alter ihr Auskommen zu finden; Knebel, weil dadurch ein Betriebswechsel weitgehend ausgeschlossen war, zumal die erlernten Fähigkeiten vielfach so speziell waren, daß in anderen Unternehmen keine Verwendungsmöglichkeiten dafür bestanden.[56] Die Spezialisierungen waren Teil einer weitgefächerten Betriebshierarchie, innerhalb derer den Arbeitern nur ein begrenzter Tätigkeitsbereich zugewiesen war.[57] Das Wissen um die technischen Zusammenhänge und Abläufe hatte sich bereits weitgehend in die Ingenieurs- und Konstruktionsbüros verlagert, so daß einerseits die Freiräume und Möglichkeiten eigenständigen Handelns gering blieben und andererseits die Hierarchisierung als notwendige Folge zunehmend komplexer Betriebsabläufe erschien. Allein schon die Einbindung in kaum noch überschaubare Fertigungsprozesse hatte eine kontrollierende und disziplinierende Wirkung; zusätzlich bestand in den Fabrikhallen die Möglichkeit einer nahezu kontinuierlichen Überwachung durch Vorgesetzte, Meister etc., die zudem über ein überlegenes Wissen verfügten, so daß ihre Autorität sich weitgehend funktional begründen ließ.[58] Im Bergbau hingegen hatte die Ausbildung von Herrschaftswissen die unmittelbaren Arbeitsprozesse unter Tage noch kaum erfaßt; auch die Möglichkeit, den Zugang zur Ausbildung als wichtigen Faktor betrieblicher Sozialpolitik einzusetzen, war nicht gegeben, und die Überlegung Kruppscher Arbeiter, durch Ausharren, wenn schon nicht selbst den Aufstieg zu schaffen, dann doch zumindest den ihrer Söhne zu begründen und diesen einen Ausbildungsplatz zu sichern, spielte kaum eine Rolle.[59]

Diese und andere Bedingungen prägten nicht nur die Betriebsorganisation im Bergbau, auch die grundsätzlichen Verhaltensweisen und Einstellungen der Unternehmer – wie auch der Bergleute – wurden hiervon wesentlich beeinflußt. Ohne den Zusammenhang überstrapazieren zu wollen, läßt sich zeigen, daß das Verhalten beider Kontrahenten durch die innere Struktur des Bergbaus mitbestimmt wurde: bei den Unternehmern weitgehender Verzicht auf eine unmittelbare, funktional begründete Kontrolle der Bergleute unter Tage und auf eine systematische Sozialpolitik, die einerseits wenig Ansatzpunkte gehabt hätte und darüber hinaus auch nicht erforderlich erschien; statt dessen die Behauptung von Herrschaftsansprüchen, die über das Syndikat und den Ausstandsversicherungs-Verband überbetrieblich effektiv organisiert, jedoch nur beschränkt funktional innerbetrieblich abgesichert waren. Auf der anderen Seite, bei den Bergleuten, Ansätze und Möglichkeiten zu eigenständigem Handeln und Selbständigkeit, die es ihnen erlaubten, in Auseinandersetzungen einzutreten sowie Konflikte auszutragen, und die immer wieder zu Rissen in einer monolithisch erscheinenden Industrie führten.

Die Haltung der Unternehmer läßt sich somit als die Konsequenz vermeintlich überschaubarer Betriebsverhältnisse sehen, und ihre Position schien unangreifbar zu sein, da sie sich politisch, juristisch und ökonomisch wirkungsvoll absichern ließ, zumal das Syndikat im wesentlichen nur die Fördermenge und den Preis eines einzigen Produktes, der Kohle, organisieren mußte.[60] Die Ausgangssituation der Bergleute war hingegen bedeutend schlechter; sie fanden Sympathie für ihre Wünsche, konnten sich mit ihren Forderungen jedoch nur in Ansätzen politisch etablieren und zu einheitlichem Vorgehen zusammenfinden. Ihre Eigenständigkeit und Handlungsfähigkeit stellte sich unter Verhältnissen ein, die unübersichtlich und ungeordnet waren; sie ging auf die Fähigkeit bzw. Notwendigkeit zurück, sich fortwährend auf neue Situationen einstellen zu können, beweglich zu sein, sich einzeln oder in Gruppen durchsetzen zu können etc., d. h. sie beruhte auf Faktoren, die sich nur schwer organisieren oder gar in eine Form fassen ließen, die dem zentralisierten Syndikat gewachsen gewesen wäre. Hinzu kam, daß ihre Handlungsfähigkeit nicht das Ergebnis geplanter Prozesse – etwa einer planmäßigen Ausbildung oder Schulung – war, sondern sich hinter dem Rücken der Beteiligten herstellte. Sie wurde kaum bemerkt, war nur selten bewußt und wurde nahezu gar nicht thematisiert, was ihre organisatorische Erfassung und Umsetzung noch schwieriger machte. Es bestanden vielmehr auch auf seiten der Gewerkschaften zahlreiche Vorurteile, Skepsis und Mißtrauen gegenüber den alltäglichen Verhaltensweisen und Gewohnheiten der Bergleute, so daß hierin nicht etwa ein Handlungspotential gesehen wurde, an das es anzuknüpfen galt, sondern vielmehr eine der Hauptursachen für die Schwäche der Bergarbeiterbewegung.

c) Bergarbeiter-Organisationen

Konfrontiert mit einem übermächtigen Gegner und angesichts eines Staates, der sich abwartend verhielt, vielfach jedoch die Unternehmer unterstützte, befand sich die Bergarbeiterbewegung von vornherein in einer äußerst schwierigen, wenig erfolgversprechenden Situation. Hinzu kamen Faktoren wie der wachsende Zustrom ungelernter Arbeiter, die hohe Fluktuation, landsmannschaftliche, ethnische, religiöse sowie parteipolitische Unterschiede und Gegensätze, die die Erfolgsaussichten zusätzlich verschlechterten. So ist denn auch die Geschichte der organisierten Bergarbeiterschaft nicht so sehr eine Geschichte glänzender Erfolge, sondern vielmehr eine Geschichte von Schwierigkeiten, Auseinandersetzungen, Rückschlägen, aber auch von zahlreichen Opfern, großen Anstrengungen und von Hoffnungen, wenngleich diese vielfach vergeblich blieben und enttäuscht wurden.

Als besonders hinderlich erwiesen sich die Auseinandersetzungen unter den Organisationen selbst. Dem Alten Verband wurde von Anfang an vorgeworfen, er stehe unter sozialdemokratischem Einfluß. Die christlich-sozialen Kräfte, die bei der Verbandsgründung Außenseiter gewesen waren, gründeten schon am 4. Mai 1890 einen Gegenverband mit dem Namen Rheinisch-Westfälischer Bergarbeiter Verein Glückauf zur Wahrung und Förderung der bergmännischen Interessen im Oberbergamtsbezirk Dortmund, der allerdings nur wenige Mitglieder gewinnen konnte und sich als sehr kurzlebig erwies. Er legte jedoch die institutionelle Grundlage für eine Auseinandersetzung, die die Bergarbeiterbewegung bis zum Ende der Weimarer Republik spaltete und schwächte und bereits die ersten Arbeitskämpfe überschattete, die kurz nach Ende des Streiks von 1889 einsetzten.[61]

Die Auseinandersetzungen mit den Unternehmern waren mit dem Ende des Streiks nicht beigelegt. Die Maßregelungen und die Nichterfüllung der Forderungen hatten im Spätherbst 1889 wieder „eine große Erregung im Ruhrgebiet erzeugt" und zu einer umfassenden Agitation geführt.[62] Das Vorhaben der Unternehmer, keinen Arbeitsplatzwechsel mehr zuzulassen, war zwar auf behördlichen Druck hin fallen gelassen worden, doch die Unzufriedenheit über Löhne, Arbeitsbedingungen und andere Mißstände blieb bestehen. Der Vorstand des Alten Verbandes forderte im Januar 1890 auf Drängen zahlreicher Mitgliederversammlungen eine genaue Festsetzung der Achtstundenschicht, den Wegfall von Überschichten und von Kohlenabzügen sowie eine „allgemeine Lohnerhöhung von 50 Prozent";[63] der Bergbauverein erklärte, er sehe sich nicht in der Lage, den Zechen die Annahme dieser Forderungen „in ihrer Maßlosigkeit" zu empfehlen, und er betonte zudem, er könne dem Verbandsvorstand die Berechtigung nicht zuerkennen, im Namen der gesamten Belegschaften Forderungen zu stellen.[64] Diese Formulierung wurde immer wieder verwandt: bis nach dem Kriege weigerten sich die Zechen prinzipiell, eine Arbeitervertretung anzuerkennen, so daß auch den bestehenden Organisationen die Berechtigung,

Forderungen vorzubringen und für die Bergleute zu sprechen, nicht zuerkannt wurde. Dieser Argumentation folgte dann meist die Aufforderung, die Bergleute sollten individuell mit den Zechenleitungen verhandeln, dazu seien diese bereit. Um den Forderungen Nachdruck zu verleihen, kam es gegen den Willen des Vorstandes, der es entschieden ablehnte, ,,sich an der Inszenierung eines Streiks zu beteiligen",[65] zu mehreren Arbeitsniederlegungen, die jedoch auf wenige Zechen beschränkt blieben, nur wenige Tage dauerten und mit einer Niederlage der Arbeiter endeten.

Anläßlich eines Delegiertentages am 15. Februar 1891 in Bochum, an dem Vertreter aus mehreren Bergbaugebieten teilnahmen, wurde erneut eine Erhöhung der Löhne, eine Begrenzung der Schichtzeit und der Überschichten sowie die Anerkennung der Arbeiterausschüsse gefordert. Zahlreiche Belegschaftsversammlungen sprachen sich für eine Arbeitsniederlegung aus, und eine erneute Delegiertenversammlung in Bochum, an die 274 Delegierte von 166 Schächten teilnahmen, erklärte den allgemeinen Streik, doch dem Aufruf zur Arbeitsniederlegung wurde nur zögernd Folge geleistet: bis zum 28. April streikten nur 18 122 Mann auf 45 Zechen, und am 5. Mai war die Bewegung ganz erloschen. Der christliche Verband Glückauf hatte sich gegen den Streik ausgesprochen, was die geringe Beteiligung erklären hilft. Entscheidender jedoch war, daß die Stimmung der Bergleute falsch eingeschätzt worden war.[66]

Diese Feststellung trifft auch auf den Streik von 1893 zu. In diesem Jahr war es zu einem Ausstand in Saarbrücken gekommen, und eine Versammlung von Verbands- und Belegschaftsdelegierten rief aus Solidarität zum Generalstreik auf: ,,Es ist zu wählen: entweder weiterarbeiten unter ständigem Elend, wobei die Saarbrückener Kameraden zugrunde gehen, oder Generalstreik und Sieg!"[67] Der Aufruf wurde kaum befolgt; die Streikbeteiligung erreichte nicht mehr als etwa 21 000 von 145 000 Bergleuten. Doch die Verbandsführer hatten nicht nur die Streikbereitschaft der Belegschaften falsch beurteilt, sondern auch ,,die Macht der Gegner weit unterschätzt". Sogleich nach dem Streikaufruf wurden fast sämtliche Vorstandsmitglieder und die bekanntesten Belegschaftsdelegierten wegen Kontraktbruch, Aufreizung zum Klassenhaß, zu Gewalttätigkeiten usw. verhaftet".[68] Eine große Zahl der Streikenden wurde gemaßregelt, etwa 800 wurden entlassen.

Diese Niederlagen fügten dem Alten Verband großen Schaden zu; seine Mitgliederzahl ging von 24 000 im Jahre 1890 auf 11 000 im Jahre 1893 und knapp 5000 im Jahre 1895 zurück. 1895 fand auch der Essener Meineidsprozeß statt, in dem ein großer Teil der führenden Vertreter des Verbandes zu langjährigen Freiheitsstrafen verurteilt wurde, so daß ,,eine große Verwirrung im Verband" herrschte und einer der Verurteilten glaubte, ,,er würde den Verband wohl kaum noch unter den Lebenden sehen".[69]

Für diese Entwicklung gab es neben den fehlgeschlagenen Streiks noch andere Gründe. Der Konsum-Verein Glückauf, an dem sich der Verband beteiligt hatte, mußte 1894 Konkurs anmelden, wodurch der Verband ,,nicht nur seine 16 000 Mark Darlehen, sondern auch viele wegen des Geldverlustes aufgebrachte Mitglieder verlor".[70] Die Unternehmer hatten sich organisiert, und die Ansätze von Kompromißbereitschaft, die im Streik von 1889 zu erkennen gewesen waren, waren einer unnachgiebigen Haltung gewichen. Die Leiter und „hervorragendsten Mitglieder wurden gedrückt und gemaßregelt"[71] – so Imbusch, ein führender Vertreter des konkurrierenden Christlichen Gewerkvereins –, und auch die Behörden erweckten oft den Anschein, als „seien sie nur im Interesse der Arbeitgeber da. Der Verband wurde verfolgt, man machte ihm alle nur eben möglichen Schwierigkeiten, nicht selten mit direkt ungesetzlichen Maßnahmen. Versammlungen wurden, wenn eben möglich, verhindert, oft durch direktes Verbot oder sonst durch Einwirkung auf die Wirte, damit diese ihr Lokal nicht zur Verfügung stellen".[72] Die Polizei hatte vielfach den Rednern jedes Sprechen in den Versammlungen verboten, wobei vor allem die unteren Polizeiorgane die Gesetzesbestimmungen wenig beachteten. Besonders wichtig schließlich war die konjunkturelle Entwicklung. Die Förderung und die Zahl der Bergleute nahmen zwar noch geringfügig zu, doch der durchschnittliche Jahresverdienst fiel innerhalb von zwei Jahren von 1086 Mark im Jahre 1891 auf 946 Mark im Jahre 1893 und stieg nur langsam wieder an, so daß sich die materielle Ausgangsbasis für gewerkschaftliches Handeln verschlechterte.[73]

Angesichts dieser Konstellation fiel besonders ins Gewicht, daß die Verbandsführung offensichtlich keine genauen Vorstellungen über die Aufgaben der neuen Gewerkschaft hatte, die vielfach in erster Linie als Rekrutenschule der SPD angesehen wurde. O. Hue zufolge wurde der Verband „zum Tummelplatz einseitigster Parteiagitation",[74] was die überzogenen Streikforderungen der Jahre 1891 und 1893 erklären hilft. Diese Entwicklung läßt auch die Vorwürfe von christlich-sozialer Seite berechtigt erscheinen, die Führung des Verbandes sei nicht, wie seine Statuten angaben, parteipolitisch neutral, sondern vielmehr sozialdemokratisch kontrolliert und darüber hinaus religionsfeindlich eingestellt.[75] Derartige Vorwürfe hatten schon zur Gründung der christlichen Konkurrenzorganisation Glückauf geführt, die allerdings nur kurze Zeit existierte. Die Vorbehalte gegen den Alten Verband blieben jedoch bestehen, und am 28. Oktober 1894 konstituierte sich eine Nachfolge-Organisation, der Gewerkverein christlicher Bergarbeiter für den Oberbergamtsbezirk Dortmund.

Vom Zeitpunkt seiner Gründung an war der Gewerkverein unterschiedlichen Einflüssen und Rechtfertigungszwängen ausgesetzt, die sein Verhalten und seine Handlungsmöglichkeiten sehr stark beeinflußten. Neben kirchlichen waren auch bürgerliche Kreise bei der Gründung einflußreich, und an der konstituierenden Sitzung nahmen darüber hinaus Behördenvertreter teil, die dem Verband ihre jeweils spezifischen Erwartungen entgegenbrachten, Erwartungen, die in den Statuten ihren Niederschlag fanden: Zweck des Verbandes war laut § 2 die „Hebung der moralischen und sozialen Lage der Bergarbeiter auf christlicher und gesetzlicher Grundlage und Anbahnung und Erhaltung einer friedlichen Übereinkunft zwischen Arbeitgebern und Arbeitnehmern". § 4 sah als Mittel zur Besserung der Lage Eingaben und Petitionen vor sowie belehrende und bildende Vorträge, während die Möglichkeit eines Streikes nicht erwähnt wurde. Die wirtschaftsfriedliche, auf harmonischen Ausgleich bedachte Orientierung schlug sich auch in den Mitgliedsbeiträgen nieder, die derart niedrig angesetzt waren, daß sich kein Streikfonds bilden ließ; § 3 stellte fest: ,,Der Verein steht fest zu Kaiser und Reich", und § 8 erklärte: ,,Durch den Eintritt in den Gewerkverein bekennt sich jeder als Gegner der sozialdemokratischen Grundsätze und Bestrebungen".[76] H. Imbusch stellte wenige Jahre später selbstkritisch fest: ,,Die meisten Freunde, die der Gewerkverein in der ersten Zeit seines Bestehens außerhalb der Bergarbeiterkreise hatte, waren seine Freunde nur, weil sie befürchteten, die Arbeiter durch die Erziehungsarbeit des sozialdemokratischen Verbandes an die Sozialdemokratie zu verlieren und weil sie in dem Gewerkverein eine antisozialistische Kampftruppe sahen. Nicht die Verbesserung der Lage der Arbeiter, sondern der Kampf gegen die Sozialdemokratie war ihr Ziel."[77]

In den ersten Jahren nach der Gründung konnten die Gönner des Gewerkvereins beruhigt sein; sie sahen ihre Ziele und Interessen in den Statuten der Organisation und den Aktionen verwirklicht, während das für die Bergleute nicht unbedingt galt. Allein, auch in diesem Falle waren die Ideale bürgerlicher und kirchlicher Kreise weniger stark als die materiellen Verhältnisse, unter denen die Bergleute lebten und arbeiteten und unter denen der Gewerkverein agieren mußte.[78] Auch ihm gegenüber zeigten die Unternehmer kein Entgegenkommen, und es stellte sich heraus, daß auch für eine christliche Gewerkschaft die Unterstützung durch die Bergleute und die Glaubwürdigkeit diesen gegenüber wichtiger waren als all die Sympathiebezeugungen, die ihre Gründung begleitet hatten: in wenigen Jahren entwickelte sich der ‚Nichtkampfverein' zu einem Streikverein.[79] Den Ausschlag gab ein Streik im Jahre 1898 am Piesberg in Osnabrück.

Im dortigen Bergbau sollten sieben katholische Feiertage abgeschafft werden; der Vorsitzende des Gewerkvereins, Brust, bemühte sich um eine Vermittlung. Die Zechenleitung zeigte kein Entgegenkommen, der Handelsminister weigerte sich, Brust zu einer Audienz zu empfangen, und das Oberbergamt in Dortmund gab an, er habe nicht die Berechtigung, für die Arbeiter der betroffenen Grube zu sprechen.[80] Es kam zur Arbeitsniederlegung, die für die Unternehmer der Anlaß zur Aussperrung sämtlicher Arbeiter war; der Gewerkverein sah sich gezwungen, den Streik zu unterstützen, weshalb er heftig angegriffen wurde; der Ausstand ging schließlich verloren, und er war – wie Imbusch schreibt – für den Gewerkverein eine Lehre: Er habe gezeigt, daß der Gewerkverein sich trotz seiner nationalen Grundsätze absolut nicht auf die Hilfe der Behörden verlassen könne und auch bei den Unternehmern kein Entgegenkommen fände.[81] Brust selbst schrieb: ,,Der Aufstand und seine Geschichte zeigte uns ein Bild der Dreistigkeit und

Rücksichtslosigkeit, mit welchen gewisse Unternehmer selbst gesetzlich garantierte Rechte der Arbeiter zu vernichten suchen. Dem großkapitalistischen Gotte Mammon wird selbst das idealste Gut des Menschen, das christliche Gefühl und die christliche Überzeugung geopfert."[82]

Diese Erfahrungen trugen wesentlich zur Neuorientierung bei. Der Gewerkverein mußte „eine angriffs- und verteidigungsfähige Gegenposition zum Unternehmertum" aufbauen, wollte er nicht zu „einem Arbeiterwohlfahrtsinstitut oder einem reinen Kampfverband gegen die Sozialdemokratie herabgewürdigt werden".[83] Hierüber kam es zu Auseinandersetzungen, die nicht auf den Gewerkverein beschränkt blieben, sondern die gesamte christliche Gewerkschaftsbewegung kennzeichneten, als diese sich anschickte, „nicht nur den Kampf gegen die Sozialdemokratie", sondern auch die Auseinandersetzung mit den Unternehmern zu führen.[84]

Diese Neuorientierung brachte den Gewerkverein in eine schwierige Position. In der Auseinandersetzung mit kirchlichen Kreisen mußte er die Frontstellung gegenüber den Unternehmern verteidigen; gleichzeitig mußte er begründen, weshalb er trotz dieser Frontstellung nicht mit dem Alten Verband zusammenarbeitete, der immer wieder vorschlug, gemeinsam vorzugehen. Der Gewerkverein, der hierdurch seine Eigenständigkeit gefährdet sah, schlug folglich – von wenigen Ausnahmen abgesehen – jedes Angebot einer Zusammenarbeit aus, da ein enges Zuammengehen die Existenz zweier Verbände überflüssig gemacht hätte. Statt dessen grenzte er sich stark vom Alten Verband ab, griff immer wieder dessen sozialdemokratische Orientierung an und rief damit Gegenangriffe von dessen Seite hervor, was schließlich eine Eskalation der Auseinandersetzung zur Folge hatte.

In den Vorwürfen wurde dem jeweiligen Gegenüber ein „Gipfel an Dreistigkeit und Unwahrheit,"[85] bescheinigt oder aber „gar nicht zu überbieten unehrliche und verlogene" Verhaltensweisen.[86] Anläßlich der Knappschaftswahlen von 1904 und 1910 wurden gefälschte Flugblätter verbreitet, die von persönlicher Bereicherung, Bestechung durch die Unternehmer etc. sprachen und von den Betroffenen ihrerseits als „erbärmlichste Heuchelei (und) ehrloseste Verleumdung" gebrandmarkt wurden.[87] Immer wieder wurde schließlich von Verrat an den Interessen der Arbeiter gesprochen; dieser Vorwurf wurde gegen die „christlichen Fanatiker"[88] erhoben, während diese selbst von „rotem Arbeiterverrat", „verräterischem Gesindel" und „Volksbetrug" sprachen.[89]

Derartige Zitate ließen sich nahezu beliebig vermehren. Wenngleich die Beteiligten in ihren Auseinandersetzungen nicht immer derart entgleisten, so war doch eine fortdauernde erbitterte Gegnerschaft gegeben. Der Gewerkverein stand seit seiner Gründung unter dem Verdacht, ein Instrument seiner bürgerlichen und kirchlichen Gönner zu sein und sich „mit Grazie auf der Bahn der Vertuschung zu befinden, die unabwendbar zum Verderben der Bergleute" führen werde.[90] Der Alte Verband wiederum wurde als sozialistische Tarnorganisation angesehen, die gewerkschaftliche Zielsetzungen nur vorschiebe, um die christliche Gewerkschaft zur Zusammenarbeit zu bewegen und um sie schließlich zu vereinnahmen.[91]

Es gab zwischenzeitlich Phasen einer Zusammenarbeit, so vor allem anläßlich des Streiks von 1905, als zur Leitung des Streiks eine Siebener-Kommission gewählt wurde, die aus Vertretern der verschiedenen Organisationen bestand. Die hierbei gezeigte Kooperation führte allerdings nach Ende des Ausstandes zu einer erneuten Verschärfung der bestehenden Konfliktsituation; sie legte eine Verschmelzung der Gewerkschaften nahe, die der Alte Verband als logische Konsequenz des gemeinsamen Vorgehens begrüßte und forderte, die beim Gewerkverein jedoch zu vermehrten Abgrenzungsbemühungen führte, um seine Existenz zu behaupten.[92]

Gleichzeitig waren beide Gewerkschaften Angriffen aus den eigenen Lagern ausgesetzt, die ihre Situation zusätzlich belasteten und auch noch die nachträgliche Analyse erschweren. Dem Alten Verband wurden Rücksichtnahme, vorsichtiges Taktieren, eine zu wenig ausgeprägte klassenkämpferische Haltung und Schonung des Gewerkvereins vorgeworfen;[93] dieser mußte sich seinerseits gegen Anschuldigungen verteidigen: er billige der Religion nicht den gebührenden Stellenwert zu, sei zu sehr gewerkschaftlich ausgerichtet sowie auf Konfrontation mit den Unternehmern bedacht.[94]

Die Lohnbewegung im Vorfeld des Streikes von 1912 und der Streik selbst führten zu einer nahezu vollständigen Verhärtung der Gegensätze; der Christliche Gewerkverein und der Alte Verband (zusammen mit der polnischen Gewerkschaft und dem Hirsch-Dunckerschen Gewerkverein) wurden zu Gegnern, die bei dem Arbeitskampf – auf unterschiedlichen Seiten – einander gegenüberstanden. Das Verhältnis zueinander wurde durch das „beispiellose Verbrechen"[95] des Streikbruches nachhaltig vergiftet. Erst die Kriegsjahre und die Revolution 1918/19 brachten wieder eine vorsichtige Annäherung; die Verbände kamen einander näher – allerdings auf Kosten einer zunehmenden Entfremdung von ihren Mitgliedern.

Die einzelnen, hier nur angedeuteten Auseinandersetzungen nachzuvollziehen – was vermutlich selbst Zeitgenossen schwerfiel –, würde zu weit führen; ein derartiger Versuch wäre angesichts der vielfachen Verwicklungen überaus schwierig, er würde kaum Erkenntnisgewinn bringen und er wäre überaus deprimierend. Bei allem Verständnis für die Schwierigkeiten, denen sich die beiden Organisationen gegenübersahen, und bei aller Anerkennung der erbrachten Leistungen machen die Heftigkeit der Auseinandersetzungen und die Wortwahl, die Beschuldigungen und Unterstellungen, die angestrengten Gerichtsverfahren sowie die Bedeutung, die diesen Grabenkämpfen von den Beteiligten zugemessen wurde, und die dabei eingesetzten Energien ratlos und, jenseits aller Erklärungsversuche, traurig. Traurig deshalb, weil die Beteiligten bei ihrem Einsatz für die Interessen der Bergleute große Anstrengungen vollbrachten, Nachteile erlitten, verfolgt wurden und es dennoch, trotz des guten Willens und all ihrer Bemühungen, nicht vermochten, die bestehenden, von Unternehmern, Behörden und kirchlichen

Kreisen verschärften Unterschiede zu überwinden und zu gemeinsamem Vorgehen zu finden.

Der Essener Meineidsprozeß scheint beim Alten Verband in einer Art Trotzreaktion neue Kräfte freigesetzt zu haben. Die Organisation blühte auf, sie gewann – begünstigt durch einen lang anhaltenden konjunkturellen Aufschwung – zahlreiche neue Mitglieder, und sie begann, sich neu zu orientieren. Eine besondere Rolle bei dieser Entwicklung spielte O. Hue, der die Redaktion der Berg- und Hüttenarbeiterzeitung übernommen hatte, zur einflußreichsten Person im Alten Verband wurde und – wie er es selbst ausdrückte – ,,bei der Steuerung des Verbandsschiffes manchmal in den Vordergrund trat''.[96] Ihm ist die Neuorientierung des Verbandes weitgehend zuzuschreiben, der mehr als vorher auf Distanz zur SPD ging, das Eigengewicht gewerkschaftlicher Arbeit betonte, sich vom Radikalismus der ersten Jahre distanzierte und großen Wert auf den allmählichen Ausbau der Organisation legte, sich dadurch allerdings den Angriffen von zwei Seiten aussetzte.

Von sozialdemokratischer Seite wurde ihm ,,Neutralitätsduselei'' vorgeworfen; dagegen sah der Gewerkverein in dieser Neuorientierung nur ein taktisches Manöver, das darauf abzielte, die Bergleute zu täuschen und sie auf die Seite der Sozialdemokratie zu ziehen.[97] Die Mitgliederzahl des Alten Verbandes stieg trotz derartiger Angriffe, und falls dies als Erfolgsmaßstab gelten kann, so war die neue Politik erfolgreich: 1895 zählte er im Ruhrgebiet knapp 4000 Mitglieder, 1899 etwa 18700 und 1904, ein Jahr vor dem großen Streik, etwas mehr als 56000 bei einer Gesamtbelegschaft von 270000. Der Gewerkverein zählte im selben Jahr – allerdings auf Reichsebene – 44000 Mitglieder; hinzu kamen noch knapp 4000 Bergleute, die der noch kleinen, aber schnell wachsenden polnischen Berufsvereinigung (ZZP) angehörten, die 1902 gegründet worden war.[98]

Wie schon beim Gewerkverein so waren auch bei der Gründung der polnischen Gewerkschaft Nicht-Bergleute sehr wichtig, so daß hierin von sozialdemokratischer Seite ein ,,von Pfaffen und Kaufleuten'' ins Leben gerufener Verband gesehen wurde.[99] Er war Teil der nationalpolnischen Bewegung, die sich im Ruhrgebiet schon vorher in zahlreichen Zusammenschlüssen organisiert hatte und die den Hintergrund für sein schnelles Wachstum bildete. Obwohl der Gewerkverein wie auch der Alte Verband eigene Organe für die polnischen Zuwanderer in deren Muttersprache herausgaben, fühlten sich zahlreiche Polen in diesen beiden Verbänden nicht als vollwertige Mitglieder akzeptiert und schlossen sich der polnischen Berufsvereinigung an, deren Erfolg sich aus einer Kombination sprachlich-nationaler, religiöser und berufspraktischer Momente erklärt.[100] Ähnlich wie der Gewerkverein segelte er ,,ursprünglich im kirchlichen Fahrwasser'', dann vollzog sich jedoch auch hier die Entwicklung dahingehend, ,,daß diese Organisation immer mehr vom proletarischen Geiste erfüllt'' wurde, und Zeitgenossen hatten Anlaß zu der Hoffnung, ,,daß diese Bewegung schließlich dem proletarischen Klassenkampfe dienstbar" werden würde.[101] Im Jahre 1904, 15 Jahre nach dem großen Streik von 1889, gab es somit unter den Bergleuten drei Gewerkschaften, unter Berücksichtigung des Hirsch-Dunckerschen Gewerkvereins, der allerdings nur eine sehr geringe Bedeutung hatte, sogar vier. Die Hoffnungen auf eine einheitliche starke Organisation hatten sich nicht erfüllt; entsprechendes hatte sich nur bei den Unternehmern gebildet, die wirtschaftlich und politisch geeint waren und übermächtig schienen, während die Bergarbeiterverbände einen großen Teil ihrer Energie bei Auseinandersetzungen untereinander aufbrauchten und weniger als ein Drittel aller Bergleute organisieren konnten.

Sie bemühten sich jedoch, den Organisationsgrad der Bergleute zu erhöhen und waren von der Notwendigkeit überzeugt, möglichst starke und straff organisierte Verbände schaffen zu müssen. In diesem Vorhaben sahen sie sich durch die Entwicklung nach dem Streik, die enttäuschenden Ergebnisse der Gesetzesnovellen, den geringen staatlichen Einfluß, die verhärtete Position der Unternehmer und die Niederlagen Anfang der neunziger Jahre bestärkt. Eine zusätzliche Rechtfertigung sahen sie in der wachsenden Zuwanderung und Mobilität sowie dem gestiegenen Ausländeranteil – Faktoren, die ihrer Ansicht nach ohne gewerkschaftliches Eingreifen nahezu zwangsläufig zu Ereignissen führen mußten, wie sie sich 1899 in Herne ereigneten.

d) *Herne 1899: Der Widerspenstigen Zähmung*

In Herne war es 1899 zu Arbeitsniederlegungen und Unruhen gekommen, die zu einer Mobilmachung des Staatsapparates gegen die „Brutalität der unsere Arbeiterbevölkerung zersetzenden Polen" führte:[102] die Polizei schoß in eine Ansammlung von Ausständigen und Neugierigen, wobei es 16 Verletzte und zwei Tote gab; Zechenwehren wurden gebildet und das Militär – etwa 2000 Fußsoldaten und 150 Berittene – zur Hilfe gerufen; weitere Arbeiter wurden verletzt, sehr viele verhaftet und später vor Gericht zu Strafen verurteilt, die ein Resultat offensichtlicher Klassenjustiz waren.[103]

Herne lag im nördlichen Ruhrgebiet und gehörte zu den Orten, die besonders schnell wuchsen, deren Bevölkerung hochmobil war und zu einem großen Teil aus jugendlichen polnischen Zuwanderern bestand. Am 23. Juni 1899, einem Freitag, traten 69 von ihnen, die auf der Zeche von der Heydt als Schlepper und Pferdetreiber arbeiteten, in den Streik; am folgenden Tag schlossen sich 30 weitere auf einer benachbarten Zeche an. Der unmittelbare Anlaß war eine Erhöhung der Knappschaftsbeiträge von 1,50 Mark pro Monat auf 80 Pfennig wöchentlich; dies beruhte auf einer Statutenänderung, die von den Arbeitervertretern lange gefordert worden war und die den Bergleuten größere Ansprüche einräumte. Darüber schienen die Streikenden in Herne nicht unterrichtet gewesen zu sein, sie bemerkten vielmehr nur, daß der ausbezahlte Lohnbetrag geringer war, zumal die erhöhten Beiträge zum Teil rückwirkend einbehalten wurden; sie forderten folglich eine Lohnerhöhung von 25 bis 30%, und für den auf die Lohnauszahlung folgenden Sonntag wurde eine Versammlung einberufen – bis hierhin ein wenig beachtenswerter Vorgang, dem auch die Behörden wenig Aufmerksamkeit schenkten, zumal es unter den jüngeren Arbeitern häufiger zu spontanen Arbeitsniederlegungen kam. Als jedoch die Polizei die geplante Versammlung noch vor deren Beginn verbot, änderte sich die Situation grundlegend.[104]

Als Begründung für das Verbot dienten der überfüllte Saal sowie die große Zahl von Bergleuten, die keinen Einlaß fanden und draußen warteten. Das Versammlungsverbot wurde von diesen jedoch nicht ohne Widerspruch akzeptiert, worauf verstärkte Polizeikräfte die Ansammlung auseinander drängten und Verhaftungen vornahmen. Am darauffolgenden Montag weiteten sich die Arbeitsniederlegungen aus, blieben jedoch auf den Herner Raum beschränkt. In den Morgenschichten fehlte jeweils nur ein Teil der Belegschaften, die Mittagsschichten blieben zum Teil geschlossen der Arbeit fern, doch die Zahl der Streikenden ging an keinem Tag über 1800 hinaus. Nur ein Teil der Belegschaften solidarisierte sich mit den Streikenden; sie schienen eingeschüchtert gewesen zu sein, wie die Unternehmer und die Behörden angaben, einige blieben aber wohl auch aus Protest gegen das harte Eingreifen der Polizei der Arbeit fern.[105]

Der Einsatz der Polizei erfolgte massiv, und sie war im Gebrauch ihrer Mittel wenig rücksichtsvoll. Am 27. Juni kam es zu der erwähnten Schießerei, als aus einer Ansammlung heraus zwei Verhaftungen vorgenommen wurden und aufkommende Proteste der Umstehenden die Polizei veranlaßte, mit Gewehren auf die Arbeiter zu schießen. Auch in anderen Fällen wurde unverhältnismäßig hart und willkürlich eingegriffen, wie die späteren Verhandlungen vor Gericht ergaben. Nach etwa einer Woche hatte die Polizei die Situation – verstärkt durch 2000 Fußsoldaten und 150 Berittene – auf ihre Weise ,,bereinigt''.[106] 192 Bergleute wurden gemaßregelt, eine große Anzahl zu hohen Freiheitsstrafen verurteilt, so der Bergmann Ludkowski zu acht Monaten Gefängnis, weil er Arbeitswillige in der Waschkaue zur Arbeitsniederlegung überreden wollte.[107]

Die Arbeitsniederlegungen waren auf wenige Zechen beschränkt geblieben, und selbst hier hatte sich nur ein Teil der Belegschaften, meist jüngere Bergleute, an ihnen beteiligt. Trotz ihres beschränkten Ausmaßes haben die Herner Ereignisse jedoch ein überaus lebhaftes Echo gefunden und zahlreiche Erklärungsversuche hervorgebracht.

In seiner Darstellung der Ereignisse hat O. Hue einleitend bemerkt, die Ausschreitungen wären unterblieben, ,,wenn nicht die löbliche Polizei in bekannter Schneidigkeit die für den 25. anberaumte Versammlung kurzerhand wegen ,Überfüllung' aufgelöst hätte''. Dieses Vorgehen habe eine ,,furchtbare Empörung unter den unorganisierten Arbeitern'' ausgelöst und sei der Ausgangspunkt der „schrecklichen Vorkommnisse an den nächsten Tagen" gewesen. [108] Er betont, die Organisationen seien von den Arbeitsniederlegungen überrascht worden und hätten darauf keinen Einfluß gehabt, vielmehr seien gerade der geringe Einfluß der Gewerkschaften auf die polnischen Zuwanderer und deren geringer Organisationsgrad der wichtigste Grund für den krawallartigen Charakter der Ereignisse gewesen. Die Zuwanderer seien zu einem großen Teil in Kolonien untergebracht gewesen, dadurch „abgeschlossen von dem Verkehr mit ihren fortgeschrittenen Kameraden", die mit Klage wegen Hausfriedensbruch bedroht würden, „falls sie die heiligen Hallen der Koloniewohnungen betreten sollten", [109] jene „Herrschaftsgebiete des Feudalindustrialismus". [110] Auch auf anderem Wege werde die Aufklärung der Arbeiter verhindert: die Verordnungen der Bergämter wurden nur in deutsch veröffentlicht, auch die Knappschaftsstatuten wurden nicht übersetzt, wogegen sich allerdings auch der Gewerkverein brüsk ausgesprochen hatte. Zudem sei mit den Zuwanderern eine „Hochflut von Rückständigkeit" aus den „kulturell am tiefsten stehenden Bezirken Deutschlands" ins Ruhrbecken gekommen. [111]

Derartige Stellungnahmen fanden sich nicht nur bei den Gewerkschaften. Auch in den Stellungnahmen der Behörden und der Presse war die Rede von „auf das äußerste fanatisierten Polenmassen", [112] von der „Unberechenbarkeit und Gewalttätigkeit der in der Herner Gegend ansässigen Arbeiter", [113] die offensichtlich nur mit härtesten Maßnahmen ‚zur Räson' gebracht werden konnten. In diesen Stellungnahmen und dem Vorgehen der Behörden wie der Polizei finden sich die Ängste und Befürchtungen wieder, auf die im Zusammenhang mit der Schlafgängerei und den Kirmessen verwiesen wurde, und hier wurde offensichtlich eine Gelegenheit gesehen, der Macht des Staates und den eigenen Vorstellungen von richtigem Verhalten zu einem Sieg zu verhelfen. Das wird u. a. in dem Bericht eines Gendarmen deutlich, der von Bochum aus nach Herne beordert worden war und die zivilisatorische Mission preußischer Behörden auf seine Weise wahrnahm:

Bei seiner Ankunft sah er zwei Polizeibeamte, die zwei Arrestanten transportierten, in arger Bedrängnis, umgeben von Hunderten von Personen „welche beabsichtigten, die Gefangenen zu befreien". Sofort sprengte er „mit gezogenem Säbel dazwischen, wodurch das Volk stutzte und zurückwich". Er bemerkte zwei Männer, die ihre Revolver auf ihn richteten und acht Schüsse abfeuerten. Unerschrocken setzte er nach, verlor sie jedoch aus den Augen und kam zu einem Platz, der von Gebäuden und einer zweieinhalb Meter hohen Bretterwand begrenzt wurde. Hier machte er von „der Hiebwaffe nach Kräften Gebrauch, so daß alles über den Zaun floh", ritt zurück nach der Straße, wo sich das „vorher auseinandergesprengte Volk" versammelt hatte und ihn seinem Bericht zufolge mit Steinwürfen empfing, doch im nächsten Augenblick war er dazwischen, „um die Ansammlung auseinander zu hauen"; die Leute flüchteten, er setzte nach und machte noch eigenhändig die Passage der Marienstraße frei. Der unerschrockene Kämpfer beendete hier seinen Einsatz und meldete sich beim Polizeibüro. Von all den Schüssen und Steinen hatte ihn keiner getroffen, nur der Kolben des Karabiners war etwas lädiert, seinen Angaben zufolge durch einen Steinwurf, und das Pferd schonte auf den Vorderbeinen – allerdings aus Überanstrengung. Er selbst hatte von der Hiebwaffe ,,energischen Gebrauch" gemacht und einige Personen verletzt; eine andere Waffe – gemeint sind wohl Schußwaffen – konnte er nicht einsetzen, dazu blieb im Eifer des Gefechtes keine Zeit.[114]

Gegen derartige Übergriffe haben die Gewerkschaften protestiert; sie haben die betroffenen Bergleute in Schutz genommen und Verständnis für ihre Situation gezeigt. Dabei entwickelten sie jedoch die zweischneidige Argumentation, auf die bereits verwiesen wurde. Einerseits haben sie sich in der Sache ,,natürlich auf die Seite der Aufständigen gestellt und das System der maßlosen Arbeiterverachtung, worin sich Behörden und Grubenbarone gefallen, nach Gebühr gekennzeichnet".[115] Auf der anderen Seite geben sie an – so ein Artikel im Bergknappen, dem Organ des Gewerkvereines – diese Arbeiter stünden ,,durchgehend auf einer niedrigen Kulturstufe", würden ,,wegen des niedrigen Knechtsinnes und einer gewissen heimtückischen Natur" auch meistens von den hiesigen Leuten gemieden und seien auf sich allein gestellt, ,,ohne sich an moralisch höher stehende Menschen anschließen zu können".[116] Ähnlich hat auch O. Hue argumentiert, der sie fast schon als unmündige Kinder hinstellt, die für ihr Handeln nicht verantwortlich gemacht werden könnten: ,,Es handelt sich hier um die Empörung einer von aller gewerkschaftlichen Disziplin unbeeinflußten, politisch indifferenten und in künstlich gezüchteter Unkenntnis der tatsächlichen Verhältnisse gehaltenen Arbeiterschaft, die man unter keinen Umständen für ihr Tun verantwortlich machen kann."[117]

Es ist verständlich, daß die Gewerkschaften argumentierten, derartige Vorfälle würden sich nicht wiederholen, wenn sie mehr Mitglieder hätten und vom Staat wie vor allem von Unternehmern als Verhandlungspartner akzeptiert würden; das hätte andere Formen der Konfliktaustragung ermöglicht und hätte es erlaubt, die Beschwerden wie auch den Ärger zu kanalisieren, der sich in Herne plan- und ziellos äußerte, als die Versammlung verboten wurde und als danach keine Möglichkeiten zur öffentlichen Meinungsbildung und Meinungsäußerung mehr bestanden. Diese Argumentation wird den streikenden Bergleuten jedoch nicht gerecht, und sie läßt über Versuche, deren Verhalten zu entschuldigen, vergessen, daß erst die Versammlungsverbote und das harte Eingreifen der Behörden zur Eskalation der Geschehnisse führten.

Einige Jahre zuvor, 1892, war es anläßlich eines Streiks in der Nähe von Gelsenkirchen zu vergleichbaren Ereignissen gekommen. Dort hatten Bergleute die örtliche Polizeistelle belagert und schließlich durchgesetzt, daß mehrere Verhaftete wieder freigelassen wurden. Der Bürgermeister hatte nachgegeben und keinen Feuerbefehl erteilt, um ein Blutvergießen zu ver-

meiden. Diese vernünftige Haltung brachte ihn jedoch in große Schwierigkeiten, er sah sich heftigen Angriffen seitens seiner Vorgesetzten ausgesetzt
und sollte sogar vor ein Kriegsgericht gestellt werden; er mußte sein Verhalten verteidigen und erklären, weshalb er nicht von den Waffen Gebrauch
gemacht, sondern nachgegeben und damit versagt habe.[118] Dieser Fall blieb,
soweit festgestellt werden konnte, eine Ausnahme; es läßt sich jedoch vermuten, daß er intern ausgiebig diskutiert wurde. Die Ereignisse von Herne
zeigen, daß sich bei Polizei und Behörden eine andere Vorgehensweise
durchgesetzt hatte. Der Ablauf der Ereignisse und die Reaktionen der Bergleute waren in erster Linie auf das überharte Eingreifen und das Fehlverhal-
ten der Polizei zurückzuführen. Es handelte sich um eine ,,mutwillig herbei-
geführte Kraftprobe", herbeigeführt jedoch nicht von den Zuwanderern,
wie die Behörden behaupteten, sondern herbeigeführt von den Behörden
selbst.[119]

Es ist erstaunlich, wie sehr dieser Tatbestand in der zeitgenössischen Diskussion verdrängt wurde, die weniger die tatsächlichen Ereignisse beleuchtet
als vielmehr seit langem bestehende Vorurteile, Konzepte und gesellschaftspolitische Ordnungsvorstellungen deutlich werden läßt.

Aus den Äußerungen der Beobachter spricht ein Mißtrauen gegenüber den
Zuwanderern. Sie werden als roh, ungebildet und nicht integriert dargestellt;
ihr Verhalten schien chaotisch und nur durch den Hinweis auf die außerge-
wöhnlichen Lebensbedingungen erklärbar zu sein; Bürgertum, Staat und
Unternehmer sahen ihre Befürchtungen bestätigt und forderten bzw. billig-
ten das harte Eingreifen der Polizei. Die Gewerkschaften teilten diese Beurteilung der Zuwanderer, wandten sich jedoch gegen polizeiliche Eingriffe,
sie leiteten vielmehr daraus für sich eine zivilisatorische Aufgabe ab und
forderten ihre Anerkennung, um ihren Auftrag erfüllen zu können.[120] Sie
wiesen darauf hin, daß die Aktionen der streikenden Bergleute unkoordi-
niert und zum Teil chaotisch verliefen, und es trifft wohl zu, daß sie deren
Energien und Wut hätten kanalisieren können. Sie beschränkten sich jedoch
nicht darauf, anhand der Herner Ereignisse das Problem effektiver Interessenvertretung aufzugreifen und die Rolle zu unterstreichen, die sie dabei
hätten spielen können. Sie entwickelten vielmehr eine Argumentation, die
die streikenden Bergleute selbst als Problem darstellte und sie als weitgehend
hilflose Opfer ihrer Lebensverhältnisse ausgab. Teilweise war ihre Argumentation noch grundsätzlicher angelegt: Die Zuwanderer schienen ihrer
Herkunft und ihrer Natur nach unfertige, noch zu zivilisierende Menschen
zu sein.

Diese Erklärungsansätze wurden zweifellos in bester Absicht entwickelt;
sie wollten für die Bergleute die Möglichkeit durchsetzen, über Gewerkschaften ihre Interessen vertreten zu können, sie wollten deren Verhaltensweisen erklären und damit entschuldigen. Die damit verbundenen Implikationen, die hier aufgezeigt worden sind, waren ihnen nicht bewußt, zumal
die vorgetragene Charakterisierung der Bergleute und ihrer Lebensbedin-

gungen ein Topos liberaler bzw. sozialistischer Sozialkritik war und als ein Versuch gesehen werden muß, die Arbeiter gegen unternehmerische und polizeistaatliche Zu- und Übergriffe zu verteidigen.[121] Diese Stoßrichtung der zeitgenössischen Diskussion ist verständlich; schwer zu verstehen ist jedoch, daß auch die nachfolgende Geschichtsschreibung es kaum vermocht hat, die zeitgenössischen Beschränkungen aufzubrechen.[122]

Die Gewalt war – das muß festgehalten werden – abgesehen von kleineren Ausschreitungen ausschließlich von der Polizei bzw. dem Militär ausgegangen, die zwei Menschen erschossen und 14 weitere schwer verletzt hatten.[123] Demgegenüber hatten die jugendlichen Bergleute Verhaltensweisen gezeigt, die bei vielen Streiks zu beobachten waren und die vor dem Hintergrund der polizeilichen Übergriffe überaus verständlich sind. Sie waren lärmend durch die Straßen gezogen und mögen Arbeitswillige belästigt haben, doch dies sollte allenfalls wilhelminische Polizeibeamte in Erstaunen versetzt haben.[124] Es ließe sich darüber streiten, wie sinnvoll ihr Vorgehen war, es besteht aber kein Anlaß, hierin in erster Linie abweichende oder pathologische Verhaltensweisen zu sehen, einen Ausdruck fehlender Integration, einen Hinweis auf Sozialisationsdefizite etc., wie in der historischen Forschung immer wieder argumentiert wurde.[125] Es ist nicht notwendig, auf milieutheoretische, soziologisch verbrämte Erklärungsansätze zurückzugreifen, denn auffällig und erklärenswert war nicht ihr Verhalten, sondern das der Polizei. Der Ablauf der Herner Ereignisse bietet nur bedingt eine Basis für eine Erörterung über vermeintliche bzw. tatsächliche Folgen der anhaltenden Zuwanderung; hinzu kommt, daß gerade im Fall der jugendlichen Bergleute der Hinweis auf chaotische Lebensbedingungen, kulturelle Minderwertigkeit und ihre Unfertigkeit einen Zusammenhang konstruiert, der in dieser Form nicht zutrifft und der mehr verdeckt als erklärt.[126]

Sie waren zum Ruhrbergbau gekommen aufgrund von Briefen und Berichten ihrer Verwandten oder Bekannten, angelockt durch Versprechungen der Werber und in der Hoffnung auf bessere Lebensverhältnisse und höheren Lohn. Die Kommunen betrachteten ihre neuen Einwohner mit einigem Argwohn und ohne besondere Sympathie; sie sahen keine Veranlassung und vor allem keine gesetzliche Verpflichtung, sich näher um Sorgen, Belange und Probleme der Zuwanderer zu kümmern. Die Zechen boten einen Arbeitsplatz und eventuell eine Unterkunft, darüber hinaus jedoch keine wesentlichen zusätzlichen Hilfestellungen. Angesichts unzureichender staatlicher Intervention, versagender Marktmechanismen und Zechenverwaltungen, die wenig Initiative zeigten, waren sie auf familiale bzw. halböffentliche Strukturen angewiesen, und fast ausschließlich in diesem Rahmen wurden Leistungen erbracht, die wirkliche Hilfe bedeuteten. Hier gab es eine Unterkunft, hier fanden sie Anschluß sowie Kontakte, und hier konnten sie ihre Freizeit verbringen.

Die erforderlichen beruflichen Fertigkeiten, Techniken und ,Tricks' sahen sie den Arbeitskameraden ab; in den Gesprächen am Arbeitsplatz, bei der

Ein- und Ausfahrt und in den Kauen lernten sie die unterschiedlichen Ansichten und Positionen kennen, erhielten Informationen, konnten Diskussionen verfolgen sowie selbst daran teilnehmen, neue Bekanntschaften
schließen und Freunde finden, aber auch Unterkunftsmöglichkeiten bei Arbeitskollegen. Der Einfluß der Gewerkschaften, die von den Unternehmern
nicht anerkannt und vom Staat allenfalls gebilligt wurden, war begrenzt.
Um ihre Anziehungskraft zu erhöhen, hatten die Gewerkschaften ihr
Wohlfahrts- und Unterstützungswesen ausgebaut. Im Alten Verband gab es
anfänglich Widerstand gegen diese Pläne, da ein derartiger Ausbau zur ,,Ver-
sumpfung der Organisation und zur Harmonieduselei" führe.[127] Nach mehreren Anläufen beschloß erst die Generalversammlung im Jahre 1899 die
Zahlung eines Sterbegeldes in Höhe von 30 Mark bei gleichzeitiger Erhöhung des Monatsbeitrages von 30 auf 40 Pfennig.[128] Beim Gewerkverein
hatte diese Entwicklung bereits früher eingesetzt; vor allem in den Anfangs-
jahren hatte er weitgehend den Charakter eines Unterstützungsvereins, der
nur niedrige Beiträge erhob, gleichzeitig jedoch hohe Leistungen ausbezahlte. Nach dem Streik im Osnabrücker Gebiet, der zeigte, daß für Arbeitskämpfe und Agitation bedeutend höhere Beiträge erforderlich waren, wurden diese von 25 Pfennig im Vierteljahr auf 20 Pfennig im Monat erhöht.
Doch diese und die folgenden Erhöhungen der nächsten Jahre blieben halb-
herzig, so daß der Gewerkverein beim Streik von 1905 kaum über Gelder
zur Streikunterstützung verfügte.[129]

Das Unterstützungswesen hat insgesamt gesehen keine große Bedeutung
erlangt, wenn auch Leistungen wie etwa das Sterbegeld im Einzelfall eine
spürbare Erleichterung bedeuten konnten. Derartige Versorgungsleistungen
konnten jedoch nicht darüber hinwegtäuschen, daß die kompromißlose Haltung der Unternehmer und die fehlgeschlagenen staatlichen Vermittlungsversuche die Verbände in einer Situation verharren ließ, in der sie über keine
nennenswerten Einflußmöglichkeiten verfügten: ihr eigentliches Aufgaben-
gebiet, der Arbeitsbereich mit seinen alltäglichen Konflikten und vor allem
die Lohnfrage, lag außerhalb ihrer Zuständigkeit. So blieben die jugendlichen wie auch die anderen Bergleute in erster Linie auf den Rückhalt der
Kameradschaften und die Möglichkeit eines Arbeitsplatzwechsels angewiesen, zumal sie als Schlafgänger leicht eine Bleibe finden sowie im Bergbau
schon in jungen Jahren einen hohen Verdienst erreichen konnten und nicht
auf Frauen und Kinder Rücksicht nehmen mußten. Derart abgesichert und
unabhängig, konnten gerade die jüngeren Arbeiter ihre Interessen wahrnehmen und Konflikte austragen. Mehr als ihre verheirateten Kollegen und
mehr als ungelernte Zuwanderer in anderen Berufen handelten sie aus einer
Position der Stärke heraus.

Neben den Auseinandersetzungen um die Lohnhöhe bestand für sie der
wichtigste Konfliktstoff in der Frage, wie lange sie als Schlepper zu arbeiten
hatten, bevor sie Lehrhauer und dann Hauer werden konnten. Als Schlepper
erhielten sie 50 bis 60% des Hauerlohnes – ein Betrag, mit dem sie ihr

Auskommen hatten, sofern sie nur für sich selbst zu sorgen hatten. Ihr Ziel bestand jedoch darin, möglichst bald Hauer zu werden, und die Aussichten dazu waren im Ruhrgebiet besser als in anderen deutschen Steinkohlenrevieren, da hier auf Grund der wirtschaftlichen Expansion und der besonderen Abbauverhältnisse die Nachfrage nach Hauern besonders groß war. Sie befanden sich somit in einer Übergangssituation, die sie möglichst kurz halten und in der sie gleichzeitig einen möglichst hohen Lohn erzielen wollten. Beides mußte zu Konflikten führen.

Ihre Unerfahrenheit, die mangelnde Vertrautheit mit der neuen Situation und ihre Unsicherheit gegenüber den Arbeitskollegen wie gegenüber dem Machtanspruch der Unternehmer erschwerten es ihnen, ihre Interessen zu vertreten. Vor allem in der Anfangszeit ließen sie sich leicht übervorteilen, was ihnen den Unmut der Kollegen eintrug, die sie als ‚Lohndrücker‘ ansahen – ein Vorwurf, der nicht gerade dazu beitrug, Spannungen innerhalb der Arbeiterschaft abzubauen und ihnen Selbstbewußtsein sowie Handlungsfähigkeit zu vermitteln.[130] Andererseits befanden sie sich, zumal als Junggesellen, in einer materiell gesicherten Position; sie waren noch jung und vielfach unbekümmert, steckten zum Teil voller Hoffnungen auf eine bessere Zukunft, waren noch nicht durch die Anstrengungen jahrelanger Arbeit unter Tage ausgezehrt, sondern befanden sich im Vollbesitz ihrer Kräfte; sie begannen sich als Männer zu fühlen und sich in der Welt der Erwachsenen zurechtzufinden. Dies alles konnte ihnen ein Gefühl der Stärke sowie eine Risikobereitschaft geben, und sie dürften eher bereit gewesen sein, sich auseinanderzusetzen und sich zu wehren, als ihre älteren Kollegen.

Hinzu kam, daß der Anteil der Fünfzehn- bis Fünfundzwanzigjährigen unter den Zuwanderern und im Ruhrbergbau überproportional groß war, so daß ihre numerische Stärke ihren Aktionen zusätzliches Gewicht verliehen und ihnen selbst ein größeres Selbstbewußtsein gegeben haben mag. Sie bildeten eine eigene Gruppe unter den Bergleuten, die die kurzfristig einlösbaren Vorteile ihres Berufes nutzen konnte, ohne die langfristig wirksamen Nachteile, die Folgen jahrelanger körperlicher Anstrengung und Mühsal sowie die allmähliche Auszehrung ihrer Kräfte, bereits zu bemerken. Sie waren in die Welt der Erwachsenen eingebunden und konnten gleichzeitig Elemente jugendlicher Unbekümmertheit bewahren, die sich in einer größeren Bereitschaft zu gewaltsamen Formen der Auseinandersetzung, beim ‚blau machen‘ sowie in vielfachen anderen Zusammenhängen in Verhaltensweisen äußerten, die Unternehmer, Gewerkschaften und staatliche Behörden immer wieder über Disziplinlosigkeit klagen ließen.

Die Polizei befürchtete, „daß bei der Bewegung in der Bevölkerung und gerade dem häufigen Wechsel der unverheirateten Arbeiter leicht die Bestimmungen über das Meldewesen unbeachtet bleiben und somit auch unruhige und unliebsame Elemente sich (. . .) verborgen halten können".[131] Die jüngeren Arbeiter entzogen sich jedoch nicht nur den Kontrollen der Meldebehörden, auch das Netz sozialer Kontrollmechanismen war in ihrem Fall nur sehr grobmaschig und wies an vielen Stellen Risse auf. Sie lebten innerhalb von informellen Strukturen, die gerade ihnen besondere Vorteile boten, die wie für sie geschaffen schienen, und sie konnten sich in ihnen bewegen wie Fische im Wasser.

Der genaue Zusammenhang war den Zeitgenossen nicht bewußt, doch sie bemerkten, daß die jüngeren Bergleute sich den formellen und informellen, den staatlichen wie den sozialen Kontrollmechanismen zu entziehen drohten. Diese Befürchtung wurde immer wieder geäußert, und sie ließ das Berliner Handelsministerium im Jahre 1890 zu einer Initiative greifen, die versprach, die jüngeren Bergleute zumindest teilweise wieder in disziplinierende Strukturen einzubinden. In einem Schreiben wies das Ministerium darauf hin, daß der königliche Fiskus 21 Fortbildungsschulen unterhalte, während es in Westfalen und dem Rheinland gänzlich daran mangele. Angesichts der Zügellosigkeit, die sich beim Streik gerade bei den jugendlichen Arbeitern gezeigt habe, würde es sich jedoch empfehlen, derartige Schulen einzurichten, um durch den Unterricht das sittliche Verhalten der Schüler zu heben und um – was wichtiger war – künstlich wieder Kontrollmechanismen einzuführen, die in der Tat im Alltag der jüngeren Arbeiter wenig ausgeprägt waren:

,,Der Vorteil einer derartigen Einrichtung würde nicht bloß darin liegen, daß der Unterricht zur Vermehrung und Erweiterung der Kenntnisse beiträgt und damit zugleich auch heilsamen Einfluß auf das gesamte sittliche Verhalten der Arbeiter ausübt. In hohem Maße erscheint daneben die – erforderlichenfalls zwangsweise einzuführende – Verpflichtung der Arbeiter unter 18 Jahren, an mehreren Tagen der Woche mehrere Stunden sich zum Unterricht einzufinden und während derselben einem Zwange sowohl hinsichtlich der Tätigkeit als auch des äußeren Benehmens unterworfen zu sein, zur Wiederherstellung von Zucht und Botmäßigkeit dienlich, deren Schwinden während der Aufstände und seither übereinstimmend von den beteiligten Kreisen beklagt worden ist.‘‘[132]

Da zu erwarten sei, daß die Gemeinden sich weigern würden, die entstehenden Kosten zu tragen, sollten die Zechenbesitzer die Schulen einrichten, wofür ein staatlicher Zuschuß in Aussicht gestellt wurde. Doch auch die Zechen wollten die Finanzierung dieser ,,Waffe‘‘ gegen die ,,sittliche Verwilderung der jungen Bergleute‘‘ nicht übernehmen. Sie zeigten keine Bereitschaft, die Kosten zu tragen und ,,diese Waffen mit den nötigen Mitteln auszustatten‘‘[133] – eine Entscheidung, die sich von kurzfristigen Profitüberlegungen leiten ließ und nicht bedachte, daß sie langfristig genau die Verhaltensweisen bei den jungen Bergleuten verfestigte, die das Handelsministerium befürchtet hatte und die sich in den zahlreichen, von jungen Bergleuten ausgehenden Arbeitskämpfen zeigten.

Die informellen Möglichkeiten der Interessenvertretung konnten jedoch nicht nur eine große Hilfe bedeuten, sie waren auch mit zahlreichen Unzulänglichkeiten verbunden, die besonders dann deutlich wurden, wenn sie in kollektive Aktionen übergingen. Bereits der Streik von 1889 und auch die Ereignisse von Herne zeigten, daß die elementare Bergarbeiterbewegung einen organisierten Zusammenschluß benötigte, der einheitliches Vorgehen durch Koordination und Führung gewährleistete. Das galt für die Arbeitskämpfe selbst, aber auch für die dazwischen liegenden Jahre. Eine Organisation war erforderlich, um Agitationsarbeit zu leisten, Informationen zu sammeln und zu verbreiten, um den Kämpfen eine Perspektive zu geben, sie in einen größeren Zusammenhang zu stellen und es dadurch den Bergleuten zu erleichtern, größere Klarheit über ihre Klassenlage zu gewinnen.

Die Strukturen und Verhaltensweisen, die der informelle Bereich im Leben der Ruhrbergleute förderte, hatten somit unterschiedliche und widersprüchliche Konsequenzen. Sie waren organisationshinderlich, sie erschwerten die Arbeit der Gewerkschaften und ein koordiniertes, gemeinsames Vorgehen; gleichzeitig blieben sie für die Bewältigung des Alltages unentbehrlich. Sie boten Möglichkeiten, sich zu behaupten, und hier waren die Formen von Selbständigkeit und Solidarität angelegt, die es den Bergleuten erlaubten, sich für ihre Interessen einzusetzen und über individuelle Strategien hinaus zumindest zeitweise gemeinsam zu handeln. Zwischen informellen Strukturen und organisierter Interessenvertretung bestand also ein Spannungsverhältnis, doch dieses wurde von den Gewerkschaften wie auch von den Bergleuten selbst nicht gesehen. Die sogenannten Krawalle waren kein Anlaß, das Handlungspotential der streikenden Bergleute näher zu untersuchen; sie trugen vielmehr dazu bei, bestehende Konzepte wie auch Vorurteile zu verfestigen. Die Gewerkschaften hielten daran fest, daß dem Ausbau der Organisation Priorität eingeräumt werden müsse, um in dem Meer beständig umherziehender, kaum greifbarer, vielfach unbekannter und zunehmend fremdartiger Arbeiter eine schlagkräftige Organisation als ruhenden Pol und als Gegenmacht zu etablieren, und sie waren auch in den folgenden Jahren immer wieder geneigt, dabei auftretende Hindernisse in erster Linie unter einem institutionellen Blickwinkel zu betrachten.[134]

Wie kurzsichtig dies allerdings war und wie wenig der Organisationsgrad allein über Möglichkeiten solidarischen Handelns aussagte, sollte sich schon wenige Jahre später erneut zeigen, als die Bergleute, die inzwischen gewerkschaftlich kaum besser organisiert und geschult waren, 1905 gegen den Willen der Organisationen in einen Streik traten, der wiederum überaus solidarisch und diszipliniert verlief.

3. Der Streik von 1905

Der Streik von 1905 wurde durch einen Konflikt auf der Zeche Bruchstraße bei Bochum ausgelöst, deren Verwaltung im Dezember 1904 in einem Aushang eine Verlängerung der Ein- und Ausfahrtszeit um eine halbe Stunde angeordnet hatte. Die Belegschaft wählte eine Kommission, die jedoch vom

Zechenbesitzer Hugo Stinnes nicht empfangen wurde. Das Oberbergamt beschränkte sich darauf, diesen auf einen Formfehler hinzuweisen: eine Änderung der Arbeitsordnung setze eine Anhörung der Belegschaft voraus. Um dieser Vorschrift, einem Ergebnis der Gesetzesänderungen nach dem Streik von 1889, Genüge zu tun, wurde der Aushang am 24. Dezember mit dem Zusatz wiederholt, die Verordnung trete erst am 1. Januar in Kraft, „damit diejenigen Arbeiter, welche diese auf den meisten Zechen mit größerer Belegschaft längst in Gebrauch befindliche Regelung nicht aufnehmen wollen, reichlich Zeit haben, sich nach anderer Arbeitsgelegenheit umzusehen".[135] Das im Gesetz vorgeschriebene Verfahren war eingehalten und der Belegschaft die Möglichkeit gegeben, Stellung zu beziehen, was allerdings darauf beschränkt war, die Verordnung zu akzeptieren oder die Zeche zu verlassen. Mit dieser Scheinalternative wollte sie sich jedoch nicht zufrieden geben. Es fanden mehrere Versammlungen statt, auf denen beschlossen wurde, „die geplante Seilfahrt nicht anzuerkennen, mag es biegen oder brechen",[136] und die Bergleute waren bereit, zu einem Mittel zu greifen, das in der Arbeitsordnung nicht vorgesehen war, das aber größere Wirkung versprach als die zur Farce degradierte Anhörung: sie waren bereit zu streiken.

Auch auf anderen Zechen war die Stimmung angespannt, und die Gewerkschaften fürchteten, es werde zu einer allgemeinen Arbeitsniederlegung kommen; am 8. Januar wurden zahlreiche Belegschaftsversammlungen abgehalten, auf denen – wie H. Imbusch schreibt – die Führer der Organisationen stellenweise große Mühe hatten, „die Arbeiter von dem sofortigen Eintritt in den Streik zurückzuhalten, um den Streik auf der ‚Bruchstraße' zu lokalisieren".[137] Am 9. Januar trafen sich die Leiter der verschiedenen Organisationen und versuchten, durch einen gemeinsamen Aufruf einen allgemeinen Streik zu verhindern, denn dieser sei ihrer festen Überzeugung nach „ein Unheil für die Bergleute, nur die Unternehmer allein hätten davon Nutzen".[138] Doch dieser Aufruf wurde nicht befolgt; am 9. Januar streikten 12000 Bergleute, am 11. Januar 42000 und einen Tag später bereits 64000. Am selben Tag fand eine weitere Konferenz statt; sie verurteilte „entschieden das disziplinlose Vorgehen der Belegschaften, welche ohne Rücksprache mit der Organisation und ohne Forderungen aufzustellen, in den Ausstand getreten sind",[139] doch viele Delegierte warnten vor weiterem „Bremsen". Die Hoffnung, der Streik werde lokal begrenzt bleiben, habe sich trotz des „ungeheueren Bremsens der Führer, des Bremsens bis zur Selbstentmannung nicht erfüllt".[140] Trotz dieser Warnungen wurde beschlossen, einer Ausweitung des Streikes nicht zuzustimmen und mit den Unternehmern zu verhandeln, was diese jedoch strikt ablehnten. Am 16. Januar wurde deshalb der Generalstreik beschlossen, zumal die Bergleute, von denen bereits mehr als 100000 streikten, sich ohnehin über die Beschlüsse der Gewerkschaftsführungen hinweggesetzt hatten. Sie wollten nicht länger warten, zuviel hatte sich bei ihnen aufgestaut – ein Umstand, auf den auch die Delegierten hingewiesen hatten. Einer von ihnen hatte erklärt, er werde es nicht fertigbringen, sie vom Streik abzuhalten: ,,Man würde mich von der Bühne herunterbringen. Ich habe es versucht, die Kameraden an die Arbeit heranzuziehen, ich habe ihnen gesagt, ihr bekommt keinen Pfennig Unterstützung, wenn ihr streikt, ganz gleichgültig sind sie darüber hinweggegangen, sie haben einfach gesagt, so geht es nicht weiter."[141] Diese Entschlossenheit ging nicht nur auf die Auseinandersetzung um die Schichtenverlängerung zurück, sie hatte vielfältige Ursachen. Durch den Syndikatsvertrag war es 1903 zur Stillegung mehrerer Zechen gekommen, wodurch etwa 10000 Bergleute von Entlassung bedroht waren oder umziehen mußten. Nach der Jahrhundertwende hatte zudem die sogenannte Wurmkrankheit um sich gegriffen, von der 1902 etwa 30000 und 1904 noch 14000 Bergleute befallen waren. Die Erkrankten ,,mußten sich einer äußerst ungemütlichen und obendrein gefährlichen – sie konnte Erblindung herbeiführen – Abtreibungskur unterziehen";[142] sie konnten nur unter Vorlage eines ärztlichen Attestes die Arbeitsstelle wechseln, mußten ,feiern' und ein Krankenhaus aufsuchen. Auch die Unfallzahlen hatten zugenommen; 1900 kamen auf 1000 Versicherte 124 angemeldete Unfälle, 1904 jedoch 152.[143]

Die Frage der Schichtverlängerung hatte schon vorher zu Konflikten geführt, bei denen die Zechen zum Teil nachgegeben und sich zum Teil durchgesetzt hatten, so daß die Verwaltung der Zeche Bruchstraße argumentieren konnte, sie wolle nur eine ,,auf den meisten Zechen mit größerer Belegschaft längst in Gebrauch befindliche Regelung" einführen.[144] Auch die Entwicklung des Lohnes rief Unzufriedenheit hervor. Zu Ende der neunziger Jahre waren die Löhne gestiegen, fielen jedoch von 1900 bis 1902, während die Preise für Lebensmittel und auch für Mieten in die Höhe gingen. Nach 1902 setzte eine leichte Verbesserung ein, doch erst 1906 erhielten die Bergleute wieder den Schichtlohn ausbezahlt, den sie schon 1900 erreicht hatten – bei allerdings inzwischen gestiegenen Preisen.[145] Die Profite hingegen hatten sich bedeutend schneller nach oben entwickelt, worauf in der Agitation der Gewerkschaften immer wieder verwiesen würde.[146] Deren Mitgliederzahl war gestiegen, doch die Organisationen fühlten sich für einen Streik noch nicht gerüstet. Die Anstrengungen, neue Mitglieder zu gewinnen, vervielfachten sich, es wurden zahlreiche Versammlungen abgehalten, für höheren Lohn, bessere Arbeits- und Sicherheitsbedingungen sowie stärkere Organisierung agitiert, doch ebenso heftig gegen Arbeitsniederlegungen, die als Gefahr für die noch zu schwachen Gewerkschaften betrachtet wurden.

Auch die gleichermaßen grundsätzlichen wie alltäglichen Konflikte um Gedingefestsetzung, Aufsicht und Verhältnis zu den Zechenbeamten bestanden fort und schienen sich eher verschärft zu haben. So wurde berichtet, die Zechenbeamten setzten Gedinge fest, ohne auf Einwände der Arbeiter Rücksicht zu nehmen, das Nullen sei wieder sehr in Mode gekommen und – der vielleicht wichtigste Punkt – die Behandlung durch die niederen Beamten führe vermehrt zu Klagen.[147]

Dies alles hatte zu einer Stimmung und einer Entschlossenheit geführt, die einen Delegierten befürchten ließ, die bereits gegen den Willen der Verbände streikenden Arbeiter würden ihm – sollte er sie zum Abbruch der Streiks auffordern – einen „Denkzettel verpassen, womit ich wahrscheinlich auf immer verschwinden würde".[148] Vielfach wurde die Kampfbereitschaft und Solidarität der Bergleute aber auch sehr skeptisch beurteilt. Trotz aller Fortschritte der Gewerkschaften war nur ein Teil der Arbeiter organisiert, die meisten davon erst kurze Zeit. Der Stamm überzeugter und geschulter Gewerkschafter war überaus klein, und O. Hue z. B. sah sich noch im Rückblick auf die Ereignisse mit einem Streik konfrontiert, „der viele Zehntausende absolut undisziplinierte, auch nicht kontrollierbare Menschen umfaßte".[149] Doch es zeigte sich, daß diese Charakterisierung nicht zutraf: von der Proklamierung des Generalstreiks am 16. Januar bis zu dessen Ende am 10. Februar, d. h. über drei Wochen hindurch, streikten mehr als 85% der Untertagebelegschaften, mehr als 210000 Bergleute befanden sich im Ausstand.[150] Sie erwiesen sich als äußerst solidarisch, sehr diszipliniert und sehr ruhig. Die Behörden fanden „größte Ruhe und Ordnung" vor.[151] Es zeigte sich, daß gewerkschaftliche Schulung und Organisation keine unabdingbare Voraussetzung für solidarisches Handeln war. Der Regierungspräsident von Arnsberg berichtete: „Der gegenwärtige Streik unterscheidet sich von den früheren Aufständen nicht nur durch die ungeheuren daran beteiligten Menschenmassen, sondern vor allem durch die Haltung und Stimmung der Bergleute, die, wenn auch äußerlich verhältnismäßig ruhig, viel erbitterter und entschlossener ist als früher."[152]

Eine derartige Entschlossenheit konnte sich jedoch nicht unmittelbar in zielgerichtete und koordinierte Aktionen umsetzen; hierbei, d. h. bei der Organisierung des Streiks, haben die Gewerkschaften eine große Rolle gespielt. Auf der Delegiertenversammlung am 12. Januar war die sogenannte Siebener-Kommission gebildet worden, zu der Vertreter aller vier Verbände gehörten und die als Streikführung fungierte; analoge von den Belegschaften gewählte Komitees gab es auch auf lokaler Ebene.[153] Um das Vorgehen zu besprechen und um zur Wahrung der Solidarität und Disziplin aufzurufen, organisierten sie fast täglich Versammlungen, an denen zum Teil mehrere tausend Bergleute teilnahmen, Flugblätter wurden verteilt und die Unterstützung der Streikenden geregelt.[154]

Das lokale Bürgertum sympathisierte weitgehend mit den Bergleuten, und auch auf nationaler Ebene fanden sie viel Unterstützung; zahlreiche Geldspenden gingen ein, was zu einem sprunghaften Anstieg der Mitgliederzahl in den Gewerkschaften führte, da nun auch neu eingetretene Bergleute Streikgeld erhielten.[155] Anfangs stellten die Verbände auch einen eigenen Ordnungsdienst, der in Bottrop z. B. annähernd 50 Personen umfaßte, von den Behörden anerkannt und deshalb von der Bevölkerung als staatliche Einrichtung angesehen wurde.[156] Auf Drängen der Unternehmer, die hierin eine Möglichkeit zur Kontrolle von Streikbrechern sahen, wurden sie jedoch nach kurzer Zeit verboten.[157] Die Zechenwehren hingegen, die von den

Grubenverwaltungen gebildet wurden und sich aus Zechenbeamten rekrutierten, blieben bestehen; sie wurden offiziell als Hilfspolizisten eingesetzt und waren mit Säbel und Pistole bewaffnet. Zusätzlich wurde auf die oben erwähnten Einsatzpläne zurückgegriffen, und Polizisten wurden aus anderen Teilen Preußens angefordert, doch die Behörden sahen keine Veranlassung einzugreifen und hart gegen die Bergleute vorzugehen.[158] Die Arbeiter verhielten sich, wie u. a. der Landrat von Recklinghausen angab, „überaus ruhig und korrekt". Dagegen würde sich im Kreise der Unternehmer eine starke und nervöse Erregung bemerkbar machen. Fortwährend erhalte er „brieflich, telephonisch, telegraphisch Anzeigen über ungenügenden Schutz", die sich aber bei näherer Überprüfung als übertrieben herausstellten.[159]

Das Vorgehen der Unternehmer war allerdings weniger von Nervosität gekennzeichnet, sie wollten vielmehr den Einsatz des Militärs und dadurch ein Ende des Streiks erreichen. Zu diesem Zweck verbreiteten sie systematisch und in großer Zahl Meldungen über Übergriffe seitens der Arbeiter, doch wie die Behörden berichteten, stellte sich vielfach heraus, daß die Angaben „ganz aus der Luft gegriffen oder doch stark übertrieben" waren.[160]

Die erhoffte Verschärfung der Situation stellte sich nicht ein, doch ebensowenig zeichnete sich eine Einigung ab, da die Unternehmer weiterhin jegliche Verhandlung ausschlugen. Die Gewerkschaftsführungen setzten deshalb ihre ganzen Hoffnungen auf eine Vermittlung durch den Staat. Ende Januar sah die Reichsregierung „den Zeitpunkt für gekommen, ihre abwartende und neutrale Haltung aufzugeben und auf die baldige Beendigung des Ausstandes hinzuwirken".[161] Unter dem Druck der Reichsregierung kündigte der preußische Handelsminister Möller am 30. Januar eine Novelle des Berggesetzes an, um wesentliche Punkte der Beschwerden der Bergleute gesetzlich zu regeln, „da sich herausgestellt habe, daß im Verhandlungswege mit den Arbeitgebern nichts zu erreichen sei".[162]

Auf die Streikbeteiligung hatte diese Ankündigung keinen Einfluß; weiterhin blieben fast 90% der Untertagebelegschaften im Ausstand. Die Siebener-Kommission nahm die Ankündigung zum Anlaß, am 5. Februar dem Bergbau-Verein noch einmal Verhandlungen vorzuschlagen, die wiederum abgelehnt wurden, da die Organisation der Unternehmer „nach wie vor in dieser Kommission eine Vertretung der Gesamtbelegschaft nicht zu erblikken" vermochte.[163] Die Gewerkschaftsführer waren jedoch zu diesem Zeitpunkt – wie der Regierungspräsident von Münster am 6. Februar schrieb – vermutlich schon bereit, „die Parole zur Wiederaufnahme der Arbeit aus(zu)geben, sobald ihnen ein einigermaßen ehrenvoller Rückzug ermöglicht" werde.[164]

Die Streikleitung setzte große Erwartungen in die angekündigte Regierungsinitiative; auch war sie der Überzeugung, „daß die Massen wegen der durchaus unzulänglichen Geldmittel keine Woche mehr zu halten seien",[165] und so beschlossen die Delegierten am 9. Februar mit 164 gegen 5 Stimmen, den Bergleuten die Wiederaufnahme der Arbeit zu empfehlen.[166] Ganz so einmütig, wie dieses Ergebnis vermuten lassen könnte, war die Stimmung unter den Bergleuten jedoch nicht. Die Zahl der streikenden Untertage-arbeiter war – entgegen zahlreichen Behauptungen – fast gar nicht zurückge-gangen.[167] Über die finanzielle Lage lassen sich allerdings kaum Aussagen machen; die Geldmittel der Gewerkschaften waren zweifellos gering und damit auch die Streikunterstützungen, die zwischen sechs und neun Mark pro Woche betrugen.[168] Andererseits war nach dem 20. Januar, also während des Streiks, der Restlohn für den Dezember ausbezahlt worden (etwa 50-60 Mark), und die Bergleute hatten noch Anspruch auf den Lohn für die ersten Januar-Tage; zudem gab es andere Mittel, sich auf eine lange Streikdauer einzustellen. Manch ein Kaufmann erklärte sich – mehr oder minder freiwil-lig – bereit, Kredit zu gewähren, allein schon, um nicht nach dem Streik die Kundschaft zu verlieren, und der Landrat von Gelsenkirchen meldete, ,,daß der Schlachthof in Wanne in außerordentlich starker Weise für das Schwei-neschlachten in Anspruch genommen wird. (. . .) Die Leute richten sich eben auf längere Zeit ein".[169]

Der Beschluß, den Streik zu beenden, wurde noch am 9. Februar auf eigens einberufenen Versammlungen den streikenden Bergleuten mitgeteilt, verbunden mit dem Hinweis auf das in Aussicht gestellte Eingreifen der Regierung: ,,Kameraden. Diese schönen Worte des Reichskanzlers können wir nicht mißachten";[170] die Arbeiter hätten eine Kommission gewählt und deren Aufforderung müßten sie jetzt befolgen. Jedoch, weder die Autorität der Kommission noch ,,die schönen Worte des Reichskanzlers" wurden ohne Widerspruch akzeptiert. Am 10. Februar streikten noch 183 000 Berg-leute, am 11., einem Freitag, noch fast 100000 und selbst am darauffolgen-den Montag noch 36 500; vereinzelt kam es zu Unruhen und erst eine Woche nach der Konferenz waren die Belegschaften vollständig angefahren – mit Ausnahme der gemaßregelten Bergleute.[171]

Vor allem von seiten der Sozialdemokratie wurde gegen die Führung des Alten Verbandes der Vorwurf erhoben, den Streik abgebrochen zu haben, wogegen diese sich nachdrücklich verwahrte.[172] Die zögernde Befolgung des Aufrufs der Siebener-Kommission deutet darauf hin, daß zumindest ein Teil der Belegschaften für eine Fortführung des Streikes war, es ist aber nicht auszumachen, inwieweit die Solidarität durch unzureichende finanzielle Un-terstützung bedroht war, wie die Organisationen glaubten. Es läßt sich je-doch vermuten, daß die gemeinsame Front der Gewerkschaften bei Fortset-zung des Ausstandes gefährdet worden wäre, da der Gewerkverein für des-sen Beendigung eintrat. Zudem ist es unwahrscheinlich, daß ein Weiterstrei-ken die Unternehmer zum Einlenken bewogen hätte, so daß keine Verbesse-rung des Ergebnisses zu erwarten war; das wiederum läßt das Vorgehen der Verbände verstehen, die ein allmähliches Abbröckeln der Solidarität be-fürchteten und deshalb für einen ehrenvollen Rückzug plädierten.[173]

Zweifellos gab es in der Folge des Streiks sowohl Zustimmung als auch
Unmut unter den Belegschaften; das Verhältnis zu den Organisationen war
nicht frei von Spannungen, und es mußte sich zeigen, ob die angekündigte
Gesetzesnovelle die gewünschten Veränderungen bringen und damit das
Vorgehen der Gewerkschaften rechtfertigen würde.

4. 1905-1912: Enttäuschte Hoffnungen

a) Bergarbeiter-Organisationen

Die Berggesetzesnovelle war – so das Urteil eines Historikers – „ein echtes
Reformgesetz. Ihre Bestimmungen griffen tief in die bisherige Praxis auch
des Ruhrbergbaus ein und erfüllten in solchem Maße die Wünsche der Arbeiter", daß die ablehnende Haltung der Gewerkschaften sich nur aus politischen Überlegungen heraus erklären ließe.[174] Doch sowohl der Alte Verband
wie auch der Christliche Gewerkverein, die beide die gesetzlichen Regelungen für unzureichend hielten, hatten gute Gründe für ihre Unzufriedenheit.[175] Wie schon nach dem Streik von 1889 wurde die Regierungsvorlage auch
jetzt im Parlament zum Nachteil der Bergleute verändert; geregelt wurden
durch sie vor allem drei Bereiche: die Arbeitszeit, das Strafwesen und die
Frage der Arbeiterausschüsse. Die Arbeitszeit wurde für den Untertagebetrieb auf acht Stunden inklusive des Weges vom Schacht zum Arbeitsort
festgesetzt, und die Ein- und Ausfahrt durfte nur eine halbe Stunde dauern;
damit war eine alte Forderung der Bergleute weitgehend erfüllt worden.
Eine Beschränkung des Überschichtenwesens hingegen wurde nicht eingeführt. Das Nullen wurde abgeschafft; statt dessen konnten bei unreiner
Beladung der Wagen Geldstrafen verhängt werden, die im Monat jedoch 5
Mark nicht überschreiten durften; die Höhe der sonstigen Geldstrafen allerdings wurde nicht begrenzt. Diese Regelung der Arbeitszeit und des Strafwesens bedeutete eine zumindest partielle Berücksichtigung der Forderungen der Bergarbeiter.[176] Zur Behandlung darüber hinausgehender, allgemei-
nerer Probleme sollte die Einrichtung der Arbeiterausschüsse auf den einzelnen Zechen dienen.

Diese waren schon lange von den Bergleuten gefordert worden, und die
Berggesetznovelle Anfang der 1890er Jahre hatten ihre fakultative Einführung vorgesehen, die jedoch am Widerstand der Unternehmer gescheitert
war, da die Ausschüsse ihrer Meinung nach „ein Hort der Sozialdemokratie
werden und nur Unruhe und Streit, aber keine Vermittlung stiften würden".[177] Der Einflußnahme der Unternehmer im Parlament war es auch
zuzuschreiben, daß den jetzt obligatorischen Ausschüssen nur beschränkte
Mitsprache bei ohnehin sekundären Problemen zugestanden wurde. Um
„politischen Mißbrauch" auszuschließen, setzten sie durch, daß „den Arbei-

terausschüssen lediglich eine beratende oder besser aufklärende Stellung zugewiesen, dem Werksbesitzer dagegen die ihm gebührende volle und freie Entschließung über seine Maßnahmen vorbehalten" blieb.[178] Der wichtigste Konfliktpunkt, die Lohnregelung, gehörte nicht in ihren Zuständigkeitsbereich. Zudem konnte nur wählen, wer 21 Jahre alt war, ein Jahr auf der jeweiligen Grube gearbeitet hatte und die bürgerlichen Ehrenrechte sowie die Reichsangehörigkeit besaß; das passive Wahlrecht setzte eine dreijährige Tätigkeit auf der Zeche voraus. Damit war auf Grund der hohen Fluktuation der Arbeiter zwischen den Zechen und des hohen Ausländeranteils fast die Hälfte der Belegschaften nicht wahlberechtigt und die Voraussetzungen, um gewählt zu werden, erfüllten nur wenige. Da zudem die Zechenleitungen die Möglichkeit hatten, Bergleute auf Grund der Beteiligung am Streik von der Liste der Wahlberechtigten zu streichen – wovon sie allerdings kaum Gebrauch machten – und da der Alte Verband die Bedeutung der neuen Einrichtung gering einschätzte, rief dieser zu einem Wahlboykott auf. Die neuen Ausschüsse waren deshalb bei einer Wahlbeteiligung von etwa 10% fast ausschließlich mit Vertretern des Gewerkvereines sowie mit Unorganisierten besetzt; doch auch deren Enthusiasmus hielt nicht lange vor.[179] Nach wenig mehr als einem Jahr war einem Bericht zufolge „eine passive Einstellung der Belegschaftsausschüsse zu beobachten. Wenn man darüber hinaus die negativen Reaktionen der Betriebsleitungen auf die jeweiligen Beschwerden, Wünsche und Anträge dazu in Beziehung setzt, wäre eine resignative, ja frustrierte Haltung der Belegschaft bezüglich einer erfolgversprechenden Ausübung ihrer Rechte und Aufgaben zu postulieren".[180]

Bei Ausständen, wie z. B. im Frühjahr 1907 auf der Zeche Maximilian, sind die Arbeiter über diese hinweggegangen und haben auf Versammlungen eigene Vertreter gewählt;[181] auch beim Streik von 1912, als die Ausschüsse bereits mehrheitlich mit Vertretern des Alten Verbandes besetzt waren, haben sie dem amtlichen Jahresbericht der preußischen Bergverwaltung zufolge „versagt, da sich die Belegschaft bei dieser Gelegenheit kaum um ihr Bestehen gekümmert und ihre Forderungen durch die Verbände gestellt hat".[182] Dennoch hieß es in demselben Bericht wenige Zeilen zuvor: „Die Arbeiterausschüsse haben, wie bisher, in vielen Fällen ein geeignetes Bindemittel gebildet, um Wünschen der Belegschaft die Erfüllung zu sichern und etwaigen begründeten Beschwerden Abhilfe zu schaffen".[183] Diese positive Bewertung, die sich auch in vielen anderen Berichten und in historischen Untersuchungen findet, überrascht, sie wird jedoch verständlich, wenn die dieser Beurteilung zugrundeliegenden Kriterien berücksichtigt werden, die der Bericht für das Jahr 1913 so beschreibt: „Das Zusammenwirken der Arbeiterausschüsse mit den Grubenverwaltungen war durchweg friedlich. Die von den Ausschüssen vorgetragenen Wünsche, die sich in der Hauptsache auf kleinere Verbesserungen in den für die Arbeiter geschaffenen Einrichtungen, ferner auf Beschaffung von Kartoffeln im Herbst, Einrichtung von Ausschankstätten für Milch und Mineralwasser und dergleichen richteten, konnten zumeist erfüllt werden."[184] Im Jahre 1909 hatte es noch einmal den Anschein, als könnten die Arbeiterausschüsse eine größere Bedeutung erlangen. Zum einen war der Alte Verband diesbezüglich zu einer anderen Einschätzung gekommen; nach der anfänglichen Ablehnung sah er hierin jetzt einen Ansatzpunkt für organisierte Einflußnahme, die er nicht dem Gewerkverein allein überlassen wollte. Auch befürchtete er, in den Ausschüssen könnte sich eine von den Gewerkschaften unabhängige Interessenvertretung etablieren, was die Regierung ursprünglich auch angestrebt hatte; hinzu trat ein weiterer Faktor: die Einführung von Arbeiterkontrolleuren.

Unter dem Eindruck des Grubenunglückes auf der Zeche Radbod im Jahre 1908, bei dem 348 Bergleute den Tod gefunden hatten, war es zu einer weiteren Novellierung des Berggesetzes gekommen.[185] Die Begleitumstände des Unglücks und der Verdacht, die Bergbehörden seien ihrer Aufsichtspflicht nicht hinreichend nachgekommen, führten dazu, daß eine alte Forderung der Gewerkschaften erfüllt wurde: durch die Berggesetznovelle vom 28. Juli 1909 wurden Arbeiterkontrolleure, sogenannte „Sicherheitsmänner", für den Untertagebetrieb eingeführt. Sie wurden von den Bergleuten gewählt und bestimmten in einem zweiten Schritt aus ihren Reihen den Arbeiterausschuß.[186] Damit hatte die Wahl der Sicherheitsmänner eine doppelte Bedeutung. An der ersten Wahl beteiligten sich zahlreiche Bergleute; die Wahlbeteiligung betrug 56,12% der Wahlberechtigten, doch die Aussagekraft dieser Zahl sollte nicht überschätzt werden.[187] Wahlberechtigt war nur etwa die Hälfte der Belegschaften, da auch hier das aktive Wahlrecht an die Reichszugehörigkeit und die einjährige Arbeit auf der jeweiligen Zeche gebunden war; und noch ausgeprägter und noch schneller als im Falle der Arbeiterausschüsse machten sich hier Enttäuschung und Desinteresse bemerkbar.

Die Sicherheitsmänner wurden nicht, wie von den Gewerkschaften gefordert, vom Staat bezahlt, sondern blieben Beschäftigte der Zechen. Sie hatten das Recht, zweimal im Monat in Begleitung des Steigers ihre Abteilungen zu befahren und konnten ihre Beobachtungen in ein Buch eintragen. Sie konnten jedoch nicht, wie vom Alten Verband gefordert, jederzeit und allein die Grube kontrollieren, und sie konnten auch keine bergpolizeilichen Anordnungen geben, sondern nur Vorschläge machen, die allein der Bergwerksbesitzer in Vorschriften umsetzen konnte.[188] In ihren Handlungsmöglichkeiten derart beschränkt, verkamen sie in kurzer Zeit zu Kontrollorganen, die Gefahr liefen, nicht die Werksbeamten zu kontrollieren, sondern die Arbeiter, die sie gewählt hatten. Die Zechenleitungen verwiesen nämlich bei Beschwerden regelmäßig auf bestehende Vorschriften, auf deren Erlaß die Sicherheitsmänner keinen Einfluß hatten, und sie führten Mißstände darauf zurück, daß die Vorschriften nicht eingehalten würden. Das jedoch sei die Schuld der Bergleute, so daß Rügen oder Mängelberichte der Sicherheitsmänner zur Bestrafung der eigenen Kollegen führen konnten; zahlreichen Berichten zufolge zogen Sicherheitsmänner es deshalb vor, Verfehlungen von Arbeitern zu übersehen, „aus Furcht davor, daß sie im Falle einer Anzeige Tätlichkeiten ihrer Kameradschaften ausgesetzt sind".[189]

Das Interesse der Arbeiter selbst schien trotz der hohen Wahlbeteiligung von Anfang an sehr gering gewesen zu sein, und auch die Hoffnungen der Gewerkschaften, über diese Institution zu einer Form organisierter Interessenvertretung zu finden, die von Unternehmern wie Arbeitern gleichermaßen akzeptiert würde, hat sich nicht erfüllt. Das Interesse bei den Sicherheitsmännern, von denen es hieß, sie hätten „ihr Amt nicht gerne und zum größten Teil nur aus Parteidisziplin" übernommen,[190] nahm bald ab; sie sahen sich überfordert, da sie keine Möglichkeit hatten, sich neben ihrer Arbeit die erforderliche Kenntnis der Gesetze, Vorschriften und Bergbaukunde anzueignen, und sie beklagten sich über Wünsche von Arbeitern, die „undurchführbar seien bzw. nicht zu ihrer Zuständigkeit gehörten";[191] die Zahl der Befahrungen ging zurück, so daß sie schließlich „häufig (...) monatelang, in manchen Fällen während des ganzen Jahres unterblieben".[192] Mancherorts fanden sie offensichtlich nur deshalb statt, weil „der Alte Verband und dessen Vertrauensmänner so sehr auf die Beibehaltung drängten".[193] Die Einrichtung habe keinen Nutzen gebracht, aber ein Schaden sei „gleichfalls nicht erkennbar" – jedenfalls nicht in den Augen des hier zitierten Beamten.[194] Die Bergleute jedoch und vor allem die Organisationen waren um eine Hoffnung ärmer, eine Hoffnung allerdings, die angesichts des übermächtigen politischen und wirtschaftlichen Einflusses der Zechen auf Regierung, Parlament, Behörden und im eigenen Betrieb von Anfang an kaum Aussichten auf Erfolg gehabt hatte.

Die Erfolgsaussichten gewerkschaftlichen Handelns waren allerdings auch auf Grund der Auseinandersetzungen zwischen den Organisationen beeinträchtigt. Die gemeinsame Streikleitung der vier Verbände, die Siebener-Kommission, war zwar nach dem Ende des Streiks bestehen geblieben, doch die alten Rivalitäten brachen bald wieder auf und verschärften sich noch. Der langjährige Führer des Gewerkvereins, Brust, war 1904 zurückgetreten; ihm war autoritäres Verhalten, Vernachlässigung der Organisationsarbeit und zu große Fixierung auf die Auseinandersetzung mit dem Alten Verband vorgeworfen worden.[195] Der Streik bestätigte diese Vorwürfe, denn es zeigte sich, daß der Gewerkverein organisatorisch und finanziell einer solchen Auseinandersetzung nicht gewachsen war. Bei der Generalversammlung im Juni 1905 wurden deshalb Reformen beschlossen: der Beitrag wurde auf 40 Pfennig wöchentlich erhöht; der Einfluß des Zentralvorstandes wurde zu Gunsten der Ortsvorstände beschnitten; es wurden Agitationsbezirke mit freigestellten Bezirksleitern eingerichtet, die hauptamtlich für den Gewerkverein arbeiteten, und das System der bürgerlichen Ehrenmitglieder und des Ehrenrates wurde abgeschafft. Auch das Unterstützungswesen sollte neu geregelt werden. Vor allem aber wurde die Vorschrift (§ 4) des alten Statuts fallengelassen, derzufolge jedes Gewerkvereinsmitglied sich als Gegner sozialdemokratischer Grundsätze bekennen mußte. Im neuen Statut dagegen hieß es: Der Gewerkverein überläßt „jedem Mitgliede Bewegungsfreiheit im politischen Leben und lehnt die Erörterung von Fragen der allgemeinen Politik, insbesondere parteipolitischer Streitfragen ab".[196]

O. Hue sah in dieser Statutenänderung „zweifellos eine Konzession an die sozialdemokratische Bewegung, deren sich die ja nicht isoliert arbeitenden Gewerkvereinsmitglieder nicht entziehen konnten", und ein Eingeständnis des Bankrotts der vorherigen Agitationsmethode.[197] Zu einer ähnlichen Auffassung kamen auch die kirchlichen und bürgerlichen Kreise, die den Gewerkverein auf seine Rolle als Gegengewicht zum Alten Verband festlegen wollten, so daß auch für die folgenden Jahre die Zweifrontenstellung den Gewerkverein prägte, die schon seit seiner Gründung bestand: die Rechtfertigung nach rechts gegenüber konservativen Kräften und die Abgrenzung nach links zum Alten Verband. Letztere wurde allerdings um so schwieriger, je mehr der Gewerkverein sich bewußt zu einer Vertretung der Bergarbeiter entwickelte: im November 1905 suchte er einen neuen Gewerkschaftssekretär und forderte in einer Anzeige „energische, klassenbewußte Bergarbeiter, welche überzeugte Anhänger der christlichen Gewerkschaftsbewegung sind" auf, sich zu melden.[198]

Dieses Spannungsverhältnis zwischen Klassenbewußtsein und Klerikalismus, das die Amtskirche befremdete und verunsicherte, wurde von sozialdemokratischer Seite nicht wahrgenommen und damit auch nicht fruchtbar gemacht. Der Gewerkverein wurde weiterhin in erster Linie als Gegner angesehen, und den Führern des Alten Verbandes wurde vorgeworfen, sie hätten es 1905 versäumt, „die zögernde und schwankende christliche Gegenorganisation mit einem kühnen Schlage zu zertrümmern",[199] und sie hätten eine für die Sozialdemokratie einzigartige Gelegenheit nicht genutzt, „diesen instinktiven Haß der Massen in einen bewußten umzuwandeln".[200] Die Führer des Alten Verbandes wiesen diesen Vorwurf entschieden zurück, da er ohne genaue Kenntnis der „wahren Verhältnisse" unter den Bergleuten erhoben worden sei.[201] Sie wußten, daß eine derartige Überrumpelung des Gewerkvereins wenig Aussichten auf Erfolg hatte; der Gewerkverein jedoch sah durch diese und andere Äußerungen seine Befürchtungen bestätigt, mit der immer wieder vorgeschlagenen Aktionsgemeinschaft verfolge man nur das Ziel, ihn im Alten Verband aufgehen zu lassen. Mit dieser Begründung lehnte er jedenfalls – von Ausnahmen abgesehen – ein gemeinsames Vorgehen ab, was schließlich dazu führte, daß sich im Streik von 1912 der Gewerkverein und die drei anderen Gewerkschaften bekämpften. Das Klassenbewußtsein, das in der Anzeige von 1905 gefordert worden war, war über die fast schon zwanghaft anmutenden Abgrenzungsmanöver in den Hintergrund gedrängt worden.

Als dritter wichtiger Verband etablierte sich im Gefolge des Streiks die polnische Berufsvereinigung. Ihre Mitgliederzahl war 1905/06 sprunghaft angestiegen, und der neue Verband zog, ähnlich wie der Gewerkverein, organisatorische Konsequenzen aus den Erfahrungen des Arbeitskampfes: der Beitrag wurde angehoben und die Schlagkraft wurde zudem „durch ein personelles Revirement und durch die Festlegung gestärkt, daß künftig zwei Drittel der Beiträge in die Streikkasse fließen sollten".[202] Doch auch er verbrauchte einen großen Teil seiner Energien in Auseinandersetzungen mit den anderen Verbänden. Die nationale Frage und die Betonung der Eigenständigkeit führten zu Abgrenzungen vom und Angriffen auf den Gewerkverein und den Alten Verband, dem darüber hinaus sozialdemokratische und religionsfeindliche Zielsetzungen vorgeworfen wurden. Der Gewerkverein und der Alte Verband brachten umgekehrt nicht viel Verständnis für die Existenz einer eigenständigen polnischen Organisation auf; so war das Verhältnis gespannt, es kam zu immer neuen Konflikten, und der Umgang miteinander blieb durch „grobe Polemik und einen zähen Kleinkrieg gekennzeichnet".[203]

Der Alte Verband, die polnische Berufsvereinigung und der Hirsch-Dunckersche Gewerkverein vermochten es jedoch, in den folgenden Jahren bei konkreten Initiativen und Auseinandersetzungen die Differenzen hintanzustellen und den sogenannten Dreier-Bund zu bilden, durch den sie gemeinsame Forderungen vortrugen und in Ansätzen auch gemeinsam handelten. Der Christliche Gewerkverein war zu einem derartigen Schritt nur in Einzelfällen in der Lage; überwiegend verhielt er sich abseits und nahm eine Position zwischen dem Dreier-Bund auf der einen und den Unternehmern auf der anderen Seite ein.

Vor dem Hintergrund enttäuschter Hoffnungen und gewerkschaftlicher Grabenkämpfe überrascht es nicht, daß die Entwicklung der Organisationen stagnierte oder sogar rückläufig war. Als Folge des Streiks war die Mitgliederzahl des Alten Verbandes von 56153 (1904) auf 78862 (1905) bzw. 29% der Gesamtbelegschaft angestiegen; doch damit war der Höhepunkt bereits erreicht. Die absolute Zahl der Mitglieder betrug zwar 1910 knapp über 80000, doch ein Jahr später nur noch 75000, um nach dem verlorenen Streik noch mehr zu fallen. Da gleichzeitig die Zahl der Bergleute rapide zunahm, waren 1911 nur noch 21% von ihnen im Alten Verband organisiert. Ähnlich enttäuschend verlief die Entwicklung auch für den Gewerkverein sowie für die polnische Berufsvereinigung.[204] Die ohnehin wenig einflußreichen Verbände wurden dadurch zusätzlich geschwächt, während Unternehmer und Staat ihre Position stärkten und weiter ausbauten.

b) Staat, Parlament und Polizei

Unmittelbar im Anschluß an den Streik von 1905 wurde von den Behörden die Frage der polizeilichen Kontrolle erörtert. Das Oberpräsidium behauptete, der Streik habe gezeigt, daß die Zahl der auswärtigen Beamten nicht ausreiche; das ganze System müsse überprüft und ausgeweitet werden.[205] Beim letzten Streik habe zwar Ruhe geherrscht, doch das erkläre sich allein aus der ruhigen Haltung der Streikenden, und deshalb – so die erstaunliche Logik – seien künftig 1250 Polizisten als Verstärkung nötig anstelle der 747, die während des Streiks abkommandiert worden waren. Eine derart hohe Designierung konnte das Innenministerium jedoch nicht vornehmen, da aus anderen Bezirken nicht genügd Mannschaften abkömmlich waren.[206] Das erwies sich in der Folgezeit als zusehends schwieriger, da – wie das Innenministerium 1910 ausführte – ,,nicht nur die Zahl der Arbeiter in dem rheinisch-westfälischen Industriebezirke in sehr starkem Maße im Ansteigen begriffen ist, sondern auch in anderen Provinzen in immer größerem Umfange sich ausgesprochene Industriegebiete ausbilden und außerdem die Arbeiterschaft auch solcher Bezirke, die bisher der sozialdemokratischen Agitation unzugänglich erschienen, mehr und mehr unter die Herrschaft der Gewerkschaften und damit der sozialdemokratischen Parteiorganisation geriet''.[207]

Das System der Abkommandierung von Polizisten aus deren Bezirken blieb trotz dieser Schwierigkeiten bestehen, sie mußten allerdings über zunehmend größere Entfernungen angefordert werden, wobei Probleme besonderer Art auftreten konnten, wie der Landrat von Recklinghausen schon beim Streik von 1905 erfahren mußte: Er sah sich gezwungen, einen Polizisten aus Klützow nach Oberschlesien zurückzuschicken, da dieser dem Alkohol zu sehr zuspreche und fern der Heimat Freund und Feind nicht vorschriftsmäßig unterscheiden könne: Der Polizist sympathisierte mit den streikenden polnischen Bergleuten.[208]

Unabhängig von dieser Reserve für den Notfall wurde die Zahl der Polizisten vermehrt: in Bottrop z. B. stieg sie von 14 im Jahre 1905 auf 26 im Jahre 1910.[209] Als zusätzliche Hilfe wurden die Zechenwehren aufgebaut. Bei dem Streik von Herne hatten sie sich noch als ,,völlig nutzlos erwiesen'';[210] einige Zechen hatten es vorgezogen, die dafür vorgesehenen Beamten zur Aufrechterhaltung des Betriebes einzusetzen, auf anderen waren weder Abzeichen noch Waffen vorhanden. 1905 hatten sie auf Grund des ruhigen Streikverlaufes keine Gelegenheit zum Eingreifen gehabt, dennoch – oder gerade deshalb – wurde angegeben, sie hätten sich gut bewährt.[211] Sie waren jedoch nicht überall eingeführt, und ihre Organisation und Zuständigkeit bedurften einer einheitlichen und klaren Regelung, die nach dem Streik durch Erlasse der Behörden geschaffen wurde. Ihr Wirkungskreis wurde auf das umfriedete Zecheneigentum und die nächste Umgebung desselben beschränkt; zu ihrer Ausrüstung zählten – so auf der Zeche Werne – eine Polizeimütze mit preußischer Kokarde, eine schwarzweiße Binde sowie ein Revolver und ein Seitengewehr; sie wurden zu Hilfspolizeibeamten ernannt und unterstanden den örtlichen Behörden. Sie waren damit offizielle Vertreter der Staatsgewalt, während die Ordnungsdienste der Gewerkschaften 1905 verboten worden waren.[212]

Das Vertrauen in die Fähigkeiten der Zechenwehren, die ihnen als Vertreter der Unternehmerinteressen wie von selbst gegeben schienen, war groß; so hieß es im § 5 einer Dienstanweisung: „Zur Erfüllung seiner Aufgabe stehen dem Schutzbeamten an Zwangsmitteln zur Verfügung: Festnahme, Beschlagnahme und Waffengebrauch. Umsicht, Kaltblütigkeit und Entschlossenheit werden ihm die richtige Wahl dieser Hilfsmittel bei der Dienstausübung an die Hand geben."[213] Doch nur auf die Zechenwehren und die heroischen Eigenschaften ihrer Mitglieder allein wollten sich die Behörden nicht verlassen; am 21. Dezember 1910 fand eine Besprechung über die „beim Ausbruch eines größeren Bergarbeiterstreiks im Ruhrkohlegebiet zu treffenden Maßnahmen" statt, an der die Regierungspräsidenten und die leitenden Beamten der zuständigen Behörden teilnahmen.[214] Ihren Beschlüssen zufolge haben sie sich allerdings weniger auf einen Streik als vielmehr auf bürgerkriegsähnliche Zustände vorbereitet. Sie beabsichtigten zwar, durch effektive Vorbereitung einem Militäreinsatz zuvorzukommen, den die Unternehmer bei den Arbeitskämpfen regelmäßig forderten, sie gingen dabei jedoch derart gründlich vor, daß ein Unterschied zu einem militärischen Eingreifen kaum noch zu erkennen war.

Sie vereinbarten, für jede der in Betracht kommenden Gemeinden Übersichtspläne anzufertigen, die Angaben zur Bevölkerungszahl, die besonders zu schützenden Anlagen, die Zahl der Belegschaften der Zechen (für jeden Schacht gesondert) und alle anderen Werke enthalten sollten, die mehr als 100 Arbeiter beschäftigten. Zechen, Sprengstofflager, Bahnhöfe, obrigkeitliche Gebäude (Rathäuser, Gefängnisse), Wasser-, Elektrizitäts- und Gaswerke sowie andere industrielle Werke waren, jeweils mit besonderen Zeichen, rot zu markieren. Telegramme zur Abkommandierung der designierten Gendarmen sollten vorbereitet, die Zechenwehren jährlich kontrolliert und mit einer Art Freibrief versehen werden, durch den erreicht werden sollte, „sie vor Anklagen wegen Überschreitung der Notwehr tunlichst zu schützen".[215] Die Polizeiverwaltungen sollten veranlaßt werden, „in weiterem Umfang als bisher die Erlaubnis für die Bewaffnung des Polizeibeamten mit Karabinern zu erbitten", was der Minister voraussichtlich genehmigen werde.[216]

Als weitere Maßnahmen waren vorgesehen: an Lohntagen die Polizeistunde vorzuverlegen; den Verkauf von Branntwein und anderen geistigen Getränken über die Straße zu untersagen sowie – „ohne Ausnahme" – öffentliche Tanzlustbarkeiten, Jahrmärkte und Kirmessen zu verbieten, für eine gute Straßenbeleuchtung zu sorgen und Leuchtfackeln anzuschaffen, Ordnungsmannschaften der Streikenden nicht anzuerkennen, die Einrichtungen zur Nachrichtenübermittlung Tag und Nacht offen zu halten, Patrouillengänge zum Schutz der Arbeitswilligen einzurichten etc.

Von der Möglichkeit, das Militär hinzuzuziehen oder den Belagerungszustand zu erklären, sollte nur im „äußersten Notfalle" Gebrauch gemacht werden, und es wurde davor gewarnt, sich auf die Angaben der Zechenverwaltungen zu verlassen bzw. deren Druck nachzugeben. Der Streik von

1905 habe gezeigt, daß diese ,,namentlich bei Beginn des Streiks in ihren Mitteilungen den Umfang des Aufstandes sowie die Gefahr des Ausbruchs von Unruhen und angeblich bereits vorgekommene Ausschreitungen weit übertrieben hätten, um dadurch die Heranziehung von Militär zu veranlassen. Derartige Nachrichten, die auf Mitteilungen der Zechenverwaltungen zurückzuführen sind, werden deshalb mit Vorsicht aufzunehmen sein".[217]

All diese Maßnahmen wurden ergänzt durch eine Reorganisation des gesamten Polizeiwesens im Ruhrgebiet, bei der an die Stelle der kommunalen Ortspolizeiverwaltungen mit lokal begrenzter Zuständigkeit eine übergreifende königliche Polizeiverwaltung trat. Hierfür sprächen, wie auf einer Konferenz vom Mai 1906 festgestellt wurde, ,,Erwägungen allgemein politischer, kommunal-politischer, wie polizeilicher Natur".[218]

Es sei zu erwarten, daß in zunehmendem Maße Landgemeinden das Stadtrecht verliehen bekämen oder aber in kreisfreie Städte eingemeindet würden; dadurch werde der Wirkungskreis der Landräte vermindert, ,,ohne daß in den Oberbürgermeistern Beamte vorhanden seien, auf die in allen Fällen zumal künftig in politischer Beziehung mit Sicherheit gerechnet werden könnte".[219] Es sei zu erwarten, ,,daß sich im Laufe der Jahre auch hier im Westen der Zug nach links bemerkbar machen" würde, so daß mit wachsendem Widerstand der Städte gegenüber einer Verstaatlichung der Polizei zu rechnen sei.[220] Andererseits bestehe zur Zeit noch die Gefahr einer übermäßigen Einflußnahme der Zechenbesitzer auf die kommunale Polizei, was u.a. dazu geführt habe, daß mehrere Städte auf Drängen der Bergwerksbesitzer beim letzten Streik militärische Hilfe verlangt hätten, obwohl dies nicht erforderlich gewesen sei.

Darüber hinaus wurde hervorgehoben, ,,daß es nicht angängig sei, dem Polizeidirektor nur die Sicherheits- und politische Polizei zu übertragen, daß ihm vielmehr auch Zweige der Wohlfahrtspolizei anbetraut werden müßten". Genannt wurden eine Verstaatlichung der Gesundheitspolizei und vor allem der Baupolizei, da die ,,Bauunternehmer vielfach auf diesen Zweig der Polizeiverwaltung maßgebenden Einfluß zu gewinnen suchten und hierin nicht immer den notwendigen Widerstand bei den kommunalen Vertretungen fänden".[221]

Die angestrebte Kombination von Sozial- und Polizeireform wurde jedoch nicht verwirklicht; die Zuständigkeit der königlichen Polizeiverwaltung blieb auf das Gebiet der Sicherheitspolizei beschränkt, wozu die politische Polizei, die Fremdenpolizei einschließlich des Meldewesens, die Kriminalpolizei und die Theaterzensur zählten. Der Versuch, den spekulativen Baumarkt von lokalen Interessen unabhängiger zu machen, scheiterte, und so blieb die baupolizeiliche Zuständigkeit auf die Erstellung der Fluchtlinien begrenzt. Anstand und Moral wurden einmal mehr nur bei den Arbeitern überwacht, indem auch die Sittenpolizei einschließlich der Überwachung des Kost- und Quartiergängerwesens in staatliche Regie überging. In diesem Punkt herrschte Übereinstimmung: Dem Kostgängerwesen, das im rheinisch-westfälischen Industriebezirk eine ganz besondere Bedeutung beanspruche, müsse mit allem Nachdruck entgegengearbeitet werden.[222]

c) Unternehmer

Die Unternehmer hatten schon bald nach dem Streik gezeigt, daß sie auch in Zukunft nicht gewillt sein würden, ihre Haltung zu ändern. Eine große Zahl streikender Bergleute wurde ausgesperrt, und es gab erneut Versuche, die Möglichkeit des Arbeitsplatzwechsels einzuschränken bzw. ganz zu verbieten.[223] Größere Gesellschaften, denen mehrere Zechen gehörten, führten sogenannte Überweisungsscheine ein, die bei einem Wechsel innerhalb der Gesellschaft als Nachweis der Unbedenklichkeit vorgelegt werden mußten. Es gab Bestrebungen, derartige Kontrollmaßnahmen auf alle Zechen auszudehnen, doch sie wurden geheimgehalten, damit die Gewerkschaften bei ihren Beschwerden keine gesicherten Beweise vorlegen und die Behörden nicht zum Eingreifen bewegen konnten. Ein im geheimen operierendes System konnte allerdings nicht effektiv arbeiten, zumal die Konkurrenz der Zechen um Bergleute anhielt. Im Jahre 1908 wurde deshalb der Zechenverband gegründet, eine Vereinigung, die die Aufgaben des alten Ausstandsversicherungsverbandes aus dem Jahre 1890 übernahm und darüber hinaus die Aussperrungsmaßregeln des Jahres 1905 in modifizierter Form weiterführte: Bergleute, die ihre Arbeit niederlegten, ohne die vierzehntägige Kündigungsfrist einzuhalten, wurden bis zu sechs Monaten auf allen Zechen des Ruhrgebietes gesperrt; brach auf einer Zeche ein Streik aus, so durfte drei Monate lang kein Arbeiter dieses Betriebes anderswo beschäftigt werden. Zusätzlich blieben die Aufgaben des Ausstandsversicherungsverbandes bestehen, auch der Zechenverband zahlte nur eine Unterstützung, wenn streikenden Bergleuten keine Zugeständnisse gemacht wurden.[224]

Die Namen der ‚unbotmäßigen' Arbeiter wurden auf sogenannten „Schwarzen Listen" veröffentlicht, die alle 14 Tage erschienen und 4000 bis 5000 Namen enthalten konnten;[225] gegen dieses System protestierten die Gewerkschaften und die ihnen nahestehenden Parteien einschließlich des Zentrums mit allem Nachdruck, da es über die Gründe für einen Wechsel hinweggehe und zudem zur Disziplinierung eingesetzt werden könne.[226] Doch sie konnten im Reichstag keine Mehrheit erhalten, und auch die Reichsregierung billigte das Vorgehen der Unternehmer. Vor Gericht jedoch wurden die Argumente der Bergleute akzeptiert, das Vorgehen des Zechenverbandes als sittenwidrig verurteilt und den betroffenen Arbeitern Schadensersatz zugesprochen.[227]

Inzwischen hatten die Unternehmer jedoch zum 1. Januar 1910 das System der Schwarzen Listen durch einen zentralen Arbeitsnachweis ersetzt, der sich am sogenannten Hamburger System orientierte, das sich zur Disziplinierung der Arbeiter überaus bewährt hatte. Die umfassende Kontrolle des Arbeitsmarktes jedoch, die die Unternehmer in Hamburg durchsetzen konnten, stellte sich im Ruhrbergbau nicht ein. Die Möglichkeit eines Arbeitsplatzwechsels war und blieb ein zentraler Bestandteil der Arbeitssituation unter Tage; zudem hielt die Konkurrenz der Zechen um Arbeiter an, und schließlich hatte die Fluktuation einen derartigen Umfang angenommen, daß sie mit diesem Verfahren nicht unter Kontrolle gebracht werden konnte, sondern sogar noch anstieg.[228]

Zum Scheitern des Arbeitsnachweises hatten die Gewerkschaften beigetragen; den Gerichtsprozeß gegen die Schwarzen Listen hatten sie angestrengt und gewonnen, und ihre Einflußnahme hatte mit dazu geführt, daß die Nachweisstellen verpflichtet waren, den Bergleuten einen von ihnen gewünschten Arbeitsplatz zu vermitteln, sofern die betroffene Zeche Arbeiter suchte, so daß angesichts des Mangels an erfahrenen Bergleuten die Freizügigkeit im Ruhrbergbau weitgehend gesichert blieb.[229]

Dies war jedoch einer der wenigen Bereiche, in denen die Gewerkschaften einen Erfolg erringen konnten; ansonsten sahen sie sich in ihren Hoffnungen getäuscht, und sie mußten erleben, daß vermeintliche Errungenschaften wie die Einführung der Arbeiterausschüsse und der Sicherheitsmänner sich als wirkungslos und sogar als nachteilig erwiesen; positive Ansätze zur Einflußnahme hatten sich in ihr Gegenteil verkehrt, sofern sie nicht von den Unternehmern ohnehin von vornherein unterbunden worden waren. Diese hatten zwar in vermehrtem Umfange sozialpolitische Fragen diskutiert, u. a. Delegationen nach England entsandt, um die dort bestehenden institutionalisierten Formen der Zusammenarbeit von Gewerkschaften und Unternehmern kennenzulernen, doch sie rückten nicht von ihrer harten Linie ab und weigerten sich weiterhin, in den Gewerkschaften Vertreter der Bergleute zu sehen.[230] Ihre politische und wirtschaftliche Position hatten sie währenddessen ausgebaut, um bei Arbeitskämpfen noch besser gerüstet zu sein. Gleichzeitig deutete das Vorgehen der staatlichen Behörden darauf hin, daß diese bei erneuten Auseinandersetzungen ihre abwartende Haltung zugunsten einer verstärkten Parteinahme für die Unternehmer aufgeben würden. Das zeigte sich beim Streik von 1912 mit aller Deutlichkeit.

5. Der Streik von 1912

Der wirtschaftliche Aufschwung, der schon vor dem Streik von 1905 eingesetzt hatte, hielt bis 1907 an; die durchschnittlichen Schichtlöhne stiegen auf 4,87 Mark, doch auch die Lebenshaltungskosten erhöhten sich, so daß die reale Steigerung geringer ausfiel. Der 1908 einsetzende Konjunkturrückgang führte zu einer beträchtlichen Kürzung der Löhne, die ab 1910 zwar wieder anstiegen, jedoch bis 1912 unter dem bereits 1907 erreichten Stand blieben, während die Lebenshaltungskosten weiterhin in die Höhe gingen.[231] Eine Berechnung des Reallohnes ist auf Grund der begrenzten Materiallage allerdings nicht möglich; die Zahlen von B. Heymann und K. Freudenberg deuten darauf hin, daß der Reallohn sich von 1909 bis 1911 bei nominalen Lohnsteigerungen nicht verändert hat und erst 1912 – allerdings als Folge einer erheblich höheren Schichtenzahl – wieder anstieg.[232] Die Gewerkschaften hingegen sprachen von einer Verschlechterung der materiellen Situation der Bergleute während dieses Zeitraumes bei gleichzeitig wachsenden Profiten der Zechen.[233] Am 17. November 1910 schlug der Alte Verband deshalb in einem Schreiben an die anderen Organisationen ein gemeinsames Vorgehen in der Lohnfrage vor, das der Gewerkverein jedoch ablehnte, da er hierin ein Manöver sah, das darauf abzielte, ihn zu vernichten.[234]

Zu einem gemeinsamen Vorgehen war es 1908 gekommen; wegen einer reichsgesetzlichen Knappschaftsnovelle mußten auch die Statuten des Allgemeinen Knappschaftsvereins in Bochum geändert werden, worüber allerdings mit den Unternehmern keine Einigung erzielt werden konnte. Die Vertreter der Gewerkschaften, die nach jahrelanger Agitation die werksfreundlichen Arbeitervertreter aus den Gremien der Knappschaft verdrängt hatten, lehnten den Entwurf der Zechenbesitzer ab. Am 1. Januar 1908 trat deshalb ein vom Oberbergamt erlassenes Zwangsstatut in Kraft, das jedoch noch ungünstiger war, so daß es kurze Zeit später zu einem Kompromiß kam. Erreicht wurde eine Trennung der Kranken- und Pensionskasse sowie die Aufhebung der unständigen Mitgliedschaft. Die Forderung nach geheimer Wahl der Knappschaftsältesten hingegen wurde nicht erfüllt, und in einem wichtigen Punkt gab es sogar eine Verschlechterung: Nur noch aktive Mitglieder durften als Knappschaftsälteste gewählt werden, so daß die Berginvaliden, die direkten Pressionen der Unternehmer nicht länger ausgesetzt waren und unabhängiger agieren und agitieren konnten, nicht mehr für dieses wichtige Amt in Frage kamen.[235]

Von diesem Beispiel abgesehen hatte sich das Verhältnis zwischen dem Christlichen Gewerkverein und dem Dreier-Bund verschlechtert. Die Erfolge des Alten Verbandes bei den Sicherheitsmänner- und Knappschaftswahlen von 1910 verstärkten die Ängste, bei gemeinsamem Vorgehen aufgesogen zu werden; die Abgrenzungsbemühungen und die Angriffe gegen den Alten Verband nahmen zu und führten bei dem Gewerkverein zu einer weitgehenden Identifizierung der Interessen der Arbeiter mit denen der Industrie. Der Versuch, zwischen Klerikalismus und Klassenkampf einen dritten Weg zu finden, gestaltete sich für den Gewerkverein zunehmend schwieriger, zumal es auch im parteipolitischen Bereich zu einer zunehmenden Polarisierung kam. Bei der Reichstagswahl von 1912 unterstützte er die Nationalliberale Partei, so daß in Bochum/Gelsenkirchen Otto Hue und in Duisburg/Mülheim ein weiterer sozialdemokratischer Abgeordneter aus den 1907 gewonnenen Wahlkreisen verdrängt wurden.[236]

Im Anschluß an die Aufforderung zu gemeinsamem Vorgehen vom November 1910 hatte der Dreier-Bund in einer Eingabe höhere Löhne gefordert, doch diese Forderung war abschlägig beschieden worden. Im Oktober 1911 fand eine erneute gemeinsame Sitzung aller vier Verbände statt, auf der

– wohl wegen der bevorstehenden Reichstagswahlen – keine weiteren Schritte beschlossen wurden. Nach der Wahl kam es am 5. Februar 1912 zu einem weiteren Treffen. Der Gewerkverein wollte nicht über Lohnforderungen sprechen, sondern verwies darauf, daß die Zechen Lohnerhöhungen in Aussicht gestellt hätten.[237] Die drei anderen Verbände hingegen forderten in einer Eingabe eine Lohnerhöhung, die abgelehnt, am 19. Februar jedoch erneuert wurde, und sie erklärten ihre Absicht, für die Erfüllung der Forderungen zu streiken, falls die Unternehmer kein Entgegenkommen zeigten. Sie schätzten die Situation günstig ein, da auch in England ein Streik der Bergleute bevorstand; sie hatten lange für höhere Löhne agitiert, und besonders der Alte Verband fühlte sich dem Druck eines Teiles der Bergarbeiter ausgesetzt, die auf energischeres Vorgehen und größere Kampfbereitschaft drängten.[238]

Vor allem im Dortmunder Raum war die Unzufriedenheit mit der Politik des Alten Verbandes offen zutage getreten; unterstützt von der Arbeiterzeitung gewannen Befürworter eines radikaleren Vorgehens wachsenden Einfluß in mehreren, durch Bergarbeiter geprägten Ortsvereinen der sozialdemokratischen Partei. Die Auseinandersetzungen innerhalb der Partei und mit dem Alten Verband spitzten sich zu; den Partei- und Gewerkschaftsangestellten wurde vorgeworfen, ihren Idealismus verloren zu haben, zu sehr auf die eigene materielle Absicherung bedacht zu sein und nicht mehr für den Sturz der kapitalistischen Gesellschaft zu kämpfen. 1909 kam es daraufhin zu einem Parteiausschlußverfahren, in dessen Gefolge sich die ausgeschlossene Opposition bemühte, eine eigene Organisation aufzubauen.[239]

Sie schloß sich der linksradikalen Freien Vereinigung an und entfaltete eine lebhafte Agitation, die ihrerseits den Alten Verband gegen die von ihm als ‚Anarchos‘ bezeichnete Opposition auf den Plan rief. Die Bedeutung der Freien Vereinigung blieb jedoch gering; Ende 1910 sollen ihr in mehreren Ortsgruppen insgesamt 450 Bergleute angehört haben. Dennoch hat sie die Leitung des Alten Verbandes offensichtlich beunruhigt und dessen Verhalten beeinflußt, was sich vor allem anläßlich eines Streikes auf der Zeche Lucas im November und Dezember 1910 zeigte.[240]

Der Streik war aus der Belegschaft heraus entstanden, die ihn auf Versammlungen beschlossen und durch eigens gewählte Delegierte organisiert hatte. Die Freie Vereinigung versuchte, hierauf Einfluß zu nehmen, womit sie allerdings scheiterte.[241] Die Leitung des Alten Verbandes sah sich angesichts der linksradikalen Konkurrenzorganisation jedoch veranlaßt, die Streikforderungen zu unterstützen – ganz im Gegensatz zu ihrer sonstigen Argumentation, die derartige spontane Streiks als disziplinloses Verhalten brandmarkte.[242]

Dieses Vorgehen, die stagnierenden Mitgliederzahlen, die Enttäuschungen über ausgebliebene Reformen etc. weisen darauf hin, daß vor allem der Alte Verband sich in einem Legitimationsdruck gegenüber den organisierten wie auch den nichtorganisierten Bergleuten befand, und die Propagierung des

Streikes von 1912 läßt sich auch aus der Hoffnung erklären, „mit dem Griff nach dem Streik als Rettungsanker starke Solidarisierungseffekte und einen streiküblichen größeren Mitgliederzulauf zu erzielen".[243] Diese Überlegung wird umso verständlicher, als weder die Unternehmer noch die staatlichen Behörden im Frühjahr 1912 glaubten, „daß es gelingen würde, die Mitglieder des Gewerkvereins beim Ausbruch eines Arbeitskampfes vom Mitstreiken abzuhalten".[244]

Als am 7. März auf einer Revierkonferenz des Dreier-Bundes beschlossen wurde, am 11. März den allgemeinen Ausstand zu beginnen, waren die Gewerkschaften somit gespalten, während sowohl Unternehmer wie auch staatliche Behörden sich auf diese Auseinandersetzung seit längerem vorbereitet hatten, gut gerüstet waren und sie zum Teil begrüßten, wie der Syndikus der Handelskammer Essen, der am 9. März 1912 folgende Überlegung entwickelte: „Die Situation ist die, daß wenn es wirklich zum Streik kommt, dem großen sozialdemokratischen Verband der Nimbus der Unüberwindlichkeit in den Augen der Arbeiter einmal gründlich heruntergerissen werden muß. Damit würde dieser Verband auf Jahre hinaus lahmgelegt und die auf dem Boden der heutigen Gesellschaftsordnung stehenden Arbeiterorganisationen würden außerordentlich gestärkt werden. Das würde die wirksamste Hilfe sein, die uns im Revier im Kampfe gegen die Sozialdemokratie überhaupt zu Teil werden könnte."[245] Auch Gustav Krupp sprach von der „wohltätigen Wirkung" derartiger Niederlagen, die „eine Änderung unserer ganzen politischen Verhältnisse" herbeiführen würden.[246]

Am 11. März, dem ersten Streiktag, legten mehr als 190000 Arbeiter bzw. 50,07% der Belegschaften die Arbeit nieder, und die Zahl der Streikenden stieg noch an.[247] Wie bereits in den Arbeitskämpfen zuvor wurden sie zur Besonnenheit und Ruhe aufgerufen, und sie sind dieser Aufforderung auch überwiegend gefolgt; anders als zuvor waren sie jedoch dieses Mal gespalten und über Arbeitswillige, also Streikbrecher, verbittert, so daß Animositäten wie auch handgreifliche Auseinandersetzungen unvermeidbar waren.[248] Dies diente der Polizei als Vorwand, schon vom ersten Tage an massiv einzugreifen und vor allem die Menschenansammlungen auseinanderzutreiben, die sich bei Schichtwechsel vor den Zechentoren bildeten; die Behörden argumentierten, daß allein schon die Gegenwart streikender Kollegen sowie von deren Frauen und Kindern großen Druck auf die arbeitenden Bergleute ausübte. Vielerorts kam es zu Beschimpfungen, Verhöhnungen und weiteren „Belästigungen", die zur meist gewaltsamen Räumung des jeweiligen Platzes führten.[249] Die Beteiligung am Streik stieg jedoch an und erreichte am 13. November 61,2% der Gesamtbelegschaft bzw. 69,9% der Untertagearbeiter – Zahlen, die auf Angaben der Unternehmer beruhen und deshalb sicherlich nicht zu hoch gegriffen sind.

Wie schon in den Streiks zuvor beklagten sich die Unternehmer vom ersten Tag an über Ausschreitungen gegenüber Arbeitswilligen, fanden dieses Mal jedoch sofort Unterstützung bei den Behörden und – wichtiger noch

– beim Gewerkverein. Schon auf dessen Versammlung am 6. März, die sich gegen den Streik ausgesprochen hatte, da ansonsten ,,Sozialisten und Anarchisten das Heft in der Hand" hätten, hatte er von den Behörden verlangt, sie müßten die Arbeitswilligen schützen und, wenn sie dazu nicht in der Lage seien, das Militär in Anspruch nehmen.[250] Bereits am 11. März, dem ersten Streiktag, wurde die hohe Zahl der Ausständischen auf die Machtlosigkeit der Polizei zurückgeführt und militärischer Schutz verlangt, ,,sonst versagt in 1 oder 2 Tagen die ganze Bergarbeiterschaft, weil sie mit Gewalt an der Arbeit gehindert wird".[251]

Die 1910 vereinbarten polizeilichen Maßnahmen waren zu diesem Zeitpunkt bereits in Kraft getreten; zusätzliche Gendarmen waren angefordert und die Zechenwehren eingesetzt worden, doch diese Demonstration staatlicher Präsenz und deren hartes Eingreifen schienen nicht mehr zu genügen, wenngleich ein Teil der Verwaltungsbehörden den Einsatz von Militär – wie bei den Streiks zuvor – anfangs wenig sinnvoll fand und die Angaben über Belästigungen als übertrieben ansah.[252] Doch der Druck auf sie wurde stärker, zumal die Streikbeteiligung zunahm. Für den Gewerkverein stand die ,,Aufrechterhaltung der christlichen Weltanschauung" auf dem Spiel,[253] und die Unternehmer wollten den Dreier-Bund entscheidend besiegen, unterstützt von einer bürgerlichen Öffentlichkeit, die auf Grund der Erfolge der SPD bei der Reichstagswahl von 1912 und im nationalen Fieber der Marokko-Krise für die streikenden Bergleute keine Sympathie mehr hatte.

Am 14. März rückten etwa 5000 Soldaten (Infanterie, Kavallerie und zwei Maschinengewehrabteilungen) in die Kreise Dortmund, Hamm und Recklinghausen ein, während der Düsseldorfer Regierungspräsident seine vielfach geäußerten Bedenken aufrechterhielt und auf den Einsatz von Militär verzichtete. Der Landrat von Recklinghausen konstatierte eine förmliche ,,Überschwemmung mit Polizei, Gendarmen und Militär",[254] und mit einem derart massiven ,,Einsatz von Militär und der Ablehnung jeder Vermittlung durch die Reichsregierung war die Zuversicht der Streikenden zerstört".[255] Die Streikbeteiligung ging zurück, und auf einer Delegiertenkonferenz am 19. März wurde beschlossen, den Streik zu beenden.[256]

Wiederum hatten die streikenden Bergleute hohe Solidarität und Disziplin gezeigt, und sie waren von der Berechtigung ihrer Forderungen überzeugt, doch gegen die Koalition von Unternehmern, Behörden, Bürgertum und dem Gewerkverein hatten sie keine Aussichten auf Erfolg. Sie mußten vor dem Einsatz militärischer Macht kapitulieren, und sie taten dies mit Niedergeschlagenheit, Entrüstung und Verbitterung. Sie sträubten sich dagegen wie die Delegierten, von denen sich 394 für eine Fortführung des Streiks ausgesprochen hatten und – bei 13 Enthaltungen – nur 215 für dessen Beendigung, doch sie waren zu geschwächt, und nach elftägiger Dauer war der Streik beendet.[257]

Das Verhältnis der Gewerkschaften wie auch der Arbeiter zueinander war durch den Streik nachhaltig belastet worden; die Erbitterung richtete sich vor allem gegen den Gewerkverein, dem Streikbruch vorgeworfen wurde, aber auch gegen den Dreier-Bund, da dieser zu einem Streik aufgerufen hatte, der mit einer vollständigen Niederlage endete und auf den massive Repressalien der Unternehmer und des Staates folgten. Von den streikenden Bergleuten wurde als Strafe für „willkürliches Fernbleiben von der Arbeit" der Lohn für sechs Schichten einbehalten;[258] viele wurden gemaßregelt, angezeigt und vor Gericht gestellt. In der Zeit vom 11. März bis zum 30. April gingen bei den zuständigen Staats- und Amtsanwaltschaften 4685 Anzeigen ein.[259]

Auch die Justizbehörden hatten sich auf den Streik vorbereitet und Maßnahmen zur Beschleunigung der zu erwartenden Verfahren getroffen sowie Hinweise darauf gegeben, wann eine Verhaftung zu rechtfertigen sei, um auf ihre Weise zur „Sicherung einer geordneten, energischen und schleunigen Strafrechtspflege" beizutragen.[260] Wie schon nach dem Streik von Herne sollten auch jetzt die Urteile die Streikenden abschrecken und bestrafen, und wiederum waren sie Beispiele einer unverbrämten Klassenjustiz: so wurde die „Beleidigung von Streikbrechern unter Halten eines Gummischlauches" mit sechs Wochen Gefängnis geahndet,[261] der Zuruf an eine Abteilung Jäger: „Vor Euch Lumpen sind wir nicht bange" mit zwei Monaten, und eine Frau mußte wegen zweimaligen Beschimpfens Arbeitswilliger vier Wochen ins Gefängnis.[262]

Der Streik und die nachfolgenden Repressalien führten bei allen Gewerkschaften zu großen Mitgliederverlusten; der Alte Verband z. B. hatte von 1910 (78418) bis 1913 (62487) fast 16000 Mitglieder verloren – sicherlich überwiegend aus Enttäuschung über die Niederlage beim Arbeitskampf, den gerade er so nachhaltig propagiert hatte. Die Ablehnung des Streiks durch den Gewerkverein hatte allerdings auch diesem keine bessere Position verschafft; er verlor absolut und relativ noch mehr Mitglieder, was darauf hinweist, daß der Vorwurf des Streikbruches nicht nur vom Dreier-Bund erhoben wurde, sondern auch von einem großen Teil der eigenen Mitglieder.[263]

Auch die Hoffnung, das Verhalten beim Streik werde eine bevorzugte Behandlung und größere Anerkennung des Gewerkvereins durch die Unternehmer zur Folge haben, ging nicht in Erfüllung. Diese bauten vielmehr mit großem Aufwand wirtschaftsfriedliche sogenannte Gelbe Werkvereine auf. Bis zum Streik von 1912 hatten diese im Ruhrbergbau keine Bedeutung gehabt; im November 1911 gab es erst sieben mit insgesamt 131 Mitgliedern, und Anfang März 1912 waren es gerade 24 mit knapp 3400 Mitgliedern. Danach stieg ihre Zahl jedoch sprunghaft an, und am 1. März 1914 waren in 93 Vereinen mehr als 21000 Bergleute organisiert.[264]

Besonders der Christliche Gewerkverein, der immer wieder für Verhandlungen und gegen Streiks argumentiert hatte, sah in diesen Organisationen eine Konkurrenz, hatten diese doch den Zugang zu den Unternehmern, den er jahrelang vergeblich angestrebt hatte. Bereits Ende 1912 verabschiedeten die regionalen Gremien der christlichen Gewerkschaften wie auch der katholischen Arbeitervereine des Ruhrgebiets Resolutionen, „die es ihren Anhängern zur Pflicht machten, schriftlich den Beweis zu erbringen, keine Mitglieder eines Werkvereins zu sein".[265] Der Werkverein einer Zeche bei Osterfeld z. B. verlor daraufhin den größten Teil seiner Mitglieder, deren Zahl von fast 1000 auf knapp 300 zurückging.[266]

6. 1889-1914: Die Bilanz der Anstrengungen

Die Niederlage beim Streik von 1912, die darauffolgenden Mitgliederverluste und der Aufbau einer Konkurrenzorganisation durch die Unternehmer hatten die Gewerkschaften geschwächt. Die Unternehmer hatten – wie beabsichtigt – ihre ohnehin überaus starke Position weiter ausgebaut, die Bergleute schienen geschlagen zu sein. Bei keinem der großen Streiks hatten sie sich durchsetzen können; selbst die vermeintlichen Erfolge der Jahre 1889 und 1905 hatten sich in der Folgezeit nur in bescheidenen Ansätzen ausgewirkt, und beim Streik von 1912 schließlich hatten sie vorzeitig kapitulieren müssen, da sie dieses Mal auch den Staatsapparat, das Bürgertum und sogar einen Teil ihrer Arbeitskollegen gegen sich hatten. Die Gewerkschaften selbst erklärten immer wieder, wie schwach ihre Position war. O. Hue führte 1911 aus: „Die Unternehmer im Ruhrgebiet werden wir überhaupt nicht besiegen, dem Kirdorf und Genossen können wir sowenig das Brot als den Kohleabsatz hinwegstreiken."[267] Sie verwiesen auf die feste Organisation der Unternehmer, die sie nachzuahmen versuchten, doch das stieß auf die bereits mehrfach erwähnten Schwierigkeiten: eine hohe Zuwanderung und Mobilität, eine enorme Arbeiterfluktuation sowie vor allem ein niedriger Organisationsgrad und eine geringe gewerkschaftliche Schulung und Disziplin der Bergleute.

Die Hoffnung, durch staatliche Intervention oder durch gewerkschaftlichen Zusammenschluß die Interessen der Bergleute effektiv vertreten und sie gegen die Unternehmer durchsetzen zu können, war weitgehend enttäuscht worden. Selbst im engeren politischen Bereich war die Bedeutung öffentlicher Strukturen und Organisationen gering geblieben, und die schwache Position der Bergleute kann nicht dadurch erklärt werden, daß diese sich zu wenig darauf einließen, nicht reif genug dafür waren und an retardierenden, rationale Konfliktaustragungen erschwerenden Verhaltensweisen festhielten.

Der informelle Bereich bot ihnen eine Alternative, die jedoch nicht romantisierend verklärt werden darf. So gab es etwa im Untertagebetrieb Differenzen und Spannungen, auf die bereits hingewiesen wurde. Die Zuwanderung erforderte es, immer wieder mit ungelernten Bergleuten zusammenzuarbeiten, sie einzuweisen und sogar auszubilden; die hohe Fluktuation würfelte die Belegschaften und damit auch die Kameradschaften durcheinander, führte zu Reibungen und konnte den erzielten Lohn drücken, falls die

Zusammenarbeit sich schwierig gestaltete. Auseinandersetzungen über landsmannschaftliche, religiöse und politische Fragen haben zusätzliche Konflikte verursacht, so daß der Umgang der Bergleute miteinander nicht als Ausdruck ungetrübter Harmonie beschrieben werden kann. Derartige Annahmen sind auch nicht Bestandteil der hier entwickelten Argumentation, wenngleich dieser Vorbehalt leicht aufzukommen scheint: als ließen sich die Unzulänglichkeiten und Widersprüche vertrauter Konzepte mit dem Hinweis darauf besser ertragen, daß schließlich auch der Alltag der Arbeiter voller Probleme, Widersprüche und Unzulänglichkeiten gesteckt habe.

Die Bergleute haben sich keine schöne, neue Welt geschaffen, sie konnten sich aber auch nicht voller Enttäuschung oder Schrecken von dem Panorama alltäglicher Mühsal abwenden. Sie mußten sich darauf einlassen und versuchen, mit ihren Problemen umzugehen und sie zu bewältigen, was ihnen ja weitgehend auch gelungen ist. Dieser Erfolg erklärt sich jedoch nicht nur aus ihren Anstrengungen und Bemühungen, sondern auch aus den Strukturen des Alltags selbst, in dem nicht nur Konflikte, sondern auch Lösungsmöglichkeiten angelegt waren.

So wurden etwa Spannungen, die innerhalb der Grubenbelegschaften oder Kameradschaften bestanden, auf vielfache Weise abgeschwächt und aufgefangen: Die Gefährlichkeit der Arbeit und das Interesse am gemeinsamen Lohn erforderten es, Differenzen hintanzustellen. Nahezu täglich konnte es zu Auseinandersetzungen mit dem Steiger über Gedingefestsetzungen, Abbauverfahren etc. kommen, die immer wieder deutlich machten, wo die eigentlich wichtigen Konfliktpunkte lagen. Auch hat es innerhalb der Bergarbeiterschaft kaum eine berufliche Hierarchie gegeben; Differenzen zwischen Hauern und Lehrhauern bzw. Schleppern waren kein strukturelles Problem wie etwa zwischen Handwerkern und ungelernten Arbeitern in Betrieben der Maschinenbauindustrie; sie waren überwiegend altersbedingt und hatten unter einer lebensgeschichtlichen Perspektive nur für kurze Dauer eine Bedeutung.[268]

Gleichwohl bestanden lebensgeschichtlich unterschiedliche Formen der Auseinandersetzung und Konfliktbereitschaft. Nicht alle Bergleute konnten ähnlich häufig und unbeschwert den Arbeitsplatz wechseln wie die jungen, nicht verheirateten Untertagearbeiter. Eine Ehe, die Sorge für Kinder oder Unterhaltsverpflichtungen gegenüber den Eltern bedeuteten nicht nur finanzielle Belastungen, sie engten auch die räumliche Beweglichkeit ein, wenngleich auch Familien in einem für heutige Begriffe kaum vorstellbaren Maße mobil waren. Vor allem in den an Bedeutung verlierenden südlichen Gebieten wie auch in den Landgemeinden des nördlichen Ruhrgebiets gab es jedoch „noch viele Ansässige (...), die etwas Eigentum, ein Häuschen mit etwas Land besitzen. Diese Bergarbeiter arbeiten in der Regel von Jugend an auf ein und derselben Grube. Sie wissen nicht anders, als daß sie sich den Anordnungen der Zechen-Verwaltungen unter allen Umständen zu fügen

haben; auch dann, wenn es ungerechte Anordnungen sind. (...) Von gewisser Unabhängigkeit und Streben nach Freiheit ist bei diesen Auch-Bergleuten absolut keine Rede".[269]
Alter, Familienstand und körperliche Verfassung haben die Bereitschaft und Fähigkeit, Konflikte auszutragen, entscheidend beeinflußt; daneben waren andere Faktoren wichtig wie etwa die fortbestehenden Unterschiede zwischen den traditionellen Bergbaugebieten im Süden und den nördlichen Revieren sowie nicht zuletzt die Dauer der Anwesenheit im Ruhrgebiet, ohne daß sich hier geradlinige Korrelationen benennen ließen. Vom Streik im Jahre 1872 z. B. wird berichtet, die Menagenbewohner der Zeche Prosper, die erst kurz zuvor angeworben waren, hätten das Ende des Streiks freudig begrüßt.[270] Aus dieser Beobachtung läßt sich jedoch nicht generell der Schluß ziehen, erst eine lange Eingewöhnungszeit habe die Bergleute befähigt, sich für ihre Interessen einzusetzen; das hat sich etwa am Herner Beispiel gezeigt. Auch aus der Zeit der Streiks, die hier untersucht wurden, finden sich keine Belege für eine derartige These. Die mannigfachen, den gesamten Ruhrbergbau umfassenden Veränderungen, wie etwa der Übergang zu den Großzechen, haben zu einer Angleichung der Arbeits- und Lebensbedingungen geführt, die zumindest für die Zeit der großen Streiks auch weithin einheitliche Verhaltensweisen hervorbrachten; und sie haben den Prozeß des sich Zurechtfindens verkürzt. Sicherlich haben die Kinder von Zuwanderern einen Lernprozeß durchgemacht, der sie schneller die elementaren Strukturen ihrer Umwelt erkennen ließ, als ihre Väter dies vermochten; doch es läßt sich schwerlich behaupten, daß die Generation der Zuwanderer selbst zu diesem Lernprozeß kaum oder nur mit großen Einschränkungen in der Lage gewesen sei.

Mobilität war einer der Faktoren, die es erleichterten, Konflikte auszutragen; auf einen anderen hat vor allem D. Crew hingewiesen. Er hat gezeigt, wie groß die Bedeutung einer ‚occupational community' gerade für die Bergleute des Ruhrgebiets war. Mehr als andere Arbeiter wohnten sie zusammen, verbrachten die freie Zeit nach der Arbeit miteinander und heirateten innerhalb ihrer Schicht.[271] Ein wachsender Teil von ihnen wohnte in Zechenkolonien und damit augenscheinlich unter der Kontrolle der Unternehmer.

Viele Zechen hatten Aufsichtspersonen für die Kolonien eingestellt oder aber Zechenbeamte mit dieser Aufgabe beauftragt, um die Bewohner besser kontrollieren zu können. O. Hue klagte: „In sich immer riesenhafter ausdehnenden Zechenkolonien (Werkshäuser) erhalten die Herangeschleppten Unterkunft. Hier herrscht der Kolonievogt und wacht über das Fernhalten der ‚verhetzenden Agitatoren'." [272] Die Vertrauensleute der Gewerkschaften würden „von dem Kolonievogt mit Klage wegen Hausfriedensbruch bedroht, falls sie die heiligen Hallen der Koloniewohnungen betreten sollten".[273] Doch die Absicht der Zechenbesitzer kehrte sich vielfach in ihr Gegenteil, und die Zechenkolonien wandelten sich allmählich von Bastionen unternehmerischer Herrschaft in Stützpunkte der Bergleute. Allein schon die hohe Zahl der Wohnungen und die große Ausdehnung der Kolonien erschwerte die Kontrolle zusehends, so daß der Eindruck aufkommen konnte, es handele sich hierbei um ,,Brutstätten der Roten".[274] Das Oberbergamt führte anläßlich der Sicherheitsmännerwahl von 1912 die stärkere Wahlbeteiligung auf den neuen Zechen darauf zurück, ,,daß hier, wo die Arbeiter vorwiegend in großen Arbeiterkolonien wohnten, die Agitationsarbeit viel leichter ist als auf den älteren Zechen, wo die Arbeiter zerstreuter wohnen".[275] Der Landrat von Recklinghausen schließlich berichtete anläßlich des Streiks im gleichen Jahr, daß ein Schutz der Arbeitswilligen nicht immer zu erreichen sei, da die Streikenden ihrerseits in den Kolonien kontrollierten, ob ihre Kollegen zu Hause seien oder auf der Zeche arbeiteten.[276]

Daß juristische Besitztitel nicht unbedingt mit faktischer Verfügungsgewalt gleichzusetzen waren, hatte z. B. Thyssen erfahren müssen, als vom Justizministerium in Berlin sein Antrag abgelehnt wurde, streikende Bergleute mit Polizeigewalt aus Zechenwohnungen zu vertreiben. Im Hinblick darauf, ,,daß die zwangsweise Räumung ganzer Arbeiterkolonien zu den gefährlichsten Ausschreitungen führen" könne, wurde Herrn Thyssen die Unterstützung seines Ansinnens versagt.[277]

Dieses Beispiel dürfte eine Ausnahme gewesen sein; vor allem im Streik von 1912 stellte der preußische Staat seine Machtmittel in den Dienst der Unternehmer. Diese waren zwar imponierend, aber doch vielfach zu grob, um die feinen Geflechte alltäglicher Anhängigkeiten und Verweisungen zu durchbrechen. E. Jüngst, der Statistiker des Unternehmerlagers, kam in seiner Untersuchung des Streiks zu dem Ergebnis, daß die ,,Ansicht von dem Streikbrechertum der Koloniebewohner nicht die mindeste Stütze" habe.[278] Gerade auf den Zechen, wo ein großer Teil der Belegschaft in Werkswohnungen wohnte, war die Streikbeteiligung außergewöhnlich hoch. Zudem stellte er fest, daß auch die ausländischen sowie ostdeutschen Bergleute sich in großer Zahl an den Streiks beteiligt hätten, was übrigens schon für den Streik von 1889 gegolten hatte.[279]

E. Jüngst hatte seine Untersuchung verfaßt, um den Vorwurf zurückzuweisen, die Heranziehung fremder Arbeitskräfte sowie der Werkswohnungsbau seien von den Unternehmern als ,Fesselung' konzipiert worden; über die Berechtigung dieser These und über die zugrundeliegenden Motive der Zechen ließe sich streiten. Das Ergebnis jedoch war eindeutig. Hätte das Unternehmertum – so führt er weiter aus – dieses Ziel verfolgt, ,,so hätte es mit seiner dahingehenden Politik kläglich Schiffbruch erlitten".[280]

Dieses Beispiel zeigt, daß auch im Ruhrbergbau nicht alles so eintraf, wie es geplant war; vieles verhielt sich anders, als es auf den ersten Blick den Anschein hatte. Die Zusammenhänge waren vielfach sehr komplex, und Faktoren, die solidaritätshemmend zu sein und ein einheitliches Vorgehen unmöglich zu machen schienen, konnten bei näherer Analyse sowohl zur Solidarität wie zur Kampfbereitschaft der Bergleute beitragen. Das gilt beispielsweise auch für die polnischen Zuwanderer, deren Selbstbewußtsein zu einem großen Teil in ihren nationalen Zusammenschlüssen wurzelte, die zwar einer Einheitsgewerkschaft im Wege standen, gleichzeitig aber die Herausbildung der Unabhängigkeit und Eigenständigkeit förderten, die in den Arbeitskämpfen unentbehrlich waren.

Die Zeitgenossen vergaßen oder beachteten nicht genügend, wie 1908 in einer Arbeit über ,,Polenfrage und Sozialdemokratie'' selbstkritisch festgestellt wurde, ,,daß das nationale Moment bei den national unterdrückten Polen unbedingt eine äußerst wichtige Rolle spielen und um so tiefere Wirkung haben mußte, je ärger die nationale Bedrückung der Polen war''.[281]

Eigenständigkeit und Gemeinsamkeit mußten keine unüberbrückbaren Gegensätze bilden; das gilt auch für das Beispiel der jungen Bergleute. Ihre höhere Mobilität, ihr Wunsch, möglichst bald Hauer zu werden, sowie ihre Unbeschwertheit, die mit Leichtsinn und auch Unüberlegtheit gepaart sein konnte, ließen Konflikte mit älteren Bergleuten aufkommen, doch damit waren keine klaffenden, unüberbrückbaren Gegensätze aufgerissen, und sie lebten deshalb nicht in einer eigenen, abgetrennten Welt. Sie konnten vielmehr nur deshalb mobil sein, weil sie die Möglichkeit hatten, bei verheirateten Hauern eine Unterkunft zu finden. Deren Wohnungen und Familien waren Teile des sozialen Gefüges, das ihnen Sicherheit und Unabhängigkeit gab und damit ihr Verhalten erst ermöglichte. Sie waren auf die gleichen informellen Strukturen angewiesen wie die anderen Bergleute; unterschiedlich waren in erster Linie die Verhaltensmöglichkeiten, die sich daraus für sie bzw. für die einzelnen Gruppen ergaben.[282]

Die informellen Strukturen haben jedoch nicht nur solidarisches Vorgehen gefördert, sie konnten auch bestehende Differenzen verfestigen, die vor allem an der Rivalität zwischen den Gewerkschaften und beim Streik von 1912 deutlich wurden. Diese Rivalitäten lassen sich nur bedingt durch klerikale Einflußnahme, durch die große Bedeutung von Geistlichen und die enge Anbindung des Gewerkvereins an die katholische Kirche oder durch die parteipolitische und ideologische Ausrichtung des Alten Verbandes erklären; sie lebten nicht zuletzt auf Grund von Alltagserfahrungen fort.

Die informellen Strukturen hatten unterschiedliche landsmannschaftliche, religiöse und auch politische Färbungen, die ihren Niederschlag in verschiedenen geographischen Ballungen (z. B. Masuren in Gelsenkirchen, Oberschlesier aus Rybnik und Ratibor in Bottrop) fanden oder in den unterschiedlichen Vereinen sowie in den Erfahrungen und Verhaltensweisen des Alltags zum Ausdruck kamen. Diese konnten das gesamte Leben bestimmen, wie im Falle der gläubigen Katholiken, deren Tagesablauf, Jahres- und Lebensrhythmus von ständig wiederkehrenden Ritualen geprägt waren. Sie beteten morgens und abends, vor jeder Mahlzeit und wenn möglich noch um 12 Uhr mittags; sie sollten täglich zur Kirche gehen, zumindest jedoch an Sonn- und Feiertagen, den Rosenkranz beten, an Andachten und Wallfahrten teilnehmen, die Fastenzeit einhalten sowie die zahlreichen kirchlichen

Festtage beachten, die im Laufe eines Jahres einander ablösten. Von der Kindtaufe über die Erstkommunion, die Firmung und kirchliche Trauung bis zum Begräbnis waren sie in ein religiöses Bezugssystem eingebettet, über dessen Beachtung sie in der Beichte regelmäßig Rechenschaft geben mußten.[283] Ein derart festgefügtes Schema konnte gerade Zuwanderern eine wichtige Orientierung geben, ihnen erlauben, an vertrauten Gewohnheiten festzuhalten und den Eindruck erwecken, abgesehen von einem Ortswechsel habe sich nicht viel geändert; es konnte jedoch auch die Spannungen vertiefen und ein gemeinsames Vorgehen verhindern. Es gab im Arbeits- und Wohnbereich Faktoren, die helfen konnten, sich davon frei zu machen und eine andere, z. B. klassenspezifische Identität aufzubauen, doch dies war ein überaus problematischer und langwieriger Prozeß; besonders im kirchlichen und parteipolitischen Bereich standen ihm viele Schwierigkeiten im Wege.

Die Hoffnung, man müsse nur tief genug in das ‚wirkliche‘ Leben hinabsteigen, um jenseits von Programmen, Parteien und Gewerkschaften den eigentlichen, wahrhaft klassenbewußten Arbeiter zu entdecken, trügt. Auch im informellen Bereich gab es Hierarchien sowie autoritäre Strukturen, und der Solidarität nach außen entsprach nicht immer ein solidarisches Umgehen miteinander. Es finden sich keine proletarischen Heroen, die die alltäglich greifbaren Widersprüche aufgehoben hätten.

Das Fortbestehen dieser Widersprüche läßt sich nur sehr begrenzt mit dem Hinweis auf Einflußnahme von außen, mit Manipulation erklären; ihre Existenz weist vielmehr darauf hin, daß die soziale Identität, aus der der Mut zur Auflehnung erwuchs, sich nicht aus bloß abstrakt bestimmbaren Klassenpositionen ergab, sondern aus unterschiedlich geprägten, spezifischen Erfahrungen und sozialen Strukturen. Diese konnten ein gemeinsames Vorgehen erschweren und zu Auseinandersetzungen sowie erbitterten Gegnerschaften führen, die einen wesentlichen Bestandteil der Geschichte der Ruhrbergleute bilden. Sie konnten aber auch die Wahrung unterschiedlicher sozialer Identitäten erlauben, und gerade dadurch in besonderem Maße gemeinsames und solidarisches Handeln ermöglichen. Sie konnten zu Arbeitskämpfen führen, die an der Uneinigkeit der Bergleute scheiterten, sie konnten aber auch Bewegungen hervorbringen, die auf gemeinsamen Erfahrungen beruhten und an denen unabhängig von bestehenden Differenzen, Vorurteilen und Ressentiments nahezu alle Bergleute teilnahmen: junge Zuwanderer und erfahrene Hauer, hochmobile und seßhafte Bergleute, gläubige Christen und überzeugte Klassenkämpfer.

Mehr noch als für die großen Streiks gelten diese Feststellungen für die alltäglichen Auseinandersetzungen am Arbeitsplatz. Die großen Streiks bildeten zwar den Schwerpunkt dieses Kapitels, und zweifellos waren sie die spektakulärsten Arbeitskämpfe der Ruhrbergleute, doch sie dürfen nicht den Blick für die kleineren Streiks verstellen und vor allem nicht für die zahllosen Auseinandersetzungen, die sich zwangsläufig im Untertagebetrieb ergaben. Die Gedingefestsetzung, Fragen des Ausbaus, der Aufsicht und Kontrolle, das Strafwesen etc. bildeten einen zentralen Bestandteil der Arbeitsorganisation unter Tage. Sie waren Gegenstand der ‚stillen‘, nicht an die Öffentlichkeit dringenden Kämpfe, die keinen Tag aufhörten und auf denen die Massenstreiks aufbauten. Die Zeitgenossen haben diesen Zusammenhang nicht gesehen. Sie bemerkten die informellen Strukturen entweder gar nicht oder betrachteten sie unter einer einseitigen, häufig verzerrenden und diffamierenden Perspektive. Ihr Blick und ihre Hoffnungen waren auf Strukturen und Institutionen des öffentlichen Bereichs gerichtet, auf staatliche Intervention, parlamentarische Einflußnahme, gewerkschaftlichen Zusammenschluß etc. Daran richteten sie ihr Verhalten aus, so auch die Gewerkschaften, die beständig das Beispiel der Unternehmer vor Augen sahen, die überaus effektiv organisiert waren und sich dank ihrer politischen und wirtschaftlichen Macht immer wieder durchsetzen konnten.

An diesem Vorbild orientierten sie sich, und es beeinflußte ihre Taktik und ihr Verhalten, doch es fragt sich, wie sinnvoll dieser Weg war. Die von den Gewerkschaften angestrebte Formalisierung der Interessenvertretung ließ sich nur schwer mit den Lebensbedingungen und Erfahrungen der Bergleute vereinbaren. Sie forderte ein großes Maß an organisatorischer Disziplin und geordnete, stabile Lebensverhältnisse, deren Fehlen lebhaft beklagt wurde. Vor allem mit den beständig wechselnden und fortwährend neue Reaktionen und Gegenwehr der Bergleute herausfordernden Arbeitsverhältnissen war sie nur schwer in Einklang zu bringen. Mehr noch als in anderen Berufen standen dem Bestreben, eine zentral organisierte gewerkschaftliche Politik durchzusetzen, Schwierigkeiten im Wege.

Die Gewerkschaften hoben zwar die Solidarität und Disziplin hervor, die die Bergleute in den Streiks gezeigt hatten: die Konsequenzen jedoch, die sie aus den Arbeitskämpfen zogen, nahmen nicht die dabei gezeigte Stärke der Bergleute auf; sie beklagten vielmehr die offensichtlich gewordene Schwäche der Organisationen, die folglich in den kommenden Jahren durch vermehrte Anstrengung behoben werden sollte. So blieben auch die Spannungen bestehen, die es zwischen den Bergleuten und ihren Organisationen gab. Es wäre fraglos überaus schwierig gewesen, die zum Teil auseinanderstrebenden und widersprüchlichen Interessen zu vereinbaren, doch es hat kaum einen Versuch dazu gegeben. Dem Ausbau der Organisation wurde oberste Priorität eingeräumt, so daß die Kluft zwischen dem informellen und dem öffentlichen Bereich durch die Strategie der Verbände verstärkt wurde. Die Skepsis und das Mißtrauen gegenüber alltäglichen Verhaltensweisen der Bergleute blieb bestehen, und es ist kaum gelungen, daran anzuknüpfen. Die Organisationen hielten an ihrem Vorgehen fest – und bemühten sich, die Lebensverhältnisse der Bergleute zu ändern und die Arbeiter zu erziehen. Vielleicht wäre der umgekehrte Weg – auf die Bergleute einzugehen – sinnvoller gewesen.[284]

Auch der Streik von 1912 brachte keine Änderung, sondern bestärkte die

Verbände in ihrer Orientierung; aus ihrer isolierten Stellung zogen sie die
Konsequenz, sich noch mehr als zuvor um Anerkennung durch den Staat
und auch durch die Unternehmer zu bemühen, und sie waren bereit, entsprechende Möglichkeiten zu nutzen.

Schneller als erwartet sollten sie ihre
Hoffnungen erfüllt sehen; nach Ausbruch des Ersten Weltkrieges zeigte sich
der Staat gegen den Willen der Unternehmer bereit, sie an Entscheidungen
teilhaben zu lassen. Doch wie schon im Falle der Sicherheitsmänner wurden
sie damit in Verantwortung genommen; sie sollten die Arbeiter kontrollieren, hatten jedoch nur beschränkte Möglichkeiten, deren Interessen zu vertreten, eine Konstellation, die nicht dazu beitrug, die Spannungen zwischen
Gewerkschaften und Arbeitern zu vermindern.

Die Unternehmer ihrerseits konnten sich am Ziel ihrer Wünsche sehen;
den Streik von 1912 hatten sie deutlich gewonnen, die Gewerkschaften verloren einen großen Teil ihrer Mitglieder, und die von ihnen unterstützten
Werkvereine machten große Fortschritte. Das Festhalten an ihrer harten
Linie, die Ablehnung jeglicher Verhandlungen und der Plan, die Gewerkschaften ganz auszuschalten, schienen sich als die richtige Strategie erwiesen
zu haben. Doch ihre Annahme, mit der Schwächung der Gewerkschaften
auch die Grundlage für die Handlungsfähigkeit der Bergleute zerstört zu
haben, sollte sich als verfehlt erweisen. Diese waren vielmehr verstärkt auf
die unabhängig von gewerkschaftlicher Organisierung bestehenden Solidarstrukturen verwiesen, die – wie die Unternehmer noch erfahren mußten –
nicht unbedingt leichter zu kontrollieren und zu unterdrücken waren als
organisierte Interessenvertretungen. Die Unternehmer hatten einen Sieg errungen, doch sie hatten auf dem falschen Schlachtfeld gekämpft.

7. Der Erste Weltkrieg

Nach Ausbruch des Ersten Weltkrieges zeigte sich auch im Ruhrbergbau
recht bald, daß dieser über alle anfängliche Begeisterung hinaus zu einschneidenden Veränderungen im Wirtschaftsbetrieb und zur Verschlechterung der Lebensbedingungen führen würde. Noch im August wurden etwa
100000 Bergleute zum Heer eingezogen; die Belegschaft ging von 425 600
vor Kriegsausbruch auf 305 000 Ende 1914 und weiter auf 280000 im August
1915 zurück, da unter den Bergleuten der Anteil junger, wehrfähiger Männer besonders hoch war.[285] Andererseits war jedoch der Bergbau eine kriegs-
wichtige Industrie und Kohle sowie deren Nebenprodukte eine unentbehrli-
che Voraussetzung für die Rüstungsproduktion und die Kriegsführung. Dadurch ergab sich eine Konstellation, die bis zum Kriegsende bestimmend
blieb: der Versuch, mit verringerter Belegschaft eine möglichst hohe Förderung zu erzielen, was zwangsläufig die Arbeits- und Lebensbedingungen der
Bergleute verschlechterte, zumal die Altersgruppe der Eingezogenen in erster Linie Hauer, d.h. die eigentlich produktiven Arbeiter, umfaßte.[286]

In den ersten Kriegsjahren wurde versucht, über vermehrte individuelle Anstrengung die Förderung zu steigern; die Zahl der verfahrenen Schichten pro Hauer stieg von 309 im Jahre 1914 auf jährlich 343 in den Jahren 1915 und 1916, so daß diese nahezu täglich arbeiten mußten; die jährliche Förderung nahm von 557 Tonnen pro Kopf auf 661 bzw. 671 Tonnen zu.[287] Gleichzeitig wurden die bestehenden gesetzlichen Vorschriften gelockert. Bereits am 4. August 1914 wurden die Schutzbestimmungen für gewerbliche Arbeiter eingeschränkt; die wichtigste Konsequenz war der Einsatz von Frauen, von denen 1916 über Tage 20000 arbeiteten, und von Jugendlichen, die fortan auch unter Tage arbeiten konnten.[288] Auch neue Arbeiter wurden gewonnen, von denen allerdings etwa die Hälfte noch nicht im Bergbau gearbeitet hatte.[289] Es liegen keine Berichte dafür vor, daß die technische Entwicklung wesentliche Veränderungen gebracht hätte, wenngleich zusätzliche Schüttelrutschen und auch andere Verbesserungen eingeführt worden sein dürften. Für größere Veränderungen werden aller Wahrscheinlichkeit nach die erforderlichen technischen und organisatorischen Ressourcen unter den Bedingungen einer Kriegswirtschaft, die eine kurzfristig erreichbare Maximierung der Produktion anstrebte, nicht zur Verfügung gestanden haben.[290]

Die Intensivierung des Arbeitskräfteeinsatzes wurde durch mehrere Faktoren erleichtert. Der anfänglich wichtigste scheint der weit verbreitete Patriotismus gewesen zu sein, der vermehrte individuelle Anstrengung ermöglichte und gleichzeitig sozialpolitischen Rückschritt zuließ. Dies wurde auch von den Gewerkschaften gebilligt, die über die anfängliche Kriegsbegeisterung hinaus in einer Kriegswirtschaft Ansätze zu einer gemeinwirtschaftlichen Politik sahen, bei der sie selbst, Behörden und Militär sowie die Unternehmer als möglichst gleichberechtigte Partner handeln sollten. Gleichzeitig war ihre Bereitschaft zu Konzessionen auch der Versuch, ihre Existenz zu sichern, die durch den Rückgang der Mitgliederzahlen gefährdet und von unternehmerischem sowie militärischem Druck gleichermaßen bedroht war.[291] Trotzdem stießen sie auf den Widerstand der Unternehmer: diese ließen Anfang 1915 eine Initiative scheitern, die die Einrichtung von Einigungsämtern im Bergbau zum Ziel hatte, und wiederum fiel es den Gewerkschaften schwer, gemeinsam vorzugehen.[292] In praktischen Fragen wie Lohnerhöhung, Überschichten usw. ließ sich verhältnismäßig leicht ein einheitliches Vorgehen erzielen, doch die Verbände gelangten „über eine informelle Zusammenarbeit der Organisationsleitungen nicht hinaus", da der Gewerkverein weiterhin eine Umklammerung durch den Alten Verband befürchtete und sich deshalb bemühte, „die Zusammenarbeit der vier Bergarbeiterverbände auf die Führungsspitzen zu beschränken".[293]

Auch das Militär räumte den Verbänden nicht die erhofften Mitspracherechte ein, erwartete aber dennoch, diese würden in patriotischer Verantwortung beschwichtigend auf die Bergleute einwirken. Das erwies sich jedoch als zunehmend schwierig. Die Löhne fielen zu Beginn des Krieges, stiegen dann zwar, blieben jedoch weit hinter der Preissteigerung zurück, so daß sich die Lebensverhältnisse stetig verschlechterten. Die Versorgung mit Nahrungsmitteln wurde unzureichend, während gleichzeitig die hohe Schichtenzahl und die hohe Förderung ihren Tribut forderten.[294] Die Arbeiter griffen ,,zur Selbsthilfe, sie feierten krank und gingen auf Hamsterfahrt".[295] Sie waren ausgelaugt und konnten die hohe Förderung nicht für unbegrenzte Zeit aufrechterhalten, zumal die besser zugänglichen und leicht abbaubaren Lagerstätten bald erschöpft waren.[296] Die Förderung ging rapide zurück und betrug im Juli 1916 nur noch 311000 Tonnen. Gleichzeitig machten die Materialschlachten des Ersten Weltkrieges jedoch deutlich, daß für das Militär nicht nur der Einsatz von Menschen wichtig war, sondern auch die Beschaffung von Kriegsmaterial.[297]

Zur Steigerung der Förderung hatten die Unternehmer bereits seit März 1915 Kriegsgefangene sowie belgische Fremdarbeiter eingesetzt; darüber hinaus bemühten sie sich, Bergleute vom Militärdienst freigestellt zu bekommen sowie bereits eingezogene zurückzufordern.[298] Diese Maßnahmen, die sich als unzureichend erwiesen hatten, wurden mit dem Hindenburg-Programm in der zweiten Hälfte des Jahres 1916 intensiviert. Den Zechen wurden die Rückkehr von 14000 Bergleuten von der Front, darüber hinaus 21000 Kriegsgefangene und eine bessere Versorgung mit Material in Aussicht gestellt.[299] Gleichzeitig sollte mit dem Hilfsdienstgesetz vom 5. Dezember 1916 eine ,,vollständige Erfassung und Mobilisierung der arbeitsfähigen Zivilbevölkerung für die Kriegswirtschaft" erreicht werden.[300] Einige Rechte der Arbeiter wurden darin eingeschränkt, gleichzeitig räumte es jedoch ihren Organisationen zahlreiche Mitwirkungsmöglichkeiten in der Organisation der Kriegswirtschaft und in den einzelnen Betrieben ein.[301] Die Arbeiterausschüsse wurden mit lohnpolitischen Kompetenzen ausgestattet, und damit hatten ,,die Gewerkschaften endlich in der gesamten Industrie die Ansatzpunkte, um die sie in der Friedenszeit so erbittert gerungen hatten".[302] Darüber hinaus waren Schlichtungsverfahren für den Fall vorgesehen, daß es zu keiner Einigung kam, so daß das ,,Lohnproblem des einzelnen Betriebes zu einer öffentlich-rechtlichen Angelegenheit" wurde.[303]

Mit diesen Konzessionen war die Erwartung verbunden, eine bessere Kontrolle über die Arbeiter zu erreichen. Bereits 1915 war es wegen der schlechten Versorgung mit Lebensmitteln zu einigen spontanen Protestaktionen von Frauen vor Geschäften gekommen, und seit Mitte 1916 flammten immer häufiger kurze, wilde Streiks auf.[304] Der Einfluß der Gewerkschaften auf die Lohnpolitik und – über die Arbeiterausschüsse – auf die Lebensmittelverteilung ließ ihre Mitgliederzahl schnell ansteigen, doch die erhoffte Kontrolle über die Bergleute ließ sich wegen der schlechten Versorgung mit Lebensmitteln nur unter Schwierigkeiten herstellen.[305] Der Mangel an wichtigen Grundnahrungsmitteln führte – wie es in einem Bericht heißt – zu einer ,,besonders starken Beanspruchung der Einsicht und Willenskraft" der Bevölkerung, und Zahl und Umfang der Arbeitsniederlegungen nahmen zu;[306] im Februar 1917 z. B. streikten in der Umgebung von Essen ca. 20 000 Bergarbeiter. Ihre Forderungen, in denen sie anfangs nur eine verbesserte Versorgung anstrebten, politisierten sich zusehends, und bei den Ausständen vom Januar 1918 stand bereits ,,der Wunsch nach sofortigem Frieden (. . .) im Vordergrund".[307] Die Erklärungen der Arbeiterführer, daß bei genügender Lebensmittelversorgung ,,die Arbeiterschaft durchhalten wolle und es ihr nicht einfiele zu streiken", wurden von den Behörden mit ,,größter Vorsicht" aufgenommen, denn es habe sich gezeigt, ,,daß die Führer die Arbeiter nicht mehr in der Hand haben, sobald es an der einen oder anderen Stelle kriselt".[308]

Auch das Eingreifen des Militärs, das die Einziehung streikender Arbeiter zur Front veranlaßte, konnte die Verschärfung der Situation nicht verhindern. Es kam immer wieder zu Arbeitsniederlegungen, durch die höhere Löhne, aber auch die Aufnahme von Friedensverhandlungen gefordert wurden. In der zweiten Augusthälfte, als mittlerweile eine Niederlage mehr und mehr zur Gewißheit geworden war, streikten im Essener Bezirk mehr als 60 000 Bergleute, und die verschiedenen Gruppierungen begannen, sich auf die Zeit nach dem Kriege vorzubereiten.[309]

8. Revolution und Sozialisierungsbewegung

Die Belegschaften hatten im Krieg zahlreiche Entbehrungen auf sich nehmen müssen. Die außerordentliche Beanspruchung des Bergbaus war ,,nicht nur eine solche der Führung und Verwaltung oder der technischen Produktion, sondern gerade bei den technischen Besonderheiten des Bergbaus auch eine solche der Arbeiterschaft, ja, des einzelnen Arbeiters" gewesen.[310] Diese hatten zahlreiche Über- und Nebenschichten verfahren, sie waren schlecht ernährt und unzureichend bezahlt worden, während die Gewinne der Betriebe gesichert blieben. Die Kriegsgefangenen und die neu eingestellten, berufsfremden Arbeiter waren gerade bei der Arbeit vor Ort nicht unbedingt eine große Hilfe gewesen, und die Zahl der Unfälle war sprunghaft angestiegen (vgl. Tab. 14). Die Arbeitsbedingungen, die in den Gruben erforderliche Selbständigkeit und ihre Arbeitserfahrungen – daran hatte sich kaum etwas geändert; der darin angelegte Gegensatz zu den Unternehmern hingegen dürfte sich unter den Bedingungen der Kriegswirtschaft verstärkt haben.[311]

Der Kontinuität der Erfahrungen scheint eine personelle Kontinuität in der Zusammensetzung der Zechenbelegschaften entsprochen zu haben, wenngleich die vorliegenden Unterlagen keine exakten Aussagen zulassen. Viele der einberufenen Bergleute waren im Verlauf des Krieges von den Zechen zurückgefordert worden und die meisten anderen nach dessen Ende zurückgekehrt; die Kriegsgefangenen sowie die ausländischen Arbeiter verließen den Ruhrbergbau, und die Soldaten kehrten – im Gegensatz zur Zeit nach 1945 – unmittelbar nach Kriegsende heim.[312] Auch die nach dem Kriegsende immer wieder erhobene Forderung, die Zechen sollten den nach dem Streik von 1912 einbehaltenen Lohnabzug zurückzahlen, deutet auf die personelle Kontinuität hin.[313]

Die Wünsche und Hoffnungen der Bergleute reichten jedoch zusehends über derartige punktuelle Forderungen hinaus. Die Unternehmer und der Staat, denen es vor dem Krieg gelungen war, ein erfolgreiches Vorgehen der Arbeiter zu verhindern, hatten an Macht und Einfluß eingebüßt. Beider Autorität war zusammengebrochen, ihre Einflußmöglichkeiten drastisch reduziert und man glaubte, sich endlich entscheidend durchsetzen zu können.

Die Gewerkschaften zeigten allerdings schon bald, daß sie nicht bereit waren, die zunehmend weitergehenden Forderungen der Bergleute zu unterstützen. Während des Krieges hatte man den Organisationen die erhofften Mitwirkungsmöglichkeiten teilweise zugestanden; im Oktober 1918 zeigten sich zudem auch die Unternehmer endlich bereit, ihren Widerstand aufzugeben und die Gewerkschaften als Vertretung der Arbeiter zu akzeptieren: Am 14. November kam es zur ersten Tarifvereinbarung, die Organisationen sahen sich am Ziele eines langen Kampfes und wollten diesen Erfolg nicht durch weitergehende Forderungen wieder aufs Spiel setzen. Der Ausbruch der Revolution und die weitreichenden Forderungen der Bergleute drohten ihrer Ansicht nach, ,,diesen von allen vier Bergarbeiterverbänden seit Jahrzehnten hartnäckig verfolgten sozialpolitischen Fortschritt zunichte zu machen''.[314] Darüber hinaus fühlten sie sich einem nationalstaatlichen Interesse verpflichtet, das eine möglichst ungestörte Kohleförderung zu erfordern schien und offenbar mit höheren Löhnen sowie einer Verkürzung der Schichtzeit nicht zu vereinbaren war.[315]

Diese Betonung des nationalen Interesses fand sich schon vor 1914 und dann während des Krieges vor allem beim Gewerkverein, aber auch beim Alten Verband, und sie gewann nach dem Zusammenbruch des Kaiserreiches aus einem Verantwortungsgefühl gegenüber der jungen Republik eine neue Bedeutung.[316] Sie entsprach darüber hinaus den zentralstaatlichen, machtpolitischen Konzeptionen der deutschen Arbeiterbewegung und schließlich auch einem Mißtrauen gegenüber der Masse der Bergleute, das schon vor 1914 immer wieder deutlich geworden war.[317] Die Kombination dieser Faktoren ließ die Verbände zu einer Strategie greifen, die sie in doppelter Weise von den Belegschaften entfremdete.

Auf der einen Seite glaubten sie, deren materielle Forderungen nicht in jeder Hinsicht unterstützen zu können. Darüber hinaus versuchten sie, Formen der Mitbestimmung und Einflußnahme durchzusetzen, die nur schwer mit den Erfahrungen der Bergleute und deren Vorgehensweisen zu vermitteln waren bzw. ihnen widersprachen. An die Stelle von direkten Aktionen, unmittelbarer Konfliktaustragung und Belegschaftsversammlungen sollten zentrale Tarifverhandlungen und Mitbestimmung in übergeordneten Institutionen der Wirtschaftsführung treten.[318] Diese Konzeptionen entsprachen den Erfahrungen der Kriegswirtschaft wie auch den Vorstellungen eines staatlich geplanten Sozialismus, und sie fanden schließlich in den Vorschlägen der offiziellen, regierungsamtlichen Sozialisierungskommission ihren Niederschlag. Deren Beratungen konzentrierten sich auf Möglichkeiten der Kontrolle durch übergreifende Gremien, während die Forderung nach unmittelbarer Mitbestimmung in den Betrieben und Steigerrevieren, die die inoffizielle, elementare Sozialisierungsbewegung der Bergleute kennzeichnete, kaum eine Rolle spielte.[319] Diese unterschiedlichen Positionen waren unmittelbar nach dem Krieg noch nicht offensichtlich, doch es gab zahlreiche Hinweise darauf, daß die Bergleute und ihre Organisationen unterschiedliche Ausgangspunkte hatten und sich in unterschiedliche Richtungen entwickeln würden.[320]

Die ersten Auseinandersetzungen entstanden um die Fragen der Lohnerhöhung und der Schichtdauer. Die allgemeine Einführung eines achtstündigen Arbeitstages, die im Tarifabkommen vom 14. November 1918 festgeschrieben wurde, bedeutete für die Untertagearbeiter keine Verbesserung und, verglichen mit den Arbeitern anderer Industriezweige, sogar eine Verschlechterung ihrer Position.[321] Auch die vereinbarte Lohnregelung stellte sie nicht zufrieden, so daß sie bald versuchten, ,,den Zechenverwaltungen durch wilde Streiks weitergehende Lohn- und Arbeitszugeständnisse abzupressen‘‘.[322]

Einen ersten Höhepunkt erreichten die Auseinandersetzungen in der zweiten Dezemberhälfte.[323] Die Bergarbeiter in Hamborn hatten eine Erhöhung ihrer Löhne sowie eine faktische Verkürzung der Schichtdauer auf 7½ Stunden durchgesetzt. Vorausgegangen waren Arbeitsniederlegungen, Belegschaftsversammlungen sowie gescheiterte Vermittlungsversuche der Verbände, und die Forderungen waren erst akzeptiert worden, als feststand, ,,daß keine Truppen nach Hamborn entsandt werden konnten‘‘, um die Bewegung niederzuhalten.[324] Dieser Erfolg führte zur Ausbreitung der Bewegung auf andere Zechen, wo unter Berufung auf die Hamborner Zugeständnisse ähnliche Forderungen erhoben wurden; die Versuche, diese spontanen Aktionen einzudämmen, schlugen fehl.

Vor diesem Hintergrund trafen am 13. Dezember in Essen die Gewerkschaften und der Zechenverband erneut zusammen. Die anhaltende Unruhe unter den Belegschaften veranlaßte die Unternehmer, einer Lohnerhöhung von 15% zuzustimmen; als Gegenleistung verlangten sie allerdings von den Gewerkschaften eine Garantie ihrer Profite. Diese verpflichteten sich, die ,,erforderliche Preiserhöhung für Kohlen, Koks und Briketts mit den Zechenbesitzern‘‘ beim preußischen Handelsministerium durchsetzen zu helfen.[325]

Die Koalition von Unternehmern und Gewerkschaften veranlaßte die Hamborner Zeche, unter Hinweis auf die Essener Vereinbarung ihre Zusagen zurückzunehmen und die Rückkehr zur vollen Achtstundenschicht zu fordern. Die Belegschaften beschlossen daraufhin, erneut in den Streik zu treten; Vermittlungsversuche scheiterten, und wiederum weitete sich die Bewegung aus, vielfach als Folge von Protestzügen Hamborner Bergleute zu benachbarten Schachtanlagen.[326] Die Bewegung wandte sich nicht nur gegen die Unternehmer, sondern stieß auch bei den Verbänden und zahlreichen Arbeiter- und Soldatenräten auf wachsenden Widerstand. Die Aktionen und Protestzüge der Belegschaften wurden als ‚Werk von Vandalen‘ dargestellt, und die Zeitungen einschließlich der SPD-Presse ergingen sich in Tiraden über die ‚spartakistischen Kriminellen‘, die darauf aus seien, ‚‚Deutschland komplett zu ruinieren und die bolschewistische Anarchie einzuführen‘‘.[327] Es kam zu Zusammenstößen mit Militäreinheiten und auch mit Sicherheitswehren gemäßigter Räte, bei denen es zahlreiche Tote und Verletzte gab, so etwa beim Möller-Schacht in Gladbeck. Hier hatte der Gladbecker Arbeiter- und Soldatenrat auf einen Zug von mehr als 1000 Bergleuten schießen lassen, der von der benachbarten Rheinbaben-Zeche in Bottrop gekommen war.[328]

Die Kluft zwischen den Verbänden und den Bergleuten war inzwischen sehr groß, und sie vertiefte sich noch durch derartige Ereignisse. So forderte das sozialdemokratische Volksblatt in Bochum nach dem Zusammenstoß von Gladbeck, bei dem ein Bergmann erschossen und mehrere verwundet worden waren, streikende Bergleute müßten auch in Zukunft wie bei dieser Gelegenheit empfangen werden: ‚‚Eine leichte Salve auf die Füße, dann kommen sie nicht wieder. Die Bergleute haben sich geschworen, keine Gnade mehr walten zu lassen, wenn wenige Menschen herkommen, dreist und brutal etwas anordnen, was doch nur den Gewerkschaftsorganisationen zusteht.‘‘[329]

Doch die Selbstverständlichkeit, mit der die Organisationen für die Bergleute zu sprechen meinten, war nicht mehr gegeben. Die Bewegungen hielten an, und am 28. Dezember fand in Mülheim eine Konferenz statt, an der neben Regierungsvertretern aus Berlin, den Leitern der beiden großen Gewerkschaften und Zechenvertretern auch eine Delegation der streikenden Hamborner Bergleute teilnahm. Diesen wurden einmalige zusätzliche Geldzahlungen zugesichert, jedoch gebunden an die Voraussetzung, ab 1. Februar 1919 wieder die volle Achtstundenschicht zu verfahren, die Arbeit sofort wieder aufzunehmen und künftig alle zentralen Vereinbarungen zwischen Zechenverband und Gewerkschaften voll einzuhalten.[330]

Die Zugeständnisse wurden als einmalige Entschädigung für den streikbedingten Lohnausfall ausgegeben, um keinen Präzedenzfall zu schaffen. Vielmehr sollte an dem Prinzip zentraler Vereinbarungen festgehalten und eine Übernahme der Forderungen durch andere Belegschaften verhindert werden. Die Hoffnung jedoch, die Zugeständnisse damit auf Hamborn begrenzen zu können, erfüllte sich nicht; andere Belegschaften griffen die Forderungen auf, mehr und mehr von ihnen legten die Arbeit nieder, und am 11. Januar streikten mehr als 60000 Bergleute.[331]

In dieser Situation kam der Arbeiter- und Soldatenrat von Essen, in dem die drei Arbeiterparteien SPD, USPD und KPD paritätisch zusammenarbeiteten, zu der ,,Ansicht, daß nur eine vorwärtsweisende gesellschaftspolitische Initiative helfen könne".[332] Er ließ die beiden zentralen Organisationen der Unternehmer, den Bergbaulichen Verein und das Kohlesyndikat in Essen, besetzen und leitete damit eine Bewegung ein, ,,die auf die Sozialisierung des Ruhrbergbaus abzielte".[333] Am 10. Januar wurde die sogenannte Neuner-Kommision für die Vorbereitung der Sozialisierung im Steinkohlenbergbau gegründet; sie erklärte, mit der Besetzung des Syndikats und des Bergbaulichen Vereines sei ,,der erste Schritt zur Sozialisierung getan". Sie forderte zur Wiederaufnahme der Arbeit auf, da jeder Grund zum Streik entfalle, und sie hatte Erfolg: mit der Parole ,,Rätebewegung ist besser als Streik" wurde die Streikbewegung in kurzer Zeit beendet.[334]

Eine Delegation, bestehend aus Vertretern der Neuner-Kommission, der Gewerkschaften und Industriellen sowie dem Essener Oberbürgermeister wurde nach Berlin entsandt, um mit der Regierung zu verhandeln, doch sie fand ,,in der Hauptstadt eine ungünstige Stimmung vor".[335] Die Neuner-Kommission wurde nicht anerkannt, allerdings wurden, um Zeit zu gewinnen, drei Sozialisierungskommissare berufen.

Über das weitere Vorgehen bestanden keine klaren Vorstellungen. Am 20. Januar trat eine zweite Konferenz zusammen, die beschloß, bis zum 1. Februar die Wahlen für die Räte stattfinden zu lassen; auch im Anschluß an die Wahlen bestand Unklarheit über die nächsten Schritte, doch das kann nicht weiter verwundern.[336] Abgesehen von Teilen der SPD des Ruhrgebiets unterstützte keine der Arbeiterorganisationen die Bergleute;[337] die Regierung lehnte ihre Forderungen ab, und es hatte in den vorhergehenden Jahren auch keine Diskussion um die Sozialisierungsfrage gegeben, auf die zurückgegriffen werden konnte.[338]

Durch Kämpfe in Recklinghausen, bei denen Freikorps-Truppen, verstärkt durch Münsteraner Studenten, 40 Bergleute getötet hatten, eskalierte die Auseinandersetzung. Auf einer Konferenz in Mülheim am 13. Februar, an der nur ein Teil der Delegierten, überwiegend aus dem westlichen Ruhrgebiet, teilnahm, wurde als Reaktion auf diese Kämpfe der Generalstreik ausgerufen. Über diesen Beschluß kam es auf der nächsten planmäßigen Gesamtkonferenz der Arbeiter- und Soldatenräte am 18. Februar in Essen zu erbitterten Kontroversen. Die Vertreter der SPD und der Gewerkschaften verurteilten die Einberufung der Mülheimer Konferenz, die nicht für die Arbeiter sprechen könne; sie sprachen sich gegen einen Generalstreik aus und verließen schließlich nach zum Teil tumultartigen Auseinandersetzungen die Konferenz. Zurück blieben die Vertreter der USPD und der KPD, die den Generalstreik proklamierten. Daraufhin traten die Mehrheitssozialisten auch aus der Neuner-Kommission aus, und die vier Gewerkschaften sprachen sich gemeinsam gegen den Streik aus.[339]

Der Aufruf der verbliebenen Delegierten wurde nicht von allen Bergleuten befolgt; der Streik dauerte vom 18. bis 23. Februar, erreichte eine Beteiligung von 52% der Bergleute und wurde schließlich von Sicherheitswehren der gemäßigten Arbeiter- und Soldatenräte, Truppen und Freikorps niedergekämpft. Die streikenden Bergleute waren schlecht organisiert, und „innerhalb von wenigen Tagen waren die Aufständischen ausmanövriert und besiegt".[340] Sie hatten große Opfer erlitten und schienen endgültig verloren zu haben, doch dies war ein oberflächlicher Eindruck.[341] Die Situation verschärfte sich noch einmal. Die Forderungen der Bergleute waren nicht erfüllt worden, während die materiellen Ursachen, die zu den Streiks geführt hatten, fortbestanden. Die Versorgung mit Lebensmitteln verschlechterte sich, die Preise gingen in die Höhe, die geforderten Arbeitsleistungen konnten kaum erbracht werden, und die Bergleute waren erschöpft. Vor diesem Hintergrund kam die Forderung auf, künftig nur noch sechsstündige Schichten zu verfahren. Am 18. März faßten Hamborner Bergleute einen entsprechenden Beschluß, und an den folgenden Tagen schlossen sich zahlreiche andere Belegschaften ihnen an. Aufgegriffen wurden diese Forderungen von der weiterhin bestehenden Neuner-Kommission, die allerdings nach dem Ausscheiden der SPD-Mitglieder nur noch aus fünf Vertretern der USPD und vier der KPD bestand.[342]

Die Kommission war nach der Niederschlagung des Februarstreiks bestehen geblieben und hatte die Sozialisierungsfrage weiter erörtert, die ihrer Auffassung nach nicht mit einer bloßen Verstaatlichung der Bergwerke gleichgesetzt werden dürfe, sondern auch eine Umgestaltung der Arbeitsverhältnisse selbst zur Folge haben müsse. Die Sozialisierungsgesetze hingegen, die im März von der Nationalversammlung verabschiedet worden waren, unterschieden sich erheblich von derartigen Vorstellungen. Sie sahen die Schaffung eines Reichskohlenrates vor, der Vertreter der Bergbauunternehmen, der Arbeiter und Angestellten, der verbrauchenden Industrien, der Endverbraucher sowie des sogenannten Gesamtinteresses umfassen und lediglich eine beratende Funktion haben sollte. Weder „von der Nationalisierung noch von einer Einschränkung der Macht der Werksbesitzer war jedoch die Rede",[343] und die innerbetrieblichen Verhältnisse hätten sich kaum verändert. Die Behauptung, mit diesen Gesetzen sei der Sozialismus verwirklicht, vermochte die Bergleute nicht zu überzeugen. Diese versuchten vielmehr, in einem letzten großen Streik ihre Vorstellungen durchzusetzen.

Das auslösende Ereignis waren auch hier Ausschreitungen der Polizei, bei denen in Witten und bei Castrop 19 Personen, darunter auch Kinder, getötet und zahlreiche andere verletzt worden waren.[344] Dieses Mal jedoch war ihre Bewegung durch die Neuner-Kommission besser vorbereitet worden als im Februar. Am 30. März fand in Essen eine Konferenz statt, an der 474 Delegierte von 195 Zechen teilnahmen.[345]

Wenige Tage zuvor, am 26. März, hatten sich die Vertreter des Bergbaus und der Gewerkschaften getroffen und eine Verkürzung der Schichtdauer auf 7½ Stunden beschlossen; die Unternehmer waren – wie sie dem Arbeitsminister mitteilten – zu dieser Konzession bereit gewesen, „um Schlimmeres zu verhüten und zu vermeiden, daß der Einfluß der Bergarbeiterverbände, den diese nach eigenen Angaben auch heute noch auf den allergrößten Teil der Bergarbeiterschaft im hiesigen Bezirk zu haben glauben, mehr und mehr schwindet und damit die Grundlage unserer Arbeitsgemeinschaft zusammenbricht".[346] Auch die versuchsweise Einführung von Betriebsräten wurde zugestanden, doch die Unternehmer erklärten, sie würden die Mitverantwortung für die Folgen nicht tragen; zudem werde mit dieser Einrichtung die Arbeitsgemeinschaft grundsätzlich in Frage gestellt.[347] Doch diese Zugeständnisse kamen zu spät, sie fielen zu gering aus, und auch ein bestimmender Einfluß der Gewerkschaften auf die Bergleute, der mit diesen Maßnahmen gerettet werden sollte, existierte nicht mehr.

Auf zahlreichen Zechen hatten die Belegschaften bereits eine 6 bzw. 6½stündige Schichtzeit durchgesetzt, und die Forderung nach einer sechsstündigen Schichtdauer wurde auch von der Delegiertenkonferenz in Essen erhoben. Darüber hinaus verlangte sie eine Lohnerhöhung von 25%, die Regelung der Knappschaftsfragen, die Auflösung der Freikorps, die Entwaffnung der Polizei, die Aufnahme politischer und wirtschaftlicher Beziehungen zur russischen Sowjetregierung sowie die Anerkennung des Rätesystems; sie beschloß, auf der Basis des Rätesystems eine neue Gewerkschaft zu gründen, und rief für den 1. April den Generalstreik aus, der bis zur Erfüllung der Forderungen dauern sollte.[348]

Bereits am ersten Tag befolgten, den Angaben der Unternehmer zufolge, 159000 Bergleute bzw. 37% der gesamten Belegschaft den Streikaufruf, und ihre Zahl stieg am 10. April auf 307000 bzw. 91,05% an. Aufschlüsselungen für die Bergleute unter Tage liegen nicht vor, doch auf Grund der Erfahrungen bei früheren Streiks dürften von diesen weit mehr als 90% gestreikt haben; die Streikleitung selbst gab noch höhere Zahlen an und warf den Unternehmern vor, das Ausmaß der Beteiligung herunterspielen zu wollen. Doch selbst die Zahlen der Unternehmer zeigen, daß es im April zum bis dahin größten Streik im Ruhrgebiet kam, der wiederum von großer Solidarität und Disziplin gekennzeichnet war und der dieses Mal nicht nur gegen Staat und Unternehmer, sondern auch gegen den ausdrücklichen Willen der Organisationen der Arbeiterbewegung durchgeführt wurde.[349]

Diese waren sich darin einig, daß die Streikenden die Kohleproduktion zum Erliegen bringen, die erreichten Fortschritte aufs Spiel setzen, ja, den Bestand der Nation selbst gefährden würden. Die Regierung verhängte den Belagerungszustand über das Ruhrgebiet, über einige Städte sogar den verschärften Belagerungszustand, entsandte Truppen und Freikorps in das Streikgebiet und ernannte Carl Severing zum Reichskommissar für das Ruhrgebiet. Eine Kombination von partiellen Zugeständnissen, harten Unterdrückungsmaßnahmen, Lebensmittelkürzungen und Ausschreitungen der staatlichen Organe führte schließlich zur Niederlage der Bewegung, die lange Zeit hindurch von nahezu allen Bergleuten unterstützt wurde.[350]

Die Sozialisierungsbewegung bildet den Höhepunkt der politischen Geschichte der Ruhrbergleute, und sie ist auch vor allem als ein politisches Ereignis diskutiert worden, dessen Stellenwert allerdings heftig umstritten ist. Die Diskussion war und ist eingebettet in eine Auseinandersetzung um die Bedeutung der Arbeiter- und Soldatenräte sowie der Sozialisierungsbewegung für die weitere Entwicklung der Weimarer Republik, und ihr Schwerpunkt lag auf Fragen der Strategie, Taktik, Realisierungschancen und möglicher alternativer Entwicklungen. Diese Akzentsetzung ist angesichts des späteren Scheiterns der Weimarer Republik und der Machtergreifung Hitlers verständlich, doch sie hat auch dazu geführt, die Fragestellungen zu verengen, die Auseinandersetzung auf eine politologische Ebene einzuengen und sozialgeschichtliche Fragestellungen in den Hintergrund zu drängen. Es scheint, daß die Sozialisierungsbewegung erst durch diese Diskussion eine grundlegende Bedeutung erhalten hat, während das Verhalten der Bergleute und ihre Erfahrungen konturenlos geblieben sind, sich als ein Wust alltäglicher Banalitäten darbieten und sich einem analytischen Zugriff entziehen. Die Bergleute agierten aus dieser Perspektive offensichtlich auf einer Bühne, die ihnen unvertraut war, sie handelten nach einem Drehbuch, das von außen vorgegeben wurde, und sie waren Teil eines Stückes, dessen Handlung ihnen weitgehend verborgen blieb.

Es ist sicherlich zutreffend, daß die Sozialisierungsbewegung Implikationen und Konsequenzen hatte, die von den streikenden Bergleuten und vermutlich nicht einmal von deren Führern gesehen wurden; daß ihre Bewegung in das sozio-ökonomische und machtpolitische System der Weimarer Republik eingeordnet werden muß, um ihren Stellenwert und ihre Erfolgsaussichten beurteilen zu können, und daß hierbei unterschiedliche Modelle und Konzeptionen berücksichtigt werden müssen, daß die Sozialisierungsbewegung also tatsächlich auf einer Bühne stattfand, die den Bergleuten fremdartig und die für sie zu groß war, auf der es Personen, Szenenfolgen und Handlungsstränge gab, die sie nicht überblickten und die sich als stärker erweisen sollten als die Wünsche und Vorstellungen, die sie vertraten. Gleichzeitig waren sie jedoch mehr als Komparsen, deren Selbstverständnis und Erfahrungen ohne größere Bedeutung für den Ablauf und das Verständnis der Ereignisse waren. Die Sozialisierungsbewegung wurde vielmehr entscheidend von ihnen geprägt, und sie baute auf ihren Erfahrungen auf. Die Bergleute brachten sich selbst ein, und sie vertraten Forderungen, deren Bedeutung und Herkunft ihnen nicht immer bewußt gewesen sein mag, die ihnen jedoch so berechtigt erschienen, daß sie für deren Durchsetzung gegen alle Widerstände ankämpften.

Die Voraussetzungen waren, um daran noch einmal zu erinnern, äußerst ungünstig. Weiterhin waren die Bergleute in unterschiedliche Gruppierungen gespalten und gehörten einander befehdenden Organisationen an; sie waren überwiegend Zuwanderer, die nicht in einer Berufsstolz und Orientierung verleihenden Tradition standen. Das Ruhrgebiet lag fernab von den Zentren der traditionellen Arbeiterbewegung, die hier erst spät und nur mit großer Mühe Fuß faßte. Ihre Institutionen waren nur schwach entwickelt, und der Anteil politisch und gewerkschaftlich geschulter Arbeiter war sehr gering. Es hatte keine nennenswerte Diskussion um eine Sozialisierung des Bergbaus gegeben und auch keine Bewegung wie die der Berliner Obleute, die eine derartige Initiative vorbereitet hätte. Während diese jedoch trotz ihrer Bemühungen und Planungen in Berlin scheiterten und nur begrenzte Unterstützung erfuhren, kam es im Ruhrgebiet zu einer Sozialisierungsbewegung, die die nahezu vollständige Unterstützung der Bergleute fand.[351]

Zur Erklärung könnte auf das harte Vorgehen von Polizei, Freikorps und Militär verwiesen werden, auf die daraus folgende Erbitterung der Bergleute, die erlittenen Entbehrungen etc., doch all diese Faktoren ließen sich auch bei anderen Arbeitergruppen anführen, ohne daß bei ihnen eine vergleichbare Bewegung zu verzeichnen war. Wichtiger als diese Faktoren und entscheidend für das Verhalten der Bergleute waren ihre spezifischen Erfahrungen, die Solidarstrukturen im informellen Bereich, die ihnen eingeräumte Selbständigkeit und die daraus erwachsene Unabhängigkeit und Handlungsfähigkeit. Diese gaben den Forderungen der Sozialisierungsbewegung eine unmittelbar umsetzbare Bedeutung; sie sprachen Erfahrungen an, die im Alltag angelegt waren und die im Sozialisierungskonzept eine Umsetzung erfuhren, die wie selbstverständlich an ihren Lebenszusammenhang anknüpfte. Dieses Konzept schien – mochten die Vorstellungen auch noch so verschwommen sein – eine Lösung ihrer Probleme und die Erfüllung ihrer Hoffnungen zu versprechen. Die Sozialisierung war für sie nicht bloße Utopie oder eine abstrakte Konstruktion, sie war auch die Summe ihrer Erfahrungen; sie war nicht nur Projektion, sondern bedeutete auch eine Aufnahme von Elementen und Strukturen, die im Alltag angelegt waren, sie war eine Fortsetzung ihres Alltages.

Diese Entwicklung war nicht zwangsläufig, aber sie war folgerichtig. Sie war nicht zwangsläufig, weil eine andere Haltung der Regierung und Gewerkschaften, ein frühes Eingehen auf ihre Forderungen und eine rechtzeitige Erfüllung ihrer Wünsche die Konfrontation vom April 1919 möglicherweise verhindert hätten. Sie war jedoch folgerichtig insofern, als das Verhalten der Bergleute angesichts der zunehmenden Entfremdung von der Regierung und von ihren Organisationen nicht in einen ziellosen politischen Radikalismus umschlug; sie konnten vielmehr – wie schon häufig zuvor – auf informelle Strukturen zurückgreifen, auf die dort gemachten Erfahrungen aufbauen, dadurch handlungsfähig bleiben und zu einer Sozialisierungsbewegung finden, die das folgerichtige Resultat aus ihrer Entfremdung, ihren Erfahrungen und Gefühlen war.

Dieser Zusammenhang war ihnen wohl nicht bewußt, und ihre Vorstellungen blieben verschwommen. Von der Berechtigung ihrer Forderungen jedoch waren sie offensichtlich fest überzeugt, und sie zeigten eine Haltung, die ein ehemaliger Pfarrer der Bergarbeiter-Gemeinde Wehofen bei Hamborn im Frühjahr 1919 so beschrieb: ,,Bei meinem Weggang aus dem Hamborner Gebiet im Spätsommer 1918 war fast die ganze dortige Gemeinde einheitlich mehrheitssozialistisch (...) Als ich jetzt dort war, war die ganze Arbeiterschaft einheitlich kommunistisch. Auf Grund von Unterhaltungen, die ich persönlich mit den Bergarbeitern hatte, kann ich nur beteuern, daß ich durch den entschlossenen Ernst, der diese Menschen erfüllt, aufs tiefste bewegt worden bin. (...) Es lebt in der Bergarbeiterschaft, wenigstens in dem Bezirk, den ich besucht habe, wirklich etwas von urchristlicher Stimmung. Die Leute fühlen sich an einem Wendepunkt der Geschichte, und sie haben das große Bewußtsein, in einem heiligen Kampf zu stehen. Und dieser Kampf charakterisiert sich in ihrem Gefühl eben so, daß es gelte, das den Menschen völlig mißachtende, über Menschenleben und Menschsein kalt hinwegschreitende, ausbeuterische Unternehmertum ein für allemal zu vernichten.''[352]

VII. Von der Fähigkeit, sich durchzusetzen

Die Darstellung gelangt an ihr Ende. Sie behandelte die Geschichte von Bergleuten und deren Familien während eines Zeitraumes, der durch fortwährende Veränderungen gekennzeichnet war, der hohe Anforderungen an sie stellte und in dem sie eine Vielzahl von Reaktionsweisen und Verhaltensmöglichkeiten entwickelten, um sich diesen Anforderungen stellen und sie bewältigen zu können. Beschrieben wurde der alltägliche Erfahrungsbereich, dessen Kennzeichen Selbständigkeit und Unterdrückung, Auflehnung und Niederlage, individuelle Selbsthilfe und familiale Strukturen, Auseinandersetzungen und Rivalitäten sowie gemeinsames Handeln und gemeinsame Kämpfe waren. Diese Faktoren fügen sich zu einem Bild und einer Geschichte zusammen, die sich in der Bewertung einzelner Elemente, mehr aber noch in der Gesamtargumentation, von bisherigen historischen Arbeiten wie auch von den zeitgenössischen Beurteilungen unterscheiden.

Die unterschiedlichen Bewertungen des Schlafgängerwesens, der Bedeutung staatlicher Intervention und anderer Aspekte dürften in den jeweiligen Abschnitten hinreichend deutlich geworden sein, ohne daß sich sagen ließe, die Diskussion sei in jedem einzelnen Falle zu einem definitiven Abschluß gekommen. Viele Punkte wurden sicherlich zu kurz behandelt, andere gar nicht, und die weitere Auseinandersetzung wird die vorgetragene Argumentation nicht ungeschoren lassen. Die Unterscheidung eines formellen bzw. öffentlichen Sektors von einem informellen bzw. privaten ist fraglos noch nicht präzise genug gefaßt, wenngleich sich gezeigt haben dürfte, daß dieses Begriffspaar eine wesentliche analytische Hilfe bei der Untersuchung der Geschichte der Ruhrbergleute in diesem Zeitraum bildet.[1] Weiterhin bestehen also Probleme der Überlieferung, der Interpretation und der Methodik, die jedoch an dieser Stelle nicht mehr behandelt werden sollen. Abschließend soll vielmehr nur ein Punkt aufgenommen werden, der sich angesichts der manifest gewordenen Unterschiede zwischen den verschiedenen Auffassungen geradezu aufdrängt, nämlich die Frage, welche der Versionen richtig ist – eine Frage, auf die sich keine einfache Antwort geben läßt.

Das wird deutlicher, wenn sie zu der Frage umformuliert wird, welche der beiden Darstellungen der Realität entsprochen hat? Die Existenz und Bedeutung der halboffenen Familie war real, ebenso die Erfahrungen von Selbständigkeit und Unabhängigkeit in den Arbeitsbeziehungen, von gegenseitiger Hilfe und Selbstbehauptungsmöglichkeiten. Real waren aber auch die Unternehmerverbände, das Parlament, das Kohlesyndikat und die Gewerkschaften mit ihrer ebenfalls großen Bedeutung, d. h. es existierten zwei Bereiche, ein formeller und ein informeller. Sie existierten weitgehend unabhängig voneinander, hatten ihre eigenen Strukturen und Gesetzmäßigkeiten und erforderten bzw. führten zu jeweils spezifischen Verhaltensweisen. Sie waren jedoch nicht strikt voneinander getrennt, sondern griffen vielfach ineinander, bauten aufeinander auf, und erst beide zusammen können die Geschichte der Ruhrbergleute, ihrer Organisationsversuche und ihrer Kämpfe erklären; ja, selbst für die Erklärung der industriellen und technischen Entwicklung der Unternehmen sind beide erforderlich. Die vermeintlich glatte Fassade unternehmerischen Erfolges und unternehmerischer Macht beruhte auf einer Organisation des Untertagebetriebes, bei der die Verteilung von Aufgaben und Verantwortung vertrauten Vorstellungen über kapitalistische Betriebsführung und Herrschaft – zumal für den Ruhrbergbau – zuwiderlief.

Gerade dieses Beispiel macht deutlich, daß der Hinweis auf informelle Solidarstrukturen nicht Ausdruck einer romantisierenden Sozialgeschichte ist und auch nicht der Versuch, eine soziale Protestbewegung ideologisch zu verklären; ebensowenig hat die vorgetragene Argumentation sich von dem Wunsch leiten lassen, in nostalgischer Schwärmerei über die vermeintlich harten politischen Realitäten hinwegzusehen – ein Vorwurf, der implizit vielfach gegen neuere sozialgeschichtliche Untersuchungen erhoben wird. Einige vermeintlich harte Fakten der Realpolitik erweisen sich vielmehr bei einer genaueren Analyse als überaus brüchig und als wenig real, zusammengehalten in erster Linie von dem Kitt einer gemeinsamen Überzeugung: die Kontrolle und die Betriebshierarchie im Bergbau waren weniger stark ausgeprägt als allgemein angenommen wird, wohingegen die Autonomie und Eigenverantwortlichkeit der Bergleute, auf die ein Rätesystem hätte aufbauen können, zwar nicht bemerkt wurden, aber deshalb nicht weniger existierten. Die Grundlagen der Realpolitik bzw. die politischen Realitäten wurden – so läßt dieses Beispiel vermuten – teilweise erst durch einen Akt gemeinsamer Überzeugung geschaffen, und sie sind als Produkt machtpolitischer Durchsetzungsfähigkeit anzusehen. Ein Sieg der Sozialisierungsbewegung hätte die informellen Strukturen zumindest teilweise machtpolitisch sanktioniert, hätte sie institutionalisiert und hätte sie dadurch als eine auch öffentlich wahrgenommene Realität etabliert.

Dazu ist es jedoch nicht gekommen. Die Niederlage der Sozialisierungsbewegung trug vielmehr dazu bei, die Aufmerksamkeit von Historikern und Zeitgenossen auch weiterhin auf den öffentlichen Bereich zu lenken, während der informelle unbeachtet blieb. Diese einseitige Konzentrierung des Interesses wiederum hat nicht nur unsere Auffassung von der historischen Realität geprägt, sondern auch die historische Realität selbst, sie hat nicht nur das Bild von der Realität beeinflußt, sie hat auch die historische Realität selbst geformt.

Schon für Zeitgenossen waren in erster Linie die Organisierung der Arbeiter, die Möglichkeiten gewerkschaftlicher und politischer Interessenvertretung, öffentliche Institutionen, Einflußnahme auf Entscheidungsinstanzen etc. wichtig. Diesen Faktoren kam zweifellos eine große Bedeutung zu, doch es fragt sich, wie sinnvoll es war, sich nahezu ausschließlich auf den öffentlichen Bereich zu konzentrieren, bedeutete dies doch, daß sich Handlungen, Verhaltensweisen und Strategien ebenfalls ausschließlich an ihm orientierten und informelle Strukturen demgegenüber gar nicht oder nur verzerrt wahrgenommen wurden und schließlich auch nur in verzerrter Form zu existieren schienen. Anders ausgedrückt: Da nur dem öffentlichen Bereich eigenständiges Gewicht zugesprochen wurde und man ausschließlich von dessen Bedeutung überzeugt war, wurde er durch eine Art ,self-fulfilling-prophecy' zur allein wichtigen, allein wahrgenommenen und schließlich zur alleinigen Realität überhaupt.

Soweit sich feststellen läßt, gibt es, von punktuellen Bemerkungen abgesehen, keine zeitgenössischen Ausführungen, die auf eine andere Betrachtungsweise hindeuten; das gilt auch für die Bergleute selbst. Die vereinzelt vorliegenden Autobiographien enthalten keine Hinweise, die der hier entwickelten Argumentation entsprechen würden, und diese finden sich auch nicht in den Interviews mit älteren Bergleuten. Aus deren Aussagen läßt sich die obige Geschichte nicht unmittelbar ableiten, wenngleich es zahlreiche Hinweise gibt, die eine andere Sichtweise ermöglichen. Die strukturellen Zusammenhänge, die hier herausgearbeitet wurden, nahmen sie nicht bewußt als Merkmale ihres Erfahrungsbereichs wahr, und sie gehören auch nicht zu ihrer Überlieferung. Die Bemühung, die Arbeitskämpfe der Bergleute zu verstehen und ihre Alltagserfahrungen zu erschließen, führt somit zu einer Rekonstruktion historischer Abläufe, die den Bergleuten in der hier präsentierten Form nicht bewußt waren.

Die Frage, welche Geschichte nun wahr sei und welche der Realität entsprochen habe, läßt sich also nicht mit einer einfachen Entscheidung für oder gegen eine der beiden Überlieferungen beantworten. Es gab offensichtlich unterschiedliche Realitäten, von denen allerdings die eine in erster Linie als ein Ergebnis gemeinsamer Überzeugungen anzusehen ist; gleichwohl wurde gerade sie nahezu ausschließlich wahrgenommen und damit zur allein bewußten Realität. Unabhängig von ihrer Wahrnehmung waren jedoch beide Realitäten wichtig, und die Bergleute selbst lebten in beiden. Sie organisierten sich und hielten gleichzeitig an spontanen Handlungsmöglichkeiten fest, sie bemühten sich, Formen öffentlicher Interessenvertretung aufzubauen und waren gleichzeitig auf familiale und informelle Strukturen und Beziehungen angewiesen. Sie lebten in einem Spannungsfeld, das jedoch von ihnen selbst nicht erkannt und ihnen auch von anderen nicht bewußt gemacht wurde.

Die angebotenen Erklärungsmuster verzerrten ihre Alltagserfahrungen, und sie diffamierten sie. Danach schienen unter ihnen Ehebruch, Prostitution sowie Mord- und Totschlag an der Tagesordnung gewesen zu sein. Ansätze, ihre Lebensbedingungen nüchterner zu fassen, gab es nur vereinzelt, doch selbst die Ansätze punktueller Sachlichkeit änderten wenig an der

Auffassung, daß hier Zustände herrschten, die vor aller Sittlichkeit und Kultur lagen.

Viele dieser Charakterisierungen stammten von bürgerlichen Reformern; doch sie wurden teilweise auch von Vertretern der Arbeiterbewegung übernommen, die sich über mangelnde Disziplin, fehlende Schulung, mangelhaftes Bewußtsein etc. beklagten; doch ihre Klagen reichten weiter, und sie konnten, wie am Beispiel der Herner Ereignisse gezeigt, den gesamten Lebensbereich meinen.

Sowohl die bürgerlichen Reformer wie auch die Vertreter der Organisationen glaubten, im Sinne der Arbeiter zu handeln. Die bürgerliche Öffentlichkeit sollte aufgerüttelt und die Lebensbedingungen der Bergleute sollten verbessert werden. Die Organisationen wollten darüber hinaus nachweisen, daß ein Großteil der Mißstände sich beheben lasse, sofern es ihnen nur ermöglicht werde, die Arbeiter zu organisieren, sie auszubilden und sie zu erziehen. Diese Argumentation war zweifellos in bester Absicht entwickelt worden, doch sie trug dazu bei, die Bergleute unter einer einseitigen Perspektive darzustellen. Es kann nicht überraschen, daß die nahezu als unmündige Kinder charakterisierten Arbeiter es nicht vermochten, aus sich heraus ein anderes Bewußtsein von ihren Lebensbedingungen, ihres Verhaltens und damit schließlich von sich selbst zu entwickeln, was wiederum dazu beitrug, bestehende Vorurteile zu verfestigen.

Die Bergleute haben somit in mehrfacher Hinsicht verloren. Machtpolitisch konnten sie sich nicht durchsetzen, und ihre Ansätze eigenständigen Handelns wurden in der Folgezeit mehr und mehr beschnitten; sie sind schließlich ganz in Vergessenheit geraten, und damit wurde ihnen auch ein Teil ihrer Geschichte genommen, genauer gesagt, sie hatten keine Möglichkeit, sich unabhängig und eigenständig ihrer Geschichte bewußt zu werden.

Dieser Befund erklärt im Nachhinein die Schwierigkeiten im Umgang mit den Erinnerungen älterer Bergleute, die am Beginn dieser Arbeit standen: die Enttäuschung darüber, daß sich aus ihnen keine unmittelbar greifbaren Erklärungen gewinnen ließen, das Fehlen von erkennbaren Zusammenhängen, die anfängliche Sprachlosigkeit in Fragen ihres Alltages, das Repetieren politischer Klischees etc. Zum einen lassen sich diese Schwierigkeiten aus dem Tatbestand erklären, daß viele der Faktoren und Zusammenhänge, die im Verlauf der Untersuchung erarbeitet wurden, sich unmittelbarer Erfahrung entzogen. Wenn jedoch etwas davon wahrgenommen wurde, dann geschah das zumeist vor dem Hintergrund eines Interpretationsrahmens, dessen Einseitigkeit hier zu zeigen versucht wurde. Die Erinnerungen waren durchzogen von Elementen der öffentlichen Überlieferung und Deutung, die immer dann besonders deutlich wurden, wenn die Befragten ihrerseits Zusammenhänge herstellten und Erklärungen entwickelten. Gleichzeitig blieb ihre Erinnerung jedoch sperrig und bewahrte eine Eigenständigkeit, die ohne Kenntnis des Zusammenhanges anfangs nur in der Form von Hinweisen auf eine andere Überlieferung wahrgenommen wurde: ihre Erinnerung spiegelt das Spannungsverhältnis zwischen formellem und informellem Bereich wider, von dem bereits mehrfach die Rede war.

Damit ist die Aufgabe gestellt, ihre Geschichte, besser: die von ihnen erinnerte Geschichte als eigenständigen Untersuchungsgegenstand zu thematisieren, nicht um zu fragen, was daran richtig oder falsch sei, sondern um zu ermitteln, wie sie diese erfahren, erinnert und verarbeitet haben. Diese Überlegung jedoch findet sich nicht nur in den abschließenden Abschnitten dieser Darstellung, sie ergab sich auch erst am Schluß dieser Arbeit. Sie setzt die Arbeitsschritte voraus, die hier entwickelt wurden, den Kenntnisstand, der erst erarbeitet werden mußte, das Wissen um unterschiedliche Bereiche und um unterschiedliche Realitäten. Es wäre erforderlich, all die Befragungen noch einmal durchzuführen und sich noch mehr auf die Erinnerungen einzulassen. Dabei dürfte deutlicher werden als hier entwickelt werden konnte, wie sehr Erinnerung und Geschichte als Ergebnisse von Wahrnehmung, Überlieferung, Deutung und schließlich auch Durchsetzungsfähigkeit anzusehen sind.

Gleichzeitig wird ein derartiges Vorgehen die Möglichkeit bieten, mehr als es hier möglich war, individuelle Biographien zu berücksichtigen. Die vorgetragene Argumentation versuchte, die Erfahrungen einzelner Bergleute zu rekonstruieren, doch es gelang nur punktuell, sie als Individuen lebendig werden zu lassen. Entwickelt wurde vielmehr eine kollektive Biographie, und es fragt sich, ob nicht die Lebensgeschichten einzelner Arbeiter und deren Familien einer jeweils anderen Logik folgten. Anders ausgedrückt: Hat H. Marchwitza seine Schuhe mit Lackkappen bekommen, von denen er träumte? Konnte er seinen eigenen Anzug kaufen? Waren nicht diese und andere Wünsche und Pläne die eigentlich wichtigen Bestandteile seines Lebens, denen er nachstrebte, die ihn antrieben und die sein Verhalten bestimmten, wichtiger als die Zusammenhänge, die hier entwickelt wurden?

Fraglos hatten individuelle Biographien ihren eigenen Verlauf, der sich nur selten mit dem hier beschriebenen Ablauf deckte, und fraglos ist das Verhältnis von individueller zu kollektiver Biographie für die Verarbeitung und Erinnerung von Erfahrungen wichtig. Gleichwohl kann daran festgehalten werden, daß es auch eine kollektive Biographie gab, in der sich die wesentlichen gemeinsamen Erfahrungen, die Lebens- und Arbeitsbedingungen verdichteten und die ein Raster zur Verfügung stellt, das nicht nur eine nachträgliche Analyse ermöglicht, sondern auch den Bergleuten immer wieder Orientierung und Fixpunkte bot.

Es gab allerdings auch Lebensläufe, denen gegenüber die vorgetragene Argumentation in der Tat wie ein Konstrukt anmutet. Viele der Bergleute, die 1889 lebten, d. h. zu dem Zeitpunkt an dem die Untersuchung einsetzt, waren 1919, zu dem Zeitpunkt also, auf den die Argumentation dieser Arbeit zustrebt, bereits verstorben; andere waren ausgelaugt oder erkrankt; viele waren verletzt worden, hatten eventuell bei einem der zahlreichen Unfälle einen Arm oder ein Bein verloren und ihren Beruf aufgeben müssen.

Diese und andere Faktoren können dazu geführt haben, daß sich ihre Lebensbedingungen zunehmend verschlechterten, daß sie sich gebrechlich und allein gelassen fühlten. Ihr Lebenslauf zeigte keine Aufwärtsentwicklung und sie haben keinen persönlichen Höhepunkt erreicht. Die optimistische Dynamik, in der die Geschichte der Bergleute hier erscheint, hatte für sie keine oder aber nur eine geringe Bedeutung. Die beschriebenen Handlungsmöglichkeiten und die Selbständigkeit bestanden für sie nur kurze Zeit, und sie wurden ihnen durch vielfache Rückschläge genommen: sie lebten zum Teil in bitterster Armut, aus der es keinen Ausweg gab. Ihre persönlichen Hoffnungen hatten sie schon früh aufgeben müssen – lange bevor die kollektiven Hoffnungen der Ruhrbergleute im Frühjahr 1919 zunichte gemacht worden sind.

20. Der Bergmann Anton Mührer mit seiner Frau im Jahre 1920, gezeichnet von jahrelanger harter Arbeit unter Tage. Kurze Zeit später verstarb er an den Folgen einer Staublunge.

Anhang

Zur Historiographie des Ruhrbergbaus

Eine Arbeit wie die vorliegende ist nicht nur eine Auseinandersetzung mit dem vorgegebenen Thema und den vorhandenen Quellen, sie wird stets auch in Auseinandersetzung mit der Historiographie verfaßt, die gerade im Fall der Ruhrbergleute eine lange Tradition aufweist. Hier hatten sich schon früh Erklärungsmuster herausgebildet, die vielfach bereits in die Quellen eingingen, die die zeitgenössische Diskussion prägten – und in der Folgezeit auch die Vorstellungen und Argumentationen der Historiker, denen es kaum gelang, diese vorgegebenen Bahnen zu verlassen.

Die zeitgenössischen Interpretationsmuster sind in der Einleitung sowie im Verlauf der Arbeit mehrfach dargestellt worden. Sie betonen die Bedeutung ständischer Traditionen und deren Verdrängung durch einen privat kapitalistisch betriebenen Bergbau, die Entwicklung der Bergleute vom Stand zur Klasse und den mühsamen Prozeß der Identitätsfindung, die Herausbildung neuer, angemessener Orientierungen und Organisationsformen sowie die Auseinandersetzungen mit Unternehmern und Staat.

Diese Thesen ergaben einen Interpretationsrahmen, der für den größten Teil des 19. Jahrhunderts wichtige Erkenntnisse und Einsichten ermöglicht. Mit der massiven Zuwanderung, dem explosiven Wachstum und den vielfältigen Veränderungen, die ab den 1880er Jahren zunehmend das Bild bestimmten, wurde dieser Rahmen jedoch gesprengt, und er verlor an Erklärungswert. Gleichwohl wurde an ihm festgehalten; es wurde nicht gesehen, daß die neuen Entwicklungen eine eigene Qualität besaßen und eines qualitativ anderen Erklärungsansatzes bedurften. Die vielfältigen Veränderungen wurden vielmehr in erster Linie als störende Faktoren gesehen; es bildete sich der Argumentationsstrang heraus, der die Lebensverhältnisse der Bergleute als destabilisierend ansah und die damit verbundenen Verhaltensweisen als Hemmnisse der postulierten Entwicklung beurteilte.

Die Zahl der zeitgenössischen Veröffentlichungen ist kaum zu überschauen, wobei Qualität und Quantität nicht unbedingt gleichzusetzen sind. Zwei Arbeiten jedoch ragen heraus: die Untersuchungen von O. Hue und H. Imbusch, den führenden Vertretern der sozialdemokratischen bzw. christlichen Gewerkschaft. Bis heute haben ihre Argumente kaum an Bedeutung und Überzeugungskraft verloren und bis heute beeinflussen sie die historische Diskussion, die von dem mehrfach beschriebenen sozialgeschichtlichen Konsens ausgehend in erster Linie die Berechtigung der unterschiedlichen politischen Standpunkte erörtert hat.[1]

Vor dem Ersten Weltkrieg und noch während des Krieges selbst fanden die Bergleute häufig die Unterstützung der Zeitgenossen, während der harte und kompromißlose Standpunkt der Unternehmer diese in einem für das Kaiserreich erstaunlichen Maße isolierte. Anläßlich des Streiks von 1905 z. B. gingen zahlreiche Spenden ein, darunter 2000 Mark vom Kardinalerzbischof zu Köln. Wurden dagegen, wie beim Ausstand von 1912, die Arbeitskämpfe als Machenschaften des sozialdemokratischen Alten Verbandes angesehen, so schlug die zuvor gezeigte Sympathie in ihr Gegenteil um. Während des Krieges wiederum wurden Forderungen der Bergarbeiterorganisationen von den Behörden zum Teil unterstützt, da diese an „einer Zusammenarbeit und Harmonie zwischen den Kontrahenten" interessiert waren, und „Lohnerhöhungen erfolgten häufig erst nach Einschaltung des stellvertretenden Generalkommandos in Münster".[2]

Die Revolution von 1918/19, die Sozialisierungsbewegung, die Kämpfe der Roten Ruhrarmee und die weiteren Auseinandersetzungen in der Weimarer Republik ließen weite Teile der Bergarbeiterschaft als radikal und von Kommunisten gelenkt erscheinen. Die Unternehmer sahen im nachhinein ihre Position als gerechtfertigt an, und sie konnten auf größere Unterstützung und Sympathie rechnen. Die langersehnte Würdigung ihrer Standpunkte und die nahezu uneingeschränkte Durchsetzung ihres ‚Herr-im-Hause'-Standpunktes erreichten sie jedoch erst unter dem Faschismus, als die Gewerkschaften zerschlagen wurden.[3]

Einen grundlegenden Wandel der historischen Beurteilung brachte erst die Niederlage des Faschismus. Die Gewerkschaften wurden von den Unternehmern sowie vom Staat akzeptiert, sie konnten eine zentrale Rolle im Bergbau erringen und wurden als wichtiger Bestandteil der demokratischen Tradition in der deutschen Geschichte angesehen. Die Legitimität von Arbeitskämpfen und gewerkschaftlichen Zusammenschlüssen wurde nicht länger in Frage gestellt, wenn auch die Berechtigung einzelner Streiks strittig blieb. Da die Gewerkschaften zudem vor dem Ersten Weltkrieg und auch während der Weimarer Republik überwiegend defensiv und abwartend agiert hatten, wurden sie gewissermaßen noch nachträglich gegen die Aktionen der Bergleute selbst in Schutz genommen, die weiterhin als undiszipliniert sowie entwurzelt beschrieben und – im Gegensatz zu den Gewerkschaften – nicht oder nur mit Einschränkungen als Bestandteil des demokratischen Selbstverständnisses der jungen Republik angesehen wurden.[4]

Eine andere Bewertung ergab sich Mitte der fünfziger Jahre in der Diskussion um das Rätesystem und die Sozialisierungsbewegung vom Frühjahr 1919. P. v. Oertzen sieht hierin ein großes demokratisches Potential und Anstöße zu einer alternativen Entwicklung der Weimarer Republik, die jedoch nicht genutzt worden seien. Die Bewegung der Ruhrbergleute, die gegen den Willen der SPD und der Gewerkschaften zustande kam, führt er auf „organisatorisch und ideologisch ungeformte Triebkräfte" zurück, die auch die breite Unterstützung dieser Massenbewegung erklärten. Die Trieb-

kräfte sieht er aus den Lebens- und Arbeitsbedingungen der Bergleute er-
wachsen, zu deren Charakterisierung er auf die bereits skizzierten Argu-
mentationsstränge zurückgreift: Entwurzelung durch Zuwanderung und
hohe Mobilität, schlechte materielle Lage und zusätzlicher Druck durch die
harte Behandlung sowie eine besonders rigide Betriebshierarchie. Hieraus
ergibt sich bei ihm allerdings die These von der Möglichkeit eines ,,dritten
Weges" als Alternative für die weitere Entwicklung der Weimarer Republik.[5]

Da auch v. Oertzen jedoch über die allgemein akzeptierte Charakterisierung der sozialen Lage hinaus keine weitergehenden Faktoren zur Erklärung
der Sozialisierungsbewegung anführt, ist es ihm nicht möglich, diese auf
spezifische Erfahrungen der Bergleute zurückzuführen oder sie daraus
abzuleiten. Insofern ist seine Argumentation in erster Linie ein politologi-
scher Beitrag zur Wünsch- bzw. Realisierbarkeit rätedemokratischer Vorstellungen, der den sozialgeschichtlichen Befund gewissermaßen im Vorfeld
zurückläßt. Seine These läßt sich jedenfalls daraus nicht ableiten, worauf vor
kurzem auch W. J. Mommsen hinwies, der konsequenterweise zu dem
Schluß kommt, dieser sozialgeschichtliche Befund berechtige allenfalls dazu,
in der Sozialisierungsbewegung einen Ausdruck spontanen sozialen Prote-
stes zu sehen, dem ein weiterführendes demokratisches Potential fehle.[6]

Ein noch düstereres Bild von Unterdrückung und Ausbeutung zeichnen
die Vertreter der These von der ,anderen' Arbeiterbewegung, für die die
unorganisierten, spontanen Aktionsformen der Ruhrbergleute eine große
Attraktivität besitzen. Sie schildern die Lage der Bergleute in besonders
dunklen Farben, um sie anschließend wie einen Phönix aus der Asche tiefster
Not in die helle Sphäre revolutionären Bewußtseins aufsteigen zu lassen.

In Frontstellung zur ,,professionellen Arbeiterbewegung" stilisieren sie
den ,,Massenarbeiter" zum revolutionären Subjekt und sehen in den Ruhr-
bergarbeitern dessen ausgeprägtesten Vertreter. Deren Kampf sei ,,nie be-
grenzbar auf konkrete, einzelne Ziele" gewesen und habe sich nicht ,,gegen
diesen oder jenen Mißstand, sondern gegen ihr gesamtes Proletarierschick-
sal" gerichtet, an das sie nichts gekettet habe ,,außer der Macht der herrschenden Klasse". Ausschließlich der ökonomische Zwang habe sie in die
Grube getrieben, und in ihrer Arbeit habe es nichts gegeben, ,,was einen
Identifikationsprozeß zuließe". Ihre Mobilität und Spontaneität sowie gele-
gentliche gewaltsame Aktionen werden als alternative, einem revolutionären
Subjekt adäquate Verhaltensweisen ausgewiesen, das weder durch Sozialpolitik noch durch betriebliche Maßnahmen in das bestehende System eingebunden werden konnte. Vielmehr habe es die Mystifikation des Kapitalver-
hältnisses durch seine sinnlich erfahrene Verelendung durchbrechen können: das ,,Lumpenproletariat" als Held der Geschichte.[7]

Ganz so proletarisch-klassenbewußt waren die Bergleute allerdings nicht,
wie etwa der große Einfluß des Zentrums und die Niederlage beim Streik
von 1912 zeigen, der an der weitgehend konfessionell bedingten Spaltung

der Bergleute scheiterte. Vor allem aber wird trotz der beschwörenden Formulierungen nicht deutlich, wie eine derart geknechtete und als Objekt von Unterdrückungsmechanismen beschriebene Arbeiterschaft zum selbstbewußten Träger revolutionärer Veränderungen werden konnte. Der Verweis auf unerträglichen Leidensdruck dürfte nicht greifen, wie zahlreiche historische Arbeiten gezeigt haben, die hervorheben, wie wichtig Erfahrungen von Selbständigkeit und Handlungsfähigkeit für Arbeitskämpfe und Organisationsversuche waren.[8] Auch E. Brockhaus muß z. B. feststellen, daß es bei den Arbeitern der Stahl- und Eisenindustrie, den wichtigsten Vertretern des Typus Massenarbeiter, vor dem Kriege nicht „zu spektakulären Massenstreiks" gekommen ist; die einzige Aktion, von der er berichten kann, wurde von der „relativ qualifizierten Berufsgruppe der Maschinisten" getragen.[9]

Es wird deutlich, daß auch die Diskussion der letzten Jahre sich vor allem mit den unterschiedlichen politischen und organisatorischen Konsequenzen befaßte, die aus weithin ähnlich beurteilten Lebens- und Arbeitsbedingungen zu ziehen seien.[10] Die Lebens- und Arbeitsbedingungen selbst wurden nur in vereinzelten Studien ausführlicher untersucht, wobei Fragen der Betriebsverfassung und Sozialpolitik im Mittelpunkt standen, ohne daß die Untersuchungen jedoch den Rahmen der hier referierten Auseinandersetzungen aufbrachen.[11] In den letzten Jahren sind nun zwei Studien erschienen, die beide einen ausgesprochenen sozialgeschichtlichen Schwerpunkt haben und sich als Versuche verstehen, neue methodologische Ansätze zu erproben: die Arbeiten von E. Lucas und K. Tenfelde.

E. Lucas vergleicht in seiner sehr anregenden Untersuchung von Hamborn und Remscheid „zwei Formen von Radikalismus in der deutschen Arbeiterbewegung".[12] Er versucht zu erklären, weshalb Remscheid das Zentrum eines Radikalismus war, „der sich über Partei und Gewerkschaft artikuliert und fest durch sie organisiert ist", während die Hamborner Bergleute „abseits der Partei- und Gewerkschaftsorganisationen eine revolteartige Massenbewegung mit ökonomischen Zielen" entfalteten.[13] Um zu den Ursachen und Bedingungen vorzudringen, analysiert er die sozioökonomische und soziokulturelle Situation der beiden Städte und versucht, die von Negt und Kluge eingeführte Kategorie des proletarischen Lebenszusammenhanges historisch-empirisch zu füllen. Er untersucht Häuser und Wohnungen, Arbeiterhaushalte und die Situation der Frauen, Kinder und Jugendliche, Sexualität, Armenwesen und Kriminalität, Freizeit sowie Volkskultur und breitet eine Fülle von Material aus. Er zeigt, wie sich die Arbeiter in Hamborn mit ihren Vereinen ein eigenes Kommunikationsnetz schufen, wie sie versuchten, mit den vorgefundenen Verhältnissen fertig zu werden, und er vermutet, daß ihnen dabei vorpolitische Formen von Solidarität geholfen hätten, d. h. er beschreibt Ansätze eigenständigen Handelns im Alltag.[14]

Andererseits jedoch spricht er von einem unsagbar monoton-grauen Stadtbild, beschreibt im Zusammenhang mit der Sexualität „ein abscheuliches Bild allseitiger Restriktion"[15] und führt „die straff bis brutal hierarchisch-autoritäre Betriebsstruktur im Bergbau"[16] an. Diese und ähnliche Charakterisierungen überwiegen, und die Aktionen der Hamborner Bergleute führt er vor allem auf „ein starkes Gefühl für die Unerträglichkeit ihrer Lebensbedingungen"[17] zurück. Er spricht sich jedoch entschieden dagegen aus, deshalb die Hamborner Bewegung – wie etwa W. J. Mommsen – als „soziale Revolte" oder als „elementare Rebellion" einzustufen. Lucas betont vielmehr, ihre autonomen Aktionen seien eine wichtige Möglichkeit zur Erringung politischer Macht gewesen, und er sieht eine der Ursachen für das Scheitern der deutschen Revolution von 1918/19 darin, daß es nicht genügend Gruppen mit ähnlichen Verhaltensweisen und Aktionen gegeben habe.[18]

Diese Überlegungen leiten sich aus seinem Anliegen her, neben einem Beitrag zur Sozialgeschichte des 19. und 20. Jahrhunderts auch einen Beitrag zur Kritik der Revolution sowie zur aktuellen Strategiedebatte zu leisten, wobei allerdings auch er der Gefahr nicht ganz entgangen ist, die strategischen Überlegungen auf Kosten des sozialgeschichtlichen Ansatzes in den Vordergrund zu rücken: So fällt etwa auf, daß er den Arbeitsbereich selbst nahezu gar nicht thematisiert, was zwangsläufig seine Bewertung der Sozialisierungsbewegung beeinflußt. Er interpretiert sie nicht vor dem Hintergrund der besonderen Arbeitserfahrungen der Bergleute, sondern sieht in ihr ein Ablenkungsmanöver, das von außen in die Bewegung hineingetragen worden sei, um deren politische Stoßrichtung zu schwächen. Das mag zwar zutreffen, doch eine solche Erklärung bleibt unbefriedigend, denn sie vermag nicht zu begründen, weshalb 400000 Bergleute sich für diese Forderungen einsetzten, weshalb sie gegen alle Widerstände dafür kämpften und welche Gründe sie hatten, daran zu glauben – mag es auch strategisch noch so falsch gewesen sein.[19]

K. Tenfelde hat in den letzten Jahren eine große Zahl von weithin beachteten Arbeiten veröffentlicht, die ihn in den Rang eines „Experten für alle Aspekte des Ruhrbergbaus und seiner Arbeiter"[20] erhoben haben. Neben seiner Monographie zur „Sozialgeschichte der Bergarbeiterschaft an der Ruhr im 19. Jahrhundert" hat er mehrere Aufsätze zum selben Themenbereich veröffentlicht, die große Beachtung und nahezu einhellige Zustimmung gefunden haben; durch den Umfang der behandelten Themen, den methodischen Zugriff wie auch die vorgetragene Argumentation zählen seine Arbeiten zu den wichtigsten Beiträgen zur neueren deutschen Sozialgeschichte. Sein Interesse ist auf die „Gesamtheit bergmännischer Existenz, auf ihre Bedingungen und Erscheinungen gerichtet",[21] ein Anspruch, den er mit einer enormen Materialfülle einzulösen versucht, deren Umfang und Präsentationsweise allerdings gelegentlich seine Ergebnisse einer Diskussion zu entziehen drohen.

Er beschreibt den „Weg der Bergarbeiterschaft aus ständisch-halbbäuerlichen Lebens- und Verhaltensformen (...) über die ‚Entfesselung' der bergbaulichen Sozialverfassung seit der Jahrhundertmitte hin zur Reorientierung der Verhaltensmuster, zur selbständigen Interessenartikulation und stabilen Organisation".[22] Den Streik von 1889 und die sich daran anschließende Gründung einer Gewerkschaft sieht er als vorläufiges Ende eines kollektiven Lernprozesses an, der von ,,überwiegend traditionalen Verhaltensorientierungen und Formen des Konfliktaustragens zu modernen Artikulations- und Aktionsformen" führte.[23] Zur Erklärung dieses Prozesses weist Tenfelde auf die ,,umwälzenden Modernisierungseinflüsse als Folgeerscheinungen der bergbaulichen Industrialisierung" hin;[24] als zentrale Faktoren erscheinen dabei ,,der Neubau der Gesellschaftsorganisation auf dem Fundament kapitalistischer Ökonomik", die allgemeine ,,Erfahrung der betrieblichen und gesellschaftlichen Herrschaft und Unterdrückung"[25] sowie die Erfahrung des Statusverlustes und der Proletarisierung, so daß am Ende des Lernprozesses ,,eine wie immer unzulängliche Klarheit über die Lage der Industriearbeiterschaft, über den Charakter des herrschenden Systems und dessen gesellschaftsformende Klassendichotomie, schließlich über effiziente Strategien der Interessendurchsetzung und Selbstbehauptung stehen mußte".[26]

Tenfelde befaßt sich ausführlich mit den sozialen Bedingungen dieses Prozesses und untersucht u. a. Herkunft der Belegschaften und geographische Mobilität, den rechtlichen Rahmen der Arbeitsverhältnisse sowie Haushalt, Familie und kommunale Umwelt; es fällt jedoch auf, daß auch er die Arbeitsbedingungen und -erfahrungen eher kursorisch abhandelt.[27] Besondere Aufmerksamkeit widmet er der Herausbildung neuer Kommunikationsstrukturen, die wesentlich dazu beitrugen, daß die Bergleute ein Verständnis ihrer Situation und angemessene Verhaltensweisen entwickeln konnten.

Die Darstellung macht deutlich, daß dies ein schwieriger Prozeß war. Zum einen habe das Standesbewußtsein auch hemmende Inhalte gehabt und sei durch Konservatismus sowie Obrigkeitsvertrauen gekennzeichnet gewesen; es habe andererseits jedoch eine Gruppenidentität bereitgestellt, die unter veränderten materiellen Bedingungen die Formulierung der Klasseninteressen erleichtert habe, so daß die Umbildung des Standesbewußtseins zum Klassenbewußtsein ,,auf gleichsam fortgeschrittenem Niveau" einsetzen konnte.[28] Bereits zu Beginn der 1870er Jahre habe die ,,bergmännische Identitäts- und Interessenfindung tatsächlich das Stadium lokaler Proteste und vorgewerkschaftlicher Organisationsformen" überwunden, doch die ,,gemeinsamen Anstrengungen von Unternehmern, Unternehmervereinigungen, örtlichen und regionalen Exekutivorganen bis hinauf zur Regierungsebene und in die Parlamente" hätten den sich ,,nunmehr wiederholenden bergmännischen Organisationsbestrebungen einen Block obrigkeitsstaatlicher-betrieblich-gesellschaftlicher Repression und Verfolgung" entgegengestemmt.[29]

Die zögerliche Herausbildung und die bis in die Weimarer Republik hinein schwache Stellung der Gewerkschaften wird jedoch nicht nur hierauf, sondern auch auf die wachsende Bedeutung der Zuwanderer zurückgeführt. Bei ihnen stellt Tenfelde ,,Folgen gestörter kommunikativer Beziehung und mangelnder Sozialisation" fest.[30] Den die bergmännische Solidarität mitbe-gründenden Zusammenhang von Qualifikation und Ansässigkeit, von be-trieblicher und nachbarlich-kommunaler Gemeinschaft und Kommunika-tion sieht er als Opfer des Ansturms ,,einer den industriellen Arbeits- und Daseinsbedingungen kaum angepaßten Arbeiterbevölkerung".[31]

Die Situation und Probleme der Zuwanderer schildert er anschaulich, und er zeigt viel Verständnis für sie. Er spricht sich dagegen aus, die großen Streiks der Ruhrbergleute mit dem Entwurzelungstheorem zu begründen, an dem Theorem selbst hält er jedoch fest und korreliert es – so anläßlich der Herner Ereignisse von 1899 – mit abweichendem sozialen Verhalten. Dieser Zusammenhang scheint so zwingend zu sein, daß er eine Beurteilung des Oberbergamtes zu Dortmund übernimmt und angibt, die ,,Unberechenbar-keit und Gewalttätigkeit der in der Herner Gegend ansässigen Arbeiter" sei unverkennbar gewesen, wenngleich der Ablauf der Ereignisse diese Beurtei-lung nicht unbedingt nahelegt.[32]

Diese Ausführungen weisen auf ein zentrales Problem in der Argumenta-tion Tenfeldes hin. Er beschreibt überzeugend den ständischen Bergbau, seine Verdrängung durch die Bergrechtsreform und die Versuche der Berg-leute, sich auf die neuen Bedingungen einzustellen. Die Epoche rapiden Wachstums und massenhafter Zuwanderung jedoch läßt sich mit seinem Ansatz nicht hinreichend erfassen. Auch seiner Auffassung nach brachten die tiefgreifenden Veränderungen in zunehmendem Umfang ein unkontrol-liertes und unangepaßtes Potential hervor, dessen Orientierungen und Ver-haltensweisen sich offensichtlich in erster Linie durch den Rückbezug auf ständische Strukturen oder durch gewerkschaftliche Organisierung in vor-wärtsweisende, rationale Formen hätten umsetzen lassen.

Auf die Widersprüche und Grenzen einer derartigen Argumentation wur-de bereits mehrfach hingewiesen. Es ist offensichtlich, daß die Vielfalt der unterschiedlichen Positionen in der historischen Forschung sich nur schwer mit dem weithin geteilten sozialgeschichtlichen Befund vereinbaren läßt. Auch die Feststellung, daß die Streiks der Bergleute allen Störfaktoren zum Trotz durch auffallend große Solidarität und Disziplin gekennzeichnet blie-ben, verstärkt den Eindruck, daß der bestehende Konsens über die sozialge-schichtlichen Bedingungen vorschnell erzielt wurde und den Blick für Erklä-rungen verstellt hat, die jenseits der öffentlich-politischen Ebene liegen.

Erforderlich ist eine Öffnung der Fragestellung, die sich jedoch nicht nur mit dem Unbehagen an den vorliegenden Forschungsergebnissen begründen läßt; auch der Hinweis auf die Existenz unterschiedlicher Überlieferungen, die in der Einleitung in Ansätzen skizziert wurden, läßt sie wünschenswert erscheinen. Die bisher referierten Argumentationen haben sich nahezu aus-schließlich auf die *öffentliche* Überlieferung gestützt, und es ließ sich zeigen, daß die festgestellten Schwierigkeiten und Grenzen der verschiedenen Un-tersuchungen bereits hierin angelegt sind.

Erforderlich ist somit ein Schritt, der für die neuere Sozialgeschichts-

schreibung eine große Bedeutung hat: die Entwicklung von neuen Zugangs-
und Betrachtungsweisen über ein im engeren Sinne politisches Erkenntnisin-
teresse und davon abgeleitete Paradigmenwechsel hinaus. Der Versuch, eine
‚Sozialgeschichte in der Erweiterung‘ zu schreiben, stößt immer wieder auf
Grenzen, wenn die neu erschlossenen Überlieferungen, Themenbereiche
und Fragestellungen in erster Linie als Ergänzungen eines im wesentlichen
unveränderten Erkenntnisinteresses gesehen werden.[33]

Derartige Probleme der Überlieferung sowie begriffliche und konzeptio-
nelle Schwierigkeiten ergeben sich besonders bei Untersuchungen, die sich
mit der großen Masse der ungelernten Arbeiter, der Zuwanderer, der Nicht-
Seßhaften etc. befassen, deren Geschichte mit dem vertrauten, auf den öffentlich-politischen Bereich abzielenden Instrumentarium nicht hinreichend
erfaßt werden kann. In ihrem Fall ist es erforderlich, in besonderer Weise
den privaten bzw. informellen Bereich zu thematisieren, der für sie eine
große Bedeutung hatte.[34]

Das Auseinanderfallen eines öffentlichen und eines privaten Bereiches war
noch im ständischen System weitgehend unbekannt. Dessen Wertvorstellun-
gen und Normen hatten nicht nur für das öffentliche, sondern auch für das
private Leben Geltung; hier fand sich eine weitgehende Gleichförmigkeit
von Produktions- und Reproduktionssphäre mit einer eigentümlichen Ver-
knüpfung des privaten und des öffentlichen Bereiches. Bei den Bergleuten
der ständischen Zeit beispielsweise stellt K. Tenfelde ,,eine sinnhafte Ver-
knüpfung von Rechten und Pflichten, von Disziplinierung und Privilegie-
rung zu einer Arbeits- und Lebensgemeinschaft in ständischer Exklusivität‘‘
fest. Der ständische Kosmos war ,,gerade auch in den außerbetrieblichen
Daseinsverhältnissen fest verwurzelt‘‘ und regelte das tägliche Leben und
den gesamten Lebenslauf.[35] Der zuständige königliche Revierbeamte kannte
einem Bericht des Oberbergamtes zufolge ,,jeden Mann seiner Belegschaft
persönlich (...) und kontrollierte das Leben der Knappschaftsmitglieder in
der Arbeit wie in dem Hause und in der Familie‘‘.[36]

Die doppelte Freisetzung der Arbeiter löste diesen festverwurzelten Kosmos in einem langwierigen, von zahlreichen Auseinandersetzungen gekenn-
zeichneten Prozeß auf. In diesen Kämpfen beriefen die Arbeiter bzw. Handwerker sich immer wieder auf den ständischen Kosmos, auf sein System von
Rechten und Pflichten, der ihnen – wie auch ihren Historikern – Halt und
Orientierung gab. Insofern ist es kein Zufall, daß gerade dieser Bereich
ausführlich untersucht und dokumentiert ist und daß hier die Bandbreite der
untersuchten Themenbereiche besonders groß ist.[37] Im gleichen Maße, wie
sich die Arbeiterschaft vom Stand zur Klasse entwickelte, verengte sich das
Interesse der Historiker jedoch auf den öffentlichen Bereich, nicht zuletzt
deshalb, weil hier die politische Macht errungen werden konnte. Im Gegensatz dazu präsentiert sich der private Bereich nun als eine Grauzone, die je
nach Standort der Autoren unterschiedlich dunkel eingefärbt ist. Angesichts
der Übermacht kapitalistischer Herrschaftsverhältnisse wird das Proletariat

– wie für die Bergleute beschrieben – reduziert zum Objekt vielfacher Ausbeutung und Unterdrückung und erscheint erst dann wieder handlungsfähig, wenn es auf öffentlicher Ebene agiert. Der private Bereich wird als eigenständiger Bereich kaum thematisiert, sondern in erster Linie unter dem Aspekt seiner Funktionalität bzw. Dysfunktionalität für den öffentlichen Sektor betrachtet.

Das gilt vor allem für die ‚labouring poor‘, die sich im öffentlichen Bereich vor dem Ersten Weltkrieg nur sporadisch bemerkbar machten, in Parteien und Gewerkschaften kaum vertreten waren und auch darüber hinaus anscheinend keine Strukturen entwickelt haben, die dem historischen Interesse ein Raster bieten könnten. Was dem Historiker bleibt, ist, ihre Lebensbedingungen deskriptiv zu schildern, wobei sie häufig in die Nähe des Lumpenproletariats gerückt werden. Zur Charakterisierung ihrer Situation wird überwiegend das Entwurzelungstheorem benutzt – oder auch die These von Anpassungskonflikten, die die Herausbildung adäquater Verhaltensweisen und Orientierungen verhindert hätten. Zuweilen drängt sich der Eindruck auf, als hätten sie erst geordnetere Verhältnisse erreichen müssen, um zu den bestehenden Institutionen finden zu können und dadurch für diese wie für historische Untersuchungen zugänglich zu werden.

Gerade für die Untersuchung Ruhrgebietes, des größten Industriegebietes Deutschlands und Europas, ist die Bedeutung ständischer Traditionen jedoch gering. Hier verlief der Industrialisierungsprozeß sehr schnell, er war – mit Ausnahme des Bergbaus – nicht von größeren öffentlich manifesten Auseinandersetzungen begleitet, und eine nennenswerte ständische Tradition gab es nur bei den Bergleuten. Doch auch bei diesen spielte die ständische Vorstellungswelt nur eine begrenzte Rolle, nachdem deren juristische und ökonomische Grundlagen mit der Reform um die Jahrhundertmitte aufgehoben und nahezu ersatzlos gestrichen worden waren. Die Erinnerung daran mochte bei einigen fortleben, doch für die übergroße Mehrheit bedeutete eine Berufung darauf kaum mehr als die Beschwörung eines erstrebenswerten Zustandes, die ihren Bewegungen eine Orientierung geben konnte, jedoch nicht deren Grundlage war.[38]

Auch die vielfach geäußerte Vermutung, ein agrarischer Mentalitätshintergrund habe den gemeinsamen, das Verhalten bestimmenden Erfahrungszusammenhang geboten, kann nicht überzeugen. Angesichts der heterogenen regionalen, ethnischen, sozialen und religiösen Herkunft der Bergarbeiter ließe sich dieser nur derart abstrakt bestimmen, daß seine handlungsprägende Kraft nicht mehr erkennbar wäre. Zudem wäre zu fragen, weshalb er nicht bei den Zuwanderern in den anderen Industriezweigen des Ruhrgebiets vergleichbare kollektive Verhaltensweisen hervorgebracht hat.[39]

Es muß also über derartige Faktoren hinaus nach Elementen gefragt werden, die in der industriellen Umwelt selbst angelegt waren, die die Ruhrbergleute mittelbar oder unmittelbar erfuhren, die sie prägten und ihre Handlungs- sowie Verhaltensweisen beeinflußten, d. h. es muß nach Fakto-

ren gesucht werden, die den Alltag selbst bestimmten. Derartige Absichtser-
klärungen finden sich mittlerweile in einer Vielzahl neuerer Untersuchungen, und die Versuche, eine Alltagsgeschichte bzw. eine Geschichte von
unten zu schreiben, sind kaum noch zu überblicken, ohne daß die Populari-
tät dieser Konzepte zu einer begrifflichen Präzisierung geführt hätte.[40]
Vielfach wird hierbei der sogenannte ‚einfache Arbeiter‘ bzw. die Masse
der Arbeiter schlechthin als neuer Fixpunkt angesehen. Die historische
Wahrheit, die in den zahlreichen ideologisch-politischen Diskussionen und
Analysen der letzten Jahre nicht zu ermitteln war, soll sich dabei gewissermaßen aus dem Alltag selbst erschließen. Die faszinierende Vielfalt des pral-
len Lebens und seine handgreifliche Anschaulichkeit scheinen das Versprechen zu beinhalten, zum wirklichen Leben vorstoßen und all die Schleier
und Mystifizierungen durchbrechen zu können, über die so ausführlich und
ergebnislos diskutiert worden ist. Besondere Hoffnungen werden hierbei an
autobiographische Zeugnisse sowie an mündliche Befragungen im Rahmen
einer ‚oral history‘ geknüpft.[41] Doch die Realität kapitalistischer Gesellschaften läßt sich nur in begrenztem Umfange unmittelbar erfahren, und sie
läßt sich nicht aus individuellen Erfahrungen allein erschließen.[42] So sind
denn auch die bisher vorliegenden Ergebnisse recht widersprüchlich. Teilweise werden die altvertrauten politischen Auseinandersetzungen auf neuen
Schauplätzen und mit neuem Material weitergeführt;[43] häufiger noch zeichnen verklärende Erinnerungen das Bild einer romantischen Vergangenheit,
deren Verlust beklagt wird; in anderen Fällen wird eine Vielfalt individueller
Aussagen aufbereitet, die überwiegend illustrativen Charakter haben und
nicht zu einem eigenen, analytischen Zugriff hinführen, was zwar gute Lektüre, aber nur selten gute Historie ergibt. ‚Oral history‘ befreit nicht von
begrifflicher Anstrengung, sie erfordert diese vielmehr in verstärktem
Maße.[44]

Das Zeugnis der unmittelbar Betroffenen erschließt zwar nicht im direkten Zugriff die historische Realität, es kann jedoch helfen, neue Ansatzpunkte und Fragestellungen zu gewinnen: diese Erfahrung zumindest wurde bei
der vorliegenden Arbeit gemacht. An deren Ausgangspunkt stand das bereits
mehrfach formulierte Unbehagen an der methodologischen Einengung der
historischen Diskussion sowie vor allem an der Rollenzuweisung, die damit
für die Ruhrbergleute verbunden war. Dieses Gefühl verstärkte sich, als
ältere Bergleute in der Hoffnung interviewt wurden, Antworten auf all die
Fragen zu finden, bei denen die traditionelle Überlieferung anscheinend
nicht weiterhelfen konnte.

Doch diese Hoffnung trog. Die Aussagen zum politischen Bereich waren
nur mit großen Schwierigkeiten zu interpretieren und zu verwenden. Es
erwies sich als nahezu unmöglich, zwischen Erlebtem, Gehörtem und Gele-
senem zu unterscheiden oder aber nachträgliche Rechtfertigungen sowie
weiterbestehende politische Fehden zu durchschauen. Die Aussagen zu unmittelbaren Alltagserfahrungen hingegen – zur Wohnsituation, zur Kind-

heit, Schulzeit usw. – erwiesen sich als sehr viel zuverlässiger.[45] Diese hatten nur vereinzelt öffentliches Interesse gefunden, waren dadurch privat, individuell geblieben und in wesentlich geringerem Ausmaß von zeitgenössischen oder später einsetzenden öffentlichen Überlieferungen, Deutungen oder auch Mythen überlagert. Das bewahrte sie davor, in ein Schema gepreßt zu werden, führte aber auch dazu, daß sie als eine unendliche Menge nahezu beliebig aneinanderreihbarer Einzelinformationen erinnert und mitgeteilt wurden, die allenfalls einen individuellen lebensgeschichtlichen Zusammenhalt hatten, darüber hinaus jedoch keinen logischen oder strukturellen Zusammenhang aufwiesen. Der private Erfahrungsbereich bestand aus Erlebnissen, denen nur ein jahreszeitlicher (Ostern, Pfingsten, Weihnachten) oder lebensgeschichtlicher (Geburt, Taufe, Hochzeit) Rhythmus feste Bedeutung und allgemeinere Gültigkeit verlieh, ohne daß diese Häufung von Ereignissen etwas Gemeinsames, ihnen Zugrundeliegendes oder über sie Hinausweisendes erkennen ließ. In noch größerem Maße galt diese Beobachtung für die Bereiche, die sich unmittelbarer Erfahrung entzogen, wie infrastrukturelle Gegebenheiten, kommunalpolitische Strukturen, industrielle Strategien und Entwicklungen etc. Diese Elemente der Klassengesellschaft waren zwar für den Alltag der Befragten wichtig, sie wurden jedoch kaum bewußt erfahren. Die Bergleute selbst vermochten es nicht, ihre Erfahrungen in einen Zusammenhang einzubringen, der es erlaubt hätte, ihre eigene Situation besser zu verstehen, und es gab offenbar niemanden, der das für sie geleistet hätte. Die zur Verfügung stehenden zeitgenössischen und historischen Erklärungen griffen nur einen Teil ihrer Erfahrungen auf, andere wurden nicht beachtet oder aber nur verzerrt wiedergegeben.

Wenn die Befragungen auch keine unmittelbar faßbaren Erklärungen boten, so enthielten sie jedoch zahlreiche Hinweise, die Zweifel am Konsens der schriftlichen Überlieferung aufkommen ließen. Einige der Befragten gehörten zu den vermeintlich entwurzelten, häufig die Arbeitsstelle wechselnden, nicht integrierten Arbeitern, die Zeitgenossen und späteren Historikern überwiegend als störende Elemente auffielen. Die siebzig- bis achtzigjährigen Rentner jedoch vermittelten einen anderen Eindruck. K. H. beispielsweise war mehrfach umgezogen, er war politisch radikal und könnte als Prototyp eines entwurzelten Bergmannes gelten; doch wenn er oder andere ehemalige Bergleute über ihre Erfahrungen sprachen, klang vieles plötzlich normal und verlor den Hauch von Exotik und Spektakulärem, der die schriftliche Überlieferung durchzieht. Für sie war es offensichtlich nichts besonderes gewesen, als Schlafgänger zu wohnen oder umzuziehen; das schien noch im nachhinein so wenig erwähnenswert zu sein, daß sie ungefragt nicht darauf zu sprechen kamen und erst bei mehrmaligem Nachfragen erstaunt zurückfragten, ob das denn jemanden interessieren könne.

Noch auffälliger war der Kontrast zwischen den traditionellen Quellen und ihren Erzählungen, wenn sie über ihre Arbeit unter Tage sprachen. Auch in ihren Berichten erschien diese als überaus anstrengend und zermür-

bend; sie klagten über schlechte Behandlung, das Strafsystem und unzureichenden Lohn, doch aus ihren Äußerungen war gleichzeitig ein Stolz auf
ihren früheren Beruf, auf ihre körperliche Kraft und ihr Geschick herauszuhören. Sie zeichneten darüber hinaus ein Bild weitgehend selbständiger Arbeit und vermittelten insgesamt einen Eindruck, der in offensichtlichem
Widerspruch zur traditionellen Überlieferung stand. Die Interviews enthielten jedoch kaum mehr als Hinweise auf eine andere Betrachtungsweise, und
es war nicht möglich, allein auf sie gestützt zu einer systematischen Erklärung zu kommen, die zudem skeptische Historiker ohne zusätzliche ‚offizielle‘ Belege kaum überzeugt haben dürfte. Beides, die verbreitete Skepsis
gegenüber einer ‚oral history‘ und die spezifischen Beschränkungen individueller Wahrnehmung und Erinnerung, erforderten es, die schriftliche
Überlieferung gründlich zu analysieren und zu untersuchen, wie sich die
Widersprüche erklären ließen und ob sie tatsächlich so ausgeprägt waren,
wie der Vergleich von Geschichtsschreibung und Erinnerung glauben
machte.[46]

Immer wieder fanden sich Risse und Widersprüche in der anfänglich so
monolithisch erscheinenden schriftlichen Überlieferung, doch es war ein
überaus langwieriger und mühsamer Prozeß, sie herauszuarbeiten – und
vielfach mag es bei der Lektüre ebenso schwierig gewesen sein, diesen Prozeß nachzuvollziehen. Am Ende der Ausführungen ergibt sich nun kein
vollständiges Bild der Entwicklung von 1890 bis 1920 und auch nicht *die*
Sozialgeschichte der Ruhrbergleute in diesem Zeitraum. Einige Bereiche
wurden weitgehend ausgeklammert: Das gilt vor allem für die parteipolitische Entwicklung im Ruhrgebiet, für die Rolle der Kirchen sowie für die
zahlreichen Verbände und Vereine. Die Entwicklung der Gewerkschaften
wie auch die Geschichte der einzelnen Streiks wurde nur in den wichtigsten
Zügen behandelt.[47] Auch im informell-privaten Bereich blieben Lücken, die
vor allem auf die schlechte Quellenlage zurückzuführen sind. Mit besonders
großem Bedauern mußte eine genauere Analyse der Rolle und Situation der
Frauen ausgeklammert werden. Das wird angesichts der Bedeutung, die den
familialen Strukturen zugewiesen wird, überraschen, doch anfängliche
Blindheit für diesen Bereich sowie eine besonders schlechte Materiallage
machten es unmöglich, diesen Zusammenhang mit der erforderlichen Ausführlichkeit zu behandeln.

Die Beschränkungen dieser Arbeit erklären sich jedoch nicht nur aus der
begrenzten Quellenlage oder individueller Überforderung; sie erklären sich
auch aus dem Wunsch, eine Arbeit zu verfassen, die überschaubar bleibt,
deren Argumentation ohne unzumutbar große Anstrengung und zeitliche
Belastung nachvollzogen, diskutiert und kritisiert werden kann, was bedauerlicherweise bei einer zunehmend größeren Anzahl wissenschaftlicher Arbeiten kaum noch möglich ist, die sich allein schon auf Grund ihres enormen
Umfanges einer Diskussion außerhalb des engeren Kreises der Spezialisten
entziehen.

Tabellen

Tabelle 1: Entwicklung der Bevölkerung in ausgewählten Städten

Jahr	Essen	Bochum	Dortmund	Hamborn	Bottrop
1818	4661*	2131	4289	–	2178***
1849	8732	4868	10515	–	3202****
1871	51513	21192	44420	2272	5396
1880	56944	33440	66544	3099	7724
1890	78706	47601	89663	4260	12549
1900	118862	101957	142733	32597	24768
1910	294653	136931**	214226	101703	47131

Quellen: P. H. Mertes: Das Werden der Dortmunder Wirtschaft, Dortmund 1940, S. 17, S. 139, S. 247; E. Lucas: Arbeiterradikalismus, S. 29; H. Silbergleit: Preußens Städte, Berlin 1908, (Teil C, S. 4); Stat. Jahrbuch der Stadt Essen, 5, 1911, S. 10; Erstes Jahrbuch der Stadt Bottrop 1919/20, S. 15; F. Wilhelmi: Finanzentwicklung, Tab. 3.
   * Bezieht sich auf 1816
  ** Nach dem Gebietsumfang z. Z. der jeweiligen Volkszählung
 *** Bezieht sich auf 1815
**** Bezieht sich auf 1850

Tabelle 2: Daten zur Entwicklung des Ruhrbergbaus

Jahr	Steinkohlen-förderung im OBAB Dortmund in 1000 t	Jährl. mittlere Belegschaft (einschl. Gruben-beamte)*	Jährl. Produktion pro Belegsch.-Mitglied	Jährl. Durchschn.-Preis pro geförd. t in M
1870	11813	52160	226	5,72
1871	12715	64186	198	7,04
1872	14431	68515	211	8,56
1873	16417	80425	204	10,99
1874	15540	83306	186	11,00
1875	16983	83832	203	7,27
1876	17902	83453	214	6,14
1877	17723	73983	240	4,96
1878	19209	74364	258	4,50

Jahr	Steinkohlen-förderung im OBAB Dortmund in 1000 t	Jährl. mittlere Belegschaft (einschl. Gruben-beamte)*	Jährl. Produktion pro Belegsch.-Mitglied	Jährl. Durchschn.-Preis pro geförd. t in M
1879	20380	76494	266	4,14
1880	22495	79374	283	4,58
1881	23645	83221	284	4,58
1882	25873	89718	288	4,59
1883	27863	97922	285	4,75
1884	28401	101013	281	4,75
1885	28970	101829	284	4,70
1886	28497	99787	286	4,69
1887	30150	99543	303	4,64
1888	33224	105445	315	4,80
1889	33855	115497	293	5,46
1890	35469	127794	278	7,96
1891	37402	138739	270	8,36
1892	36854	142247	259	7,37
1893	38613	146440	264	6,41
1894	40613	152656	266	6,37
1895	41146	154702	266	6,66
1896	44893	161870	277	6,77
1897	48424	176102	275	7,03
1898	51002	191847	266	7,31
1899	54641	205106	263	7,66
1900	59619	226902	263	8,53
1901	58448	243926	240	8,76
1902	58039	243963	238	8,39
1903	64690	255992	253	8,28
1904	67534	270259	250	8,25
1905	65374	267798	244	8,40
1906	76811	278719	276	8,76
1907	80183	303089	265	9,25
1908	82665	334860	247	10,06
1909	82804	340567	243	9,95
1910	86865	345136	252	9,78
1911	91329	352555	260	9,78
1912	110258	365354	274	10,37
1913	110765	401715	276	11,01
1914	94851	372866	254	
1915	83794	286679 (16926)	276	
1916	91086	306810 (45113)	259	
1917	95312	338280 (52106)	244	
1918	91952	338314 (52716)	235	

Jahr	Steinkohlen-förderung im OBAB Dortmund in 1000 t	Jährl. mittlere Belegschaft (einschl. Gruben-beamte)*	Jährl. Produk-tion pro Belegsch.-Mitglied	Jährl. Durchschn.-Preis pro geförd. t in M
1919	67942	387999	175	
1920	84992	457673	185	
1921	91006	507708	179	

* Zahlen in Klammern betreffen die im Bergbau eingesetzten Kriegsgefangenen. Invaliden werden mit aufgeführt, ohne daß das angegeben wird. Auch aus unterschiedlichen Erhebenszeitpunkten innerhalb eines Jahres nach Durchschnittswerten lassen sich Unstimmigkeiten gegenüber anderen Zusammenstellungen erklären.
Quelle: C. Kleßmann: Bergarbeiter, S. 263.

Tabelle 3: Zugänge, Abgänge und Umzüge innerhalb ausgewählter Städte 1890–1910 pro Jahr, bezogen auf die jeweilige Stadtbevölkerung in %

		Berlin	Breslau	Essen	Köln	Halle/S.
1890:						
	+	11,70	16,27	19,27	13,55	19,95
	−	8,47	14,31	15,83	10,84	13,25
	o	56,43	58,72	−	−	22,99
	Summe	76,60	89,30	−	−	56,19
1900:						
	+	13,66	15,86	22,07	16,51	21,76
	−	10,42	13,71	28,20	16,33	19,73
	o	38,94	48,92	41,52	41,56	20,90
	Summe	63,02	78,49	91,59	74,40	62,39
1910:						
	+	12,71	13,85	18,73	14,06	19,63
	−	12,70	12,90	17,70	13,69	18,71
	o	−	40,14	45,60	38,73	31,15
	Summe	−	66,89	82,03	66,48	69,49

+ = Zugänge
− = Abgänge
o = Umzüge innerhalb der Stadt
Quelle: Statistisches Jahrbuch deutscher Städte 1. S. 53 f.; 2, S. 37 f.; 10, S. 105; 19, S. 65 f.

Tabelle 4a: Werkswohnungsbau für Bergarbeiter im Ruhrrevier 1893

	Belegschaft pro Revier	Wohnungen im Zechen- besitz	Bergleute in Zechen- wohnungen*	% der Beleg- schaft in Zechen- wohnungen
Dortmund I	11909	760	1381	11,6
Witten	7623	160	297	3,9
Hattingen	8580	160	292	3,4
Bochum Süd	9199	606	1095	11,9
Essen Süd	6889	115	214	3,1
Werden	1882	6	12	0,6
Wattenscheid	10033	450	853	8,5
Summe südliche Reviere	56115	2257	4144	7,4
Recklinghausen	12826	1039	1500	11,7
Dortmund II	8854	865	1567	17,7
Dortmund III	10120	710	1255	12,4
Bochum Nord	8139	663	1204	14,7
Herne	10546	303	548	5,2
Gelsenkirchen	14102	1883	3427	24,3
Essen-Ost	9527	1116	2029	21,3
Essen-West	12915	1211	2209	17,1
Oberhausen	11083	329	599	5,4
Duisburg, Hamm		bestanden noch nicht		
Summe nördliche Reviere	98162	8119	14338	14,6
Gesamtsumme	154277	10376	18482	11,9

* eig. Berechnung
Quellen: O. Taeglichsbek: Belegschaft, Bd. 2, S. 6ff; R. Hundt: Bergarbeiterwohnungen, S. 9ff.; Staatsarchiv Münster, OBA 1837.

Tabelle 4 b: Werkswohnungsbau für Bergarbeiter im Ruhrrevier 1901

	Belegschaft pro Revier*	Wohnungen im Zechenbesitz	Bergleute in Zechenwohnungen	% der Belegschaft in Zechenwohnungen
Dortmund I	11232	2115	2999	26,7
Witten	13015	426	885	6,8
Hattingen	9923	302	516	5,2
Bochum-Süd	11986	858	1654	13,8
Essen-Süd	10282	968	1460	14,2
Werden	1910	65	84	4,4
Wattenscheid	11877	634	962	8,1
Summe südliche Reviere	70225	5268	8560	12,2
Recklinghausen	30943	3655	8138	26,3
Dortmund II	14902	2703	4560	30,6
Dortmund III	15025	2474	4237	28,2
Bochum-Nord	13329	1039	2026	15,2
Herne	15600	1203	2184	14,0
Gelsenkirchen	17734	2125	4132	23,3
Essen-Ost	13333	2103	3680	27,6
Essen-West	17238	2676	4706	27,3
Oberhausen	17793	2990	5765	32,4
Duisburg, Hamm	bestanden noch nicht			
Summe nördliche Reviere	155897	20977	39419	25,3
Gesamtsumme	226122	26245	47979	21,2

* eig. Berechnung
Quelle: Vgl. Tab. 4 a.

Tabelle 4 c: Werkswohnungsbau für Bergarbeiter im Ruhrrevier 1914

	Belegschaft pro Revier*	Wohnungen im Zechenbesitz	Bergleute in Zechenwohnungen	% der Belegschaft in Zechenwohnungen
Dortmund I	18290	3447	5176	28,3
Witten	13648	864	1272	9,32
Hattingen	11202	695	1220	10,89
Bochum-Süd	11950	1571	2298	19,23
Essen-Süd	19056	4230	6004	31,5
Werden	14800	1804	2516	17,0
Wattenscheid	21255	1256	1964	9,24
Summe südliche Reviere	110201	13867	20450	18,6
Recklinghausen	65482	18291	29259	44,68
Dortmund II	27809	4708	10039	36,1
Dortmund III	27782	6268	10724	38,6
Bochum-Nord	21637	3060	5015	23,83
Herne	22805	5015	8082	35,44
Gelsenkirchen	23355	4428	6997	29,96
Essen-Ost	21769	3383	5274	24,20
Essen-West	28155	7901	13391	47,60
Oberhausen	19289	3124	4772	24,74
Duisburg	24050	11238	16018	66,60
Hamm	14216	5518	9698	68,22
Summe nördliche Reviere	296349	72934	119269	40,2
Gesamtsumme	406550	86801	139719	34,9

* eig. Berechnung
Quelle: vgl. Tab. 4a.

Tabelle 5: Statistik über den Wechsel der Belegschaft im Gesamtbereich des Allgemeinen Knappschaftsvereins Bochum (1896–1914)

Jahr	Durchschnitt- liche Stärke d. Belegschaft	Gesamtwechsel		Auf 100 Mann Ø Belegschaft entfallen		
		Zugang	Abgang	Zugänge	Abgänge	Gesamt- wechs. mithin
1896	–	–	–	49	40	89
1897	182141	107884	81830	59	45	104
1898	198287	117510	97403	59	49	108
1899	213256	135710	108121	63	51	114
1900	235256	159353	121487	68	52	120
1901	253680	136301	120077	54	47	101
1902	247707	118900	109880	48	44	92
1903	260341	149704	125325	58	48	106
1904	275219	149664	132923	54	48	102
1905	269699	101367	92370	38	34	72
1906	286731	162699	139519	57	49	106
1907	309311	218951	173093	71	56	127
1908	343325	216044	198153	63	58	121
1909	348389	179959	178262	52	51	103
1910	351188	174640	170281	50	48	98
1911	357321	220098	209439	62	59	121
1912	376710	258956	232130	69	61	130
1913	409271	318719	282518	78	69	147
1914	388385	268294	396838	69	102	171

Quelle: G. Adelmann: Betriebsverfassung, S. 155.

Tabelle 6: Die Leistungen der Bergarbeiter im OBA Dortmund

Jahr	Beschäftigte Männer (einschl. Beamte)	Auf einen Kopf verfahrene Schichten der Arbeiter in Gruppe					Kohlenförderung in t	Förderung auf einen Kopf in t	Förderung auf einen Kopf und eine Schicht in t
		I	II	III	IV	zus.			
1901	243926	291	306	325	282	300	58447657	240	0,80
1902	243963	288	297	322	279	296	58038594	238	0,80
1903	255992	304	311	332	289	311	64689594	253	0,81
1904	270259	296	301	333	283	304	67533681	250	0,82
1905	267798	283	291	334	278	295	65373531	244	0,83
1906	278719	315	318	348	289	321	76811054	276	0,86
1907	303089	313	319	350	290	321	80182647	265	0,83
1908	334733	301	308	341	289	310	82664647	247	0,80
1909	340567	292	297	332	284	301	82803676	243	0,81
1910	345136	296	300	335	285	304	86864504	252	0,83
1911	352555	300	305	337	287	308	91329140	259	0,84
1912	363879	319	322	346	296	324	100264830	276	0,85
1913	397339	323	326	347	294	327	110765495	279	0,85
1914	372886	309	312	336	291	314	94851288	254	0,81
1915	301959	343	343	354	304	342	83294560	278	0,81
1916	351057	343	345	360	308	343	91086597	260	0,77
1917	389000	332	335	358	308	334	95312310	245	0,74
1918	389047	320	327	349	304	327	91952108	236	0,73
1919	379447	–	–	–	–	298	67942725	179	0,60
1920[2]	457673	–	–	–	–	309+[27]	84992931	186	0,55

Gruppe   I: umfaßt die Hauer u. die unmittelbar mit ihnen zusammenarbeitenden Schlepper.
Gruppe II: umfaßt alle übrigen Arbeiter unter Tage.
Gruppe III: umfaßt alle männl. Arbeiter über Tage, soweit sie das 16. Lebensjahr vollendet haben.
Gruppe IV: umfaßt alle Knaben unter 16 Jahren.

[2] Die hochgestellte kleine Zahl bedeutet die Überschichten; sie ist in der Hauptzahl nicht enthalten.

Quelle: B. Heymann/K. Freudenberg: Morbidität, S. 30.

Tabelle 7: Haushalte mit Kindern, Zimmermietern und Schlafgängern

		Von den Haushalten mit Kindern hatten		Von den Haushalten mit Schlafgängern hatten Kinder in %
		Schlafgänger in %	Zimmermieter u. Schlafgänger in %	
Berlin	1890	16,2	23,8	71,6
	1900	13,2	19,3	67,4
Charlottenburg	1900	10,2	19,8	71,0
Essen	1900	10,5	16,2	73,2
Frankfurt/M	1900	17,2	26,1	85,8

Quelle: G. Evert: Zur Wohnungsstatistik in Preußen, in: Zeitschrift des königlich preußischen statistischen Bureaus 1902, S. 150–188, S. 174.

Tabelle 8: Haushaltsgröße, Aftermieter und Verweildauer

Am 1. 12. 1900 wohnten von 100 Haushalten ...% in ihrer Wohnung seit:

Haushalte mit ... Mitgl.		1900 1. 10.	1. 7.	1. 4.	1. 1.	Summe 1–4	1899	1898	1897	1896	Summe 5 + 6
Spalte		1	2	3	4	5	6	7	8	9	10
2	o*	19,0	10,4	11,6	4,4	45,4	15,8	8,2	4,4	3,1	61,2
	m*	17,4	10,9	7,6	–	–	15,2	10,9	4,4	3,3	–
3	o	14,8	8,3	10,6	4,2	37,9	20,5	10,7	5,5	3,6	58,4
	m	13,4	10,3	11,3	6,5	41,5	16,4	12,0	5,8	4,1	57,9
4	o	12,9	7,1	8,7	3,5	32,2	18,0	12,4	7,9	5,3	40,2
	m	14,0	6,9	13,6	4,3	38,8	17,7	10,8	8,9	3,5	56,5
5	o	11,5	7,4	8,2	3,4	30,5	16,3	11,9	7,1	6,1	46,8
	m	14,0	9,1	13,0	4,8	40,9	15,9	12,2	6,2	3,8	56,8
6	o	10,0	7,3	7,2	2,9	27,4	16,8	10,8	7,9	5,2	44,2
	m	12,0	8,1	10,6	4,8	35,5	17,1	12,7	9,4	6,7	52,6
7	o	10,6	6,8	6,6	2,8	26,8	15,5	10,6	7,9	5,9	32,7
	m	9,6	8,7	10,2	4,9	33,4	19,8	10,4	6,4	6,2	53,2
8	o	11,8	7,4	7,0	3,0	29,2	14,2	8,9	7,5	5,7	43,4
	m	10,7	9,6	9,0	4,0	33,3	20,3	11,5	8,1	3,8	53,6
9	o	9,5	4,1	5,1	2,4	21,1	12,8	9,2	6,1	7,0	33,9
	m	10,0	6,2	9,4	5,6	31,2	15,6	14,3	8,7	5,0	46,8
10	o	11,3	5,0	6,3	3,6	26,2	10,9	9,1	7,1	6,3	37,1
	m	12,8	7,2	5,1	3,8	28,9	20,4	10,6	7,7	7,2	49,3

o* = ohne Aftermieter
m* = mit Aftermieter
Quelle: Wiedfeldt: Das Aftermietwesen in der Stadt Essen nach der Aufnahme vom 1. Dezember 1900 in: Beiträge zur Statistik der Stadt Essen, H. 7, S. 52.

Tabelle 9: Die Bewegung der Belegschaft nach Beschäftigungsarten

Beschäftigungsart	1902	1903	1904	1905	1906	1907	1908
a) Beamte	6962	7302	7706	7733	8229	10238	9895
b) Unter Tage besch. Arbeiter	189694	198834	211644	206623	219665	233592	262323
davon 1. Hauer	117846	124106	132380	129054	137201	146336	163356
2. Zimmerhauer	23591	25798	27247	26714	28415	30405	34367
3. Schlepper	32709	32980	34678	33339	35440	37272	42123
4. Sonstige	15548	15950	17339	17516	18609	19579	22477
c) Über Tage besch. Arbeiter	51051	54205	55869	55343	58837	65481	71107
Zusammen	247707	260341	275219	269699	286731	309311	343325

Beschäftigungsart	1909	1910	1911	1912	1913	1914	1915
a) Beamte	10864	11918	12257	12986	14103	12791	10689
b) Unter Tage besch. Arbeiter	268322	266234	271480	285813	310859	295684	207700
davon 1. Hauer	167674	166373	171750	180848	198770	188851	125955
2. Zimmerhauer	36964	38595	38615	40037	41563	39681	32885
3. Schlepper	42004	40590	39945	42457	46943	44465	32462
4. Sonstige	21680	20676	21169	22471	23583	22687	16398
c) Über Tage besch. Arbeiter	69203	73036	73584	77911	84309	79910	68282
Zusammen	348389	351188	357321	376710	409271	388385	286671

Beschäftigungsart	1916	1917	1918	1919	1920	1921	1922
a) Beamte	11224	12409	13182	16942	21827	23997	25778
b) Unter Tage besch. Arbeiter	219315	249426	261348	283427	343160	384833	378249
davon 1. Hauer	135550	155835	162346	168397	195837	215884	214669
2. Zimmerhauer	33396	37328	40712	45717	54476	58933	59672
3. Schlepper	33149	37470	38632	44940	63507	72445	66201
4. Sonstige	17220	18793	19658	24373	29340	37571	37707
c) Über Tage besch. Arbeiter	76969	85327	90770	115367	130432	138543	141388
Zusammen	307508	347162	365300	415736	495419	547373	545415

Tabelle 9 a: Die relative Bewegung aller Belegschaftsgruppen

Beschäftigungsart	Auf 1000 Mann der Gesamtbelegschaft entfielen										
	1902	1903	1904	1905	1906	1907	1908	1909	1910	1911	1912
a) Beamte	28,1	28,1	28,0	28,7	28,7	33,1	28,8	31,2	33,9	34,3	34,5
b) Unter Tage besch.											
Arbeiter	765,8	763,7	769,0	766,1	766,1	755,2	764,1	770,2	758,1	759,8	758,7
davon 1. Hauer	475,7	476,7	481,0	478,5	478,5	473,1	475,8	481,3	473,7	480,7	480,1
2. Zimmerh.	95,2	99,1	99,0	99,1	99,1	98,3	100,1	106,1	109,9	108,1	106,3
3. Schlepper	132,1	126,7	126,0	123,6	123,6	120,5	122,7	120,6	115,6	111,8	112,7
4. Sonstige	62,8	61,2	63,0	64,9	64,9	63,3	65,5	62,2	58,9	59,2	59,6
c) Über Tage besch.											
Arbeiter	206,1	208,2	203,0	205,2	205,2	211,7	207,1	198,6	208,0	205,9	206,8
Zusammen	1000,0	1000,0	1000,0	1000,0	1000,0	1000,0	1000,0	1000,0	1000,0	1000,0	1000,0

Beschäftigungsart	Auf 1000 Mann der Gesamtbelegschaft entfielen									
	1913	1914	1915	1916	1917	1918	1919	1920	1921	1922
a) Beamte	34,5	32,9	37,3	36,5	35,7	36,1	40,8	44,0	43,8	47,3
b) Unter Tage besch.										
Arbeiter	759,5	761,3	724,5	713,2	718,5	715,4	681,7	692,7	703,1	693,5
davon 1. Hauer	485,7	486,2	439,4	440,8	448,9	444,4	405,0	395,3	394,4	393,6
2. Zimmerh.	101,5	102,2	114,7	108,6	107,5	111,4	110,0	110,0	107,7	109,4
3. Schlepper	114,7	114,5	113,2	107,8	107,9	105,8	108,1	128,2	132,4	121,4
4. Sonstige	57,6	58,4	57,2	56,0	54,2	53,8	58,6	59,2	68,6	69,1
c) Über Tage besch.										
Arbeiter	206,0	205,8	238,2	250,3	245,8	248,5	277,5	263,3	253,1	259,2
Zusammen	1000,0	1000,0	1000,0	1000,0	1000,0	1000,0	1000,0	1000,0	1000,0	1000,0

Tabelle 9 b: Die relative Bewegung der unter Tage beschäftigten Arbeitergruppen

Beschäftigungsart	Auf 1000 Mann der Belegschaft unter Tage entfielen										
	1902	1903	1904	1905	1906	1907	1908	1909	1910	1911	1912
1. Hauer	621,2	624,2	625,5	624,6	624,6	626,4	622,7	624,9	624,9	632,7	632,8
2. Zimmerhauer	124,4	129,7	128,7	129,3	129,4	130,2	131,0	137,8	145,0	142,2	140,1
3. Schlepper	172,4	165,9	163,8	161,3	161,3	159,6	160,6	156,5	152,5	147,1	148,5
4. Sonstige	82,0	80,2	82,0	84,8	84,7	83,8	85,7	80,8	77,6	78,0	78,6
Zusammen	1000,0	1000,0	1000,0	1000,0	1000,0	1000,0	1000,0	1000,0	1000,0	1000,0	1000,0

Beschäftigungsart	Auf 1000 Mann der Belegschaft unter Tage entfielen									
	1913	1914	1915	1916	1917	1918	1919	1920	1921	1922
1. Hauer	639,4	638,7	606,4	618,1	624,8	621,2	594,1	570,7	561,0	567,5
2. Zimmerhauer	133,7	134,2	158,3	152,3	149,7	155,8	161,3	158,7	153,1	157,8
3. Schlepper	151,0	150,4	156,3	151,1	150,2	147,8	158,6	185,1	188,3	175,0
4. Sonstige	75,9	76,7	79,0	78,5	75,3	75,2	86,0	85,5	97,6	99,7
Zusammen	1000,0	1000,0	1000,0	1000,0	1000,0	1000,0	1000,0	1000,0	1000,0	1000,0

Quelle: B. Heymann/K. Freudenberg: Morbidität, S. 16 f.

Tabelle 10: Verhältnis Wirtschaften/Einwohner in ausgesuchten
deutschen Städten (1898)

Gemeinde	Berlin	Münster	Bochum	Reckling-hausen	Dort-mund
Einwohner pro Wirtschaft (1898)	135	160	275	317	329

Gemeinde	Borbeck	Gelsen-kirchen	Essen	Alten-essen	Schalke	Ücken-dorf
Einwohner pro Wirtschaft (1898)	329	367	457	495	511	594

Quelle: G. Tenius: Die Gast- und Schankwirtschaften in den deutschen Gemeinden mit mehr als 15000 Einwohnern nach dem Stande vom November 1898, in: Mitteilungen des Statistischen Amtes der Stadt Dortmund, H. 3, Dortmund 1901.

Tabelle 11a: Die gewerkschaftlichen Organisationen
der deutschen Bergarbeiter (1890–1913)

Jahr	Verband der Bergarbeiter Deutschlands	Gewerkverein christlicher Bergarbeiter	Polnische Berufs-vereinigung	Gewerkverein der Bergarbeiter (Hirsch-Duncker)	Verband der Bergarbeiter im Ruhrgebiet
1890	58000	–	–	–	–
1891	46300	–	–	–	–
1892	37700	–	–	–	–
1893	11174	–	–	–	–
1894	5806	–	–	–	5158
1895	6144	5500	–	–	4153
1896	7420	8055	–	182	3938
1897	21020	21000	–	210	12149
1898	27800	19000	–	257	17974
1899	33170	22000	–	301	18606
1900	36410	28000	–	610	12945
1901	38042	33958	–	619	23044
1902	48278	40208	–	576	32832
1903	69028	42000	50047	546	48132
1904	80072	44350	–	597	56153
1905	105060	66630	–	2189	78862
1906	110247	75153	25000	2509	78879
1907	111476	76866	32000	2113	77713

Reichsgebiet

Jahr	Reichsgebiet				
	Verband der Bergarbeiter Deutschlands	Gewerkverein christlicher Bergarbeiter	Polnische Berufs- vereinigung	Gewerkverein der Bergarbeiter (Hirsch-Duncker)	Verband der Bergarbeiter im Ruhrgebiet
1908	112513	74814	39000	2064	80143
1909	120280	81731	43000	2405	76869
1910	123437	82855	38387	3613	78418
1911	120136	84321	46995	3945	75025
1912	114062	77967	50903	3325	69648
1913	101986	63129	–	–	62487

Nach: J. Fritsch: Eindringen und Ausbreitung, S. 109, S. 111.

Tabelle 11b: Organisationsentwicklung des ZZP

Jahr	Mitglieder insgesamt	Abt. Bergarbeiter	
		insgesamt	Ruhrgebiet
1903	4616		
1904	11500		
1905	25000		
1906	40962	35863*	
1907	47962	39256*	
1908	48000	40842*	
1909	57000	22243	17772
1910	66970	38387	26309
1911	70583	46995	30164
1912	77322	50903	30354
1913	75171	50047	28936
1914	50512	29512	16137
1915	34590	17295	9130
1916	33884	16942	9027
1917	43984	21992	12746
1918	73720	36860	20834
1919	480100	51722	46241
1920	570537	67000	45000

* einschl. Abt. Metallarbeiter
Nach: C. Kleßmann: Bergarbeiter, S. 283.

*Tabelle 12: Entwicklung der Lebensmittelkosten, der durchschnittlichen
Jahreslöhne aller erwachsenen Bergarbeiter und der Reallöhne
im Ruhrgebiet, 1886–1912*

Jahr	Dortmund	Bochum	Witten	Essen	Im Durch-schnitt d. 4 Städte	Steigerung d. Jahres-löhne in %	Reallohn-entwick-lung
1886	100,00	100,00	100,00	100,00	100,00	100,00	100,00
1890	116,66	110,88	112,38	113,59	113,35	138,21	121,93
1895	112,62	100,95	105,41	101,41	104,95	125,39	119,99
1900	111,60	105,94	106,53	111,84	109,00	172,54	158,29
1905	118,41	109,77	114,50	114,78	114,32	153,63	134,38
1906	128,27	122,82	123,76	117,49	122,94	181,61	147,72
1907	121,43	119,17	117,18	112,08	117,34	202,32	172,42
1908	123,70	119,93	118,21	111,20	118,06	193,52	169,92
1909	136,27	125,96	118,65	115,75	121,75	174,87	143,63
1910	130,59	126,91	123,94	118,49	124,84	179,02	143,39
1911	126,28	122,17	122,52	113,50	120,95	187,31	154,86
1912	132,37	129,27	128,11	124,49	128,49	205,44	158,65

Nach: G. Steiner: Arbeits- und Lohnverhältnisse, S. 22.

Tabelle 13: Das Verhältnis von Jahresverdienst und Existenzminimum

Jahr	Index auf 1913–1914 bezogen	Jährliches Existenz-minimum	Durchschnittl. Jahresverdienst d. Bergleute in Mark	Verdienst/ Existenz-minimum
1909	0,92	1132	1431	1,27
1910	0,93	1144	1465	1,28
1911	0,95	1169	1533	1,31
1912	1,00	1230	1727	1,40
1913	1,00	1230	1850	1,51
1914	1,04	1279	1716	1,34
1915	1,48	1820	1996	1,10
1916	1,75	2152	2339	1,09
1917	2,06	2534	2877	1,14
1918	2,43	2989	3540	1,18
1919	3,16	3887	5716	1,47
1920	8,22	10111	18081	1,79
1921	9,93	12214	22292	1,83
1922	126,73	155878	196803	1,26

Nach: B. Heymann/K. Freudenberg: Morbidität, S. 33.

*Tabelle 14: Unfälle in den deutschen Bergbaurevieren pro 1000 Bergleute
in den Jahren 1890–1918**

	1890	1895	1900	1906	1912	1918
Sektion I Bonn	7,99	8,96	10,33	15,47	15,59	18,59
Sektion II Bochum	10,79	14,43	14,11	18,31	16,08	18,96
Sektion III Clausthal	3,73	8,36	9,32	9,63	10,65	10,99
Sektion IV Halle	4,78	7,13	8,16	10,23	10,44	10,94
Sektion V Waldenburg i. S.	4,11	5,56	5,68	5,89	7,22	10,17
Sektion VI Beuthen O. Schl.	9,64	14,57	17,91	19,58	21,25	22,03
Sektion VII Zwickau	9,73	9,78	8,59	12,12	12,82	14,56
Sektion VIII München	11,20	10,04	7,02	9,86	13,21	15,19

* Grundlage sind jeweils 1000 in den Berufsgenossenschaften versicherte Bergleute.
Quelle: Berichte über die Verwaltung der Knappschaftsberufsgenossenschaft für die
Jahre 1890, S. 18; 1895, S. 38; 1900, S. 48; 1906, S. 64; 1912, S. 84; 1918, S. 20.

*Tabelle 15: Polnische und masurische Haushaltsvorstände (einschließlich
erwerbstätige Söhne) und Kostgänger in der Provinz Westfalen*

Jahr	Haushaltsvorstände	Kostgänger	auf 100 Haushaltsvorst. entfielen Kostg.
1902	29 860	29 872	100,04
1904	37 913	32 276	85,1
1906	45 304	36 141	79,8
1908	63 774	35 571	55,8
1910	65 668	32 492	49,5
1912	63 020	35 486	56,3

Nach: C. Kleßmann: Bergarbeiter, S. 271.

Tabelle 15 a: Polnische und masurische Haushaltsvorstände (einschließlich erwerbstätige Söhne) und Kostgänger im Ruhrgebiet*

Jahr	Haushaltsvorstände	Kostgänger	auf 100 Haushaltsvorst. entfielen Kostg.
1908	poln. 58543	38504	65,8
	mas. 26139	10389	39,7
1910	poln. 54867	35793	65,2
	mas. 31871	9984	31,3
1912	poln. 63020	35486	56,3
	mas. 47190	8459	17,9

* 3 Reg.-Bez.

Nach: C. Kleßmann: Bergarbeiter, S. 271.

Verzeichnis der Abkürzungen

Es sind nur die Abkürzungen aufgeführt, die nicht allgemein gebräuchlich sind.

Abhdlg. . . . . Abhandlungen
AfS . . . . Archiv für Sozialgeschichte
AZ . . . . Arbeiter-Zeitung Dortmund
BBA . . . . Bergbau-Archiv Bochum
GuG . . . . Geschichte und Gesellschaft
HSTAD . . . . Hauptstaatsarchiv Düsseldorf
IMS . . . . Informationen zur modernen Stadtgeschichte
IWK . . . . Internationale wissenschaftliche Korrespondenz zur Geschichte der deutschen Arbeiterbewegung
LAK . . . . Landeshauptarchiv Koblenz
LAR . . . . Landratsamt Recklinghausen
LVA . . . . Landesversicherungsanstalt
NWB . . . . Neue Wissenschaftliche Bibliothek
OBA . . . . Oberbergamt Dortmund/Oberbergamtsbezirk Dortmund
Oberpräs. Mü. . . . . . Oberpräsidium Münster
Re . . . . Recklinghausen
Reg. Arnsberg . . . . . Regierung Arnsberg
Reg. Düss. . . . . Regierung Düsseldorf
Reg. Düss. Präs. . . . . Regierung Düsseldorf Präsidialbureau
Reg. Mü. . . . . Regierung Münster
SOWI . . . . Sozialwissenschaftliche Informationen für Unterricht und Studium
STAB . . . . Stadtarchiv Bottrop
STAM . . . . Staatsarchiv Münster
SVSP . . . . Schriften des Vereins für Sozialpolitik
VfZ . . . . Vierteljahreshefte für Zeitgeschichte
VSWG . . . . Vierteljahreszeitschrift für Sozial- und Wirtschaftsgeschichte
WWA . . . . Westfälisches Wirtschaftsarchiv Dortmund
ZBHSW . . . . Zeitschrift für das Berg-, Hütten- und Salinenwesen im Preußischen Staate
ZfU . . . . Zeitschrift für Unternehmensgeschichte

Anmerkungen

I. Einleitung. Entdeckungsreise ins eigene Volk

1. STAM, Reg.Mü. VII-58-5, Polizeibericht vom 15. 9. 1912. – Buer ist heute ein nördlicher Stadtteil von Gelsenkirchen. Zum Titel vgl. Kap. 4, Anm. 2.
2. Als Beleg für die Angaben in der Einleitung sei auf die entsprechenden Kapitel der vorliegenden Arbeit verwiesen.
3. Zu Beginn des Jahres 1889 hatte es 104000 Bergleute gegeben.
4. H. Ommelmann: Der Rheinisch-Westfälische Bergarbeiterstreike, welcher als Opfer 11 Tote und 26 Verwundete gefordert hat nebst Andeutungen zur Verhütung ähnlicher Bewegungen, Dortmund 1889, S. 7. – Titel werden bei der ersten Nennung innerhalb eines jeden Kapitels vollständig zitiert, später abgekürzt. Zentrale Arbeiten sind im Literaturverzeichnis genannt.
5. Ebd. S. 7.
6. Ebd. S. 18.
7. Diese Zahlen sind zu hoch, da sie auch andere Bergbaugebiete miterfassen; zur genaueren Aufschlüsselung vgl. Tab. 11 dieser Arbeit.
8. Nach P. Osthold: Die Geschichte des Zechenverbandes, 1908–1933. Ein Beitrag zur deutschen Sozialgeschichte, Berlin 1934, S. 17.
9. Wiedfeldt: Das Aftermietwesen in der Stadt Essen nach der Aufnahme vom 1. Dezember 1900, in: Beiträge zur Statistik der Stadt Essen, H. 7, Essen 1902, S. 50.
10. N. Joniak: Das Arbeiterwohnungselend im rheinisch-westfälischen Industriebezirk, Frankfurt 1908, S. 3.
11. Vgl. C. Kleßmann: Polnische Bergarbeiter im Ruhrgebiet 1870–1945. Soziale Integration und nationale Subkultur einer Minderheit in der deutschen Industriegesellschaft, Göttingen 1978, Tab. 2, S. 261, Tab. 5, S. 265, sowie die entsprechenden Abschnitte dieser Arbeit.
12. Vgl. Tab. 3 und Tab. 5.
13. E. Enke: Private, genossenschaftliche und städtische Wohnungspolitik in Essen a/Ruhr vom Anfang des 19. Jahrhunderts bis zur Gegenwart, Stuttgart 1902, S. 151.
14. Lange: Die Wohnungsverhältnisse der ärmeren Volksklassen in Bochum, in: SVSP 30, II, 1886, S. 73–105, S. 92 f.
15. H. Marchwitza: Meine Jugend, Berlin/Weimar 1964, S. 96.
16. Ebd. S. 97.
17. Ebd. S. 162.
18. Ebd. S. 162 ff., S. 228 ff.
19. Interview mit F. K. – Zu Beginn der Arbeit wurden etwa 20 Bergleute befragt; die Gespräche wurden z.T. mit einem Tonbandgerät aufgezeichnet und anschließend transkribiert; eventuelle Seitenangaben beziehen sich auf den transkribierten Text; den Interviewten wurde Anonymität zugesichert.
20. Interview mit K. H., S. 37.
21. Ebd. S. 39.
22. Interview mit L. O.; nicht transkribiert.

23. Interview mit C. K., S. 7.
24. Ebd. S. 7.
25. Interview F. K.; nicht transkribiert.
26. Interview K. H., S. 24.

II. Lebens- und Wohnbedingungen

1. Zit. nach der korrigierten Fassung von H. Siebel/A. Brandenburg in: Der Anschnitt, 32, 1980, H. 5/6, S. 282–284; mit kleinen Mängeln ebenfalls in: L. Fischer-Eckert: Die wirtschaftliche und soziale Lage der Frauen in dem modernen Industrieort Hamborn im Rheinland, Hagen 1913, S. 59–62.
2. Vgl. H. Marchwitza: Jugend, S. 144ff.
3. G. Werner: Ein Kumpel. Erzählung aus dem Leben der Bergarbeiter, Berlin 1930, S. 67; zur Einwanderung K. Degen: Die Herkunft der Arbeiter in den Industrien Rheinland-Westfalens bis zur Gründerzeit, Diss. Bonn 1916; S. Chmielecki: Bevölkerungsentwicklung in Stadt- und Landkreis Recklinghausen, Diss. Freiburg (1914); W. Brepohl: Industrievolk im Wandel von der agraren zur industriellen Daseinsform, dargestellt am Ruhrgebiet, Tübingen 1957; C. Kleßmann: Polnische Bergarbeiter, S. 233 ff.; die Aufsätze von W. Köllmann, in: ders.: Bevölkerung in der industriellen Revolution. Studien zur Bevölkerungsgeschichte Deutschlands, Göttingen 1974; zur regionalen Mobilität im Kaiserreich D. Langewiesche: Mobilität in deutschen Mittel- und Großstädten. Aspekte der Binnenwanderung im 19. und 20. Jahrhundert, in: W. Conze/ U. Engelhardt (Hg.): Arbeiter im Industrialisierungsprozeß, Stuttgart 1979, S. 70–93 (mit umfassendem Literaturverzeichnis).
4. Vgl. G. Werner: Ein Kumpel, S. 67 ff.; zur Abhängigkeit Angeworbener von der Zeche, H. Marchwitza: Jugend, S. 164ff.; Angaben auch in STAM, OBA 1400, Bl. 241 ff.
5. Für einzelne Gemeinden sind die Meldebücher erhalten; sie konnten jedoch im Rahmen dieser Arbeit nicht ausgewertet werden; diese Aufgabe bewältigt hat J. H. Jackson jr.: Migration and Urbanisation in the Ruhr Valley, 1850–1900, Ph. D. University of Minnesota 1980; ders.: Wanderungen in Duisburg während der Industrialisierung 1850–1910, in: W. H. Schröder (Hg.): Moderne Stadtgeschichte, Stuttgart 1979, S. 217–237; seine Untersuchung, die einen ausgeprägten quantitativen Schwerpunkt hat, ist parallel zur hier vorliegenden Arbeit entstanden und konnte somit nur ansatzweise berücksichtigt werden; die jeweiligen Ergebnisse stimmen jedoch weitgehend überein bzw. ergänzen einander.
6. Für Bergleute gab es nach 1905 einen von den Unternehmern organisierten, anfangs inoffiziellen, ab 1908 offiziellen Arbeitsnachweis, vgl. S. 226f. dieser Arbeit; allgemein hierzu vgl. M. Sogemeier: Die Entwicklung und Regelung des Arbeitsmarktes im rheinisch-westfälischen Industriegebiet, Jena 1922; zur Bedeutung vgl. die Berichte und Aufstellungen in STAM, Oberpräsidium 2661, I und II, sowie 6212.
7. Zur Wohnungsfrage vgl. S. 41ff. dieser Arbeit; zum Umfang des sog. Armenwesens vgl. 1. Jahrbuch der Stadt Bottrop 1919/20, S. 138ff., das die Zeit vor dem Ersten Weltkrieg ausführlich behandelt; ferner F. Wilhelmi: Die Finanzentwicklung der Städte Bonn und Bochum als Typen einer Rentner- und einer Industriearbeiterstadt (von 1870–1913), Diss. Freiburg o. J., der Bonn und Bochum vergleicht, S. 70ff., S. 95ff.; in Bochum wurden z. B. 1910 5463 Personen unter-

stützt, auf die im Jahresdurchschnitt 75 M entfielen, ebd. S. 23; zur sozialen Absicherung vgl. Kapitel V dieser Arbeit.

8. Vgl. vor allem H. Bobek: Über einige funktionelle Stadttypen und ihre Beziehung zum Lande, in: P. Schöller (Hg.): Allgemeine Stadtgeographie, Darmstadt 1969, S. 269–288; einen Überblick über Urbanisierungstypen bei L. Niethammer/F. Brüggemeier: Wie wohnten Arbeiter im Kaiserreich, in: Archiv für Sozialgeschichte, 16, 1976, S. 61–134, S. 94 ff. (mit weiterführender Literatur).

9. Vgl. Tab. 1; zur Entwicklung P. Wiel: Wirtschaftsgeschichte des Ruhrgebiets. Tatsachen und Zahlen, Essen 1970; S. Chmielecki: Bevölkerungsentwicklung; W. Köllmann: Bevölkerung; K. Tenfelde: Sozialgeschichte, S. 43 ff.; H. Croon: Städtewandlung und Städtebildung im Ruhrgebiet im 19. Jahrhundert, in: Aus Geschichte und Landeskunde. Forschungen und Darstellungen. Festschrift für Franz Steinbach zum 65. Geburtstag, Bonn 1960, S. 484–501.

10. G. Werner: Ein Kumpel, spricht von „amerikanischer Entwicklung" (S. 123) und „Wild-West" (S. 124); die Essener Arbeiterzeitung beklagte 1919 einen „spartakistisch verseuchten Wildwest", zit. nach E. Lucas: Radikalismus, S. 172 und Anm. 5, S. 308.

11. Zur Belegschaftsentwicklung vgl. Tab. 2; ferner K. Tenfelde: Sozialgeschichte, S. 230 ff.

12. Zu Hamborn vgl. E. Lucas: Radikalismus, S. 28 ff.

13. Vgl. die Tabellen und Zusammenstellungen bei C. Kleßmann: Polnische Bergarbeiter, S. 260 ff.; S. Chmielecki: Bevölkerungsentwicklung, S. 21; G. Adelmann: Betriebsverfassung, S. 153 ff., sowie: Die Entwicklung des Niederrheinisch-Westfälischen Steinkohlen-Bergbaus in der zweiten Hälfte des 19. Jahrhunderts, 12 Bde., Berlin 1902–1905, Bd. 12, S. 43 ff.

14. Vgl. W. Berg: Wirtschaft und Gesellschaft in Deutschland und Großbritannien im Übergang zum ,organisierten Kapitalismus'. Unternehmer, Angestellte, Arbeiter und Staat im Steinkohlenbergbau des Ruhrgebietes und von Südwales 1850–1914, Diss. Bielefeld 1980, S. 181 ff.; S. Chmielecki: Bevölkerungsentwicklung, S. 23 f.

15. Vgl. W. Berg: Wirtschaft, S. 196 ff., S. 292 ff.; zum Frauenmangel W. Köllmann: Bevölkerung, S. 173; C. Kleßmann: Bergarbeiter, S. 268 f., Tab. 8–10; zur Brautschau in der Heimat vgl. L. Heiermann: Die soziale und wirtschaftliche Entwicklung der Stadt Bottrop seit Beginn des 19. Jahrhunderts, Bottrop 1961, der einen Zuwanderer zitiert: „Für uns bot sich kaum eine Chance, in Bottrop etwas Weibliches im heiratsfähigen Alter kennenzulernen. Wir mußten auf unsere Heimat zurückgreifen" (S. 88).

16. Vgl. W. Berg: Wirtschaft, S. 196 ff., S. 226 ff.; S. Chmielecki: Bevölkerungsentwicklung, S. 37 ff.

17. Vgl. C. Kleßmann: Bergarbeiter, S. 265 f., Tab. 5 und 6; B. Heymann/K. Freudenberg: Morbidität und Mortalität der Bergleute im Ruhrgebiet, Essen 1925, S. 6 ff.

18. Vgl. Statistisches Jahrbuch der Stadt Essen 6, 1912, S. 31 f., S. 35. Die Diskrepanz zwischen Wanderungsgewinn und Wanderungsvolumen betont vor allem D. Langewiesche: Mobilität, ders.: Wanderungsbewegungen in der Hochindustrialisierungsperiode. Regionale, interstädtische und innerstädtische Mobilität in Deutschland, 1880–1914, in: VSWG 64, 1977, S. 1 ff., dort auch ausführliche Literaturverweise; zum Ruhrgebiet D. Crew: Bochum, S. 69 ff.; Angaben auch bei K. Tenfelde: Sozialgeschichte, S. 230 ff.; P. Wiel: Wirtschaftsgeschichte, S. 71 ff.; als wohl beste ältere Studie R. Heberle/F. Meyer: Die Großstädte im Strome der Binnenwanderung, Leipzig 1937. Zur Enttäuschung vgl. H. March-

witza: Jugend, S. 165, S. 190ff.; eine positivere Beurteilung in: Geschichte einer polnischen Kolonie in der Fremde. Jubiläumsschrift des St. Barbara-Vereins in Bottrop, Bottrop 1911 (dt. Übersetzung in: Kirche und Religion im Revier, Beiträge und Quellen zur Geschichte religiöser und kirchlicher Verhältnisse im Werden und Wandel des Ruhrgebiets, H. 4, Essen 1968); allgemein vgl. R. C. Murphy: Gastarbeiter im Deutschen Reich. Polen in Bottrop, Wuppertal 1982, S. 46ff.; C. Kleßmann: Bergarbeiter, S. 44ff.

19. Vgl. D. Crew: Bochum, S. 73ff.; D. Langewiesche: Wanderungsbewegungen, S. 24ff.; G. Tenius: Die Bevölkerungsbewegung in Dortmund im Jahre 1896, in: Mitteilungen des Statistischen Amtes der Stadt Dortmund, Heft 1, Dortmund 1898, S. 55–66.

20. Als Schilderung der noch beschaulichen Verhältnisse vgl. F. J. Pieler: Das Ruhrtal. Reise auf der Ruhrtaleisenbahn mit Ausflügen in die Umgebung, Werl 1881; zu Urbanisierungstypen vgl. u. a. H. Bobek: Stadttypen; L. Niethammer/ F. Brüggemeier: Arbeiter, S. 94ff. Auch in dieser Hinsicht ist das Ruhrgebiet wenig erforscht; vgl. jedoch L. Niethammer: Die Unfähigkeit zur Stadtentwicklung. Erklärung der seelischen Störungen eines Communalbaumeisters in Preußens größtem Industriedorf, in: U. Engelhardt/V. Selin/H. Stuke (Hg.): Soziale Bewegung und politische Verfassung, Stuttgart 1976, S. 432–471.

21. Regierungspräsident Düsseldorf an d. preuß. Innenminister am 16. 8. 1898, LAK, 403, 13855; vgl. L. Niethammer: Unfähigkeit, S. 449ff.; als lokale Studien vgl. F. Mogs: Die sozialgeschichtliche Entwicklung der Stadt Oberhausen (Rhld.) zwischen 1850 und 1933, Phil. Diss. Köln 1956; H. U. Kötteritzsch: Die wirtschaftliche und soziale Entwicklung der Gemeinde Borbeck im 19. Jahrhundert (bis zur Gründerzeit), Examensarbeit (masch.), Bochum 1973; zu nahezu jeder Stadt im Ruhrgebiet gibt es Monographien, die jedoch nur selten zufriedenstellen; als Beispiel J. Vogel: Bottrop. Eine Bergbaustadt in der Emscherzone des Ruhrgebiets. Ein Beitrag zur wirtschafts- und sozialgeographischen Forschung in Steinkohlenrevieren. Remagen 1959; positive Ausnahmen hingegen D. F. Crew: Bochum, sowie E. C. McCreary: Essen 1860–1914. A Case Study of the Impact of Industrialisation on German Community Life, Ph. D. Yale University 1963.

22. Vgl. W. Köllmann: Bevölkerung, S. 184.

23. Vgl. Anm. 21.

24. Ebd.

25. Vgl. F. Wilhelmi: Finanzentwicklung, S. 39ff.

26. Vgl. J. Reulecke: Von der Dorfschule zum Schulsystem. Schulprobleme und Schulalltag in einer „jungen" Industriestadt vor dem Ersten Weltkrieg, in: ders./ W. Weber (Hg.): Fabrik, Familie, Feierabend, S. 247–271; R. Gräfin von Schmettow: Schulpolitik und Schulpraxis in Borbeck 1850 bis 1915, Diplomarbeit Essen 1976; V. v. Berg: Bildungsstruktur und industrieller Fortschritt: Essen (Ruhr) im 19. Jh., Stuttgart 1979.

27. F. Wilhelmi: Finanzentwicklung, S. 117; allgemeiner A. Schappacher: Moderne Kommunalfinanzen im Landkreis Recklinghausen. Ein Beitrag zur Finanzgeschichte des westfälischen Industriegebietes, Leipzig 1910, S. 8ff., S. 178ff.

28. F. Wilhelmi: Finanzentwicklung, S. 118; vgl. L. Niethammer: Unfähigkeit, S. 441ff.; zur unterschiedlichen Ausstattung reicher und armer Landgemeinden vgl. S. 30ff. dieser Arbeit.

29. F. Wilhelmi: Finanzentwicklung, S. 122.

30. Vgl. J. Reulecke: Dorfschule, S. 268; umfangreiche Statistiken bei F. Wilhelmi: Finanzentwicklung, Tab. 28–30; in Bottrop z. B. waren 1900 nur 5% sämtlicher

Gemeindestraßen gepflastert oder ausgebaut; vgl. 1. Jahrbuch, S. 126, ferner die Aufstellung anläßlich des Antrages auf Verleihung der Stadtrechte in STAM, Reg.Mü. IV-12-201.

31. Vgl. hierzu die Beiträge über Gemeindefinanzen in SVSP Bd. 127, 1910, Teil 1–3, vor allem H. Lücker: Die Entwicklung und Probleme des Gemeindeabgabenwesens in den Städten und großen Landgemeinden der preußischen Industriebezirke, Teil 3, S. 1–44; ferner H. Führbaum: Die Entwicklung der Gemeindesteuern in Deutschland (Preußen) bis zum Beginn des 1. Weltkrieges, Diss. Münster 1971; sehr gut immer noch W. Gerloff: Die Finanz- und Zollpolitik des Deutschen Reiches nebst ihren Beziehungen zu Landes- und Gemeindefinanzen, Jena 1913; allgemein P. C. Witt: Die Finanzpolitik des Deutschen Reiches von 1903 bis 1913. Eine Studie zur Innenpolitik des Wilhelminischen Deutschland, Lübeck/Hamburg 1970.

32. A. Schappacher: Kommunalfinanzen, S. 203; H. Lücker: Entwicklung, S. 819; für Bottrop vgl. 1. Jahrbuch, S. 88 ff.

33. Vgl. H. Lücker: Entwicklung, S. 10; 1. Jahrbuch Bottrop, S. 94; Brunhuber: Die Wertzuwachssteuer, Jena 1906.

34. Als Beispiel vgl. den Geschäftsbericht der Stadtwerke Bottrop für das Jahr 1935/ 36, Stadtarchiv Bottrop, A I 1, 19; allgemein A. Wilke: Probleme der Verwaltung im Industriebezirk mit besonderer Berücksichtigung des rhein.-westfäl. Kohlendistrikts, Berlin 1911.

35. Vgl. die Unterlagen in WWA, F 35, 3851 über Stromlieferungen der Arenberg A. G. an die Gemeinde Bottrop; zu Verträgen von Gemeinden mit gewerblichen Unternehmen vgl. STAM, Reg.Mü. V-8-48/49.

36. Im Geschäftsbericht der Stadtwerke Bottrop für das Jahr 1935/36, S. 11, wird beklagt, der Vertrag der Stadt mit dem RWE habe die ,,sehr drückende" Bestimmung enthalten, daß Großabnehmer mit mehr als 50000 kWh Jahresverbrauch direkt vom RWE versorgt würden; allgemein hierzu vgl. D. Rebentisch: Städte und Monopol. Privatwirtschaftliches Ferngas oder kommunale Verbundwirtschaft in der Weimarer Republik, in: ZSSD 3, 1976, S. 38–80; P. H. Seraphim: Die wirtschaftliche Betätigung der Gemeinden. Die Probleme der gemeindl. Eigenwirtschaft unter besonderem Blickpunkt der Gegebenheiten des rheinisch-westfälischen Industriegebietes, Bochum 1957.

37. Vgl. die Auseinandersetzungen der Gemeinden Bottrop, Essen, Meiderich und Borbeck untereinander sowie mit der Arenberg A. G., welchen Steuerbetrag die einzelnen Orte beanspruchen konnten, WWA, F 35, 3082–3132; es kam auch zu Konflikten über die Abschreibungssätze, ebd. F 35, 3442; allgemein hierzu H. Lücker: Entwicklung, S. 15 ff.

38. Zit. nach F. Wilhelmi: Finanzentwicklung, S. 48; vgl. S. 36 ff. dieser Arbeit zur Eingemeindung Bredeneys nach Essen.

39. Wo hingegen Industriebetriebe sehr kapitalintensiv waren, konnten die betroffenen Gemeinden recht wohlhabend werden, so z. B. Leverkusen; vgl. C. Liesenfeld: Die vollkommene Fabrik. Zur Sozialgeschichte der Chemiearbeiter bei den Farbenfabriken Bayer von 1890 bis zum 1. Weltkrieg, Examensarbeit Essen 1979.

40. H. Lücker: Entwicklung, S. 18.

41. A. Schappacher: Kommunalfinanzen, S. 211; zu ihrem Ertrag vgl. 1. Jahrbuch der Stadt Bottrop, S. 94; im Jahre 1910 betrug sie 229470 M bzw. 19,5% des Steueraufkommens, 1913 bereits 517200 M bzw. 33,5%; die Probleme der personalintensiven Betriebe für die Kommunalfinanzen blieben bestehen, bis vor kurzem wurde – analog zur Kopfsteuer – im Ruhrgebiet die Lohnsummensteuer

erhoben; zur Entwicklung vgl. G. Lelgemann: Die Wirtschafts-, Sozial- und Finanzstruktur kreisfreier Emscherstädte. Eine Untersuchung der Umbruchphase 1957–64, in: Vestische Zeitschrift 73/75, 1971/73, S. 9–121; J. H. Kloebe: Entwicklung, Bedeutung und Problematik der Gewerbesteuer in Preußen bzw. Nordrhein-Westfalen, Diss. Köln 1960.

42. H. Lücker: Entwicklung, S. 37; die Entrichtung von Schulgeld für den Besuch der Volksschule war 1888 abgeschafft worden, vgl. F. Wilhelmi: Finanzentwicklung, S. 40; der staatliche Zuschuß deckte z. B. in Herne 1911 nur 4,1% und in Gelsenkirchen 1,9% der Volksschulkosten, bei denen die Baukosten nicht einmal berücksichtigt sind, vgl. J. Reulecke: Dorfschule, S. 263 f.

43. AZ vom 7. 10. 07, Beilage; die AZ veröffentlichte im Herbst 1907 mehrere Beiträge des SPD-Parteisekretärs Max König aus Dortmund unter dem Titel „Kommunalpolitisches aus dem Ruhrrevier"; auch abgedruckt als ders.: Über den wirtschaftlichen und politischen Einfluß der Großindustrie auf die Gemeinde-Vertretung und Verwaltung im Ruhrgebiet, in: Kommunale Praxis 7, 1907, S. 901–924; Klagen über die hohe Belastung auch im Bericht der Handelskammer Bochum von 1910, s. Anm. 38; eine Zusammenstellung von Steuersätzen bei H. Lücker: Entwicklung, S. 35 ff., sowie bei P. Prigge: Die Gemeindesteuern des Jahres 1905 in den Stadtkreisen, den übrigen Städten und den Landgemeinden der Provinz Westfalen mit mehr als 10000 Einwohnern (= Mitteilungen des Statistischen Amtes der Stadt Dortmund, Nr. 8), Dortmund 1906.

44. H. Lücker: Entwicklung, S. 38; F. Wilhelmi: Finanzentwicklung, S. 17 ff. sowie Tab. 31.

45. Vgl. J. Reulecke: Dorfschule, S. 266 ff. mit ausführlichen Tabellen.

46. Die Kreditaufnahme der Landgemeinden wurde durch die übergeordneten Behörden kontrolliert; vgl. die umfangreichen Bestände in STAM, Reg.Mü. II-7-5, 5099; zu Bottrop vgl. 1. Jahrbuch, S. 67, mit einer Aufstellung der Schulden; ein Versuch, Prosperität nachzuweisen, im Antrag auf Stadterhebung, STAM, Reg. Mü. IV-12-201 und 209.

47. Vgl. P. Brandi: Essener Arbeitsjahre. Erinnerungen des Ersten Beigeordneten Paul Brandi, in: Beiträge zur Geschichte von Stadt und Stift Essen, 75, 1959, S. 56 ff.; E. C. McCreary: Essen, S. 193 ff.

48. Vgl. Eingemeindungsverträge zwischen der Stadt Essen und den Gemeinden Borbeck, Altenessen, Bredeney und Haarzopf mit Nebenverträgen vom 10. 3. 1914, Essen 1915; zum Hintergrund L. Niethammer: Unfähigkeit, S. 452.

49. Eingemeindungsvertrag mit Altenessen, S. 24–33, S. 28; die Straßen sind auf S. 31 einzeln aufgeführt.

50. Ebd. S. 32; die Vorhaben sind auf S. 28 aufgelistet.

51. Eingemeindungsvertrag mit Bredeney, S. 34–40, S. 38 f.; für die Bewohner Altenessens bedeutete der Steuersatz von 200% eine geringere Belastung gegenüber dem vorherigen Zuschlag in Höhe von 225%; vgl. Jahresbericht der Handelskammer für die Kreise Essen, Mülheim-Ruhr und Oberhausen zu Essen 1913, Teil II, Essen 1914, S. 108 f.

52. Eingemeindungsvertrag mit Altenessen, S. 32.

53. Vgl. Eingemeindungsvertrag mit Bredeney, S. 37 f.

54. Die derzeitige Stahlkrise trifft besonders den Norden, Gelsenkirchen z. B. zählt zu den Städten mit der höchsten Arbeitslosenziffer im Bundesgebiet; die neuen Industriebetriebe wie etwa die geplanten Kohlehydrierwerke werden sehr große Umweltbelastungen mit sich bringen; gegenüber diesen und anderen strukturellen Faktoren scheinen Vorhaben wie z. B. das Ruhrprogramm der Landesregierung wenig erfolgversprechend zu sein.

55. Vgl. vor allem H. Croon: Die gesellschaftlichen Auswirkungen des Gemeindewahlrechts in den Gemeinden und Kreisen des Rheinlandes und Westfalens im
19. Jahrhundert, Köln/Opladen 1960.

56. Vgl.L. Niethammer: Unfähigkeit, S. 440ff.; Mittel für Einrichtungen wie Gym-
nasien und höhere Schulen, die ihnen selbst bzw. ihren Kindern zugute kamen,
konnten sie leichter aufbringen, vgl. ebd. S. 457 sowie F. Wilhelmi: Finanzentwicklung, S. 60ff.; zu den Versuchen Bottrops, ein Gymnasium zu erhalten,
STAM, Reg.Mü. IV-12-201; der Regierungs-Präsident fand derartige Pläne für
einen Industrieort unpassend, vgl. Schreiben vom 10. 4. 05: ,,In Rücksicht auf
die überwiegend industrielle Bevölkerung Bottrops, deren Bestreben es sein
wird, ihren Nachwuchs wieder dem Bergfach, dem Gewerbe- und Kaufmanns-
stande zuzuführen, müßte von vornherein der realistischen Schulform der Vor-
zug zu geben sein''; das Bürgertum setzte sich jedoch durch, und anstelle der
hier vorgeschlagenen Realschule errichtete es ein Gymnasium, an dem 1912 das
erste Abitur abgelegt wurde, vgl. 1. Jahrbuch, S. 112f.

57. Bei der Kommunalwahl von 1903 gab es in der III. Klasse 4869 Wahlberechtigte,
in der II. Klasse 249, die Wahlbeteiligung betrug 30,3% bzw. 69,5%, STAB, AI
2, 14; 1907 wählten in der III. Klasse 15,1% und 1909 nur 8,7% der Wahlberechtigten, ebd.; die Zahlen für Essen lagen zwischen 20% und 60%, vgl. Statistisches Jahrbuch der Stadt Essen, 6, 1912, S. 72.

58. H. Croon: Das Vordringen der politischen Parteien im Bereich der kommunalen
Selbstverwaltung, in: ders./W. Hofmann/G. C. v. Unruh (Hg.): Kommunale
Selbstverwaltung im Zeitalter der Industrialisierung, Stuttgart 1971, S. 15–54,
S. 41.

59. Ebd. S. 41; vgl. E. Gothein: Der Bergbau, in: Grundriß der Sozialökonomik, VI.
Abteilung: Industrie. Bergwesen. Bauwesen, Tübingen 1914, S. 282–349, S. 309:
,,Wo in einem neuen Gebiet die Bergarbeiterschaft erst gebildet und untergebracht werden muß, entstehen ganze Ortschaften durchaus als Privatunterneh-
mung der Zechen und werden auch als solche verwaltet''; vgl. ferner die Beschwerde des Bottroper Amtmannes Ohm über Beeinflussung der Kommunal-
wahlen durch die Arenberg A. G., STAM, Reg.Mü. IV-12-201, Brief v. 12. 6.
1900.

60. Vgl. Anm. 57; zum Vergleich: die Beteiligung an den Reichstagswahlen betrug in
Essen zwischen 80% und 91%, nach Stat. Jahrbuch d. Stadt Essen 6, 1912, S. 71.

61. Vgl. die Bestände zu diesem Vorgang in STAB, AI, 1, 10.

62. L. Niethammer: Unfähigkeit, S. 449.

63. Zu Borbeck ebd. 448ff.; der Bottroper Antrag von 1906 in STAM, Reg.Mü. IV-
12-201; von 1913 in LAR, Landratsamt Recklinghausen 337.

64. Im Antrag der Stadt Bottrop von 1913 wurde u. a. ausgeführt, es sei ein gesunder,
seßhafter Arbeiterstamm vorhanden, die Hauptstraße sei mit großen, modernen
Geschäftshäusern bebaut, die Bürger seien ziemlich wohlhabend, städtisches
Leben habe sich herausgebildet und schließlich gehörten sämtliche Mitglieder
der Gemeindevertretung bürgerlichen Parteien an; gleichwohl wurde er
abgelehnt; vgl. LAR, Landratsamt Recklinghausen 337, sowie Anm. 66.

65. Regierungspräsident v. Düsseldorf an Innenminister v. 16. 8. 1898, LAK, 403,
13855.

66. STAM, Reg.Mü. IV-12-201, Stellungnahme des Kreistages v. 16. 3. 1907; der
Antrag von 1913 wurde wegen des Kriegsausbruchs nicht behandelt.

67. Vgl. hierzu u. a. die Essener Arbeitsgruppen um K. Rohe und E. Pankoke; Beiträge in K. Rohe/H. Kühr (Hg.): Politik und Gesellschaft im Ruhrgebiet. Beiträge zur regionalen Politikforschung. Königstein/Ts. 1979; manches dieser Defizi-

te hat sich allerdings im nachhinein als Segen erwiesen, eröffnete es doch die Freiräume und Möglichkeit, eigenständige Verhaltensweisen und Lösungen zu entwickeln.

68. Antrag auf Verleihung der Städteordnung vom März/April 1913, LAR, Landratsamt Recklinghausen 337.

69. STAM, Reg.Mü. 3755, Schreiben des Ministers für Handel und Gewerbe v. 10. 7. 91; er bezieht sich auf Berichte der Regierungs-Präsidenten von Münster und Arnsberg.

70. Arnecke: Die Arbeiterwohnungsfrage in Dortmund, in: SVSP 31, 1886, S. 157–86, S. 172.

71. Wiebe: Die Wohnungsverhältnisse der ärmeren Klassen in Essen a.d.R., in: SVSP 31, 1886, S. 187–197, S. 193.

72. Ebd. S. 193; vgl. R. Günter: Krupp und Essen, in: M. Warnke (Hg.): Das Kunstwerk zwischen Wissenschaft und Weltanschauung, Gütersloh 1970, S. 128 ff.; J. Schlandt: Die Kruppsiedlungen. Siedlungsbau im Interesse eines Industriekonzerns, in: H. G. Helms/J. Janssen (Hg.): Kapitalistischer Städtebau, 2. Aufl. Neuwied/Berlin 1971, S. 95 ff.

73. M. König: Kommunalpolitisches aus dem Ruhrrevier, in: AZ vom 4. 10. 1907, sowie A. Heinrichsbauer: Industrielle Siedlung im Ruhrgebiet in Vergangenheit, Gegenwart und Zukunft, Essen 1936, S. 28 ff.

74. Vgl. F. Strehlow: Die Boden- und Wohnungsfrage des rheinisch-westfälischen Industriebezirkes, Essen 1911, Tab. 1; der Unternehmeranteil bei den bebauten Flächen lag noch höher und betrug in Mülheim 10%, in Essen 43,3% und in Hamborn 91,8%; auch hier gibt es ein Nord-Süd-Gefälle. Zur Folgeproblematik vgl. F. Kleffner: Der Einfluß des bergbaulichen Grundbesitzers auf die Entwicklung der Gemeinden im Gebiet zwischen Emscher und Lippe, Bottrop 1960, der zeigt, daß hierdurch u. a. die Ansiedlung neuer Industrien erschwert und damit die Abhängigkeit von der Schwerindustrie festgeschrieben wurde.

75. E. Meier: Die neue Baupolizeiverordnung für den Landkreis Gelsenkirchen, in: Glückauf 48, 1912, S. 2114–2145, S. 2114.

76. So die Essener Arbeiterzeitung Weckruf vom 15. 3. 1902.

77. Vgl. für Essen, wo die Entwicklung früher eingesetzt hatte, das Resümee von E. Enke: Wohnungspolitik, S. 24: „Als nun die 1860er Jahre mit ihren unleidlichen Wohnungsverhältnissen herankamen, da stand die Stadt, überrascht und unvorbereitet, vor fast unlösbaren Aufgaben. Die private Baufähigkeit versagte. Große Unternehmer gab es noch nicht und die kleinen Maurer und Zimmermeister verfügten nicht über das nötige Kapital."

78. WWA, F 35, 3109, Arenberg AG an Reg.Mü. v. 12. 7. 1887.

79. E. Enke: Wohnungspolitik, S. 21 f.

80. P. Brandi: Arbeitsjahre, S. 32; vgl. E. C. McCreary: Essen, S. 196 ff.; P. Brandi: Der Aufstieg der Stadt Essen zur Industriemetropole. Eine Erinnerung an Oberbürgermeister Erich Zweigert, in: Beiträge zur Geschichte von Stift und Stadt Essen, 60, 1940, S. 239–314.

81. Vgl. L. Niethammer/F. Brüggemeier: Arbeiter, S. 130; dort auch weiterführende Literatur.

82. STAM, Reg.Mü. 5689, Bericht des Landrates v. 23. 10. 1890.

83. A. Bosse: Die Förderung des Arbeiterwohnungswesens durch die Landesversicherungsanstalten, Jena 1907, S. 17.

84. STAM, Reg.Mü. III, 7, 12, Schreiben der Landesversicherungsanstalt Westfalen v. 28. 4. 1908.

85. Ebd.

86. A. Bosse: Förderung, S. 15.
87. Ebd. S. 17; eine Zusammenstellung der verschiedenen Möglichkeiten bei R. Ku-czynski: Das Wohnungswesen und die Gemeinden in Preußen, Teil II: Städti-sche Wohnungsfürsorge, der zeigt, wie wenig die Gemeinden auf diesem Gebiet getan haben, S. 111ff., S. 277ff.
88. Vgl. E. Enke: Wohnungspolitik, S. 38ff.; P. Brandi: Arbeitsjahre, S. 32 ff.
89. F. Allmers: Die Wohnungspolitik der gemeinnützigen Bauvereine im Rheinland von 1815–1914, Diss. Köln 1925, S. 38
90. STAM, OBA 1805, Schreiben des Oberpräsidiums zu Münster vom 28. 7. 04, in dem über eine ,,gewisse Zurückhaltung'' seitens der Knappschaft geklagt wird, eine elegante Umschreibung des Sachverhalts, denn die Knappschaft ver-langte 4½% bzw. bei Beträgen unter 10000 M 4% Zinsen, während die Lan-desversicherungsanstalten nur 3¼% berechneten; zudem war auf Betreiben der Werksbesitzer, denen das Risiko zu hoch schien, das Verleihen von Geldern an Arbeiter ganz eingestellt worden, vgl. ebd., Antwort d. Knappschaft v. 24. 10. 09.
91. F. Allmers: Wohnungsbaupolitik, S. 35.
92. So im Falle der Arenberg A. G., die eine Anleihe über 20 Mio. M. erhalten hatte, wofür ein Bergwerksdirektor streng vertraulich die zugesagte Provision in Höhe von 30000 M. einforderte, was den Eindruck erweckt, die Knappschaft sei in mehrfacher Hinsicht ein Selbstbedienungsladen der Unternehmer gewesen, die sich Kredite und obendrein noch Provisionen bewilligten; vgl. die Bestände in WWA, F35, 1733 und 1739.
93. STAM, Reg.Mü. 4910, Bericht des Zechendirektors an Thyssen vom 6. 12. 1898 anläßlich des Antrages auf Erteilung einer Schankkonzession.
94. Ebd.; vgl. Stellungnahme des Landrates v. 19. 2. 99.
95. Ebd., Schreiben des Reg.-Präsidenten v. Febr. 1899.
96. STAM, Reg.Mü. 5689, Bericht des Landrats vom 3. 9. 1890; auch der Landrat von Recklinghausen sprach sich gegen gesetzliche Verpflichtungen zum Bau von Arbeiterwohnungen aus, da dies ,,im allgemeinen öffentlichen Interesse nicht wünschenswert'' sei, ebd., Bericht vom 23. 10. 1890.
97. Diese Argumentation entstand bei der Zusammenarbeit mit L. Niethammer; vgl. ders.: Some Elements of the Housing Reform Debate in 19th Century Europe: Or on the Making of a New Paradigm of Social Control, in: B. M. Stave (Hg.): Modern Industrial Cities. History, Policy and Survival, London 1981, S. 129–164; ders.: La genèse du logement sociale comme stratégie bourgeoise, Ms. Paris/Essen 1979; ferner S. 142ff. dieser Arbeit.
98. In städtisch verdichteten Gebieten wie z. B. Gelsenkirchen überwog der private Wohnungsmarkt; vgl. H. Kattentidt: Die Wohnungsfrage im rheinisch-westfäli-schen Industriegebiet, Diss. Hannover 1924, S. 119ff.; auf die bessere Verzin-sung in der Industrie wies bereits die Essener Volkszeitung vom 12. 12. 1899 und vom 24. 4. 1900 hin.
99. Wollenweber: Mängel im Wohnungswesen im westfälischen Industriebezirk und ihre Bedeutung für die Ausbreitung der Infektionskrankheiten, Berlin 1913, S. 10; die Stadt Dortmund gab für 1910 an, daß 1333 Wohnungen nur einen Wohnraum, 13850 zwei, 14608 drei, 7153 vier und 3872 fünf Wohnräume hat-ten, ebd. S. 10.
100. Wollenweber: Wohnungswesen, S. 14.
101. Stadtarchiv Bochum, Acta spec. Erbbauverein Bochum, 1910–1912, Nr. 1139; vgl. die undatierte Zusammenstellung der Wohnungsinspektion der einzelnen Kreise im Regierungsbezirk Düsseldorf (ca. 1910) in HSTAD, Reg. Düsseldorf

11284, in tabellarischer Zusammenfassung abgedruckt in: L. Niethammer/ F. Brüggemeier: Kaiserreich, S. 88.

102. C. Wischermann: Möglichkeiten des Einsatzes der Cluster-Analyse zur Untersuchung der Wohnbedingungen in deutschen Großstädten um die Jahrhundertwende, in: W. Conze/U. Engelhardt (Hg.): Arbeiter im Industrialisierungsprozeß, Stuttgart 1979, S. 201–226; zur Frage des Vergleichs L. Niethammer/ F. Brüggemeier: Kaiserreich, S. 61 ff.

103. R. Hundt: Bergarbeiterwohnungen im Ruhrrevier. Dortmund 1902, S. 39.

104. Zur Entwicklung der Werkswohnungen vgl. für 1873 J. Hiltrop: Beiträge zur Statistik des Oberbergamts-Bezirk Dortmund, mit besonderer Berücksichtigung der Ansiedlungsbestrebungen der Grubenbesitzer für die Belegschaft ihrer Werke, in: Zeitschrift des Königlich Preußischen Statistischen Bureaus, 15, 1875, auch als Sonderdruck, Berlin 1875; für 1893 ff. vgl. Tab. 4; zur Entwicklung der Profite vgl. S. 90 dieser Arbeit.

105. Zur Entwicklung des Bergbaus vgl. S. 80 ff. dieser Arbeit sowie Tab. 2.

106. Zum Ansiedlungsgesetz umfangreiche Bestände in STAM, OBA 1804 und 1805, dort auch eine Kopie der Examensarbeit des Bergreferendars Nolten über die Konsequenzen dieses Gesetzes; vgl. auch S. Chmielecki: Bevölkerungsentwicklung, S. 28.

107. Vgl. C. Debus: Arbeiterwohnungswesen im rheinisch-westfälischen Industriebezirk unter besonderer Berücksichtigung der Arbeiterkolonie der Zeche Teutoburgia des Bochumer Vereins für Bergbau und Gußstahlfabrikation, Bochum 1915, S. 34; vgl. Die Entwicklung, Bd. 12, S. 16 ff., S. 26 ff.; zum Versuch von Zechen, diese Bestimmungen zu umgehen, vgl. S. 44 f. dieser Arbeit.

108. A. Schappacher: Moderne Kommunalfinanzen, S. 109.

109. STAM, OBA 1804, Schreiben der Zechendirektion an den preuß. Innenminister v. 17. 7. 83; vgl. die Auseinandersetzungen zwischen Gemeinden und Zechen in STAM, Reg. Mü. 3789; Reg. Mü. IV-7-18; Reg. Mü. V-8-215; für Bottrop vgl. WWA, F 35, 3148.

110. Zum Vergleich der Entwicklung im Rheinland und in Westfalen vgl. Entwicklung, Bd. 12, S. 206.

111. STAM, OBA 1804, Schreiben der Zeche Hansa v. 17. 7. 83 an den preußischen Innenminister.

112. R. Schwenger: Die betriebliche Sozialpolitik im Ruhrkohlenbergbau, in: SVSP 186, 1932, S. 201.

113. Zur Architektur (mit zahlreichen Grundrissen und Photos) vgl. F. Bollerey/ K. Hartmann: Wohnen im Revier, München 1975; H. Sturm: Fabrikarchitektur, Villa, Arbeitersiedlung, München 1977.

114. Vgl. R. Hundt: Bergarbeiterwohnungen, S. 31 sowie die Tabellen auf S. 16; Entwicklung, Bd. 12, S. 190 ff.

115. Der Landkreis Recklinghausen z. B. stand einem Bericht des Landrats vom 2. 6. 1914 zufolge ,,an der Spitze sämtlicher Kreise des Reg.-Bezirks Münster. Bei einer Vergleichung der Schweinehaltung in den einzelnen Gemeinden ergibt sich, daß der weitaus größte Anteil auf die Industriegemeinden entfällt'', STAB, AI 1, 19; in Bottrop gab es dieser Übersicht zufolge 9510 Schweine und in Gladbeck 8341; eine Aufstellung des OBA Dortmund ebenfalls für 1914 gibt 104909 Schweine, 27317 Ziegen, 2962 Schafe sowie 90432 Kaninchen und 367042 Stück Federvieh an, STAM, OBA 1808, Zusammenstellung vom Mai/ Juni 1914.

116. Das wird u. a. an den umfangreichen Instandsetzungsarbeiten deutlich, die nach Streiks erforderlich waren, ganze Abteilungen konnten unbefahrbar werden;

vgl. als Beispiel WWA, F35, 1429, Betriebsbericht Schacht ProsperI vom März 1905.
117. Vgl. R. Hundt: Bergarbeiterwohnungen, S. 16ff., Tab. III, S. 33ff., Tab. IV; Entwicklung, Bd. 12, S. 190ff. , Tab. 135, S. 200ff., Tab. 136.
118. Vgl. die Grundrisse in F. Bollerey/K. Hartmann: Wohnen, passim; R. Hundt: Bergarbeiterwohnungen, S. 26ff.
119. Vgl. H. Ermeling: Von der Bergarbeiterkolonie zum Hochhaus, in: Beiträge zur Stadtgeschichte, Zeitschrift d. Vereins für Orts- und Heimatkunde Gelsenkirchen-Buer, IX, 1978, S. 49–88; die Angaben zur Nutzung beruhen auf Interviews; vgl. auch E. Knopf: Des Bergmanns Glück? Wohnverhältnisse der Ruhrbergarbeiter vor dem Ersten Weltkrieg und die Siedlungspolitik der Zeche Bergmannsglück in Gelsenkirchen-Buer, Examensarbeit Bremen 1980.
120. Am Beispiel der Siedlung Ebel bei Bottrop WWA, F35, 1092, Schreiben der Zeche vom 21. 2. 1921; zusätzliche Informationen durch Interviews mit Bewohnern der Siedlung sowie F. v. de Sand: Die Entwicklung der Bergarbeiterkolonie Bottrop-Ebel. Von der Abteufung des Schachtes Prosper I bis zur Eingemeindung der Prosper-Kolonie nach Bottrop, Examensarbeit Essen 1979.
121. A. Heinrichsbauer: Industrielle Siedlung, S. 8ff.; E. C. McCreary: Essen, S. 119.
122. Wollenweber: Wohnungswesen, S. 6.
123. R. Emmerich/F. Wolter: Die Entstehungsursachen der Gelsenkirchener Typhusepidemie von 1901, München 1906, S. 7. Die Ursache für die Epidemie wurde darin gesehen, daß wegen unzureichender Filteranlagen des Klärwerks ,,durch ein ‚Stichrohr‘ das Wasser direkt aus der Ruhr in die Röhren nach den Haushalten geleitet“ wurde, das Ruhrwasser war u. a. mit Fäkalien verschmutzt; die Verantwortlichen wurden wegen ‚Nahrungsmittelfälschung‘ verurteilt; vgl. Arbeiter–Zeitung v. 5. 10. 07.
124. Vgl. u. a. G. Vowinckel: Das Oberbergamt zu Dortmund und der Westfälisch-Niederrheinische Bergbau, 1792–1942, Dortmund (1942), S. 47ff.
125. Vgl. R. Hundt: Bergarbeiterwohnungen, S. 16ff., Tab. III; gerade in Phasen stürmischer Expansion war der Anteil höher und die Zechenwohnungen waren überbelegt; vgl. L. Rothert: Umwelt und Arbeitsverhältnisse von Ruhrbergleuten in der zweiten Hälfte des 19. Jahrhunderts, Münster 1976, S. 10ff.; G. Schäfer: Lebensstandard und Wohnwesen der Arbeiter in der Gemeinde Schalke, Examensarbeit Essen 1975, S. 51ff., und A. Kraus: Wohnverhältnisse und Lebensbedingungen von Hütten- und Bergarbeiterfamilien in der zweiten Hälfte des 19. Jhdts. Die Arbeitersiedlungen der Carlshütte in Rüdelsdorf (Rendsburg) und der Zeche Rheinelbe/Alma in Ückendorf (Gelsenkirchen), in: W. Conze/U. Engelhardt (Hg.): Arbeiter, S. 163–194.
126. Schilderungen u. a. bei H. Marchwitza: Jugend, S. 169; F. Selbmann: Alternative. Bilanz. Credo. Versuch einer Selbstdarstellung, Halle/S. 1969, S. 139.ff.
127. R. Hundt: Bergarbeiterwohnungen, S. 39
128. Ebd. S. 39f.; vgl. Entwicklung, Bd. 12, S. 186ff., Tab. 134.
129. Zit. nach E. Enke: Wohnungspolitik, S. 155; in der Menage der Zeche Prosper z. B. mußten 1891 pro Tag bei voller Verpflegung 60 Pf. gezahlt werden, Kostgänger zahlten zwischen 40 und 60 M pro Monat an die Familien; vgl. STAM, OBA 1804, Schreiben des Bergreviers Duisburg v. 29. 1. 91; ferner STAM, OBA 1800 zu anderen Zechen; zur Propagierung von Ledigenheimen u. a. W. v. Kalckstein: Ledigenheime, Gautzsch b. Leipzig 1908; M. Spiegel: Ledigenheime, Leipzig 1908.
130. Hausordnung vom Oktober 1912, WWA, F35, 689; aus den Schilderungen von H. Marchwitza und F. Selbmann – vgl. Anm. 126 – geht allerdings hervor, daß

die Kontrolle weit weniger rigide durchgeführt werden konnte, als diese Paragraphen vermuten lassen.

131. Vgl. S. 153 ff. dieser Arbeit.

132. N. Joniak: Arbeiterwohnungselend, S. 15.

133. Wiedfeldt: Aftermietwesen, S. 50.

134. Die Literatur hierzu ist unübersehbar; sie geht weitgehend zurück auf die Studie von K. Bücher: Die Wohnungsenquête der Stadt Basel, Basel 1891, die in zahlreichen Städten Nachahmer fand.

135. Vgl. Anm. 1.

136. Die Zechen gaben zwar an, sie würden keinen Druck zur Aufnahme von Kostgängern ausüben, und sie ließen sich dies auf Sitzungen der Arbeiterausschüsse bescheinigen; vgl. entsprechende Unterlagen in STAM, OBA 1859. Doch diese Beteuerungen sind wenig glaubwürdig; vgl. u. a. R. Hundt: Bergarbeiterwohnungen, S. 40. Beim Streik von 1912 wurde gefordert: ,,Ferner darf kein Zwang zur Haltung von Kostgängern ausgeübt werden", O. Hue: Bergarbeiter, Bd. 2, S. 708.

137. F. Raeffler: Das Schlafhauswesen im oberschlesischen Industriebezirk, in: ZBHSW 63, 1915, S. 101–136, stellte z. B. fest, daß in Oberschlesien die Aufnahme von Schlafgängern, die im Ruhrgebiet eine so große Rolle spiele, in Zechenwohnungen fast durchweg verboten sei (S. 121), statt dessen seien die Arbeiter in Schlafhäusern untergebracht, was allerdings für die Zechen teurer sei.

138. Verwaltungsbericht der Zeche Hannover 1883/84, S. 12 f.; zit. nach L. Rothert: Umwelt, S. 10 f.

139. So versprach die Zeche Shamrock in einem Aufruf: ,,Die unverheirateten Leute finden leicht ein Kosthaus", STAM, OBA 1796, Bl. 214; die Zeche Königsgrube bei Gelsenkirchen versprach, sie wolle nach Fertigstellung der neuen Häuser bei den Bewohnern der Kolonie für Kost und Logis sorgen, vgl. Bergknappe vom 15. 10. 97.

140. STAM, Reg.Mü. 5689, Schreiben des Landrats von Recklinghausen v. 25. 4. 1911.

141. Diesen Zusammenhang arbeiteten bereits zeitgenössische Untersuchungen heraus; vgl. u. a. H. Lindemann: Wohnungsstatistik, in: SVSP 94, 1901, S. 263–384, S. 364 ff.; Wiedfeldt: Aftermietwesen, S. 9 ff.

142. L. Turek: Ein Prolet erzählt, Frankfurt 1975, S. 10.

143. Zur Diskussion der statistischen Überlieferung vgl. L. Niethammer/F. Brüggemeier: Arbeiter, S. 63 ff.; C. Wischermann: Wohnungsnot, S. 201 ff.

144. Zur Schichtspezifität der regionalen Mobilität u. a. Langewiesche: Mobilität; ders.: Wanderungsbewegungen; die Angaben bei J. Altenrath: Das Schlafgängerwesen und seine Reform, Berlin 1919, sind leider zu allgemein gehalten.

145. Vgl. dazu R. Ehrenberg: Durchschnittsverdienste und Verdienstklassen der Arbeiterschaft von Friedrich Krupp in Essen 1845–1906, in: Thünen-Archiv II, 1909, S. 220–227, Tab. VII a und VII b; R. Ehrenberg/H. Racine: Krupp'sche Arbeiterfamilien, Jena 1912, passim, sowie L. Tilly/J. W. Scott: Women, Work and Familiy, New York 1978.

146. Schumann: Die Arbeiter der Daimler-Motoren-Gesellschaft Stuttgart-Untertürkheim, in: SVSP 135, 1911, S. 146 f.; allgemein P. N. Stearns: Arbeiterleben, S. 81 ff. S. 261 ff.; ferner Kap. V dieser Arbeit.

147. Wiedfeldt: Das Aftermietwesen in Essen a. R., in: Zeitschrift für Wohnungswesen 1, 1903, Nr. 20 v. 25. 7. 03, S. 273–279, S. 275; zur Unfallrate im Bergbau vgl. Tab. 14 dieser Arbeit.

148. STAM, OBA 1859, Protokoll der Arbeiterausschuß-Sitzung Zeche Dorstfeld

vom 13. 3. 1912; auf einer Zusammenkunft mit Vertretern der Regierung, der Industrie, von Behörden etc. im Jahre 1887 sprachen sich die Vertreter des Bergbaus dagegen aus, Witwen die Aufnahme von Kostgängern generell zu verbieten; ein solches Verbot sei undurchführbar, ,,da in den Bergbaukreisen gar keine Arbeiterinnen vorhanden seien", ein Verbot ,,würde vielen Witwen ihre Erwerbsquelle entziehen", HSTAD, Regierung Düsseldorf 24781, Denkschrift des Regierungspräsidenten vom 8. 6. 1887 mit dem Titel: Geben die Wohnungsverhältnisse der arbeitenden Bevölkerung des Bezirks zu Bedenken Anlaß und wie können dieselben evtl. durch polizeiliche Vorschriften und Maßnahmen verbessert werden?

149. Zu dieser Argumentation vgl. J. K. Modell/T. K. Hareven: Urbanisation and the Malleable Household. An Examination of Boarding and Lodging in American Families, in: Journal of Marriage and the Family 35, 1973, S. 467–469; L. A. Tilly/J. W. Scott: Women, Work and Family, S. 104ff.; M. Anderson: Family-Structure in Nineteenth Century Lancashire, Cambridge 1971; J. Bodnar: Immigration and Industrialisation. Ethnicity in an American Milltown, 1870–1940, Pittsburgh 1977.

150. Vgl. L. Niethammer/F. Brüggemeier: Arbeiter, S. 114ff., Tab. 20.

151. Bei einer Umfrage in Westfalen erklärten einige der befragten Behörden, ,,eine strenge Kontrolle der bzgl. Verhältnisse sei schwer durchführbar und die Zahlen eher zu niedrig als zu hoch. Das erscheint erklärlich, denn bei Anmeldung von 2, 3 und mehr Schlafgängern für eine zweiräumige Wohnung würde doch wahrscheinlich ein polizeiliches Eingreifen zu erwarten sein. In dieser Befürchtung werden die Schlafgänger eben vielfach überhaupt nicht angemeldet, oder es werden eben weniger angemeldet, als tatsächlich gehalten werden", Ergebnisse der Wohnungsaufnahme in westfälischen Städten vom 1. Dezember 1905, 2 Teile, Münster 1907–1909, Teil 2, S. 17.

152. Zur Definition vgl. Wiedfeldt: Aftermietwesen (1902), S. 56; P. Göhre: Drei Monate Fabrikarbeiter, Leipzig 1891, S. 25; O. Meissgeier: Zur Frage der Untervermietung in Leipzig, Leipzig 1912, S. 336; V. Noack: Schlafstelle und Chambre garnie. Ein Stück großstädtischen Wohnungselendes, Gautzsch b. Leipzig 1912, S. 8.

153. Wiedfeldt: Aftermietwesen (1902), S. 26; es handelte sich hierbei meist um Unterkünfte von Bau- bzw. Erdarbeitern, die vorübergehend ihre Heimatorte verließen.

154. Ebd. S. 26f.

155. Vgl. die Statistiken in: Ergebnisse der Wohnungsaufnahme in westfälischen Städten vom 1. Dezember 1905, Teil 1 u. 2; W. Berg: Wirtschaft, S. 300ff.

156. Wiedfeldt: Aftermietwesen (1903), S. 274.

157. G. Werner: Ein Kumpel, S. 67f.; der ,lange Franz' war ein Sohn der Familie.

158. Ebd. S. 70.

159. H. Marchwitza: Jugend, S. 191.

160. Ebd. S. 215ff.

161. Bericht der Rheinisch-Westfälischen Arbeiterzeitung vom 26. 6. 1901.

162. Stellungnahme zum Artikel in der Rhein.-Westf. Arbeiterzeitung durch das Oberbergamt Dortmund vom 27. 7. 1901, STAM, OBA 1400, Blatt 241–246; zur Überfüllung vgl. G. Schäfer: Lebensstandard, S. 52.

163. Jahresbericht des Alten Verbandes 1907/08, S. 103; diese Absicht sei allerdings nicht aufgegangen, dank der Agitation seien in kurzer Zeit 75% der Bewohner der fraglichen Kolonie organisiert worden; vgl. auch S. 235f. dieser Arbeit.

164. WWA, F35, 1646, Schreiben der Zeche Ewald bei Herten v. 18. 10. und 27. 10.

1882, sowie Beschwerdeschreiben, die Verwaltung der Prosperzechen würde diese Bergleute beschäftigen v. 3. 11. 1882.

165. L. Turek: Prolet, S. 183.

166. STAM, Reg.Mü. 5689, Bericht d. Landrats v. Recklinghausen v. 15. 3. 1897.

167. Vgl. Tab. 5.

168. Vgl. G. Tenius: Bevölkerungsbewegungen, S. 55 ff.; D. Crew: Bochum, S. 73 ff.

169. Vgl. J. H. Jackson jr.: Wanderungen, S. 221 ff.

170. Vgl. Eingemeindungsverträge mit Altenessen und Bredeney, S. 36 ff. dieser Arbeit; C. Heiß: Wohnungsreform und Lokalverkehr, Göttingen 1903, S. 58 f.

171. So E. Gothein: Bergbau, S. 334.

172. Vgl. E. Herbig: Bergarbeiterfragen, Essen 1918, S. 42 f.; P. Osthold: Zechenverband, S. 31 ff.; die Angaben in ZBHSW 56, 1908, S. 575 ff.; 57, 1909, S. 233 f.

173. Familien zogen in erster Linie innerhalb von Städten um, ledige Arbeiter vermehrt zwischen Städten; vgl. die Literatur in Anm. 168 u. 169; zur Beobachtung, daß jüngere Bergleute mobiler waren, u. a. ZBHSW 56, 1908, S. 575; 57, 1909, S. 233.

174. R. Hundt: Bergarbeiterwohnungen, S. 39. „Jedem größeren Werke muß daran liegen, einen Stamm seiner Belegschaft in angemessener Nähe der Arbeitsstätte zusammenzuhaben, und es muß deshalb auch veranlassen können, daß die in den Wohnungen des Werks untergebrachten Leute auf den Werken selbst arbeiten. Darin liegt ein Hauptmotiv zur Anlage geeigneter Ansiedlungen auf Werkskosten." Glückauf 27, 1891, Nr. 19, zit. nach L. Pieper: Bergarbeiter, S. 205.

175. R. Hundt: Bergarbeiterwohnungen, Tab IV; mit Hinweis auf diese Zahlen argumentierte er, die niedrige Verzinsung des in Wohnungen angelegten Kapitals sei nur eine scheinbare, in Wirklichkeit werde „die höhere Arbeitsleistung einer seßhaften, mit den Flözverhältnissen vertrauten Belegschaft den Ausfall an Kapitalzinsen bald mehr als aufwiegen", ebd. S. 39; vgl. G. Adelmann: Betriebsverfassung, S. 162 ff.

176. A. Heinrichsbauer: Industrielle Siedlung, S. 52.

177. C. Debus: Arbeiterwohnungswesen, S. 36.

178. E. Gothein: Bergbau, S. 334.

179. W. Kalckstein: Einlogierwesen, S. 2; diese Aussage geht zurück auf K. Bücher: Wohnungsenquête, S. 179, und wurde zu einem Leitmotiv der zeitgenössischen Diskussion.

180. Genauere Daten können nur durch Auswertung von Meldebüchern erstellt werden; erste Ergebnisse liegen mit den Arbeiten von J. H. Jackson jr. vor; sie zeigen, daß ca. 50–60% der ledigen Zuwanderer nach Duisburg weniger als ein Jahr blieben; bei den Familienvorständen lag die Zahl bei 15%, während 69% von ihnen ganz in Duisburg blieben; vgl. ders.: Migration, Kap. 6, S. 149 ff.

181. Wiedfeldt: Aftermietwesen, S. 60.

182. Ebd. S. 61.

183. Ebd. S. 68.

184. Sie wurde auch von Historikern lange Zeit nicht beachtet; in den letzten Jahren ist jedoch eine reichhaltige Literatur entstanden. Als Überblick: L. Tilly/J. W. Scott: Women; sehr wichtig die zeitgenössische Arbeit von L. Fischer-Eckert: Lage.

185. Ähnlich bereits W. Brepohl: Ruhrvolk, S. 219 ff.; H. Husmann: Lebensformen und ihr Wandel beim Arbeiter in Hamborn, in: Rhein.-Westfäl. Zeitschrift für Volkskunde 4, 1957, S. 1–39, S. 133–214, S. 17 ff.

186. Wiedfeldt: Aftermietwesen (1903), S. 274.

187. Zit. nach L. Heiermann: Bottrop, S. 88.

188. Auch J. H. Jackson jr.: Wanderungen, gibt an, daß der Übergang zur Massenwanderung eher größere als geringere Sicherheit bedeutet habe: ,,Die Städte waren aber nicht mit entfremdeten Menschen angefüllt. Statt dessen waren die Einwohner auf sinnvolle Weise mit dem sozialen Leben verbunden" (S. 234).

189. Zit. nach L. Fischer-Eckert: Hamborn, S. 61; allgemein A. R. Neumann: The Influence of Family and Friends on German Internal Migration, 1880–1885, in: Journal of Social History 13, S. 277–288.

190. Zur regionalen Verteilung vgl. u. a. R. Spörhase: Wohnungsbau als Aufgabe der Wirtschaft. Förderung des Wohnungsbaues durch Wirtschafts-Unternehmungen. Methoden und Leistungen, Stuttgart 1956, S. 30; zu Bottrop vgl. H. Th. Schmidt: Belegschaftsbildung im Ruhrgebiet im Zeichen der Industrialisierung. Erläutert am Beispiel der Zechen Prosper I–III der Arenberg Bergbau GmbH in Bottrop (Westfalen), in: Tradition, Zeitschrift für Firmengeschichte und Unternehmerbiographie, 2, 1957, H. 3, S. 265–272; O. Stoltenberg: Herkunftsgebiet und Zuwanderung. Bottroper Zechenbelegschaften am Ende des 19. Jhdts., Staatsexamensarbeit Bochum 1970, S. 43–58.

191. Vgl. D. Crew: Bochum, S. 199ff.

192. So etwa J. Hiltrop: Beiträge, S. 290: ,,Es sind viel Kostgänger vorhanden, die sich zum Teil als Schlepper in der Kameradschaft des mietenden Hauers befinden"; in Interviews wurde u. a. berichtet, man habe sich zuerst eine Arbeit gesucht und dann die Arbeitskollegen gefragt, ob jemand von ihnen vermiete oder aber eine Empfehlung geben könne; vgl. S. 20ff. dieser Arbeit.

193. Interview mit M. P.

194. STAM, Reg.Mü. 5689, Schreiben des Landrats vom 1. 1. 1898; ihm war es evident, daß ,,hierbei auch der Unsittlichkeit in hohem Maße gefröhnt wird"; ähnlich Wollenweber: Wohnungswesen, S. 5. Über gemeinsames Feiern berichtet auch M. Bromme: Lebensgeschichte eines modernen Fabrikarbeiters, Leipzig/Jena 1905, Neuaufl. Frankfurt/M. 1971, S. 71.

195. Vgl. G. Werner: Ein Kumpel, S. 69.

196. H. Marchwitza z. B. wohnte bei einer Witwe, sein Freund in einer Familie, deren Tochter er später heiratete; vgl. H. Marchwitza: Jugend, S. 228ff.

197. W. v. Kalckstein: Einlogierwesen, S. 2.

198. Lange: Wohnungsverhältnisse, S. 92.

199. Ebd. S. 99.

200. Ebd. S. 88. ff.

201. Ebd. S. 92.

202. Vgl. die ,,Polizeiverordnung über das Halten von Kost- und Quartiergängern" für Bottrop vom 18. 5. 1880, STAM, Reg.Mü. 3755, dort auch weitgehend identische Verordnungen für andere Gemeinden.

203. STAM, Reg.Mü. 3755, Bericht des Landrates v. 13. 12. 81.

204. Ebd., Bericht des Landrats von Recklinghausen v. 16. 7. 84; des Bürgermeisters von Bocholt v. 19. 10. 86; Schreiben des Handelsministers v. 10. 7. 91.

205. HSTAD, Reg.Düss. 24781; vgl. Anm. 148.

206. Ebd., Bericht über Düsseldorf-Stadt.

207. Ebd. § 1, S. 8.

208. Vgl. den umfangreichen Schriftverkehr in STAM, Reg.Mü. 3755; die neue Verordnung wurde am 23. 1. 92 im Amtsblatt der Königlichen Regierung zu Münster veröffentlicht.

209. Ebd., Anfrage der Stadt Münster v. 31. 8. 1896; Schreiben des Regierungspräsidenten v. 29. 9. 1896.

210. So eine immer wiederkehrende Formulierung; hier in einem Schreiben des Landrats von Recklinghausen v. 25. 9. 1902, STAM, Reg.Mü. 3755.
211. Ebd., Abschrift des Urteils des Oberverwaltungsgerichts v. 18. 2. 1899.
212. Ebd., Schreiben des Regierungspräsidenten v. 16. 8. 1899.
213. Ebd., Schreiben des Landrats von Recklinghausen v. 15. 6. 1902.
214. Ebd., Schreiben des Regierungspräsidenten an den Handelsminister v. 19. 12. 06.
215. J. Lang: Die geschichtliche und räumliche Entwicklung des Bergarbeiterwohnungsbaus im Ruhrgebiet, Diss. Köln 1952, S. 24.
216. Wiedfeldt: Aftermietwesen (1903), S. 275 f.
217. STAM, Reg.Mü. 3755, Schreiben des Bürgermeisters von Bocholt v. 19. 10. 1886.
218. HSTAD, Reg.Düss. 24781, Denkschrift v. 8. 6. 1887.
219. Stadtarchiv Essen 114, 12, Bürgermeisterkonferenz für den Landkreis Essen v. 25. 4. 1911; daß viele Verordnungen nur Papier blieben, beklagten auch E. Cahn: Das Schlafstellenwesen in deutschen Großstädten, Stuttgart 1898, S. 76 ff., sowie J. Radomski: Das Schlafstellenwesen in Posen, Posen 1906.
220. STAM, Reg.Mü. 28257, Sitzung der Gesundheitskommission v. 17. 2. 1902.
221. Vgl. u. a. W. Berg: Wirtschaft, S. 191 ff., S. 292 ff., sowie die Literatur in Anm. 14–17.
222. Bericht über die Verwaltung und den Stand der Gemeinde-Angelegenheiten der Gemeinde Hamborn für das Rechnungsjahr 1910, S. 7.
223. Vgl. Anm. 13.
224. Die sog. Hollandgängerei war noch in den zwanziger Jahren weitverbreitet, wie in zahlreichen Interviews berichtet wurde; zur Erwerbstätigkeit von Frauen vgl. B. Fischer-Eckert: Frauen; W. Berg: Wirtschaft, S. 200 f.; nicht genügend berücksichtigt wurden die traditionellen Gebiete des südlichen Ruhrgebiets, die jedoch weitgehend an Bedeutung verloren hatten; ihre Behandlung würde Differenzierungen der Argumentation zur Folge haben, die wesentlichen Aussagen jedoch nicht berühren.
225. STAM, Reg.Mü. 3755, Rundschreiben des Regierungspräsidenten v. 17. 4. 07.
226. Ebd., Schreiben d. Regierungspräsidenten an den Handelsminister v. 19. 12. 1906.
227. Vgl. dagegen E. Zola: Germinal, Paris 1885, dessen Anteilnahme und Sympathie mit den von ihm beschriebenen Personen zu einer treffenderen Beschreibung führte, als sie in den vermeintlich sachlichen und objektiven Berichten der Behörden zu finden ist: „Alles in allem fühlte sich Etienne hier wohler als bei Rasseneur (ein Wirtshausbesitzer, bei dem er vorher gewohnt hatte). Das Bett war nicht schlecht, und die Bezüge wurden einmal im Monat gewechselt. Auch das Essen war besser (. . .) Die fünfundvierzig Francs stellten für die Familie eine Hilfe dar. Man kam zurecht und machte nicht allzuviel Schulden. Darum zeigten sich die Maheus gegen ihren Mieter auch dankbar. Seine Wäsche wurde mitgewaschen und ausgebessert, seine Knöpfe festgenäht und seine Habseligkeiten in Ordnung gehalten. Kurz, er fühlte um sich die Fürsorge einer Frau, die auf Sauberkeit hielt" (dt. Ausgabe München 1976, S. 228).

III. Bergbau und Bergarbeit

1. Zahlenangaben nach C. L. Holtfrerich: Quantitative Wirtschaftsgeschichte des Ruhrkohlenbergbaus im 19. Jahrhundert, Dortmund 1973, S. 16 ff., S. 51 ff.; K. Tenfelde: Sozialgeschichte, S. 602 f.; B. Heymann/K. Freudenberg: Morbidi-

tät und Mortalität der Bergleute im Ruhrgebiet, Essen 1925, S. 6f., S. 30;
J. Kocka/H. Siegrist: Die hundert größten deutschen Industrieunternehmen im
späten 19. und frühen 20. Jahrhundert, in: N. Horn/J. Kocka (Hg.): Recht und
Entwicklung der Großunternehmen im 19. und frühen 20. Jahrhundert. Wirt-
schafts-, sozial- und rechtshistorische Untersuchungen zur Industrialisierung in
Deutschland, Frankreich, England und den USA, Göttingen 1979, S. 55–123,
S. 64f.

2. Vgl. G. Adelmann: Die soziale Betriebsverfassung des Ruhrbergbaus von An-
fang des 19. Jahrhunderts bis zum Ersten Weltkrieg, Bonn 1962, S. 48, S. 152;
W. Weber: Der Arbeitsplatz in einem expandierenden Wirtschaftszweig: Der
Bergmann, in: J. Reulecke/W. Weber (Hg.): Fabrik, Familie, Feierabend. Bei-
träge zur Sozialgeschichte des Alltags im Industriezeitalter, Wuppertal 1978,
S. 89–113, S. 104ff.

3. O. Neuloh: Betriebssystem und Betriebsklima des Bergbaus im sozialen Wandel
der Industriegesellschaft, in: Der Anschnitt 29, 1977, S. 80–87, S. 83; G. Adelmann: Betriebsverfassung, S. 86ff.

4. O. Neuloh: Betriebssystem, S. 83.

5. A. Gladen: Die Streiks der Bergarbeiter im Ruhrgebiet in den Jahren 1889, 1905
und 1912, in: J. Reulecke (Hg.): Arbeiterbewegung an Rhein und Ruhr, Wuppertal 1974, S. 111– 148, S. 116.

6. Vgl. W. Neumann: Die Gewerkschaften im Ruhrgebiet. Voraussetzungen, Entwicklung und Wirksamkeit, Köln 1951; A. Gladen: Streiks; H. Mommsen: Die
Bergarbeiterbewegung an der Ruhr, 1918–1933, in: J. Reulecke (Hg.): Arbeiterbewegung, S. 275–314.

7. Vgl. die Zeitschriften Glückauf, Essen 1865 ff., Organ des Bergbauvereins, und
die Zeitschrift für das Berg-, Hütten- und Salinenwesen (ZBHSW), 1853 ff.,
Organ der staatlichen Bergverwaltung. Als Handbücher E. Treptow: Grundzüge der Bergbaukunde einschließlich Aufbereitung und Brikettieren, Wien/Leip-
zig 1907; K. Selbach: Illustriertes Handlexikon des Bergwesens, Leipzig 1907,
sowie das ,,Sammelwerk" des Bergbauvereins: Die Entwicklung des Niederrhein.-Westfäl. Steinkohlen-Bergbaues in der zweiten Hälfte d. 19. Jahrhunderts, 12 Bde., Berlin 1902–1905. Als Monographie u. a. W. Goetzke: Das rheinisch-westfälische Kohlensyndikat und seine Bedeutung, Essen 1905; K. Goldschmidt: Über die Konzentration im deutschen Kohlenbergbau, Karlsruhe
1912; E. Gothein: Die Konzentration im Kohlenbergbau und das preußische
Berggesetz, in: Archiv für Sozialwissenschaft, 1905, S. 417–476; O. Stillich:
Steinkohlenindustrie, Leipzig 1906; P. Osthold: Die Geschichte des Zechenverbandes, 1908–33. Ein Beitrag zur deutschen Sozialgeschichte, Berlin 1934;
C. Demanet: Der Betrieb der Steinkohlenbergwerke, Braunschweig 1905;
H. Toussaint: Die Organisation der Arbeit und das Lohnwesen im deutschen
und englischen Bergbau, Diss. Köln 1926; A. Bosenick: Über die Arbeitslei-
stung beim Steinkohlenbergbau in Preußen, Stuttgart/Berlin 1906.

8. Vgl. E. Herbig: Taylors ,,Wissenschaftliche Betriebsführung" und der Bergbau,
in: Glückauf 53, 1917, S. 201–211; 225–234; 250–259, der angibt, die Arbeit
selbst sei noch nicht erforscht worden (S. 226): ,,So findet sich in den eigentlichen bergmännischen Betriebswissenschaften keine planmäßige Erforschung des
Arbeitsvorgangs."

9. K. Tenfelde: Arbeitsplatz, S. 294, S. 309; A. Bosenick: Der Steinkohlenbergbau
in Preußen und das Gesetz des abnehmenden Ertrages, Tübingen 1906, S. 5;
H. Toussaint: Organisation, S. 37; B. Heymann/K. Freudenberg: Morbidität,
S. 16; zu den Beschwerden der Schlepper vgl. die Protokolle der Arbeiteraus-

schuß-Sitzungen der Zechen Prosper I und Prosper II in WWA, F35, 513 und 514.

10. Als Beispiel vgl. K. Leybold: Darstellung und Besprechung von 100 tödlichen Unfällen im Oberbergamtsbezirk Dortmund aus den Monaten Januar bis Juli 1900, Berlin 1901; auch in ZBHSW 48, 1900, S. 563–634; ferner die Ausführungen über den systematischen Ausbau dieser Arbeit.

11. P. Wiel: Wirtschaftsgeschichte des Ruhrgebiets. Tatsachen und Zahlen, Essen 1970; F. Schunder: Tradition und Fortschritt, Stuttgart 1959; G. Gebhardt: Ruhrbergbau. Geschichte, Aufbau und Verflechtung seiner Gesellschaften und Organisationen, Essen 1957; W. Fischer: Herz des Reviers. 125 Jahre Wirtschaftsgeschichte des Industrie- und Handelskammerbezirks Essen-Mülheim-Oberhausen, Essen 1965.

12. T. Pierenkemper: Die westfälischen Schwerindustriellen, 1852–1913. Soziale Struktur und unternehmerischer Erfolg, Göttingen 1979, S. 89ff.

13. C. L. Holtfrerich: Wirtschaftsgeschichte; vgl. L. Poth: Die Stellung des Steinkohlenbergbaus im Industrialisierungsprozeß unter bes. Berücksichtigung des Ruhrgebiets, Berlin 1971; R. H. Tilly: Industrialisierung des Ruhrgebiets und das Problem der Kapitalmobilisierung, Dortmund 1969.

14. H. Meis: Der Ruhrbergbau im Wechsel der Zeiten, Essen 1933, S. 24; G. Adelmann: Betriebsverfassung.

15. Vgl. u. a. O. Neuloh: Die deutsche Betriebsverfassung und ihre Sozialformen bis zur Mitbestimmung, Tübingen 1956; H. J. Teuteberg: Geschichte der industriellen Mitbestimmung in Deutschland. Ursprung und Entwicklung ihrer Vorläufer im Denken und in der Wirklichkeit des 19. Jahrhunderts, Tübingen 1961 (= Soziale Forschung und Praxis Bd. 15); H. G. Kirchhoff: Sozialpolitik; G. Adelmann: Betriebsverfassung.

16. D. F. Crew: Bochum. Sozialgeschichte einer Industriestadt 1860–1914, Frankfurt/M. 1980.

17. Ausführlicher hierzu in einem späteren Aufsatz ders.: Berufliche Lage und Protestverhalten, in: H. Mommsen/U. Borsdorf (Hg.): Glückauf, S. 71–88.

18. K. Tenfelde, Arbeitsplatz.

19. Ebd. S. 333.

20. Ähnliche Erfahrungen bei D. Douglass, einem ehemaligen Bergmann, der ebenfalls Interviews eingesetzt hat; ders.: The Durham pitman, in: R. Samuel (Hg.): Miners, S. 205–296; ähnlich bereits C. Goodrick: The frontier of control, London 1920; ders.: The miners freedom, New York 1926, der sich auf ausführliche Befragungen stützte.

21. Vgl. G. Adelmann: Betriebsverfassung, S. 48; Köhne: Schachtabteufen, in: Mitteilungen über den Niederrhein.-Westfäl. Bergbau. Festschrift zum VIII. Allgemeinen Deutschen Bergmannstag, Berlin o. J. (1901), S. 32ff.

22. F. Schunder: Tradition, S. 77; Tecklenburg: Die Bohrtechnik in ihrer historischen Entwicklung bis zu ihrer gegenwärtigen Vervollkommnung und Bedeutung, in: Glückauf 35, 1899, S. 1000–1004. Beim Gefrierverfahren wurden durch Verdunstung von Ammoniak Temperaturen von −25°C bis −40°C erreicht, vgl. E. Lücke: Das Abteufen der neuen Schächte auf Zeche Deutscher Kaiser b. Hamborn und die bei demselben anwendbaren Methoden, in: ZBHSW 41, 1893, S. 216–243, S. 237ff.

23. Vgl. G. Adelmann: Betriebsverfassung, S. 48; C. L. Holtfrerich: Wirtschaftsgeschichte, S. 79f.

24. Köhne: Förderung, in: Mitteilungen, S. 74–91; Paehr: Erfahrungen mit Grubenlokomotiven beim Steinkohlenbergbau im Oberbergamtsbezirk Dortmund, in:

ZBHSW 59, 1911, S. 647–672; A. Bosenick: Steinkohlenbergbau, S. 14–16; F. Schunder: Tradition, S. 100ff.; K. Tenfelde: Arbeitsplatz, S. 309f.

25. Zur Förderung vgl. C. L. Holtfrerich: Wirtschaftsgeschichte, S. 16–18; zur Konzentration vgl. C. Goldschmidt: Konzentration, S. 45, S. 67; O. Stillich: Steinkohlenindustrie, S. 151ff.; J. Kocka/H. Siegrist: Industrieunternehmen, S. 64ff. Zur Belegschaftsentwicklung vgl. M. Reuß: Mitteilungen aus der Geschichte des kgl. Oberbergamtes, Berlin 1892, S. 83f.; C. L. Holtfrerich: Wirtschaftsgeschichte, S. 32–34; S. 52; P. Wiel: Wirtschaftsgeschichte, S. 131; unterschiedliche Zahlen ergeben sich aus unterschiedlichen Stichpunkten der Erfassung; die Belegschaftszahlen sind zu hoch, da z. T. mehrere Anlagen zu einem Werk zusammengefaßt sind, auch wenn sie unabhängig voneinander betrieben wurden wie etwa die Schächte Prosper I, II und III; vgl. C. Goldschmidt: Konzentration, S. 19ff.

26. Vgl. G. Adelmann: Betriebsverfassung, S. 49; Hoffmann: Leistungen und Kosten beim Schachtabteufen, S. 36ff.; C. Goldschmidt: Konzentration, S. 17; F. Tillmann: Streckenförderung unter Tage, in: Glückauf 46, 1910, S. 1213–1221, 1247–1253, S. 1214; O. Goepel: Essen: Montanindustrielle Entwicklung und Aufbau der Ruhr-Emscher-Stadt, Essen 1925, S. 42, S. 48; J. Kocka/H. Siegrist: Industrieunternehmen, S. 64ff.

27. Der Ruhrbergbau im Wechsel der Zeiten. Festschrift zum 75jährigen Bestehen des Vereins für die bergbaulichen Interessen in Essen. Hg. vom Verein für die bergbaulichen Interessen, Essen. Im Auftrage des Vereinsvorstandes bearbeitet von H. Meis, Essen 1933, S. 2; vgl. E. Gothein: Der Bergbau, in: Grundriß der Sozialökonomik, VI. Abt. Tübingen 1914, S. 336.

28. Vgl. G. Vowinckel: Das Oberbergamt zu Dortmund und der Westfäl.-Niederrhein. Bergbau, 1792–1942. Festschrift zur Feier des 150jährigen Bestehens des Oberbergamtes zu Dortmund am 25. Juni 1942 (Maschinenschr.). Dortmund (1942), S. 54ff.; Zahlen zur Bedeutung der versch. Verkehrswege bei M. Reuß: Mitteilungen, S. 388; C. L. Holtfrerich: Wirtschaftsgeschichte, S. 131ff.; als wichtigstes Transportmittel erwies sich die Eisenbahn.

29. H. Kattentidt: Die Wohnungsfrage im rheinisch-westfälischen Industriegebiet, Diss. Hannover 1924, S. 12.

30. Zur Entwicklung des Syndikats vgl. W. Goetzke: Kohlensyndikat, S. 8ff.; K. Tenfelde: Sozialgeschichte, S. 208ff.

31. Genannt seien der Westfälische Kohleausfuhr Verein aus dem Jahre 1877, das Bergisch-Märkische Konsortium (1876); 1878 wurde eine erste Förderkonvention vereinbart, die jedoch nur geringen Erfolg zeitigte, vgl. W. Goetzke: Kohlensyndikat, S. 9ff.

32. Vgl. J. Kocka/H. Siegrist: Industrieunternehmen, S. 65; F. Sarter: Die Syndikatsbestrebungen im niederrheinisch-westfälischen Steinkohlenbezirke, in: Conrads Jahrbücher 1894, S. 1–53.

33. Vgl. H. Grunitz: Der Anteil der Arbeitskosten am Preise der Steinkohle im rheinisch-westfälischen Bergbau den letzten 15 Jahren, Diss. Köln 1928, S. 72; W. Goetzke: Kohlensyndikat, S. 38.

34. Vgl. K. Goldschmidt: Konzentration, S. 69; nach J. Kocka/H. Siegrist: Industrieunternehmen, läßt sich ein derartiges Expansionsverhalten „geradezu als industrielle Imperiumsbildung bezeichnen" (S. 66).

35. Vgl. C. Goldschmidt: Konzentration, S. 103ff.; A. Bosenick: Steinkohlenbergbau, S. 90ff.; Reismann-Grone: Kohlenkartelle und die Eisenindustrie, Essen 1891; E. Ledermann: Die Organisation des Ruhrbergbaus unter bes. Berücksichtigung der Beziehungen zur Eisenindustrie, Berlin 1927.

36. Vgl. C. Goldschmidt: Konzentration, S. 104ff.; C. L. Holtfrerich: Wirtschafts-
    geschichte, S. 17f.
37. R. M. Morguet: Rationalisierung im deutschen Steinkohlenbergbau nach dem
    Kriege bis 1929 unter besonderer Berücksichtigung des Ruhrgebiets, Diss. Frei-
    burg 1937, S. 44; C. Goldschmidt: Konzentration, S. 105f.
38. Vgl. W. Goetzke: Kohlensyndikat, S. 97ff.; C. Goldschmidt: Konzentration,
    S. 109ff., über Auseinandersetzungen zwischen dem Syndikat und der Deutsch-
    Luxemburg. Bergwerks- u. Hütten A. G.
39. Vgl. Denkschrift betr. die Stillegung verschiedener Steinkohlenzechen des Ruhr-
    reviers. Drucksache des Hauses der Abgeordneten. 20. Legislaturperiode I.
    Session 1904, Nr. 585; M. Duncker: Die neueren Zechenstillegungen an der
    Ruhr (= Abhdlg. d. staatswiss. Sem. zu Münster H. 4) Münster 1907, S. 26ff.;
    S. 54ff.
40. O. Hue: Bergarbeiter, Bd. 2, S. 579.
41. Vgl. Anm. 39.
42. Zit. nach M. Duncker: Zechenstillegung, S. 179, S. 181; vgl. die Artikel im Berg-
    knappen vom 26. 3. 1904ff.; zum Zusammenhang von Beteiligungsziffern und
    Fusionen vgl. M. Droste: Die Stellung des Ruhrbergbaus in Staat und Gesell-
    schaft bis 1918, Diss. Göttingen 1953, S. 71ff.
43. Zit. nach M. Duncker: Zechenstillegung, S. 181.
44. Ebd. S. 178.
45. H. Imbusch: Arbeitsverhältnis, S. 16; zu den Vorwürfen vgl. W. Goetzke:
    Kohlensyndikat, S. 134ff.; Ruhrbergbau, S. 16ff.; E. Gothein: Kohlenbergbau,
    S. 309ff.; zur Auswirkung auf die Betriebsorganisation vgl. S. 132ff. dieser
    Arbeit.
46. G. Adelmann: Betriebsverfassung, S. 49; ferner K. Tenfelde: Sozialgeschichte,
    S. 164ff.; W. Friedrich: Die Entwicklung des Rechts der bergrechtlichen Ge-
    werkschaften in Preußen von 1850 bis zum Ersten Weltkrieg, in: N. Horn/
    J. Kocka (Hg.): Recht und Entwicklung, S. 190–203; W. Fischer: Die Bedeutung
    der preuß. Bergrechtsreform für den industriellen Ausbau des Ruhrgebietes, in:
    ders.: Wirtschaft und Gesellschaft im Zeitalter der Industrialisierung, Göttingen
    1972, S. 161–178.
47. Vgl. W. Friedrich: Entwicklung, S. 194f.
48. Ebd. S. 194ff.; ferner Entwicklung, Bd. 1, Berlin 1904, S. 199; F. Bock: Die
    Bedeutung der Aktiengesellschaft als Unternehmensform für den Bergbau, im
    besondern für den Ruhrkohlenbergbau, in: Glückauf 50, 1914, S. 14–26, S. 66
    bis 74, S. 100–111, S. 14ff.; K. Uhde: Die Produktionsbedingungen des deut-
    schen und englischen Steinkohlen-Bergbaus, Jena 1907 (= Thünen-Archiv
    Erg. Heft 2) S. 73ff.; T. Pierenkemper: Struktur und Entwicklung der Schwerin-
    dustrie in Oberschlesien und im westfälischen Ruhrgebiet 1852–1913, in: ZfU
    24, 1979, S. 1–28.
49. Vgl. Entwicklung, Bd. 1, Berlin 1904, S. 259ff.; dort auch eine Zusammenstel-
    lung der 1850–59 konzessionierten Aktiengesellschaften; zu den Schwierigkeiten
    in der Anfangsphase als Beispiel die Festschrift zum 50jährigen Bestehen der
    Arenberg Bergbaugesellschaft, Essen 1906.
50. Vgl. F. Bock: Aktiengesellschaft; K. Uhde: Produktionsbedingungen, S. 73ff.
51. Vgl. W. Friedrich: Recht, S. 198f.; H. Spethmann: Das Ruhrgebiet im Wechsel-
    spiel von Land und Leuten, Wirtschaft, Technik und Politik, 3 Bde., Berlin
    1933–38, Bd. 2, S. 363ff.
52. Vgl. Denkschrift über das Kartellwesen, 3. Teil, Berlin 1907; G. Gebhardt:
    Ruhrbergbau, S. 14ff.

53. Vgl. A. Bosenick: Steinkohlenbergbau, S. 98ff.; C. Goldschmidt: Konzentration, S. 80ff.; M. Reuss: Mitteilungen, S. 380; ein Normalfeld umfaßte 280 ha.
54. Damit ist die staatlich gegebene Erlaubnis gemeint, in einem bestimmten Bezirk Kohle fördern zu können.
55. Goldschmidt: Konzentration, S. 82.
56. Jahresbericht Alter Verband 1907/08, S. 19f.
57. A. Arndt: Über den Inhalt des in Aussicht stehenden Kohlengesetzes, in: Glückauf 54, 1918, S. 93–97, S. 93; zur sog. Hibernia-Affäre vgl. S. 188 dieser Arbeit.
58. Zur Entwicklung des Gesetzes und zu den Folgen vgl. A. Arndt: Kohlengesetz, S. 93ff.; C. Goldschmidt: Konzentration, S. 82f.
59. F. Bock: Aktiengesellschaft, S. 73f.
60. Zahlen nach F. Bock: Aktiengesellschaft, S. 101, S. 108; die Angaben bei C. L. Holtfrerich: Wirtschaftsgeschichte, S. 88ff., sind weniger aussagekräftig; Angaben für die Jahre bis 1890 bei R. Effertz: Was sind „normale" Kohlenpreise? Ein Beitrag zur Erörterung der finanziellen Resultate der niederrheinisch-westfälischen Kohlenindustrie, Essen 1891.
61. Vgl. F. Bock: Aktiengesellschaft, S. 104ff.; K. Uhde: Produktionsbedingungen, S. 100ff.; Zahlen für einzelne Zechen in den Jahresberichten des Alten Verbandes 1891ff. Die Arenberg A.G. zahlte 1890 u. 1891 je 80% Dividende, 1899 75%; dieser Betrag war bis 1901 auf 45% gefallen, allerdings als Folge einer Kapitalerhöhung, also einer Änderung der Bezugsgröße: das Aktienkapital betrug 1893 3 Mio. Mark, 1900 6 Mio., 1904 7,2 Mio. und ab 1908 14,4 Mio.; die Verdopplung im Jahr 1908 senkte die Dividende vorübergehend auf 13 bzw. 16% in den folgenden Jahren, doch bereits 1912 betrug sie wieder 22%, bezogen auf den Kapitalbestand von 1893 also mehr als 100%; vgl. die Zusammenstellungen in WWA, F 35, 577; ferner die Geschäftsberichte des Verwaltungsrates ebd. F 35, 3457.
62. So vor allem E. Jüngst: Arbeitslohn und Unternehmergewinn im Ruhrbergbau, in: Glückauf 39, 1906, S. 1215–1221, S. 1243–1251, S. 1282–1289, S. 1314–1326; erneut unter demselben Titel in Glückauf 55, 1919, S. 190ff.; ebenso R. Hundt: Geschäftliche Lage des Steinkohlenbergbaues, in: Mitteilungen, S. 173–183, sowie die Angaben in Entwicklung, Bd. 12, S. 340ff.
63. Vgl. hierzu u. a. E. Jüngst: Die Bergwerksproduktion des Oberbergamtsbezirks Dortmund in den Jahren 1903–1907, in: Glückauf 45, 1908, S. 386–394; J. Kocka/H. Siegrist: Industrieunternehmen, S. 64ff.; T. Pierenkemper: Struktur und Entwicklung, S. 10ff.
64. Vgl. J. Kocka/H. Siegrist: Industrieunternehmen, S. 67, S. 84ff.; zu einer anderen Einschätzung kommen R. Nasse: Die Beaufsichtigung des Betriebes bei dem Großbritannischen und dem Rheinisch-Westfälischen Steinkohlen-Bergbau, in: ZBHSW 40, 1892, S. 251–262, sowie H. Toussaint: Die Organisation der Arbeit und das Lohnwesen im deutschen und englischen Bergbau, Diss. Köln 1926.
65. R. M. Morguet: Rationalisierung, S. 42.
66. Wenn es stimmt, daß der Ruhrkohlenbergbau seine Verwertungsbedingungen weitgehend selbst kontrollierte, dann hat die Messung des Erfolges anhand der Außenbeziehungen einen systematischen Fehler: der Erfolg wird um so größer, je vollständiger die Verwertungsbedingungen kontrolliert werden. Es fällt auf, wie sprunghaft die Investitionen nach Wegfall des Syndikats in den 20er Jahren anstiegen (vgl. E. Wedekind: Die Rationalisierung im Ruhrbergbau und ihre ökonomischen und sozialen Auswirkungen, Diss. Köln 1930, S. 45ff., S. 72ff.), ein Hinweis darauf, daß das Syndikat Innovationen behinderte.
67. So die Selbsteinschätzung des Ruhrbergbaus in: Entwicklung, Bd. 10, S. 199f.

68. Zur Produktivität vgl. E. Jüngst: Festschrift, S. 34, der für die Jahre 1886–1890 1,65 t angibt; für 1913 berechnet nach B. Heymann/K. Freudenberg: Morbidität, S. 16 u. S. 301.

69. E. Jüngst: Festschrift, S. 112.

70. K. Tenfelde: Sozialgeschichte, S. 268, der einen guten Überblick der Entwicklung bis zu den 90er Jahren gibt.

71. Mitteilungen, S. 175.

72. STAM, OBA 1797, Schreiben des Bergbauvereins an OBA v. 24. 11. 1874, zit. nach K. Tenfelde: Sozialgeschichte, S. 270.

73. Vgl. die Artikelserie im Bergknappen vom 12. 2. 1916 sowie die Broschüre des Gewerksvereins: Jugendliche Arbeiter im Bergbau, Essen 1916; ferner die Bestände in STAM, OBA 266, 1785 und 1786, und im WWA, F 35, 195.

74. Vgl. K. Leybold: Die Beschäftigung jugendlicher Arbeiter beim niederrheinisch-westfälischen Steinkohlenbergbau, in: Glückauf 36, 1900, S. 25–32, S. 45–50; K. Selbach: Handlexikon, S. 320.

75. STAM, OBA 266, Bericht des Bergrevierbeamten von Dortmund-Werl v. 17. 2. 96; die Zechenvertreter sprachen sich immer wieder dafür aus, Jugendliche für die Arbeit unter Tage heranzuziehen, um – so Leybold: Jugendliche Arbeiter, S. 50 – ,,den Bergmannsstand zu heben und somit dem Bergbau überhaupt zu nutzen".

76. WWA, F 35, 181, Schreiben des Revierbeamten von Essen-West v. 18. 7. 1899; einige Jahre zuvor hatten sich ,,sämtliche Knaben unter 16 Jahren der Zeche Prosper" beschwert, sie müßten 10 Stunden ununterbrochen arbeiten, ,,ohne auch nur 10 Minuten Pause zu haben", WWA, F 35, 1885, Schreiben v. 3. 9. 1885.

77. Ihr Anteil betrug 1890 3,76% und 1913 3,86%; vgl. Leybold: Jugendliche Arbeiter, S. 26; STAM, OBA 1786, Aufstellungen für die Jahre 1913–1918; B. Heymann/K. Freudenberg: Morbidität, S. 32; K. Tenfelde: Sozialgeschichte, S. 268 ff.

78. Vgl. STAM, OBA 266, Revision der Zeche ,,Unser Fritz" v. 13. 1. 99; zum Verweis auf das Baugewerbe ebd., Bericht Bergrevier Bochum v. 29. 7. 98; für die Ausnahmeregelungen vgl. Leybold: Jugendliche Arbeiter, S. 46 ff.

79. Interview C. K., S. 9.

80. Schilderungen des ersten Arbeitstages unter Tage z. B. bei H. Marchwitza: Jugend, S. 92 ff.; A. Stenbock-Fermor: Meine Erlebnisse als Bergarbeiter, Stuttgart 1928, S. 14 ff.

81. H. Marchwitza: Jugend, S. 95; ähnliches wurde in fast jedem Interview berichtet und findet sich auch in vielen Autobiographien, z. B. bei A. Wolfram: Es hat sich gelohnt. Der Lebensweg eines Gewerkschafters, Koblenz 1977, S. 10, über den Kalibergbau in der Rhön: ,,Mit 16 Jahren wurde ich von über Tage nach unter Tage verlegt. Hier begann ich meine Arbeit als Schlepper. Für einen so jungen Burschen war es eine schwere Arbeit, dennoch war ich sehr froh, meiner Mutter alle vierzehn Tage ein paar Mark mehr Lohn mit nach Hause bringen zu können."

82. Interview C. K., S. 9.

83. Vgl. K. Selbach: Handlexikon, S. 144 ff.; R. Pöller: Die Gefahren des Grubenbetriebes und die Grubenkontrolle im Ruhrrevier, München/Leipzig 1914, S. 34 ff.

84. Vgl. WWA, F 35, 181, Zusammenstellung des Revierbeamten von Essen-West v. 10. 7. 98; eine Beschreibung des Bremsbergbetriebes in F 35, 220, Schreiben der Zechenverwaltung v. 15. 10. 96 an den Revierbeamten.

85. Der Entwurf nebst Kommentar der Zechenleitung und die endgültige Fassung in

WWA, F35, 180; der Hinweis auf die hohen Kosten auch in F35, 220, Schreiben der Zechenleitung v. 15. 10. 96 an den Revierbeamten; vgl. R. Pöller: Gefahren, S. 35 f.

86. Vgl. A. Bosenick: Arbeitsleistung, S. 4; als Fallbeispiel das Steiger-Journal des Steigers Nieswandt, Zeche Prosper II, April 1906, in WWA, F35, 3288.

87. Vgl. Die Betriebskosten der unterirdischen Seilförderungen auf den Zechen des Ruhrkohlenbezirks, in: Glückauf 36, 1900, S. 141–154, S. 141 f.; K. Tenfelde: Arbeitsplatz, S. 309 f.

88. Vgl. B. Heymann/K. Freudenberg: Morbidität, S. 16 f.

89. WWA, F 35, 514 für Prosper I; ebenso auf den Sitzungen v. 17. 9. 06, v. 18. 3. 08, v. 15. 12. 09; für Prosper II ebd., F 35, 513; allgemeiner R. Pöller: Gefahren, S. 32.

90. Vgl. WWA, F 35, 3288, Steigerjournal Prosper II; B. Heymann/K. Freudenberg: Morbidität, S. 26; ebenso Reg.Mü. VII-52-1, Bericht d. Landrats v. Recklinghausen v. 26. 4. 07; ferner die neunteilige Artikelserie im Bergknappen: Die Entlohnung der Lehrhauer, 1. 8. 97 bis 15. 1. 98.

91. Text u. a. in Glückauf 47, 1894, S. 841; die Militärzeit wurde auf die drei Jahre angerechnet, allerdings nicht auf die Zeit selbständiger Arbeit.

92. STAM, OBA 1774, Schreiben des OBA an den Minister der öffentl. Arbeiten v. 23. 11. 1889, zit. nach G. Adelmann: Quellensammlung, Bd. 1, S. 140 f. Im ständischen System gab es allerdings auch keine Ausbildung; diesen Hinweis verdanke ich K. Tenfelde.

93. Entwicklung, Bd. 12, S. 56.

94. Vgl. die Ausführungen bei K. Leybold: Darstellung, passim.

95. So der niederschlesische Bergwerksdirektor Grunenberg bei den Verhandlungen der ‚Stein- und Kohlenfallkommission‘, die sich mit den Ursachen des Stein- und Kohlenfalls befaßte, dabei systematisch die Betriebsverhältnisse i. d. preußischen Steinkohlerevieren untersuchte und auch Kommissionen ins Ausland schickte; das hier aufbereitete Material bietet zahlreiche wichtige Informationen, die m. W. bisher nicht ausgewertet wurden; sie liegen gedruckt vor als: Die Verhandlungen und Untersuchungen der Preußischen Stein- und Kohlenfallkommission, Berlin 1906, hier S. 27 f.

96. Ebd., Bericht für das Saarland (S. 208) und für Oberschlesien (S. 165); vgl. die überzeugende Arbeit von H. Steffens: Autoritäre Gesellschaft und elementare Revolte. Untersuchungen zu Alltagsleben und Streikverhalten der Bergarbeiter an der Saar am Beispiel der „großen Streikzeit" 1889–1893, Diss. Konstanz 1982.

97. Ebd., Bericht für den Oberbergamtsbezirk Dortmund, S. 202.

98. STAM, OBA 1816, OBA an den Minister für Handel und Gewerbe v. 3. 7. 1890; abgedruckt bei G. Adelmann: Quellensammlung, Bd. 1, S. 522.

99. R. Schwenger: Die betriebliche Sozialpolitik im Ruhrkohlenbergbau, in: SVSP 186, 1932, S. 66; ferner die Artikel im Bergknappen v. 1. 8. und 15. 9. 97.

100. Vgl. etwa die Reaktionen der Prosperzechen auf entsprechende Vorstöße des OBA in F 35, 180 u. 181, sowie die Ausführungen zum systematischen Ausbau S. 116 ff. dieser Arbeit.

101. STAM, Reg.Mü. VII 52-6, Bericht über die Versammlung d. christl. Gewerksvereins in Osterfeld vom 30. 1. 1898.

102. Im Bergknappen v. 1. 8. und 15. 8. 97; eine ähnliche Argumentation auch bei einem Referat auf der Generalversammlung des Gewerkvereins 1903, abgedruckt im Bergknappen v. 7. 3. und 14. 3. 03, wo u. a. beklagt wird, die Ausbildung sei zu kurz; die Hauer müßten das Recht haben, „bindende Befehle an die

ihrer Aufsicht und Fürsorge unterstellten Arbeitskameraden zu erteilen und evtl. disziplinarische Maßnahmen zu ergreifen", ebd. 7. 3. 03; ferner Bericht über d. Versammlung d. christl. Gewerkvereins in Herten am 11. 7. 04 in STAM, Reg.Mü. VII-18-1.

103. Vgl. u. a. P. N. Stearns: Arbeiterleben, S. 109ff.; R. Vetterli: Industriearbeit; R. Ehrenberg/H. Racine: Krupp'sche Arbeiterfamilien; P. W. Musgrave: Technical Change. The Labour Force and Education. A Study of the British and German and Steel Industries 1860–1964, Oxford 1967; G. H. Hardach: Der soziale Status des Arbeiters in der Frühindustrialisierung. Eine Untersuchung über die Arbeitnehmer in der französischen eisenschaffenden Industrie zwischen 1800 und 1870, Berlin 1969.

104. STAM, Bergamt Herne, A8, 27, Bericht des königl. Revierbeamten v. 1. 7. 99.

105. STAM, Bergamt Herne, A8, 24, Schreiben des königl. Revierbeamten v. 6. 6. 1899, der die Beschwerde als gerechtfertigt betrachtete und die betroffene Zeche zu einer Stellungnahme aufforderte; ferner ebd. A8, 27, Anfrage eines Schleppers v. 5. 7. 1907.

106. STAM, Reg.Mü. Bericht des Bochumer Landrats vom 24. 4. 1896.

107. Zur Entwicklung der Hauer- und Schlepperzahlen vgl. Tab. 9 dieser Arbeit. G. Werner zufolge ist die Schlepperzeit allmählich länger geworden und hat 1912 bereits fünf bis sechs Jahre betragen, vgl. seinen Artikel in der Frankfurter Zeitung v. 11. 2. 1912. Es gab jedoch immer noch Forderungen, nach 1½ Jahren ins Gedinge zu kommen, vgl. entsprechende Schreiben in STAM, Bergamt Re., 48.

108. R. Schwenger: Sozialpolitik, S. 47.

109. Vgl. die detaillierte Beschreibung im Bergknappen v. 15. 9. 97.

110. In der Frankfurter Zeitung v. 11. 2. 1912.

111. Deren Zahl stieg erst in den unmittelbaren Vorkriegsjahren und dann vor allem in der Nachkriegszeit an, wobei die Zahl der Abbauhämmer vor dem Krieg gering blieb:

	1910	1913	1925
Schrämmaschinen	341	280	1481
Abbauhämmer	107	217	41309
Bohrhämmer	5399	11656	36502

Für 1910 vgl. A. v. Jhering: Die Erzeugung und Verwendung von Druckluft im deutschen Bergbau zu Beginn des Jahres 1910, in: Glückauf 46, 1910, S. 1364–1379; für 1913 u. 1925 vgl. B. Passmann: Die Mechanisierung des Ruhrbergbaues und ihr praktisches Ergebnis, in: Bergbauliche Rundschau. Beilage zum Anzeiger für Berg-, Hütten- und Maschinenwesen 2, 45, 1928, S. 353–355.

112. Vgl. W. Pieper: Die Vergabe von Gruben-Gesteinsarbeiten an besondere ‚Unternehmer' im Ruhr-Lippe-Steinkohlenbergbau, Jena 1919; H. Toussaint: Organisation, S. 32ff.; die Summe von 4206 Arbeitern entsprach 1,4% der Untertagebelegschaft.

113. Zu den Zahlen vgl. B. Heymann/K. Freudenberg: Morbidität, S. 16f.; eine Beschreibung der Tätigkeit bei A. Stenbock-Fermor: Erlebnisse, S. 153; zum Lohn u. a. WWA, F 35, 3288 Steigerjournal d. Zeche Prosper II; zum Vergleich mit anderen Industrien P. N. Stearns: Arbeiterleben, S. 60ff.; H. Schomerus: Lebenszyklus und Lebenshaltung in Arbeiterhaushaltungen des 19. Jahrhunderts, in: W. Conze/U. Engelhardt (Hg.): Arbeiter, S. 195–200.

114. Vgl. B. Heymann/K. Freudenberg: Morbidität, S. 16f.

115. Ebd. S. 17.

116. Ebd. S. 16f.
117. R. Ehrenberg/H. Racine: Arbeiterfamilien, S. 28ff., geben an, daß es 1907 bei Krupp 239 Angestellten- u. Arbeiterkategorien gegeben habe; allgemeiner zur Eisen- und Stahlindustrie H. Ehrenberg: Die Eisenhüttentechnik und der Deutsche Hüttenarbeiter, Stuttgart/Berlin 1906 (= Münchener Volkswirtschaftliche Studien 80); H. Mommsen: Soziale Kämpfe, S. 256, spricht erstaunlicherweise davon, daß im Vergleich zum durchschnittlichen Fabrikationsbetrieb die Belegschaften unter Tage ,,außerordentlich stark differenziert" gewesen seien.
118. Vgl. K. Tenfelde: Bildung und sozialer Aufstieg im Ruhrbergbau. Vorläufige Überlegungen, in: W. Conze/U. Engelhardt (Hg.): Arbeiter, S. 465–493.
119. Vgl. Entwicklung, Bd. 2, S. 53; Stein- und Kohlenfallkommission, S. 202.
120. Vgl. u. a. Trainer: Über eine einheitliche Benennung der Abbauarbeiten, in: Glückauf 34, 1898, S. 678–684; Stein- und Kohlenfallkommission, S. 182ff.; K. Leybold: Darstellung und Besprechung, S. 65; W. Weber: Arbeitsplatz, S. 98; Entwicklung, Bd. 2, S. 59ff.; K. Tenfelde: Arbeitsplatz, S. 313ff., sowie die entsprechenden Artikel in K. Selbach: Handlexikon.
121. Ebd.; ferner Entwicklung, Bd. 4, S. 69ff., sowie A. Bosenick: Arbeitsleistung, S. 5–32.
122. Vgl. K. Tenfelde: Arbeitsplatz, S. 300.
123. Vgl. die Zusammenstellungen in WWA, F 35, 183 u. 184; ferner in STAM, Oberpräsidium 6145.
124. WWA, F 35, 240 Schreiben des OBA v. 7. 2. 1888.
125. STAM, Reg.Mü. VII-52-5, zitiert in einem Bericht der Regierung Münster v. 25. 1. 1893.
126. Vgl. die Unterlagen der Prosperzechen in WWA, F 35, 181, 183, 231 und 1514; der Lohn der Schießhauer lag etwas unter dem der Hauer, vgl. ebd. F 35, 16.
127. Im Jahre 1900 z. B. wurden im Ruhrrevier 13 Mio. Löcher gesprengt, vgl. W. Weber: Arbeitsplatz, S. 106; zur Gefahr vgl. die Angaben in Stein- und Kohlenfallkommission, S. 191; W. Denker: Die bergmännischen Sprengarbeiten im Lichte der Unfallstatistik, in: Glückauf, 40, 1904, S. 785ff., S. 827ff., S. 853ff.
128. Vgl. R. Pöller: Gefahren, S. 26.
129. Vgl. F. Schunder: Tradition, S. 88.
130. Zur Einflußnahme der Behörden vgl. WWA, F 35, 1646; allgemein Ruhrbergbau, S. 27; Mitteilungen, S. 53.
131. F. Schunder: Tradition, S. 89.
132. Vgl. Ruhrbergbau, S. 28; F. Freise: Ausrichtung, Vorrichtung und Abbau von Steinkohlenlagerstätten, Freiberg 1908, S. 90ff.; zur zusätzlichen Belastung vgl. G. Werner: Unfälle und Erkrankungen im Ruhrbergbau, Essen o. J. (1908), S. 4.
133. Stein- und Kohlenfallkommission, S. 187f.; Entwicklung, Bd. 2, S. 54; K. Tenfelde: Arbeitsplatz, S. 313ff.
134. F. Schunder: Tradition, S. 99; Stein- und Kohlenfallkommission, S. 186: ,,Von Nachteil sind in wirtschaftlicher Beziehung besonders die geringe Anzahl der Angriffspunkte und die daraus herrührende Zersplitterung des Betriebes."
135. Vgl. (Carlo) Pommer: Die mechanische Abbauförderung beim Steinkohlenbergbau im Oberbergamtsbezirk Dortmund, in: ZBHSW 61, 1913, S. 254–296; F. Jüngst: Kritik des Schüttelrutschenbetriebs, in: Glückauf 46, 1910, S. 863–872; W. Pieper: Über die Arbeitsweise der Schüttelrutschen und ihre Anpassungsfähigkeit gegenüber wechselnden Lagerungsverhältnissen, in: Glückauf 47, 1911, S. 685–691.
136. Vgl. K. Tenfelde: Arbeitsplatz, S. 305, S. 313ff., der dem Schüttelrutschenbetrieb eine sehr große Bedeutung zuspricht.

137. Vgl. Ruhrbergbau, S. 28 sowie die Angaben in Anm. 119; auf der Zeche Prosper I z. B. wurde 1904 ca. 35% der Förderung im Pfeilerbau gewonnen, 1907 ca. 50% und 1912 mehr als 70%; ähnlich verlief die Entwicklung auf Prosper II, vgl. die Zusammenstellungen in WWA, F 35, 1429–1436, 1629.
138. F. Schunder: Tradition, S. 90; K. Tenfelde: Arbeitsplatz, beachtet den Stoßbau nicht.
139. Im sehr ausführlichen „Illustrierten Handlexikon des Bergwesens" von K. Selbach, das 1907 erschien, sind Schüttelrutschen noch nicht erwähnt; der Jahresbericht des Vereins für die bergbaulichen Interessen in Dortmund für 1907 berichtet lediglich von Versuchen auf der Zeche Rheinpreußen, nach: Glückauf 44, 1908, S. 747; bis 1908 war die mechanische Abbauförderung auf nur sechs Schachtanlagen eingeführt, vgl. C. Pommer: Abbauförderung, S. 255.
140. Vgl. Ruhrbergbau, S. 28; im Januar 1914 waren Schüttelrutschen mit einer Gesamtlänge von 134 km auf 136 Anlagen eingeführt, ebd.; ferner B. Passmann: Mechanisierung, S. 354; K. Tenfelde: Arbeitsplatz, S. 310, nennt diese Zahlen ebenfalls, mißt aber in der weiteren Argumentation (S. 313 ff.) für die Zeit nach der Jahrhundertwende dem Rutschenbetrieb eine große Bedeutung bei.
141. Vgl. C. Pommer: Abbauförderung, S. 281.
142. E. Jüngst: Kritik, S. 864.
143. Ebd. S. 869; ähnlich Forstmann: Maschinelle Fördereinrichtungen vor Ort auf rhein.-westfäl. Gruben, in: Glückauf 44, 1908, S. 1281–1290; H. Grohn: Betriebserfahrungen im Abbau mit Schüttelrutschen, in: Glückauf 52, 1916, S. 473–477.
144. 1925 wurde 37% der Förderung durch Rutschen gewonnen, und die Streckenlänge betrug 362 km; die größte Veränderung brachte jedoch die Einführung der Abbauhämmer, von denen es 1913 230 und 1925 38 847 gab; vgl. B. Passmann: Mechanisierung, S. 354.
145. E. Gothein: Bergbau, S. 337.
146. O. Neuloh: Betriebssystem, S. 83.
147. Jahresbericht der Handelskammer Essen 1911, S. 48.
148. Glückauf 34, 1898, S. 242; hier ist ein Brief an die Kölner Zeitung ohne nähere Angaben wiedergegeben.
149. STAM, Bergamt Re. A 9, 35, Bericht des Bergamtes v. 28. 2. 1901.
150. R. Schwenger: Sozialpolitik, S. 145.
151. O. Hue: Bergarbeiter, Bd. 2, S. 592.
152. Vgl. K. Tenfelde: Sozialgeschichte, S. 250f.
153. Für 1873 WWA, F 35, 1646, Verzeichnis der Aufsichtsbeamten v. 16. 9. 1873; für 1891 WWA, F 35, 1515, Aufstellung v. 11. 11. 1891.
154. Vgl. Anm. 149; ferner H. Toussaint: Organisation, S. 55.
155. WWA, F 35, 182, Antwort der Zeche v. 13. 4. 1901 auf das Schreiben des Bergamts v. 21. 3. 1901; zum Steigermangel auch STAM, Bergamt Re. A 9, 35, Bericht des Revierbeamten v. 23. 4. 1899.
156. STAM, Bergamt Herne A 8, 27, Bericht der Zeche Julia v. 5. 1. 1905.
157. Vgl. WWA, F 35, 194, Zusammenstellung v. 13. 10. 1908.
158. Vgl. Anm. 149.
159. Vgl. G. Werner: Dem Steiger sein Recht!, o. O. o. J. (Essen 1907); E. G. Spencer: Between Capital and Labour: Supervisory Personnell in the Ruhr Heavy Industry before 1914, in: Journal of Social History 9, 1975, S. 178–192.
160. Vgl. G. Werner: Welche Aufgaben haben die Sicherheitsmänner?, Bochum 1910, S. 7; den Steigern stand sehr wenig Zeit zur Verfügung, da sie nur etwa die Hälfte der Schichtzeit unter Tage blieben, denn sie mußten zusätzlich Lohnbe-

rechnungen sowie Materialbestellungen vornehmen, die Karten vervollständigen etc.; zur Zahl der Betriebspunkte in einem Steigerrevier vgl. WWA, F 35, 222, Aufstellung für Prosper I und II vom März 1905, derzufolge ein Revier ca. 40 Betriebspunkte umfaßte.

161. WWA, Schreiben des Revierbeamten d. Bergreviers Essen-West v. 21. 3. 1901.
162. Ebd.
163. Jahresbericht der Handelskammer Essen für das Jahr 1911, S. 48.
164. K. Leybold: Darstellung und Besprechung, S. 8.
165. Ebd. S. 14.
166. Ebd. S. 27.
167. Ebd. S. 27.
168. E. Treptow: Grundzüge der Bergbaukunde, S. 580.
169. H. Halbach: Die Einwirkung der Arbeiterversicherungsgesetze auf die Knapp-schaftsvereine und ihre Einrichtungen. Mit besonderer Berücksichtigung der Knappschaftsvereine im Ruhrkohlenbezirke, Leipzig 1906, S. 91.
170. A. Stenbock-Fermor: Erlebnisse, S. 32.
171. Stein- und Kohlenfallkommission, S. 37.
172. Denkschrift über die Untersuchung der Arbeiter- und Betriebsverhältnisse in den Steinkohlenbezirken. Bearb. im Auftrage des Ministers der öffentlichen Arbeiten und des Innern, Berlin 1890, S. 33.
173. Ebd. S. 33.
174. Normalarbeitsordnung § 21; Kopie in STAM, Kreis Re. 75.
175. Ebd. § 22.
176. Stein- und Kohlenfallkommission, S. 1, Präambel zum Untersuchungsbericht.
177. Ebd. S. 191, Bericht der Abteilung III, die die Verhältnisse im Oberbergamtsbe-zirk Dortmund untersucht hatte.
178. Ebd. S. 196f.
179. Ebd. S. 197.
180. Ebd. S. 202, S. 693f.; zum Ausland S. 608ff.
181. Vgl. die Verhandlungen der Gesamt-Kommission vom 2./3. 4. 1903, ebd. S. 576ff., sowie vom 19./20. 12. 1905, ebd. S. 637ff.; ferner K. Leybold: Darstel-lung und Besprechung, S. 47, der argumentierte, es sei nur dann sinnvoll, eine bessere Aufsicht durch Steiger einzuführen, ,,wenn gleichzeitig ganz feste und systematische Regeln gegeben werden, nach denen blindlings gehandelt werden soll".
182. Stein- und Kohlenfallkommission, S. 579; zum Unwillen ebd. S. 661f.
183. Ebd. S. 694; Generaldirektor Williger stellte fest, die Grundsätze seien so gehal-ten, ,,daß die Privatindustrie sich in keiner Weise durch die aufgestellten Grund-sätze beschwert fühlen kann", ebd. S. 666.
184. WWA, F 35, 183, Schreiben der Arenberg A. G. v. 9. 2. 1904.
185. Vgl. u. a. die Schriftwechsel von Zechen mit dem OBA in STAM, Bergamt Herne 72.
186. Ebd., Brief des Direktors der Zeche von der Heydt der Harpener Bergbau A. G. v. 21. 9. 1903.
187. Ebd., Schreiben des OBA v. 7. 1. 1904.
188. Ebd., Rundbrief des Oberbergamtes an die Bergrevierbeamten vom 26. 11. 1906; die Zahl der Unfälle durch Stein- und Kohlenfall auf 1000 Mann Belegschaft war im Ruhrgebiet von 6,9 im Zeitraum 1897–1903 auf 7,4 während der Jahre 1904–1908 angestiegen; in den anderen Bezirken war sie gefallen: Niederschle-sien von 1,89 auf 1,29; Saarbrücken 3,26 auf 1,69 und Aachen-Düren von 1,23 auf 1,07, ebd.

189. Ebd., Schreiben an das OBA v. 23. 10. 1909.
190. Ebd., Schreiben des Direktors der Zeche von der Heydt v. 23. 3. 04; eine sinn-volle Vorschrift hätte die unterschiedlichen Flöz- und Lagerungsverhältnisse berücksichtigen müssen und hohe Belastungen für Steiger und Zechen bedeutet.
191. R. Pöller: Gefahren, S. 19; G. Werner: Unfälle, S. 5, gibt an, das Verfahren sei auf den meisten Zechen eingeführt, werde jedoch nicht immer beachtet; ebenso A. Stenbock-Fermor: Erlebnisse, S. 45 f., noch nach dem Ersten Weltkrieg.
192. Stein- und Kohlenfallkommission, S. 662.
193. STAM, Bergamt Herne 72, Schreiben d. Ministers für Handel und Gewerbe v. 7. 1. 1904; vgl. die Schreiben der Zechen, ebd., sowie die Diskussion der Stein-und Kohlenfallkommission vom 2. 3. 1903 und vom 19./20. 12. 1905.
194. Stein- und Kohlenfallkommission, S. 662, Aussage eines Regierungsbeamten.
195. Vgl. WWA, F 35, 3288, Steigerjournal Prosper II, V. Sohle östliches Revier für den Monat April 1906; das Revier zählte 139 Arbeiter, darunter 77 Hauer, 12 Lehrhauer, 13 Zimmerhauer, 15 Schlepper, 21 andere Arbeiter sowie einen zu-sätzlichen Aufseher, d. h. es entsprach in etwa den oben angeführten Durch-schnittszahlen; die Hauer der Kameradschaft Nr. 319 verdienten nur 5,22 M pro Schicht und die Lehrhauer 4,72 M; zur Abhängigkeit des Lohnes von der Be-schaffenheit des Flözes vgl. Hilgenstock: Untersuchungen über wechselnde Kohlenfestigkeit und ihren Einfluß auf das Lohnwesen, Diss. Aachen 1909.
196. H. Toussaint: Organisation, S. 85.
197. E. Herbig: Das Verhältnis des Lohns zur Leistung unter besonderer Berücksich-tigung des Bergbaus, in: Jahrbuch für Gesetzgebung, Verwaltung und Volks-wirtschaft, 32, 1908, S. 191–218, S. 203 f.
198. Vgl. E. Jüngst: Arbeitslohn (1906), S. 1250, der die Lohnsumme der Untertage-belegschaft für 1886–92 mit 42,5% und für 1893–1904 mit 46,6% der Gesamtko-sten angibt.
199. G. Werner z. B. gibt an, 1904 ein Grundgehalt in Höhe von ca. 2400,– M und 1197,– M Prämie erhalten zu haben; vgl. ders.: Ein Kumpel, S. 137. Diese Anga-be dürfte jedoch zu hoch sein. (Den Hinweis verdanke ich H. Trischler, der an einer Untersuchung über ‚Steiger im deutschen Bergbau 1815–1945' arbeitet.)
200. Vgl. § 12 der Normalarbeitsordnung von 1893, Kopie in STAM, Kreis Re. 75; es kam immer wieder zu Beschwerden, diese Vorschrift werde nicht eingehalten, vgl. WWA, F 35, 194, Schreiben des Revierbeamten v. Essen-West v. 17. 1. 09.
201. Die Gewerkschaften hatten keine Möglichkeiten zur Einflußnahme, auch nicht durch die nach 1905 errichteten Arbeiterausschüsse; vgl. S. 217 ff. dieser Arbeit.
202. STAM, Bergamt Herne A 8, 27, Jahresbericht des Revierbeamten v. 17. 1. 05.
203. Zu Lohndifferenzen vgl. STAM, Bergamt Herne A 8, 14, Aufstellungen von Nettolöhnen auf versch. Zechen; ebd. A 8, 27, Bericht des Revierbeamten v. 20. 1. 1906; ferner: E. Herbig: Bergarbeiterfragen, S. 42 f.
204. So sind etwa Untertage- und Übertagearbeiter nicht getrennt erfaßt, und es liegen keine Aufschlüsselungen nach Tätigkeit, Dauer der Betriebszugehörig-keit, Herkunftsort etc. vor.
205. Vgl. die nach Quartalen und Betrieben aufgegliederten Zahlen in den jährlichen Verwaltungsberichten des Allgemeinen Knappschaftsvereins zu Bochum 1896 ff.; für 126 Arbeiter im Revier des Steigers Nieswandt (vgl. Anm. 195) ließen sich über die Belegschaftsliste zusätzliche Daten ermitteln: Innerhalb von 12 Monaten hatten 47 Arbeiter die Zeche verlassen, innerhalb von 24 Monaten 12 weitere; 7 blieben bis zu 36 Monaten und 60 Arbeiter mehr als 3 Jahre; offensichtlich haben sie z. T. als geschlossene Gruppen gewechselt, wie sich aus den Daten erkennen läßt, zu denen sie anfingen bzw. die Zeche verließen.

206. Vgl. P. Osthold: Zechenverband, S. 69; länger als einen Monat setzten die Bergarbeit aus im Jahre 1910: 62090; 1911: 94648; 1912: 112817; 1913: 126036
Bergleute, was 36%, 45%, 48% bzw. 44% der Belegschaften entsprach, ebd.
sowie eigene Berechnungen; der vorübergehende Wechsel in andere Berufe
dürfte sich z. T. aus der Einführung des Arbeitsnachweises erklären (vgl. S. 226f.
dieser Arbeit), denn durch eine anderweitige Tätigkeit konnte man sich Sank-
tionsmöglichkeiten wie z. B. der dreimonatigen Sperre entziehen; außerdem gab
es jahreszeitliche Schwankungen, d. h. während des Sommers Arbeit in der
Landwirtschaft und vor allem als Bauarbeiter; vgl. hierzu die Jahresberichte des
Allgem. Knappschaftsvereins 1896ff.

207. Absolute Zahlen für 1893–95 im Verwaltungsbericht des Allgemeinen Knappschaftsvereins zu Bochum für das Jahr 1895, S. 63; für 1896–1903 in Entwicklung, Bd. 12, S. 51 (Prozentzahlen eigene Berechnung); den Zahlen liegen die
sog. Aufrechnungsbescheide zugrunde, die für die Invaliditäts- und Altersversicherung bei einem Berufswechsel vorgelegt werden mußten.

208. Nach G. Werner, in: O. Hue: Bergarbeiter, Bd. 2, S. 561f.

209. Vgl. Kapitel V dieser Arbeit.

210. G. Werner: Ein Kumpel, S. 103.

211. H. Toussaint: Organisation der Arbeit, S. 80; ähnlich F. Herbig: Die inneren
Grenzen des Tarifvertrages, unter bes. Berücksichtigung des Bergbaus, in:
Glückauf 44, 1908, S. 1396–1402, 1432–1437, 1466–1474, 1492–1500, S. 1492f.:
„Die durch das Akkordsystem ermöglichte in bestimmten Grenzen selbständige
und unbeaufsichtigte Tätigkeit erhält den Leuten die Arbeitsfreudigkeit und
erzieht Kameradschaftsälteste mit einem gewissen Organisationstalent für ihren
Wirkungskreis, das bei den ständig wechselnden Verhältnissen der Betriebspunkte große Dienste leistet (...) Aus diesem Gesichtspunkt erklärt es
sich, daß auch die schärfste Aufsicht den durch den Anreiz des Akkordes von
selbst sich einstellenden Willen nicht ersetzen kann. Denn die Aufsicht kann nie
das aus dem gemeinsamen Interesse der Kameradschaft sich ergebende zweckmäßige Zusammenarbeiten erreichen, das das Akkordwesen mit sich bringt";
ferner C. Demanet: Steinkohlenbergwerke; B. Granigg: Organisation, Wirtschaft und Betrieb im Bergbau, Wien 1926, S. 69; E. Gothein: Bergbau, S. 335ff.

212. F. Lackmann: Arbeitsverhältnisse, S. 34.

213. E. Herbig: Bergarbeiterfragen, S. 33.

214. G. Werner: Ein Kumpel, S. 97. Die Gewerkschaften versuchten, einen tarifver-
traglich vereinbarten Zeitlohn durchzusetzen, was die Unternehmer zu verhindern wußten, die gewerkschaftliche Einflußnahme, mehr aber noch eine Auflösung der Betriebsorganisation unter Tage befürchteten; zur Diskussion vgl.
E. Herbig: Tarifvertrag; Hilgenstock: Lohntarife; H. Toussaint: Organisation,
S. 80; F. Wießner: Prämienlohnsysteme, S. 26.

215. Als neuere Arbeit vgl. R. Schmitz: Das Gedinge, seine Bedeutung und seine
Wirkung auf die zwischenmenschlichen Beziehungen im Ruhrkohlenbergbau,
Dortmund 1952.

216. H. Marchwitza: Jugend, S. 163f.

217. Vgl. Anm. 102.

218. Dieser Zusammenhang wurde vor allem von den Gewerkschaften betont; vgl.
O. Hue: Bergarbeiter, Bd. 2, S. 535ff.; H. Imbusch: Arbeitsverhältnis, S. 131f.;
1911 hatten die vier Gewerkschaften gefordert: „Das Verbauen der Strecken soll
nicht mehr im Kohlengedinge verrechnet werden, sondern im Interesse der
Arbeiter soll das Verbauen der Strecken sowie sonstige Nebenarbeiten besonders verrechnet bzw. bezahlt werden", STAM, Reg.Mü. VII-79, Bericht v. 7. Ja-

nuar 1911; die Unternehmer hatten im Jahr zuvor auf eine derartige Eingabe des Gewerkvereins geantwortet: „Das Einschließen des Verbauens in das Gedinge läge sowohl im Interesse der Arbeiter, welche jederzeit in der Lage seien, die verdienten Löhne zu berechnen, als auch im Interesse der Sicherheit des Betriebes, weil die Arbeiter die schlechten Stellen der Strecken besser kennen als die Beamten", zit. nach: Die Bergwerksindustrie und Bergverwaltung Preußens im Jahre 1910, in: ZBHSW 59, 1911, S. 573–615, S. 608.

219. Vgl. u. a. L. Heiermann: Entwicklung, S. 81: „Sobald die sprachlichen Schwierigkeiten einigermaßen überwunden sind, drängen die Hiesigen ihre östlichen Kollegen, doch ihr Verhalten zu ändern. Soweit sie damit Erfolg haben, lösen sich die Spannungen, denn unter Tage interessieren meist zur Beurteilung einer Person nur deren soziales Verhalten und deren Leistung, die anderen Merkmale (u. a. Herkunft, Beruf, Besitz, Bildung) spielen kaum eine Rolle"; ähnlich A. Stenbock-Fermor: Erlebnisse, S. 68 ff., S. 102 ff., der akzeptiert wurde, obgleich seine Kollegen wußten, daß er ein Graf war, und obwohl er u. a. erklärt hatte, er würde die Diktatur eines reaktionären Generals wie Ludendorff der Diktatur des Proletariats vorziehen, die dasselbe sei wie die Herrschaft der Straße (S. 71): „Überhaupt konnte man schon unter den Bergleuten eigene, abweichende Ansichten aussprechen, wenn man unter ihnen als Kumpel lebte, dieselbe Arbeit tat und Freud und Leid teilte, es kam eben nur auf die Art des Sagens, nicht auf das Gesagte an" (S. 72).

220. Die integrativen Aspekte betont auch K. Tenfelde mehrfach, u. a. ders.: Sozialgeschichte, S. 223 f.; ferner H. Hilpert: Die Zusammensetzung der Grubenbelegschaft des Ruhrkohlengebietes um die Jahrhundertwende und ihre Probleme, Diss. Köln 1952, S. 31 ff.; C. Jantke: Bergmann, S. 81 ff.; R. Schmitz: Gedinge, S. 74 ff., gibt an, die Kameradschaften versuchten zwar Drückeberger loszuwerden, würden Schwächere hingegen durchziehen, denn sie wüßten, daß auch sie selbst schwächer bzw. älter werden würden; ähnliches wurde auch in den Interviews immer wieder berichtet.

221. In den Zuschriften an die Bergarbeiterzeitungen finden sich nahezu in jeder Nummer Beschwerden über Verlegungen, Gedingekürzungen etc.; vgl. H. Steffens: Gesellschaft, S. 199 ff., der für das Saargebiet größere Abhängigkeiten von den Steigern beschreibt.

222. Die Frage des ‚Wagennullens‘ bzw. der Füllung ‚der Wagen blieb bis in die 20er Jahre hinein der wichtigste Streitpunkt; aus der reichhaltigen Literatur vgl. K. Tenfelde: Sozialgeschichte, S. 276 ff., S. 505 ff.; Denkschrift (1890), passim; G. Adelmann: Betriebsverfassung, S. 88; O. Hue: Bergarbeiter, Bd. 2, S. 580; A. Gladen: Streiks, S. 112 ff.

223. Denkschrift (1890), S. 27.

224. Vgl. W. Weber: Arbeitsplatz, S. 104.

225. Denkschrift (1890), S. 27; als Beispiel STAM, Reg. Mü. VII-18-1, über die Prosperzechen 1903; die Direktion wies zwar den Vorwurf zurück, räumte aber ein, ein derartiges Verfahren sei nach der Arbeitsordnung (§ 24) vorgesehen.

226. Vgl. STAM, OBA 1392, Blatt 100 ff., zu Versuchen des Ministers für Handel u. Gewerbe im Jahre 1890, dieses System abzuschaffen, wozu nicht alle Zechen bereit waren; K. Oldenberg: Studien über die rhein.-westf. Bergarbeiterbewegung, Leipzig 1890, passim; Denkschrift (1890), S. 31 ff., die feststellte, daß es derartige Abzüge nur im Ruhrgebiet gab.

227. Lediglich das Nullen wurde abgeschafft, statt dessen konnten bei vermeintlich ungenügender Füllung Strafen verhängt bzw. Lohnabzüge vorgenommen werden; das Geld floß in Unterstützungskassen, bei denen die Arbeiter zwar Mit-

spracherechte hatten, die aber von den Unternehmervertretern dominiert wurden; vgl. W. Schlüter: Das Recht der Arbeitervertretungen beim Bergbau in Preußen, in: Glückauf 54, 1908, S. 727–787, 745–750, 761–767, 781–787, 797–803.

228. Vgl. Denkschrift (1890), S. 27.

229. Zu Prosper vgl. WWA, F 35, 181, Zusammenstellung vom 28. 10. 1898; für 1912 vgl. G. Adelmann: Quellensammlung, Bd. 1, S. 330–334.

230. Bergknappe v. 24. 8. 1901; vgl. die gleichlautenden Beschwerden des Arbeiterausschusses der Zeche Dorstfeld v. 13. 3. 1912, in STAM, OBA 1859, sowie die Protokolle der Arbeiterausschuß-Sitzungen der Zeche Prosper I u. II in WWA, F 35, 513 u. 514.

231. Vgl. A. Weise: Die Ermittelung des Netto-Inhaltes beladener Förderwagen, in: Glückauf 44, 1908, S. 1428–1432 und 47, 1911, S. 243–244; W. Weber: Arbeitsplatz, S. 104.

232. Denkschrift (1890), S. 33.

233. K. Engel: Zum Ausstande der Bergarbeiter im Ruhrbezirk, Berlin 1905, S. 26.

234. Vgl. WWA, F 35, 1515, Aufstellung v. 11. 11. 1891; F 35, 194, Aufstellung v. 13. 10. 1908.

235. Vgl. WWA, F 35, 3288, Steigerjournal.

236. Ebd.; das Revier zählte 15 Schlepper, von denen 10 einen Schicht- und 5 einen Gedingelohn erhielten; vgl. Anm. 195.

237. Zum Tätigkeitsbereich der Steiger vgl. G. Werner: Dem Steiger sein Recht; E. G. Spencer: Between Capital and Labour; zur Priorität der Förderung vgl. H. Imbusch: Arbeitsverhältnis, S. 75.

238. Hauer und Zimmerhauer stellten ca. 75% der Untertagebelegschaft, unter Zuzählung der Schlepper mehr als 90%; vgl. B. Heymann/K. Freudenberg: Morbidität, S. 17.

239. Zum Wechseln bei Auseinandersetzungen u. a. STAM, Oberpräsidium 2849, 10, Bl. 106, Bericht über Belegschaftsversammlung der Zeche Aplerbeck v. 17. 2. 08.

240. Zur Situation der Steiger vgl. Anm. 237; W. Viebig: Die technischen Grubenbeamten beim Steinkohlenbergbau im Oberbergamtsbezirk Dortmund, in: Glückauf 47, 1911, S. 1133–1142; F. Wießner: Das Wesen der Prämienlohnsysteme in dem niederrhein.-westfäl. Steinkohlenbetriebe, Heidelberg 1911.

241. Damit wird nicht gesagt, hieraus habe eine tagtäglich deutlich werdende, die gesamte Belegschaft umfassende Solidarität resultiert; die Verteilung von Aufgaben auf Kameradschaften oder einzelne Arbeiter, das auf diese zugeschnittene, jeweils nur wenige Bergleute erfassende Lohnsystem und auch die in der Regel begrenzten Konflikte schränkten vielmehr die Auseinandersetzungen – von den großen Streiks und dazwischenliegenden Ausständen abgesehen – in der Regel auf die Kameradschaften bzw. kleinere Gruppierungen ein.

242. Jahresbericht der Handelskammer Dortmund für das Jahr 1889, S. 7; Beschwerden über Steiger finden sich in großer Zahl in den Bergarbeiterzeitungen; diese befanden sich in einer ziemlich starken Position, da sie von den Unternehmern (immer) und den Bergämtern (meist) gestützt wurden. Der Widerstand der Bergleute konnte allerdings vielfältige, z. T. nicht greifbare Formen annehmen; so erzählte ein Bergmann auf einer Belegschaftsversammlung ,,unter dem Gelächter der Zuschauer mit großem Behagen, wie er es angefangen habe, die Steiger Gelschmann und Deckel zu ärgern und zu reizen", STAM, Oberpräsidium 2849, 10, Bl. 106, Versammlung der Zeche Freie Vogel und Unverhofft.

243. Interview mit K. H. S. 19–21.

244. Vgl. S. 108 dieser Arbeit; zur Kostenverlagerung auf die Bergleute vgl. die Lohn-berechnungen in WWA, F 35, 3288, Steigerjournal.
245. B. Granigg: Organisation, S. 24; zur Betriebsorganisation und zum Rechnungs-wesen existiert kaum zeitgenössische Literatur – was nicht verwundert, da die-sen Faktoren auf Grund der spezifischen Organisation des Untertagebetriebes keine große Beachtung geschenkt wurde. Vgl. u. a. Reckmann: Die im Ruhr-bergbau üblichen Methoden der Selbstkostenberechnung, in: Glückauf 45, 1909, S. 9–18, S. 82–91; E. Herbig: Betriebsführung, passim; H. Toussaint: Organisie-rung, S. 54 ff.; K. Sieben: Grundplan der wissenschaftlichen Betriebsführung im Bergbau, Berlin 1928; R. Lange: Die Verwaltung der Berg-, Hütten- und Salz-werke, Clausthal 1905, S. 212 ff.; Witte: Kaufmännische und kameralistische Buchführung für Bergwerke, in: Glückauf 46, 1910, S. 645–653; Hinweise auch zu den Arbeiten zum Gedingelohn, vgl. Anm. 211.
246. Vgl. F. Jüngst: Kritik des Schüttelrutschenbetriebes, S. 864, S. 869–871; Pom-mer: Mechanische Abbauförderung, S. 294–296.
247. E. Herbig: Betriebsführung, S. 230.
248. F. Koepe: Die Betriebskosten der unterirdischen Seilförderungen auf den Ze-chen des Ruhrgebietes, in: Glückauf 36, 1900, S. 141–154, S. 141.
249. R. Schwenger: Sozialpolitik, S. 41 f.
250. H. Meis: Ruhrbergbau, S. 24; vgl. W. Pothmann: Der im Ruhrgebiet auf den Kopf der Belegschaft entfallende Förderanteil und das Problem seiner wirt-schaftlichen Steigerung, Jena 1916, der tayloristische Verfahren und systemati-sche Planung als nicht durchführbar ansah und statt dessen den Appell an die Selbständigkeit der Bergleute wiederholte, S. 29 ff., S. 56 ff.
251. K. Sieben: Grundplan, S. 7.
252. Reckmann: Selbstkostenrechnung, S. 90.
253. Vgl. E. Wedekind: Rationalisierung, S. 1 ff.; vgl. Anm. 144.
254. So K. Tenfelde: Arbeitsplatz, S. 333: „Man kann daher sagen, daß es Tayloris-mus im Bergbau schon immer gab und daher seiner Rezeption nicht bedurfte"; er begründet diese These vor allem mit dem Hinweis auf die lang zurückreichen-de und weitverbreitete Anwendung des Akkordlohnes im Bergbau, übersieht dabei aber m. E. den zentralen Punkt: Im Taylorismus ist der Akkordlohn die Bezahlung für einen Arbeitsprozeß, der in kleinste, genau kalkulierte und be-rechnete Einzelschritte zerlegt ist, d. h. er untersteht der (möglichst) vollständi-gen Kontrolle der Unternehmensleitung. Im Bergbau hingegen war das genaue Gegenteil der Fall; hier war der Akkordlohn Ausdruck fehlender Kontrollmög-lichkeiten. Vgl. W. Pothmann: Förderanteil, S. 70: „Es zeigt sich indessen an dieser Stelle schon der grundlegende Unterschied zwischen Fabrik- und Berg-werksbetrieb. Während nichts im Wege steht, die geistige Tätigkeit aus dem Fabriksaal zu nehmen und einem Arbeitsbureau zu übertragen, ist dies beim Bergwerksbetrieb schon aus Gründen der stets wechselnden Verhältnisse un-möglich und verbietet sich überdies mit Rücksicht auf die dem Steinkohlenberg-bau eigentümliche Gefahr. Dies kann nur von dem harmonisch ausgebildeten, denkenden und überlegenden Bergmann richtig erkannt und bekämpft werden." Auch sonst kommt K. Tenfelde zu anderslautenden Ergebnissen, indem er m. E. die Bedeutung der Veränderungen nach den 90er Jahren zu hoch ansetzt. Den Fragen der Aufsicht, des Ausbaus, des Gedingelohnes und der Betriebsplanung, deren zentrale Bedeutung hier entwickelt wurde, schenkt er zu wenig Aufmerk-samkeit, wie er insgesamt für den hier untersuchten Zeitraum zu sehr auf der technischen Literatur aufbaut, die ihr innewohnenden systematischen Schwä-chen zu wenig berücksichtigt und dadurch die dort angelegte Rollenverteilung

sowie das im Untertagebetrieb bestehende Spannungsverhältnis nicht hinreichend thematisiert.
255. Vgl. STAB, A V 3, 2, Bericht des Amtmannes v. 15. 1. 93, sowie die Akten im STAM, Kreis Re. Landratsamt 175; ferner E. Lucas: Radikalismus, S. 171 ff.
256. STAM, Reg.Mü. VII-52-4, Bericht eines Arztes v. 11. 8. 1889.
257. Ebd.; der Landrat von Recklinghausen hatte am 28. 8. 1889 geschrieben, ihn würde es große Überwindung kosten, ,,selbst in der besten Kaue mit sovielen schmutzigen Menschen zusammen zu baden"; die Bergleute jedoch – so behauptete er – seien nicht so empfindlich.
258. Ebd., Bericht d. Landrats v. 28. 8. 94.
259. G. Schwarz: Kohlenpott. Ein Buch von der Ruhr, Berlin 1931, S. 76f.
260. Hier soll nicht behauptet werden, die Sexualität oder das Verhältnis zum eigenen Körper sei ,frei' und unbefangen gewesen; so war es offensichtlich älteren Bergleuten unangenehm, mit jugendlichen (14- bis 16jährigen) Arbeitern gemeinsam zu duschen; vgl. STAM, Reg.Mü. VII-52-4, Bericht des Landrats v. Recklinghausen v. 28. 8. 1889; ähnlich der Bergknappe v. 24. 4. 96. Es spricht jedoch vieles dafür, daß das Verhältnis zum eigenen Körper und auch zu dem von Arbeitskollegen direkter und unmittelbarer war; als Hinweis P. Göhre: Fabrikarbeiter, S. 77.
261. STAM, Reg.Mü. VII-52-4, Bericht des Landrats von Recklinghausen v. 12. 1. 93.

IV. Reform als Mission.
Die ,Zivilisierung' der Bergleute

1. P. Göhre: Drei Monate Fabrikarbeiter und Handwerksbursche, Leipzig 1891; auch in diesem Kapitel wird ein Themenbereich behandelt, der über das Ruhrgebiet hinaus nationales Interesse fand; z. T. wird auf die nationale Diskussion zurückgegriffen, sofern dies zum Verständnis und zur besseren Einordnung der Aussagen erforderlich ist.
2. Zit. aus einer Rezension von W. Holeks Autobiographie: Lebensgang eines deutsch-tschechischen Handarbeiters, Jena 1909, in der Dortmunder ,Arbeiterzeitung' vom 15. 7. 1909, nach D. Schwarzenau: Die frühen Arbeiterautobiographien, in: P. v. Rüden (Hg.): Beiträge zur Kulturgeschichte der deutschen Arbeiterbewegung, 1848–1918, Frankfurt/M. 1979, S. 167–221, S. 169.
3. Neben Erlebnisberichten wurden in wachsender Zahl Autobiographien von Arbeitern veröffentlicht, deren Niederschrift vielfach von bürgerlichen Reformern veranlaßt wurde; vgl. W. Emmerich: Proletarische Lebensläufe. Autobiographische Dokumente zur Entstehung der Zweiten Kultur in Deutschland, 2 Bde., Reinbek bei Hamburg 1974/75, vor allem die Bibliographie in Bd. 2, S. 432–458; D. Schwarzenau: Arbeiterautobiographien; im Mittelpunkt der Schilderungen stand die Wohnungsfrage, vgl. S. 41 ff. dieser Arbeit; die zeitgenössische Literatur ist zu einem großen Teil erfaßt in L. Niethammer/F. Brüggemeier: Arbeiter, passim.
4. Die folgende Argumentation findet sich ansatzweise bereits in F. Brüggemeier/ L. Niethammer: Schlafgänger, S. 158 ff.
5. Zu den Konsumgenossenschaften vgl. G. Huck: Arbeiterkonsumverein und Verbraucherorganisation. Die Entwicklung der Konsumgenossenschaften im Ruhrgebiet 1860–1914, in: J. Reulecke/W. Weber (Hg.): Fabrik, Familie, Feierabend, S. 215–245.
6. Vgl. G. Tenius: Die Gast- und Schankwirtschaften in den deutschen Gemeinden

mit mehr als 15000 Einwohnern nach dem Stande vom November 1898, in: Mitteilungen des Statistischen Amtes der Stadt Dortmund, H. 3, Dortmund 1901.

7. Vgl. Bericht über die Verwaltung und den Stand der Gemeinde-Angelegenheiten der Stadt Hamborn für das Rechnungsjahr 1911, S. 54; E. Lucas: Radikalismus, S. 92 ff.; zur Situation in Dortmund STAM, Reg. Arnsberg 1465, Bl. 132 ff.; zum Kreis Recklinghausen, Stadtarchiv Recklinghausen, Landratsamt Recklinghausen 761, Aufstellungen v. 7. 2. 1904 und v. 26. 2. 1912; zur Frage der Konzessionserteilung vgl. W. Bode: Industrie- und Gasthausreform, Weimar 1904, S. 29 ff.

8. Vgl. James S. Roberts: Wirtshaus und Politik in der deutschen Arbeiterbewegung, in: G. Huck (Hg.): Sozialgeschichte der Freizeit, Wuppertal 1980, S. 123 bis 139; O. Rühle: Illustrierte Kultur- und Sittengeschichte des Proletariats, Berlin 1930, S. 407 ff.; S. Reck: Arbeiter nach der Arbeit, Lahn-Gießen 1977, der allerdings ein zu einfaches Bezugsfeld zwischen Familie und Wirtshaus konstruiert; bei Streiks mußten die Wirtschaften meist schließen, vgl. u. a. K. Hartmann: Weg, S. 162 ff. zu 1889.

9. Stadtarchiv Castrop-Rauxel, Amt Castrop 17.

10. Ebd., Aufstellung v. 2. 9. 1893.

11. Vgl. STAM, OBA 1834, Denkschrift des Oberbergamtes v. 6. 11. 1894, sowie die Berichte der einzelnen Bergrevierbeamten; ferner STAM, Reg. Arnsberg I G 210, Schreiben des OBA v. 6. 8. 1894.

12. STAM, OBA 1834, Bericht des Revierbeamten v. Oberhausen v. 3. 5. 1894.

13. Ebd., Bericht des Revierbeamten v. Dortmund-West v. 2. 7. 1894.

14. Vgl. die Rheinisch-Westfälische Arbeiterzeitung v. 20. 12. 1984 sowie diverse Berichte in Stadtarchiv Castrop-Rauxel, Amt Castrop 17.

15. STAM, OBA 1834, Denkschrift des OBA v. 6. 11. 1894.

16. Ebd., Bericht des Revierbeamten v. Recklinghausen v. 23. 4. 1894.

17. Ebd., Bericht des Revierbeamten v. Dortmund-Ost v. 24. 6. 1894; das Landgericht in Dortmund hatte Strafen wegen Überschreitens der Polizeiverordnung verhängt, doch vor dem Kammergericht in Berlin wurden die Angeklagten freigesprochen, vgl. Tremonia v. 23. 6. 1894.

18. STAM, Reg. Arnsberg I G 210, Schreiben v. 4. 4. 1896.

19. STAM, OBA 1834, Bericht des Revierbeamten v. 24. 6. 1894.

20. Diese Klage findet sich in nahezu jedem Jahresbericht des Alten Verbandes; vgl. u. a. Verband deutscher Bergarbeiter, Jahresbericht für 1905/06, S. 45, S. 56, S. 119; für 1909/10, S. 155. 1905 hatte der Alte Verband geplant, selbst eine Schankwirtschaft mit einigen Vereinszimmern zu errichten, um „endlich einmal die Lokalfrage" zu lösen, doch ihm wurde die Konzession verwehrt; vgl. Jahresbericht 1905/06, S. 45 ff.

21. STAM, OBA 1834, Bericht des Revierbeamten v. Dortmund-West v. 2. 7. 1894.

22. Ebd., Bericht v. 24. 6. 1894.

23. Ebd., Denkschrift des OBA v. 6. 11. 1894.

24. Ebd.

25. Ebd., Bericht des Revierbeamten v. Dortmund-West v. 2. 7. 94; Denkschrift des OBA v. 6. 11. 1894.

26. Ebd., Denkschrift des OBA v. 6. 11. 1894.

27. Vgl. Stenographische Berichte über die Verhandlungen des Reichstages, IX. Legislaturperiode, IV. Session 1895–97, Bd. 4., S. 2505 C; das Gesetz wurde am 10. 6. 1896 in 3. Beratung verabschiedet und trat 1897 in Kraft; vgl. Amtsblatt der Königlichen Regierung zu Arnsberg, Nr. 3, v. 16. 1. 1897; auch in anderen

Gebieten des Reiches hatte es Schnapskasinos gegeben, ohne daß sie jedoch eine derartige Verbreitung und Bedeutung erlangt hätten; vgl. Sten. Ber. Reichstag, Bd. 4, S. 136ff., 1255ff. Größere Bedeutung hatten sie noch im Saarland erlangt, vgl. H. Steffens: Arbeiterwohnverhältnisse und Arbeitskampf. Saarbergleute in der großen Streikzeit 1889–1893, in: K. Tenfelde/H. Volkmann: Streik, S. 124–142.

28. Crefelder Zeitung vom 13. 8. 97, in STAD, Reg. Düss. 9000.

29. Vgl. HSTAD, Reg.Düss. 9000, Schreiben des Landrates von Ruhrort v. 3. 10. 96, der sich gegen eine Einschränkung der Kirmessen aussprach, da diese sich ,,zu Familienzusammenkünften ausgestaltet" hätten.

30. Vgl. J. Reulecke: Vom blauen Montag zum Arbeiterurlaub. Vorgeschichte und Entstehung des Erholungsurlaubs für Arbeiter vor dem Ersten Weltkrieg, in: Archiv für Sozialgeschichte, 16, 1976, S. 205–248; D. A. Reid: Der Kampf gegen den ,,Blauen Montag" 1766–1876, in: D. Puls (Hg.): Wahrnehmungsformen, S. 265ff., sowie den grundlegenden Aufsatz von E. P. Thompson: Zeit, Arbeitsdisziplin und Industriekapitalismus, in: R. Braun u. a. (Hg.): Gesellschaft in der industriellen Revolution, Köln 1973, S. 81–112; vgl. Anm. 57.

31. Vgl. K. Tenfelde: Sozialgeschichte, S. 272; zur Entwicklung vgl. die Akten in HSTAD, Reg. Düss. 30463, 30476–30479a, 9000; STAM, Oberpräsidium 6522, 2766.

32. STAM, Oberpräsidium 6522, Eingabe des Vereins der Industriellen des Regierungsbezirkes Köln vom 18. 10. 1898; die Eingabe war das Ergebnis eines Treffens mehrerer Unternehmer-Vereinigungen Westfalens und des Rheinlands am 15. 10. 98 in Köln.

33. HSTAD, Reg. Düss. 9000, Bericht d. Landrats v. Essen v. 29. 12. 1886.

34. Ebd., Bericht des Landrats v. 1. 3. 1900.

35. Stadtarchiv Essen, Landkreis Essen, 114, 12, Protokoll der Bürgermeisterkonferenz des Landkreises Essen v. 18. 8. 1911; die Bürgermeister verwiesen darauf, daß die Kirmesfrage deshalb so wenig Entgegenkommen fände, weil eine Abschaffung der Märkte befürchtet werde.

36. STAB, Amt Bottrop AV 7, 3, Auszug aus dem Protokollbuch d. Gemeindevertretung v. 21. 6. 1901.

37. Ebd., Schreiben der Arenberg A.G. v. 13. 12. 1901; Bericht über die Ausgaben v. Kindern v. 8. 10. 1902 und v. 27. 2. 1903.

38. Ebd., Schreiben der evangelischen Kirchengemeinde v. 8. 10. 1908.

39. Ebd., Beschluß der Gemeindevertretung v. 29. 12. 08; ähnlich in Hamborn, vgl. E. Lucas: Radikalismus, S. 103ff.

40. HSTAD, Reg. Düss. 9000, Schreiben d. Landrats v. 14. 5. 1892; ähnlich argumentierte der Bürgermeister v. Essen, der angab, von den Vereinen gehe eine größere Gefährdung aus als von den Kirmessen, ebd., Bericht v. 18. 5. 1892.

41. HSTAD, Reg. Düss. 9000, Schreiben d. Landrats v. Essen v. 15. 5. 1886; vgl. STAM, Oberpräsidium 6522, Bericht des Regierungspräsidenten v. 5. 1. 1903.

42. STAM, Oberpräsidium 6522, Bericht d. Regierungspräsidenten v. 18. 11. 1901 über Möglichkeiten, die öffentlichen Lustbarkeiten einzuschränken.

43. HSTAD, Reg. Düss. 30477, Schreiben des Oberpräsidiums v. 30. 9. 1899.

44. HSTAD, Reg. Düss. 30479, Schreiben d. Landrats v. 18. 7. 1912.

45. STAM, Oberpräsidium 6522, Bericht der Regierung Arnsberg v. 27. 9. 1901; vgl. auch die Stellungnahmen d. Reg. Münster vom 18. 11. 1901 und vom 5. 1. 1903 zu dieser Frage, ebd.

46. Stadtarchiv Essen, Landkreis Essen 114, 12, Protokoll der Bürgermeisterkonferenz v. 18. 10. 1910.

47. Daneben gab es noch eine große Zahl religiöser und vor allem landsmannschaftlicher Vereine, die hier nicht behandelt werden können; vgl. C. Kleßmann: Bergarbeiter, S. 83 ff. Ebenfalls nicht abgehandelt werden die Knappenvereine, die ihre frühere Aufgabe weitgehend verloren hatten und vielfach nur noch als Vergnügungsvereine bzw. als Veranstaltungen der Unternehmer überlebten; vgl. K. Tenfelde: Das Fest der Bergleute. Studien zur Geselligkeit der Arbeiterschaft während der Industrialisierung am Beispiel des deutschen Bergbaus, in: G. A. Ritter: Arbeiterkultur, S. 209–245; ders.: Bergarbeiterkultur in Deutschland. Ein Überblick, in: GuG 5, 1979, S. 12–53, der zeigt, daß diese Form der Arbeiterkultur während der ständischen Zeit in Blüte stand, im Ruhrgebiet aber an Bedeutung verlor, als der kapitalistisch betriebene Bergbau sich durchsetzte, als es also Arbeiter gab.

48. In Wattenscheid z. B., das 25 700 Einwohner zählte, gab es 1907 u. a. 7 Brieftaubenvereine, 17 Lotterievereine, 2 Ziegenzuchtvereine etc., insgesamt 160 Vereine; vgl. Stadt Wattenscheid, Adreß-Buch und Geschäftsanzeiger, Wattenscheid 1907, S. 149–152.

49. STAM, Oberpräsidium 2766, Schreiben d. Innenministers v. 9. 2. 1901; zur Teilnahme an derartigen Wettbewerben hatten sich Clubs gebildet wie die Vereine ‚Gut Qualm' in Annen oder ‚Voll-Qualm-Voraus' in Marten; die Aufgabe bestand darin, entweder möglichst ergiebig den Tabak auszunutzen oder möglichst schnell eine bestimmte Menge mit einer Pfeife aufzurauchen. Nach den Kommandos: 1. Feuer und 2. Feuerung begann der Wettbewerb, dessen Teilnehmer im Kreis saßen und jeweils ein Gramm Tabak erhalten hatten; ein Clubname wie ,,Immergrün" (Hombruch) dürfte ein Stück gekonnter Selbstironie gewesen sein; ebd., Bericht d. Oberpräsidiums v. 6. 2. 1902 und d. Landrats v. Marten v. 23. 5. 1899.

50. STAM, Reg. Mü. 5689, Schreiben des Landrats v. Recklinghausen v. 26. 8. 1899; zu Versuchen, den Alkoholkonsum einzuschränken, vgl. M. Zimmermann: Gemeindegasthaus-Bewegung und der ,,Verein zur Bekämpfung des Mißbrauchs geistiger Getränke". Mäßigkeitsbestrebungen im Bereich des Amtes Recklinghausen vor dem Ersten Weltkrieg, in: Vestische Zeitschrift, 79/80, 1980/81, S. 19–38; u. a. wurde die Errichtung kommunaler Wirtschaften erwogen, sehr zum Unwillen der Wirte, die, wie z. B. in Bottrop, argumentierten, man müsse schon ,,auf dem Standpunkte der Homöopathie stehen, wenn durch diese Gründungen dem Alkoholgenuß ein Damm gesetzt werden soll", STAM, Reg. Mü. IV-7-18, Eingabe des Wirteverbandes v. 2. 11. 1912.

51. Stadtarchiv Castrop-Rauxel, Amt Castrop 5, Bericht des Polizisten v. 22. 1. 1906.

52. Ebd., Schreiben d. Bürgermeisters v. 26. 1. 06; der Betrag von 30 M entsprach in etwa dem Wochenlohn eines Hauers.

53. C. Demanet: Steinkohlenbergwerke, S. 322.

54. Vgl. Tab. 6.

55. Stadtarchiv Essen, Rep. 102 XIV, 267, Aufstellung v. 29. 10. 1898; von den 19 770 Arbeitern der Fa. Krupp fehlten nur 201.

56. STAB, Amt Bottrop AV 7, 3, Schreiben der Arenberg A.G. v. 13. 12. 01.

57. WWA, F 35, 184 Aufstellung v. 27. 2. 1906; die hohe Zahl unbezahlter Feierschichten, die einer Beurlaubung gleichkamen, ist auffällig; auf Prosper II betrug sie 1904 und 1905 jeweils nur 1,6 bzw. 1,8 pro Arbeiter. Alle Versuche, analog zu den Staatsbergwerken Urlaub gewährt zu bekommen, schlugen fehl; seit 1908 konnten dort Arbeiter, die älter als 35 Jahre waren und mehr als fünf Jahre im staatl. Bergbau gearbeitet hatten, bis zu einer Woche bezahlten Urlaub bekom-

men; Anträge der Arbeiterausschüsse in dieser Richtung wurden abgelehnt, vgl. F 35, WWA 513, Sitzung v. 17. 12. 08. Für große Aufregung unter den Bergwerksbesitzern sorgte die Zeche Helene Amalie, die 1912 dem Beispiel der staatlichen Betriebe folgte; in Sitzungen des Zechenverbandes wurde dies als „sehr bedauerlich" empfunden, rief „auf allen Seiten große Mißstimmung" hervor und wurde als „bedauerlicher Mangel an Solidarität" verurteilt, vgl. BBA, Bestand 13 Nr. 698, Sitzungsprotokolle v. 3. 5. und 15. 5. 1912 sowie umfangreicher Schriftverkehr; das Vorgehen der Zeche Helene Amalie blieb eine Ausnahme und war auf nur einen Schacht beschränkt.

58. ZBHSW 60, 1912, S. 352; der Rest entfiel auf 2,4 Feierschichten mit Urlaub und 0,1 wegen Absatzmangels bzw. Betriebsstörungen, ebd.; ähnlich M. Zimmermann: Gemeindegasthaus-Bewegung, S. 32 ff.

59. Lange: Wohnungsverhältnisse, S. 99; die Maßnahme richteten sich nicht spezifisch gegen Bergleute, sie zielten vielmehr auf all die Arbeiter ab, die unter vergleichbaren Bedingungen lebten und arbeiteten; die Bergleute stellten allerdings die größte und auffälligste Gruppe.

60. STAM, OBA 1834, Bericht d. Revierbeamten v. Oberhausen v. 3. 5. 1894.

61. Ebd., Bericht d. Bürgermeisters v. Styrum v. 17. 4. 1894.

62. Ebd., Denkschrift des OBA v. 6. 11. 1894.

63. STAM, Oberpräsidium 6522, Eingabe d. Vereins d. Industriellen d. Reg.-Bezirks Köln v. 28. 10. 1898.

64. HSTAD, Reg. Düss. 9000, Schreiben d. Landrats v. Essen vom 1. 9. 1896.

65. E. Cahn: Schlafstellenwesen, S. 88.

66. H. Rost: Das moderne Wohnungsproblem, Kempten/München 1909, S. 78.

67. N. Joniak: Arbeiterwohnungselend, S. 11.

68. E. Enke: Wohnungspolitik, S. 151.

69. Vgl. zum folgenden die Arbeiten v. L. Niethammer: Housing Reform Debate, sowie ders.: Logement sociale, die für die Entwicklung der Argumentation sehr wichtig waren; Niethammer arbeitet auch die verschiedenen Strömungen und Gruppierungen innerhalb des Bürgertums genauer heraus, worauf hier verzichtet werden mußte. Als interessante Studie vgl. K. Theweleit: Männerphantasien, 2 Bde., Frankfurt 1977/78.

70. B. Friedmann: Die Wohnungsnot in Wien, Wien 1857, zit. nach Engel: Die moderne Wohnungsnot, Leipzig 1873, S. 6; dieses auf Wien bezogene Zitat gibt sehr gut die Auffassungen wieder, die die bürgerliche Reformdiskussion in der 2. Hälfte des 19. Jhdts. prägten; vgl. K. Bergmann: Agrarromantik und Großstadtfeindschaft, Meisenheim am Glan 1970.

71. Wiedfeldt: Aftermietwesen (1902), S. 50.

72. W. v. Kalckstein: Einlogiererwesen, S. 2.

73. N. Joniak: Arbeiterwohnungselend, S. 3.

74. B. Friedmann: Wohnungsnot, zit. nach Engel: Wohnungsnoth, S. 6.

75. E. Cahn: Schlafstellenwesen, S. 88.

76. H. Rost: Wohnungsproblem, S. 98; ähnliche Angaben finden sich in fast jedem Beitrag. Zum Ruhrgebiet vgl. N. Joniak: Arbeiterwohnungselend, S. 7; Lange: Wohnungsverhältnisse, S. 92, sowie die Beispiele in HSTAD, Reg. Düss. 24781, Verhandlungen der Ersten wirtschaftlichen Konferenz des Regierungsbezirks Düsseldorf am 2. 7. 1887.

77. J. Marcuse: Geschlechtliche Erziehung in der Arbeiterfamilie, Berlin 1908, S. 5; das Buch war im Vorwärts-Verlag erschienen.

78. STAM, Reg. Mü., Schreiben d. Landrats v. Recklinghausen v. 26. 8. 1899.

79. P. Göhre: Fabrikarbeiter, S. 39.

80. Ebd. S. 38 f.
81. E. Cahn: Schlafstellenwesen, S. 2 f.
82. W. v. Kalckstein: Einlogiererwesen, S. 2 f.
83. Ebd. S. 3.
84. Vgl. Anm. 2.
85. W. v. Kalckstein: Einlogiererwesen, S. 3.
86. Vgl. L. Niethammer: Logement sociale.
87. HSTAD, Reg. Düss. 15 926, Schreiben des Landrats v. Essen vom 24. 2. 05; vgl. auch STAD, Reg. Düss. Präsidium 841, Bericht d. Regierungspräsidenten v. Arnsberg v. 28. 1. 1905. Zum Begriff der sozialen Kontrolle sei lediglich genannt G. Stedman Jones: Class expression versus social control? A critique of recent trends in the social history of ‚leisure‘, in: History Workshop 4, 1977, S. 162–170, sowie A. Gramsci: Philosophie der Praxis – Eine Auswahl. Hg. v. Christian Riechers, Frankfurt/M. 1967.
88. STAM, Reg. Mü. III-50-2, Schreiben d. Landrats v. 22. 2. 1893; lediglich die Gemeinde Bottrop war zur Bildung einer Zechenwehr bereit.
89. Eine Ausnahme bildet der Streik von 1912, bei dem die Bergleute gespalten waren und der nicht von der bürgerlichen Öffentlichkeit unterstützt wurde wie die Arbeitskämpfe von 1889 und 1905; vgl. S. 231 dieser Arbeit.
90. HSTAD, Reg. Düss. 30463, Schreiben v. 30. 3. 1879.
91. STAM, Reg. Mü. VII-52-4, Bericht eines Arztes v. 18. 8. 1889.
92. Lange: Wohnungsverhältnisse, S. 99. In dem Park sollte es gutes Bier zu billigen Preisen und Volkskonzerte gegen mäßiges Geld geben. An die Arbeiter, ,,welchen dieses Eintrittsgeld schwerfällt, oder welche sich die Wohltat eines guten Glases Bier nicht leisten mögen‘‘, war gleichwohl gedacht. Sie konnten im Park wandelnd der Musik unentgeltlich lauschen; zudem waren an mehreren Stellen Wasserkräne angebracht, ,,die mit einer Tasse von Zinn versehen und Allen leicht und bequem zugänglich sind, so daß etwaiger Durst gelöscht werden kann‘‘, ebd. S. 99.
93. Bericht über die Verwaltung und den Stand der Gemeinde-Angelegenheiten der Gemeinde Hamborn für das Jahr 1910, S. 5, zit. nach E. Lucas: Radikalismus, S. 106 f.
94. STAM, Oberpräsidium 6522, Bericht d. Reg. Mü. vom 18. 11. 1901; vgl. den Bericht vom 5. 1. 1903 sowie die Berichte der Reg. Arnsberg v. 20. 4. 1899 und v. 27. 9. 1901, ebd.
95. HSTAD, Reg. Düss. 24781, Denkschrift v. 8. 6. 1887.
96. N. Joniak: Arbeiterwohnungselend, S. 8.
97. Vgl. S. 68 ff. dieser Arbeit.
98. STAM, Kreis Recklinghausen 84, Bericht des Amtmannes vom 28. 3. 1900; vgl. Bericht des Landrates v. Waltrop v. 30. 3. 1905, ebd., Kreis Recklinghausen 61.
99. E. Enke: Wohnungspolitik, S. 126.
100. Vgl. Wiedfeldt: Die Essener Wohnungsinspektion in den letzten vier Jahren, in: Zeitschrift für Wohnungswesen, 6, 1908, Nr. 20, S. 269–273.
101. E. Enke: Wohnungspolitik, S. 151.
102. Wiedfeldt: Wohnungsinspektion, S. 271; dieses Verfahren sei vor allem wegen der hohen Umzugshäufigkeit vorteilhaft, ebd.
103. Vgl. Stadtarchiv Essen, Rep. 102, XXIII, 5, Tagebuch des Wohnungsinspektors Michaelis 1902–1905 mit z. T. detaillierten Eintragungen; sowie ebd. XXXIII, 10, Tagebuch der Wohnungsaufsicht.
104. Wiedfeldt: Wohnungsinspektion, S. 270.
105. Ebd. S. 271 ff.

106. H. Kattentidt: Wohnungsfrage, S. 38; ähnlich E. Cahn: Schlafstellenwesen, S. 76ff., bei einem Überblick über die Regelungen in den deutschen Großstädten.
107. Vgl. L. Niethammer: Ein langer Marsch durch die Institutionen. Die Vorgeschichte des preußischen Wohnungsgesetzes von 1918, in: ders. (Hg.): Wohnen im Wandel. Beiträge zur Geschichte des Alltags in der bürgerlichen Gesellschaft, Wuppertal 1979, S. 363–384; L. Niethammer/F. Brüggemeier: Arbeiter, S. 63ff.

V. Lohn der Mühen

1. Als Standardwerke vgl. A. V. Desai: Real Wages in Germany 1872–1913, Oxford 1968; G. Bry: Wages in Germany, 1871–1945, Princeton 1960.
2. Als Überblick A. J. Taylor (Hg.): The Standard of Living in Britain in the Industrial Revolution, London 1975, Kap. 8; einer der Protagonisten der Debatte ist E. J. Hobsbawm, vgl. u. a. ders.: Labouring Men. Studies in the History of Labour, 3. Aufl. London 1972.
3. Ein Überblick bei H. F. Moorhouse: The Marxist Theory of labour aristocracy, in: Social History 3, 1978, S. 61–82; A. Reid: Politics and economics in the formation of the British working classes. A response to H. F. Moorhouse, in: ebd., S. 347–361. Einer der Schlüsselbegriffe der neueren Diskussion ist der Terminus ‚respectability‘; vgl. als Fallstudien R. Q. Gray: The Labour Aristocracy in Victorian Edingburgh, Oxford 1976; G. Crossick: An Artisan Elite in Victorian Society, London 1978; H. Pelling: The Labour Aristocracy. Popular Politics and Society in Late Victorian Britain, London 1979.
4. Vgl. K. Tenfelde: Arbeiterhaushalt und Arbeiterbewegung 1850–1914, in: SOWI 6, 1977, S. 160–165; H. J. Teuteberg/G. Wiegelmann: Der Wandel der Nahrungsgewohnheiten unter dem Einfluß der Industrialisierung, Göttingen 1972; L. Schneider: Der Arbeiterhaushalt im 18. und 19. Jahrhundert. Dargestellt am Beispiel des Heim- und Fabrikarbeiters, Berlin 1967.
5. Vgl. T. K. Hareven (Hg.): Transitions: The Family and the Life Course in Historical Perspective, New York 1978; P. N. Stearns: Arbeiterleben, S. 81ff.; H. Reif: Soziale Lage und Erfahrungen des alternden Fabrikarbeiters in der Schwerindustrie des westlichen Ruhrgebiets während der Hochindustrialisierung, in: AfS 16, 1982, S. 1–94; die Arbeitslosigkeit war im Ruhrbergbau niedrig.
6. Vgl. D. Crew: Bochum, S. 186ff.; sehr detailliert W. Berg: Wirtschaft, S. 267–318, dessen Untersuchung des Reallohnes allerdings den Lebenszyklus und die im Bergbau häufigen Phasen einer Arbeitsunfähigkeit als Folge von Krankheit oder Arbeitsunfällen nicht systematisch berücksichtigt; das Versicherungssystem und dessen Leistungen werden nicht eigens thematisiert.
7. Vgl. L. Pieper: Bergarbeiter, S. 70ff.
8. Zur konjukturellen Entwicklung vgl. T. Pierenkemper: Schwerindustrielle, S. 134ff.; C. L. Holtfrerich: Wirtschaftsgeschichte, Tab. 1, S. 16–18.
9. Vgl. Tab. 6.
10. Zur Disskussion vgl. L. Pieper: Bergarbeiter, S. 76.
11. Vgl. die Zusammenstellung in WWA, F 35, 180; ebd. F 35, 184, Schreiben der Zeche v. 30. 11. 1905. Daß vor allem junge Bergleute ‚blaumachten‘, läßt sich zwar nicht statistisch belegen, wurde jedoch immer wieder angegeben; vgl. WWA, F 35, 513, Sitzung des Arbeiterausschusses der Zeche Prosper II v. 10. 3.

1906; v. 15. 9. 1909; ferner in Glückauf 35, 1899, S. 726f., mit der Angabe, die sog. Montagsbummler seien zu 75% zwischen 18 u. 24 Jahre alt.

12. Vgl. die Berichte in STAM, OBA 1789, 1811, 1829; L. Pieper: Bergarbeiter, S. 51 ff.; jährliche Zusammenstellungen der Zahl der Über- und Nebenschichten in ZBHSW; zu Weigerungen u. a. Bergknappe v. 29. 4. 1899; Jahresberichte der Zeche Prosper II v. 1906 und 1907.

13. STAM, OBA 1811, Bericht v. 29. 10. 1889, Bl. 27. Ein Überstundenzuschlag wurde erst in den Vereinbarungen vom Okt./Nov. 1918 durchgesetzt: an Werktagen betrug er 25%, an Sonn- u. Feiertagen 50%; vgl. M. Dörnemann: Politik, S. 21.

14. Vgl. etwa den Bericht des Landrates v. Bochum v. 21. 9. 89 (STAM, OBA 1811, Bl. 7), der ausführt, die Zechen wollten die gute Konjunktur ,,rücksichtslos" ausnutzen, obwohl die ,,Abneigung der Belegschaften gegen Überschichten" bekannt sei; ferner Bodenstein: Arbeitszeit, Seilfahrt und Ruhezeit der Bergarbeiter nach der Entscheidung des Kammergerichtes, in: Glückauf 43, 1907, S. 1681–1690.

15. WWA, F 35, 182, Schreiben des Revierbeamten v. Essen-West vom 27. 7. 1900; vgl. Zeitung der Deutschen Bergleute v. 8. 2. 1890; Rheinisch-Westfälische Arbeiterzeitung v. 29. 9. 1896; Denkschrift (1890), S. 24, die einräumt, daß Beschwerden über einen Zwang zu Überschichten einer gewissen Berechtigung nicht entbehrten.

16. Vgl. die Beispiele bei L. Pieper: Bergarbeiter, S. 47 ff.; Beschwerden über erzwungene Überschichten auch in STAM, OBA 1829, Bl. 39 ff.

17. Zit. nach W. Köllmann/A. Gladen: Bergarbeiterstreik, S. 30.

18. O. Hue: Bergarbeiter, Bd. 2, S. 591, S. 708; H. Imbusch: Arbeitsverhältnis, S. 580.

19. Vgl. S. 80 ff. dieser Arbeit; ferner L. Pieper: Bergarbeiter, S. 37 ff.; K. Tenfelde: Sozialgeschichte, S. 262 ff.

20. Äußerung des Delegierten Schröder während der Audienz beim Kaiser; zit. nach O. Hue: Bergarbeiter, Bd. 2, S. 365.

21. Ebd. S. 368, § 1 der Vereinbarung.

22. Ebd. § 5; abgedruckt auch bei W. Köllmann/A. Gladen: Bergarbeiterstreik, S. 104.

23. H. Imbusch: Arbeitsverhältnis, S. 569.

24. K. Engel: Ausstand, S. 5.

25. Ebd. S. 4; vgl. S. 211 ff. dieser Arbeit.

26. Vgl. A. Gladen: Streiks, S. 139; O. Hue: Bergarbeiter, Bd. 2, S. 602 ff.; ferner Bodenstein: Arbeitszeit.

27. Vgl. S. 122 ff. dieser Arbeit.

28. WWA, F 35, 3288, Steiger-Journal der Zeche Prosper II, V. Sohle, östliches Revier, v. April 1906.

29. Ebd.; die Gebirgsverhältnisse waren beeinflußt von der Gesteinshärte, der Mächtigkeit des Flözes, seiner Reinheit, dem Gebirgsdruck etc.

30. Vgl. die Diskussion bei W. Berg: Wirtschaft, S. 289 ff.

31. Vgl. G. Steiner: Arbeits- und Lohnverhältnisse der Bergarbeiter im Ruhrbergbau, letztere unter besonderer Berücksichtigung des Familienstandeslohnes, Diss. Frankfurt 1925, S. 22; E. Jüngst: Festschrift, S. 160–162; ders.: Arbeitslohn (1906), S. 1315–1320.

32. Vgl. B. Heymann/K. Freudenberg: Morbidität, S. 31 ff.

33. Ebd. S. 32 f., sowie eigene Berechnung.

34. Vgl. W. Berg: Wirtschaft, S. 296 ff.

35. Vgl. Tab. 6.
36. Vgl. Geschäftsbericht des Vorstandes der Sektion 2 der Knappschaftsberufsgenossenschaft für das Jahr 1909, S. 43; Allgemeiner Knappschaftsverein zu Bochum, Verwaltungsbericht für das Jahr 1909, Teil 1, S. 49.
37. H. Imbusch: Arbeitsverhältnis, S. 145.
38. Gute Darstellungen bei H. J. Teuteberg: Mitbestimmung, S. 131 ff.; G. Wißmann: Entstehung und Entwicklung des deutschen Knappschaftswesens bis zum Jahre 1920, Bochum o. J.; J. Lingnau: Das System sozialer Hilfeleistungen für die Bergarbeiter in der Knappschaftsversicherung des Ruhrgebiets 1767–1961, Köln/Opladen 1965; H. Halbach: Die Einwirkungen der Arbeiterversicherungsgesetze auf die Knappschaftsvereine und ihre Einrichtungen. Mit besonderer Berücksichtigung der Knappschaftsvereine im Ruhrkohlenbezirke, Leipzig 1906; H. Thielmann: Die Geschichte der Knappschaftsversicherung, Bad Godesberg 1960; K. Tenfelde: Sozialgeschichte, S. 282–291; H. Karwehl: Die Entwicklung und Reform des deutschen Knappschaftswesens. Mit besonderer Berücksichtigung der preußischen Knappschaftsnovelle vom 19. Juni 1906, Jena 1907.
39. H. Halbach: Einwirkungen, S. 21.
40. Ebd. S. 21; vgl. J. Lingnau: System, S. 60 ff.; K. Tenfelde: Sozialgeschichte, S. 288.
41. H. Halbach: Einwirkungen, S. 46.
42. Vgl. J. Lingnau: System, S. 70 ff.; vgl. H. Imbusch: Arbeitsverhältnis, S. 643 ff.; ferner: Die Entwicklung des Allgemeinen Knappschaftsvereins zu Bochum und seine Fürsorgetätigkeit für die Mitglieder und deren Angehörige in dem Zeitraum von 1860–1902 (fortgeführt bis 1910), Bochum o. J.
43. Vgl. H. Halbach: Einwirkungen, S. 50 ff.
44. Allgemeiner Knappschaftsverein zu Bochum, Verwaltungsbericht für das Jahr 1911, S. 42 f.; von den über Tage beschäftigten Arbeitern waren 53 % erkrankt, von den Beamten 33,3 %, ebd.
45. Vgl. J. Lingnau: System, S. 74 f.; H. Halbach: Einwirkungen, S. 23 ff.
46. Ebd. S. 52, Anm. 1.
47. Ebd. S. 68 f.
48. Vgl. H. Karwehl: Entwicklung, S. 26 ff.; H. Halbach: Einwirkungen, S. 58 ff.
49. Vgl. S. 116 ff. dieser Arbeit.
50. Vgl. J. Lingnau: System, S. 72 ff.
51. Geschäftsbericht des Vorstandes der Sektion 2 der Knappschaftsberufsgenossenschaft für das Jahr 1912, S. 28 f.
52. J. Lingnau: System, S. 74; Zahlen nach Geschäftsbericht d. Sektion 2 d. Knappschaftsberufsgenossenschaft 1912, S. 29.
53. Vgl. Entwicklung, Bd. 12, S. 200 ff.
54. Vgl. S. 56 ff. dieser Arbeit.
55. Vgl. J. Lingnau: System, S. 81 ff.; H. Halbach: Einwirkungen, S. 101 ff.; H. Karwehl: Entwicklung, S. 29 ff.
56. Vgl. H. Halbach: Einwirkungen, S. 131 ff.; Entwicklung, Bd. 12, S. 137 ff.
57. H. Halbach: Einwirkungen, S. 120 ff.
58. Ebd. S. 128; im Jahre 1911 z. B. gab es 15 910 Invalidenrentner, jedoch nur 228 Altersrentner, vgl. Allgem. Knappschaftsverein zu Bochum, Verwaltungsbericht für das Jahr 1911, S. 93.
59. Vgl. B. Heymann/K. Freudenberg: Morbidität, S. 10.
60. Vgl. H. Halbach: Einwirkungen, S. 123.

61. Vgl. K. Tenfelde: Sozialgeschichte, S. 286; Zahlen nach: Allgem. Knappschaftsverein zu Bochum, Verwaltungsber. f. d. Jahr 1911, S. 94–96; die Angabe auf
S. 169 (43,1 Jahre) bezieht sich auf Vollinvalidität; die durchschnittliche Rente
betrug 241,50 M.
62. Vgl. Allgemeiner Knappschaftsverein zu Bochum, Verwaltungsbericht für das
Jahr 1907, S. 43.
63. Vgl. H. Thielmann: Knappschaftsversicherung, S. 81; H. Halbach: Einwirkungen, S. 128.
64. Vgl. J. Lingnau: System, S. 82 ff., sowie die Denkschrift Zum 10jährigen Bestehen des Allgemeinen Knappschaftsvereins zu Bochum, o. O. o. J. (Bochum
1900), S. 4.
65. Vgl. H. Thielmann: Knappschaftsversicherung, S. 65 ff.; H. Halbach: Einwirkungen, S. 84.
66. Vgl. Denkschrift Knappschaftsverein, S. 5; R. Schneider: Die Entwicklung des
Allgemeinen Knappschaftsvereins, Gelsenkirchen 1901, S. 20 ff.
67. Vgl. H. Halbach: Einwirkungen, S. 131 ff.; die Zahl bezieht sich auf 1900;
H. Thielmann: Geschichte, S. 70 ff.
68. Zahlen berechnet nach Tafel 3 in STAM, OBA 260; vgl. H. Halbach: Einwirkungen, S. 119 ff. sowie statistischer Anhang S. 196 ff.; ferner W. Goetzke: Syndikat, Tafel VII ff.
69. Vgl. H. Halbach: Einwirkungen, S. 121.
70. Vgl. D. Crew: Bochum, S. 186 ff.; W. Berg: Wirtschaft, S. 286 ff.
71. Vgl. S. 96 ff. dieser Arbeit sowie Tab. 6.
72. Zit. nach J. Kaczmarek: Die polnischen Arbeiter im rheinisch-westfälischen Industriegebiet, eine Studie zum Problem der sozialen Anpassung, Diss. Köln
1922, S. 23 f.; vgl. C. Kleßmann: Bergarbeiter, S. 23 ff.; O. Stoltenberg: Herkunftsgebiet und Zuwanderung, passim.
73. Geschichte einer Kolonie in der Fremde, S. 24.
74. Vgl. H. Marchwitza: Jugend, passim; G. Werner: Kumpel, S 67 ff.; K. Uhde:
Produktionsbedingungen, S. 53 f., S. 148 ff.
75. Zu diesem sog. Schwabeschen Gesetz vgl. L. Niethammer/F. Brüggemeier: Arbeiter, S. 78 ff.; zum Preis von Zechenwohnungen vgl. Entwicklung, Bd. 12,
S. 200 ff.
76. Vgl. S. 126 ff. dieser Arbeit.

VI. Alltagserfahrung und Arbeitskämpfe

1. Vgl. H. U. Wehler: Geschichtswissenschaft heute, in: J. Habermas (Hg.): Stich-
worte zur ‚Geistigen Situation der Zeit‘, Bd. 2, Frankfurt/M. 1979, S. 709–753,
der den Begriff ‚Alltag‘ für überaus verschwommen hält (S. 744); Th. Leithäuser:
Formen des Alltagsbewußtseins, Frankfurt/New York 1976; N. Elias: Zum Begriff des Alltags, in: K. Hammerich/M. Klein (Hg.): Materialien zur Soziologie
des Alltags, Opladen 1978, S. 22–29; J. Kocka: Sozialgeschichte, Göttingen
1977, S. 109 ff.; besonders auch D. Peukert: Arbeiteralltag – Mode oder Methode?, in: H. Haumann (Hg.): Arbeiteralltag in Stadt und Land, Berlin 1982
(= Argument Sonderband 94), S. 8–39, sowie A. Lüdtke: Alltagswirklichkeit,
und ders.: Rekonstruktion von Alltagswirklichkeit – Entpolitisierung der Sozialgeschichte?, in: Berdahl, R. M., u. a.: Klassen und Kultur, Frankfurt/M.,
1982, S. 321–353, mit einem guten Überblick über die Literatur. Besonders hef-

tig verläuft die Diskussion in England; als Einstieg vgl. R. Johnson: Against Absolutism, in: R. Samuel (Hg.): People's history and socialist theory, London 1981, S. 386–396; E. P. Thompson: The Politics of Theory, in: ebd. S. 396–408; ders.: The Poverty of Theory, London 1979.

2. Vgl. O. Negt/A. Kluge: Öffentlichkeit und Erfahrung, Frankfurt/M. 1972; H. Lefèbvre: Kritik des Alltagslebens, München 1974.

3. Vgl. C. Kleßmann: Polnische Bergarbeiter; R. Lützenkirchen: Der sozialdemokratische Verein für den Reichstagswahlkreis Dortmund-Hörde. Ein Beitrag zur Parteiengeschichte, Dortmund 1970.

4. Als Überblick K. Rohe: Vom alten Revier zum heutigen Ruhrgebiet. Die Entwicklung einer regionalen politischen Gesellschaft im Spiegel der Wahlen, in: ders./H. Kühr (Hg.): Politik und Gesellschaft, S. 21–73; K. Koszyk: Die sozialdemokratische Arbeiterbewegung 1890–1914, in: J. Reulecke (Hg.): Arbeiterbewegung, S. 149–172; H. Herzig: Die Entwicklung der Sozialdemokratie in Westfalen bis 1894, in: Westfälische Zeitschrift, 121, 1971, S. 97–172.

5. Die Rivalität spricht deutlich aus den konkurrierenden Monographien von H. Imbusch: Arbeiterverhältnis, und O. Hue: Bergarbeiter. – Zur parteipolitischen Entwicklung K. Rohe: Entwicklung; H. Kühr: Parteien und Wahlen im Stadt- und Landkreis Essen in der Zeit der Weimarer Republik. Unter besonderer Berücksichtigung des Verhältnisses von Sozialstruktur und politischen Wahlen, Düsseldorf 1973, sowie die Beiträge in J. Reulecke (Hg.): Arbeiterbewegung. Anläßlich des Parteitages der SPD in Essen lautete die Schlagzeile in der Arbeiterzeitung vom 19. 9. 1907: Der Parteitag der Sozialdemokratie im dunkelsten Winkel Deutschlands.

6. Vgl. die Angaben bei R. Lützenkirchen: Verein, S. 120ff.; die Bergleute stellten 15,5% der Parteimitglieder, der Organisationsgrad lag bei 4%, das Verhältnis von Partei- zu Gewerkschaftsmitgliedern betrug 1 : 16,8, d. h. selbst die Gewerkschaftsmitglieder räumten einer parteipolitischen Organisierung nur eine geringe Bedeutung ein; zur Lokalpolitik vgl. S. 38ff. dieser Arbeit.

7. Grundlegend zum Streik von 1889 K. Hartmann: Weg, S. 134ff.; K. Tenfelde: Sozialgeschichte, S. 573ff., der stärker die Bedeutung ständischer Tradition betont; H. Imbusch: Arbeitsverhältnis, S. 277ff.; O. Hue: Bergarbeiter, Bd. 2, S. 354ff.; vgl. auch die Dokumentensammlung von W. Köllmann/A. Gladen: Bergarbeiterstreik, Nr. 12–118.

8. Vgl. u. a. K. Tenfelde: Sozialgeschichte, S. 573ff.; K. Hartmann: Weg, S. 134ff.

9. K. Tenfelde: Sozialgeschichte, S. 585ff.; bereits bei der Gründung des Alten Verbandes gab es Auseinandersetzungen darüber, wer mit größerer Autorität die Interessen der Bergleute vertreten könne, die Delegierten der Belegschaftsversammlungen oder die Vertreter der Knappenvereine; vgl. K. Hartmann: Weg, S. 180ff. Dieser Konflikt zwischen unmittelbarer und organisierter Interessenvertretung bestand fort; seinen offenkundigsten Ausbruch fand er in der Sozialisierungsbewegung; vgl. bes. E. Lucas: Radikalismus, S. 155ff.

10. Schilderungen der Audienz bei O. Hue: Bergarbeiter, Bd. 2, S. 365ff.; H. Imbusch: Arbeitsverhältnis, S. 286ff.; Dokumente zur Audienz und zur Vorgeschichte bei W. Köllmann/A. Gladen: Bergarbeiterstreik, Nr. 49–63; dort auch der spätere Bericht eines Delegierten, Nr. 59; zum Hintergrund vgl. H. G. Kirchhoff: Sozialpolitik, S. 55ff.

11. Bei drei Zusammenstößen schoß das Militär auf Menschenansammlungen, tötete dabei neun Menschen (einen durch einen Bajonett-Stich) und verwundete eine größere Zahl; vgl. H. G. Kirchhoff: Sozialpolitik, S. 54; O. Hue: Bergarbeiter, Bd. 2, S. 54.

12. Zur staatlichen Reaktion bes. H. G. Kirchhoff: Sozialpolitik, S. 48 ff.; K. Hartmann: Weg, S. 202 ff.

13. Zur öffentl. Reaktion und zur Reaktion der Unternehmer bes. M. Kealey: Kampfstrategien der Unternehmerschaft im Ruhrbergbau seit dem Bergarbeiterstreik von 1889, in: H. Mommsen/U. Borsdorf (Hg.): Glückauf, S. 175–197.

14. Vgl. K. Tenfelde: Sozialgeschichte, S. 586 ff.; K. Hartmann: Weg, S. 174; W. Köllmann/A. Gladen: Bergarbeiterstreik, Nr. 93.

15. Vgl. M. Kealey: Kampfstrategien, S. 184 ff.; H. G. Kirchhoff: Sozialpolitik, S. 91 ff.

16. K. Hartmann: Weg, S. 177; O. Hue: Bergarbeiter, Bd. 2, S. 382 ff.; H. Imbusch: Arbeitsverhältnis, S. 307 ff.

17. K. Hartmann: Weg, S. 179.

18. Vgl. die Dokumente bei W. Köllmann/A. Gladen: Bergarbeiterstreik, Nr. 155–180, sowie Anm. 9.

19. Diese Argumentation war bereits die zentrale These bei H. Imbusch: Arbeitsverhältnisse, und O. Hue: Bergarbeiter; die Formulierung „Rationalisierung des Arbeitskampfes" stammt von H. Kaelble/H. Volkmann: Konjunktur und Streik während des Übergangs zum Organisierten Kapitalismus in Deutschland, in: Zeitschrift für Wirtschafts- und Sozialwissenschaften 92, 1972, S. 513–544, hier S. 531; für das Beispiel der Ruhrbergleute vor allem K. Tenfelde: Sozialgeschichte, S. 509 ff., S. 573 ff., sowie K. Hartmann: Weg, S. 177 ff., S. 217 ff., der dieses Konzept kritisiert.

20. Vgl. hierzu die Literaturübersicht im Anhang S. 259–270; modernitätstheoretisch beeinflußt die Arbeiten v. K. Tenfelde sowie die unveröffentlichte Dissertation von W. Berg: Wirtschaft und Gesellschaft in Deutschland und Großbritannien im Übergang zum ‚Organisierten Kapitalismus'. Unternehmer, Angestellte, Arbeiter und Staat im Steinkohlenbergbau des Ruhrgebiets und von Südwales 1850–1914, Bielefeld 1980, der einleitend schreibt: „War die Industrialisierung gleichsam der Zug, der die ungeebneten Felder traditioneller Produktionsweisen in schnellerem oder langsamerem Tempo durchfuhr, so bildete die Fabrik den Motor, in dessen Gehäuse in festem Rhythmus und in vorgeschriebener Bewegung die einzelnen Elemente in ihren Arbeitsgängen ineinandergriffen" (S. 1); ein herausgegriffenes Zitat kann einer Arbeit von 1300 S. nicht Genüge tun, doch es weist auf ein Konzept hin, das wesentliche Merkmale des Ruhrbergbaus nicht erfassen kann, da sich dieser gerade nicht durch einen festen Rhythmus, vorgeschriebene Bewegungen und ein Ineinandergreifen der einzelnen Elemente auszeichnete.

21. K. Tenfelde: Sozialgeschichte, S. 588; vgl. hierzu und zum folgenden u. a. H. G. Kirchhoff: Sozialpolitik, S. 48 ff., S. 96 ff.; K. Hartmann: Weg, S. 202 ff.; K. Saul: Zwischen Repression und Integration. Staat, Gewerkschaften und Arbeitskampf im kaiserlichen Deutschland 1884–1914, in: K. Tenfelde/H. Volkmann (Hg.): Streik, S. 209–236.

22. Vgl. O. Hue: Bergarbeiter, Bd. 2, S. 375; H. Imbusch: Arbeitsverhältnis, S. 296; zum Versuch, die Wechselmöglichkeiten einzuschränken, vgl. S. 226 f. dieser Arbeit.

23. Vgl. H. G. Kirchhoff: Sozialpolitik, S. 96 ff., S. 123 ff.; die „Schwäger- und Vetterschaften und sonstige familiären Verbindungen, wie sie jetzt so vielfach zwischen den Zechendirektoren und den Mitgliedern des Oberbergamtes bestehen", wurde von Bergleuten beklagt, W. Köllmann/A. Gladen: Bergarbeiterstreik, S. 278; vgl. K. Hartmann: Weg, S. 209 ff. Bei einer Stichprobe von 56 westfäl. Bergbauunternehmern vor dem 1. Weltkrieg kamen 35 aus dem Staats-

dienst, vgl.: T. Pierenkemper: Schwerindustrielle, S. 139 ff.; dort auch reichhaltiges Material zu diesem Komplex, ebenso bei W. Berg: Wirtschaft, S. 414 ff.

24. Die Ergebnisse der Untersuchungskommission liegen gedruckt vor als: Denkschrift über die Untersuchung der Arbeiter- und Betriebsverhältnisse in den Steinkohlenbezirken. Bearbeitet im Auftrage des Ministers der öffentlichen Arbeiten und des Inneren, Berlin 1890. Die Zusammensetzung der Kommission wie auch der Gang der Untersuchungen war sehr parteiisch; vgl. u. a. M. Quarck: Die preußische Bergarbeiterenquête von 1889, in: Archiv für soziale Gesetzgebung und Statistik 3, 1890, S. 162–179; M. J. Koch: Bergarbeiterbewegung, S. 43; H. G. Kirchhoff: Sozialpolitik, S. 77 ff.; die Unterlagen und Ergebnisse der Kommission in STAM, OBA 1809–1811. Zu den (seltenen) Rügen vgl. am Beispiel der Prosperzechen die Bestände in WWA, F 35, 181, passim.

25. Vgl. S. 116 ff. dieser Arbeit.

26. Die Denkschrift v. 23. 1. 1890 ist abgedruckt bei P. Rassow/K. E. Born (Hg.): Akten zur staatlichen Sozialpolitik in Deutschland 1890–1914, Wiesbaden 1959, S. 34–38.

27. Vgl. G. Adelmann: Betriebsverfassung, S. 112 ff.; H. J. Teuteberg: Mitbestimmung, S. 370 ff.

28. Glückauf 45, 1909, S. 263; dort jährliche Aufstellungen über die Tätigkeit; Zahlen auch in E. Jüngst: Festschrift, S. 153; Unterlagen in STAM, OBA 1817/18, 1831 ff. Eine Klage konnte zu einem Pyrrhussieg führen, da Arbeiter, die sich beschwerten, mit Schwierigkeiten auf der Arbeitsstelle rechnen mußten; vgl. u. a. Bergknappe v. 24. 11. 96.

29. Vgl. O. Hue: Bergarbeiter, Bd. 2, S. 437; H. G. Kirchhoff: Sozialpolitik, S. 109 ff.; H. Imbusch: Arbeitsverhältnis, S. 120 ff.

30. W. Berg: Wirtschaft, S. 511.

31. Vgl. ebd. S. 510 ff.; H. Mottek: Zur Verstaatlichung des Kapitalismus – der Fall Hibernia, in: JbWG IV, 1968, S. 11–39; W. Herring: Das Problem der Verstaatlichung des preußischen Steinkohlenbergbaus, Jena 1914; M. Schulz-Briesen: Der preußische Staatsbergbau im Wandel der Zeiten, 2 Bde., Berlin 1933/34, Bd. 2, S. 10 ff.

32. So v. Berlepsch in einem Erlaß vom 13. 7. 1890, zit. nach M. Schulz-Briesen: Staatsbergbau, Bd. 2, S. 10.

33. Diese Auffassung vertritt auch W. Berg: Wirtschaft, S. 569 ff., sowie K. Saul: Repression, S. 209 ff.; anders dagegen H. G. Kirchhoff: Sozialpolitik, S. 96 ff., der sich allerdings vorwiegend auf Äußerungen guten Willens der Bürokratie stützt; ähnlich G. Adelmann: Betriebsverfassung, S. 112 ff.

34. Vgl. H. G. Kirchhoff: Sozialpolitik, S. 128 ff.; H. Imbusch: Arbeitsverhältnis, S. 133 ff.; zur Tätigkeit der Behörden vgl. den Bestand der Prosperzechen in WWA, F 35, 164, 206, 1511; dort auch Betriebsberichte F 35, 1425 ff.

35. STAM, OBA 1809, Bericht des OBA v. 6. 7. 1889 an Minister der öffentl. Arbeiten, zit. nach H. G. Kirchhoff: Sozialpolitik, S. 79.

36. STAM, Oberpräsidium 2828 I, Telegramm d. Oberpräsidiums v. 7. 5. 1889, zit. nach H. G. Kirchhoff: Sozialpolitik, S. 51; vgl. K. Hartmann: Weg, S. 149 ff.; K. Tenfelde: Sozialgeschichte, S. 584 ff.

37. Zit. nach O. Hue: Bergarbeiter, Bd. 2, S. 366.

38. Vgl. Kapitel IV dieser Arbeit. Zum Meineidprozeß O. Hue: Bergarbeiter, Bd. 2, S. 473 ff.; auf einer Versammlung christlicher Bergleute waren Mitglieder des Alten Verbandes zum Verlassen des Saales aufgefordert worden; strittig war, ob einer von ihnen von einem Polizisten zu Boden gestoßen worden war, wie sie unter Eid bezeugten; der Polizist und einige der christlichen Bergleute be-

haupteten das Gegenteil, und die Angeklagten wurden zu Zuchthausstrafen von 2½ bis 3½ Jahren verurteilt; 1911 wurde das Urteil in einem neuen Verfahren als Fehlurteil aufgehoben, ebd. S. 480f.; vgl. H. Imbusch: Arbeitsverhältnis, S. 361f.; D. Fricke: Der Essener Meineidprozeß von 1895 – ein Beispiel preußischer Klassenjustiz, in: Geschichte in der Schule 10, 1957, S. 183–194.

39. Vgl. S. 156 dieser Arbeit.
40. STAM, Oberpräsidium 2832, 1. Bericht an den Innenminister vom 25. 9. 1889.
41. Aufstellungen u. a. in STAM, Oberpräsidium 2832, 1, Bl. 108ff. Die umfangreichen Unterlagen zur Neuorganisation der Polizei können hier nicht näher behandelt werden; vgl. STAM, Oberpräsidium 2832, 2–4; ebd., Reg. Mü. VII-57-1; ebd. Reg. Arnsberg 1465; HSTAD, Reg. Düss. 838. 1896 wurden sechs besondere Beamte zur Überwachung der „anarchistischen, sozialdemokratischen sowie der gesamten Arbeiterbewegung" in Dortmund, Essen, Düsseldorf, Hagen, Bochum und Elberfeld angestellt, STAM, OBA 1803, Bericht d. OBA v. 27. 3. 1898.
42. STAM, Reg. Arnsberg 1465, Schreiben d. Innenministers v. 4. 3. 1899; ebd. Reg. Mü. VII-57-1, Schreiben d. Innenministers v. 24. 11. 1899; ebd., Oberpräsidium 2832-4.
43. Aus einem Rundschreiben von Natorp, einem führenden Vertreter des Bergbauvereins, vom 20. 11. 1889, zit. nach M. Kealey: Kampfstrategien, S. 188.
44. Die Unterscheidung lehnt sich an M. Kealey: Kampfstrategien, S. 188ff., an; vgl. W. Berg: Wirtschaft, S. 436ff.
45. M. Kealey: Kampfstrategien, S. 191.
46. Ebd. S. 192.
47. H. G. Kirchhoff: Sozialpolitik, S. 116.
48. Ebd. S. 116; M. Kealey: Kampfstrategien, S. 195.
49. Vgl. W. Berg: Wirtschaft, S. 571; H. G. Kirchhoff: Sozialpolitik, S. 117.
50. Zum Syndikat vgl. S. 82ff. dieser Arbeit.
51. Zum unterschiedlichen Streikverhalten von Bergleuten und Arbeitern der Stahl- und Eisenindustrie des Ruhrgebiets vgl. D. Crew: Berufliche Lage; W. Neumann: Gewerkschaften, S. 81, der für Krupp nur einen Ausstand angibt: im Jahre 1894 streikten die Feilenschleifer; ferner die Beiträge in H. Mommsen (Hg.): Arbeiterbewegung und industrieller Wandel. Studien zu gewerkschaftlichen Organisationsproblemen im Reich und an der Ruhr, Wuppertal 1980.
52. Zur Knappschaft vgl. Kap. V dieser Arbeit; zu Krupp u. a. P. L. Jaeger: Die Bindung des Arbeiters an den Betrieb unter besonderer Berücksichtigung der Verhältnisse bei der Friedrich Krupp A.G. in Essen, Hamburg 1929.
53. Die Gelder wurden von den Unternehmern allein kontrolliert, nach 1905 konnten die Bergleute durch die Arbeiterausschüsse mitbestimmen; vgl. WWA, F 35, 1752; G. Adelmann: Betriebsverfassung, S. 178ff.; Entwicklung, Bd. 12, S. 209ff.
54. Vgl. G. Adelmann: Quellensammlung, Bd. 1, S. 512ff.; ders.: Betriebsverfassung, S. 178ff., der der betrieblichen Sozialpolitik größere Bedeutung beimißt; ferner Entwicklung, Bd. 12, S. 209ff.; M. Metzner: Die soziale Fürsorge im Bergbau unter besonderer Berücksichtigung Preußens, Sachsens, Bayerns und Österreichs, Jena 1910; R. Schwenger: Sozialpolitik; L. Pieper: Lage, S. 230ff.
55. R. Ehrenberg: Frühzeit, S. 46.
56. Vgl. u. a. P. L. Jaeger: Bindung, S. 12f.; J. Marcour: Arbeiterbeschaffung und Arbeiterauslese bei der Firma Krupp, Diss. Münster 1925; zum Werdegang von Arbeitern bei Krupp vgl. R. Ehrenberg/H. Racine: Kruppsche Arbeiterfamilien, Jena 1912.

57. R. Ehrenberg/H. Racine: Arbeiterfamilien, S. 28 ff., geben an, 1907 habe es bei Krupp 239 Arbeiter- und Angestelltenkategorien gegeben.
58. Vgl. die vorzügliche zeitgenössische Untersuchung von H. Ehrenberg: Eisenhüttentechnik, die diesen Zusammenhang deutlich aufzeigt; diese Entwicklung beklagte die Enquête des Metallarbeiterverbandes: Die Schwereisenindustrie im deutschen Zollgebiet. Ihre Entwicklung und ihre Arbeiter. Nach vorgenommenen Erhebungen im Jahre 1910 bearbeitet und herausgegeben vom Vorstand des Deutschen Metallarbeiter-Verbandes, Stuttgart 1912.
59. Zu Karrieremustern bei Krupp vgl. R. Ehrenberg/H. Racine: Arbeiterfamilien; R. Ehrenberg: Durchschnittsverdienste, S. 204 ff.; ferner auch H. Schomerus: Die Arbeiter der Maschinenfabrik Esslingen, Stuttgart 1977.
60. Die Unnachgiebigkeit erklärt sich auch daraus, daß die Lohnkosten der mit Abstand wichtigste Kostenfaktor war.
61. Vgl. O. Hue: Bergarbeiter, Bd. 2, S. 382 ff., S. 404 ff.; H. Imbusch: Arbeitsverhältnis, S. 307 ff.; K. Hartmann: Weg, S. 177 ff.; H. Vogelsang: Geschichte, Verfassung und Verwaltung des Gewerkvereins Christlicher Bergarbeiter Deutschlands, Essen 1915; J. Steinisch: Der Gewerkverein Christlicher Bergarbeiter, in: H. Mommsen/U. Borsdorf (Hg.): Glück auf, S. 273–299.
62. O. Hue: Bergarbeiter, Bd. 2, S. 395; vgl. H. Imbusch: Arbeitsverhältnis, S. 300 ff.; vom Unternehmerstandpunkt Reismann-Grone: Die Bergarbeiterbewegung der niederrhein.-westfäl. Zechen im Jahre 1890/91, Essen 1891.
63. O. Hue: Bergarbeiter, S. 395.
64. Das Antwortschreiben in H. Imbusch: Arbeitsverhältnis, S. 315; vgl. M. Kealey: Kampfstrategien, S. 186 ff.; E. G. Spencer: Employer Response to Unionism: Ruhr Coal Industrialists before 1914, in: Journal of Modern History 48, 1976, S. 397–412.
65. O. Hue: Bergarbeiter, Bd. 2, S. 396; H. Imbusch: Arbeitsverhältnis, S. 314, räumt zwar ein, die Forderungen seien auf das Drängen einzelner Belegschaften zurückgegangen, lastet sie jedoch auch dem Vorstand des Alten Verbandes an; dessen defensive Haltung unterstreicht K. Hartmann: Weg, S. 197 ff.
66. Vgl. H. Imbusch: Arbeitsverhältnis, S. 332 ff., und O. Hue: Bergarbeiter, Bd. 2, S. 428 ff., mit unterschiedlicher Schuldzuweisung.
67. O. Hue: Bergarbeiter, Bd. 2, S. 447.
68. Ebd. S. 447; vgl. H. Imbusch: Arbeitsverhältnis, S. 355 ff.
69. O. Hue: Bergarbeiter, Bd. 2, S. 481; zur Mitgliederzahl vgl. Tab. 11; H. Imbusch: Arbeitsverhältnis, S. 360, gibt auf Grund der gezahlten Beiträge für das Frühjahr 1894 weniger als 3000 Mitglieder an.
70. O. Hue: Bergarbeiter, Bd. 2, S. 451; als neuere Studie vgl. G. Huck: Arbeiterkonsumverein, S. 229 f.
71. H. Imbusch: Arbeitsverhältnis, S. 349.
72. Ebd. S. 350; vgl. O. Hue: Bergarbeiter, Bd. 2, S. 437 ff., S. 473 ff.
73. Vgl. Tab. 2 sowie S. 163 ff. dieser Arbeit.
74. In einem Artikel in der Deutschen Bergarbeiter-Zeitung von 16. 11. 1901; vgl. auch die selbstkritische Broschüre von O. Hue: Neutrale oder parteiische Gewerkschaften?, o. O. 1900.
75. Der Versuch, einen bestimmenden sozialdemokratischen Einfluß beim Alten Verband seit dessen Gründung nachzuweisen, durchzieht nahezu zwanghaft die Arbeit von H. Imbusch: Arbeitsverhältnis, vor allem S. 310 ff.
76. Ausschnitte aus den Statuten bei H. Imbusch: Arbeitsverhältnis, S. 437 f.; vgl.

O. Hue: Bergarbeiter, Bd. 2, S. 464 ff. Der Beitrag war auf 25 Pfg. pro Quartal festgesetzt; ebd. S. 468.

77. H. Imbusch: Arbeitsverhältnis, S. 481.

78. P. Osthold: Geschichte, S. 18, schrieb in seiner Darstellung des Unternehmerstandpunktes, der Gewerkverein sei „trotz aller guten Vorsätze und Programmpunkte der inneren Gesetzlichkeit jeder gewerkschaftlichen Arbeit" erlegen; die Bergarbeiter-Zeitung hatte unmittelbar nach der Gründung in der Ausgabe vom 10. 11. 1894 gefragt: „Oder sollten die Verhältnisse doch stärker sein als ein von Geistlichen verfaßtes Statut? Sollte doch eine Zeit kommen, wo der ‚Nicht-Kampfverein' zum Kampfe gezwungen wird?"

79. Die Formulierung „vom Nichtkampfverein zum Streikverein" stammt von O. Hue: Bergarbeiter, Bd. 2, S. 491; zum Prinzip der Wirtschaftsfriedlichkeit in der christlichen Gewerkschaftsbewegung vgl. E. Ritter: Die katholisch-soziale Bewegung Deutschlands im 19. Jahrhundert und der Volksverein, Köln 1954, S. 313 ff.; H. J. Wallraff: Die Belastung einer Gewerkschaft durch ideologische Differenzen – Spannungen innerhalb der christlichen Gewerkschaftsbewegung in den Jahren 1900–1914, in: H. O. Vetter (Hg.): Vom Sozialistengesetz zur Mitbestimmung. Zum 100. Geburtstag von Hans Böckler, Köln 1975, S. 135–152; zu den Schwierigkeiten des Gewerkvereins vgl. H. Imbusch: Arbeitsverhältnis, S. 486 ff., S. 540 ff.; J. Steinisch: Gewerkverein, S. 275 ff.

80. Vgl. die Schilderung bei H. Imbusch: Arbeitsverhältnis, S. 540 ff., und O. Hue: Bergarbeiter, Bd. 2, S. 498 ff., der von der Schicksalsstunde des Gewerkvereins spricht, ebd. S. 498.

81. Vgl. H. Imbusch: Arbeitsverhältnis, S. 552.

82. Bergknappe v. 15. 7. 1898; abgedruckt bei O. Hue: Bergarbeiter, Bd. 2, S. 499.

83. J. Steinisch: Gewerkverein, S. 276 f.

84. H. Imbusch: Arbeitsverhältnis, S. 481.

85. Verband der Bergarbeiter Deutschlands. Jahresbericht 1909 und 1910 erstattet vom Vorstand des Verbandes. Vorlage für die Delegierten zur Generalversammlung, Bochum o. J., S. 144 (im folgenden zitiert als ‚Jahresbericht AV für …').

86. Jahresbericht AV für 1911 u. 1912, S. 66.

87. Bergknappe v. 27. 8. 1904; vgl. die Artikel in den Zeitungen der beiden Verbände vom Juli/August 1904 und Oktober/November 1910; ferner STAM, Reg. Mü. VII-18-5, dort u. a. ein Flugblatt, das sicherlich nicht ohne Genugtuung vom Unternehmer-Verband zur Dokumentation der heftigen Auseinandersetzungen übersandt wurde.

88. Jahresbericht AV für 1909/10, S. 171.

89. Bergknappe v. 27. 8. 1904.

90. Berg- u. Hüttenarbeiterzeitung v. 23. 2. 1895.

91. Vgl. H. Imbusch: Arbeitsverhältnis, S. 326 ff., S. 425 ff., S. 466 ff.

92. Zum Streik vgl. S. 211 ff. dieser Arbeit; zum Argwohn des Gewerkvereins vgl. H. Imbusch: Arbeitsverhältnis, S. 607 ff., wo er u. a. einen Redakteur der Bergarbeiterzeitung zitiert, der den Gewerkverein als Geschwür am Körper der deutschen Gewerkschaften beschrieben habe, das ausheilen müsse; der Gewerkverein selbst müsse zu Boden geworfen werden, ebd. S. 607; ähnlich ders.: Ist ein Verschmelzen der Bergarbeiterorganisationen möglich? Essen o. J. (1906); ferner J. Steinisch: Gewerkverein, S. 277 ff.; O. Hue: Bergarbeiter, Bd. 2, S. 660 ff., sowie zahlreiche Artikel in den beiden Zeitungen der Verbände vom Sommer 1905.

93. Vgl. die Verteidigung des Alten Verbandes in der Bergarbeiterzeitung v. 18. 3. und v. 20. 3. 05; O. Hue: Unsere Taktik beim Generalstreik, Bochum 1905; zum

Hintergrund R. Lützenkirchen: Verein, passim; ärgerlich D. Fricke: Der Ruhrbergarbeiterstreik von 1905, Berlin (DDR) 1955.
94. Vgl. H. Imbusch: Arbeitsverhältnis, S. 489ff.; J. Wallraff: Belastung; J. Effert:
Der Streik der Ruhrbergleute und die Berggesetznovelle sowie die Reorganisation des Gewerkvereins, Essen 1905.
95. Aus einer Überschrift in der Bergarbeiterzeitung v. 18. 5. 1912; zusätzlich kompliziert wurden die Auseinandersetzungen durch die Gründung der polnischen
Gewerkschaft, die nach 1905 an Bedeutung gewann.
96. O. Hue: Gewerkschaften, S. 88ff.; zur Charakterisierung Hues vgl. G. Werner:
Meine Rechnung geht in Ordnung, Berlin 1958, S. 24ff.
97. Vgl. O. Hue: Gewerkschaften, S. 88ff.; H. Imbusch: Arbeitsverhältnis,
S. 440ff.; R. Lützenkirchen: Verein, S. 37ff.; J. Fritsch: Eindringen, S. 25ff.
98. Vgl. Tab. 11a u. 11c.
99. J. Kliche in: Correspondenzblatt der Generalkommission der Gewerkschaften
Deutschlands, Bd. 20, 1910, S. 348, zit. nach C. Kleßmann: Bergarbeiter, S. 110;
dort auch eine gute Untersuchung der Entwicklung und der Hintergründe;
unsinnig hingegen die Charakterisierung bei D. Fricke: Ruhrbergarbeiterstreik,
S. 53: „Da eine große Anzahl von Polen dem Gewerkverein christlicher Arbeiter
und dem Zentrum ablehnend gegenüberstanden, wurde es für die Bourgeoisie
erforderlich, eine nationalistische Gewerkschaftsorganisation bilden zu lassen,
die die polnischen Bergarbeiter vom Klassenkampf fernhalten sollte."
100. Vgl. C. Kleßmann: Bergarbeiter, S. 110ff.
101. J. Marchlewski: Zur Polenpolitik der preußischen Regierung. Auswahl von
Artikeln aus den Jahren 1897–1923, Berlin 1957, S. 103, zit. nach C. Kleßmann:
Bergarbeiter, S. 117.
102. Rheinisch-Westfälische Zeitung v. 30. 6. 1899.
103. Vgl. H. Imbusch: Arbeitsverhältnis, S. 507f.; O. Hue: Krawalle; K. Tenfelde:
Krawalle; ders.: Gewalt, S. 217ff.; C. Kleßmann: Bergarbeiter, S. 56, S. 75–79.
104. Vgl. C. Kleßmann: Bergarbeiter, S. 75f.; K. Tenfelde: Krawalle, S. 80ff.;
O. Hue: Krawalle, S. 536f.; STAM Oberpräsidium 2847c, Bericht des Reg.-
Präs. von Arnsberg v. 17. 7. 1889.
105. Vgl. STAM, Bergamt Herne A 8, Nr. 15, tägliche Berichte des Revierbeamten
seit dem 26. 6.; K. Tenfelde: Krawalle, S. 81ff.; im Recklinghausener Gebiet
kam es zu begrenzten Arbeitsniederlegungen, um die Herner Bergleute zu unterstützen und um zu zeigen, „daß man sich mit diesen solidarisch erkläre",
STAM, Reg. Mü. VII-57-1, Bericht des Landrats vom 26. 6. 1899; er fügte
hinzu, diese Solidaritätsbezeugungen seien nicht organisiert gewesen.
106. Vgl. STAM, Bergamt Herne A 8, Nr. 15, Bericht des Revierbeamten v. 28. 6. und
1. 7. 1899; die wichtigsten Bestände zum Ablauf der Ereignisse ebd., Oberpräsidium 2847 VI, 2847a und 2847c; Reg. Arnsberg I, 41–43; ausführliche Hinweise
vor allem bei K. Tenfelde:Krawalle, mit dokumentarischem Anhang.
107. Vgl. Berg- u. Hüttenarbeiterzeitung v. 9. 12. 1899.
108. O. Hue: Krawalle, S. 537.
109. Ebd. S. 536f.
110. Ebd. S. 539.
111. Ebd. S. 535; zur Ablehnung einer Übersetzung des Statutes durch den Gewerkverein vgl. C. Kleßmann: Bergarbeiter, S. 118.
112. STAM, Oberpräsidium 2847c, Bericht d. Reg.-Präs. von Arnsberg vom 17. 7.
1899; auszugsweiser Abdruck bei K. Tenfelde: Krawalle, Dokument 10, S. 103f.
113. STAM, Oberpräsidium 2847c, Bericht des Oberbergamtes vom 17. 7. 1899; vgl.
K. Tenfelde: Krawalle, S. 90.

114. STAM, Reg. Arnsberg I, 42, Bericht d. Gendarmen Warnecke vom 7. 7. 1899; abgedruckt bei K. Tenfelde: Krawalle, Dokument 2, S. 94f.
115. O. Hue: Krawalle, S. 539.
116. Bergknappe v. 15. 7. 1899; Auszüge bei K. Tenfelde: Krawalle, Dokument 9, S. 102f.
117. O. Hue: Krawalle, S. 539.
118. Vgl. STAM, Reg. Mü. 52-4, Bericht des Amtsmannes von Buer vom 13. 1. und 15. 1. 1893, sowie ebd., Kreis Recklinghausen, Landratsamt 75, Bericht des Landrates vom 15. 1. und 25. 1. 1893.
119. STAM, Reg. Arnsberg I, 42, Bericht des Landrates von Gelsenkirchen vom 15. 8. 1899.
120. So etwa der Bergknappe vom 15. 7. 1899: ,,Zunächst sei da bemerkt, daß wenn diese Arbeiter der Organisation, dem Gewerkverein, angehört hätten, diese Ausschreitungen nicht vorgekommen wären. (...) Und da rächte sich wieder so bitter, daß man bei jeder Gelegenheit die Organisation zu verdächtigen sucht, die Arbeiter von derselben fernhält und die Organisation, der man doch nur mit Gewalt und dann auch nur zeitweise Einhalt tun kann, gerne vollständig vernichten möchte". Ähnlich die Berg- und Hüttenarbeiterzeitung vom 8. 7. 1899: ,,Und wenn jemals die beliebte Praxis gegenüber den Arbeiterorganisationen kläglich Schiffbruch gelitten hat, dann im Herner Revier. Gebe man uns volle Vereinsfreiheit, volles Versammlungsrecht (...) und betrachte den Arbeiter nicht mehr wirtschaftlich minderberechtigt wie den Arbeitgeber – dann gibt es keine Exzesse wie in Herne mehr!!!"
121. Vgl. B. Ehmig: Die Veredelung des Arbeiters. Sozialdemokratie als Kulturbewegung, Frankfurt 1980.
122. Vgl. etwa K. Tenfelde: Gewalt, S. 222: ,,Wenn auch die wirklichen Sachzerstörungen geringfügig geblieben waren und, während die Toten und Verletzten den Polizeieinsätzen anzulasten waren, die Abwehrhaltung der Ansässigen und Ordnungskräfte gegenüber den fremdartigen Erscheinungen des Polentums manche Übertreibung in der Berichterstattung erklärt, so war die ,Unberechenbarkeit und Gewalttätigkeit der in der Herner Gegend ansässigen Arbeiter' doch unverkennbar"; das Zitat stammt aus einem Bericht des Oberbergamtes v. 19. 7. 1899. In ein und demselben Satz wird erst festgestellt, die Berichterstattung über die Polen sei übertrieben und habe keine materielle Grundlage; dann jedoch werden die Vorurteile zustimmend zitiert und übernommen; eine abwägende Beurteilung findet sich in einem späteren Beitrag, nämlich ders.: Krawalle, S. 90; behutsamer argumentiert C. Kleßmann: Bergarbeiter, S. 75ff.
123. Vgl. Bergknappe vom 8. 7. u. 19. 8. 1899; C. Kleßmann: Bergarbeiter, S. 76.
124. Nach Angaben der Zechen waren 46 Fensterscheiben eingeworfen, eine Lampe beschädigt und ein Zaun eingerissen worden; vgl. das Verzeichnis über Beschädigungen von Grubeneigentum in STAM, Oberpräsidium 2847c.
125. Von Sozialisations- und Akkulturationsdefiziten spricht K. Tenfelde: Krawalle, S. 92; C. Kleßmann: Bergarbeiter, S. 74, spricht von einer erfolgreichen Rollenerfüllung der Einwanderer, wenn der Integrationsprozeß einigermaßen reibungslos verlief; Reibungen werden als abweichendes Verhalten deklariert, das auf nicht erfolgte Anpassung hinweise (S. 275).
126. Die folgende Argumentation beruht auf den Kap. II u. III dieser Arbeit.
127. O. Hue: Bergarbeiter, Bd. 2, S. 489.
128. Ebd.; 1900 wurde der Beitrag auf 70 Pfg. erhöht; von den Mehreinnahmen sollten bis zu 10% zur Unterstützung von Gemaßregelten verwendet werden. Gleichzeitig wurde beschlossen, auch beim Tode der Ehefrau eines Mitgliedes 30

Mark Sterbegeld zu bezahlen. 1903 wurde der Beitrag auf 20 Pfg. pro Woche festgesetzt und eine Arbeitslosenunterstützung eingeführt, und 1904 wurde nach erneuter Beitragserhöhung das Sterbegeld auf 60 Mark festgesetzt; vgl. H. Imbusch: Arbeitsverhältnis S. 448 f.

129. 1900 wurde der Monatsbeitrag auf 40 Pfennig und 1902 auf 50 Pfennig pro Monat festgesetzt, das Sterbegeld betrug ab 1900 50 Mark und seit 1906 60 Mark; vgl. H. Imbusch: Arbeitsverhältnis, S. 541. Mit niedrigen Beiträgen und hohen Leistungen sollten offensichtlich den Konkurrenz-Verbänden Mitglieder abgeworben werden; vgl. Bergknappe v. 16. 12. 1899. Ältere Mitglieder hingegen sollten, wie auf der Generalversammlung des Gewerkvereins 1903 argumentiert wurde, ruhig beim Alten Verband bleiben, um die Kasse nicht ausbeuten zu lassen, vgl. Bergknappe v. 7. 1. 1903.

130. Zur Frage der Lohndrückerei gab es eine heftige Diskussion; vgl. O. Hue: Bergarbeiter, Bd. 2, S. 563; L. Pieper: Lage, S. 246; J. V. Bredt: Die Polenfrage im Ruhrgebiet, eine wirtschaftliche Studie, Leipzig 1909, S. 49 f.; F. Schulze: Die polnische Zuwanderung im Ruhrrevier und ihre Wirkungen, Diss. München 1909, S. 67; C. Kleßmann: Bergarbeiter, S. 36, S. 50.

131. STAM, Oberpräsidium 5915, Bericht des Reg.-Präs. v. Arnsberg v. 4. 1. 1909.

132. STAM, OBA 1804, Schreiben des Ministers für Handel und Gewerbe v. Dezember 1890, Bl. 136 ff.

133. Ebd. sowie Antwortschreiben des OBA vom 30. 12. 1890, das die jährlichen Kosten auf 180000 Mark schätzte.

134. Auf einer Delegiertenkonferenz im Jahre 1899 führte O. Hue aus, eine starke gewerkschaftliche Organisation werde die Streiks ganz beseitigen; z. Z. seien die Gewerkschaften für einen Streik zu schwach, später würde ihre Stärke diese überflüssig machen; zit. nach J. Fritsch: Eindringen, S. 68.

135. H. Imbusch: Arbeitsverhältnis, S. 572; zum Ausbruch und Verlauf des Streikes vgl. ebd. S. 571 ff.; O. Hue: Bergarbeiter, Bd. 2, S. 575 ff.; A. Gladen: Streiks, S. 131 ff.; M. J. Koch: Bergarbeiterbewegung, S. 86 ff.; H. G. Kirchhoff: Sozialpolitik, S. 137 ff.; J. Effert: Zur Geschichte; D. Fricke: Ruhrbergarbeiterstreik; K. Engel: Zum Ausstande, sowie die Dokumente in G. Adelmann: Quellensammlung, Bd. 1, S. 248 ff.; ausführliche Bestände in STAM, Oberpräs. 2849, Bd. 1-10; OBA 1843-47; HSTAD, Reg. Düss. 15926 ff.; Reg. Düss. Präsidium 840 ff.

136. Resolution der Belegschaftsversammlung vom 6. 1. 1905, zit. nach H. Imbusch: Arbeitsverhältnis, S. 573; O. Hue: Bergarbeiter, Bd. 2, S. 587; vgl. die Polizeiberichte in STAM, Oberpräsidium 2849, Bd. 1.

137. H. Imbusch: Arbeitsverhältnis, S. 576; vgl. HSTAD, Reg. Düss. Präsidium 894, Telegramme v. 7. 1. und 9. 1.; ebd. Präsidium 840, Wiedergabe einer Rede von Hue auf einer Versammlung der Zeche Neumühl v. 6. 1. 1905.

138. Text des Aufrufes bei H. Imbusch: Arbeitsverhältnis, S. 577.

139. Ebd. S. 579; die Verhandlungen liegen gedruckt vor als: Bericht über die am 12. Januar 1905 in Essen abgehaltene Delegiertenversammlung der an der Ausstandsbewegung beteiligten Organisationen, Essen 1905, Exemplar in HSTAD, Reg. Düss. Präsidium 841; Text der Resolution ebd. S. 29 sowie bei D. Fricke: Ruhrbergarbeiterstreik, S. 164.

140. Bericht über die Delegiertenkonferenz v. 12. 1. 05, Beitrag des Delegierten Becher aus Essen. Es nahmen teil: 74 Vertreter des Alten Verbandes, 67 des Gewerkvereins, 7 der polnischen Gewerkschaft und 3 vom Hirsch-Dunckerschen Gewerkverein; vgl. O. Hue: Bergarbeiter, Bd. 2, S. 589. Am 11. 1. 05 hatten sich auf einer Versammlung mit 2000 Teilnehmern Sachse und Effert,

zwei führende Vertreter des Alten Verbandes bzw. des Gewerkvereins, für eine Wiederaufnahme der Arbeit ausgesprochen, was mit ⅙ Majorität abgewiesen wurde, STAM, Oberpräsidium 2849, Bd. 1, Bericht d. Reg.-Präs. von Arnsberg v. 11. 1. 1905.

141. Bericht über die Delegiertenversammlung v. 12. 1. 05, Beitrag des Delegierten Graf aus Herne.

142. H. Imbusch: Arbeitsverhältnis, S. 569.

143. Vgl. B. Heymann/K. Freudenberg: Morbidität, S. 158 ff.

144. Aus dem Anschlag vom 24. 12. 1904, Text in K. Engel: Zum Ausstande, S. 4 f.; H. Imbusch: Arbeitsverhältnis, S. 571 f.

145. Vgl. E. Jüngst: Die Lage der Bergarbeiter im Ruhrrevier, in: Glückauf 39, 1903, S. 1160 ff.; ders.: Arbeitslohn, ebd. S. 1314 ff.; L. Pieper: Lage, S. 70 ff., sowie S. 163 ff. dieser Arbeit.

146. Vgl. H. Imbusch: Arbeitsverhältnis, S. 567 f.; O. Hue: Bergarbeiter, Bd. 2, S. 581 ff.

147. Vgl. HSTAD, Reg. Düss. 15916, Schreiben des Regierungspräsidenten v. 26. 6. 1904, abgedruckt in G. Adelmann: Quellensammlung, Bd. 1, S. 248.

148. Bericht über die Delegiertenversammlung v. 12. 1. 05, Beitrag d. Delegierten Schlichow.

149. O. Hue: Bergarbeiter, Bd. 2, S. 593; den ruhigen Verlauf des Streikes sieht er als Verdienst der Gewerkschaften an, ebd. S. 588.

150. Zahlen u. a. in O. Hue: Bergarbeiter, Bd. 2, S. 598; H. Imbusch: Arbeitsverhältnis, S. 590; ausführlich und detailliert die ,,Statistik des Bergarbeiterausstandes im Ruhrrevier" in Glückauf 41, 1905, S. 641–643.

151. STAM, Oberpräsidium 2849, Bd. 2, Bericht des Landrates von Recklinghausen vom 18. 1. 05; ebd. zahlreiche Berichte, die übereinstimmend die Disziplin und Ruhe der Streikenden hervorheben; ebenso die Berichte in HSTAD, Reg. Düss. 15927 sowie Präsidium 840 und 841; ferner O. Hue: Bergarbeiter, Bd. 2, S. 594; H. G. Kirchhoff: Sozialpolitik, S. 144.

152. STAM, Oberpräsidium 2849, Bd. 3, Bericht d. Reg.-Präs. v. 20. 1. 1905.

153. Der Alte Verband, der Gewerkverein und die polnische Berufsvereinigung stellten je zwei, der Hirsch-Dunckersche Gewerkverein stellte ein Mitglied; vgl. H. Imbusch: Arbeitsverhältnis, S. 579 f.; O. Hue: Bergarbeiter, Bd. 2, S. 589 ff.

154. Als Beispiel vgl. die Tätigkeit des gemeinsamen Ausschusses in Bottrop, STAB, Bot AV 3, 3, der ein Magazin für Spenden einrichtete, die Unterstützungszahlungen organisierte, Versammlungen einberief etc.; gegen Ende des Streiks stellte sich Mißtrauen ein, da befürchtet wurde, die Ausschußmitglieder würden Mitglieder ihrer jeweiligen Gewerkschaft bevorzugen; vgl. ebd., Bericht über die Sitzung v. 17. 2. 05. Ferner die Berichte über Versammlungen in STAM, Oberpräsidium 2849, Bd. 5; u. a. Bericht des Reg.-Präs. v. Münster v. 1. 2. 05, allein in Recklinghausen seien am Berichtstage vier große Bergarbeiterversammlungen geplant.

155. Übereinstimmend wurde berichtet, die Bergleute hätten die Sympathie der Bürgerschaft; vgl. STAM, Oberpräsidium 2849, Bd. 5, Bericht des Reg.-Präs. v. Münster vom 8. 2. 1905; HSTAD, Reg. Düss. Präsidium 841, Bericht d. Reg. Arnsberg v. 28. 1. 05; A. Gladen: Streiks, S. 138; O. Hue: Bergarbeiter, Bd. 2, S. 594 ff.; W. Neumann: Gewerkschaften, S. 118 f.

156. Vgl. STAB, Bot. A V 3, 3, mit Namenslisten der Mitglieder des Ordnungsdienstes.

157. Vgl. Rheinisch-Westfälische Zeitung vom 22. 1. 1905; ferner HSTAD Reg. Düss. 15928, Schreiben der Regierung Münster v. 23. 1. 1905.

158. Zum Polizeieinsatz vgl. die Schriftwechsel in HSTAD, Reg. Düss. 15927; STAM, Oberpräsidium 5915; H. G. Kirchhoff: Sozialpolitik, S. 147ff.; als Beispiel vgl. zu den Prosperzechen STAB, Bot. A V 3,3; hier wurden u. a. 23 Berliner Schutzleute eingesetzt.

159. STAM, Oberpräsidium 2849, Bd. 2, Bericht des Landrats von Recklinghausen v. 17. 1. 1905, Bl. 258.

160. Ebd., Bericht des Reg.-Präs. von Münster v. 19. 1. 1905, Bl. 154, dort auch zahlreiche Beschwerden der Unternehmer, die einer Überprüfung fast nie standhielten; vgl. HSTAD, Reg. Düss. Präsidium 841, Bericht des Reg.-Präs. von Arnsberg v. 19. 1. 1905; STAM, Oberpräsidium 2849, Bd. 5, Bericht des Reg.-Präs. v. Münster v. 19. 1. 05; O. Hue: Bergarbeiter, Bd. 2, S. 594. – Die besonnene Haltung der Behörden ging z. T. erstaunlich weit; so wollte Thyssen zum 1. 2. den streikenden Bergleuten die Werkswohnungen kündigen und sie hinaussetzen lassen; der Landrat v. Ruhrort erklärte daraufhin, daß er „zu diesem Zweck polizeiliche Hilfe nicht zur Verfügung stellen werde", HSTAD, Reg. Düss. Präsidium 841, Bericht d. Landrats v. 22. 1. 1905; er wurde vom Justizminister unterstützt, vgl. S. 236 dieser Arbeit.

161. A. Gladen: Streiks, S. 137.

162. M. J. Koch: Bergarbeiterbewegung, S. 93; hierzu vor allem H. G. Kirchhoff: Sozialpolitik, S. 143ff.

163. Antwort des Bergbauvereins, zit. nach H. Imbusch: Arbeitsverhältnis, S. 586.

164. STAM, Oberpräsidium 2849, Bd. 5, Schreiben d. Reg.-Präs. v. 6. 2. 1905.

165. O. Hue: Bergarbeiter, Bd. 2, S. 597.

166. Ebd. S. 597ff.; schon vor der Sitzung waren 200000 Flugblätter gedruckt worden, die das Ende des Streiks bekanntgaben; vgl. H. Imbusch: Arbeitsverhältnis, S. 587ff.; K. Tenfelde: Linksradikale Strömungen in der Ruhrbergarbeiterschaft 1905 bis 1919, in: H. Mommsen/U. Borsdorf (Hg.): Glück auf, S. 211f. Die Verhandlungen liegen gedruckt vor als Bericht über die Delegiertenversammlung in Essen vom 9. 2. 1905, Essen 1905, Exemplar in HSTAD, Reg. Düss. Präs. 841; Auszug in G. Adelmann: Quellensammlung, Bd. 1, S. 266–268.

167. Am 19. 1. hatte die Zahl der streikenden Untertagearbeiter mit 193657 den höchsten Stand erreicht, am 9. 2. lag sie bei 187551; vgl. O. Hue: Bergarbeiter, Bd. 2, S. 598, sowie die Angaben in Anm. 150.

168. Zur Streikunterstützung, zum Auszahlungsmodus etc. vgl. die Berichte über die Sitzungen des gemeinsamen Ausschusses in Bottrop, STAB, Bot. A V 3, 3; wer länger als 6 Monate Gewerkschaftsmitglied war, sollte 9 M erhalten; bei 2–6 Monaten gab es 7 M, darunter 6 M. Ledige sollten 3 M erhalten; vgl. STAM, Oberpräsidium, 2849, Bd. 5, Bericht des Landrats v. Recklinghausen v. 9. 2. 1905.

169. STAM, Oberpräsidium 2849, Bd. 3, Schreiben des Landrates vom 21. 1. 05; vgl. ebd. Bd. 5, Bericht d. Reg.-Präs. von Düsseldorf vom 30. 1. 05.

170. STAB, Bot. A V 3, 3, Bericht über die gemeinsame Versammlung des Alten Verbandes und der polnischen Berufsvereinigung vom 9. 2. 1905.

171. Vgl. O. Hue: Bergarbeiter, Bd. 2, S. 597ff.; H. Imbusch: Arbeitsverhältnis, S. 588ff.

172. Vgl. O. Hue: Bergarbeiter, Bd. 2, S. 600f.; ausführlich ders.: Taktik; indiskutabel die Monographie von D. Fricke: Ruhrbergarbeiterstreik, der u. a. angibt, den Alte Verband sei eine „Brutstätte des Opportunismus" gewesen und er sei von Menschen geleitet worden, „die keine Verbindung mit den Massen besaßen, die die Interessen der Massen verrieten, um nur nicht ihre Pöstchen zu verlieren", ebd. S. 43.

173. Diese Argumentationen prägten die Beiträge auf der Delegierten-Versammlung v. 9. 2. 05, vgl. Anm. 166.
174. H. G. Kirchhoff: Sozialpolitik, S. 151.
175. Anfangs beurteilte der Gewerkverein das Gesetz positiver; vgl. H. Imbusch: Arbeitsverhältnis, S. 600ff.; O. Hue: Bergarbeiter, Bd. 2, S. 602ff.
176. Vgl. H. G. Kirchhoff: Sozialpolitik, S. 151ff.; A. Gladen: Streiks, S. 139; O. Hue: Bergarbeiter, Bd. s, S. 602ff.
177. H. G. Kirchhoff: Sozialpolitik, S. 153.
178. W. Schlüter: Arbeitervertretungen, S. 761; eine ausführliche Erläuterung des Gesetzes bei Bodenstein: Die Arbeiterausschüsse im rheinisch-westfälischen Bergbau, in: Glückauf 42, 1906, S. 524–529, sowie ders.: Arbeiterausschüsse, Arbeitsordnungen, Unterstützungskassen im Bergbau. Erläuterungen zur Berggesetznovelle von 1905, Essen 1905.
179. Vgl. G. Adelmann: Betriebsverfassung, S. 134ff.; H. J. Teuteberg: Mitbestimmung, S. 410ff.; E. Kroker: Arbeiterausschüsse im Ruhrbergbau zwischen 1906 und 1914, in: Anschnitt 30, 1978, S. 204–215; H. Imbusch: Arbeitsverhältnis, S. 601, S. 622–624; O. Hue: Bergarbeiter, Bd. 2, S. 602ff.; Wahlergebnisse in STAM, OBA 1849, Bl. 283; ferner die Dokumente bei G. Adelmann: Quellensammlung, Bd. 1, S. 347ff.
180. E. Kroker: Arbeiterausschüsse, S. 206; vgl. STAM, Oberpräsidium 6652, Bericht des OBA v. 24. 2. 1908.
181. Vgl. Jahresbericht Alter Verband 1907/08, S. 99; auch das Oberbergamt stellte fest, sie hätten bei Streiks im Jahre 1907 „nicht die geringste Einwirkung auf den Gang der Bewegung gehabt", und eine vermittelnde Rolle sei in absehbarer Zeit nicht zu erwarten; überhaupt hätten sie bisher wenig zur Verbesserung des Verhältnisses zwischen Arbeitgebern und Arbeitnehmern beigetragen, STAM, Oberpräsidium 6652, Bericht des OBA v. 24. 2. 08.
182. ZBHSW 61, 1913, S. 440.
183. Ebd.
184. ZBHSW 62, 1914, S. 406; zur Tätigkeit vgl. die Auszüge aus den Protokollen des Arbeiterausschusses der Zeche Prosper in G. Adelmann: Quellensammlung, Bd. 2, S. 101–109; komplett in WWA, F 35, 513–515. Eine positive Bewertung u. a. bei G. Adelmann: Betriebsverfassung, S. 134ff.; H. G. Kirchhoff: Sozialpolitik, S. 153ff.; skeptisch H. J. Teuteberg: Mitbestimmung, S. 433ff., sowie nach Auswertung zahlreicher Protokolle E. Kroker: Arbeiterausschüsse.
185. Vgl. die Berichte in STAM, Oberpräsidium 2849, Bd. 10, 2883 Bd. 1 und 2; ferner Hollender: Die Explosion auf der Steinkohlengrube Radbod I/II bei Hamm in Westfalen am 12. 11. 1908, in: ZBHSW 59, 1911, auch in: Glückauf 48, 1912, S. 169ff., 209ff., 253ff.
186. Vgl. H. G. Kirchhoff: Sozialpolitik, S. 170ff.; G. Adelmann: Betriebsverfassung, S. 145ff.; ders.: Quellensammlung, Bd. 1, S. 387ff.; O. Hue: Bergarbeiter, Bd. 2, S. 638ff.; H. J. Teuteberg: Mitbestimmung, S. 453ff.; P. Osthold: Zechenverband, S. 107ff.
187. Vgl. STAM, OBA 1851, Bericht des OBA an den Handelsminister vom 12. 1. 1911, Bl. 161ff. Insgesamt waren 1546 Sicherheitsmänner gewählt worden, davon waren 1040 Mitglieder des Alten Verbandes, 311 des Gewerkvereins, 105 der polnischen Gewerkschaft, 10 des Hirsch-Dunckerschen Verbandes, 77 nicht organisiert und 3 Vertreter des Zechenverbandes; Auszüge des Berichtes in G. Adelmann: Quellensammlung, Bd. 1, S. 407ff.; vgl. ders.: Betriebsverfassung, S. 147.
188. Vgl. die Bestimmungen über die Tätigkeit der Sicherheitsmänner in STAM,

OBA 1850; M. Reuß: Erläuternde Bemerkungen zur preußischen Berggesetznovelle, in: Zeitschrift für Bergrecht 1905, S. 478–525; O. Hue: Bergarbeiter, Bd. 2,
S. 643ff.; ferner: Welche Aufgaben haben die Sicherheitsmänner?, hg. v. Vorstande des Verbandes der Bergarbeiter Deutschlands, Bochum 1910, vermutlich
verfaßt von G. Werner; eine Kommentierung dieser Broschüre im ausführlichen
Bericht des OBA v. 12. 1. 1911; vgl. Anm. 187.

189. STAM, OBA 1852, Bericht des Revierbeamten v. Bochum-Nord vom 19. 12.
1912, Bl. 175; ebd. die Berichte der anderen Revierbeamten mit ähnlichem
Tenor.

190. STAM, OBA 1850, Bericht des Revierbeamten von Recklinghausen-Ost v.
20. 12. 1911, Bl. 280.

191. STAM, Bergrevier Duisburg 104, Schreiben der Zeche Deutscher Kaiser vom
22. 12. 1911.

192. ZBHSW 62, 1914, S. 407; dieser Tenor durchzieht die jährlichen Berichte der
Revierbeamten in STAM, OBA 1850–1853; vgl. H. G. Kirchhoff: Sozialpolitik,
S. 171ff.; G. Adelmann: Betriebsverfassung, S. 149, spricht von einem völligen
Fiasko.

193. STAM, OBA 1853, Bericht des Revierbeamten von Witten vom 18. 12. 1913, Bl.
11.

194. STAM, OBA 1850, Bericht des Bergrevierbeamten v. Bochum-Nord v. 20. 12.
1914.

195. Vgl. H. Imbusch: Arbeitsverhältnis, S. 602ff.; mehrere Artikel im Bergknappen
vom 5. 11. 1904ff.; ebd. v. 4., 11. und 18. 6. 1906 über die Generalversammlung
1906.

196. Zit. nach O. Hue: Bergarbeiter, Bd. 2, S. 615; vgl. H. Imbusch: Arbeitsverhältnis, S. 605; J. Steinisch: Gewerkverein, S. 277ff.; M. J. Koch: Bergarbeiterbewegung, S. 109f.

197. O. Hue: Bergarbeiter, S. 615.

198. Bergknappe v. 18. 11. 1905; vgl. Bergarbeiterzeitung v. 25. 11. 1905.

199. Leipziger Volkszeitung v. 21. 2. 1905, zit. nach Bergarbeiterzeitung v. 25. 3. 1905
u. H. Imbusch: Arbeitsverhältnis, S. 597.

200. Leipziger Volkszeitung v. 20. 2. 1905.

201. Vgl. die Artikel in der Bergarbeiterzeitung v. 18. 3. 1905ff.; O. Hue: Bergarbeiter, Bd. 2, S. 600f.; ders.: Taktik; R. Lützenkirchen: Verein, S. 37ff.; K. Tenfelde: Strömungen, S. 209ff.; im Ruhrgebiet wurde die Auseinandersetzung vor
allem mit der Dortmunder Arbeiterzeitung und deren Redakteur Haenisch geführt.

202. C. Kleßmann: Bergarbeiter, S. 112.

203. C. Kleßmann: Bergarbeiter, S. 119; ders.: Klassensolidarität und nationales Bewußtsein. Das Verhältnis zwischen der polnischen Berufsvereinigung (ZZP) und
den deutschen Bergarbeitergewerkschaften im Ruhrgebiet 1902–1923, in: IWK
10, 1974, S. 149–178; ders.: Polnische Bergarbeiter im Ruhrgebiet: Soziale Lage
und gewerkschaftliche Organisation, in: H. Mommsen/U. Borsdorf (Hg.):
Glück auf, S. 109–130; ders.: Zjednoczenie Zawodowe Polskie (ZZP-Polnische
Berufsvereinigung) und Alter Verband im Ruhrgebiet, in: IWK 15, 1979, S.
68–71.

204. Zu den Zahlen vgl. Tab. 11 a–c; die Zahlen bei G. Adelmann: Betriebsverfassung,
S. 118, und M. J. Koch: Bergarbeiterbewegung, Tab. 1 u. 7, die eine Aufwärtsentwicklung angeben, führen doppelt in die Irre; zum einen handelt es sich um
die Gesamt-Mitgliedschaft in sämtlichen Bergbau-Revieren, und zum anderen
geben sie als Vergleichsgröße die Belegschaft des Ruhrgebiets an, so daß absolut

und relativ zu hohe Angaben resultieren; darauf verweist auch K. Tenfelde: Strömungen, S. 207.

205. STAM, Reg. Mü. VII-57-1, Schreiben des Oberpräsidiums v. 20. 2. 1905.
206. STAM, Oberpräsidium 2832-5, Schreiben des Oberpräsidiums v. 28. 8. 1905; Schreiben d. Innenministers vom 15. 3. 1906; vgl. HSTAD, Reg. Düss. 838, Schreiben des Oberpräsidiums der Rheinprovinz v. 25. 11. 1905; ebd. Reg. Düss. 15927 zum Polizeieinsatz während des Streiks.
207. Schreiben des Innenministers v. 5. 7. 1910, zit. nach K. Saul: Staat, Industrie und Arbeiterbewegung im Kaiserreich. Zur Innen- und Sozialpolitik des wilhelminischen Deutschlands 1903–1914, Düsseldorf 1974, S. 273; zu den Polizeiplänen fürs Ruhrgebiet ebd. S. 273 ff.
208. STAM, Oberpräsidium 2832-5, Schreiben der Regierung Münster v. 7. 2. 1905.
209. Erstes Jahrbuch der Stadt Bottrop 1919/20, S. 41.
210. STAM, Reg. Mü. VII-57-1, Bericht des Landrats v. Recklinghausen v. 26. 8. 1899.
211. STAM, Reg. Mü. VII-50-2, Bericht des Landrats v. Recklinghausen v. 28. 3. 1905; vgl. die Stellungnahmen der Landräte in HSTAD, Reg. Düss. 15928.
212. STAM, Reg. Mü. VII-50-2, Bericht des Landrats v. Recklinghausen v. 28. 3. 1905; ebd., Aufstellung der bestehenden Zechenwehren v. 11. 5. 1905; vgl. K. Saul: Staat, S. 274.
213. STAM, Reg. Mü. VII-50-2, Dienstanweisung für Zechenschutzwehren v. 3. 12. 1907.
214. STAM, Reg. Mü. VII-52-a, Niederschrift über die Besprechung v. 21. 12. 1910 in Essen; vgl. K. Saul: Staat, S. 274 f.
215. Ebd. S. 6 der Niederschrift.
216. Ebd. S. 7.
217. Ebd. S. 11 f.
218. STAM, Oberpräsidium 5915, Bericht über die Besprechung v. 22. 5. 1906.
219. Ebd. S. 3 des Berichtes.
220. Ebd. S. 8.
221. Ebd. S. 10.
222. Vgl. STAM, Oberpräsidium 5915, Bericht über die Konferenz v. 29. 5. 1906; ebd., Bericht d. Reg.-Präs. von Arnsberg v. 4. 1. 1909. Zum 1. 7. 1909 wurden in Bochum, Gelsenkirchen und Essen königliche Polizeidirektionen eingerichtet; Dortmund war nicht berücksichtigt worden, weil dort das Objekt dieser ganzen Anstrengungen, die bergmännische Bevölkerung, „minder zahlreich" war; vgl. ebd., Bericht d. Reg.-Präs. von Arnsberg v. 1. 5. 1905; Schreiben des Innenministers v. 15. 6. 1909. Für Gelsenkirchen und Bochum waren je 934 Beamte vorgesehen; ebd., Schreiben d. Reg.-Präs. von Arnsberg v. 5. 9. 1907; vgl. die Berichte und Stellungnahmen in HSTAD, Reg. Düss. Präsidium 748, 34/37; STAM, Oberpräsidium 6396.
223. Zur Aussperrung vgl. STAM, Oberpräsidium 2849, Bd. 6, Bericht d. Reg.-Präs. v. Münster v. 12. 2. 05 und v. Arnsberg v. 13. 2. 05 sowie die Berichte in ebd., Bergamt Recklinghausen A 9, 48; HSTAD, Reg. Düss. 15926; O. Hue: Bergarbeiter, Bd. 2, S. 599 f.; H. Imbusch: Arbeitsverhältnis, S. 599 ff.; zu den Sperrmaßnahmen vgl. die Dokumente in G. Adelmann: Quellensammlung, Bd. 1, S. 273 ff.
224. Vgl. H. G. Kirchhoff: Sozialpolitik, S. 160 ff.; O. Hue: Bergarbeiter, Bd. 2, S. 655 ff.; E. G. Spencer: Employer Response, S. 404 f.
225. Vgl. P. Osthold: Zechenverband, S. 48 f.; M. J. Koch: Bergarbeiterbewegung, S. 117 ff.; komplett erhaltene Listen in BBA, Bestand 13 Nr. 880.

226. Vgl. STAM, Reg. Mü. VII-18-5, Bericht über Bergarbeiterversammlung in Oberdisteln v. 7. 2. 1909; HSTAD, Reg. Düss. 15934, Eingabe des Gewerkvereins vom Oktober 1908; O. Hue: Bergarbeiter, Bd. 2, S. 656ff.

227. Vgl. H. G. Kirchhoff: Sozialpolitik, S. 163ff.; Stellungnahmen der Behörden u. a. in STAM, Oberpräsidium 6879.

228. Vgl. E. Francke: Der Arbeitsnachweis des Zechenverbandes im Ruhrkohlenrevier, in: Preussische Jahrbücher 139, 1910, S. 201–224; P. Osthold: Zechenverband; G. Kessler: Die Arbeitsnachweise der Arbeitgeberverbände, Leipzig 1911.

229. Vgl. H. G. Kirchhoff: Sozialpolitik, S. 165ff.; W. Neumann: Gewerkschaften, S. 141f.

230. Als Beispiel u. a. Hilgenstock: Lohntarife; vgl. E. G. Spencer: Employer Response, S. 402.

231. Vgl. A. Gladen: Streiks, S. 141f.; M. J. Koch: Bergarbeiterbewegung, S. 149.

232. Vgl. S. 167ff. dieser Arbeit.

233. Vgl. O. Hue: Bergarbeiter, Bd. 2, S. 689ff.; vgl. die Eingabe des Dreier-Bundes mit Zahlenanhang v. 6. 6. 1912 sowie die Stellungnahme der Königl. Bergwerksdirektion Recklinghausen v. 19. 2. 1912, in STAM, Reg. Mü. VII-79.

234. Vgl. O. Hue: Bergarbeiter, Bd. 2, S. 670; zur Haltung des Gewerkvereins u. a. STAM, Reg. Mü. VII-79, Bericht des Polizei-Präsidenten von Gelsenkirchen v. 7. 1. 1911 über Versammlungen des Gewerkvereins; ferner die Rechtfertigungsschrift von H. Imbusch: Bergarbeiterstreik im Ruhrgebiet im Frühjahr 1912, Köln 1912, S. 11ff.

235. Vgl. M. J. Koch: Bergarbeiterbewegung, S. 114.

236. Zur Vorentwicklung vgl. O. Hue: Bergarbeiter, Bd. 2, S. 638ff.; H. Imbusch: Bergarbeiterstreik; K. Saul: Staat, S. 269ff.

237. Vgl. H. Imbusch: Bergarbeiterstreik, S. 14ff., der sich auf Zeitungsartikel beruft, die über bevorstehende Lohnerhöhungen durch einzelne Zechen berichteten. H. Stinnes hatte sich dafür ausgesprochen, derartige Meldungen nicht zu dementieren, um den Gewerkverein im Glauben zu belassen, er werde bevorzugt behandelt; vgl. E. G. Spencer: Employer Response, S. 407.

238. Vgl. O. Hue: Bergarbeiter, Bd. 2, S. 701ff.; K. Saul: Staat, S. 269ff.; H. G. Kirchhoff: Sozialpolitik, S. 173ff.

239. Vgl. R. Lützenkirchen: Verein, S. 37ff.; S. 60ff.; K. Tenfelde: Strömungen, S. 212ff.

240. K. Tenfelde, Strömungen, S. 215ff.; verschiedene Protokolle und Flugblätter in STAM, Reg. Mü. VII-82, sowie Oberpräsidium 6835.

241. Vgl. die Polizeiberichte in STAM, Reg. Mü. VII-82; K. Tenfelde: Strömungen, S. 217.

242. Der Bergknappe v. 10. 12. 1910 griff den Alten Verband daraufhin an, da dessen Vertreter der Belegschaft gesagt hätten: „Die Belegschaft ist souverän, sie allein hat zu entscheiden", und er stellte fest: „Das ist keine Demokratie mehr, sondern Anarchie." Das Verhalten des Alten Verbandes war in der Tat ungewöhnlich, war er sich doch zuvor mit dem Gewerkverein bei allen Differenzen darüber einig, daß spontane Streiks nicht zugelassen werden dürften; als beide Verbände 1907 zusammen, als sie streikende Schlepper in Bottrop überreden wollten, die Arbeit wieder aufzunehmen, was diese jedoch abschlugen; vgl. STAM, Reg. Mü. VII-52-1, Bericht der Polizei-Verwaltung Gladbeck v. 11. 5. 1907.

243. K. Tenfelde: Strömungen, S. 208.

244. K. Saul: Staat, S. 271.

245. Zit nach K. Saul: Staat, S. 271f.

246. G. Krupp von Bohlen und Halbach in einem Brief an den Kaiser v. 12. 3. 1912, zit. nach K. Saul: Staat, S. 272.

247. Eine detaillierte Aufstellung bei E. Jüngst: Der Ausstand der Ruhrbergarbeiter vom März 1912 in statistischer Darstellung, in: Glückauf 48, 1912, S. 1044–1055.

248. Die vorliegenden Berichte sind schwierig zu bewerten. Die Angaben der Unternehmer waren wiederum übertrieben, die staatlichen Behörden waren voreingenommen, und auch der Gewerkverein stellte die Situation einseitig dar, so daß kein Korrektiv besteht, auch nicht gegenüber den Angaben des Dreier-Bundes; vgl. die Berichte und Zeitungsausschnitte in STAM, OBA 1856–59; Reg. Mü. VII-14-4. Dort auch eine Beschwerde des Alten Verbandes an die Reichsregierung bzgl. Übergriffen durch die Polizei, die offensichtlich jede auch noch so kleine Ansammlung auseinandertrieb, vgl. Telegramm v. 13. 3. 1912.

249. Vgl. STAM, Reg. Mü. VII-14-4, Bericht des Landrates von Recklinghausen v. 26. 3. 1912, der u. a. ausführte, daß allein schon das Stehenbleiben auf den Straßen verhindert werden müsse; ähnlich die Berichte der anderen Landräte in ebd., Reg. Mü. VII-14-5.

250. STAM, Reg. Mü. VII-15, Bericht über die außerordentliche Generalversammlung des Gewerkvereins am 6. 3. 1912 in Essen; vgl. Bergknappe v. 9. 3. 1912.

251. Telegramm des späteren Vorsitzenden des Gewerkvereins, Hermann Vogelsang, an den Staatssekretär des Innern vom 11. 3. 1912, zit. nach K. Saul: Staat, S. 277.

252. Vgl. K. Saul: Staat, S. 278. Bereits zum 11. 3. waren zusätzlich 2000 Gendarmen ins Streikgebiet beordert worden, so daß eine Polizeimacht von ca. 6000 Schutzleuten zur Verfügung stand; vgl. A. Gladen: Streiks, S. 145.

253. STAM, Reg. Mü. VII-15, Bericht über die außerordentliche Generalversammlung des Gewerkvereins v. 6. 3. 1912 in Essen.

254. STAM, Reg. Mü. VII-15, Bericht des Landrats v. 19. 3. 1912; Zahlen nach: Christlicher Arbeiterverrat. Materialien und Dokumente zum Bergarbeiterstreik 1912, Düsseldorf 1912, 2. Aufl. S. 59.

255. K. Saul: Staat, S. 278.

256. Vgl. E. Jüngst: Ausstand; O. Hue: Bergarbeiter, Bd. 2, S. 717.

257. Eine Fortsetzung des Streiks hätte eine Zweidrittelmehrheit erfordert; daran fehlten 21 Stimmen. Die Enttäuschung und Verbitterung wird sehr deutlich in den Berichten der Landräte in STAM, Reg. Mü. VII-15, z. B. aus Gladbeck, Recklinghausen und Osterfeld v. 19. 3. 1912.

258. Der einbehaltene Betrag belief sich auf 30,50 M pro Arbeiter bzw. auf 4,75 Mio. insgesamt, hinzu kamen ca. 7,8 Mio. Lohnausfall für die Streikzeit; vgl. E. Jüngst: Ausstand von 1912, S. 1053.

259. Vgl. K. Saul: Staat, S. 280; O. Hue: Bergarbeiter, Bd. 2, S. 717f., sowie: Die Streikjustiz im Ruhrrevier oder Madame Justitia mit „verbundenen Augen", hg. v. Vorstand des Deutschen Bergarbeiterverbandes, Bochum 1913.

260. Anweisungen des Oberstaatsanwaltes in Hamm an die Ersten Staatsanwälte; zit. nach K. Saul: Staat, S. 279.

261. STAM, Reg. Mü. VII-16, Bericht des Landrates von Recklinghausen v. 5. 4. 1912.

262. Ebd., Bericht vom 5. 4. 1912ff., sowie das Bochumer Volksblatt v. 22. 3. 1912.

263. Vgl. Tab. 11a u. 11b; zur Auseinandersetzung unter den Gewerkschaften vgl. die Schriften des Alten Verbandes: Arbeiterverrat, sowie: Der Verrat des schwarz-gelben Gewerkvereins der Bergarbeiter, hg. v. Vorstand des Deutschen Bergarbeiterverbandes, Bochum 1912, ferner die Gegendarstellung von H. Imbusch: Bergarbeiterstreik.

264. Vgl. K. Mattheier: Die Gelben. Nationale Arbeiter zwischen Wirtschaftsfrieden

und Streik, Düsseldorf 1973, S. 202; ders.: Werkvereine und wirtschaftsfriedlich-nationale (gelbe) Arbeiterbewegung im Ruhrgebiet, in: J. Reulecke (Hg.): Arbeiterbewegung, S. 173–204.

265. Ebd. S. 189; vgl. W. Neumann: Gewerkschaften, S. 143–153; K. Saul: Staat, S. 133 ff.; Dokumente hierzu bei G. Adelmann: Quellensammlung, Bd. 1, S. 180 ff.

266. Vgl. K. Mattheier: Werkvereine, S. 189.

267. Zit. nach K. Saul: Staat, S. 271.

268. Vgl. S. 178 dieser Arbeit; ferner S. Hickey: Bergmannsarbeit, S. 64 ff.; ders.: The shaping of the German labour movement. Miners in the Ruhr, in: R. J. Evans (Hg.): Society and Politics in Wilhelmine Germany, London 1978.

269. Bergknappe v. 10. 1. 1903.

270. Vgl. K. Tenfelde: Sozialgeschichte, S. 483.

271. Vgl. D. Crew: Bochum, S. 175 ff., S. 199 ff.

272. O. Hue: Bergarbeiter, Bd. 2, S. 563; zur Anstellung von Aufsehern vgl. u. a. C. Debus: Arbeiterwohnungswesen, S. 34; ferner die Bestandsaufnahme des OBA über Zechenwohnungen in STAM, OBA 1837.

273. O. Hue: Krawalle, S. 536; vgl. STAM, OBA 1805, Examensarbeit des Bergreferendars Tegeler über Kontrollmöglichkeiten.

274. Jahresbericht AV 1911/1912, S. 197, Bericht für den Bezirk Bottrop-Gladbeck.

275. STAM, OBA 1852, Bericht des Königlichen Revierbeamten von Recklinghausen-Ost vom 23. 12. 12, Bl. 169.

276. STAM, Reg. Mü. VII-14-5, Bericht des Landrats v. 12. 3. 1912; zur Bedeutung der Zechenwohnungen vgl. Tab. 4.

277. STAM, Oberpräsidium 2849, Bd. 5, Schreiben des Justizministers v. 28. 1. 1905.

278. E. Jüngst: Ausstand, S. 1051.

279. Ebd. S. 1051 f.; vgl. K. Hartmann: Weg, S. 156 ff.

280. E. Jüngst: Ausstand, S. 1052.

281. J. Bruhns: Polenfrage und Sozialdemokratie, in: Neue Zeit 26, 1907/08, S. 707 ff., S. 757 ff., hier S. 763, zit. nach C. Kleßmann: Bergarbeiter, S. 119; zur Dialektik von Eigenständigkeit und Gemeinsamkeit vgl. ebd. S. 110 ff.

282. Bei den großen Streiks profitierten die älteren Hauer ihrerseits von dem größeren Wagemut der jugendlichen Bergleute; vgl. am Beispiel des Streiks von 1889 K. Hartmann: Weg, S. 156.

283. Vgl. H. Husmann: Lebensformen und ihr Wandel beim Arbeiter in Hamborn, in: Rheinisch-Westfälische Zeitschrift für Volkskunde, 4, 1957, S. 1–39, S. 133–214; zu den landsmannschaftlichen Zentren vgl. R. Spörhase: Wohnungsbau, S. 30; zum katholischen Milieu waren die Diskussionen mit H. Kühr sehr hilfreich.

284. Um einem Mißverständnis vorzubeugen: Mit der vorgetragenen Argumentation wird nicht behauptet, ein bewußteres Sich-Einlassen auf alltägliche Verhaltensweisen hätte quasi automatisch eine angemessene Organisationsform sowie Strategie hervorgebracht. Es geht vielmehr darum, aus den festgefahrenen Bahnen herauszukommen und das Spannungsverhältnis systematisch aufzunehmen.

285. Vgl. M. Sogemeier: Entwicklung, S. 21.

286. Vgl. W. Neumann: Gewerkschaften, S. 159 ff.; R. M. Morguet: Rationalisierung, S. 15 ff.; vom Unternehmerstandpunkt P. Osthold: Geschichte, S. 126 ff., sowie: Ruhrbergbau, S. 54 ff.; von gewerkschaftlicher Seite: Material zur Lage der Bergarbeiter während des Weltkrieges, hg. vom Vorstande des Verbandes der Bergarbeiter Deutschlands, Bochum 1912; an neueren Arbeiten J. Reulecke: Der

Erste Weltkrieg und die Arbeiterbewegung im rheinisch-westfälischen Industriegebiet, in: ders. (Hg.): Arbeiterbewegung, S. 205–239; J. Kocka: Klassengesellschaft im Krieg. Deutsche Sozialgeschichte 1914–1918, Göttingen 1973; J. Tampke: The Ruhr and the Revolution, Canberra/Norwalk, Connecticut 1978, S. 33 ff., S. 54 ff.

287. Vgl. B. Heymann/K. Freudenberg: Morbidität, S. 16, S. 30; H. Leinau: Bergarbeiterersatz und Ruhrkohlenproduktion im Weltkriege, Essen 1920.

288. Vgl. H. Leinau: Bergarbeiterersatz, S. 39 ff.; M. Sogemeier: Entwicklung, S. 22 ff.; H. Imbusch: Arbeiterinnen im Bergbau, Essen 1917; ferner die Broschüre des Gewerkvereins: Jugendliche Arbeiter im Bergbau, Essen 1916, sowie die Zusammenstellungen in STAM, OBA 1802, 1791 und 1797. Ab 1916 wurden von einzelnen Zechen Anträge gestellt, Frauen auch unter Tage beschäftigen zu dürfen, vgl. STAM, OBA 1862, Berichte des OBA v. Oktober 1916; sie wurden jedoch abgelehnt.

289. STAM, OBA 1785, Berichte der Bergämter ab Oktober 1914.

290. Vgl. H. Leinau: Bergarbeiterersatz, S. 15 ff. Als Hauptproblem erwies sich der bald einsetzende Materialmangel; vgl. Ruhrbergbau, S. 63 ff. Gefragt waren Notbehelfe, nicht große Entwürfe; vgl. etwa die Beiträge von C. Beuling: Versuche mit Ersatzstoffen für Wetterlampenbenzin, in: Glückauf 51, 1915, S. 157 ff., oder die „Anleitung zur sparsamen Verwendung von Schmiermitteln", ebd. 53, 1917, S. 97–100.

291. Vgl. J. Reulecke: Weltkrieg, S. 213 ff.; W. Neumann: Gewerkschaften, S. 158 ff.

292. Vgl. H. Greis: Die inneren Beziehungen der Arbeitergewerkschaften des rheinisch-westfälischen Industriegebietes während des Krieges und der Nachkriegszeit, Diss. phil. Köln 1925, S. 16 ff.

293. J. Steinisch: Gewerkverein, S. 282 f.

294. Vgl. J. Reulecke: Weltkrieg, S. 217 ff.; Material zur Lage, S. 65 ff., S. 133 ff.

295. R. M. Morguet: Rationalisierung, S. 19.

296. Vgl. den Schichtplan einer Gelsenkirchener Zeche, der die Erschöpfung verständlich macht. 1. Woche: Mo.–Mi. Frühschicht; Mi. abend Nachtschicht; Do.–Sa. Mittagsschicht. 2. Woche: Mo.–Mi. Mittagsschicht; Do.–Sa. Frühschicht; Sa. Nachtschicht; d. h. die Bergleute arbeiteten sieben Schichten pro Woche, und die freie Zeit am Sonntag wurde durch Doppelschichten an Werktagen erkauft; vgl. STAM, OBA 1786, Brief des Bergrevierbeamten von Gelsenkirchen vom 8. 2. 1915; ferner H. Leinau: Bergarbeiterersatz, S. 16 ff.

297. Vgl. M. Sogemeier: Entwicklung, S. 20 ff.; Ruhrbergbau, S. 67 ff.; R. M. Morguet: Rationalisierung, S. 19 ff.

298. Vgl. die Darstellung der Unternehmerseite bei P. Osthold: Geschichte, S. 208 ff., für den die Beschäftigung der Kriegsgefangenen „eines der ruhmreichsten Kapitel unserer gesamten Kriegswirtschaft" war; ausführliche Zahlen bei H. Leinau: Bergarbeiterersatz, Tab. 1; W. Neumann, Gewerkschaften, S. 163 ff.

299. Vgl. Ruhrbergbau, S. 69; R. M. Morguet: Rationalisierung, S. 17 ff.

300. J. Reulecke: Weltkrieg, S. 221.

301. Nicht in der Wehrmacht dienende männliche Personen zwischen dem 15. und 60. Lebensjahr konnten zur Arbeit in der Kriegswirtschaft verpflichtet werden; Schutzbestimmungen der Gewerbeordnung bzgl. Nacht- und Schichtarbeit wurden auch für Frauen und Jugendliche gelockert. Die Möglichkeit eines Arbeitsplatzwechsels blieb jedoch auf Intervention der Gewerkschaften bestehen; ferner wurden mehrere Ausschüsse errichtet, in denen auch Gewerkschafter vertreten waren, u. a. ein Einberufungsausschuß zur Verpflichtung von Arbeitern sowie ein Schlichtungsausschuß bei Auseinandersetzungen über Abkehr-

scheine; vgl. P. Osthold: Geschichte, S. 235 ff.; W. Neumann: Gewerkschaften, S. 168 ff.

302. P. Osthold: Geschichte, S. 251.

303. Ebd. S. 252; die Durchführung dieses Gesetzes stieß jedoch auf den Widerstand der Unternehmer und blieb unzureichend; vgl. H. Mommsen: Bergarbeiterbewegung, S. 279 f.; W. Neumann: Gewerkschaften, S. 168 f.; G. D. Feldman: Army, Industry and Labour in Germany 1914–1918, Princeton 1966, S. 379 ff.

304. Vgl. Material zur Lage der Bergarbeiter, S. 220 ff.; Denkschrift über die Ursachen der Arbeitseinstellungen im Ruhrkohlenbergbau, hg. vom Hauptvorstand des Gewerkvereins christlicher Bergarbeiter Deutschlands, Essen 1917; J. Reulecke: Weltkrieg, S. 228 ff.; STAM, Reg. Mü. VII-17-1, Bericht über Konferenz von 38 Vertretern staatlicher Behörden und des Bergbaus am 23. 8. 1916.

305. Der Landrat von Recklinghausen schrieb am 13. 5. 1917, bei den Arbeitern sei der Glaube entstanden, man müsse „unbedingt Mitglied in einem der vier Verbände – besonders aber des sog. alten (sozialdemokrat.) – (...) sein. Ist es da ein Wunder, daß die Leute Sozialdemokraten werden?", STAM, Reg. Mü. VII-17-1. 1916 stieg die Mitgliederzahl im Alten Verband von 46000 auf 53000; vgl. P. Osthold: Geschichte, S. 252; H. Mommsen: Bergarbeiterbewegung, S. 279; zur passiven, Streiks ablehnenden Haltung der Verbände vgl. E. Lucas: Ursachen und Verlauf, S. 271; ferner H. Greiss: Beziehungen, S. 16 ff.

306. HSTAD, Reg. Präs. 29, Verwaltungsbericht v. 30. 4. 1917, zit. nach J. Reulecke: Weltkrieg, S. 218.

307. STAM, Reg. Mü. VII-17-2, Bericht des Reg.-Präs. v. Münster v. 6. 2. 1918.

308. STAM, Reg. Mü. VII-17-2, Bericht des Polizeipräsidenten v. Gelsenkirchen v. 26. 1. 1918.

309. Vgl. J. Reulecke: Weltkrieg, S. 228 ff.; W. Neumann: Gewerkschaften, S. 165 ff.; Material zur Lage der Bergarbeiter, S. 347 ff.

310. W. Neumann: Gewerkschaften, S. 160.

311. Vgl. STAM, OBA 1814, Stellungnahme des Generalkommandos in Münster v. 16. 7. 1918, wo eine Verschlechterung der Lebensverhältnisse festgestellt wird; R. M. Morguet: Rationalisierung, S. 15 ff.; W. Pothmann: Der im Ruhrbergbau auf den Kopf der Belegschaft entfallende Förderanteil und das Problem seiner wirtschaftlichen Steigerung, Jena 1916.

312. Die Belegschaft war von Oktober 1918 (445000) bis November (395000) zurückgegangen, stieg dann bis Februar 1919 wieder auf 429000 an; vgl. M. Sogemeier: Entwicklung, S. 24. Im April 1917 z. B. waren 15000 Bergleute zur Steigerung der Förderung vom Militär beurlaubt worden; ebd. S. 22. Eine weitverbreitete These erklärt die Radikalisierung der Bergarbeiterschaft aus dem Zustrom jugendlicher Arbeiter während des Krieges und in der Nachkriegszeit; zuletzt K. Tenfelde: Strömungen, S. 220 f. Durch den Krieg seien den Bergleuten geeignete Formen der Konfliktregelung vorenthalten worden, was Fehlorientierungen im kollektiven Verhalten verursacht habe: organisatorisch ungeformtes Handeln von Menschenmassen neige zu syndikalistischen Kampfstrategien; ähnlich H. Mommsen: Bergarbeiterbewegung, S. 275 ff. Zur personellen Kontinuität vgl. M. Zimmermann, der in seiner z. Z. noch nicht abgeschlossenen Dissertation über Hochlarmark zeigen kann, daß die Führer der Bewegung auf lokaler Ebene meist langjährige Gewerkschafter waren.

313. Diese Forderung wurde bereits im November auf Belegschaftsversammlungen erhoben, vgl. u. a. WWA, F 35, 460, Forderungen der Arbeiter der Prosperzechen v. 20. 11. 1918; allgemeiner H. Spethmann: Ruhrbergbau, S. 89 ff., dessen

Untersuchung zwar vorurteilsbeladen den Standpunkt der Unternehmer vertritt, aber sehr materialreich ist.

314. J. Steinisch: Gewerkverein, S. 285; ferner M. Dörnemann: Politik, S. 19 ff.; H. Mommsen: Bergarbeiterbewegung, S. 283 ff.; ders.: Soziale Kämpfe, S. 261 ff.; P. v. Oertzen: Betriebsräte, S. 110 ff.

315. Auch auf Belegschaftsversammlungen setzten sie sich für eine Steigerung der Förderung ein; vgl. z. B. O. Hues Rede bei einem Treffen von Arbeiterausschüssen und Zechenvertretern am 10. 12. 1918, STAM, OBA 1814; ferner H. Mommsen: Soziale Kämpfe, S. 263; E. Lucas: Radikalismus, S. 160 ff.

316. Vor allem die Unternehmer versuchten, sie als Ordnungsfaktor einzusetzen, um mit ihrer Hilfe die „drohende Anarchie" aufzuhalten, so P. Osthold: Geschichte, S. 262.

317. Vgl. O. Hue: Die Sozialisierung der Kohlenwirtschaft, Berlin 1921; ders./ G. Werner: Verstaatlichung des Bergbaus und die Grubenbeamten, Stuttgart 1919; zur Diskussion um Sozialisierungskonzepte P. v. Oertzen: Betriebsräte; H. Habedank: Um Mitbestimmung und Nationalisierung während der November-Revolution und im Frühjahr 1919, Berlin 1969.

318. Vgl. J. Tampke: Sozialisierungsbewegung, S. 226 ff.; E. Lucas: Ursachen und Verlauf, S. 29 ff.; P. v. Oertzen: Betriebsräte, S. 265 ff.

319. Vgl. H. Mommsen: Bergarbeiterbewegung, S. 284 ff.; O. Hue: Sozialisierung, S. 5 ff.; G. Werner: Der Weg zur Sozialisierung des Kohlenbergbaus, Berlin 1920.

320. Das beharrende Element der beiden großen Gewerkschaften wurde allerdings sehr früh deutlich; die Bergarbeiterzeitung sprach sich noch am 9. 11. 1918 gegen „irrsinnige" und „verbrecherische" Flugblätter anonymer Gruppen aus, die zur Revolution aufriefen; die Schlagzeile des Bergknappen vom gleichen Tag lautete: „Für Kaiser und Monarchie".

321. Text des Vertrages u. a. bei P. Osthold: Geschichte, S. 265 f.; ferner: Verhandlungen und Vereinbarungen der vier Bergarbeiterverbände mit dem Zechenverband vom Oktober 1981 bis Juli 1919, hg. v. Verband der Bergarbeiter Deutschlands, Bochum 1919, S. 7 f.

322. J. Steinisch: Gewerkverein, S. 286; es war ein Mindestlohn für Gedingearbeiter in Höhe von ⅘ des Durchschnittslohnes vereinbart worden, jedoch keine Festsetzung bzw. Erhöhung des zu zahlenden Lohnes (Punkt 3 der Abmachungen); die Gewerkschaften verpflichteten sich, die vereinbarte Achtstundenschicht bei den Bergleuten durchzusetzen (Punkt 1), und sie stimmten mit den Unternehmern darin überein, daß es keine Eingriffe in die Arbeits- und Betriebsverhältnisse der Zechen geben dürfe (Punkt 7), womit vor allem Streiks und Aktionen einzelner Belegschaften verhindert werden sollten. Ihre Zahl nahm dennoch nach Kriegsende sprunghaft zu; vgl. H. Mommsen: Bergarbeiterbewegung, S. 282 ff.; H. Spethmann: Ruhrbergbau, S. 89 ff.

323. Bereits im November waren auf Belegschaftsversammlungen weitergehende Forderungen gestellt worden, als im Tarifvertrag vereinbart war; so etwa bei den Prosperzechen in Bottrop eine siebenstündige Schichtzeit, Lohnfestsetzung auf 15,– M, d. h. eine vierzigprozentige Lohnerhöhung, Rückzahlung der Strafgelder vom Streik von 1912, WWA, F35, 460, Schreiben der Arbeiterausschüsse vom 20. 11. 1918; auf zahlreichen Zechen wurden Direktoren bzw. leitende Beamte abgesetzt, vgl. die Berichte in STAM, OBA 1794; in der Vereinbarung mit den Unternehmern hatten die Gewerkschaften sich ausdrücklich gegen Absetzungen von Beamten ausgesprochen (Punkt 7).

324. J. Tampke: Sozialisierungsbewegung, S. 229.; E. Lucas: Ursachen, S. 38 ff.

325. E. Lucas: Radikalismus, S. 168.

326. Vgl. E. Lucas: Ursachen, S. 35 ff.; H. Mommsen: Bergarbeiterbewegung, S. 289 ff.

327. J. Tampke: Sozialisierungsbewegung, S. 232.

328. Ebd. S. 232 f.

329. Volksblatt v. 28. 12. 1918, zit. nach J. Tampke: Sozialisierungsbewegung, S. 233.

330. E. Lucas: Radikalismus, S. 176; es gab eine heftige Diskussion, ob Sachse, der Vorsitzende des Alten Verbandes, die Vereinbarung unterschreiben solle – gegen den Widerstand der anwesenden Arbeiterdelegierten, die sich schließlich durchsetzten; ebd. S. 176 f.; J. Tampke: Sozialisierungsbewegung, S. 234.

331. Ebd. S. 234; H. Spethmann: Ruhrbergbau, S. 173, spricht von 80 000 Streikenden.

332. E. Lucas: Radikalismus, S. 181.

333. Ebd. S. 181.

334. J. Tampke: Sozialisierungsbewegung, S. 235; ders.: Rise and Fall of the Essen model, in: IWK 13, 1977, S. 160–172; vgl. P. v. Oertzen: Betriebsräte, S. 113; U. Kluge: Essener Sozialisierungsbewegung und Volksbewegung im rheinisch-westfälischen Industriegebiet, in: IWK 16, 1972, S. 55–65. Der Aufruf der Neuner-Kommission bei H. Spethmann: Ruhrbergbau, S. 150; die Kommission selbst gab eine Broschüre heraus mit dem Titel: Die Sozialisierung des Bergbaus und der Generalstreik im rheinisch-westfälischen Industriegebiet, Essen 1919, zit. als Broschüre Neuner-Kommission.

335. J. Tampke: Sozialisierungsbewegung, S. 236; vgl. H. Spethmann: Ruhrbergbau, S. 149 ff.; Broschüre Neuner-Kommission, S. 3 ff., sowie die Beiträge in R. Rürup (Hg.): Arbeiter- und Soldatenräte im rheinisch-westfälischen Industriegebiet. Studien zur Geschichte der Revolution 1918/19, Wuppertal 1975.

336. Vgl. P. v. Oertzen: Betriebsräte, S. 113 ff. Die gewählten Räte wußten oft nicht, worin ihre Aufgabe bestand; vgl. am Beispiel der Prosperzechen die Berichte in WWA, F 35, 460, sowie die Arbeit von E. Rosenfelder: Die revolutionären Ereignisse in Bottrop nach dem 1. Weltkrieg, Staatsexamensarbeit Bottrop 1970, S. 78.

337. Sie wurde vielmehr heftig, z. T. mit gehässigen Vorwürfen, bekämpft; vgl. P. v. Oertzen: Betriebsräte, S. 123 ff.; gemeint ist hier die Politik der Gewerkschaftsführungen, gegen die es jedoch auch Widerspruch von Funktionären und Vertrauensleuten gab, vgl. Anm. 312; ferner M. Dörnemann: Die Politik des Verbandes der Bergarbeiter Deutschlands von der Novemberrevolution 1918 bis zum Osterputsch 1921 unter besonderer Berücksichtigung der Verhältnisse im rheinisch-westfälischen Industriegebiet, Diss. Würzburg 1965, S. 55 ff.

338. Die Bedeutung von Syndikalisten war bis zur Novemberrevolution sehr gering gewesen; vgl. K. Tenfelde: Strömungen, S. 212 ff.; R. Lützenkirchen: Verein, S. 37 ff.; E. Lucas: Radikalismus, S. 162 f.; eine Diskussion zur Frage der Verstaatlichung hatte es gegeben, vgl. S. 188 dieser Arbeit.

339. Vgl. Broschüre Neuner-Kommission, S. 23 f.; H. Spethmann: Ruhrbergbau, S. 206 ff.; P. v. Oertzen: Betriebsräte, S. 115 ff.

340. J. Tampke: Sozialisierungsbewegung, S. 240.

341. Vgl. H. Spethmann: Ruhrbergbau, S. 241 ff., der allerdings das Verhalten der Streikenden grob entstellt; M. Dörnemann: Politik, S. 28 ff.

342. Vgl. H. Spethmann: Ruhrbergbau, S. 253 ff.; P. v. Oertzen: Betriebsräte, S. 117 ff.; die Zusammensetzung der Neuner-Kommission darf nicht zu dem Schluß verleiten, die Bewegung sei das Ergebnis spartakistischer Agitation gewesen, was von Mehrheitssozialdemokraten und Funktionären des Alten Verban-

des behauptet wurde; deren geringen Einfluß zeigen u. a. P. v. Oertzen, ebd., S. 118ff.; H. Mommsen: Bergarbeiterbewegung, S. 291ff.

343. J. Tampke: Sozialisierungsbewegung, S. 245; vgl. O. Hue: Sozialisierung; G. Werner: Sozialisierung; H. Schieck: Die Behandlung der Sozialisierungsfrage in den Monaten nach dem Staatsumsturz, in: E. Kolb (Hg.): Kaiserreich, S. 138–164; G. Brehme: Die sogenannte Sozialisierungsgesetzgebung der Weimarer Republik, Berlin 1960, S. 40ff.

344. Vgl. J. Tampke: Sozialisierungsbewegung, S. 245.

345. Vgl. P. v. Oertzen: Betriebsräte, S. 117.

346. STAM, OBA 1794, Schreiben des Zechenverbandes v. 27. 3.1919, Bl. 379ff.

347. Ebd. Bl. 381; die Kompetenzen der Betriebsräte waren allerdings sehr beschränkt, vgl. die vorläufige Dienstanweisung für den Betriebsrat, ebd. Bl. 383.

348. Vgl. H. Spethmann: Ruhrbergbau, S. 256ff.

349. In Anlehnung an die Angaben bei H. Spethmann: Ruhrbergbau, S. 266ff., wird die Streikbeteiligung vom 10. 4. allgemein mit 75% angegeben; so z. B. P. v. Oertzen: Betriebsräte, S. 117; J. Tampke: Sozialisierungsbewegung, S. 246; dabei wird jedoch übersehen, daß bei Spethmann auf unerklärte, geradezu wunderhafte Weise die Bezugsgröße, d. h. die Gesamtbelegschaft, von 335 000 zu Beginn des Streikes auf 387 000 in seinem Verlauf ansteigt. Da diese Steigerung nur fiktiv sein kann, muß die niedrigere Ausgangszahl zugrunde gelegt werden, so daß selbst nach Spethmanns Angaben mehr als 90% aller Bergleute streikten.

350. Vgl. die Ausführungen bei H. Spethmann: Ruhrbergbau, S. 266ff.; M. Dörnemann: Politik, S. 61ff.; J. Tampke: Sozialisierungsbewegung, S. 246f., sowie die Darstellung von C. Severing: 1919/20 im Wetter- und Wattenwinkel. Aufzeichnungen und Erinnerungen, Bielefeld 1927.

351. Vgl. E. Winkler: Die Bewegung der Berliner revolutionären Obleute im Ersten Weltkrieg. Entstehung und Entwicklung bis 1917, phil. Diss. Berlin 1964, sowie die Vergleiche mehrerer Bewegungen bei P. v. Oertzen: Betriebsräte, passim.

352. Bergische Volksstimme vom 7. 4.1919, zit. nach E. Lucas: Radikalismus, S. 270.

VII. Von der Fähigkeit, sich durchzusetzen

1. Die Erforschung des informellen Sektors spielt vor allem bei Untersuchungen von Ländern der Dritten Welt eine zentrale Rolle, deren Situation u. a. durch einsetzende Industrialisierung, Stadt-Land-Wanderung, hohe Mobilität etc. gekennzeichnet ist, Faktoren also, die an die Situation des Ruhrgebiets im hier untersuchten Zeitraum erinnern. In neueren Arbeiten zur Urbanisierung in diesen Ländern werden die auch hier lange Zeit weithin akzeptierten Thesen von Entwurzelung, Desorientierung und Destabilisierung zurückgewiesen, die Bedeutung familialer und informeller Strukturen hingegen herausgearbeitet. Bei aller Vorsicht gegenüber oberflächlichen Analogien wäre eine stärkere Kenntnisnahme und Berücksichtigung der aus diesem Bereich vorliegenden Ergebnisse sehr wünschenswert. Aus der umfangreichen Literatur vgl. M. Piel: The Ghanaian Factory Worker: Industrial Man in Africa, Cambridge 1972; W. Watson: Tribal cohesion in a money economy. A study of the Mambwe People of Zambia, Manchester 1958; E. B. Leacock (Hg.): The Culture of Poverty. A critique, New York 1971; J. E. Perlman: The Myth of Marginality. Urban Poverty and Politics in Rio de Janeiro, London 1976.

2. Mit dieser Aussage wird die in dieser Arbeit entwickelte Argumentation nicht zurückgenommen; die beschriebenen Strukturen waren zwar nicht bewußt, sie

waren jedoch für das Verhalten der Bergleute entscheidend. Gleichzeitig gilt es jedoch festzustellen, daß der Mythos von den hilflosen, unmündigen Bergleuten, der von den Zeitgenossen nahezu einmütig geteilt und von den Historikern ebenso einhellig transportiert wurde, so sehr das öffentliche Bewußtsein dominiert hat, daß er als zutreffende Beschreibung der tatsächlichen Verhältnisse angesehen wurde und wird; der Mythos verdrängte die Realität und trat schließlich an deren Stelle.

Anhang: Zur Historiographie des Ruhrbergbaus

1. O. Hue: Die Bergarbeiter. Historische Darstellung der Bergarbeiter-Verhältnisse von der ältesten bis in die neueste Zeit, 2 Bde., Stuttgart 1910/1913. Der zweite Band ist in zwei Abschnitte unterteilt; der erste trägt die Überschrift „Die Proletarisierung der Bergarbeiter", der zweite „Der Kampf um den sozialen Aufstieg"; Reprint Berlin/Bonn 1981; H. Imbusch: Arbeitsverhältnis und Arbeiter-Organisation im Deutschen Bergbau, Essen o. J. (1908). Als Quellensammlungen G. Adelmann (Hg.): Quellensammlung zur Geschichte der sozialen Betriebsverfassung. Ruhrgebiet unter bes. Berücksichtigung des Industrie- und Handelskammerbezirkes Essen, 2 Bde, Bonn 1960/61; W. Köllmann/A. Gladen (Hg.): Der Bergarbeiterstreik von 1889 und die Gründung des ‚Alten Verbandes' in ausgewählten Dokumenten der Zeit, Bochum 1969.
2. J. Reulecke: Der Erste Weltkrieg und die Arbeiterbewegung im rheinisch-westfälischen Industriegebiet, in: ders. (Hg.): Arbeiterbewegung, S. 205–239, S. 220; als zeitgenössische, den Unternehmern gegenüber kritische Untersuchung vgl. L. Pieper: Die Lage der Bergarbeiter im Ruhrrevier, Stuttgart/Berlin 1903; weitere Literaturangaben in den entsprechenden Kapiteln dieser Arbeit.
3. Zum Unternehmerstandpunkt vgl. H. Spethmann: Zwölf Jahre Ruhrbergbau. Aus seiner Geschichte vom Kriegsanfang bis zum Franzosenabmarsch 1914–1925, 5 Bde., Berlin 1928–1931; P. Osthold: Die Geschichte des Zechenverbandes, 1908–1933. Ein Beitrag zur deutschen Sozialgeschichte, Berlin 1934; E. Jüngst: Festschrift zur Feier des fünfzigjährigen Bestehens des Vereins für die bergbaulichen Interessen im Oberbergamtsbezirk Dortmund in Essen, 1858–1908, Essen 1908; allgemein vgl. H. Mommsen: Soziale Kämpfe im Ruhrbergbau nach der Jahrhundertwende, in: ders./U. Borsdorf (Hg.): Glück auf, Kameraden. Die Bergarbeiter und ihre Organisationen in Deutschland, Köln 1979, S. 249–272; J. Gillingham: Die Ruhrbergleute und Hitlers Krieg, ebd. S. 325–343; M. Martiny: Arbeiterbewegung an Rhein und Ruhr vom Scheitern der Räte- und Sozialisierungsbewegung bis zum Ende der letzten parlamentarischen Regierung der Weimarer Republik (1920–30), in: J. Reulecke (Hg.): Arbeiterbewegung, S. 241–273; grundlegend zur Rolle der Schwerindustrie B. Weisbrod: Schwerindustrie in der Weimarer Republik. Interessenpolitik zwischen Stabilisierung und Krise, Wuppertal 1978.
4. Vgl. hierzu vor allem die Arbeit von W. Neumann: Gewerkschaften im Ruhrgebiet. Voraussetzungen, Entwicklung und Wirksamkeit, Köln 1951; ferner M. J. Koch: Die Bergarbeiterbewegung im Ruhrgebiet zur Zeit Wilhelms II. (1889–1914), Düsseldorf 1954 (= Beiträge zur Geschichte des Parlamentarismus und der politischen Parteien, Heft 5).
5. P. v. Oertzen: Die großen Streiks der Ruhrbergarbeiterschaft im Frühjahr 1919. Ein Beitrag zur Diskussion über die revolutionäre Entstehungsphase der Weimarer Republik, in: VfZ, 6, 1958, H. 2, S. 231–262, auch in: E. Kolb (Hg.): Vom

Kaiserreich zur Weimarer Republik, Köln 1972, S. 185–217; P. v. Oertzen: Betriebsräte in der Novemberrevolution. Eine politikwissenschaftliche Untersuchung über Ideengehalt und Struktur der betrieblichen und wirtschaftlichen Arbeiterräte in der deutschen Revolution 1918/19, Düsseldorf 1963; bahnbrechend waren vor allem die Arbeiten von E. Kolb: Die Arbeiterräte in der deutschen Innenpolitik 1918/19, Düsseldorf 1962; W. Tormin: Zwischen Rätediktatur und sozialer Demokratie. Die Geschichte der Rätebewegung in der deutschen Revolution 1918/19, Düsseldorf 1954. Im Gefolge dieser Arbeiten erschien eine kaum noch überschaubare Zahl von Untersuchungen; vgl. die Gesamtbibliographie von G. P. Meyer: Bibliographie zur deutschen Revolution 1918/19, Göttingen 1977; die neueste Literatur zum Ruhrbergbau in J. Tampke: Die Sozialisierungsbewegung im Steinkohlenbergbau an der Ruhr, in: H. Mommsen/U. Borsdorf (Hg.): Glück auf, S. 225–248.

6. Vgl. W. J. Mommsen: Die deutsche Revolution 1918/19. Politische Revolution und soziale Protestbewegung, in: GuG 4, 1978, H. 3, S. 362–391.

7. Vgl. E. Brockhaus: Zusammensetzung und Neustrukturierung der Arbeiterklasse vor dem ersten Weltkrieg. Zur Krise der professionellen Arbeiterbewegung, München 1975, vor allem S. 188 ff.; K. H. Roth: Die ‚andere‘ Arbeiterbewegung und die Entwicklung kapitalistischer Repression von 1880 bis zur Gegenwart. Ein Beitrag zum Neuverständnis der Klassengeschichte in Deutschland, München 1974; zur Kritk hieran u. a. E. Lucas: Die ‚andere‘ Arbeiterbewegung, in: Politikon 46, 1975, S. 17–21; H. Heer/O. Hemje-Oltmanns/V. Ullrich: Organisationsgeschichte oder Geschichte der ‚eigentlichen Arbeiterbewegung‘. Zu neueren Veröffentlichungen über die Geschichte der deutschen Arbeiterbewegung, in: Argument, 19, 1977, S. 860–880.

8. Diese waren in besonderem Maße bei Handwerkern und anderen qualifizierten Arbeitergruppen gegeben, lassen sich aber auch bei unqualifizierten Arbeitern nachweisen, wo diese Selbständigkeit und Unabhängigkeit herausbilden konnten; das zeigt am Beispiel der Hamburger Hafenarbeiter überzeugend M. Grüttner: Sozialgeschichte der Hamburger Hafenarbeiter 1886–1914, Diss. Hamburg 1982.

9. E. Brockhaus: Zusammensetzung, S. 143 f.

10. Die meist ältere DDR-Literatur zu diesem Themenbereich, die überaus bornierte Thesen vom Arbeiterverrat der Gewerkschaftsführungen vertritt, wird nicht näher erörtert; vgl. D. Fricke: Der Ruhrbergarbeiterstreik von 1905, Berlin 1955, sowie J. Fritsch: Eindringen und Ausbreiten des Revisionismus im deutschen Bergarbeiterverband (bis 1914), Leipzig 1967. Eine positive Ausnahme bilden die Bemerkungen von E. Wächtler: Die Lebens- und Arbeitswelt der Bergarbeiterschaft vor und nach der industriellen Revolution, in: Der Anschnitt 29, 1977, H. 2/3, S. 102–109; anregend auch ders.: Bergarbeit zur Kaiserzeit. Die Geschichte der Lage der Bergarbeiter im sächsischen Steinkohlenrevier Lugau-Olsnitz in den Jahren von 1899–1914, Berlin 1962.

11. Vor allem H. G. Kirchhoff: Die staatliche Sozialpolitik im Ruhrbergbau 1871–1914, Köln/Opladen 1958; J. Hoeffner: Sozialpolitik im deutschen Bergbau, 2. Aufl. Münster 1956; O. Neuloh: Die deutsche Betriebsverfassung und ihre Sozialformen bis zur Mitbestimmung, Tübingen 1956; H. J. Teuteberg: Geschichte der industriellen Mitbestimmung in Deutschland. Ursprung und Entwicklung ihrer Vorläufer im Denken und in der Wirklichkeit des 19. Jahrhunderts, Tübingen 1961. Eine Ausweitung der Fragestellungen findet sich in neueren Aufsätzen; vgl. S. Hickey: Bergmannsarbeit an der Ruhr vor dem Ersten Weltkrieg; D. F. Crew: Berufliche Lage und Protestverhalten Bochumer

Bergleute und Metallarbeiter im ausgehenden 19. Jahrhundert, beide in: H. Mommsen/U. Borsdorf (Hg.): Glück auf, S. 49–69 bzw. S. 71–88, sowie vor allem die Monographie von D. F. Crew: Bochum. Sozialgeschichte einer Industriestadt 1860–1914, Frankfurt/M. 1980.

12. So der Titel seiner Arbeit, Frankfurt/M. 1976; vom selben Autor u. a.: Ursachen und Verlauf der Bergarbeiterbewegung in Hamborn und im westlichen Ruhrgebiet. Zum Syndikalismus in der Novemberrevolution, in: Duisburger Forschungen 15, 1971, S. 1–119; ders.: Märzrevolution 1920, 3 Bde., Frankfurt/M. 1973/74/78; ders./C. Del Tedesco: Zur Bergarbeiterbewegung in Hamborn 1918/19, in: Duisburger Forschungen 22, 1975, S. 141–168.

13. E. Lucas: Arbeiterradikalismus, S. 11.

14. Im Zusammenhang mit der Aufnahme von Schlafgängern spricht E. Lucas von einer vorpolitischen Form der Solidarität; ebd. S. 54.

15. Ebd. S. 75.

16. Ebd. S. 254.

17. Ebd. S. 255.

18. Ebd. S. 261.

19. In der Einleitung gibt er an: ,,Die Arbeit hat einen dreifachen Bezug: sie ist ein Beitrag zur deutschen Sozialgeschichte des 19. und 20. Jahrhunderts, ein Beitrag zur Kritik der deutschen Revolution 1918/19 und ein Beitrag zu einer aktuellen Strategiedebatte'' (S. 9); zur Einschätzung der Sozialisierungsbewegung S. 184 ff.; als Grund für das Scheitern der deutschen Revolution 1918/19 führt er u. a. an, es habe zuwenige Belegschaften gegeben, die so vorgingen wie diejenige der Zeche ,Deutscher Kaiser' in Hamborn (S. 232 ff.); trotz dieser Kritik bleibt festzuhalten, daß seine Arbeit zu den besten und interessantesten Untersuchungen der letzten Jahre zählt.

20. So D. Groh in einer Rezension in den Informationen zur modernen Stadtgeschichte (IMS) 1979, H. 2, S. 43–46, S. 45.

21. K. Tenfelde: Sozialgeschichte der Bergarbeiterschaft an der Ruhr im 19. Jhdt., Bonn/Bad Godesberg 1977, S. 22; ferner u. a. ders.: Konflikt und Organisation; ders.: Mining Festivals in the Nineteenth Century, in: Journal of Contemporary History 13, 1978, S. 377–412, dt. Fassung in G. A. Ritter (Hg.): Arbeiterkultur, S. 209–245; ders.: Arbeiterschaft, Arbeitsmarkt und Kommunikationsstrukturen im Ruhrgebiet in den 50er Jahren des 19. Jahrhunderts, in: Archiv für Sozialgeschichte, 16, 1976, S. 1–60; ders.: ,,Die Krawalle von Herne'' im Jahre 1899, in: IWK 15, 1979, S. 71–104; ders.: Bergmännisches Vereinswesen im Ruhrgebiet während der Industrialisierung, in: J. Reulecke/W. Weber (Hg.): Fabrik, Familie, Feierabend. Beiträge zur Sozialgeschichte des Alltags im Industriezeitalter, Wuppertal 1978, S. 315–344; ders.: Der bergmännische Arbeitsplatz während der Hochindustrialisierung (1890–1919), in: W. Conze/U. Engelhardt (Hg.): Arbeiter im Industrialisierungsprozeß, Stuttgart 1979, S. 283–335.

22. K. Tenfelde: Sozialgeschichte, S. 22.

23. K. Tenfelde: Konflikt und Organisation, S. 229.

24. Ders.: Sozialgeschichte, S. 25.

25. Ebd. S. 338 f.

26. Ebd. S. 576.

27. Diesen Themenbereich hat er allerdings inzwischen ausführlich untersucht, ders.: Arbeitsplatz; vgl. die Ausführungen hierzu auf S. 96 ff. dieser Arbeit.

28. Ders.: Sozialgeschichte, S. 342.

29. Ders.: Konflikt und Organisation, S. 235; das Wort ,tatsächlich' ist bei Tenfelde kursiv gedruckt.

30. Ders.: Gewalt und Konfliktregelung in den Arbeitskämpfen der Ruhrbergleute bis 1918, in: F. Engel-Janosi u. a. (Hg.): Gewalt und Gewaltlosigkeit. Probleme des 20. Jahrhunderts, Wien 1977, S. 185–236, S. 225.

31. Ders.: Die „Herner Krawalle", S. 92.

32. Ders.: Gewalt und Konfliktregelung, S. 222; ausführlich hierzu S. 202 ff. dieser Arbeit.

33. Zur Entwicklung der Diskussion vgl. W. Conze: Sozialgeschichte in der Erweiterung, in: Neue politische Literatur, 19, 1974, S. 501–508; mit ausführlichen Literaturangaben A. Lüdtke: Alltagswirklichkeit, Lebensweise und Bedürfnisartikulation. Ein Arbeitsprogramm zu den Bedingungen ‚proletarischen Bewußtseins‘ in der Entfaltung der Fabrikindustrie, in: Gesellschaft. Beiträge zur Marxschen Theorie, Bd. 11, Frankfurt/M. 1978, S. 311–350; ferner die Beiträge bei J. Reulecke/W. Weber (Hg.): Fabrik, Familie, Feierabend; W. Conze/U. Engelhardt (Hg.): Arbeiter im Industrialisierungsprozeß, Stuttgart 1979; in GuG 5, 1977, H. 1, Themenheft: Arbeiterkultur im 19. Jhdt., hg. v. J. Kocka; D. Puls (Hg.): Wahrnehmungsformen und Protestverhalten. Studien zur Lage der Unterschichten im 18. und 19. Jahrhundert, Frankfurt/M. 1979; G. Ritter (Hg.): Arbeiterkultur, Königstein/Ts. 1979; D. Langewiesche/K. Schönhoven (Hg.): Arbeiter in Deutschland. Studien zur Lebensweise der Arbeiterschaft im Zeitalter der Industrialisierung, Paderborn 1981.

34. Hierzu gibt es bisher nur wenige Arbeiten; vgl. als Überblick P. N. Stearns: Arbeiterleben. Industriearbeit und Alltag in Europa 1890–1914, Frankfurt/M. 1980; L. A. Tilly/J. W. Scott: Women, Work and Family, New York 1978.

35. K. Tenfelde: Konflikt und Organisation, S. 217, S. 230; ders.: Sozialgeschichte, S. 63 ff; ähnlich H. Imbusch: Arbeitsverhältnis, O. Hue: Bergarbeiter, Bd. 1, passim.

36. STAM, OBA 119, Bericht des OBA an Minister der öffentlichen Arbeit v. 23. 11.89, abgedruckt in G. Adelmann (Hg.): Quellensammlung, Bd. 1, S. 107.

37. Die Diskussion ist immer noch beeinflußt von E. P. Thompson: The Making of the English Working-Class, Harmondsworth 1968. Als neuere Beispiele vgl. J. W. Scott: The Glassworkers of Carmaux. French Craftsmen and Political Action in a Nineteenth Century City, Cambridge, Mass. 1974; R. Trempé: Les mineurs de Carmaux 1848–1914, 2 Bde., Paris 1971; R. Wirtz: Soziale Bewegung und soziale Gewalt in Baden 1815–1848, Diss. phil. Konstanz 1980.

38. Der kaiserliche Bergherr bzw. der zuständige Minister hatte seinen Nimbus und seine respektheischende Autorität eingebüßt; anläßlich einer Grubenkatastrophe im Jahre 1908 äußerte ein Redner auf einer Bergarbeiterversammlung: „Der oberste Kumpel mußte sofort vom Landtage aus im Eilzug nach Hamm fahren, um zu sehen, wen die Schuld träfe am Unglück", STAM, Reg. Mü. VII-18-5, Versammlung in Sinsen v. 29. 11.1908.

39. Vor allem W. Brepohl: Der Aufbau des Ruhrvolkes im Zuge der Ost-West-Wanderung. Beiträge zur deutschen Sozialgeschichte des 19. und 20. Jahrhunderts, Recklinghausen 1948; er betont in impliziter Anlehnung an völkische Argumente die agrarische Mentalität der Zuwanderer; E. Lucas: Arbeiterradikalismus, S. 285, argumentiert, die große unmittelbare Solidarität der Hamborner Arbeiter sei zum „erheblichen Teil Element ihrer agrarischen Sozialpsychologie" gewesen; zum Bauernkrieg ebd. S. 184; zur Kritik u. a. D. Crew: Bochum, S. 171 ff.

40. Vgl. die kritischen Anmerkungen von J. Kocka: Theory and Social History: Recent Developments in West-Germany, in: Social Research 47, 1980, S. 426–457; L. Niethammer: Anmerkungen zur Alltagsgeschichte, in: Ge-

schichtsdidaktik, 5, 1980, S. 231–242, sowie die sehr skeptischen Äußerungen von H. J. Wehler: Der Bauernbandit als neuer Heros, in: Die Zeit, Nr. 39 v. 18. 9. 1981.

41. Vgl. die Einführungen von P. Thompson: The voice of the past, Oxford 1978; L. Niethammer (Hg.): Lebenserfahrung und kollektives Gedächtnis. Die Praxis der ‚Oral History‘, Frankfurt 1980; ders.: Oral History in USA, in: Archiv für Sozialgeschichte 18, 1978, S. 457–501.

42. Vgl. Th. Leithäuser: Formen des Alltagsbewußtseins, Frankfurt/New York, 2. Aufl. 1979, S. 183: „Lebensgeschichte ist nicht etwas, was annähernd kontinuierlich abläuft und über die man, sich erinnernd, erzählen und berichten könnte. Lebensgeschichte wird hier verstanden als durch Gewalt, Zwang und Ausbeutung nur bruchstückhafte Verheftung heterogener Lebenssituationen. Nichts also mit dem Bild des ergrauten Alten, der mit mildem Blick zurückschaut auf seinen zwar dornigen und steilen, aber doch in seinem Auf und Ab der inneren Betrachtung zugänglichen Lebenspfad.“

43. Vgl. die Anmerkungen von R. Samuel: Oral History in Großbritannien, in: L. Niethammer (Hg.): Lebenserfahrung, S. 55–78; unter verengtem politischen Blickwinkel G. Bollenbeck: Zur Theorie und Geschichte der frühen Arbeiterlebenserinnerungen, Kronberg/Ts. 1976; ein Primat der Politik auch bei W. Emmerich: Proletarische Lebensläufe, 2 Bde., Reinbek bei Hamburg 1974/75.

44. Als positive Beispiele vgl.: Hochlarmarker Lesebuch. Kohle war nicht alles. 100 Jahre Ruhrgebietsgeschichte, Oberhausen 1981; W. Schäfer (Hg.): Eure Bänder rollen, nur wenn wir es wollen! Arbeiterleben und Gewerkschaftsbewegung in Süd-Niedersachsen, I. G. Chemie Verwaltungsstelle Hannoversch-Münden 1979; R. Samuel (Hg.): Miners, Quarrymen and Saltworkers, London 1977; P. Thompson: The Edwardians, London 1975.

45. Ähnliche Erfahrungen u. a. bei R. Samuel: Oral History in Großbritannien, in: L. Niethammer (Hg.): Lebenserfahrung, S. 55–73; die politischen Gegnerschaften der Weimarer Republik und die Jahre des Faschismus führen in der BRD bis heute in besonderem Maße zu Rechtfertigungen bzw. Verdrängungen bei Interviews.

46. Für diese Arbeit wurden das Archiv einer Zechengesellschaft (Arenberg A. G.) und eines Ortes (Bottrop) intensiv ausgewertet, zusätzlich der größte Teil der Akten des Oberbergamtes in Dortmund, die einschlägigen Bestände des Landratsamtes von Recklinghausen, der Regierungen zu Münster und Düsseldorf, des Oberpräsidiums in Münster sowie zu einzelnen Fragen noch die Stadtarchive von Dortmund, Essen, Duisburg, Bochum und Castrop-Rauxel. Die Bestände des Bergbau-Archivs in Bochum waren für eine systematische Bearbeitung zu spät erschlossen; der größte Teil der Akten betrifft ohnehin die Jahre nach 1920. Eine Durchsicht der Unterlagen, die den hier behandelten Zeitraum betreffen, bestätigte die hier entwickelte Argumentation.

47. Eine Zusammenstellung der großen Menge der gedruckten Überlieferung bei H. Corsten (Hg.): Bibliographie des Ruhrgebiets, 5 Bde., Essen 1943–1977, die den Erscheinungszeitraum von 1800–1965 abdecken; ferner das ausführliche Literaturverzeichnis bei K. Tenfelde: Sozialgeschichte, S. 643–692.

Parallel zur Ausstrahlung der Fernsehserie ‚Rote Erde' findet von Mitte Oktober 1983 bis Ende März 1984 im Ruhrlandmuseum Essen eine Ausstellung statt. Dazu erscheint ein Katalog, herausgegeben von R. Gaehme und K. Graf: Rote Erde. Bergarbeiterleben 1870–1920. Film, Ausstellung, Wirklichkeit, Köln 1983. Der Drehbuchautor der Fernsehserie, P. Stripp, hat zum gleichen Thema auch einen Roman verfaßt: Rote Erde, München 1983.

Quellen- und Literaturverzeichnis

Archive

Bergbau-Archiv Bochum (BBA)
- Bestand 13, 16 und 17
Stadtarchiv Bottrop (STAB)
- Amt Bottrop
Stadtarchiv Castrop
- Amt Castrop
- Stadt Castrop
Westfälisches Wirtschaftsarchiv Dortmund (WWA)
- Bestand F 35, Arenberg AG
Hauptstaatsarchiv Düsseldorf (HSTAD)
- Regierung Düsseldorf (Reg. Düss.)
- Regierung Düsseldorf Präsidialbureau (Reg. Düss. Präs.)
Stadtarchiv Duisburg
- Stadt Duisburg
- Hamborn
- Ruhrort
Stadtarchiv Essen
Staatsarchiv Münster (STAM)
- Oberpräsidium Münster (Oberpräs. Mü.)
- Regierung Arnsberg (Reg. Arnsberg)
- Regierung Münster (Reg. Mü.)
- Kreis Recklinghausen (Kreis Re.)
- Oberbergamt Dortmund (OBA)
- Bergamt Gelsenkirchen
- Bergamt Herne
- Bergamt Recklinghausen
Stadtarchiv Recklinghausen
- Landratsamt Recklinghausen

Zeitungen und Zeitschriften

Bergarbeiter-Zeitung. Organ des Verbandes der Bergarbeiter Deutschlands, 1889 ff. (bis Ende 1891: Zeitung der deutschen Bergleute; dann: Zeitung deutscher Bergleute; ab November 1892: Deutsche Berg- und Hüttenarbeiter Zeitung; seit Juni 1901: Deutsche Bergarbeiter Zeitung; seit August 1904: Bergarbeiter Zeitung)

Der Bergknappe. Organ des Gewerkvereins christlicher Bergarbeiter Deutschlands, Essen 1895 ff.
Glückauf. Berg- und Hüttenmännische Zeitschrift, Essen 1880 ff.
Zeitschrift für das Berg-, Hütten- und Salinenwesen im Preußischen Staate, Berlin 1880 ff.

Geschäftsberichte/Protokolle

Gewerkverein christlicher Bergarbeiter.
- Bericht über Einnahmen und Ausgaben der Zahlstellen 1910 ff.
- Geschäftsbericht bzw. Bericht des Hauptvorstandes, Essen 1900 ff.
- Protokoll der Generalversammlung 1897 ff.
Verband der Bergarbeiter Deutschlands.
- Jahresbericht 1897 ff.
- Kassen- und Geschäftsbericht 1891 ff.
- Protokoll der Generalversammlung 1889 ff.

Interviews

20 Interviews mit ehemaligen Bergleuten in Bottrop (1975–77); davon zwei vollständig transkribiert.

Gedruckte Materialien und Sekundärliteratur

Die folgenden Literaturhinweise nennen nur einige wichtige Arbeiten. Ausführlichere Angaben finden sich in den jeweiligen Kapiteln.

Adelmann, G. Die soziale Betriebsverfassung des Ruhrbergbaus vom Anfang des 19. Jahrhunderts bis zum Ersten Weltkrieg unter besonderer Berücksichtigung des Industrie- und Handelskammerbezirkes Essen, Bonn 1962.

Adelmann, G. Die Beziehungen zwischen Arbeitgeber und Arbeitnehmer in der Ruhrindustrie vor 1914, in: Jahrbücher für Nationalökonomie und Statistik 175, 1963, S. 412–27.

Adelmann, G. (Hg.) Quellensammlung zur Geschichte der sozialen Betriebsverfassung. Ruhrgebiet unter besonderer Berücksichtigung des Industrie- und Handelskammerbezirkes Essen, 2 Bde., Bonn 1960–61.

Altenrath, J. Das Schlafgängerwesen und seine Reform, Berlin 1919.

Berdahl, R. M. u. a. Klassen und Kultur. Sozialanthropologische Perspektiven in der Geschichtsschreibung, Frankfurt/M. 1982.

Berg, W. Wirtschaft und Gesellschaft in Deutschland und Großbritannien im Übergang zum ‚organisierten Kapitalismus'. Unternehmer, Angestellte, Arbeiter und Staat im Steinkohlenbergbau des Ruhrgebiets und von Südwales 1850–1914, Diss. Bielefeld 1980.

Blasius D. Kriminalität und Alltag. Zur Konfliktgeschichte des Alltagslebens im 19. Jahrhundert, Göttingen 1978.

Bodnar, J. Immigration and Industrialization. Ethnicity in an American Mill Town, 1870–1940, Pittsburgh 1977.

Bollerey, F./Hartmann, K. Wohnen im Revier. 99 Beispiele aus Dortmund, München 1975.

Born, K. E. Staat und Sozialpolitik seit Bismarcks Sturz. Ein Beitrag zur Geschichte der innenpolitischen Entwicklung des Deutschen Reiches, 1890–1914, Wiesbaden 1957.

Boström, J./Günter, R. Rettet Eisenheim, 2. Aufl. Berlin 1973.

Bredt, J. V. Die Polenfrage im Ruhrgebiet, eine wirtschaftliche Studie, Leipzig 1909.

Brepohl, W. Der Aufbau des Ruhrvolkes im Zuge der Ost-West-Wanderung. Beiträge zur deutschen Sozialgeschichte des 19. und 20. Jahrhunderts, Recklinghausen 1948

Brepohl, W. Industrievolk im Wandel von der agraren zur industriellen Daseinsform, dargestellt am Ruhrgebiet, Tübingen 1957.

Brockhaus, E. Zusammensetzung und Neustrukturierung der Arbeiterklasse vor dem Ersten Weltkrieg. Zur Krise der professionellen Arbeiterbewegung, München 1975.

Brüggemeier, F. J./Niethammer, L. Schlafgänger, Schnapskasinos und schwerindustrielle Kolonie. Aspekte der Arbeiterwohnungsfrage im Ruhrgebiet vor dem Ersten Weltkrieg, in: J. Reulecke/W. Weber (Hg.): Fabrik, Familie, Feierabend, S. 135–175.

Brüggemeier, F. J. Soziale Vagabundage oder revolutionärer Heros? Zur Sozialgeschichte der Ruhrbergarbeiter 1880–1920, in: L. Niethammer (Hg.): Lebenserfahrung, S. 193–213.

Brüggemeier, F. J. ,,Volle Kost voll". Die Wohnungsverhältnisse der Bergleute an der Ruhr um die Jahrhundertwende, in: H. Mommsen/U. Borsdorf (Hg.): Glück auf, S. 151–173.

Conze, W./Engelhardt, U. (Hg.) Arbeiter im Industrialisierungsprozeß, Stuttgart 1979.

Crew, D. F. Bochum. Sozialgeschichte einer Industriestadt 1860–1914, Frankfurt/M. 1980.

Crew, D. F. Regionale Mobilität und Arbeiterklasse. Das Beispiel Bochum 1880–1911, in: GuG 1, 1975, S. 99–120.

Croon, H. Die gesellschaftlichen Auswirkungen des Gemeindewahlrechts in den Gemeinden und Kreisen des Rheinlands und Westfalens im 19. Jahrhundert (= Forschungsberichte des Landes Nordrhein-Westfalen Nr. 564; Beiträge zur Soziologie der Gemeinden im Ruhrgebiet, Bd. 3), Köln/Opladen 1960.

Croon, H./Hofmann, W./v. Unruh, G. C. (Hg.) Kommunale Selbstverwaltung im Zeitalter der Industrialisierung (= Schriften des Vereins für Kommunalwissenschaften e. V. Berlin, Bd. 33), Stuttgart 1971

Croon, H./Utermann, K. Zeche und Gemeinde. Untersuchungen über den Strukturwandel einer Zechengemeinde im nördlichen Ruhrgebiet, Tübingen 1958.

Denkschrift über die Untersuchung der Arbeiter- und Betriebsverhältnisse in den Steinkohlenbezirken. Bearbeitet im Auftrage des Ministers der öffentlichen Arbeiten und des Innern, Berlin 1890.

Dörnemann, M. Die Politik des Verbandes der Bergarbeiter Deutschlands von der Novemberrevolution 1918 bis zum Osterputsch 1921 unter besonderer Berücksichtigung der Verhältnisse im rheinisch-westfälischen Industriegebiet, Bochum 1966.

Douglass, D. Pit Life in Co. Durham. Rank and File Movements and Workers' Control. History Workshop Paper, Oxford 1970.

Effert, J. Der Streik der Ruhrbergleute und die Berggesetznovelle sowie die Reorganisation des Gewerkvereins, Essen 1905.

Engel, K. Zum Ausstande der Bergarbeiter im Ruhrbezirk, Berlin 1905.

Ermeling, H. Von der Bergarbeiterkolonie zum Hochhaus, in: Beiträge zur Stadtgeschichte. Zeitschrift des Vereins für Orts- und Heimatkunde Gelsenkirchen-Buer, VIII, 1976, S. 49–87.

Fischer-Eckert, L. Die wirtschaftliche und soziale Lage der Frauen in dem modernen Industrieort Hamborn im Rheinland, Hagen 1913.

Fricke, D. Der Ruhrbergarbeiterstreik von 1905, Berlin 1955.

Fricke, D. Der Essener Meineidprozeß von 1895 – ein Beispiel preußischer Klassenjustiz, in: Geschichte in der Schule 10, 1957, S. 183–194.

Fritsch, J. Eindringen und Ausbreitung des Revisionismus im deutschen Bergarbeiterverband (bis 1914), Leipzig 1967.

Geschichte einer Kolonie in der Fremde. Jubiläumsschrift des St. Barbara-Vereins in Bottrop, Bottrop 1911, in: Kirche und Religion im Revier. Beiträge und Quellen zur Geschichte religiöser und kirchlicher Verhältnisse im Werden und Wandel des Ruhrgebiets, H. 4, Essen 1968.

Gladen, A. Der Ruhrbergarbeiterstreik von 1889 – ein sozialer Konflikt aus konservativer Motivation, in: O. Neuloh (Hg.): Soziale Innovation und sozialer Konflikt, Göttingen 1977, S. 95–127.

Gladen, A. Die Streiks der Bergarbeiter im Ruhrgebiet in den Jahren 1889, 1905 und 1912, in: J. Reulecke (Hg.): Arbeiterbewegung an Rhein und Ruhr, Wuppertal 1974, S. 111–148.

Goodrick, C. The frontier of control, London 1920.

Groh, D. Negative Integration und Revolutionärer Attentismus. Die deutsche Sozialdemokratie am Vorabend des Ersten Weltkrieges, Frankfurt/M./Berlin/Wien 1973.

Grüttner, M. Sozialgeschichte der Hamburger Hafenarbeiter 1886–1914, Diss. Hamburg 1982.

Halbach, H. Die Einwirkung der Arbeiterversicherungsgesetze auf die Knappschaftsvereine und ihre Einrichtungen. Mit bes. Berücksichtigung der Knappschaftsvereine im Ruhrkohlenbezirke, Leipzig 1906.

Hareven, T. K. Transitions: The Family and the Life Course in Historical Perspective, New York 1978.

Harrison, R. J. (Hg.) Independent Collier. The Coal Miner as Archetypal Proletarian Reconsidered, Hassocks 1978.

Hartmann, K. Der Weg zur Gewerkschaftlichen Organisation. Bergarbeiterbewegung und kapitalistischer Bergbau im Ruhrgebiet, 1851–1889, München 1977.

Heiermann, L. Die soziale und wirtschaftliche Entwicklung der Stadt Bottrop seit Beginn des 19. Jahrhunderts, Bottrop 1961.

Heinrichsbauer, A. Industrielle Siedlung im Ruhrgebiet in Vergangenheit, Gegenwart und Zukunft, Essen 1936.

Herbig, E. Bergarbeiterfragen, Essen 1918.

Herzig, A. Die Entwicklung der Sozialdemokratie in Westfalen bis 1894, in: Westfäl. Zeitschrift 121, 1971, S. 97–172.

Heymann, B./Freudenberg, K. Morbidität und Mortalität der Bergleute im Ruhrgebiet, Essen 1925.

Hochlarmarker Lesebuch. Kohle war nicht alles. 100 Jahre Ruhrgebietsgeschichte, Oberhausen 1981.

Holtfrerich, C. L. Quantitative Wirtschaftsgeschichte des Ruhrbergbaus im 19. Jahrhundert. Eine Führungssektorenanalyse, Dortmund 1973.

Horn, N./Kocka, J. Recht und Entwicklung im 19. und frühen 20. Jahrhundert. Wirtschafts-, sozial- und rechtshistorische Untersuchungen zur Industrialisierung in Deutschland, Frankreich, England und den USA, Göttingen 1979.

Huck, G. (Hg.) Sozialgeschichte der Freizeit. Untersuchungen zum Wandel der Alltagskultur in Deutschland, Wuppertal 1980.

Hue, O. Die Bergarbeiter. Historische Darstellung der Bergarbeiter-Verhältnisse von der ältesten bis in die Neue Zeit, 2 Bde., Stuttgart 1910/13. Reprint Berlin/Bonn 1981.

Hundt, R. Bergarbeiter-Wohnungen im Ruhrrevier, Berlin 1902.

Imbusch, H. Arbeitsverhältnis und Arbeiter-Organisation im Deutschen Bergbau, Essen o. J. (1908); Reprint Berlin/Bonn 1980.

Jackson, J. H. jr. Wanderungen in Duisburg während der Industrialisierung 1850–1910, in: W. H. Schröder (Hg.): Moderne Stadtgeschichte, S. 217–237.

Jackson, J. H. jr. Migration and Urbanization in the Ruhr Valley, 1850–1900, Ph. D. Univ. of Minnesota 1980.

Jantke, C. Bergmann und Zeche. Die sozialen Arbeitsverhältnisse in einer Schachtanlage des nördlichen Ruhrgebiets aus der Sicht der Bergleute, Tübingen 1953.

Joniak, N. Das Arbeiterwohnungselend im rheinisch-westfälischen Industriebezirk, Frankfurt/M. 1908.

Jüngst, E. Festschrift zur Feier des fünfzigjährigen Bestehens des Vereins für die bergbaulichen Interessen im Oberbergamtsbezirk Dortmund in Essen, 1858–1908, Essen 1908.

Kalckstein, W. v. Das Einlogiererwesen, Gautzsch b. Leipzig 1908.

Kirchhoff, H. G. Die staatliche Sozialpolitik im Ruhrbergbau 1871–1914, Köln/Opladen 1958.

Kleßmann, C. Polnische Bergarbeiter im Ruhrgebiet 1870–1945. Soziale Integration und nationale Subkultur einer Minderheit in der deutschen Industriegesellschaft, Göttingen 1978.

Knopf, G. Des Bergmanns Glück? Wohnverhältnisse der Ruhrbergarbeiter vor dem Ersten Weltkrieg und die Siedlungspolitik der Zeche Bergmannglück in Gelsenkirchen-Buer, Examensarbeit Bremen 1980.

Koch, M. J. Die Bergarbeiterbewegung im Ruhrgebiet zur Zeit Wilhelms II. (1889–1914), Düsseldorf 1954.

Kocka, J. Klassengesellschaft im Krieg. Deutsche Sozialgeschichte 1914–1918, Göttingen 1973.

Köllmann, W. Bevölkerung in der industriellen Revolution. Studien zur Bevölkerungsgeschichte Deutschlands, Göttingen 1974.

Köllmann, W./Gladen, A. (Hg.) Der Bergarbeiterstreik von 1889 und die Gründung des ‚Alten Verbandes‘ in ausgewählten Dokumenten der Zeit, Bochum 1969.

Kötteritzsch, H. U. Die wirtschaftliche und soziale Entwicklung der Gemeinde Borbeck im 19. Jahrhundert (bis zur Gründerzeit), Examensarbeit Bochum 1973.

Kroker, E. Arbeiterausschüsse im Ruhrbergbau zwischen 1906 und 1914, in: Anschnitt 30, 1978, S. 204–215.

Kühr, H. Parteien und Wahlen im Stadt- und Landkreis Essen in der Weimarer Republik. Unter besonderer Berücksichtigung des Verhältnisses von Sozialstruktur und politischen Wahlen, Düsseldorf 1973.

Langewiesche, D. Wanderungsbewegungen in der Hochindustrialisierungsperiode. Regionale, interstädtische und innerstädtische Mobilität in Deutschland, 1880–1914, in: VSWG 64, 1977, S. 1ff.

Langewiesche, D./Schönhoven, K. (Hg.) Arbeiter in Deutschland. Studien zur Lebensweise der Arbeiterschaft im Zeitalter der Industrialisierung, Paderborn 1981.

Levenstein, A. (Hg.) Aus der Tiefe. Arbeiterbriefe, Berlin 1909.

Levenstein, A. Die Arbeiterfrage. Mit bes. Berücksichtigung der sozialpsychologischen Seite des modernen Großbetriebs und der psycho-physischen Einwirkungen auf Arbeiter, München 1912.

Lingnau, J. Das System sozialer Hilfeleistungen für die Bergarbeiter in der Knappschaftsversicherung des Ruhrgebietes 1767–1961, Köln/Opladen 1961.

Lucas, E. Märzrevolution 1920, 3 Bde., Frankfurt/M. 1973/74/78.

Lucas, E. Zwei Formen von Radikalismus in der deutschen Arbeiterbewegung, Frankfurt/M. 1976.

Lucas, E. Ursachen und Verlauf der Bergarbeiterbewegung in Hamborn und im westlichen Ruhrgebiet. Zum Syndikalismus in der Novemberrevolution, in: Duisburger Forschungen 15, 1971, S. 1–119.

Lüdtke, A. Alltagswirklichkeit, Lebensweise und Bedürfnisartikulation. Ein Arbeitsprogramm zu den Bedingungen ‚proletarischen Bewußtseins‘ in der Entfaltung der Fabrikindustrie, in: Gesellschaft. Beiträge zur Marxschen Theorie 11, Frankfurt 1978, S. 311–350.

Lützenkirchen R. Der sozialdemokratische Verein für den Reichstagswahlkreis Dortmund-Hörde. Ein Beitrag zur Parteiengeschichte, Dortmund 1970.

Marchwitza, H. Meine Jugend, Berlin/Weimar 1964.

Mattheier, K. Die Gelben. Nationale Arbeiter zwischen Wirtschaftsfrieden und Streik, Düsseldorf 1973.

McCreary, E. C. Essen 1860–1914. A Case Study of the Impact of Industrialization on German Community Life, Ph. D. Yale Univ. 1963.

Moore, B. jr. Injustice. The Social Bases of Obedience & Revolt, London 1979.

Mogs, F. Die sozialgeschichtliche Entwicklung der Stadt Oberhausen (Rhld.) zwischen 1850 und 1933, Diss. Köln 1956.

Mommsen, H./Borsdorf, U. (Hg.) Glück auf Kameraden! Die Bergarbeiter und ihre Organisationen in Deutschland, Köln 1979.

Münz, H. Die Lage der Bergarbeiter im Ruhrrevier, Essen 1909.

Murphy, R. C. Gastarbeiter im Deutschen Reich. Polen in Bottrop 1891–1933, Wuppertal 1982.

Neuloh, O. Die deutsche Betriebsverfassung und ihre Sozialformen bis zur Mitbestimmung, Tübingen 1956.

Neumann, W. Die Gewerkschaften im Ruhrgebiet. Voraussetzungen, Entwicklung und Wirksamkeit, Köln 1951.

Niethammer, L. Some Elements of the Housing Reform debate in 19th Century Europe: Or on the Making of a New Paradigm of Social Control, in: B. M. Stave (Hg.): Modern Industrial Cities. History, Policy, Survival, London 1981, S. 129–164.

Niethammer, L. Oral history in USA, in: AfS 18, 1978, S. 457–501.

Niethammer, L. Die Unfähigkeit zur Stadtentwicklung. Erklärung der seelischen Störungen eines Communalbaumeisters in Preußens größtem Industriedorf, in: U. Engelhardt u. a. (Hg.): Soziale Bewegung und politische Verfassung, Stuttgart 1976, S. 432–471; unter demselben Titel erschienen als Monographie, Frankfurt 1979.

Niethammer, L. Wohnen im Wandel. Beiträge zur Geschichte des Alltags in der bürgerlichen Gesellschaft, Wuppertal 1979.

Niethammer, L./Brüggemeier, F. Wie wohnten Arbeiter im Kaiserreich?, in: AfS 16, 1976, S. 61–134.

Oertzen, P. v. Betriebsräte in der Novemberrevolution. Eine politikwissenschaftliche Untersuchung über Ideengehalt und Struktur der betrieblichen und wirtschaftlichen Arbeiterräte in der deutschen Revolution 1918/19, Düsseldorf 1963.

Oertzen, P. v. Die großen Streiks der Ruhrbergarbeiterschaft im Frühjar 1919. Ein Beitrag zur Diskussion über die revolutionäre Entstehungsphase der Weimarer Republik, in: Vierteljahreshefte für Zeitgeschichte 6, 1958, S. 231–262.

Osthold, P. Die Geschichte des Zechenverbandes, 1908–1933. Ein Beitrag zur deutschen Sozialgeschichte, Berlin 1934.

Perlman, J. E. The Myth of Marginality. Urban Poverty and Politics in Rio de Janeiro, London 1976.

Peukert, D. Arbeiteralltag – Mode oder Methode?, in: H. Haumann (Hg.): Arbeiteralltag in Stadt und Land, Berlin 1982 (Argument Sonderband 94), S. 8–39.

Pieper, L. Die Lage der Bergarbeiter im Ruhrrevier, Berlin 1903.

Pierenkemper, T. Die westfälischen Schwerindustriellen, 1852–1913. Soziale Struktur und unternehmerischer Erfolg, Göttingen 1979.

Puls, D. (Hg.) Wahrnehmungsformen und Protestverhalten. Studien zur Lage der Unterschichten im 18. und 19. Jahrhundert, Frankfurt/M. 1979.

Reismann-Grone Die Bergarbeiterbewegung der niederrheinisch-westfälischen Zechen im Jahre 1890–91, Essen 1891.

Reulecke, J. (Hg.) Arbeiterbewegung an Rhein und Ruhr. Beiträge zur Geschichte der Arbeiterbewegung in Rheinland-Westfalen, Wuppertal 1974.

Reulecke, J./Weber, W. (Hg.) Fabrik, Familie, Feierabend. Beiträge zu einer Sozialgeschichte des Alltags im Industriezeitalter, Wuppertal 1978.

Ritter, G. A. Arbeiterbewegung, Parteien und Parlamentarismus, Göttingen 1976.

Ritter, G. A. (Hg.) Arbeiterkultur, Königstein/Ts. 1979.

Rohe, K./Kühr, H. (Hg.) Politik und Gesellschaft im Ruhrgebiet. Beiträge zur regionalen Politikforschung, Königstein/Ts. 1979.

Roth, K. H. Die ‚andere‘ Arbeiterbewegung und die Entwicklung kapitalistischer

Repression von 1880 bis zur Gegenwart. Ein Beitrag zum Neuverständnis der Klassengeschichte in Deutschland, München 1974.

Rothert, L. Umwelt und Arbeitsverhältnisse von Ruhrbergleuten in der zweiten Hälfte des 19. Jahrhunderts. Dargestellt an den Zechen Hannover und Hannibal in Bochum, Münster 1976.

Rürup, R. (Hg.) Arbeiter- und Soldatenräte im rheinisch-westfälischen Industriegebiet. Studien zur Geschichte der Revolution 1918/19, Wuppertal 1975.

Der Ruhrkohlenbergbau im Wandel der Zeiten. Festschrift zum 75jährigen Bestehen des Vereins für die bergbaulichen Interessen in Essen, hg. v. Verein für die bergbaulichen Interessen, Essen. Im Auftrage des Vorstandes bearbeitet von H. Meis, Essen 1933.

Samuel, R. (Hg.) Miners, Quarrymen and Saltworkers, London 1977.

Samuel, R. (Hg.) People's history and socialist theory, London 1981.

Saul, K. Staat, Industrie und Arbeiterbewegung im Kaiserreich. Zur Innen- und Sozialpolitik des wilhelminischen Deutschlands 1903–1914, Düsseldorf 1974.

Schmidt, A. Lang war der Weg, Bochum 1948.

Schofer, L. The Formation of a Modern Labour Force. Upper Silesia 1865–1914, Berkeley 1975.

Schröder, W. H. Arbeitergeschichte und Arbeiterbewegung. Inustriearbeit und Organisationsverhalten im 19. und frühen 20. Jahrhundert, Frankfurt/M./New York 1978.

Schunder, F. Tradition und Fortschritt. 100 Jahre Gemeinschaftsarbeit im Ruhrbergbau, Stuttgart 1959.

Selbmann, F. Bilanz, Alternative, Credo. Versuch einer Selbstdarstellung, Halle/S. 1969.

Spethmann, H. Zwölf Jahre Ruhrbergbau. Aus seiner Geschichte vom Kriegsanfang bis zum Franzosenabmarsch 1914–1925, 5 Bde., Berlin 1928–31.

Stearns, P. N. Arbeiterleben. Industriearbeit und Alltag in Europa 1890–1914, Frankfurt/M. 1980.

Stedman-Jones, G. Outcast London: A Study in the Relationship between Classes in Victorian London, Oxford 1971.

Steffens, H. Autoritäre Gesellschaft und elementare Revolte. Untersuchungen zu Alltagsleben und Streikverhalten der Bergarbeiter an der Saar am Beispiel der „großen Streikzeit" 1889–1893, Diss. Konstanz 1982.

Steinberg, H. J. Sozialismus und deutsche Sozialdemokratie. Zur Ideologie der Partei vor dem 1. Weltkrieg, Hannover 1967.

Stenbock-Fermor, A. Meine Erlebnisse als Bergarbeiter, Stuttgart 1928.

Sturm, H. Fabrikarchitektur, Villa, Arbeitersiedlung, München 1977.

Taeglichsbeck, O. Die Belegschaft der Bergwerke und Salinen im Oberbergamtsbezirk Dortmund nach der Zählung vom 16. 12. 1893, 2 Bde., Essen/Dortmund 1896.

Tampke, J. The Ruhr and the Revolution. The Revolutionary Movement in the Rhenisch-Westphalian Industrial Region 1912–1919, Canberra, Norwalk, Connecticut 1978.

Tenfelde, K. Arbeiterschaft, Arbeitsmarkt und Kommunikationsstrukturen im Ruhrgebiet in den 50er Jahren des 19. Jahrhunderts, in: AfS 16, 1976, S. 1–60.

Tenfelde, K. Der bergmännische Arbeitsplatz während der Hochindustrialisierung (1890–1914), in: W. Conze/U. Engelhardt (Hg.): Arbeiter, S. 283–335.

Tenfelde, K. Bergarbeiterkultur in Deutschland. Ein Überblick, in: GuG 5, 1979, S. 12–53.

Tenfelde, K. Das Fest der Bergleute. Studien zur Geselligkeit der Arbeiterschaft während der Industrialisierung am Beispiel des deutschen Bergbaus, in: G. A. Ritter (Hg.): Arbeiterkultur, S. 209–245.

Tenfelde, K. Gewalt und Konflikregelung in den Arbeitskämpfen der Ruhrbergleute bis 1911, in: Engel-Janosi, F. u. a. (Hg.) Gewalt und Gewaltlosigkeit. Probleme des 20. Jahrhunders, Wien 1977, S. 185–236.

Tenfelde, K. Konflikt und Organisation in einigen deutschen Bergbaugebieten, 1867–1872, in: GuG 3, 1977, S. 212–235.

Tenfelde, K. Die ‚Krawalle von Herne‘ im Jahre 1899, in: IWK 15, 1979, S. 71–104.

Tenfelde, K. Sozialgeschichte der Bergarbeiterschaft an der Ruhr im 19. Jahrhundert, Bonn/Bad Godesberg 1977.

Tenfelde, K. Wege zur Sozialgeschichte der Arbeiterschaft und Arbeiterbewegung. Regional- und lokalgeschichtliche Forschungen (1945–1976) zur deutschen Arbeiterbewegung bis 1914, in: GuG Sonderheft 4, 1978, S. 197ff.

Tenfelde, K./Volkmann, H. (Hg.) Streik. Zur Geschichte des Arbeitskampfes in Deutschland während der Industrialisierung, München 1981.

Teuteberg, H. J. Geschichte der industriellen Mitbestimmung in Deutschland. Ursprung und Entwicklung ihrer Vorläufer im Denken und in der Wirklichkeit des 19. Jahrhunderts, Tübingen 1961.

Tilly, L. A./Scott, J. W. Women, Work and Family, New York 1978.

Trempé, R. Les mineurs de Carmaux 1848–1914, 2 Bde., Paris 1971.

Unverferth, G./Kroker, E. Der Arbeitsplatz des Bergmanns in historischen Bildern und Dokumenten, 2. Aufl. Bochum 1979.

Verhandlungen und Berichte des Untersuchungsausschusses für Arbeitsleistung. IV. Unterausschuß, Bd. 2: Die Arbeitsverhältnisse im Steinkohlenbergbau in den Jahren 1912–1926, Berlin 1928.

Die Verhandlungen und Untersuchungen der Preußischen Stein- und Kohlenfallkommission, Berlin 1906.

Verhandlungen und Vereinbarungen der vier Bergarbeiterverbände mit dem Zechenverband vom Oktober 1918 bis Juli 1919, hg. vom Verband der Bergarbeiter Deutschlands, Bochum 1919.

Vetterli, R. Industriearbeit, Arbeiterbewußtsein und gewerkschaftliche Organisation. Dargestellt am Beispiel der Georg Fischer AG, Göttingen 1978.

Wehler, H. U. Das Deutsche Kaiserreich 1871–1918, Göttingen 1973.

Weisbrod, B. Schwerindustrie in der Weimarer Republik. Interessenpolitik zwischen Stabilisierung und Krise, Wuppertal 1978.

Werner, G. Ein Kumpel. Erzählungen aus dem Leben der Bergarbeiter, Berlin 1930.

Werner, G. Meine Rechnung geht in Ordnung, Berlin 1958.

Wiedfeldt Das Aftermietwesen in der Stadt Essen nach der Aufnahme vom 1. Dezember 1900, Beiträge zur Statistik der Stadt Essen, H. 7, Essen 1902.

Wirtz, R. Soziale Bewegung und soziale Gewalt in Baden 1815–1848, Diss. Konstanz 1980.

Zimmermann, M. Gemeindegasthaus-Bewegung und der ‚Verein zur Bekämpfung des Mißbrauchs geistiger Getränke‘. Mäßigkeitsbestrebungen im Bereich des Amtes Recklinghausen vor dem Ersten Weltkrieg, in: Vestische Zeitschrift 79/80, 1980/81, S. 19–38.

Bildnachweis

Deutsches Bergbau-Museum Bochum: Abbildungen 11, 12, 13, 17, 18
Robert Hundt, Bergarbeiter-Wohnungen im Ruhrrevier, Dortmund (1902): Abbildungen 4, 5
Privatbesitz Fam. Golomb, Bottrop-Ebel: Abbildung 7
Karl Selbach, Illustriertes Handlexikon des Bergwesens, Leipzig 1907: Abbildung 10
Die Verhandlungen und Untersuchungen der preußischen Stein- und Kohlenfall-Commission, Sonderheft der Zeitschrift für das Berg-, Hütten- und Salinenwesen, Berlin (1901–)1906: Abbildungen 9, 14, 15
Werksarchiv der Arenberg AG, Bottrop: Abbildungen 2, 8, 16, 19
K. Wohlgemuth – Sozialgeschichtliche Sammlung Essen-Borbeck: Abbildungen 1, 3, 6, 20

Namen- und Sachregister

Abbauverfahren 105–112
- Pfeilerbau 105–112
- Stoßbau 110f.
- Strebbau 109
Abteufen 75, 80f.
Agitation 125f., 131f., 136, 140f., 146f.,
  189f., 213
  s. a. Streik
Alkohol 67, 143–147, 151
Alltagsgeschichte 268f.
Alstaden 35
Altendorf 36
Altenessen 31, 40
Alter Verband 14f., 89, 146, 189f.,
  195–202, 208, 217–222, 228–232, 237,
  241–243, 244–252
- Gründung 184
- Mitglieder 196, 201, 222, 232, 244–252
- Opposition, interne 279
- SPD 197, 200f., 216, 221
Anarchisten 229, 246
  s. a. Sozialisierungsbewegung
Ansiedlungsgesetz 45, 47f.
Anwerbung von Bergleuten 25–28, 47,
  59f., 65f.
Arbeit über Tage 94–96, 175
Arbeit unter Tage
- Abläufe 18–22, 75f., 92f., 105–132,
  136–141
- Werkzeuge 75, 93, 100, 102f.
- Zersplitterung 108, 110–112, 118
Arbeiterausschüsse 78, 99, 187, 195f.,
  217–220, 242
Arbeiterbewegung, elementare 184f.,
  202–211, 260–263
  s. a. Gewerkschaften
Arbeiterkultur 142–161
  s. a. Männlichkeit, Solidarstrukturen
Arbeiter- und Soldatenrat 246–250,
  260–262
  s. a. Sozialisierungsbewegung
Arbeitsnachweis 226f.
Arbeitskampf s. Streik
- Rationalisierung des 185, 233–240

Arbeitsordnung 118, 122f., 188, 212
Arbeitsplatz d. Bergleute 78f., 100,
  102f., 238f.
  s. a. Arbeit unter Tage
Arbeitsplatzwechsel 16, 60–62, 72f.,
  123f.
- Gegenmaßnahmen der Unternehmer
  184, 186, 191, 226f.
- Konfliktaustragung 130f., 207–211
  s. a. Mobilität, Werkswohnungsbau
Arbeitszeit 163–167, 217, 245f., 249
Arenberg AG 39, 42
Aufstiegsmöglichkeiten 101–105
Ausbau 105–112, 116–121
Ausbildung 76, 94–105, 125, 132f.,
  193f., 210
Ausstandsversicherungs-Verband 191f.,
  226

Barop 164
Belegschaften
- Altersstruktur 30, 103f.
- Entwicklung 13–16
- Zusammensetzung 94, 99, 104, 129f.
- Zuwandereranteil 29, 72
  s. a. Hauer
Belegschaftsversammlungen 183, 211f.,
  214–216, 244–249
Berechtsame 89
Bergamt/Bergrevier s. Revierbeamte
Bergaufsicht, staatliche 87, 116–122,
  186–189, 219
  s. a. Bergpolizeiverordnungen, Ober-
  bergamt, Revierbeamte
Bergbauverein 82, 134, 183, 191f., 195,
  215, 247
  s. a. Zechenverband
Bergeversatz 98, 105–111
Berggesetz 87–90, 166, 170, 187–190,
  215, 217–220, 241f.
Berggewerbegericht 188, 192
Berghofen 147
Bergknappe 101, 205
Bergleute

– als Bedrohung 15–17, 22–24, 138–140,
    153–161
– berufliche Gliederung 96–105, 129 f.,
    178, 234
– als Objekt 23 f., 68–72, 91, 205–207,
    250
Bergpolizei 87
-verordnungen 93–95, 98 f., 101, 108 f.,
    115–121, 127, 187
Bergrechtsreform 87 f.
s. a. Berggesetz
Bergschäden 105, 109
Berlepsch v. 186 f., 192
Berlin 35, 156, 246 f., 251
Berufsgenossenschaft 173
Berufsverein, polnischer 14, 200–202,
    221 f.
Betriebsorganisation 75 f., 105–121,
    124–135
Betriebsrat 249
Bevölkerung
– Alterstruktur 29 f., 32, 72 f.
– Entwicklung 28 f., 47
– soziale Struktur 31 f., 35
– Zuwandereranteil 29, 72 f.
Bewußtsein 233–240, 250–252, 255–257,
    261–265
s. a. Überlieferungen
Blauer Montag 148–153
Bocholt 71
Bochum 17, 28, 30, 32, 66, 68, 158, 182,
    211
Borbeck 33, 35, 38
Bottrop 16, 20–22, 29, 33 f., 39 f., 59,
    65 f., 72, 149, 160, 223
Bredeney 36–38
Bremsberg 97, 105, 109 f.
Brust 198, 220
Buer 13, 15, 33
Bürgertum 13, 16–18, 30–32, 391 f.;
    42–45, 68–72, 138–140, 142–161, 183,
    203–206, 214, 253–258, 260

Castrop (-Rauxel) 66, 144 f., 151 f., 248

Dampfmaschinen 75, 80 f.
Delegierte d. Bergleute 183 f., 196,
    212–214, 216, 231, 247 f.
s. a. Belegschaftsversammlung, Dreier-
    Bund

Deutsch-Luxemburgische Bergwerks-
    und Hütten AG 85
Differentialrente 83–87
Direktionsprinzip 87
Disziplinierung der Bergleute
– Ausbildung 193 f.
– Bürgertum 45, 68–72, 153–161
– Gewerkschaften 203–207, 211, 239,
    246, 256
– Knappschaft 171, 174
– Unternehmer 23, 60, 126–132, 226 f.,
    235 f.
– Staat 68–72, 142–161, 225 f.
s. a. Polizei, Zivilisierung, Strafen
Dividenden 47, 83 f., 88 f.
Dorstfeld 184
Dortmund 20, 22, 28, 30, 41, 131, 145 f.,
    229, 231
Dreier-Bund 222, 228–233
s. a. Siebener-Kommission
Dreiklassenwahlrecht 38–40
Düsseldorf 20, 22, 70, 159
Duisburg 30, 150

Eingemeindungen 36–40
Emscher 52
Entmündigung d. Bergleute 24, 158–161,
    203–211, 253–258
Entwurzelung(stheorie) 23, 79, 204–211,
    260–268
Erinnerungen 18–24, 65, 79 f., 96 f., 116,
    131 f., 177, 253–258, 268–270
Essen 16 f., 20, 22, 28, 30, 41 f., 54, 58,
    61, 64 f., 71, 112 f., 148 f., 150, 160,
    182, 243, 245, 247 f.

Familie 52–74, 96, 154–160
– halboffene 62–68, 154–161
s. a. Solidarstrukturen, informelle
Faschismus 21, 250, 260
Feierschichten 26, 164–166
Förderung
– Entwicklung der Kohleförderung
    75 f., 90, 241 f.
– unter Tage 77, 81, 98 f.
Frauen 29, 144
– Arbeitsmöglichkeiten 56, 73, 168 f.,
    241
Frauenmangel 29, 68
Freie Vereinigung (Bergarbeiterverband)
    229

Freikorps 247–249
Freizeit 67, 143–153
Füllkohlen 127

Gartenstadtbewegung 49
Gebirgsverhältnisse 97, 105–112, 118f.,
    122f., 166f.
Gedinge 121–126, 133f.
– Vereinbarung 93, 122f., 131f., 166f.
– Einzelgedinge 111
Gefahr (der Bergarbeit) 105–112,
    116–120
    s. a. Unfälle
Gelsenkirchen 20, 29, 32, 35f., 42, 66,
    182, 205, 216
Gelsenkirchener Bergwerks AG 85, 89
Gemeinderat 33–36, 38–40, 43–45, 148f.,
    158
Gewerkschaft (Unternehmensform)
    87–89
Gewerkschaft Deutscher Kaiser 85, 89
Gewerkschaften (Arbeiterorganisation)
    13–15, 131f., 182–185, 195–202,
    204–207, 211–222, 227–233, 239f.,
    241–255
– Basis 196, 206–216, 229–232, 244–252,
    260, 266f.
– Konflikte untereinander 15, 195–201,
    220–222, 228–233, 241f.
– Tarifpartner 195f., 215, 242, 244–249
– Zusammenarbeit 200, 228f., 244–250
    s. a. Solidarstrukturen
Gewerkverein christlicher Bergarbeiter
    14f., 21, 101, 126, 197–202, 204, 208,
    217–222, 228–233, 241
– Gründung 197f.
– Mitglieder 201
Gezähe (Werkzeug) 95
Gladbeck 246
Glückauf (Bergarbeiterverband 1890)
    195–197
Glückauf (Konsumverein) 196f.
Göhre, P. 142, 155
Grubenfelder 89f.

Hamborn 29, 42, 66, 143, 150, 158,
    245f., 248, 251f., 262f.
Hamm 231
Hammacher, F. 165, 183, 186f., 190, 192
Handelsminister 41, 69, 118, 165, 187,
    192, 198, 210, 245

Harpen 27
– Harpener Bergbau AG 75
Hattingen 20
Hauer 18, 94, 99–105, 124–132
– gesetzliche Voraussetzungen 99
    s. a. Lebenszyklus, beruflich
Haushaltsrechnungen 162, 167–169
Herne 32f., 36, 66, 113, 120, 182,
    202–211
Hibernia-Affäre 188
Hilfsdienstgesetz 242
Hindenburg-Programm 242
Hirsch-Dunkerscher Gewerkverein 200,
    202, 222
Historiographie s. Überlieferungen
Höntrop 35
Hörde 146, 181
Hollandgänger 73, 168
Horst 29
Hue, O. 197, 201, 203–205, 212, 214,
    221, 228, 233, 259
Hüttenzechen 84f., 88

Imbusch, C. 86, 197f., 212, 259
Industriedorf 30–41
Infrastruktur 28–38, 40f.
Innenminister 151, 157
Invalidenversicherung 173–176
    -sgesetz 173f.
    s. a. Knappschaft
Invalidität 169–179
    s. a. Unfälle

Jencke 191f.
Jugendliche im Bergbau 94–96, 157f.,
    202–211, 234, 241
Justiz 69–71, 146f., 150f., 190, 202,
    205f., 227, 232, 236

Kaiser (Wilhelm II.) 14, 158, 183, 186,
    189
Kaiserdelegation 14, 183
Kaisergeburtstag 151f.
Kameradschaft 106, 108, 121–132, 208f.,
    233–235
    s. a. Hauer
Kapitalbedarf 81f., 87–89
Kartell s. Syndikat
Kirche 197–201, 220f., 237f., 252
Kirchhellen 44f.
Kirdorf, E. 15, 233

Kirmessen 147–149
Klassenbewußtsein s. Bewußtsein
Knappenverein 182f.
Knappschaft 44, 47, 124, 169–176, 202f., 228, 249
-sälteste 228
-sagitation 182f., 228
Köln 30
Körperlichkeit 138–140, 157f.
s. a. Männerwelt
Kohleausfuhr 82f.
-Ausschuß 82
-Verein 83
Kohlenfall 105, 116–121
Kohlensyndikat s. Syndikat
Kommunalabgabengesetz 33
Kommunalpolitik 38–41, 43–45
Kommunen
– Aufgaben 32, 35
– Finanzen/Steuern 32–37, 85f.
– Verhältnis zu Zechen 33–35, 38–41, 44f., 47f., 85f.
– Wohnungspolitik 43–46, 68f.
Kommunikation
– im Wohnbereich 62–68, 143–153, 208–210, 234f., 237f.
– unter Tage 136–141
s. a. Solidarstrukturen, informelle
Kommunismus 155, 251f.
Konflikte
– Bergleute untereinander 101f., 125f., 128f., 137f., 210f., 229f., 233–238
s. a. Zuwanderer/Konflikte, Gewerkschaften/Konflikte
Konjunktur 14, 82–85, 87–89, 182, 217, 227
Konsum(verein) 26, 143
Kontrolle
– unter Tage 93, 112–116, 126–132
– soziale 153–161, 208–211, 216
s. a. Betriebsorganisation, Disziplinierung
Konzentration im Bergbau 75, 81, 83–91
s. a. Syndikat, Zechenstillegungen
Kostgänger s. Schlafgänger
KPD 21f., 247f.
Krankenversicherung 169–171
-sgesetz 170f.
Krankheiten 52, 70, 73, 144, 169–171
– Häufigkeit von 57
Kriegsgefangene 242f.

Krupp 36, 41, 192–194, 230
Kuxe 87f.

Landräte 38–40, 44f., 71, 146, 148–151, 190, 216, 222–225
Landtag, preußischer 15, 86
Lebenshaltungskosten 167–169, 213, 227f., 241f., 248
Landwirtschaft 28f., 31f., 168
Lebenszusammenhang s. Solidarstrukturen
Lebenszyklus
– familial 55–58, 73, 96, 163, 168f., 177f., 235f.
– beruflich 104, 130, 178, 234
Ledigenheim 20, 171, 235
s. a. Schlafhäuser
Lehrhauer 99–102
s. a. Hauer
Lohn 26, 95, 98f., 104, 122–125, 129f., 162–179, 182, 195–197, 213, 227f., 241f., 245–248
– als Kostenfaktor 133–135
– Vergleich mit anderen Arbeitern 176f.
Lüdinghausen 45
Lumpenproletariat 261, 267

Männerwelt, Bergbau als 18, 96f., 209
s. a. Frauen, Körperlichkeit
Marchwitza, H. 18, 20, 22, 27, 59, 96, 125, 257
Markenausgabe 92, 136
Masuren 25–27, 54, 66
Mechanisierung unter Tage 47, 75f., 81f., 102f.
s. a. Taylorismus
Mehrheitssozialisten 247, 252
Meineidsprozeß 190, 196, 201
Menagen s. Schlafhäuser
Mieten 26, 50f.
Militär 183, 186, 190, 202–207, 215, 224f., 231, 241–243, 245–249
Miquel 33, 35
Mobilität 28–30, 60–63, 72f.
– innerstädtische 16, 30, 61f.
– Konfliktbereitschaft 123f., 130–132, 207–211
s. a. Arbeitsplatzwechsel
Modernisierung 184f., 263–265
Monopol 85–87, 89–91
s. a. Syndikat

Mülheim 30, 246f.
Münster 30, 70
Mutung 89f.

Nahverkehr 32, 37, 72f.
Neuner-Kommission 247f.

Oberbergamt 93, 95, 98–101, 115,
    118–120, 145–147, 164f., 186f., 198,
    212, 228, 236, 265f.
Oberhausen 30, 66, 145
Obersprockhövel 35
Öffentlichkeit, bürgerliche 13, 183, 214,
    231
    s. a. Kommunikation
Oral history s. Erinnerungen
Ordnungsdienst 214f.
Ortsältester 93, 122, 131f.
Osterfeld 101, 233

Parlament 186–190, 217, 222–226, 244f.,
    248
Parteien 15, 181
Pensionskasse 173–176
    s. a. Knappschaft, Invalidenversiche-
    rung
Pferde unter Tage 77, 81
Piesberg b. Osnabrück 198f., 208
Polen 16f., 27, 29, 40, 66f., 151f., 177,
    202–211, 236f.
Polizei 40, 69–72, 145–161, 186–190,
    202–207, 215, 222–226, 230f., 248f.
Profite 90, 213, 245
    s. a. Dividenden

Rätebewegung, -system 243–252
Ratibor 65f.
Rauxel 25
Rechtsschutzverein 182
Recklinghausen 21, 33, 60, 66f., 71, 108,
    113f., 145, 150f., 156, 215, 231, 236,
    247
Reformer, bürgerliche 54, 68–72,
    142–161, 255f.
Reg. Arnsberg 146, 150, 183, 186, 214
Reg. Dürs 31, 69, 150, 183, 186, 231
Reg. Münster 41, 69, 71, 74, 183, 186,
    190, 215
Reichsgewerbeordnung 71, 95, 147, 187
Reichstag 15, 147
    s. a. Parlament

Religion s. Kirche
Renten(versicherung) 43, 169–179
    s. a. Knappschaft
Revierbeamte, königliche 95, 113f.,
    120f., 146f., 186f., 189
Revolution 13, 15, 243–252
Rheinisch-Westfälische Bergwerksge-
    sellschaft 89
Ruhrgebiet
– Industrialisierung 28–43, 267f.
– Zoneneinteilung 28–33, 36–38, 42,
    47f., 52
Rybnik 66

Saarland 100, 120
– Streik 196
Schalke 52
Schichtdauer s. Arbeitszeit
Schlafgänger 17–23, 26f., 52–72
– Bedeutung für Zuwanderer 59–68,
    171, 209–211, 237
– Beurteilung durch Bergleute 22f.,
    58–60, 70f.
– Beurteilung durch Bürgertum 16f., 54,
    68–72, 154–161
– u. Familien 55–58, 63f., 151, 155f.
– Mobilität 61–64, 209f., 237
– Verordnungen 69–72
Schlafhäuser (Menagen) 53–55
    s. a. Ledigenheime
Schlepper 18, 77, 94, 96–102, 129f., 208f.
Schlesien 18, 100, 116, 120, 143, 177
Schnapskasinos 143–147
    s. a. Wirtschaften
Schüttelrutsche 109–111, 133f.
Schulen 26, 32, 35–37, 210
Schwarze Listen 226f.
Seilfahrtszeit 166, 191, 211f., 217
Selbständigkeit
– Arbeit 91, 112–116, 120–126, 128–132,
    136–141, 193f.
– u. Konfliktaustragung 194, 209,
    233–240
– Wohnbereich 52–58, 60–68
Severing, C. 249
Sicherheitsmänner 219f., 236
Sicherheitswehren 246, 248
Siebener-Kommission 200, 214–216, 220
Solidarstrukturen
– u. Arbeitsbereich 124–126, 131f.,
    138–141

– u. Arbeitskämpfe 207–211, 238f.,
  251f.
– familiale 52–74
– informelle 153–161, 207–211, 233–240
s. a. Gewerkschaften
Sozialdemokratie 13f., 146f., 153f., 181,
  183, 189, 197f., 201, 216f., 223, 230f.,
  246–250, 260
Sozialisierungsbewegung 15, 243–252,
  260–263
Sozialisierungskonzepte 245, 247–250
Sozialpolitik 28, 43–46, 78, 162–179,
  192–194
s. a. Wohnungsbau
SPD s. Sozialdemokratie
Staat
– preußischer 183f., 186–190, 203–206,
  215f., 222–226, 230f.
– u. Gewerkschaften 183–190, 197,
  212–220, 230f., 241–243
– u. Unternehmer 87f., 98, 116–122,
  186–190, 198f., 212, 215f., 223f.
Stadterhebung 39–41, 225
Ständisches Septem 14, 79, 87f., 101,
  155f., 182, 184–186, 259, 263–265
Stahl- u. Eisenindustrie 29, 64, 84
– Arbeiter der 78f., 124, 175–178,
  192–194
– Vergleich mit Bergbau 192–194
Steiger
– Aufgaben der 92f., 113–118
– Lohn 123
– Verhältnis zu Bergleuten 122f.,
  126–132
Steigerverband 27, 130
Steuern 33–38
Stinnes, H. 212
Strafen 93, 113, 126–129, 188, 217, 232
Streik 91, 156f., 181f.
– 1872 13, 235
– 1889 13–15, 144–147, 165, 182–185
– 1890 195f.
– 1891 14, 196
– 1893 14, 136, 140f., 196
– 1898 198f.
– 1899 s. Herne
– 1905 14f., 165f., 211–217
– 1907 218
– 1910 229
– 1912 15, 165, 218, 227–233
– 1916/17 242f.

– 1918/19 243–252
Syndikat 82–87, 134f., 192, 247

Tagesablauf 66f., 92f., 136–141
Taylorismus 79, 132–135, 193f.
Träume/Hoffnungen 18–22, 96, 244,
  251f., 257f.
Thyssen 44f., 236

Überlieferungen 15–24, 54, 64, 75–80,
  112f., 142f., 153–161, 253–270
s. a. Erinnerungen
Überschichten 27, 164–167, 188, 195f.,
  217
s. a. Arbeitszeit
Unfälle 98, 100, 105–109, 116–121,
  169–179, 187, 213, 219f., 243
Unfallversicherung 171–173
Unternehmer 15, 38f., 42f., 46–48, 75f.,
  100f., 112f., 116–121, 183–185,
  190–194, 226–232, 240–246, 248–250,
  260
– Gruppierungen 191–194
s. a. Syndikat
Unterstützungsvereine (Unternehmer)
  127, 178, 193
Unterstützungswesen (Gewerkschaften)
  208
Urbanisierung 30–33, 35–38, 40f.
Urlaub 148, 152f.
USPD 247f.

Vereine 150–153

Wagennullen 93, 127f., 188, 213, 217
Wanne (-Eickel) 33, 66, 216
Waschkaue 66, 92, 136, 138–140, 203
Weltkrieg, Erster 20, 240–243
Werkswohnungen s. Wohnungsbau
Werkvereine, Gelbe 232f.
Werner, G. 27, 59, 102, 115, 124
Wettbewerb 82–86, 88–90
Wetterverhältnisse 106, 109f.
Wirtschaften 45, 143–147, 189f.
Witten 33, 248
Witwen 57, 68, 173
Wohnungsbau 41–52
Wohnungsfrage 41–72, 153–161
Wohnungsinspektion 58, 158–161
Wurmkrankheit 213

Zechen
- Arenberg Fortsetzung 21 f.
- Bruchstraße 166, 211 f.
- Dahlbusch 27, 59
- Dorstfeld 57
- Ewald 60
- Hansa 48, 53
- v. d. Heydt 202
- Hibernia 54, 113
- Kaiser 164
- Lucas 229
- Maximilian 218
- Möller 246
- Präsident 182
- Prosper 53, 60, 66, 108, 113–115, 127, 129, 149, 164
- Radbod 219
- Rheinbaben 246
- Rheinpreußen 75
- Shamrock 113

- Unser Fritz 96
- Victor 25, 54
- Werne 223
Zechen, staatliche 188 f.
Zechenkolonien 25–27, 48–52
Zechenstillegung 21, 85–88, 213
Zechenverband 15, 226 f., 245
    s. a. Bergbauverein
Zechenwehr 156, 190, 202, 214 f., 223 f.
Zentrumspartei 181
Zersiedelung 37
Zivilisierung der Bergleute 23, 68–72, 138–140, 142–161, 202–211
    s. a. Disziplinierung
Zuwanderung 16–21, 25–28, 47, 72 f., 177
- regionale Verteilung 66, 237
- Konflikte 27, 66, 73 f., 125 f., 202–211, 233–240, 264 f.

Bildbände zur deutschen Sozialgeschichte im 19. und 20. Jahrhundert

Wolfgang Ruppert
Die Fabrik
Geschichte von Arbeit und Industrialisierung in Deutschland
1983. 311 Seiten mit 284 Abbildungen. Format 20,5 × 22,3 cm
Leinen

»Entstanden ist eine selten anschauliche und engagierte Sozialgeschichte der Arbeit und der industriellen Arbeitswelt, die den Leser hautnah an den Schauplatz des Geschehens heranführt, ihn sozusagen mitten in den Alltag an den Maschinen stellt. Denn es werden eine Fülle alter und großenteils unbekannter Fotografien als Dokumente herangezogen, die mehr über die Entstehung neuer Lebensverhältnisse und Arbeitsformen im letzten Jahrhundert erzählen als manche wohlformulierte wissenschaftliche Abhandlung.«
Irmtraud Rippel-Manß, Norddeutscher Rundfunk

Industriekultur in Nürnberg
Eine deutsche Stadt im Maschinenzeitalter
Herausgegeben von Hermann Glaser, Wolfang Ruppert und
Norbert Neudecker
2. Auflage. 1983. 375 Seiten mit 299 Abbildungen im Text und
29 farbigen Abbildungen auf 15 Tafeln.
Format 21 × 27 cm. Broschiert und in Leinen erhältlich

»Zu Gehalt und Aussage tragen dabei auch die mit Kennerschaft ausgesuchten und glänzend ins Bild gesetzten Illustrationen bei, die ungefähr die Hälfte des Bandes ausmachen. Wissenschaftlich im Sinne von langatmig ist dies nicht. Wissenschaftlich im Sinne von mutigem Anfang und tragfähigen Hypothesen ist es allemal. Man möchte dem Buch weite Verbreitung wünschen ... als herausragendes und ideenreiches Exempel für die bleibende Bemühung um Standortbestimmung in der Welt, in der wir leben, Kinder des Maschinenzeitalters.« *Michael Stürmer, Hessischer Rundfunk*

Ein deutsches Bilderbuch 1870–1918
Die Gesellschaft einer Epoche in alten Photographien
Herausgegeben von Hermann Glaser und Walther Pützstück
1982. 320 Seiten mit 425 Abbildungen. Format 23 × 33 cm. Leinen

»Die überwiegend von Amateuren gemachten Bilder, hervorragend reproduziert zu einem wirklichen Bilderbuch, spiegeln den Alltag jener Zeit ebenso wie das Bewußtsein der Menschen ... Insgesamt präsentiert der Band eine Zeit in ihrer ganzen Vielfalt.« *Dirk Klose, Süddeutsche Zeitung*

Verlag C. H. Beck München